6·25 전쟁의
아마겟돈 전투

6·25 전쟁의
아마겟돈 전투

펴 낸 날	2025년 06월 30일
지 은 이	김도상, 김재수, 김정립, 문봉진, 신동환, 이인학, 이정웅, 이대영
펴 낸 이	이기성
기획편집	서해주, 이지희, 김정훈, 최인용
표지디자인	서해주
책임마케팅	강보현, 이수영
펴 낸 곳	도서출판 생각나눔
출판등록	제 2018-000288호
주 소	경기 고양시 덕양구 청초로 66, 덕은리버워크 B동 1708호, 1709호
전 화	02-325-5100
팩 스	02-325-5101
홈페이지	www.생각나눔.kr
이 메 일	bookmain@think-book.com

- 책값은 표지 뒷면에 표기되어 있습니다.
  ISBN 979-11-7048-892-7(03910)

Copyright ⓒ 2025 by 김도상, 김재수, 김정립, 문봉진, 신동환, 이인학, 이정웅, 이대영 All rights reserved.

· 이 책은 저작권법에 따라 보호받는 저작물이므로 무단전재와 복제를 금지합니다.
· 잘못된 책은 구입하신 곳에서 바꾸어 드립니다.

6·25 전쟁의 아마겟돈 전투

호국향리 팔거현(칠곡)을 중심으로

김도상, 김재수, 김정립, 문봉진
신동환, 이인학, 이정웅, 이대영

생각나눔

프롤로그

역사의 땅, 기억의 땅
-'다부동'에서 '가산산성', 옛 '팔거현'까지

칠곡!, 옛 이름으로는 팔거현이며, 칠곡 도호부가 있던 곳이다.

대구와 낙동강 사이, 분지와 고지, 계곡과 능선이 교차하는 이 땅은 시대의 격랑을 여러 차례 거쳐왔으며, 또 그때마다 이 나라를 지켜온 명실상부한 '호국 향리'의 상징이었다.

신라 시대는 가야와 백제가 인접한 지군학적 요충지였던지라 일찍이 입보산성인 팔거산성을 함지산 정상부에 축성했고, 임진왜란 당시, 이 지역은 조명연합군의 전략적 병참기지였고, 명 일군 화친에 물 좋은 모임터가 되었다. 뒤이어 병자호란 이후 유사시 적으로부터 백성과 국왕, 관아를 지키고자 산정의 험준한 요새에 가산산성을 축성하고, 칠곡 도호부를 성안에 설치했다.

이는 지리적으로 이곳은 낙동강 건너 동쪽의 자연 장애물과 팔공산 자락의 험준한 지형이 외세의 침략을 막는 천혜의 방어선이었으며, 동시에 이곳은 '백성이 스스로 지켜야 할 우리의 땅'으로 인식해 왔던 곳이다.

이로부터 450여 년이 흐른 뒤, 1950년 6.25 전쟁에서도 이곳은 다시 한 번 역사의 최전선에 서게 되었다. 북한군은 파죽지세로 남하했고, 대구를 점령하기 위한 최후의 전투로 다부동 일대를 선택했다. 칠곡 일대의 고지들은 다시금 화염에 휩싸였고, 낙동강 전선은 조국의 명운을 가르는 최후 방패로서의 장소가 되었다. 다부동 전투는 1950년 8월 1일부터 8월 20일까지 약 3주에 걸쳐 낙동강 전선의 핵심 축선인 왜관 동명산 일대, 유학산과 다부동, 가산 일대에서 벌어진 격전으로, 국군 제1사단, 제8사단, 그리고 미군 제1기 병사단이 북한군 제3사단, 제13사단 등과 맞서 싸운 마지막 아마겟돈의 전투장이었다.

돌이켜 보면 임진왜란과 6.25 전쟁, 이 두 전란은 4세기라는 시간의 강이 그 사이를 흘렀지만, 이곳 칠곡의 '지리'와 '사람', 그리고 그 '정신'은 지금까지 같았고, 앞으로도 같을 것이다.

역사학자 E.H. Carr의 말처럼, "역사는 과거와 현재의 끊임없는 대화"이며, 과거의 역사를 오늘의 시선으로 다시 바라보는 작업이라고 볼 때, 오늘의 우리가 이곳 칠곡과 다부동을 바라보는 것은 단순한 전쟁의 회고만이 아닌, 국가 위기의 순간마다 이 자리를 지켜낸 이곳 '지리'의 운명과 이곳 '사람'의 역사의식을 되새기는 일이라고 본다.

따라서 본서의 집필은 이곳에서 지켜내어 왔던 임진왜란이나 6.25 전투를 중심으로, 이 땅이 어떻게 이 나라를 지켜낸 마지막 방어선이 되었고, 어떻게 그 위기 속에서 민·관·군이 하나 되어 조국을 방어했는지를 보다 더 소상히 고증해 보려 하였다.

그러나 그 이야기의 뿌리는, 단지 한때의 한 전투가 아니라, 수백 년 전부터 면면히 이어져 내려오는 '호국의 역사'에서 오늘 이곳을 살아가는 우리들의 자양분을 얻고 자긍심을 보듬어 보고 싶은 마음에서 시작하게 되었다고 감히 말하고 싶다.

과거는 결코 지나간 일만이 아니다. 팔거현에서 칠곡으로 이어지는 이곳 향토역사의 시간 속에서, 이 땅은 단 한 번도 '역사의 바깥'에 존재한 적이 없었다는 우리들 스스로의 '성찰'과 '끊임없는 대화' 속에서 오늘의 우리들의 삶에 한 줄의 응답을 더해보려는 시도라고 겸허하게 말해 본다.

2025년 6월
집필진: 김도상, 김재수, 문봉진, 신동환, 이대영
감수진: 김정립, 이인학, 이정웅

차례

프롤로그_ 5

제1장 칠곡(팔거리)의 선사시대   15

I. 팔거리(八莒里) 고인돌을 찾아서   16

1. 칠봉산(七峯山)에서 '칠곡(漆谷, Seven Valley)'이란 명칭 ………… 17
2. 칠곡향교 하마비(漆谷鄕校 下馬碑)의 받침돌(龜趺 혹은 座臺石)이?…… 19
3. 청동기시대, 언제쯤 팔거현(칠곡)에 거주가 시작되었을까? ………… 23
4. 인근 지역(隣近地域) 별자리 바위에서 제작연대측정 사례 ………… 29
5. 팔거현(八莒縣)엔 동명면 금암리(錦巖里) 고인돌군(支石墓郡)
   뿐이라는데요? ……………………………………………………… 30
6. 고인돌(Dolmen)은 도시 개발에 왜 몰래 묻어야 하는 존재가 되었는가? 33
7. '고인돌 도시 대구'의 명색을 유지하고 있는가? ………………… 35
8. "돌멩이(Dolmeni)"란 말이 '고인돌(Dolmen)'? ………………… 38

II. 함지산 기슭에 구암동 고분군   42

1. 지군학(地軍學) 그리고 고천문학에서 팔거리(八莒里)의 위상 ……… 43

2. 구암동(비둘기 바위 마을) 고분군 현장 설명 ·············· 50
　　3. 구암동 고분군에 대한 Q&A(질의 응답) ················· 57

Ⅲ. 구암동(八莒里) 고분군 발굴현장을 찾아서　　70
　　1. 구암동 고분군 발굴현장에서 ···························· 71
　　2. 구암동(鳩巖洞) 제302~제306호 고분 발굴현장에서 ········ 71
　　3. 제304호 및 제305호 고분의 특징에 대해 ················ 74
　　4. 갓 바위 부처(冠巖佛)의 갓돌(板石)이 태풍에 떨어진다면? ····· 78
　　5. 둘레 30m의 적석 봉분(積石封墳)을 조성하자면 작업인력은 몇 명이나? 81
　　6. 장례가 긴 경우 시신의 방부 처리는 어떻게 했을까? ········ 84
　　7. 골짜기 개울(도랑) 섶에 육각정(六角亭)이 들어선 사연 ······ 86
　　8. 제5호 고분을 찾고자 이렇게까지 헤매야 하나? ············ 88

Ⅳ. 구암동 고분군에서 나온 선인들의 천문학 지혜　　90
　　1. 구암동 고분군에서 농경시대의 풍습을 더듬어 ············ 91
　　2. 제5호 고분에 고고학적 발굴 유물에 대한 요약 ············ 91
　　3. 일반상식으로 본 제1호 고분의 복원(復元)에 대하여 ········ 92
　　4. 구암동 고분군 제56호 고분과 제58호 고분을 찾아서 ········ 96
　　5. 신라인(新羅人)들의 천문관(天文觀)에 대하여 ············ 98
　　6. 동서고금(東西古今)에 별과 초승달의 상징성(象徵性, symbolism) ··· 102
　　7. 신라는 칠각성(七角星)인데 가야는 육각성(六角星)인가? ····· 105
　　8. 오늘날 오각성(五角星)은 어떤 의미를 담고 있는가? ········ 109

V. 구암동(八㡌里) 고분군의 독특성을 찾아서   112

  1. 구암동 고분군의 특이성 ··· 113

  2. 구암동 고분군의 가야·신라 묘제의 혼합형 ······················· 113

  3. 가야 제철 유목민의 산정묘제(山頂墓制, mountain-peak tombs)
     의 문화 ··· 114

  4. 가야(Gaya)의 본질은 철 생산기지(steel production base)였다 ······ 119

  5. 가야철정(伽倻鐵鋌)이 극동아시아의 기축통화(基軸通貨)로 ········· 121

  6. 남미(South America)에까지 신라산(新羅山)이 있다니! ············ 123

  7. 신라 초원 유목민의 평구묘제(平丘墓制, plain-hill tombs)의 문화 ··· 124

  8. 고대인들은 유택(幽宅)을 어떻게 선정했을까? ························ 127

VI. 팔거산성의 축성과 용도에 대하여   132

  1. 스키타이(Scythia) 기마 전사단(Comitatus)의 탄생 ················· 133

  2. 오늘날까지 우리에게 남아있는 스키타이 문화 ······················· 135

  3. 한반도 산성(山城), 백성의 피난보호처 기능 ·························· 137

  4. 한반도의 청야산성전(淸野山城戰)의 기본 전략 ······················· 139

  5. 지리군사적(地理軍事的) 견지에서 팔거산성의 요새 판단 ············ 142

  6. 팔거산성(八㡌山城)이 호국산성(護國山城)으로서의 가치는? ········ 144

  7. 청야산성전(淸野山城戰) 측면에서 본 팔거산성의 특이점 ············ 150

  8. 신라 호국 산성의 연지(蓮池 혹은 集水池)를 기반으로 본 위상······ 152

  9. 옛날 신라 땐 물길을 어떻게 찾았을까? ································ 154

Ⅶ. 신라 건방(乾方) 호국성 팔거산성(八莒山城)의 축성기법　158
　1. 산성(山城)의 기원과 청야산성전(淸野山城戰)의 격전지 ················ 159
　2. 팔거산성의 축성 시기와 축성기법을 살펴보면 ·························· 163

제2장 임진왜란 극복의 팔거 경상감영 시대　181

Ⅰ. 팔거 경상감영에서 명군 총병 유정(劉綎)에 대하여　182
　1. 『조선왕조실록』에 나타난 팔거현을 찾아서 ······························ 183
　2. 경산부(京山府 혹은 星州牧) 팔거현을 살펴보면 ······················· 198
　3. 『조선왕조실록』에서 팔거현(八莒縣)과 총병 유정(摠兵 劉綎) ········ 206

Ⅱ. 팔거 경상감영 시대 관찰사와 그들의 업적　220
　1. 팔거현 경상감사(八莒縣 慶尙監司)로 누가 왔는가? ····················· 221
　2. 경상도선생안(慶尙道先生案)에서
　　 팔거 경상도 관찰사(慶尙道觀察使)는? ································ 221
　3. 국란을 극복한답시고 분도합도(分道合道)에 갈등까지 ················ 223
　4. 팔거현 경상감영(통합/좌도)에서 무슨 일들이 있었나? ············· 226
　5. 『선조실록』에서 경상도 관찰사 홍이상(洪履祥)의 모습 ················ 229
　6. 『선조실록』에서 경상도 관찰사 이용순(李用淳)의 모습 ················ 233

제3장 팔거현이 칠곡도호부로 꽃피다   237

1. 팔거현에 경상감영은 가고, 칠곡도호부가 설치되다 ·················· 238
2. 천험요새(天險要塞)엔 백성의 원성 따위는 들리지 않았다 ············ 241
3. 칠곡도호부의 태동에서부터 폐지까지의 연혁 ······················· 252

제4장 6·25 전쟁의 아마겟돈 전투   271

Ⅰ. 미 육군 전투사에서 다부동 전투의 전주곡   272

1. 자유는 공짜로 얻어지는 건 없다(Freedom is not free) ············· 273
2. 다부동 전투의 전주곡(Prelude to the Battle of Tabudong) ········ 284

Ⅱ. 미 육군 전투사 속 '6.25 전쟁의 아마겟돈 전투'   328

1. 대구 방어를 지원하고자(Back on Taegu) ························· 329
2. 숲데미산(水巖山, 518고지) 점령을 위한 공략작전(攻落作戰) ········ 335
3. 미 제8 군사령부 안에서 위기
   (Crisis in the Eighth Army Command, U.S.) ····················· 340
4. 대구의 아마겟돈 314고지 전투
   (Hill 314 Battle of Daegu's Armageddon) ······················· 369

Ⅲ. 6.25 전쟁(Korea War), 1,129일간의 전투   **378**

  1. 자유민주주의가 승리한 전쟁(The war that liberal democracy won)… 379

  2. 미소(美蘇) 고래 싸움에 작은 새우 한국의 등이 터졌던 전쟁(戰爭)… 380

  3. 반격의 발판을 마련한 낙동강 방어선 전투……………………………385

Ⅳ. 다부동 아마겟돈 전투를 향해서   **396**

  1. "방귀 잦으면 똥 싼다"는 격으로 …………………………………………397

  2. 다부동(多富洞)에서 아마겟돈(Armageddon) 전투가 있기까지 …… 400

  3. 6.25 전쟁의 아마겟돈(Armageddon) 전투를 다부동(多富洞)에서 … 414

Ⅴ. 다부동 전투에서 판 뒤집기와 반격의 발판 마련을   **438**

  1. 369고지 전투(Battle of the 369 Hilltop. 1950.8.6.~8.12.)…………439

  2. 제1 사단 지휘부의 판단과 북한군 전차의 낙동강 도하 ……………451

  3. 똥 싸기 전 잦은 방귀, 다부동(多富洞) 인근 피아공방전(彼我攻防戰)… 459

  4. 북한군의 재정비(再整備)와 국군의 굳히기 작전(固着作戰)…………468

Ⅵ. 아마겟돈 전투 현장은 이렇게 아비규환 지옥이었다   **480**

  1. 아비규환(阿鼻叫喚)의 전장(戰場)과 비참한 민생 현실………………481

  2. 결사대(決死隊)의 '벼랑 끝 작전(brinkmanship operation)' …………488

  3. 다부동(多富洞) 부근(附近)에서 각종 전투(各種戰鬪) ………………496

  4. 한국전쟁사에서 다부동 전투의 의미와 시사점(示唆點) ……………525

    인용 문헌(참고자료) ……………………………………………………534

제1장
칠곡(팔거리)의 선사시대

I.
팔거리(八莒里)
고인돌을 찾아서

그 많았던 고인돌은 어디로 갔는가?

1.
칠봉산(七峯山)에서
'칠곡(漆谷, Seven Valley)'이란 명칭

먼저 칠곡(漆谷, 七谷 → 漆谷)이란 명칭은 어디서 나왔는지를 살펴보면, 1) 가산(架山, 901.6m/sl)은 7개 나지막한 봉우리들로 형성(形成)되어 있는데 그 산기슭 동네들[山麓里]이라고 해서 칠곡(漆谷)이라는 일설, 2) 옛 고려 때는 가산(架山)을 칠봉산(七峯山)이라고 했는데, 7개 산봉우리 아래 읍치기지(邑治基址)를 칭한다는 다른 일설이 있다. 서지학적(書誌學的)인 고찰을 한다면,『삼국사(三國史) 지리지(地理志)』에서는 양주(良州) 수창군조(壽昌郡條)에서 "팔거리현(八居里縣)이라고 했다가 757(景德王 16)년에 한 자음으로 팔거현(八居縣)으로 개칭했다."라고 한다. 당시 화원현(花園縣)과 같이 수창군(壽昌郡)에 속했다.『고려사 지리지(高麗史 地理志)』에도 경상도 경산부(京山府, 일명 星州府) 팔거현(八居縣)이 되었다. 이후에 한자가 '살 거(居)'에서 '토란 거(莒, 일명 감자 거)'로 바꿔 팔거현(八莒縣)이 되었다. 1018(현종 9)년에는 경산부(京山府, 오늘날 星州郡) 내속 팔거현(八莒縣)을 별호로 칠곡(七谷)이라고 했다.5 임진왜란(壬辰倭亂) 이후 1640(인조 18)년에 가산산성에 터전을 마련해 팔거현(八莒縣)을 칠곡도호부로 승격시켜 산중읍치(山中邑治)를 시작했다. 이때 초대 부사론 윤양(尹瀁)이 부임했다. 이후는 줄곧 칠곡(漆谷)이라고 했다.6

한편 칠곡(漆谷)이란 명칭의 연유를 자세히 살펴보면 1899년도 편찬한『칠곡부읍지(漆谷府邑誌)』에서는 "팔거현의 명산 가산(架山, 901.6m/sl)을 일명 칠봉산(七峯山)이라고 했다. 이는 산봉우리[山頂]가 나직한 7개의 봉

(峰)으로 둘러싸인 평정(平頂, plateau)을 이루고, 골짜기도 사방 8개(七谷八野)로 형성하고 있다. 여기서 명칭을 따서 칠곡(七谷)이라고 했는데, 그후 '일곱 칠(七)' 자를 '옻 칠(柒)' 자로 바꿔 칠곡(漆谷, 柒谷 혹은 七谷)으로 사용하고 있다(七峯山作谷爲邑基址. 故號曰漆谷云)."7 고려 시대부터 한자 일곱 칠(七)의 가진 자(完璧字)로 옻 칠(漆) 자, 옻나무 칠(桼), 같은 칠(柒, 同字七) 혹은 쪼갤 칠(刺) 등을 사용했다. 이런 갖은 '일곱 칠' 자(字)는 분재기(分財記), 금전문서(金錢文書) 등에 임의적 수정을 못 하도록 사용했다. 이렇게 유사한 한자를 사용해서 표기하는 현상을 두고 속자사용(俗字使用) 혹은 상통관계(相通關係)라고 했다. 일반 백성들은 이를 두고 못마땅하게 "배운 놈답게 꼴값한다(學者然, 배운 사람처럼)."라는 표현까지 했다. 이와 같은 내용은 2006년 칠곡문화원(漆谷文化院)에서 발간한 『칠곡마을지(漆谷洞里誌)』8에서도 기록하고 있다.9

Q 세븐밸리 컨트리파크(출처: 영국 홈페이지)

오늘날 칠곡(漆谷)이란 영어로는 '세븐밸리(Seven Valley)'라고 하며, 실제로 세븐밸리 주택, 세븐밸리 승마장, 세븐밸리 커피점, 세븐밸리 쇼핑센터 등이 있다. 특별하게도 가산리(架山里)와 금화리(錦華里)에서는 6.25 전쟁 당시를 회상하게끔 '볼링 앨리(Bowling Alley)'라는 간판을 아직도 내걸고 있다. 이는 6.25 전쟁(Korea War) 당시 1950년 8월 21일 미 8군단 제27연대가 북한(인민)군과 전차 전투(tank battle)를 하는데, 야간 조명탄 속에서 천평리(泉坪里) 금화계곡(錦華溪谷)이란 볼링장(bowling alley)에서 탱크들이 볼링공(bowling ball)처럼 굴려 떨어짐을 표현했다. '피 내음 나는 치열한 탱크전(bloody fierce tank battle)'을 볼링게임에 비유했다니, 1) 미군의 전쟁유머가 살아있으나? 2) 호국영령(護國英

靈)을 생각할 때 씁쓸한 미소를 띠지 않을 수 없다.

　1980년 12월 1일 인구 30,120명으로 칠곡면(漆谷面)에서 칠곡읍(漆谷邑)으로 승격되어 6개월 이후에는 1981년 7월 1일 달성군(達城君) 월배읍, 성서읍, 공산면, 칠곡군(漆谷郡)의 칠곡읍(漆谷邑), 경산군(慶山郡)의 안심읍과 고산면이 편입되어 대구직할시(大邱直轄市)로 승격되었다. 1995년 3월 1일 달성군을 편입시켜서 대구광역시(大邱廣域市)가 되었고, 2023년 7월 1일 군위군(軍威郡)까지 받아들여서 국내 최대광역시(最大廣域市)가 되었다. 따라서 옛 팔거현은 칠곡을 낳은 모태임에도 칠곡에서 벗어나 대구광역시 북구의 행정구역으로 포함되어 있어 자손을 두고 재가했던 할머니(棄孫得再嫁之祖母) 꼴이 되었다.

2. 칠곡향교 하마비(漆谷鄉校 下馬碑)의 받침돌(龜趺 혹은 座臺石)이?

　청동기시대 고인돌에 대해 칠곡향토문화사(漆谷鄉土文化史)에 있어, 일반화된 생각 하나는? 바로 지난 1987년 6월 29일 세칭 '6·29선언'으로 "보통사람의 위대한 시대(The Great Age of the Common Man)"를 구호로 당선된 제13대 노태우(盧泰愚, 1932~2021) 대통령은 1988년 2월 25일부터 1993년 2월 25일까지 '주택 200만 호 건설정책'을 강력히 추진함에 따라 칠곡택지개발(漆谷宅地開發)을 하는 바람에 문화재의 소중함에 신경을 쓰지 못하였다. 호구지책(糊口之策)에 급급하다가 보니 칠곡향토문화사에서는 고인돌 하나도 제대로 남기지 못한 난개발사례(亂開發事例, mal-development case)를 만든 것으로 지적하고 있다. 이에 향토사를 배우는 입장에서 자성의 계기를 마련하고자 한다. 이곳에서 40년 이상 향토에 몸담아온 사람의 입장에서는 '마른 수건을 몇 번이고 다시 짜듯이(just like wringing out a dry towel over and over again)' 남은 것이라도 챙기고자 할 뿐이다.

 칠곡의 고인돌(支石墓)에 관심을 가지고 활동하고 있는 많은 분들의 의견을 수렴 정리하면, 가장 먼저 2014년에 '팔거역사문화 연구회(八莒歷史文化研究會)'가 칠곡(漆谷)의 옛 고을 명칭 팔거(八莒)의 향토사를 찾겠다는 의지표명(意志表明)을 했다. 10년간 9권의 연구결과물을 내놓아 지역주민의 바람에 부응하였다10. 따라서 현재 칠곡 고인돌에 관심을 가지고 언급하고 있는 분들이 대부분 팔거역사문화연구회 출신이다. 초대 회장 이정웅(李貞雄), 제2대 회장 배석운(裵錫雲), 임원이었던 고(故) 한영기(韓榮基) 씨 및 칠곡향교 전교 김정립(金楨立) 그리고 구의원 김상선(金尙善)께서 고인돌에 관심과 의견을 주었다. 여기선 앞으로 고인돌 연구 방향 및 방법론 등에 도움을 주고자 아래와 같이 요약 정리한다.

 1980년 후반기 칠곡택지개발 이전에 고인돌은 1) 동명면 학명리 오계산(午鷄山, 466.3m)에서 발원하는 팔거천(八莒川)은 금호강의 사수·매천지역에서 역류로 인한 홍수피해가 크기 때문에 하천 수변에 농경지 이외에 거주지나 묘지 등이 들어서지 않았다. 청동기시대 때에도 팔거천을 피해서 조금 높은 지대에 농경지나 거주지 주변에 고인돌이 많았다. 특히 1) 구수산 대천변(龜首山帶川邊)에는 민간신앙의 칠성단(七星壇)과 칠곡도호부의 여제단(厲祭壇, 八莒縣厲祭壇在東湖霜池近)11이 있었다. 따라서 인근에 적석제단

(積石祭壇)과 돌탑들이 많았다. 구수산(龜首山), 가산(架山, 현재 관음공원) ▷ 고평(高平) ▷ 말산(馬山) ▷ 제비산(燕山) ▷ 옥녀봉(玉女峰) ▷ 나박산(懦薄山)이라는 궁형산성(弓形山城) 혹은 궁성(弓城)을 중심으로 고인돌이 많았다. 현재 남아있는 제단(祭壇)의 흔적으로 구수산 여제단(厲祭壇, 漆谷都護府厲祭壇), 관음(가)산 동제(洞祭), 읍내동 성황당(城隍堂), 나박산 사직단(社稷壇) 등이 있다.

🔍 명륜당 앞 하마비(2018년)

이와 유사한 청동기시대(靑銅器時代)엔 고인돌(支石墓, dolmen), 선돌(立石, menhir), 제단(祭壇, altar) 등의 거석(巨石) 혹은 적석문화(積石文化)가 존재했다. 2) 최근 구암동 고분군(鳩巖洞古墳群)을 발굴하면서 적석석곽묘의 덮개돌로 많은 고인돌이 사용되었다는 주장이 한때 있었다. 3) 현존하는 고인돌이라고 하는 고평지역 읍내정보통신학교(대구소년원) 앞 쌈지공원(Vast Pocket Park)에 있는 6개의 바위는 화강암(花崗巖)이나 1990년대 택지개발 당시에 조경석으로 설치했다. 칠곡경북대학교병원 앞 가든공원(Garden Park)에 10여 개의 조경석(造景石)은 화강암(花崗巖)으로 2007년 3월 29일 경북대학교 병원 기공식을 한 뒤에 조경석으로 설치했다. 왜냐하면, 지질학상 이곳은 중생대 백악기 육성퇴적층 지역(陸成堆積層 地域)이라서 퇴적암(堆積巖, 이암, 사암, 역암, 실트암, 셰일, 석회암, 응회암 등)이 산재되어 있었기에 인근에 돌을 이용해 고인돌을 설치했기 때문이다. 화산암(火山巖, 현무암, 안산암, 유문암, 반려암, 섬록암, 화강암 등)이나 변성암(變成巖) 암석류는 타지에서 특정한 목적에 따라 최근 이동했기에 과거 청동기시대의 고인돌이 아니고, 최근에 조경석으로 설치했다. 태전동 501-1번지에 있는 대구국토관리사무소(大邱國土管理事務所) 정원(庭園)에 있는 연석 및 조경석은 모두 사암(砂巖)이 아닌 화강암, 화산암 등으로 다른 곳에서 2000년 이후 반입된 조경석(造景石)이었다. 따라서 현장조사(現場調査) 결과 결론은 청동기시대(靑銅器時代)의 고인돌(支石墓)12이라고는 볼 수 없었다.

귀부석의 성혈(2023.9.13.실사)

최근 4) 현재 향교 양현당(養賢堂) 앞 길섶에 1642년경에 제작된 하마비(下馬碑) 받침돌(龜趺)이 고인돌이라서 지역 문화재로 지정하자는 주장이 나왔다.13 칠곡향교 하마비 받침돌(下馬碑座臺石)에 대해 2 차례 현장실사를 통해서 고인돌(支石)인가를 분석해 봤다.

(1) 암석 종류로 봐서 비신(碑身)은 백색 사암(白色砂巖)과 받침돌은 청회색(靑灰色) 사암(砂巖)으로 퇴적암의 일종으로 봐 퇴적층 칠곡지역에서 산출되었다. (2) 1642년경 칠곡향교 전후에 하마비(下馬碑)를 제작할 때 받침돌을 향교 계단석에서 빼고 다른 돌로 대체했는지? (3) 77개의 성혈(性穴, cup mark)은 비석제작 이후에 낫, 호미 혹은 곡괭이 등으로 찍고 난 뒤에 숟가락 혹은 칼 등으로 긁어서 아들을 낳게 해달라는 기원(祈子) 혹은 아들 녀석이 말 타고 다니는 관리와 선비(祈儒官)가 되기를 간절히 기도했던 흔적이었다는 주장이 있었다. (3) 비석의 비신(碑身)과 귀부(龜趺)의 맞물린 상태를 자세히 보면 비신(碑身)이 성혈(cup mark)을 깔고 앉은 게 없는 것으로 봐서는 하마비(下馬碑)를 세운 뒤에 성혈이 만들어졌다. (4) 귀부석(龜趺石)의 훼손 정도나 경도(硬度)로 봐서는 청동기시대(靑銅器時代) 고인돌에서 성혈이 제작된 것이 아닌 향교(明倫堂) 앞에 있을 때에 출입했던 선비나 향교 마을 일반 백성들에 의해 성혈(性穴, cup mark)을 남기면서 치성(致誠)을 들였던 것으로 보였다. (5) 비신(碑身)과 귀부석(座臺石)을 시멘트로 접합

했음을 봐 1919년 일본제국(日本帝國)이 조선에 1개 공장 군수병참산업(軍需兵站産業)으로 시멘트를 생산했지만, 군수시설 이외는 금지되었기에 칠곡향교하마비(漆谷鄕校 下馬碑)에 시멘트를 사용하기는 1945년 해방(解放) 이후(以後)로 추정된다.

3. 청동기시대, 언제쯤 팔거현(칠곡)에 거주가 시작되었을까?

지난 2020년 3월 13일경 운암지(雲巖池) 앞 구암동고분군(鳩巖洞古墳群) 산기슭에 있는 함지별 성혈암(咸池星穴巖, Hamji Star Mark Rock)을 현장조사(現場調査)를 하고 있었는데, 지나가던 호기심 많은 한 초등학생(初等學生)이 자세히 들여다보고 있었다. 스마트폰(smartphone)에 설치해 놓았던 GPS와 고도계(altimeter)를 통해서 현장 주소, 좌표 및 해발고도를 측정하고, 맨눈(肉眼)으로 보이는 바위에 새겨진 동그라미 별자리 구멍(星穴, star mark) 200여 개 점을 스케치하고 있었다. 이를 보고 있던 그 학생이 난데없이 "아저씨, 이 별자리로 칠곡에 언제쯤 사람이 살았을까요?"라는 질문을

🔍 운암(웇)골 남두육성(별) 바위(2020.9.19.)

던졌다. 그때 천문학상 별자리 세차(歲差, precession)를 이용해 이동연대(별을 보고 성혈을 만들었던 사람의 실존연대)를 추산할 수 있다는 생각이 뇌리를 스쳤다. 이후 칠곡에 사람이 언제쯤 살았을까를 추정(比定)할 수 있는 고인돌(支石), 별자리 돌(星穴巖) 혹은 고대유물(古代遺物)을 찾고 있었다.

  그해 9월 19일 구암동고분군 탐방안내소 한 여성 문화탐방 해설사와 같이 운암지(雲暗紙) ▷ 함지산 미륵사(咸池山 彌勒寺) ▷ 운곡서당(雲谷書堂) ▷ 운암체육공원(雲巖體育公園) ▷ 옻골 오솔길 가로 보안등 번호 5~6호 사이 오르막길 바로 위에 있는 '운암골(옻골) 별자리 바위(漆谷星座巖)'를 찾았다. 이렇게 쉽게 찾을 수 있었던 건, 이미 지난 2006년 5월 23일 『매일신문』에서 약목중학교(若木高等學校) 임동철 교장(歷史專攻) 선생이 제보하고, 같은 신문 8월 21일 "칠곡 함지산서 별자리 성혈 발견 학계 관심"이란 기사가 게재되었다.[14] 현장에서 문화해설사와 같이 바위의 규모를 측정해 보니 보도된 바와 같이 길이 1.3m, 폭 1.0m, 높이 0.75m였다. 성혈(星穴, 별자리 구멍)을 확인하기엔 인위적으로 파놓은 구멍에 이끼가 끼어있었으나 육안 확인이 가능했다. 암석의 종류는 윗부분은 퇴적암(堆積巖)의 사암(砂巖)이었으나 아랫부분에 자갈이 박혀 있는 역암(礫巖)이었다. 중량은 초등학생 때에 배운 돌의 비중 2.6을 곱해서 1.723톤(1.30×1.00×0.75×68%×2.6=1.7238톤)으로 추산되었다.

  가장 먼저 갖고 갔던 스마트폰의 GPS를 통해서 소재지 주소와 좌표를 측정하니 대구광역시 북구 구암동 377번지, 좌표는 동경 128도 34분 11초, 북위 35도 55분 55.4초였다. 위성사진을 이용해 주변 약도를 대신했다. 실사 항목은 가장 중요한 게 바로 별자리 구멍이었다. 성혈의 숫자는 보도된 자료와 상이하나 앞면 6개, 윗면 12개, 뒷면 18개가 확연했다. 암석 안치 방향(장축 방향)과 주변 산세를 살펴보면 1) 주변 산이 호리병처럼 막고 있어 남두육성(南斗六星, 오늘날 궁수별자리)만이 보이는 곳이며, 2) 앞면에 남두육성(南斗六星, The Milk Dipper)의 암각 별자리 모양이 국자를 바로 놓은 모양으로 지름 17mm 정도로 뚜렷하게 구멍을 새겼음은 간절한 기원이었다. "간절한 마음 닿지 않는 곳 있으랴."라는 성경 구절이 생각나게 한다. 3) 다른 면(옆, 윗면과 뒷면)의 많은 성혈은 속칭 "거름 지고 장에 간다."라는 격으로, 나중에 뒤따라 축도(祝禱)했던 흔적이었다. 성혈 수가 많다는 건 장

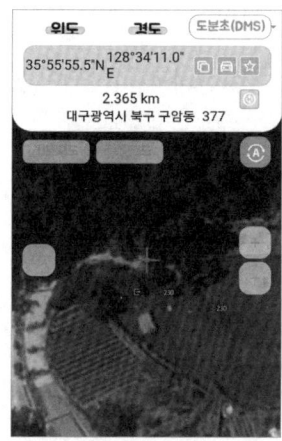

Q 위성사진, GPS좌표와 주소

기간 여러 사람에 의해서 몇 차례 새겨졌다는 흔적이었다. 4) 암각 순서는 남두육성(南斗六星)은 정남(正南) 방향인 윗면에서, 다음은 별빛이 보이는 앞면(2회, 12개), 그리고 빈틈이 없자 뒷면(3회, 18개)에까지 구멍을 팠다.

이를 통해서 알 수 있는 건, 선사시대(先史時代) 인류는 천재지변(天災地變)이나 길흉화복(吉凶禍福)을 예측하고자 하늘의 별자리를 봤다. 기원전 10세기에 페니키아(Phoenicia) 상인들은 별자리(北極星)를 보고 교역 해로(交易海路, trade sea route)를 개척했다. 신라 장보고(張保皐, 790~841)[15]는 당시 천문항법(天文航法,

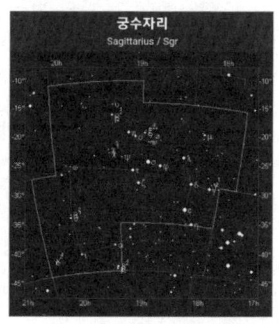

Q 궁수별자리 천문도

astronomical navigation)으로 청해진(淸海鎭)을 중심으로 극동아시아의 해상왕국(海上王國)을 만들었다. 선사시대(先史時代)에선 별자리는 전쟁, 농사 및 질병과도 밀접한 관계가 있었다. 선인(先人)들의 기본상식은 동진(東晉) 간보(干寶, 286~336)의 괴기소설(怪奇小說)『수신기(搜神記)』에서 "남두육성(南斗六星, The Milky Dipper)은 사람의 삶(壽福)을 주관하고, 북두칠성

(北斗七星, The Big Dipper)은 인간의 죽음(冥福)을 주관한다(南斗注生, 北斗注死)."16라고 기록되어 있다. 이 책은 마치 신약성서(新約聖書) 요한계시록(The Book of Revelation)에 비견(比肩)될 수 있다. 우리의 선조(先祖)들은 농사 풍년 기원(農事豊年祈願), 개인적 수복(壽福)을 빌고자 생전에 남두육성(南斗六星)에다가 기원했다. 특히 청동기시대 한반도 남부(大邱地域)에선 남두육성(南斗六星, Sagittarius, 궁수자리)은 5월에 동남(巽方, 周易八卦方向) 하늘에 나타나고, 6월에 하늘 가운데에, 그리고 8월에 사라진다. 이 별은 농경책력(農耕冊曆) 별자리로 바로 5월 파종, 6월 모내기 및 8월 추수를 했다. 그러나 오늘날은 대구에선 보이지 않는다. 세차운동으로 오늘날은 제주도 이어도 이남으로 가야 보인다.

이 바위에 별자리를 새겼던 사실만으로 청동기 농경시대부터 이곳에서 살면서 농경을 했음을 말하고 있다. 남아있는 성혈(性穴)로도 남두육성(南斗六星)에 간절한 소원인 풍년을 축도했다. 최초 이 바위에 별자리 구멍(星座)을 만든 사람은 청동시대(靑銅器時代)였다. 하늘의 남두육성(南斗六星)을 보고, 그 별 방향을 향해 몇 번이고 기도를 드리면서 갖고 왔던 도구(靑銅器)로 바위에다가 별자리를 성혈(星穴)로 만들었다. 간절한 소망을 하늘의 남두육성(南斗六星)에게 드려 보이고자 또렷하게 새겼다. 그렇게 했기에 강수풍파(降水風波)로 훼손되었음에도 오늘에까지 왔다. 이런 성혈(암각)연대를 측정할 경우는 반감기(半減期. half life)가 5,730년인 C_{14}(탄소동위원소) 연대측정(年代測定)으로 1,000년 이상의 오차(誤差)가 남에도 비교적 용이(容易)한 측정기법이기에 고고학적 절대연대측정(考古學的 絶對年代測定)에 탄소동위원소연대기법(carbon isotope dating technique)이 많이 쓰인다. 원자물리학에서 이를 두고 '고고학의 연금술(The Alchemy of Archaeology)'이라고 한다. 대표적으로 예수가 입었다는 성의(聖衣)를 갖고 방사성탄소 연대 측정을 시도했더니 BP 1,000년 이상 오차가 발생하도록 C_{14}의 성분이 사라졌다는 결론에 도달했다. 반감기(半減期)가 5,730년이라는 비교적 길다는 점에서 가장 짧은 9.7초인 하슘(hassium, 원자번호 108번)에 비해 정확성이 많이 떨어진다.

우리가 이제까지 가장 불변(不變)했다는 북극성(北極星)도 최근에서는 움직임을 확인했으며, 1개의 붙박이별(one-fixed star)이라고 믿었던 개념도 깨어지고, 3개 이상의 별임이 판명되었다. 이후 우주 관측에 있어 보다 정밀성을 요구하는 경우는 기준성(基準城)을 북극성(北極星)에서 퀘이사(Quasar)로 바꾸고 있다. 그러함에도 오차가 적은 성혈제작(星穴製作) 연대 측정를 측정하기 위해서 천문학적 성좌세차계산(天文學的 歲差計算, astronomical constellation precession calculation)에 북극성을 기준점으로 측정한다. 동서양을 막론하고 고대부터 적도 항법엔 노인성(老人星, Canopus)을 천문항법에 기준점으로 했고, 오늘날 우주 탐사에도 노인성을 기준점으로 하고 있다.[17]

'칠곡 운암지 청동기시대 고인돌 별자리를 새겼던 사람들이 지금으로부터 언제쯤 살았는지?'라는 문제는 1) 중학교 향토사 과제(中學校 鄕土史 課題)로 혹은 2) 대학생(大學生)의 천문학개론의 리포트 과제로 나올 법하다. 물론 천문학도라면 미 NASA의 시뮬레이션 웹사이트(simulation website)를 이용하면 연월일까지는 간단하게 인공지능(人工知能)을 이용한 계산이 된다. 그러나 중학생 정도 간단한 산수 계산으로 풀이가 가능하다.

구 분	서 울	운암 바위	이 어 도
북 위	37도 34분	35도 55분	32도 0분
좌표분산	2,254	2,155	1,920
BP 연대	BP 3,000±10년	BP 2,110±10년	0년(오늘날)

오늘날 우리나라 제주도 남쪽 이어도(離於島, Ieodo)에서 볼 수 있는 남십자성(南十字星, Crux)이 3,000년 전 청동기 때는 서울에서도 보였다. 3,000년간 별자리가 이동해 북위 37도 34분 55초(서울)에서 북위 32도 07초(이어도)까지 세차(歲差)를 내었다. 남두육성(南斗六星)도 붙박이별이 아니기에 남두육성과 같이 세차(precession)[18]를 내었다는 게 우주(자연)의 섭리다. 여기서 북위 차이를 계산함에 주의할 점은 도·분·초는 100진법이 아닌 60진법이다. 천문학도생들의 과제에서 90% 이상이 이에 오산하고 있다. 운암골 별자리 바위(북위 35도 55분 55.4초)에 남두육성(南斗六星)을 새겼던 시기에 이곳에서 남두육성(南斗六星)을 두 눈(肉眼)으로 봤다. 지금부터 3000년 전에는 서울(37도 34분 55초)에서 볼 수 있었으나, 3,000년이 지난 오늘날에 이어도(32도 07초)의 시간적 거리(temporal distance, 3,000년)와 물리적 거리(北緯差異, physical distance)를 구하는 산수 풀이를 하면 이때 사람들이 운암 별자리 바위(약칭 운암 바위)에다가 새겼다고 추정할 수 있다. 중학생 수준으로 도표를 만들어 풀이하면, 지금부터 2,155년 전까지는 이곳에서 남두육성(南斗六星)을 볼 수 있었다. 따라서 이곳에 별자리를 새겼던 사람들은 BP(before present) 2,111년 전에 살았다. 현재 2024년을 기준으로 하면 BC 86년 이전 이곳에서 농사를 지었고, 남두육성(南斗六星)에 풍년을 기도하는 간절한 마음을 담아서 별자리를 새겼다. 이를 오늘날 우리가 보고 있다. BC 57년 신라(新羅) 건국연도(建國年度)보다 30여 년이나 빠른 시기에 이곳 칠곡(八莒縣)에 사람들이 이미 살고 있었다.

4.
인근 지역(隣近地域) 별자리 바위에서 제작연대측정 사례

　지난 『낙동강 상류 실존 왕국: 고녕가야(古寧伽倻)』를 쓰기 위해서 함창읍 지역을 여러 차례 현장 실사를 했다. 특히 함창읍 신흥 3리의 머리 뫼[頭山]의 머릿돌 혹은 거북 알림돌(龜旨巖)은 GPS상 좌표를 기반으로 탄성추계(彈性推計)한 결과 BP 2,307±10년으로, 달서구 진천동 선사공원의 성혈 바위의 남두육성(남두육성)의 성혈 제작연대는 BP 1,874±10년으로 짐작되었다.

항 목	달서 진천동	함창 신흥 3리
북 위	35도 50분	36도3 4분
좌표분산	2,150분	2,194분
BP 연대	BP 1,874	BP 2,307

　지난 2018년 12월 18일 아라가야 왕릉급 고분인 함안 말이산 제13호 고분(사적 제515호) 덮개돌에서 전갈 별자리와 궁수 별자리 등의 별자리 125개가 새겨진 별자리 구멍(星穴, star mark)이 발견되었다. 고고학자들은 5~6세기에 만들어진 것으로 추정하고 있다.[19] 구암동고분군 탐방안내소(鳩巖洞古墳群 探訪案內所)에 근무하시는 문화해설사 한 분께서 아라가야(阿羅伽倻) 말이산(末伊山) 왕릉급 제13호 고분 천개석(天蓋石)의 남두육성(南斗六星)의 세차계산(歲差計算, precession calculation)으로 제작연대(製作年代) 탄성추계(彈性推計)를 부탁했다. 현장 실사했던 기록이 없어서

휴대폰으로 소재지 주소 경남도 함안군(慶南道 咸安郡) 가야읍(伽倻邑) 고분길 153-31을 찾아서 GPS를 통해 좌표는 북위 35도 16분 16.4초, 동경 128도 24분 6.78초에 해당했다. 이를 기반으로 남두육성(南斗六星)의 세차를 계산하면 BP 1,797년경으로 AD 227년경(3세기)으로 추계(推計)된다. 물론 별자리 고인돌로 사용되었던 것을 왕릉을 조성할 때에 덮개돌(天蓋石)로 재사용했다고 볼 수 있다. 이렇게 2~3세기의 연대추정(年代測定)의 차이는 앞으로 계량고고학(計量考古學, Quantitative Archaeology)이 해결해야 할 과제로 보인다. 5~6세기로 추정함에는 부장품(副葬品)을 기준으로 측정했기에 불합리(不合理)한 방법론은 아니다.

구 분	말이산 제13호
북 위	35도 16분
좌표분산	2,116
BP 연대	BP 1797±10년

5.
팔거현(八莒縣)엔 동명면 금암리(錦巖里) 고인돌군(支石墓郡)뿐이라는데요?

"구암동 377번지의 남두육성 별자리 바위는 고인돌이 아니고, 성혈암(星穴巖)일 뿐이다."라고 하시는 원로 향토사학자의 주장은 팔거리(八莒里, 漆谷)에서는 동명면 금암리 고인돌군뿐이라고 주장하시면서 인정하지 않고 있다.[20] 소재지는 칠곡군 동명면 금암리 835번지와 978번지로 청동기시대 고인돌로 칠곡군에서 지정 관리하고 있다. 금암리(錦巖里, 일명 비단 바위 마을)[21] 고인돌군(支石墓群)에서는 금암리 835번지에 4기가 있고, 978번지에 1기가 있다. 모두가 개석식 지석묘(蓋石式 支石墓, 뚜껑 있는 고인돌)다. 칠곡군의 문화재 기록보다 좀 더 자세한 실사를 위해서, 가장 먼저 항공사진을 찾아봤으나 보이지 않았다. 2024년 11월 18일 금암리 835번지(금암리 유등지 앞)와 978번지 주변 거주민에게 문의했으나 모르고, 찾을 수 없었다. 그러나 아쉬움에 과거 기록을 인용하면,[22] 835번지 일대 공장 건축으로 간돌칼(磨製石劍) 1점과 간돌화살촉(磨製石鏃) 4점이 출토되었다. 978번지 일대 공장 건축 때 간돌칼 조각(磨製石劍片)이 출토되었다고 하나 출토물의 소재는 알 수 없다. 금암리 835번지 일대에 현존 4기(基) 고인돌은 패널(sandwich panel) 공장 북쪽 담(벽)에 7m 정도 떨어진 장소에 있었고, 2기(基)는 이곳에 북서쪽으로 200m 정도 떨어진 송전탑(送電塔) 옆에 놓여있었다.

　이들 고인돌의 크기는, 1) 공장 옆 제1호 지석묘는 개석식 지석묘(蓋石式 支石墓)로 윗면에 2개의 성혈(性穴, cup mark)이 새겨져 있었고, 덮개돌(蓋石)의 규모는 길이 1.6m, 폭 1.0m, 높이 0.8m로 장축(長軸)은 동서 방향으로 놓여있었다. 2) 제2호 지석묘는 개석상면(蓋石上面)에 성혈이 43개나 있으며, 덮개돌 규모는 길이 1.70m, 폭 1.60m, 높이 1.9m로 장축(長軸)은 동서 방향으로 안치되어 있었다. 3) 제3호 지석(支石, 고인돌)은 성혈이 없고 개석(蓋石)의 규모는 길이 1.7m, 폭 1.6m, 높이 1.9m, 동서 방향의 장축이다. 4) 제4호 지석(支石)은 성혈이 없고 덮개돌은 길이 1.50m, 폭 1.4m, 높이 0.65m이며, 동서 장축으로 놓여있었다.

　이어 제3호 지석(支石, 고인돌)만은 원래 위치에 안치(安置)되어 있었다. 나머지는 공장 건설(工場建設)로 인하여 모두 한곳으로 이동하여 모아놓았다. 오늘날 공동묘지처럼 청동기시대 선인들도 인근에 여러 기(基)의 고인돌을 설치했다. 금암리(錦巖里) 978번지 철골 가공 공장 마당에 있는 고인돌 1기(基)가 있어 덮개돌의 규모는 길이 3.1m, 폭 2.5m, 높이 1.15m이며, 남북장축(南北長軸)으로 안치되었다. 수년 전 공장신축공사 때 마제석검편(磨製石劍片)이 출토되었다. 이 정도의 고인돌을 청동기시대(靑銅器時代)에 이동하고자 했다면, 적어도 200~300여 명(=15.0톤/0.075~0.1톤) 정도 장정(壯丁)들이 필요했다. 오늘날처럼 중장비(重裝備)를 사용할 수 없고, 땅바닥에 통나무 굴대를 깔고 그 위에 고인돌을 동아줄로 묶어서 일시에 당기고 뒤에선 지렛대로 밀었다.23 돌을 채취했던 채석장(採石場)을 찾아봤으나 근래 도시개발로 인해서 과거 청동기시대(靑銅器時代)의 모습을 찾을 수 없었다.

Q 청동기시대 고인돌 옮기는 모습

지난 2025년 1월 24일 동명면 봉암리 429의 2번지 이만우(76세)의 공장 남동쪽 구석에 고인돌 1기를 현장 방문해 실측했다. GPS상 좌표는 북위 35도 57분 58.69초, 동경 128도 33분 39.7174초, 해발 61m, 고인돌의 정치방향(定置方向)은 장축은 283N으로, 벼농사와 관련성이 있는 '하늘연못(天上淵池)'에 해당하는 함지(咸池) 별자리를 향해 놓여있었다. 밑에는 흰색 사암(砂巖)의 고인돌(支石) 하나와 위 붉은색 사암(赤砂巖)의 덮개돌(蓋石) 하나로 되어있었다. 덮개돌(蓋石)의 규모는 길이 2.31m, 폭 0.77m, 두께 0.29m(0.9687톤)이며, 아래 고인돌은 길이 1.61m, 폭 0.53m, 높이 0.82m (1.273톤)이었다. 농경지 정리 당시에 현재 위치에 옮겨놓았으나 개발에 따라서 다시 옮겨졌다. 그곳이 중생대 백악기 퇴적층(Cretaceous sedimentary layer of the Mesozoic Era)으로 형성된 지질구조를 봐서 가까운 산야(山野)에서 채석(採石)되어 고인돌(支石)로 설치되었다. 농경시필기(農耕始畢期)에 제단 혹은 기우제(祈雨祭) 등에도 사용했다.

6.
고인돌(Dolmen)은 도시 개발에 왜 몰래 묻어야 하는 존재가 되었는가?

고인돌에 대한 연구는 우리나라에서는 1970년 후반기에 시작했으며, 1980년대와 1990년대에 대규모 택지개발 과정에 각종 매장문화재(埋葬文化財, Buried Cultural Property)라는 역사적 문화적 가치(文化財保護中心)보다 토목·건축 중심(土木建設中心)의 경제 혹은 지역개발에 치중했다. 그러함에도 학문적 연구는 끊이지 않았고, 와서 2011년에 들어와서 본격적으로 「문화재 보호법(文化財保護法)」에 매장문화재(埋藏文化財, buried cultural property)라는 범주(範疇)를 설정했다.

지난 2022년 8월 18일 문화재청(文化財廳, 현재 國家遺産廳)은 김해시장(金海市長)이 세계 최대규모의 구산동 고인돌(경남도 기념물)이 있는 유존지역(遺存地域)을 정비과정에 형질변경 행위를 했다고 사법 조치했다. 지방자치단체에서는 고인돌이 있는 유존지역(遺存地域)을 훼손해도 고발이 된다는 사실을 처음으로 알았다.24 이와 같은 사실은 행정기관에서는 한마디로 '재수 없는 일' 혹은 '쪽박을 차는 일'이다. 과거 1988년부터 200만 호 주택건설 과정에, 특히 택지개발지구(宅地開發地區)에 문화재 발굴(文化財 發掘)을 하는데 1) 기존문화재로 등록된 것, 2) 언론이나 문화재보호단체에서 언급해 왔던 것, 3) 개발 과정(都市開發, 農地開發, 宅地開發, 産團開發 등)에 노출된 문화재가 발굴되면 공사를 중단하고 문화재 발굴조사가 끝나야 공사가 재개되기 때문에, (1) 문화재가 발굴되었다는 사실을 현장소장 책임 아래 발견 즉시 땅에 묻거나(최악의 문제가 터지면 현장소장에서 꼬리 자르기), (2) 감독(감리 혹은 관리기관(行政機關)의 담당자 출입이 없는 야간작업(埋沒 혹은 搬出)과 끝내기 등으로 공사기간(工事期間) 안에 준공을 목표로 했다.

우리나라「문화재 보호법(文化財保護法, Cultural Properties Protection Act)」은 1982년 12월 31일에 법률 제3644호로 '문화재의 보호를 위하여 필요한 사항을 규정하는 법률'이 제정되었다. 1998년 12월 3일에 세계고인돌협회 총회(World Dolmen Association General Assembly)를 설립해, 12월 7일 서울 롯데호텔에서 세계총회를 개최했다. 이때 세계고인돌학술토론회가 개최되었다.[25] 우리나라에서는 한국고인돌협회(회장 柳寅鶴, 한양대학교 법대 교수)[26, 27]가 고인돌 세계문화유산 등록(dolmen registered as a world cultural heritage)을 추진하기 위해 협회를 설립했다. 2011년 4월 6일 법률 제10562호로 전문개정을 거쳐서 오늘날 시행되고 있다.「문화재 보호법」을 실시했음에도 고인돌이나 무덤 등에 대한 매장문화재(埋藏文化財)에 대해선 그다지 관심을 갖지 않았다. 한국고고학회(韓國考古學會, The Korean Archaeological Society)에서는 그때『고인돌, 역사가 되다(Dolmen, Becoming History)』라는 331쪽의 단행본을 출판했다. 2011년 7월 21일에 법률 제10882호 '매장문화재(埋藏文化財) 보호 및 조사에 관한 법률'을 제정하여 시행하게 되었다. 고인돌을 문화관광자원(文化觀光資源)으로 공원화(公園化)와 관람료 징수(觀覽料 徵收)를 위하여 2023년부터 조례를 제정한 3개 지방자치단체(地方自治團體)로는 대부분이 전라남도(全羅南道)와 고창군(高敞郡), 화순군(和順郡)에서 4개의 조례를 제정하여 운용하고 있다.

일전에 대도시 도시개발 관련 퇴직공무원을 만나서 대화를 하던 중, 고인돌에 대한 의견을 들어봤다. 고인돌을『문화재 보호법』에 의해 지정 관리를 하고 싶어도 1) 사유재산(私有財産) 이용상 제한, 2) 도시개발 관련 사업에 초래되는 개발이익(開發利益)에 대한 저항, 3) 지방자치단체장(地

方自治團體長)이 유권자의 선거로 선출되기에 가장 예민한 도화선(導火線)이 될 수 있다. 4) 이제까지 행정상 편의적 관례(行政便宜的 慣例)로 굳어져서 관변단체(官邊團體, Near Government Organization)에서도 '좋은 게 좋다(Good is good)'는 자세로 굳어져 있다. 그래서 아예 고인돌의 지정과 관리는 물론 유권자 관리 차원(有權者管理次元)에서 업무담당자(業武擔當者)도 지정하지 않고 있는(法制的不備化 혹은 業務無責任化戰略) 실정이다.

7. '고인돌 도시 대구'의 명색을 유지하고 있는가?

1973년 7월 31일로 경상북도 대구시는 제1차 『대구시사(大邱市史)』 3권을 편찬하고, 1995년 2월 20일 대구광역시로 제2차 『대구시사(大邱市史)』 6권을 편찬했다. 그 가운데 제1차 편찬한 『대구시사(大邱市史)』에서는 "지석묘(고인돌)군은 1920년대 초기만 해도 대구읍성 바깥에 분포해서 장관을 이루었다."28라고 기록하고 있었다. 1945년 광복 전(光復前)까지만 해도 학자에 따라서는 많게는 3,000여

Q GPS좌표와 항공사진의 고인돌

기(基)의 '고인돌 도시'였다고 한다.29 도심개발과 확장에 따라 사라졌고, 현재는 대구시 지정 기념물 제14호 냉천리지석묘군(冷泉里支石墓群)에 8기(基)만 남아있다.30

자세한 기록을 위해 냉천리 지석묘군(冷川里 支石墓群)의 기록을 옮겨본다면, 신천(新川)의 지류인 냉천 개울 옆(냉천리 387의 1번지)에 현재는 8개(基)의 고인돌이 있다. 이들 BC 1,000~BC 3,000년 전 청동기시대(靑銅器時代) 고인돌(支石墓)이다. 위치상으로 과거는 더 많은 고인돌이 있었다. 규모로 봐서는 당대 수장의 무덤이었으며, 때로는 제단(祭壇) 등의 종교적인 행사에도 사용되었다. 덮개돌(蓋石) 모두가 이 지역 달성군의 기반암은 중생대 상부 쥐라기에서 백악기의 경상계 누층군(慶尙系 累層群)으로 퇴적지층(堆積地層)에서 만들어진 사암(砂巖)으로 봐서 멀지 않은 곳에서 채석하여 만들어졌다. 그러나 아래에 고인돌(支石)은 암석과 색깔이 다른 것이 있는 것으로 봐서 이곳에 안치할 때에 고였던 것이다. 현장에 갖고 갔던 구글 사이트(Google Website)의 항공사진으로 확인해도 8개의 고인돌이 확연히 찍혀 나오고, 보다 정확한 GPS 좌표는 북위 35도 46분 54.5초, 동경 128도 28분 39.8초이다.

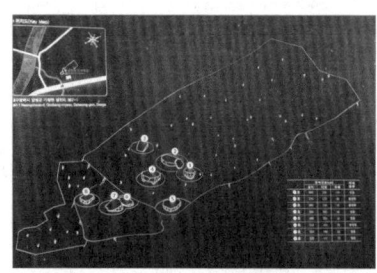

Q 냉천리 지석묘군 현황도(안내판)

2006년 당시 달성군 문화체육과장을 역임했던 강성환(姜成煥, 1955년생) 전 대구시의원(大邱市議員)을 통해 주변에 산재했던 고인돌을 이곳에 모아서 안내판 설치와 안치할 때에 실측한 기록이 있었다. 즉 제1호 고인돌 길이 1.2m, 너비 1.8m, 두께 1.20m(무게 8.648톤), 제2호 2.7m, 너비 1.72m, 두께 0.6m(무게 5.07톤), 제3호 길이 2.6m, 너비 1.5m, 두께 0.52m(무게 3.69톤), 제4호 최대고인돌 길이 3.2m, 너비 2.35m, 두께 0.65m(무게 8.896톤), 제

5호 길이 2.6m, 너비 2.25m, 두께 0.55m(무게 5.85톤), 제6호 길이 2.19m, 너비 1.54m, 두께 0.3m(무게 1.84톤), 제7호 길이 3.0m, 너비 1.66m, 두께 0.55m(무게 4.988톤), 제8호 길이 2.3m, 너비 1.47m, 두께 0.7m(무게 4.30톤) 이었다. 굄돌(支石)이 없는 덮개돌(蓋石)은 제2호, 제3호 및 제6호 고인돌로 안치 시에 이미 없었다. 최대 고인돌은 제4호 덮개돌로 무게만 9톤가량이 되어 청동기시대 이동하고자 한다면 180~200인 장정들이 동아줄로 묶어서 바위 밑에다가 통나무 굴대를 깔고 끌어당겨 이동했을 것이다. 따라서 당시 이곳 주변(4km 내외)에 1,000여 인의 주민들이 거주했다.

'고인돌 도시 대구(Dolmen City Daegu)'의 이름값을 할 수 있게 해주는 건 달서구 선사유적공원(先史遺蹟公園, Prehistoric Site Park)이다. 달서구 진천동(達西區 辰泉洞)에 1997년에 많은 고분(古墳)을 경북대 발굴팀에 의해 발굴 조사했고, 발굴된 유적을 공원화했다. 선돌(立石)을 포함한 구석기, 신석기시대 무덤이 분포되어 있었다. 대형 원시인 상(大形原始人像, Large Primitive Statue)을 뒤편에 설치해 선사유적공원으로 전국 최초 관광 자원화했다. 고인돌 소공원과 함께 선사시대 역사 학습 코스가 있다. 공원을 알리는 입구 표지판은 원시인이 망치로 표지판을 두드리는 안내판은 광고 천재 이제석(1982년생, 예일대학교 석사) 디자이너가 설계했으며, 초등학교 미술 교과서에 게재되었다. 한마디로 '2만 년 동안 역사가 잠들 곳'임을 느끼게 한다.31

Q 원시인 안내판을 박살 낼 모양

8.
"돌멩이(Dolmeni)"이란 말이 '고인돌(Dolmen)'[32]?

고인돌(支石, dolmen)이란 1) 낱말 풀이는 "덮개돌 밑에 고였던 돌(支蓋石)"이라는 의미, 2) 고고학적(考古學的)인 용어는 "청동기시대(BC 3,000~4,000년 전) 혹은 신석기시대 일반적인 무덤 위에 올려놓았던 큰 돌"이다. 여기에는 무덤을 덮고자 밑바닥에 굄돌(支石, pad stone)과 덮개돌(蓋石, cap stone)이 있는데 이를 통칭해서 '고인돌 무덤(支石墓)'이라고 했다. 이를 줄여서 '고인돌(支石, dolemen)'이라고 해왔다.[33] 3) 세계 문화사(世界文化史)에서 전 세계적 분포 현황과 고인돌 문화의 전달 과정을 살펴보면 현존하는 고인돌의 기수(基數)를 기반으로 하면 한반도가 중심이 되어 중국 동북지방에 집중되어 있다. 4) 국사(國史)에서는 고조선 문화의 2대 문화 유산으로 고인돌과 비파형 청동검을 제시하고 있다.

달서선사공원 원시인(출처: 달서구청)

한반도(韓半島)에 가장 많이 남아있는 고창(高敞), 화순(和順) 등 전라남도(全羅南道)에서는 1970년부터 고인돌에 대해서 연구를 해왔으며, 2001년부터는 유네스코(UNESCO)에 세계문화재로 등록하고자 세계거석문화협회(世界巨石文化協會, 회장 柳寅鶴, 漢陽大法大敎授) 결성과 그해 10월 14일 세계거석문화축제(世界巨石文化祝祭, World Megalithic Culture Festival) 및 제4차 국제학술대회(12~15일)를 개최했다. 당시 주제는 '고인돌 속에는 우리 선조의 지혜가 들어있어요(The wisdom of our ancestors is contained in the dolmens).'로, 세계 각국 참여자들과 생각을 나눴다.34 사실 옛날만 아니라, 오늘날에도 인도네시아 숨바(Sumba) 마을 원주민들은 여전히 혈통을 따라 집단 무덤으로 '고인돌 무덤(支石墓)'을 만들어 대략 100개 있고, 와이니야푸(Wainyapu) 전통마을에서도 1,400여 개 고인돌이 남아있다.35

고인돌을 이야기하다가 "고인돌을 영어로 '돌멘(dolmen)'이라고 하는데 우리나라 말 '돌멩이(dolmeni)'에서 유래된 것이 아니냐?"라는 질문을 받았다. 서지학적으로 어원 찾아보면 1) 영어는 프랑스어 '돌멩(dolmen)'에서 브렌트 지역에서 탁자(卓子)의 '타올(taol)'과 돌[石]의 '멩(maen)'의 합성어였다. 즉 '따올 멩(daolmaen)'에서 유래되었다. 보다 2) 고문서를 중심으로 설명하면, 영어에 최초 돌멘(dolmen)이란 단어는 테오필 코르레 드 라 투르 도베르뉴(Théophile Corret de la Tour d'Auvergne, 1611~1675)가 유작(遺作)으로 1796년에 출판된 『갈리아 기원(Origines gauloises)』에서 거석묘(巨石墓)를 설명하는데 '돌민(dolmin)'이라는 철자를 사용하여 고고학에 최초로 등장했다. 3) 이후 10년 후에 돌멘(dolmen)으로 도입되었다. 4) 1885년경 프랑스어에서 돌멩(dolmen)이 표준어가 되었다.

옥스퍼드 영어사전(Oxford English Dictionary)에서는 돌민(Dolmin)은 다루지 않았고, 1859년 브르타뉴(Brittany)36에 관한 책에서 돌멘에 대한 첫 인용문이 제공되었다. '돌 테이블(stone table)'을 의미하는 브르타뉴어(語)에서 유래되었다고 설명했다. 5) 1754년 콘월(Cornwall) 고대유물에 관한 책에서 콘월어(Cornish)로 환상열석(環狀

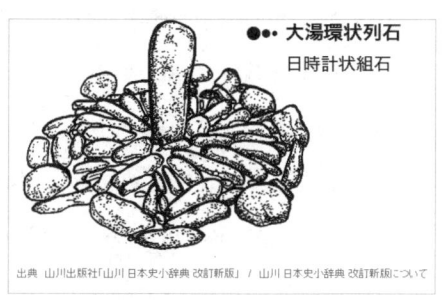

出典 山川出版社「山川 日本史小辞典 改訂新版」 / 山川 日本史小辞典 改訂新版について

列石), 즉 크롬렉(cromlech)을 현대용어 돌멘(dolmen)을 사용했다. 6) 옥스퍼드 영어사전(Oxford English Dictionary)에선 "이 용어(用語)는 라투르 도베르뉴(Latour d'Auvergne, 프랑수의 대원수 귀족)가 돌멘(domen)이라는 용어로 부정확하게 재생산(再生産)하여 그 외 그 뒤를 이은 프랑스 고고학자(考古學者)들이 크롬렉(cromlech)에 오용한 것이라고 생각할 만한 이유가 있다."라고 적고 있었다. 콘월어(Cornish)에서 유사한 말 '크와잇(quoit: 쇠고리에 밧줄을 달아서 던지는 놀이)37'이 있는데, 구멍이 가운데에 난 물체가 '돌멘(dolmen)'이다. 그래서 많은 기념석(記念石)에는 '구멍 난 돌(Mên-an-Tol)'로 사용하고 있었다.38

다른 한편, 인류이동역사(人類移動歷史)를 유전자 시계열(時系列)로 살펴보면 적어도 36회 이상 지구촌에 오갔던 혼혈기록(混血記錄)으로 봐서 한반도에서 유럽으로 문화가 교류되었다. 2024년 5월 12일 연합뉴스에 의하면 '스페인 인구의 800만 명의 카탈루냐(Catalunya) 자치주의 독립분리'가 시험대에 놓였다고 전했다.39 지난 2012년, 2013년 그리고 2014년에도 카탈루냐 분리독립운동(Catalan independence)이 일어났다. 2014년 11월 9일 스페인 의회에서까지 분리독립을 위한 비공식 주민투표(unofficial referendum)를 지지했다. 2017년 10월 27일에 카탈루냐 독립국을 선언했다. 벌써 이전에 독립운동의 신호탄(信號彈)은 바스크(Basque)의 독립운동이 있었다. 후속타(後續打)로 카탈루냐의 독립운동이 이어졌다.40 바스크(Basque)는 아바르족(Avar)이 세운 나라로, 아바르족(Avar, Dagestani of Russia)은 고조선 유민의 후예였다. 서울대학교 신용하(慎鏞廈, 1937년생)41의 『고조선 문명의 사회사』42에서 바스크(Basque)와 카탈루냐(Catalonia) 지역의 고인돌은 바로 '고조선 문화(민족)의 이동(Dolmen is the movement of Gojoseon culture (people)'이라고 봤다.43 따라서 오늘날 고인돌(支

石)이 발견되고 있는 곳은 고조선 망국유민(古朝鮮 亡國流民)들이 흘러들어 간 곳이다. 고조선(古朝鮮) 망국(BC 108년) ▷ 흉노족 멸망(AD 431년) ▷ AD 5세기 중반에 흉노족의 유럽으로 이동(터키, 헝가리, 핀란드) ▷ AD 357년에서 568년까지 게르만 이동 등으로 유럽 그리고 남미(스페인의 남미 식민지화)에까지 수 세기 동안 이동했다.[44] 고조선의 후예들은 수구초심(首丘初心)의 민족혼(民族魂)이 서린 고인돌(支石) 무덤을 남겨놓았다. 따라서 고조선(古朝鮮)의 '돌멩이(dolmeni)'가 프랑스어 '돌멩(dolmen)'를 거쳐서 스페인어 '돌멩이(dolmeni)'[45]로 남게 되었다.[46] 영국에 스톤헨지처럼 스페인의 보석 과달페랄(Guadalperal)이 있다. 이는 BC 2,000~3,000년 전 신석기시대의 스페인 스톤헨지(Spanish Stonehenge)다.[47] 여기서 짚고 넘어가야 할 건, 고고학적 깊은 의미에서는 바스크나 카탈루냐(Basque and Catalonia)의 독립운동에는 '한국의 고인돌 정신(Espíritu de Dolmen Coreano)'의 발로(發露)라고 할 수 있다. 최근 외교상에서도 스페인(Spain)과 한국(Korea)의 관계를 돈독히 하고 있다.[48]

Ⅱ.
함지산 기슭에 구암동 고분군

1.
지군학(地軍學) 그리고 고천문학에서 팔거리(八莒里)의 위상

팔거리(八莒里)의 지군학적(地軍學的) 위상

먼저, 팔거리(八莒里)의 군사상 위상을 살펴보면 신라 시대의 지군학적(地軍學的, geographical military)견지로, 1) 고구려와 경계변방인 계립령(鷄立嶺, 오늘날 聞慶鳥嶺)에서 직선거리(直線距離, straight distance) 85.76km이고, 죽령(竹嶺)에선 직선거리(直線距離)가 104.575km나 떨어져 있어 경주 왕도(慶州王都)에서 군사적 중요도는 '4급 후방 요새지(4th-class rear fortress)'에 해당했다. 2) 다른 한편 대가야(對伽耶) 혹은 대백제(對百濟)와 경계는 낙동강(洛東江)을 타고 들어올 경우는 삼량벌(參良火, 오늘날 현풍)에서 직선거리 23km, 구지면(求知面) 도동(道東)에서 직선거리 30km에 팔거리가 있었다. 만약 금호강(琴湖江) 물길을 타고 왕도경주(王都慶州)에 침입할 때에는 제1 방어선(第一防禦線) 삼량벌(參良火, 오늘날 玄風)에 지방군 제4정(第四停) 흑금효정(黑衿驍停)을49 지원해야 하고, 동시에 신라 왕도 첩경(侵入路)를 차단하는 '제2급 전선 요새지(Second-class front-line fortress)'로 평가할 수 있다.

고구려 광개토왕(廣開土王)이 신라를 지원하고자 가야에 있는 왜구(倭寇)를 추격할 때에 계립령(鷄立嶺, 聞慶) ▷ 선산(구미) ▷ 낙동강을, 고려 태조왕건(太祖王建)은 같은 길을 타고 공산(팔공산)까지 와서 공수대전(公藪大戰)을 벌였다. 때로는 고구려 왜구들이 영천(永川)까지 침입할 때는 동해

▷ 형산강(兄山江)을 타고 경주(慶州) ▷ 영천(永川)으로 접근하기도 했다. 서지학상 문헌을 살펴보면, 조선 세종조의「삼강행실도(三綱行實圖)」에는

史料 7 世宗13年 (1431年) 刊·成宗20年 (1489年) 增補本『三綱行実図』烈婦入江の図

고려 공민왕(恭愍王) 때 1380년 팔거현(八莒縣)에 속했던 소야(所也 혹은 所耶) 마을을 향해 낙동강을 타고 올라온 왜구(倭寇)들이 닥치는 대로 부녀자를 겁탈하자 정절(貞節)을 위해 강물(所耶江)에다 몸을 던진 배씨열부(裵氏烈婦)의 기록이 있다[50]. 소야강(所耶江 혹은 所也江)[51]을 왜관 나루터 혹은 현존하는 지명을 따르면 가산면 소야재(所耶峙 혹은 所也峙)[52]는 인근 냇물이다.[53]

임진왜란(壬辰倭亂) 당시도 대구(大邱) ▷ 인동(仁同) ▷ 문경(聞慶) ▷ 충주(彈琴臺)로 진격했다. 6.25 전쟁도 충주(수안보)▷ 문경(새재) 혹은 김천을 거쳐 ▷ 화녕장(化寧場) 전투 ▷ 오늘날 구미 비산(緋山) 나루터 및 강창(江倉) 나루터 도하전투(渡河戰鬪) ▷ 자고산(鵲烏山), 수암산(水巖山) 및 유학산(遊鶴山) ▷ 가산산성 및 팔공산(雉箕峰, 일명 치키봉) ▷ 314 고지 전투(Battle of Hill 314)에서 최종 사생결단(最終死生決斷)의 전투로 대구함락을 도모했으나, 좌절하고 판이 뒤집어지자 후퇴의 북진(北進)을 하게 되었다.

다시 처음으로 돌아가서, 신라 초기 팔거리(八居里) 혹은 인리(仁里) ▷ 경덕왕 때 팔리(八里)는 수창군(壽昌郡)에 속현 ▷ 고려 940년 팔거현(八居縣) ▷ 팔거(八莒)로 표기 ▷ 현종 때 경산부(京山府, 오늘날 星州)에 예속 ▷ 1593년 6월 전시 경상감영(통합감영)을 팔거현으로 이전 ▷ 1596년 9월에 달성으로 경상감영을 이전하고 다시 팔거현(八莒縣) ▷ 1640년 칠곡도호부(漆谷都護府)로 승격과 가산산성 관아 설치 ▷ 1819 칠곡도호부를 평지

읍치시대(平地邑治時代) 개막, ▷ 1896년 칠곡도호부가 대구부(大邱府)에 편입 ▷1914 인동군(仁同郡)을 통합해 칠곡면 ▷ 1980년 12월 1일 총무처 관보에 의하여 칠곡읍(인구 30,120명)으로 승격 ▷ 1981년 7월 1일 대구광역시 북구에 편입되었다.

특이사항은 가산산성도호부(架山山城都護府) 때 가산진(架山鎭)으로으로 전시에 군사적 관할구역으로 군위현(軍威縣), 의흥현(義興縣), 하양현(河陽縣) 및 신녕현(新寧縣)이 소속되었다. 1677(숙종 3)년 대사간(大司諫)과 형조판서(刑曹判書)를 역임하신 이원정(李元禎, 1622~1680)께서 1640년에 칠곡도호부(漆谷都護府)가 설치되었기에 성주읍지(星州邑誌)에 해당하는 '경산지(京山志)' 저술에 있어, 출신 지역, 직분 차이 혹은 가문 등의 종합적인 역학관계로 칠곡도호부 관련 사항을 서술했다. 1819(순조 19)년 가산산성도호부에서 평지(邑內) 읍치에 대해, 국왕 순조의 "옛 (경상감영) 팔거창(八莒倉)으로 옮겨라(移於舊邑八莒倉)." 하고 하명을 내리자, 가산산성(架山山城)은 별장(別將, 종9품 무관직)54에게 맡겨 관리하도록 했다. 곧바로 오늘날 읍내동으로 옛 경상감영시대의 사창(社倉) 혹은 군창(軍倉)으로 사용했던 팔거창(八莒倉)으로 이전했다.55

임진왜란 때 팔거현(八莒縣)을 군사적 거점이라는 의미에서 거성(莒城, 알토란같이 소중한 성)이라고 했으며, 경상감영의 객사를 거성관(莒城館)이라고 했다. 왜 팔거리(八居里, 혹은 八莒里)에 살았던 선인들이 왜 그곳을 거성(莒城)라고 했을까? 『사기(史記)』와 『자치통감(資治通鑑)』을 통달하신 분은 춘추전국시대 산동반도(山東半島)에 작은 나라 '거국(莒國)'이 있었다는 걸 알고 있다. 조선 시대 선비들은 "오늘날에도 옛날 고난의 시대를 잊지 말아라(不忘昔日之苦難)."라는 교훈과 "거국에 있었을 때를 잊지 말라(毋忘在莒)."라는 사자성어를 알고 있었다.56 이런 삶의 교훈을 되새기며 사는 팔거산성

(八莒山城) 아래 향리를 거성(莒城)이라고 부름은 자긍심의 표현이었다.

보다 심오(深奧)한 위정철학(爲政哲學)을 1486(성종17)년 1월 16일 『성종실록(成宗實錄)』에서 기록하기를 강릉 대도호부사 조숙기(曺淑沂, 1434~1509)가 올렸던 장계(狀啓)에서는 "거성(莒城)이란 주역(周易)에 '왕공(王公)이 험한 산에 성(城)을 설치하여 그 나라를 지킨다(王公設險, 以守其國).' 했고, 춘추전(春秋傳)에 거성이 험악하여 12일도 못 되는 사이 초나라가 삼도를 이겼으니(莒城惡, 不浹辰, 楚克三都)… 나라의 원대한 염려가 더할 수 없습니다."라고 해 조선 때 거성(莒城)에 대한 인식을 설명을 해주고 있다.[57]

칠곡(八莒縣)의 구암동 신라초기 고분군(鳩岩洞 古墳群)

🔍 朝鮮寶物古跡調査資料, p.258

국가유산청(과거 문화재청)의 홈페이지(search.khs.go.kr)에 구암동 고분군(국가사적 제544호)에 대해서 살펴보면 "대구 구암동 고분군(大邱 鳩巖洞 古墳群, Daegu Guam-dong Tombs)은 팔거평야(八莒平野)가 한눈에 바라보이는 대구 북구의 함지산(咸池山) 서쪽 능선에 대규모로 조성되어 있었다. 고분군(古墳群)이 분포하는 능선은 여러 갈래로 나뉘어 있고, 경사(傾斜)가 심한 편으로 360기(최근 379기)의 봉분(封墳)이 있다. 구릉지 능선 위에는 대형분(大形墳)이 있는데 총 3개 능선에 지름 15m~25m의 무덤 34기, 25m 이상의 대형 무덤 7기를 포함하고 있다. 경사면에는 나머지 소형분(小形墳)이 자리하고 있다."[58]라고 간략하게 설명하고 있다.

먼저 구암동고분군(鳩巖洞古墳群)의 특이점(特異點)을 언급하면, 1) 이곳에 살았던 신라 시대 선인들은 팔거산에 성을 쌓았고, 죽어서 구암동 고분군에 묻히는 지연적이고 역사적인 연계성을 가졌다. 2) 북구 구암동 392번지 일대, 산74번지, 산79-1번지 그리고 516번지에 걸친 428,509㎡에 산재되어 있었다. 3) 2015년 지표조사(地表調査)에 222기(基)의 봉분(封墳)을 확인했으나 이후 추가로 379기(基)의 봉토분(封土墳)으로 추정하고 있다. 4) 구암동 고분군의 존재 사실은 1942년 조선총독부 간행 '조선보물고적조사자료(朝鮮寶物古跡調査資料)'[59] 258면 17번 고분 칠곡면 구암동(古墳漆谷面鳩巖洞)이라는 문헌 자료를 통해 알았으나 문화재 보호조치는 하지 않았다. 그러자 도굴, 훼손 등이 대낮에도 횡행(橫行)했다. 5) 본격적인 발굴조사는 1975년 10월 20일부터 12월 24일까지 영남대학교 박물관(嶺南大學校博物館)에서 제56호 고분을 발굴했다. 이후에 40년 동안 아무런 후속조치(後續措置)는 이어지지 않았다. 6) 2015년에 정밀지표조사(精密地表調査)와 발굴조사(發掘調査)를 추진했다. 그해(2015년) 10월 21일부터 다음 해 3월 5일까지 영남문화재연구원(嶺南文化財研究員)에서 제1호 고분 발굴, 7) 2019년 8월 28일에서 11월 15일까지 대동문화재연구원(大東文化財研究員)에 제56호 재발굴(再發掘), 이제까지 제100호, 제302~306호까지 발굴을 하게 되었다.

최근 구암동 고분군(鳩巖洞古墳群) 발굴에서 관심을 갖고 있었던 1975년(56호분)과 2015년(1호분) 두 차례 발굴 조사가 있었으며, 이때 2기 고분에서 구덩식 돌

🔍 제1호고분 연접분 스케치

덧널(竪穴式石槨, pit-style stone coffin) 위에 봉분(封墳)을 돌로 쌓은 독특한 축조 양식이 밝혀졌다. 최근엔 앞트기식(橫口式, horizontal) 무덤이 제56-3호에서 확인되어 연구할 과제가 더 늘어났다.

2015년 구암동 고분군 지표조사(379개 봉분묘)

2015년 발굴한 제1호 고분은 여러 매장 주체부(埋葬 主體部, burial body)가 축조되는 3개의 소형분이 연접분 방식(連接墳 方式, connect grave method)으로 매장되었는데, 1-1호분(號墳)의 북동쪽에 1-2호분(號墳)이 있었다. 1-1호분의 남서쪽에 1-3호분(號墳)이 있는데, 이들은 서로 이어서 쌓아 올렸다. 그 사이는 돌을 쌓아 연결하였다. 매장 주체부는 주곽(主槨)과 부곽(副槨)을 11(로마자 II모양)자 형태로 나란히 배치했다. 전반적으로 살펴보면 대구시 북구 구암동 고분(鳩巖洞古墳群)은 5~6세기 팔거 들(平野) 중심으로 성장했던 신라지역 세력의 수장계층(千戶長, 軍中上人)의 무덤으로, 봉분을 돌 등으로 채운 방식(積石墳)·연접분(連接墳)·주부곽식 구조(主副槨式構造) 등 신라고분(新羅古墳)의 특이점을 지니고 있다. 다른 곳의 신라·가야고분(新羅伽倻古墳)에서는 확인되지 않는 돌무지 돌덧널무덤(積石石槨)의 축조 방식을 보여주고 있어 한반도 고대사와 고분연구(古墳研究)에 소중한 역사적 가치(歷史的 價値, historical value)를 갖고 있다.

구암동 고분군(鳩巖洞古墳群)에서 출토된 유물에 대해서 간략하게 살펴보면, 굽다리접시(高杯), 굽다리 긴목항아리(臺附長頸壺), 짧은목항아리(短

頸壺), 덮개사발(有蓋鉢), 시루(蒸糕器, earthenware steamer) 등의 토도류(土陶類)와 큰 칼(大刀), 손칼(刀子), 쇠투겁창(鐵鉾)60, 쇠도끼(鐵斧), 쇠화살촉(鐵箭鏃) 등의 철기류(鐵器類), 재갈(gag), 발걸이(鐙子), 은제 말띠 꾸미개(銀製雲珠), 말띠 드리개(杏葉) 등의 마구류(馬具類), 금동관편(金銅冠片), 금동 허리띠 편(銙帶片), 금귀걸이(金耳環) 등의 장신구 종류가 발굴되었다. 이들 출토물(出土物)의 연대추정으론 고분군이 5~6세기에 축성된 것으로 추정된다. 연대 측정은 고고학적 비교분석법(archaeological comparative analysis)으로 측정했으며, 출토물을 사용했던 고분매장 주인공을 당시 이곳에서 성장한 지역 유력정치 세력가(地域有力政治勢力家)로 추정했다.

특히 제1호 고분에 출토된 금동관편(金銅冠片), 금동과대편(金銅銙帶片) 및 금귀걸이(金耳環) 등의 장신구들은 5세기 중엽 이후 신라 중앙 경주(慶州)와 지역의 수장급묘(首長級墓)에서 빈번히 출토되었다. 이들과 유사점을 봐 축묘 당시(築墓當時) 수장층(首長層)의 무덤으로 추정했다. 여기서 출도된 유물을 현재 대부분 국립대구

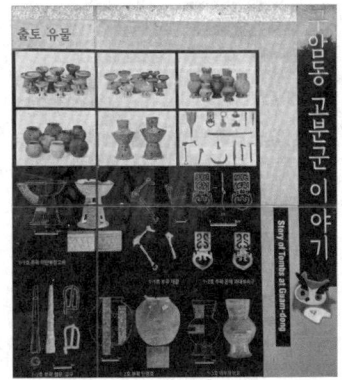

🔍 구암동 구암도고분군 안내석판

박물관(國立大邱博物館)에 소장(所藏) 중이다. 2018년 8월 7일에 구암동 고분군은 국가사적 제544호로 지정되었다. 2021년 6월 29일 「문화재 보호법」 시행령(文化財保護法施行令)에 따라 지정번호를 중요도(重要度), 문화재 가치의 평가치(評價値) 등으로 오해(misunderstanding with evaluation value)하는 경향을 단절하고자 아예 관리상 편익을 위해 더 이상 지정번호를 부여하지 않기로 했다.

2.
구암동(비둘기 바위 마을)
고분군 현장 설명

열성적인 한 구암동 고분군 문화해설사의 바람에

구암동 고분군(북구청 문화체육관광과 제공)

지난 2023년 6월 27일경 구암동 고분군(鳩巖洞古墳群) 탐방안내소 '문화해설사의 모임(SOP)' 총무를 맡았던 김주희(金周熙) 해설사께서 "칠곡(팔거현)에는 국가사적이 2개나 있어 자긍심이 하늘을 찌르는 곳이다." 라고 지역 학생들에게 해설하는 것을 들었다. 바로 국가사적 제544호 구암동 고분군(鳩巖洞古墳群)과 2023년 6월 27일에 국가유산청(前 문화재청)에 등재된 팔거산성(八莒山城)이었다. 2023년 7월 19일에 문화 탐방 안내소 문화해설사로부터 구암동 고분군 탐사객들에게 들려줄 수 있는 이야기 두 꼭지만을 소개해 달라는 부탁을 받았다. 당시는 남들에게 들려줄 수 있는 스토리텔링(storytelling)은 고사하고, 현황도 모르고 있었다. 당시 솔직하게 말씀드리면, 감출 수 없는 2가지 사실은 1) 구암동고분군(鳩巖洞古墳群)에 대해 문외한이라는 점과 2) 그래도 향토사에 관심을 가졌다는 사실뿐이었다. 이런 사실이 어디선가 노출되었다. 즉 '똥을 신문지로 아무리 꽁꽁 싸매도 냄새가 풍기듯이(No matter how much shit is wrapped in newspaper, it still smells)' 드러나는 무식함을 감추지 못했다. 무지막지(無

知莫知)함을 이해해 줄 젊은 문화해설사 문봉진(文鳳進)에게 실토했다. 그리고 구암동 고분군(鳩巖洞古墳群) 현장 안내와 해설을 2023년 7월 19일 오전 10시경에 부탁드렸다.

먼저 구암동 고분군(鳩巖洞古墳群) 탐방객이 가지는 12가지 궁금한 점 혹은 듣고 싶어 하는 화제(isssue)를 목록으로 적어봤다. 1) 탐방로 중간 제304호 고분 인근 육각정(六角亭, hexagonal gazebo)이 조망권이 좋은 7 혹은 8부 능선이 아닌 개울(골 섶)에 있어 시야가 답답하며, 여름철 모기에게 뜯기는 데에 설치한 이유는? 2) 일반상식으로 분묘는 배산임수(背山臨水)라는 잣대에 의해 유택명당(幽宅明堂)을 찾아 대다수가 산기슭이나 중턱에 매장했는데, 왜 구암동 고분군(鳩巖洞古墳群)은 대부분이 산꼭대기에 있는데, 가야고분(伽倻古墳)과의 연계성(連繫性)이 있는지? 아니라면 산등성에 있는 이유는? 3) 고분에서 발굴된 부장품(副葬品)이 대부분 깨진 상태로 출토되는데, 이는 발굴상 부주의인가? 아니면 무슨 연유가 있는가? 4) 구암동 제58호 고분에서 75개의 7개 돌기(7극별)의 은제 별 모양 공예품이 발견되었는데, 말 안장 장식용품에 알파벳 U자(초승달) 모양의 별 장식의 의미는 뭔지? 5) 가야지역(伽倻地域) 별 모양은 6개 돌기(6각 별)이고, 구암동 고분군(鳩巖洞古墳群)에 출토되었던 별이 7각 별인데 무슨 민간신앙(사연)이 숨어있는지? 6) 수장급(首長級) 대형고분(大形古墳)을 조성함에 적어도 1개월 이상 걸리는데 시신부패(屍身腐敗)른 어떻게 방지했는지? 7) 제1호 고분 및 제5호 고분의 둘레가 20m가량 봉분(封墳)을 쌓는 데 동원인력(動員人力)은 몇 명으로 추정하는지? 이를 기반으로 구암동

🔍 제5·제58호 고분의 별 모양 석열

고분군(鳩巖洞古墳群) 조성 당시 팔거리(八居里) 당시 주민 수(八居里勢力)를 추계(推定)할 수 있는지?

이어 8) BC 3년 혜성(彗星, comet)이 인도하는 방향으로 신라 비단장수가 그곳(이스라엘 나사렛 베들레헴)에 가서 예수 탄생을 봤다는데 당시 천문관측 기록과 구암동 고분군의 제1-4호 고분 해달 별자리 그림(日月星宿圖)을 설명할 수 있는지? 9) 신라(新羅)의 천체적 상징물(天體的象徵物)을 초승달(新月, crescent moon)로 여겼고, 각종 상징성물(象徵聖物)에다가 초승달 디자인(crescent moon design)을 사용했다는데 당시 채전감(彩典監, color code supervisor)[61]에서 군기(軍旗)와 말 장식(馬杏葉) 용도의 7각 별로 초승달(U자 모양)을 디자인했다는데? 10) 오늘날 '피자 파이 자르기(cutting a pizza pie)'처럼 고분 밑바닥에 제5호 고분에선 11개 구획, 제58호 고분에서는 14개 구획했던 석렬(石列, stone array)의 의미는? 11) 이웃하고 있는 서변동 선사시대 유적지(西邊洞先史時代遺蹟地)에서 출토된 11각형 별 모양 성권봉(星權棒, Star-Aurthirity Wand)[62]과 이곳 구암동 제1-1호 고분의 덮개돌(蓋石, 天石 혹은 天板)에 해달 별자리(日月星宿), 그리고 제5호와 제58호 고분의 별 모양 석렬(星狀石列, star-shaped stone array)이 의미하는 바는? 현장에서 해설(解說)을 들었고, 그에 따른 질문(質問)도 했다.

동서고금에 "태초엔 모든 게 별(우주)에서 왔다."고요?

오늘날 우주물리학(Astrophysics)에서는 태초 지구 생성의 물질, 인간의 생명체를 구성하는 기본원소들이 우주에 있는 별에서 왔다고 한다. 1995년 인기리 상영된 「해뜨기 전(Before Sunrise)」영화를 보고 환상적인 촬영지 명소 오스트리아(수도 빈) 등을 3번이나 관광했다. 그 영화에서 점성술사(占星術師) 아주머니가 한 "당신 두 분은 별이었다는 사실을 잊지 마세요 (You are both stars, don't forget)."[63]라는 대사(臺詞)가 지금도 기억난다.

물론 옛날에는 밤마다 쳐다보는 별의 신비함에 빠져서 '인간도 별에서 와서 별로 간다(Humans also come from stars and go to stars)'고 믿었다. 오늘날에도 그렇게 믿고 있다니? 오늘날 천문학자(天文學者)들도 엑스레이 망원경(X-ray telescope)을 이용해 태양을 촬영하면 1초에 1조 개의 수소폭탄(水素爆彈)이 폭발하여 에너지를 만들어 표면 온도 6,000℃ 이상을 유지하고 있다. 태양의 온도(에너지)가 1%만 덜 지구촌에 도착한다면 많은 생명체(生命體)가 소멸한다. 1938년 한스 베테(Hans Bethe, 1906~2005)는 "폭발로 에너지를 만들어 별들이 반짝인다(Explosions create energy that makes stars twinkle)."라고 밝혀내어 1967년도 노벨 물리학 수상자가 되었다. 그가 밝힌 별이 반짝이는 이유는 $H_4 \triangleright He_2$ 합성(융합폭발)으로 빛난다고. 50억 년 이후에 태양의 중심부가 커지고 우주에서 환원되어 표면 온도가 3,000℃로 지구 쪽으로 가까워진다. 태양도 하나의 별이다. 모든 별은 폭발로 태어나서 폭발로 소멸해서 우주에 환원된다. 인간도 이런 자연의 섭리를 닮아있다. 이런 내용을 담은 영화로는 2023년 8월에 개봉한 「영면에 드세요(Rest in Peace)」가 있었다. 이보다 몇 발 앞서 우리나라는 이미 2013년에 『별에서 온 그대(從來星星的你)』라는 드라마가 세계를 향해 방영되었다.

천체물리학자 토마스 쿤(Thoma Khun, 1922~1996)은 별이 소멸하면서도 대규모 폭발을 하며, 무거운 철(Fe), 니켈(Ni), 우라늄(U) 등의 중금속을 발산하는데 이것이 우주에 방사된다고 했다. 인간은 우리 은하계 우주에서 살면서도 지름이 10만 광년(光年)이나 거대한 우리 우주를 못 보고 산다. 더욱 한심한 건 지구에서 살면서 지구를 못 본다. 천문학자(天文學者)들도 지구를 사진으로 본 건 1990년 2월 14일 보이저 1호가 지구를 촬영한 사진을 전송함으로써 '창백한 푸른 점(pale blue dot)'이라는 지구별을 겨우 봤을 뿐이다.[64] 우주나 지구라는 물체는 너무나 커서 눈으로 볼 수 없다(大象無形). 지구 자전을 시속 1,666km(4만km / 24시간)나 빠른 속도로 돌아가고 있는데도 너무 빠른 속도이기에 못 느끼고 있다. 뒤집어 얘기하면 빠른 속도만큼 굉음(轟音)이 수만 데시벨(decibell)이나 됨에도 인간에게 하나도 들리지 않는다(大音無聲)[65]. 이와 같은 사실을 BC 300년에 전국시대 송(宋)나라 노자(老子, 본명 莊周, BC 369~BC 286)가 『도덕경(道德經)』에서 처음으로 밝혔다. 심지어 그는 오늘날 빅뱅(Big Bang)과 블랙홀(black hole)에 대해서도 주장했다. 너무 앞선 선각자(先覺者)이고 보니 '호접몽(胡蝶夢)' 혹은 헛소리로만 들었다.

고천문학(古天文學)에서 함지산록(咸池山麓) 구암동(鳩巖洞)

먼저 함지산(咸池山)이란 산명(山名)부터 살펴보면, 오늘날 향토사학자들은 방티산(方地山)이라 하였으며, 함지박(나무로 만든 바가지)을 엎어놓은 모양이라서 '함지산(한글로만 적어야 한다고 함)'이라고 했다고 주장한다. 함지박을 사용할 때는 '함지산'이었으나 플라스틱 방티(plastic bucket)가 나오고부터 '방티산(方地山, Fāng ti shān)'이 되었다는 등 주장들이 온통 뒤죽박죽이다.

함지(咸池)란 사마천(司馬遷)의 『사기 천관서(史記天官書)』에서는 서방오거성(西方五車星)에 옥황상제의 곡창(玉皇上帝穀倉)이었고, 지상의 흉년과 풍년을 조정하는 하늘 못(咸池)을 의미했다. 따라서 청동기시대(青銅器時代) 때 함지별(咸池星)에다가 풍년을 기원했다. "풍년을 기약하는 함지를 향하고 있는 산(咸池山)"이라고 해 삼한 때부터 함지산이라고 불렀다.

BC 229년 9월에 가장 멀리 있는 소한(小漢)[66]을 먼저 공격해 BC 221년에 마지막으로 제(齊)나라를 멸망시켜 중원천하(中原天下)를 통일했던 진왕이 시황제(秦始皇帝)에 등극했다. 이때 연단술(鍊丹術, 1,300년 뒤 서양에서 鍊金術)을 통해 영생불사(永生不死)를 할 수 있다는 방사(方士)였던 서복(徐福)[67] 혹은 서불(徐市)이 진시황(秦始皇)의 명을 받아 삼신산(三神山, 蓬萊山, 方丈山, 瀛洲山)에 있는 불로초·불사약(不老草·不死藥)을 구해오라고 동남동녀(童男童女) 3,000명을 조선 천지(한반도)에 보냈다.

그러나 그들은 한 명도 돌아가지 않았다.[68] 진시황제(秦始皇帝)가 영지초(靈芝草)를 먹고 오래 산다면 자신들이 들볶여 죽을 것이었다. 오늘날 초등학생들에게 물으면, "미쳤다고 가나? 지초(不老草)를 찾으면 진시황에게 줄 필요 없이 내부터 먹어야지!" 한다. 물론 그때도 그랬다. 특히 지초(芝草, 靈芝草) 많았던 이곳 칠곡(팔거리현)에선 '온통 전체 모두(咸) 지초(芝)로 덮여있는 산(咸芝山, 全蓋以芝之山)'이라고 했다. 오늘날까지 함지산(咸芝山) 아래는 함지중·고등학교(咸芝中高等學校) 등에서는 "세상의 모든 질병을 치유할 수 있는 지초(芝草)와 같은 존재"를 양성한다는 뜻을 품고 있다. 물론 동남동녀 500명이 한반도에 왔다는 설화를 기록한 신숙주(申叔舟, 1417~1475)의 『해동제국기(海東諸國記)』에선 그들이 조선반도를 거쳐서 일본까지 갔다고 기록했다.[69]

조선 시대(朝鮮時代) 주역 팔괘의 철학적 의미를, 늘 음식을 담는 그릇에다가 부여하고자 동·남·서·북의 4방을 의미하는 네모 그릇(四方桶), 사통팔달의 팔모 그릇(八方桶), 9번 꺾이더라도 10번째는 형통(九折十通)하라는 기원을 담았던 구절판(九折板)[70] 등을 만들어 사용했다. 음식물까지도 네모(四方)나게 잘리도록 하는 4모 그릇인 방통(方桶, 방동이, 방퉁이, 방티이)을 만들어 담았다. 오늘날까지 사용하는 방통(방동이 혹은 방티이)은 떡 방통(餠方桶), 묵 방통(羹方桶), 엿 방통(糖方桶), 두부 방통(豆腐方桶) 등이 있다. 아직도 대구시 재래전통시장인 서문시장(西門市場) 혹은 칠성시장(七星市場) 등에서는 방통(방티이) 좌판에다가 물건을 팔고 있다. 경상도 사투리로는 방통(方桶)을 방퉁이(방동이) 혹은 방티이라고 한다. 그래서 방티이를 엎어놓은 모양과 같다고 해서 함지산(咸池山, 魯谷助也 뒷산) 혹은 가정산(架亭山, 泗水洞 뒷산)을 지금도 방티산(方地山)이라 부르고 있다. 가까이 있는 구미 금오산(金烏山, 976m)이나 천생산(天生山, 408m)을 일명 방티산(方地山, Fāng ti shān)이라 한다.

임진왜란 때 경상감영이 있는 자랑스러운 팔거리현(八莒縣) 선비들이 인의예지신(仁義禮智信)를 보여준다는 의미에서 거성산(莒城山)을 '오상산(五常山)' 혹은 '관인산(觀仁山)'이라고도 했다. 김정호(金正浩, 1804~1866)는 '홀로 계신 어머니 같은 산(獨母山)'이라고「대동여지도(大東輿地圖, 목판본)」에 '독모산(獨母山)'이라고 새겼다. 이렇게 산 이름 하나도 중구난방이었다. 일본인(日本人)들은 1913년 토지조사사업(土地調査事業)을 위한 측량을 하며, 중구난방의 산 이름을 '들판만이 보이는 산(觀野之山)' 혹은 '일본인의 야망이 보이는 산(日觀野望山)'이라는 철학적 함의를 부여하고, 이를 일본제국 조선총독부는 조선 지도와 조선 지적(朝鮮地籍)에 '관야산(觀野山)'이라고 기록했다.

이와 같이 함지산(咸池山)의 고대천문학적(古代天文學的)인 의미를 최근에 '운암지 수변공원(雲巖池 水邊公園, Unamji Waterside Park)'을 개발하면서 많이 살렸다. 구체적인 사례를 들면, 운암지 북·동쪽 원형 공연홀(公演 Hall)에다가 칠석(七夕)의 전설을 모형화한 견우직여성(牽牛織女星) 콘셉트(concept)의 엘이디(LED) 조명(照明)이 여름 밤하늘을 연출하고 있다. 또한 인공폭포(人工瀑布) 앞에서는 별순·달순(해와 달이 된 오누이)의 이야기를 스토리텔링한 오누이 별(姉妹星, sibling stars)[71]이 있는 전갈 별자리(Scorpio constellation)를 엘이디(LED)로 목제 갑판(wood deck)에 새겨놓았다.

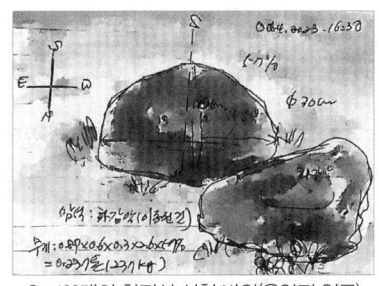
129개의 함지성 성혈 바위(운암지 입구)

뿐만 아니라 운암지 입구, 구암 고분군 산기슭의 잔디밭 2개의 사암 바위에는 함지 별자리를 새겨 놓은 듯한 129개의 성혈 바위 2개가 안치되어 있다. 함지산(咸池山)을 해명하고, 운암지(雲巖池, 지상의 함지)의 함지(咸池, western pond in the sky)를 되새겨 볼 수 있게 스토리텔링(story telling)했다는 평가를 받고 있다.

3. 구암동 고분군에 대한 Q&A(질의 응답)

고분 출토 유물이 대부분 왜 깨진 채로 발굴되는지?

1964년 시골 국민학교(國民學校)에서 과학 연구수업을 한다고 선생님과 학생들이 온통 야단법석(野壇法席)이었다. 선진 학습지도(先進學習指導)

를 위해 교육위원회 장학사(獎學士)가 참석한다고 줄반장에게 '지구본(地球本, globe)'을 과학연구실 창고에서 찾아 놓으라는 담당 교사(擔任敎師, home teacher)의 지시가 떨어졌다. 급사(給仕) 아저씨에게 말씀을 드리고 과학연구실(科學研究室) 창고에 가서 먼지가 앉은 지구본을 받아 조심스럽게 칠판 앞 교탁(敎卓, teacher's desk)에다가 안치했다. 무사히 연구수업이 시작되었다. 난데없이 장학사(獎學師)께서 "학생 여러분, 왜 지구본에 축이 약간 삐딱할까요?"라는 질문이 떨어지자, 담임 선생님께서 "야, 과학연구실에서 지구본을 갖고 온 학생은 누구냐?"라고 하였기에 손을 번쩍 들고, "제가 갖다 놓았습니다. 전 절대로 고장을 내지 않았습니다."라고 해명까지 했다. 옆에 계시던 교장 선생님께서 한술을 더 떠서 "국산 지구본은 모두가 삐딱(바르지 않음)해요. 정상적인 건 하나도 없는 게 큰 문제입니다."라고 덧붙여 해명까지 했다. 이를 듣던 장학사는 돌아앉아서 "끼익~끼익~."거리면서 웃음을 참는다고 애를 썼다. 과학연구수업이 끝나자마자 담임 선생(擔任先生)은 "야! 줄반장. 교무실로 와!"라 하셨다. 그렇게 해서 교무실(敎務室)에 불려갔다. 똑바른 지구본의 축을 삐딱하게 고장 냈다고 뺨따귀를 왕복(往復)으로 열 대는 맞았다. 그때는 '지구를 삐딱하게 돌아가게 만드신 하느님! 당신 대신에 내가 뺨따귀를 맞았습니다.' 하며 억울한 눈으로 하늘을 몇 번이나 쳐다봤다. 지금 생각을 하면 아마도 장학사(獎學師)는 지구가 23.5도 기울어져 자전(自轉)과 공전(空轉)을 하면서, 지구촌(地球村)에 기후변화로 사계절(四季節)이 생긴다는 과학적인 사실을 듣고 싶었을 것이다.

🔍 破鏡重圓 (출처 : The Epoch Times)

일전에 초등학생(初等學生)으로부터 받았던 질문(質問)이다. "고분 발굴현장을 텔레비전에서 볼 때마다 발굴되는 족족 부장품(副葬品)들이 하나같이 깨져 나오는데, 이건 아마도 발굴하는 사람들의 부주의(不注意)로 깨진 모양인데, 소중한 문화재(文化財)를 저렇게 조심성(操心性) 없이 취급해서 되겠습니까?" 하는 문책성 질문(問責性質問)이었다. 구암동 고분군(鳩巖洞古墳群)에서도 발굴현장에서 특히 병(壺) 종류는 대부분 깨진 상태로 발굴되는 걸 보고, 발굴하셨던 고고학 전문가(考古學專門家)에게 질문을 해봤다. 1) 모두 다 깨진 것은 아니다. 2) 아마도 봉토 작업 때 부주의, 쌓아놓았던 돌들의 붕괴 혹은 봉토 토압(封土土壓)에 의해서 파손(破損)된 것 같다는 이런 답변들은 토목전문가(土木專門家)의 말로는 일리가 있으나, 고고학 전문가(考古學專門家)의 답변으로는 뭔가 시쳇말로 '2% 모자람'을 느꼈다.

왜 고분(古墳)에서 출토된 부장품(副葬品, 껴묻기)들이 1) 깨어진 상태로 출토되는지? 2) 출토의식(發掘祭禮)에서 깨뜨리는지? 3) 아니라면 장제의식(葬制儀式)에서 부장품을 깨뜨려 껴묻기를 하는지? 4) 무덤에 넣는 기물(器物)인 명기(明器)를 일부러 깨진 상태로 제작하는지? 고고학(考古學) 및 인류문화학(人類文化學)의 문헌을 살펴봐도 나오지 않았다. 궁금증을 해소하고자 2023년 10월 몽골 발굴현장에 그리고 유목민들의 장례절차에서도 발굴현장에서도 부장품을 하나씩 실사를 해봤다. 결국은 유목민의 장의풍습에 훼기습성(毀棄習性, habits of breaking things at funerals)이 있다는 사실을 알게 되었다. 이와 같은 장제습성(葬制習性, burial customs)이 한반도에서도 유입되었다. 즉 신석기시대부터 청동기 및 철기 초기시대까지 제의 유적물(고분, 고인돌, 제단 등)에 훼기습성(毀棄習性)을 찾을 수 있었다.[72] 조선 시대(朝鮮時代)에 들어와서는 숭유억불책(崇儒抑佛策)에 따라 유교 경전인 『예기(禮記)』[73]를 보면 평소 사용하던 물건을 부장(副葬)하지 않았고, 보다 작게 제작한 '명기(明器)'를 대신 껴묻었다.[74] 이와 같은 훼기습성(毀棄習性) 제례의식(祭禮儀式)을 이어옴에는 1) 오늘과 내일, 2) 이승과 저승 등의 연결선을 자른다(因緣絶斷, cuttong-off all ties)는 의미를 갖고 있었다. 3) 한마디로 '이승에서 망했지만 저승에서는 새롭게 잘 사세요(You may perish in this world, but you will live anew in the next).'라는 축복(祝福)의 의미를 담고 있다. 4) 옛 껍질을 벗어던지고 새로운 황금 매미로 태어나는 금선탈각(金蟬脫殼)의 명복을 빌었다. 쉽게 말하면 '부활절 계란(easter eggs)'처럼 껍질을 깨뜨리고 새롭게 부활을 하라는 의미였다.

이와 유사한 풍습으로 필리핀(Pilipinas)에서는 '이 풍진 세상의 온갖 먼지를 털자(脫塵儀式, Pagpag Service).'[75]라는 탈진풍습(脫塵風習)이 있다. 기독교 정신이 보편화 된 서양에서는 '죽은 사람의 손에 든 묵주 자르기(毀珠儀式, cutting of the rosary)'라는 제례의식(funneral ritual)을 하고 있다.[76] 인류문화학적(人類文化學的, anthropological)인 견해에서는 유목인(遊牧人)들은 장례식에 있어 살아생전에 사용하던 각종 용품을 원상태 그대로 껴묻지 않고 반드시 깨뜨렸으며, 1) 돈(지폐)은 찢어서 관에 넣었고, 엽전(銅錢)은 반드시 조각내어서 넣었다. 2) 옷가지는 누구도 사용하지 못하게 불에 태워 연기로 저승에 보냈다. 3) 그런데 최근 며느리들이 시어머니 장례를 치르고 난 뒤에 앨범(寫眞帖)을 태우는 데 많은 고민을 한다. 그렇게 미워했던 시어미의 앨범을 태우는 건 속시원한 일이다. 그러나 시어머니의 사진 속에는 반드시 자신 혹은 자식들이 같이 찍혀있기 때문이다. 시어머니와 며느리 간 순망치한(脣亡齒寒)의 아픔을 느낀다.

이와 관련된 "파경중원(破鏡重圓)"이란 고사가 있어 소개하면, "이승에서 깨져야 저승에서 원상태(새로운 모습)로 되돌아온다(破鏡重圓)."라는 의미를 담고 있다. 윌리엄 셰익스피어(William Shakespeare, 1564~1616)의 「로미오와

줄리엣(Romeo and Juliet)」의 주제와 같기도 하다. "나는 하늘에서 천사가 나를 보고 있다는 것을, 그리고 너는 밤하늘의 빛나는 별이 되었다는 것을 알게 되겠지. 안녕, 줄리아. 너는 나를 모르지만, 나는 너를 사랑한다(Saprò che un angelo mi sta guardando nel cielo e che sei diventata una stella splendente nel cielo notturno. Ciao, Giulia. Non mi conosci, ma ti amo.)."라고 이탈리아 국민들이 눈물을 흘리게 했던 소방관의 편지처럼.77 589년 수(隋) 문제(文帝)가 중국 대륙을 천하 통일하고자 진(陳)나라를 침공했다. 진(陳)나라의 낙창공주(樂昌公主)를 아내로 둔 서덕언(徐德言, 생몰 연도 미상)78은 패전국(敗戰國)이 되자 아내마저 수(隋)나라 권신(權臣)의 애첩으로 전리품(戰利品) 배분이 되었다. 헤어지기 전에 서덕언(徐德言)과 낙창공주(樂昌公主)는 둥근 거울을 부절(符節)로 반씩 나눠서(破鏡) 서로의 신변연락(身邊連絡)과 저승까지 가더라도 다시 원래 부부의 상태(重圓)로 만나자는 약속을 했다.79 이렇게 파경중원(破鏡重圓)은 '이승과 저승의 재결합 약속(promise of reunion between this world and the next)'을 의미한다는 뜻에서, 부장품을 깨뜨린다는 고고학적 의미(archaeological significance)를 부여하기도 한다.80 후세문인(後世文人)들은 이에 대해 많은 시가(詩歌)를 남겼다. 그 가운데 송(宋)나라 주문모(周文謨,)의 가사를 옮기면 "깨진 거울 다시 결합되고, 옥반지 여전히 그 손에 끼워져 있다니. 앵무새가 했던 말이 어제와 같구먼. 진나라 아쟁 소리 듣고 해어진 그 뒤, 아쟁 줄을 몇 번이고 바꿨는지 어찌 알겠는가? (破鏡重圓, 玉環猶在, 鸚鵡言如昨。秦箏別後, 知他幾換絃索)"81

🔍 이탈리아 소방관, 9세 소녀 관 위에 편지

배산임수(背山臨水)의 명당이 아닌 왜 산정(山頂)에다가?

우리는 가끔은 타임 라인(time line)이라는 시간적 공간개념(temporal space concept)을 상실하고 '오늘날의 실정(實情)과 과거(過去)가 같다는 전제로 연장선(延長線)을 긋는 경우가 많다(There are many cases where the current situation is extended based on the assumption that the past is the same).' 할아버지와 손자의 질문에 "옛날에는 때꺼리가 없어서 밥은 고사하고 죽도 못 먹었다."라고 하면 귀여운 손자(孫子)는 "할아버지, 밥도 죽도 없으면 라면을 삶아 먹으면 되잖아요?"라고 반문(反問)한다. 이런 종류의 질문이 신라 고분(新羅古墳) 혹은 가야 고분(伽倻古墳)이 산등성이에 있는 걸 보고서, 고려 시대(新羅末 道詵祕記82, 高麗王建 開城都邑) 이후에 발달한 풍수지리설(風水地理說)을 적용해 배산임수(背山臨水)의 명당은 대부분 산골짜기에 있는데도 왜 산정(山頂, 산등성이)에 무덤을 만들었느냐고 고고학 전문가(考古學 專門家)까지도 반문한다.

초원 유목민(草原遊牧民), 즉 흉노족(匈奴族)의 후예였던 신라 왕족(新羅王族)의 고분은 대부분 산정(山頂)이 아닌 경주평야(대평원)의 지평선을 바라다보이는 곳에 대릉원(大陵園)을 조성했다. 마치 '선인들이 대초원에서 말갈기를 휘날리면서 달리던 것처럼(Just as the ancestors used to ride horses on the prairies, waving their horse manes)' 유목민의 호연지기(浩然之氣)를 녹여 담았다. 그런데 같은 시기에 지방호족(地方豪族)들은 왜 산등성이에 묘지(墓地)를 마련했을까? 여기에 답변을 하자면 박사학위 논문(博士學位論文) 과제 수준으로 깊이 파고들어야 한다. 몇 가지 가설로 생각하면 1) 지방호족이 통치하던 주민에 대한 애착심(愛民思想), 2) 가야 왕릉처럼 수평선(水平線)이 보이는 산정에다가 분봉을 만들었던 가야풍습(伽倻

風習), 3) 신라 호국정신(護國精神)의 발로로 적의 정세(情勢)에 대한 조망과 최악의 경우 피신(眺望避身) 등으로 살펴봐야 한다.

먼저 BC 1,000년 이전, 히타이트 철제문화(Hittite iron culture)를 도입했던 고대인도(古代印度)의 부다 가야(Buddha Gaya Kingdom)에 잦은 전쟁 속에서 신음(呻吟)하고 있었던 가운데 석가모니(釋迦牟尼, Buddha Gautama Sakyamuni, BC 560~BC 480)의 만민평등사상(萬民平等思想)이 몰래 스며들었다. 이때 하층민으로 무거운 부담을 짊어졌던 제철기술자들은 신천지(新天地)를 찾아 제철 유목민(製鐵 遊牧民, Steel Nomad)으로, 고국 부다 가야를 떠났다. 인도 남부(Tamil Nadu) 혹은 벵갈만(Bay of Benga) 해안을 따라 미얀마(Myanmar), 캄보디아(Cambodia), 베트남(Vietnam), 싱가포르(Singapore), 말레이시아(Malaysia), 필리핀(Philippines), 제주도(濟州島) 및 김해(金海, Iron Sea) 등지로 도착했다. 한반도 김해에 부다 가야 제철 유목민들이 도착했을 때는 BC 350년경이었다.

당시 한반도는 온 천지에 사철(沙鐵)과 석회석(石灰石)이 널려있었고, 산마다 우거진 숲으로 덮여있었기에 손쉽게 땔감을 마련할 수 있는 제철 환경이 최적 상태를 이루고 있었다. 끝내 한반도 남부에다가 제철제국가야(製鐵帝國伽倻, Steel Empire Gaya)를 건국하게 되었다. 그들이 한반도로 이동했던 수단은 일엽편주(一葉片舟)를 이용했다. 당시 항해기술은 인문항법(人文航法, human navigation)으로 해안선(海岸線)을 따라 항해했다. 수평선 넘어 고향을 바라보던 '문화적 인습(文化的因襲, cultural inheritance)'이 죽고 난 뒤에서 수평선이 보이는 산등성(山頂)에다가 무덤을 만들었다. 일종의 그들의 민족혼이 녹여진 수구초심(首丘初心)이었다.

가야고분(伽倻古墳)과 같이 산등성이에 무덤을 만드는 문화적 유전자(文化的 遺傳子, cultural mimme)를 가진 사례는 동서고금(東西古今)에 많이 나타나고 있다. 해양세력(植民地帝國)은 '수평선이 바라보는 언덕(hill overlooking the horizon)'에다가 식민지 혹은 점령지의 조망권(眺望圈)을 확보했다. 오늘날 호주 시드니 항구가 보이는 곳에 '맥쿼리 부인의 의자(Mrs Macquarie's Chair)'라는 언덕이 있다. 남미 파나마(Panama), 멕시코(Mexico), 우루과이(Uruguay), 페루(Peru) 및 칠레(Chile) 등지에 20여 곳에 '신라 산(Cerro La Shilla)'이라는 높은 산들이 있다. 이를 두고 우리나라 국봉(國奉) 역사학자들은 '신라강역(新羅疆域, Silla territory)'이라는 주장까지 하고 있다. 그러나 이는 해상세력 혹은 식민지 제국(植民地帝國)의 지도자들이 수평선이 바라다보이는 곳에서 의자를 놓고 지켜봤던 '의자 언덕(영어로 Chair Hill, 스페인어로 Cerro La Shilla)'이라는 스페인어 표기였다.

이런 해상세력(海商勢力)의 문화적 유전자(cultural genes)가 가야 고분(伽倻古墳)으로 남은 것이 바로 '산정 횡혈식 석방고분(山頂橫穴式 石房古墳, mountaintop rectangular Ishibo tomb)'이다. 산정(山頂)에 묘지를 설치하는 건 바로 서양에서 살아있는 사람들이 '수평선이 바라보이는 의자 산(Chair Mountain overlooking the horizon)'을 만들었다. 이를 뒤집어 죽은 사람을 위해서 '조망권이 확보되는 산정에 무덤(grave at the top of the mountain with a clear view)'을 조성했다. 주변에서 구하기 쉬웠던 돌을 자재로 돌방(石室 혹은 石房)을 만들었고, 시신을 눕히고 덮개돌을 올린 뒤에 그 위에다가 봉토(封土)를 다졌다.

물론 신라, 백제 및 고구려의 북방(匈奴)의 문화적 유전자 혹은 수구초심(首丘初心, 일명 狐死首丘)83, 84등이 고분으로 남아있는 것이 바로 적석총(積石冢), 적석목곽분(積石木槨墳) 혹은 적석석곽분(積石石槨墳) 등이다. 유라시아(Eurasia) 북부 대초원지대(北部大草原地帶)를 주름잡고 살았던 초원 유목민(草原遊牧民)들은 '풀을 찾아서 이동'하는 문화 유전자를 타고났다. 이동 중에 사람이 죽으면 그 자리에서 땅을 파서 묻었다. 그리고 그 무덤 위에다가 주변에 돌을 모아서 쌓아 야생동물(野生動物)로부터 조상의 시신을 보호하고자 했다. 또한 나중에 돌아와서 다시

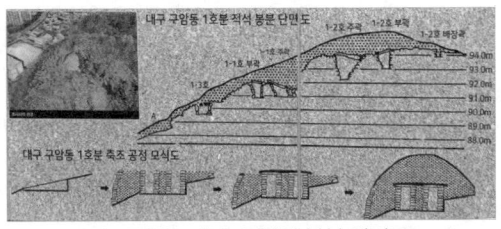

구암동 제1호 고분의 봉분 단면도

머물 때를 기약하면서 선돌(立石), 무덤을 지키는 사람 모양의 돌(石人像, balbal) 혹은 제단과 고인들을 만들어 놓는다.[85] 그들은 한반도에 이동하고도 옛 선인들은 유목인으로서 삶에서 했던 수구초심(首丘初心) 혹은 호사수구(狐死首丘)[86]을 잊지 않고 무덤을 만들었다. 고구려, 백제 혹은 신라의 왕릉을 보면 하나같이 과거 유목민의 문화적 유전자가 서린 '대초원을 달리면서 지평선을 바라다봤던 조망권(view of the horizon while driving through the prairie)'을 확보했다. 즉 지평선(地平線, horizon)이 바라다보이는 언덕에다가 천년유택(千年幽宅)을 선정했다.

뿐만 아니라, 신라 왕족(新羅王族)은 높다랗게 산처럼(大陵園) 왕릉을 쌓아서 '멀리 지평선을 바라다보는(looking at the distant horizon)' 조망권을 반드시 확보했다. 지방호족(地方豪族)을 지방민을 살아생전처럼 보살폈던 애민정신을 발휘하여 '지역주민이 한눈에 보이는(a glance at the local residents)' 산등성에서 조망권을 확보했다. 같은 산등성에서 조망권(眺望圈)을 확보했지만, 가야 왕릉은 해양권 세력의 문화 유전자를 녹여내어 '수평선을 조망하는(lookkng out over the horizon)' 산정봉토(山頂封土)로 표현했다. 이와 같은 조망권의 확보는 1) 사자, 호랑이 등의 맹수와 독수리, 매, 부엉이 등의 맹금류도 '조망(眺望)과 피신(prespect and refuge)'이 반드시 확보되는 언덕바지에 둥지를 확보한다. 이는 동서고금(東西古今)을 막론하고 국가 도읍지를 선정하는 데도 '로마제국의 7개 언덕(Septem montes imperii Romani)'[87]처럼 이스탄불의 7개 언덕, 모스크바의 7개 언덕, 심지어 달구벌로 천도하고자 했던 신라 신문왕(神文王)도 689년에 경주에서 벗어나 '제국의 7개 언덕(帝國七丘, Seven Hills of the Empire)'을 갖춘 달구벌로 천도하여 '제왕의 조망권(empire's prospect)'을 확보하고자 했다.

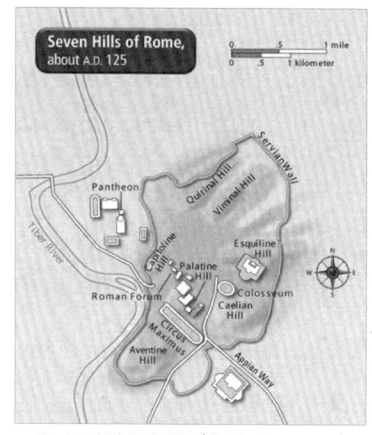

Q 로마의 7개 언덕(출처 : PinPage)

대가야(大伽倻)의 역사적 흔적을 찾고자, 고령군(高靈君) 대가야읍(大伽倻邑) 지산동(池山洞) 지산고분군(池山古墳群) 현장을 답사했다. 하나같이 산등성에 대형고분(大形古墳)으로 집중 설치했다. 이들은 한반도에 풍수지리설(風水地理說)이 배산임수(背山臨水)의 믿음이 확립되었던 나말여초(羅末麗初) 이전이었다. 그래서 그들은 인도의 가야 철제유목민(鐵製遊牧民, iron-making nomade)의 항해 습성을 담아 수평선(물길)이 바라다보이는 산등성에다가 묘지(墓地)를 확보했다.

조선 시대(朝鮮時代) 배산임수(背山臨水)의 명당에 대한 믿음이 가장 강력했던 지역은 바로 영남유림(嶺南儒林)의 텃밭이었던 대구경북(大邱慶北)이었다. 『조선왕조실록』에 성종(成宗) 때에 대구도호부사(大丘都護府使) 최호원(崔灝元, 1431~몰년 미상)이 풍수지리설(風水地理說)을 확신(確信)하고 농사철에 신천 물길을 돌려서 199호 농민들이 폐농해[88] 민란 직전까지 가자 성종(成宗)은 이명숭(李命崇, 1443~1484) 암행어사(暗行御史)를 파견하여 현장실태를 조사하고 부사를 봉고파직(封庫罷職) 시켰다.[89] 뿐만 아니라 임진왜란 때 이여송(李如松) 장군의 수육지획주사(水陸地劃主事, 오늘날 陸軍測地兵科將校)라는 두사충(杜師忠) 장령(將領)이 풍수지리적 길지(吉地)인 대구에 귀화했다. 그는 오늘날 수성구 고모령(顧母嶺) 인근 모명제(慕明齊)에 풍수지리의 대가로 추향(追享)을 받고 있다. 그런데 구암동 고분군(鳩巖洞古墳群)에다가 '배산임수(背山臨水)'의 잣대를 들이대어서 명당 여부(明堂與否)를 따지는 일은 오늘의 잣대로 고조부(高祖父)의 행적(行蹟)을 손자(孫子)가 재단(裁斷)하는 꼴이다. 이런 비판은 곧바로 타임 라인(time line)을 무시하는 오류(誤謬)를 범하게 된다.

고천문학(古天文學)에서 '죽음이란 의미'를 찾아본다면

인류가 누구나 처음으로 당면했던 죽음을 어떻게 받아들였는지 궁금하다. 종교에서는 크게 '영생(永生, eternal life)', '환생(還生, reincarnation)' 혹은 '윤회(輪廻, cyclicality of life or existence)', '사멸(死滅, death)' 등으로 보고 있다. 그러나 고대 인류가 생각했던 죽음을 알아보고자 현존하는 동굴벽화를 더듬어 본다면 BP(before present) 20,000년 전에 그렸다는 스페인(Spain)의 알타미라 동굴벽화(Cave of Altamira and Paleolithic Cave Art of Northern Spain)에 새, 동그라미별, 들소, 사슴이 그려져 있어 이를 분석해 보면 여기서 동그라미별을 두고 고고학자(考古學者)들은 "별에서 왔기에 별나라로 떠난다(Since we came from the stars, we will go to the stars)."라고 해석했다. 이와 같은 믿음은 한반도에 살았던 한민족(韓民族)에게도 '칠성판(七星板)을 짊어진다'는 죽음을 상징하는 표현이 있다. 실제로 무덤 바닥에 7개의 구멍(별)을 낸 널빤지(七星板)를 깔았다. 그 위에 시신을 올려놓고 저승으로 보냈다. 이와 같이 서양에서도 죽어 "하늘에 별이 된다(to be a star in the sky)."라는 표현이 있다. 물론 방랑시인 김삿갓(金炳淵, 1807~1865)[90]은 중국 고전『단연(鍛煉)』모순(矛盾)에 나오는 구절을 뒤집어

"부들부들하다가 꼿꼿해졌다(柳柳花花)."라고 죽음을 표현했다.[91] 그의 해학이 담긴 풍월에서 "마음을 꼿꼿하게 지키시더니, 앞길은 솔솔 열리시더라(心則花花守, 前道松松開)."라는 시 구절이 기억난다. 오늘날 언론에서도 '안타까운 죽음', '값진 삶으로 별세', 혹은 '헌신(혹은 犧牲)으로 귀감(龜鑑)을 남기신 분들의 죽음'을 "하늘에 별이 되다."라는 개관기사(蓋棺記事)를 낸다.

당장 기억하는 '별이 된 이야기'는 2016년 상영된「귀향(歸鄕, Spirit's Homecoming)」에 두 물 거리에서 해원(解冤)굿을 하니, 일제강점기에 14~16세 소녀들이 일본제국군(日本帝國軍)의 종군신민위안부(從軍臣民慰安婦)라는 이름으로 억울한 죽음을 당했다. 그들의 원혼(冤魂)들이 밤하늘에 별이 되어 강물에 쏟아졌다. 그리고 낮 하늘에는 흰나비가 되어 고향으로 돌아왔다. 이와 같은 것으로는 2010년 10월 19일 이탈리아 강진으로 9세 소녀 줄리아(Julia)가 6살 여동생을 감싸 살리면서 자신은 죽어서 하늘의 별이 되었다는 언론의 보도였다. "하늘에 별이 되어 지켜보며, 웃고 있겠지?"라는 기사였다. 2022년에는 채수정[92] 작가가 백선엽 장군의 일대기를 '하늘에 별이 되어'[93]라는 제목의의 장편소설(長篇小說)로 호국영령(護國英靈)을 표현했다.

오늘날은 생일(生日, birthday)이라고 일반적인 표현을 한다. 생일(生日)이란 단어 속엔 '태양처럼 해맑은 삶을 살아라(生活如日).'라는 축도(祝禱)의 뜻이 함축되어 있다, 다른 한편으로 40세 이상 어르신껜 '생신(生辰)'이라고 한다. 생신(生辰)의 의미는 '하늘에 별로 탄생하소서(生辰夜天)!'라는 축복을 담고 있다. 망자(亡者)의 생일(生日)을 기념하여 올리는 생신차례(生辰茶禮)와 생신제시문(生辰祭詩文)이 조선 시대에 크게 유행했다. 여기서 '생신(誕生天辰)'은 '하늘에 별로 태어나신(誕星在天)'이란 뜻을 안고 있다. 생신(生辰)이란 말이 언제 생겨났는지를 추정해 보고자 우리나라 통계청(統計

廳)의 역사적 평균수명(歷史的 平均壽命) 통계 수치를 살펴봤다. 신석기시대(新石器時代)는 평균수명 29세, 청동기시대(靑銅器時代)는 38세였다.[94] 따라서 아마도 40세 이상에 '생신(生辰)'이라는 존칭을 사용한 때는 청동기시대 이후에 생겨났다. 평균수명 40세를 넘어선 어른들에게 '생일(生日)'을 '생신(生辰)'이라고 했다. 라틴어 '메멘토 모리(Memento mori, 죽음을 기억하라.)'[95]와 같은 의미였다. 오늘날도 중국에서는 "오늘은 할머니 생신(生辰)이야, 너는 꼭 와야 해(今天是你奶奶的生辰, 所以你非來不可)."라고 표현한다.

한편, 미국 버지니아주 맥린 랭글리(McLean Langley, Virginia)에 소재하고 있는 중앙정보국(CIA, Central Intelligence Agency)에서는 희생한

Q 미 중앙정보국의 추억의 벽에 새겨진 별

직원들을 추모하기 위해 1972년부터 '추모의 벽(Memorial Wall)'을 마련했다. 그곳에서는 '추모의 별'을 새겨 추모하고 있다. 2010년에는 64개, 2016년에는 103개, 2020년 133개 그리고 2023년 140개의 별이 앨라배마 대리석(Alabama marble) 위에 새겨졌다.[96] 우리나라도 이를 벤치마킹해 서초구 내곡동(瑞草區 內谷洞)에 있는 국가정보원(國家情報院) 안보기념관(安保記念館) 앞에 '이름 없는 별들(Unsung Stars)'이란 오석판(烏石板)에다가 별을 새겼다. 2018년 이전에는 52개의 이름 없는 별이 있었는데, 이후는 18개만 '이름 없는 별들(Unsung Stars)'이 까마귀 돌판(烏石板)에 새겨져 있다.[97] 이렇게 과거 새겨졌다가 오늘날 없어져 "별이 떨어지다."라는 표현은 이를 두고 하는 말 같다. 현황을 다시 확인해 보니 2024년 7월 말 현재 19개의 별이 새겨져 있다.[98]

Ⅲ.
구암동(八莒里) 고분군 발굴현장을 찾아서

1. 구암동 고분군 발굴현장에서

구암동(鳩巖洞) 제302~제306호 고분 발굴현장에서

    운암지 수변공원(雲巖池 水邊公園) 주변 암석 성혈(巖石性穴) 특히 별자리 암각(星座巖刻)을 중심으로 살피기 위해서 몇 차례 구암동 제302호 고분에서 제306호 연접 고분군(連接古墳群) 발견현장을 방문해 현장소장과 대화를 나눴다. 그러자 2024년 6월 29일부터 아예 매주 수요일 오후 2시부터는 현장 설명을 현장소장이 맡아서 해주었다. 그때에 나눈 대화는 1) 304호와 305호 고분이 도굴하기 어려운 수혈식 적석묘(竪穴式積石墓)라서 수혈식 석실묘(竪穴式石室墓)와는 다르다는 설명이었다. 왜냐하면, 도굴범(盜掘犯)들이 자주 사용하는 타진 도굴 기법(打診盜掘技法, diagnosis & excavation techniques)이 여기엔 통하지 않았다. 2) 최근 도굴범들은 인근 고분의 도굴 경험치(盜掘經驗値)를 기반으로 경험법칙(經驗法則)을 적용해 구암동 고분군에도 삼각대(三脚臺)와 도르래(pulley, 滑車, かっしゃ) 등의 장비를 이용해 도굴한 흔적이 많았다.

    구암동 고분군(鳩巖洞 古墳群)의 제302호에서 제306호 고분의 발굴현장 조사면적은 1,200㎡ 정도이었다. 지난

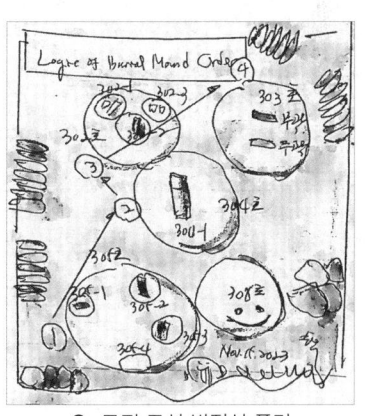

🔍 묘지 조성 방정식 풀기

2022년 10월 17일부터 2023년 11월 15일까지 대동문화재연구원(북구청)이 맡아 발굴작업을 했다. 2023년 11월 15일 발굴현장에서 기자회견과 관계자의 질의응답이 있었다.[99] 언론에 발표된 내용은 생략하고, 현장에서 질의응답했던 사항을 중심으로 적어본다. 가장 먼저 파놓은 흙바닥을 자세히 살펴보면 이곳이 산등성 돌산이(山頂巖山)었다는 사실을 누구나 단박에 알 수 있었다. 이런 곳에 돌로 적석석곽묘(積石石槨墓)를 만들었다는 사실을 지나쳐 볼(看過) 수 없었다. 그만큼 피장자(埋葬首長者)가 다스리던 주민들이 산 아래 살고 있었고, 내려다보기(眺望)에 적합한 곳(埋葬地)이라는 점에 착안했었다.

다음 100년 이상 장기간(長期間)에 여러 기(基)의 분묘를 만들었다면 가장 먼저 만든 무덤과 마지막으로 조성했던 묘지를 찾아서 묘지 조성 순서를 살펴보는 세칭 '묘지조성순열(墓地造成順列, cemetery construction order)'을 풀어보는 속칭 '꽈배기 먹는' 재미도 있었다. 이런 고차방정식(高次方程式)을 풀기 위해 1) 파놓은 토층(破土層), 2) 발굴작업 순서(發掘順), 3) 발굴 묘지의 구조 및 크기(墓規模) 등을 종합적으로 풀어야 했다. 아예 발굴현장을 관리하시는 소장에게 단도직입적(單刀直入的)으로 물었다. 묘지 조성 순서는? 305호 고분(最初造成古墳) ▷ 제304호 고분 ▷ 제302호 고분 ▷ 303호(最終造成古墳)이었다. 그런데 306호 고분은 피장자(彼藏者, 屍身)가 없는 헛무덤(無屍假墳, empty tomb)이었다.

기자회견장에서는 출토품 가운데 보완 처리를 한 250여 점의 발굴 유품(發掘遺品)을 전시했다. 발굴한 문화재연구원(文化財研究院) 측에서 현장 설명과 질문을 받고 답변까지 마무리했다. 무덤에서 출토된 피장자의 유품이라는 점에서, 질문자의 입장이 '조금은 잠에 덜 깬 느낌(Feeling a little sleepy)'을 자아냈던 건, 1) 높은 굽다리 잔(高杯)에 있는 기하학적(幾何學

的)인 무늬는 천상의 디자인이었고, 2) 삼겹 연화문(蓮花文)은 이승을 넘어 '저승의 언어(the language of the underworld)'로 보였다. 3) 고배(高杯)의 세 발은 주변 산천이 세모꼴 안으로 들어가는 이상향(理想鄕)으로 보였다. 한마디로 피장자는 "인생이란 최고의 소풍(人生就是, 最高逍遙遊)이었다."라는 소회(所懷)를 말했다.

전시되었던 몇 가지 유품에 대해 짚어 본다면, 1) 제305호 고분에서 나온 민물 다슬기에 대해, 과연 당시에 식용했는지? 피장자가 평소에 선호했던 음식이었는지? 지질학적으로 중생대 백악기(中生代 白堊期)에 융기되었던 함지산 중턱이나 산꼭대기에서도 경상화산호(慶尙火山弧, 일명 慶尙湖水)에서 자랐던 민물 다슬

Q 흙 방울로 신의 노여움을 측정

기(freshwater snail) 껍데기가 이곳 무덤으로 어떻게 들어갔을까? 이 민물 다슬기 껍데기를 저승길에 가는데 축복 예물(祝福禮物)로 넣었나? 2) 붉은 토기(赤土器, red pottery)는 시지(時至, 壽城區 池山洞) 신라 토기 가마터 혹은 계명대학교 뒤 활뫼(弓山) 가마터에서 구운 것인지? 3) 검정 토기(黑土器, black pottery)는 생활용이 아닌 제의용(祭儀用)으로 만들었다. 피장자의 인덕(仁德)에 감응한 나머지 생활용이 아닌 제의용으로 명기(冥器 혹은 明器)로 제작해 껴묻어 명복을 기원했었다.

이어 4) 접시에 담긴 백곡옥(白曲玉)은 크기로 봐선? 펜던트용(頸飾)으로 보이나 용도는? 지배계급의 부인이나 여식이 귀걸이(耳環, ear ring)로 자랑스럽게 거들먹거렸을 것이 상상되었다. 5) 흙으로 만든 방울(土製鈴)이 있다니 용도는 무엇일까? 무당에게 신이 내리는 강신 도구(降神道具), 장례의

식에서 엄숙한 분위기 조성 도구, 일상생활에 늘 깨어있으라는 심신수양 (心身修養)의 도구인지도 모른다. 즉 남명(南冥) 조식(曺植, 1501~1572)의 성성자(惺惺子)처럼. 만약 이 흙방울[土製鈴]이 솟대에 북과 같이 걸려있었다면 천재지변을 알리는 오늘날 지진계와도 같았다. 6) 흙구슬[土珠] 알 3개를 흙방울(土鈴, soil-made bell) 속에 넣었고, 솟대의 토령(土鈴)은 바람에도 소리를 내었다. 즉 지진과 같은 천재지변 때는 요란스럽게 울렸다. 과거 일본 해변 동네에선 흙그릇[土器]에다가 흙으로 만든 구슬(土製珠, soil-made bead) 10여 개를 올려놓고, 소리에 따라 피신을 갔다. 오늘날 지진계(地震計)의 경고 메시지와 같았다. 이어 7) 20여 개의 쪽빛(藍色) 유리구슬이 목걸이(頸飾, neck lace)으로 사용되었을 법한 장신구(裝身具)로 보였다. 물론 로만 글라스 구슬(Roman glass bead)은 아니더라도, 몇 차례 물물교환(物物交換) 과정을 통해 신라에 와서 부장품으로 껴묻었다는 점에서 오늘날 다이아몬드(diamond)처럼 진귀했었다.

제304호 및 제305호 고분의 특징에 대해

제305호 고분은 4개의 연접묘(連接墓)로 제305-1호, 제305-2호, 제305-3 및 제305-4호 고분이 하나의 커다란 무덤으로 만들어졌다. 무덤을 파내고(解封) 보니 날 일(日) 자 모양의 4개의 적석석곽묘(積石石槨墓)로 분리되었다. 이곳 적석석곽묘(積石石槨墓, stone-stacking stone-coffin tomb)의 특징은 아라비아 숫자로 11자[한자로는 등골뼈 여(呂) 자] 모양이었다. 조성 시기는 6세기 전기(前期)에서 중기(中期)로 추정되었다. 한꺼번에 만들어진 게 아니라, 몇 차례 장기간 묘지 조성 작업이 이어졌다. 적석석곽묘(積石石槨墓)의 조성은 몇 차례 오랫동안 조성되었기에 규모는, 둘레(墓周)가 10~15m이고, 높이(墓高)는 3m 내외 되었다. 몇 년 앞서 발굴한 제1호 고분 및 제5호 고분은 대형 고분(大形古墳)이라 둘레(墓周)가 20m 내외였다. 당시 종묘(宗廟) 혹은 분묘의 규모에 대한 규정은, 아마도 고대 중국에서는 『예기(禮記) 왕제편(王制篇)』에 천자(天子)는 7묘(廟), 제후(諸侯)는 5묘, 대부(大夫)는 3묘, 일반 선비(儒生)는 1묘(廟)[100]로 암암리 상한선(上限線)에 대한 규정이 있었다.[101] 이에 따라 신라(新羅)에서도 묘제(墓制)의 크기는 피장자의 신분 혹은 관등에 따라 차이를 두었다. 동서고금을 막론하고 무덤의 크기가 작다는 건 피장자의 신분 혹은 품계에서 하급수장(下級首長)임을 짐작(斟酌)할 수 있다.

이곳 적석석곽분(積石石槨墳)에서 희귀한 사례로 석곽내격벽(石槨內隔壁)이 설치되어 있었다. 날 일(日) 자 모양의 장방형(長方形) 매장부(埋葬部)를 주(主)·부곽부(副槨部)를 격벽(隔壁)으로 구분했다. 제305-1호 고분에서도 2개의 깬 돌[割石] 격벽을 설치해 날 일(日) 자형 주·부곽(主副槨) 구분구조를 만들었다. 여기서 격벽(隔壁, septum)이란 칸막이(screening-off)를 설치함으로써 1) 석곽(石槨)의 활용성을 높이는 분리(벽)이면서 2) 주부(主副) 매장부의 구분을 통해 (1) 신분상 서열 혹은 (2) 여하한 차등(상이함)을 보여주기도 했다. 3) 물론 토목공학상 곽 안에 흙이 흘러내리거나 흙이 떨어짐을 방지하는 기능도 했다. 이런 사례는 상주 함창읍 신흥리고분군(新興里古墳群)에서도 격벽을 친 'ㄷ 자형' 목관(木棺)을 설치

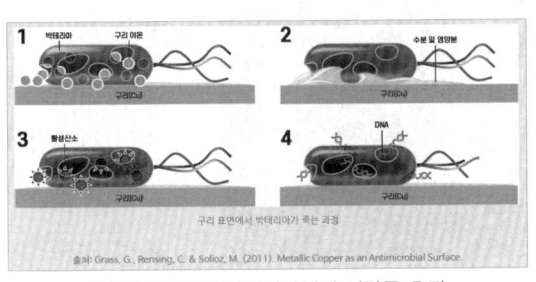

Q 금속광물의 박테리아에게 미량동 효과

한 고분이 발견되었다.102 4) 돌과 돌 틈새에 황색 점성토(粘性土)로 메워 석곽의 안정화(安定化)를 강화하고, 황토 점성토의 살충·살균 효과로 석곽 내부의 부패와 해충의 침범을 방지하고 있었다. 세칭 트로이 목마의 전투지였던 알렉산드리아 트로아스(Alexandria Troas, 현재명 Odun Iskele-si)에서는 고적 시설뿐만 아니라 오늘날도 황토를 발라서 해충침해를 방지하고 있다. 황토는 백악기 말엽을 전후해 석영조면암(石英粗面岩), 안산암(安山巖), 화강암(花崗巖), 규장반암(硅長斑巖, felsophyre), 명반석(明礬石), 섬록암 등이 오랜 세월 동안 열과 물에 의한 풍화작용(風化作用)으로 생성된 흙이다. 이런 광물질은 세균과 같음 미생물에겐 미량동 효과(微量動 效果, oligo-dynamic effect)103라는 살균·살충작용을 하고 있다. 제304호 석관분(石棺墳)의 개석(蓋石, 덮개돌)을 언급하기 전에, 칠곡(八莒縣)의 청동기시대 고인돌에 대해 배석운(裵錫雲, 1949년생) 팔거역사문화연구회(八莒歷史文化硏究會) 제2대 회장이 구암동 고분군(鳩巖洞古墳群) 제1호 발굴에 참여한(裵氏門中山發掘) 경험담으로 "칠곡 고인돌은 구암동 고분군

Q 302~306호 고분의 연접도
(현장 배부 자료)

(鳩巖洞古墳群)에 덮개돌로 많이 쓰였다."라는 주장을 해왔다. 그래서 혹시나 하는 생각에서 제304호 개석(蓋石)을 과거 청동기시대 고인돌이었나를 살펴봤다. 즉 재사용 흔적(再使用 痕迹)이 있는지? 그러나 끝내 재사용되었다는 흔적을 찾지 못했다. 전시(戰時)나 천재지변(天災地變)으로 극도로 궁핍(窮乏)할 때는 고인돌이나 묘지석(墓地石) 등을 축묘(築墓)에 재사용(再使用)했던 적이 없지는 않았다. 그러나 수장급(首長級)

장제(葬祭)에 신성(神聖)함을 훼손 혹은 모독(冒瀆)하기까지 고인돌을 재사용하지 않았다. 당시도 속칭 '귀신 붙었다(附鬼)'는 세속화(世俗化)된 믿음이 있었다.

  304호 고분의 개석(天板石) 가운데 가장 큰 덮개돌(covered stone)을 실측한 결과 길이 1.85m, 폭 1.65m, 두께 0.12m의 이암(泥巖, mud-stone)으로 무게는 800kg 내외였다. 현장소장에게 발굴 당시에 어떻게 처리했느냐 물었다. 그는 삼각대(Angle), 잭(jack) 및 도르래(pulley)를 사용해 들어 올렸다고 했다. 판석(板石)은 속칭 '구들장 돌'로, 주변에 사암과는 달리 인근에는 노곡동 양지골(魯谷洞 陽地村), 태전동(太田洞) 태복산(胎服山)104 아래(梅陽書院 裵山) 혹은 가산산성 북창(架山山城 北倉)의 산기슭에 산재하고 있는 돌이었다. 이를 운반하고자 적어도 12명 장정(壯丁)이 '일본식 목도(목도질)'105를 했거나 통나무 굴대를 사용해서 7~8명이 동아줄을 잡아당겨야 운반할 수 있는 무게였다. 이런 개석(蓋石)을 오늘날 대백 인터빌 인근 작원모퉁이(鵲院隅, 속칭 까치 모랭이)106에서 채석해 운반했다는 주장도 있었다. 이런 주장은 타임라인(time line) 1,200년 이상을 뛰어넘는 주장이다. 작원(鵲院) 모랭이 채석장(鵲院隅採石場)을 1735년 대구도호부사(大丘都護府使) 겸 경상관찰사(慶尙觀察使) 민응수(閔應洙, 1684~1750)가 대구읍성(大邱邑城)을 쌓기 위해 그곳에서 붉은색 사암(赤砂巖)을 채석했다. 따라서 고분을 만들었던 신라 때는 채석장이 아직 개발되지 않았다. 까치 모랭이(鵲院隅)에서 채석한 돌들은 모두가 붉은 사암이었다. 이곳 구암동 고분군(鳩巖洞古墳群)의 개석들은 대부분 산화철(酸化鐵)이 적은 청회색(靑灰色) 사암(砂巖)이었다.

갓 바위 부처(冠巖佛)의 갓돌(板石)이 태풍에 떨어진다면?

오늘날 갓바위 부처(冠巖佛, 보물 제431호 1965년 9월 1일 지정)는 "딱 한 가지 소원만을 들어준다."라는 입소문으로 대입(수능)시험 철이면 발을 들어놓을 틈새가 없이 기도하려는 사람들이 인산인해(人山人海)를 이룬다. 그러나 이렇게 됨에는 수많은 우여곡절(迂餘曲折)이 많았다. 과거 해결했던 난제(難題) 가운데 기억나는 1) 관암불(冠巖佛, 갓바위 부처) 참배객이 놓고 가는 불전금(佛典金)과 공양미(供養米) 등에 대한 소유권 문제는 1970년 9월 22일 대법원 판결에서 '선본사 사적기(善本寺 寺蹟記)'[107]라는 서증(書證)으로 선본사(善本寺)의 소유에 속한다고 했다[108]. 2) 1961년 8월에 관암불(冠巖佛, 갓바위 부처)의 관판석(冠板石)이 태풍에 날리면 불도(佛徒)의 떼죽음을 초래할 위험성(危險性)이 있다고 국가재건최고회의(國家再建最高會議)에 지역주민의 집단민원(集團民怨)이 진정되었다. 그 당시 의장(議長)이었던 박정희(朴正熙, 1917~1979) 소장(小將)은 육군 측지병(陸軍 測地兵) 2명을 보내서 해결하라고 했다.

갓바위 석조여좌상(출처: 경산시청)

갓바위 현장에 도착한 육군 측지병(陸軍 測地兵)은 갖고 온 장비(나침반, 줄자, 망치, 측량용 평판 등)를 내려놓자마자 바로 갓바위에 대한 현장 실사를 했다. 당시 갓바위 부처가 소재하는 주소는 경산군 와촌면 대한리 산44번지[109]이었다. 실측한 결과는 관불봉(冠佛峰)은 850m/sl, 석조여래좌상의 높이는 4.15m, 연화좌대(蓮花座臺)를 포함한 갓바위 부처의 높이 5.6m(혹은 5.48m), 관판석(冠板石, 관 모양의 판돌)을 원(圓)으로 볼 때는 지름이 1.80m, 사각형으로는 길이 1.80m, 폭 1.80m이며, 두께는 0.15m였다. 덧붙여 부처가 바라보고 있는 방향(視線)은 동짓날 해 뜨는 방향과 일치한다는 수치를 얻었다. 민원(民怨)으로 진정된 갓바위 부처의 관판석(冠板石)이 태풍에 추락 혹은 날려갈 위험성이 없는가 하는 판단을 위해 (1) 판석의 무게 계산, (2) 갓바위 부처의 주변 암석과 바람막이 상태, (3) 태풍의 풍동력(風動力, wind power)에 저항하는 관판석의 역학관계(力學關係, mechanics relationship) 등을 종합분석해야 했었다.

가장 먼저 판석의 무게산출에 애로를 겪고 있었다. 서울대학교 출신 측지병(測地兵)답게 판석의 무게산출을 고등수학 적분(積分)으로 Weight=∫f(x)dx에서 f(x)함수의 방정식을 도출하는 데 고민을 하고 있었다.

Q 갓바위 부처와 관판석 측정치

그때 와촌국민학교(瓦村國民學校) 6학년생 김형일(金亨逸, 1949년생)이라는 학생이 뭘 계산하는지를 살펴보고 있다가, 1) 산수(算數) 책에서 도형 부피 공식을 찾고, 2) 자연(自然)책에서 돌(巖石)의 비중(2.6)을 찾아 '갓바위 부처 모자 돌 무게=0.884톤(가로 1.8×세로 1.8×두께 0.15×돌 비중 2.6×남아있는 부분 0.70)'라는 방정식을 만들었다. 이를 그 자리에서 바로 풀었다. 0.884톤(반지름 0.9×반지름 0.9×원주율 3.14×두께 0.15×돌 비중 2.6×남아있는 부분 0.7)을 계산해서 결과치를 측지병에 주고는 줄행랑을 쳤다. 나중에 알아본 결과는 국가재건최고회의(國家再建最高會議) 민원접수대장(民願接受臺帳) 기록에서는 사각형으로 산출한 무게에다가 풍동력(風動力)을 감안(勘案)하여 "어떤 태풍으로도 관판석이 아래로 빠져나가거나, 떨어지거나, 날려갈 우려는 전혀 없다."라는 회신을 했다고 적혀있다. 오늘날까지 갓바위 부처의 관판석(冠板石)이 태풍에 날려 추락하는 사건은 발생하지 않았다.

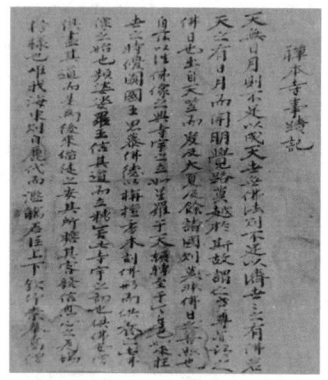

Q 선본사사적기(불교문화연구소)

그런데 최근에 많은 향토역사가(鄕土歷史家)께서 석굴암 본존불(本尊佛) 및 첨성대(瞻星臺) 등이 향하는 방향이 동짓날 해 뜨는 방향이라면서 동남 30도 방향(120N)을 향하고 있다고 주장하고 있다. 이에 대해서 대구향토사가들도 갓바위 부처의 동짓날 방향 측정과 일출 광경을 사진 촬영했다. 사실 동서고금을 막론하고 고대 신전(古代神殿), 고대 사찰(古代寺刹) 혹은 고대 성상물(古代聖像物)은 특수한 목적으로 제작된 것이 아니면, 대부분이 동짓날 해 뜨는 방향이다. 고대 인류는 동짓날 태양의 고도가 가장 낮아서 한 해의 첫날로 생각했다. 신전 구석구석 혹은 골방까지 햇살이 비치는 동짓날(방향)이라서 BC 3,600년에서 BC 3,000년경에 축조된 몰타 거석 신전(Megalithic Temples of Malta)에서도 동짓날 해 뜨는 방향을 향하고 있다. 동짓날 해 뜨는 방향은, 중학교 지구과학(地球科學, earth science)에서 배웠던 북반구(北半球, northern hemisphere)에 있다면 '동짓날 해 뜨는 방향=90도-위치한 북위도'로, 남반구(南半球)에 있다면 '90도+위치한 남위도'로 쉽게 산출할 수 있었다. 갓바위 부처님의 GPS 좌표는 북위 35도 56분 2.79초, 동경 128도 44분 26초에 해당하기에 동짓날 해 뜨는 방향은 54도 04분(144.4N, 90도-35도 56분)으로 산출된다. 즉 갓바위 부처님에게 동짓날 태양은 동쪽에서 54도 04분 정도 남쪽으로 기울어져 뜬다.

둘레 30m의 적석 봉분(積石封墳)을 조성하자면 작업인력은 몇 명이나?

최근 우리나라도 고고학(考古學, archeology)에 방사성 동위원소의 반감기를 이용한 연대 측정(radioisotope dating)과 지르콘(zircon)으로 방사성을 측정(zircon radio-metric dating)하는 고대 지질 연대 측정(ancient geological dating)은 일반화되었다. 토목공학 기법(土木工學 技法)을 이용한 고인돌의 무게, 무덤 및 성벽 등의 토사량을 산출해 동원인력까지 산출하고 있다. 사회학적 기법(社會學的 技法)으로 심지어 고대 주거주민까지 탄성추계(彈性推計)하고 있다. 앞에서 갓바위 부처의 관판석 민원을 해결한 사례처럼 1) 고분의 토사량을 산출한 뒤 ▷ 산출량에서 1인/일(person/day)당 작업량으로 나눠 ▷ 연(총) 동원인력을 산출해서 ▷ 그를 기반으로 부역(동원) 방법을 참작하여 거주호수를 탄성추계를 한다. ▷ 다시 호당(세대당) 인구를 곱해서 거주인구를 산출한다. 대표적인 사례로 경주 쪽샘 제44호 고분(公主墓, 지름 30m)에서 돌무지의 무게를 5톤 트럭으로 200대분(1,000톤)이라고 산출했다.110 조선 시대 왕릉조성에 대해 건원릉(健元陵, 태조의 릉)은 4개월에 6,000명, 헌릉(獻陵, 태종과 원경황후의 릉)을 여주(驪州)로 이장하는데 1,500여 명 상여군, 석공과 건축가 150명, 부역 인력 5,000명 등에 대한 기록이 있다. 이런 기록을 데이터로 판단 혹은 산출모형을 만들어 조선 시대 무덤에서 동원인력을 산출했다.111 뿐만 아니라, 고창군(高敞郡) 및 함안군(咸安郡)에서는 고인돌 세우기

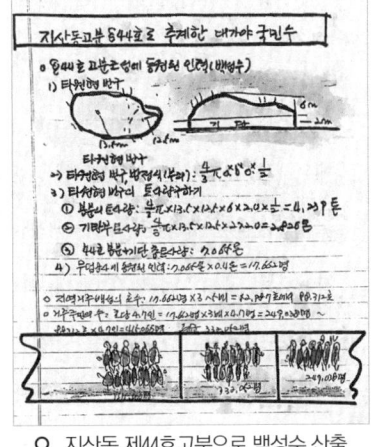

🔍 지산동 제44호고분으로 백성수 산출

축제를 개최하면서 실제로 고인돌을 채취해 세우는데 동원인력을 산출했다. 물론 청동시대(靑銅器時代)의 방식으로 굴대를 넣고, 동아(방아)줄112 줄을 당겨 이동하는 시연(試演, 시뮬레이션)에서 1인당 0.7~0.1톤 정도의 무게를 운반하는 산출방정식(算出方程式)을 만들었다.113

따라서 신라시대(新羅時代) 고분의 봉분 규모(지름 및 높이)를 실측하여 토사량(土砂量)을 산출하고, 당시 장정 일일 인당/ 하루 작업량(man/day work)으로 동원인력(動員人力)을 산출했다. 이때 청동기시대(靑銅器時代) 호당(가구당) 10인, 가야시대(伽倻時代) 호당 8.2인, 백제시대(百濟時代) 호당 4.2인으로 환산해서 거주 주민 수(백성 수)를 탄성추계(彈性推計)할 수 있다. 구암동(鳩巖洞) 신라 고분(新羅古墳)의 경우도 호당 4.7명으로 산출할 수 있다. 먼저 봉분 토사량(封墳土砂量)을 산출하기 위해서 1) 경주 왕릉과 같은 공(球) 모양의 무덤은 반구(半球)의 부피(體積) 산출공식을 응용하면 3/4×반지름 세제곱×원주율 3.14×흙 비중 2.0×반구 0.5 혹은 나누기 2로 산출할 수 있다. 2) 대가야읍(大伽倻邑) 지산동(池山洞) 가야고분(伽倻古墳)114 처럼 타원형(楕圓形) 무덤인 경우는 4/3×장축반지름×단축반지름×높이×원주율 3.14×흙비중 2.0×반타원형 체적 0.5 혹은 나누기 2로 환산한다.

지난 2023년 11월 29일에 대가야읍 지산동(池山洞) 제44호 고분에 대해 발굴 당시에 측정한 수치 장축 반지름 13.5m, 단축 반지름 12.5m, 높이 6m로 타원형 고분의 토사량은 4,239톤이었고 기반부 2,826톤으로 총 5,065톤을 토대로 동원 인력과 거주 백성 수(주민 수)를 탄성추계(彈性推計)한 결과는 평균 적게는 249천 명에서 평균 332,052명이란 백성들이 살았다는 사실을 알 수 있었다. 지난 4월 4일에는 그렇다면 구암동 고분군을 조성할 때는 이 주변에 몇 명의 백성들이 살았을까? 속칭 팔거리(八莒縣)의 세력은 어느 정도였는지, 세칭 천호장(千戶長)인지 만호장(萬戶長)인 아니면, 군사 측면에서 군사적 총지휘관의 품계는 군중상인(軍中上人)인지? 밝혀 봄 직하여 구암동 고분군(鳩巖洞古墳群)에서 가장 규모가 크다(大形封墳)는 제100호 고분 발굴현장에 가서 현장 소장으로부터 봉분 규모가 둘레 30m, 높이 7m라는 수치를 얻었다. 현장에서 방위 185도 S와 GPS 좌표 북위 35도 55분 32.762초, 동경 129도 33분 47.5056초로 측정되었다. 곧바로 봉분 적석량(封墳 積石量)은 1,300톤으로 동원 인력(부역에 나온 백성)은 8,700명/일이 산출되었고, 이를 기반으로 거주 백성 수는 26,100여 명으로 호당 4.7명으로 환산하면 5,553호(世帶)가 추정되었다.115 팔거리세력(八莒里勢力)

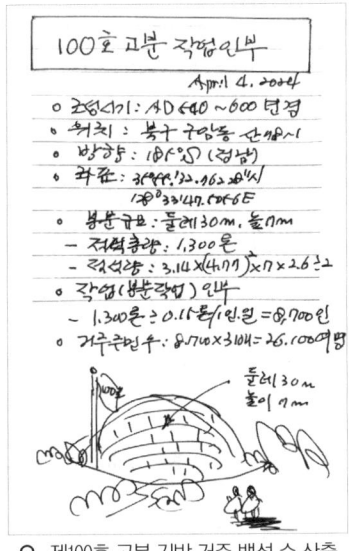

Q 제100호 고분 기반 거주 백성 수 산출

은 오천호장(五百戶長)으로 만호장(千戶長)에는 못 미쳤다.

팔거산성(八莒山城)의 축성에 동원인력을 세종 때 한성수축도감(漢城修築都監)의 기록을 기준으로 탄성추계한 27,264명은 거주 백성과 축성에 참여한 병정을 합계한 수치였다. 따라서 제100호 고분(古墳)이나 팔거산성(八莒山城) 축조 때에는 이곳에 26,100명의 백성이 살았다고 볼 수 있다. 거의 동시대(同時代) 팔거산성과 제100호 고분이 축조되었다고 볼 수 있다.

또 하나의 지역 백성의 수를 짐작할 수 있는 발굴 흔적(자료)으로는 제5호 고분에서 11개의 석렬(石列)과 제58호 고분에서는 14개의 석렬(石列)을 만들었다. 이는 지역주민들에 균등한 부역을 부담시키고자 분담시켰던 흔적이다. 11개의 동리단위(洞里單位, 오늘날 행정구역 동리 등) 혹은 14 부족단위(部族單位)로도 볼 수 있다. 이렇게 공역분담(供役分擔)을 균등하게 구역화(區域化)했다. 이로 인해 무덤 밑바닥에 '하늘의 별 모양이 새겨졌기(誕生天星)'에 망자(亡子, 혹은 彼葬者)에 대한 천도를 기원(天道祈願)하는 의미까지 담았다. 당시 사십 세(四十歲) 이상 어른들에게 생일(生日)을 생신(生辰)이라고 호칭했던 건 '하늘에 별로 탄생하실 분(誕生天辰)'이라는 축복이었다. 이와 같이 공평한 공역(供役) 분담사례는 조선 건국 후에 한성 축성 때에 전국을 현(縣) 단위로 분담을 시키는데 천자문(千字文) 순서인 "천지현황…언제호야(天地玄黃…焉哉乎也)"로 구역화해서 분담시켰다. 이미 신라 때에도 균등하고 공평한 부역(賦役)을 분담(分擔)시켰다.

장례가 긴 경우 시신의 방부 처리는 어떻게 했을까?

신라는 대부분 왕릉이나 귀족들은 중국 대륙의 망국유민(亡國流民)으로 한반도에 도래하여 집권한 김일제(金日磾)의 후손들이었다. 따라서 자연스럽게 초원을 누비고 살았던 초원 유목민(匈奴族)의 장례의식을 그대로 이어받았다. 이는 중국 대륙을 통해 한반도로 들어왔다. 그래서 당시 팔거리 세력(八莒里 勢力)의 수장(首長)들은 중국 대부(大夫)의 상례(喪禮)를 따라 '3일에 빈소(殯所)를 설치하고, 3개월 뒤에 매장함(三日而殯, 三月而葬).'116이란 풍속(風俗)을 지켰다. 3개월 동안 시신(屍身)을 어떻게 보관했을까? 일반 백성들은 아예 '토가매장(土假埋葬)'해 '살이 다 썩은 뒤 뼈만 추려서 매장'하는 납골장(納骨葬)을 했다.

세계 고대사(世界古代史)에서는 유라시아 초원에서 '황금의 왕국(Gold Kingdom)'을 건설했던 유목민들은 살아서는 몸에 황금 장식을 부착했다. 죽어서는 황금분(黃金粉 혹은 黃金箔)을 시신에 발라서 황금의 미량동 효과(微量動效果)를 이용해 방부(防腐) 처리했다. 오늘날도 카자흐스탄(Kazakhstan) 등 대초원지대(大草原地帶)에서는 황금 미라(golden mummy)가 발굴되고 있음은 이를 입증하고 있다.117 과거 칭기즈칸 점령시대에도 황금으로 급여를 주었다.118 그런데 한반도에서는 인골(人骨)조차 잘 발견되지 않는 건 산성토양(酸性土壤)에다가 습윤기후(濕潤氣候)로 부패가 심해 고분에 인골(人骨)이 발견되지 않았다. 간혹 조개무지 등 건조한 고지대나 철저하게 방수처리(防水處理)를 하였던 분묘에서 발굴되고 있다. 인골(人骨)은 고고학에서 가장 많은 정보를 제공하는 타임 캡슐(time capsule, 나이, 신분, 음식, 바이러스, 유전자 등)이 되고 있다.119

신라 국왕(新羅國王)이나 지방호족(地方豪族)들은 시신 부패 방지를 위해 어떤 특별한 조치를 했는가? 조선 시대는 국왕(國王)이나 사대부(士大夫)들은 여름철에는 시신 부패(屍身腐敗)를 방지하고자 길이 3m, 폭 1.6m, 깊이 0.9m 규모의 빙반(氷盤)을 만들어 그곳에 시신을 매장하는 그날까지 보관했다. 오늘날 영안실의

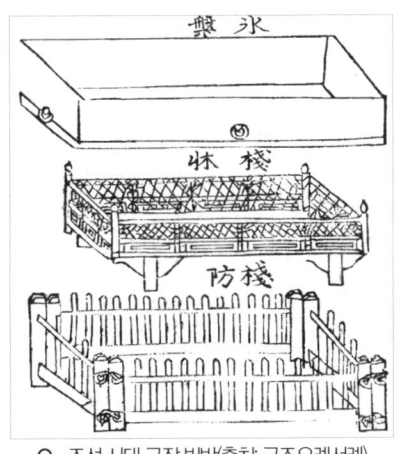
Q 조선시대 국장 빙반(출처: 국조오례서례)

냉장고(mortuary refrigerator)처럼 빙반(氷盤) 아래는 석빙고(石氷庫)에서 갖고 온 얼음을 채웠고, 대나무로 만든 빙반(氷盤) 위에 시신(屍身)을 모시며, 양옆에는 등겨(혹은 톱밥)나 볏짚 등으로 외부 온기 전달(溫氣傳達)과 내부 냉기 방출(內部冷氣放出)을 차단(遮斷)하면서 동시 지하실에 보관했다. 장례의식은 국조오례의(國朝五禮儀)에 규정되어 있어 이에 따라 시행했다.120

팔거리(八莒里) 수장급(首長級)의 장례에도 조선 시대(朝鮮時代)와 유사하

게 빙반(氷盤)을 설치하여 얼음을 공급하여 시신 부패(屍身腐敗)를 방지해 3개월까지 장례의식(葬禮儀式)을 시행했다. 미친 소리 같지만 사실이다. 인류가 최초 인공 결빙(人工結氷, artificial ice)한 것은 BC 500년경에 이집트(Egypt)와 인디언(Indian) 유적에서 발굴되고 있다.121 BC 400년경부터 더운 중동사막(中東沙漠)에서 얼음 구덩이(Yakhchal, ice pit)이라는 시설물을 만들어 생활에 이용했다. 신라 비단장수들이 로마(大月之國) 황제에게 조하주(朝霞紬) 곤룡포(袞龍袍)를 팔고 오가는 길에 상하사막(常夏沙漠)에 이란의 야크찰(Yakhchal)122이라는 인공 결빙(人工結氷, artificial ice)하는 비결(祕訣)을 배웠다.123

『삼국유사(三國遺事)』에 신라경주(新羅慶州)에는 노례왕(弩禮王) 원(AD 24)년에 경주왕실용 석빙고를 만들었다.『삼국사(三國史)』124에서는 지증왕(智證王) 6(AD 505)년에 삼량벌 제4정(參良火 第四停)에 대가야(大伽倻) 철제무기 기술자(鐵製武器技術者)와 같은 귀순귀빈(歸順貴賓)을 위하여 석빙고(石氷庫)를 설치했다. 이를 이용해서 팔거리(八莒里) 세력의 수장급(首長級) 장례식(葬禮式)에 시신 부패 방지용 얼음(Ice to prevent body decomposition)을 제공했다. 오늘날 현존하는 현풍 석빙고(玄風 石氷庫)는 조선 시대 화강암(花崗巖) 석재로 설치했다.125 따라서 신라시대(新羅時代)의 석빙고에 대해 설치 시기, 위치와 조성 기법 등은 향토사학자에게 부여된 새로운 연구과제다.

골짜기 개울(도랑) 섶에 육각정(六角亭)이 들어선 사연

일반적으로 우리나라는 경치 좋고, 물 좋고, 전망 좋으며, 바람까지 시원한 곳에 정자(亭子)를 세워서 길손들에게 정자공덕(亭子功德)을 베푼다. 오늘날도 네팔 히말라야(Himalayas, Nepal)에 트레킹(trekking)을 하다 보면

가파른 언덕 혹은 마을 어귀에 조망
(경치)이 좋고, 바람 시원해 땀까지 식
힐 수 있는 명당에 반드시 '초우타라
(chautara, 우리나라의 쉼터 혹은 정자)'가
설치되어 있다. 쉼터 시설(休憩施設)
이라고는 돌멩이에다가 짐을 내려놓고, 쉴 수 있도록 주변에 그늘나무(亭子

Q 네팔에서 삶의 내려놓음(초우타라)

木)를 심어 놓은 것이 전부다. 네팔 사람들도 길손(旅客)을 위해 공덕을 쌓
고자 초우타라(chautara, 쉼터)를 만들어 길손들에게 불교의 내려놓음(放
下著)126이란 깊은 의미를 되새기게 한다. 초우타라(Chautara)는 네팔 도시
가 있어, 흔히 혼동하는 용어다. 아마도 12세~29세 사이에 이었던 예수가
'잃어버린 예수의 생애(Unknown Lost Life of Jesus)'에 언급하고 있는 인도에
서 수도생활(修道生活)을 했다. 가운데 오늘날 네팔을 다녀가면서 초우타
라(쉼터, shelter)에서 '인생이란 무거운 짐'이란 화두(話頭)를 얻었는지도 모
른다. 그래서 마태복음(11:28-30)에서 "수고하고 무거운 짐 진 자들아 다 내
게로 오라! 내가 너희를 쉬게 하리라(Come to me, all you who are weary and
burdened, and I will give you rest)! 나는 마음이 온유(溫柔)하고 겸손(謙遜)하
니 나의 멍에를 메고 내게 배우라! 그러면 너희 마음이 쉼을 얻으리니, 이는
내 멍에는 쉽고 내 짐은 가벼움이라 하느니라!"127라는 사실을 체득했다.

화제를 구암동 고분군으로 돌아오면, 제304호 혹은 305호 고분에서
제1호 혹은 제58호 고분으로 가는 길목인 골짜기 개울 섶에 육각형 정자
(속칭 八角亭), 벤치, 들마루(일명 平床)가 설치되어 있다. 이를 봐서 분명히
쉬고 가는 쉼터는 맞다. 그런데 산등성이나 8부 능선에서 멋진 주변의 풍
광을 조망하면서 땀을 식히면서 쉴 수 있는 명당(明堂)은 아니다. 왜 이곳
에 설치한 사연이 참으로 궁금했다. 구암동 고분군(鳩巖洞古墳群)의 산 소

유권이 문중(門中) 혹은 개인 소유(個人所有)라서 공유지(共有地) 지목인 '구거(溝渠)'가 이곳뿐이었다. 심지어 정자의 자재를 운반할 길마저 없어 아예 정자를 조립해 헬기로 옮겼다. 여름철에는 쉼터 정자(亭子)라기보다 '헌혈증도 주지 않는 채혈장(blood collection site sans blood donation certificate)'이다. 모기의 극성이 대단함에 학(虐疾)을 뗄 정도다. 어떤 점에서는 칠곡인심(漆谷人心)을 새삼 생각하게 해서 씁쓸한 뒷맛을 남기고 있다.

제5호 고분을 찾고자 이렇게까지 헤매야 하나?

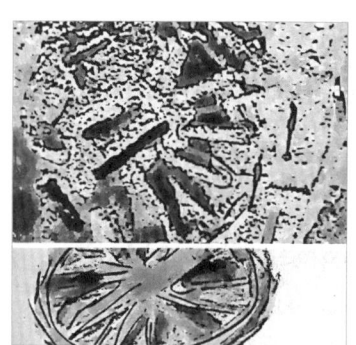
구암동 제5호 고분 11개 구획석렬

제1호 고분(第一號 古墳)이라고 적힌 이정표(milestone)를 따라가면 제5호 고분이 나온다. 제1호 고분을 분명히 알지 못하는 처음 오는 탐방객(探訪客)은 제1호 고분을 찾고자 불필요한 헛수고를 해야 한다. 한마디로 말해서 제5호 고분을 제1호 고분으로 착각하도록 만들어 놓았다. 게임용어로는 상대방이 속임수(cheat key)를 두드리는 바람에 놀림을 당하고 있는 기분이다. 특히 제1호 고분은 정비를 해놓았다. 그러나 주변에 공사잔재(工事殘在) 토석처리(土石處理)가 미완(未完)이라 발굴하고 있는 걸(發掘中)로 착각했다. 문봉진(文鳳進) 문화해설사(文化解說士)의 설명이 없었다면 오류를 범할 뻔했다.

제5호 고분에 특이한 발굴유물은 다름이 아닌 '11구획 석렬(Eleven Section Stone Row)'이다. 무덤 속에서 나온 무형문화재(無形文化財)이기에 더욱 조심스럽게 애드워드 핼릿 카(Edward Hallett Carr)의 『역사란 무엇일까(What is History)?』에서 "역사란 오늘과 과거의 끊임없는 대화(History is an unending dialogue between the present and the past)."라는 말에 꽂히게 한다. 먼저 '11(Eleven)'이란 의미는 1) 오늘날 용어로 관할 행정구역 혹은 집성촌(夫里)이 11개라고 볼 수 있다. 2) 지배계급으로 부담을 지울 수 있는 부족(氏族) 혹은 동네(自然部落) 수가 11개라는 의미다. 3) 손바닥으로 다섯(5)은 주먹을 달아서 불끈 쥔 모습이고, 열(10)은 손바닥을 다 열어 보이는 형상이다. 열하나(11)는 다 편 손바닥에서 새롭게 한가락을 꼽는 의미. 즉 새로운 세상에 하나의 별로 태어난다는 의미를 부여할 수도 있다. 4) 비록 무덤 조성에 부담을 지울 동네 혹은 씨족(氏族)이 9~10에 지나지 않으나 '하늘에 별 하나 새로 탄생한다(A new star is born in the sky)'는 의미 부여(意味賦與)를 위해서 인건비를 지급해서라도 후손 입장에서 11개 구역을 추진할 수 있었다.

다음으로 석렬구획(石列區劃, stone column zoning)의 의미는 1) 평소 베푼 인덕에 감응(感應)해서 농번기에도 분묘 축조(墳墓築造)에 한꺼번에 참여하겠다고 야단법석을 떨 경우에도 11개 구역으로 쌓을 계획이니 차분히 돌아가서 농사 때 놓치지 말기를 바란다(순서가 되어서 와서 일하라.)는 망자의 애민정신(spirit of the deceased's love for the people)을 따른 것이다. 2) 지배계급으로 평소에 관할 지역에만 안분(安分)한 부역이기에 노동 부담을 보다 균등하게 분담(equal sharing of labor burden)하고자 했다. 3) 11자의 의미에 맞게 하늘의 별 모양으로 구획해 환생을 모두가 명복을 빌자는 구상(prayer for the soul of the deceased)이었다. 4) 적석석곽분(積石石槨墳)의 기본구조로 튼실하게 얽혀 짜 봉분을 설계하는(basic plan for a sturdy stone tomb) 일종의 기법이었다. 5) 기존 목관묘(木槨墓)의 칠성판(七星板)이나 적석총의 천판(天板) 혹은 덮개돌(蓋石)에 성좌암각(星座巖刻)을 하는 대신에 새로운 방식으로 성형석렬(star-shaped stone columns)를 시도했다.

IV.
구암동 고분군에서 나온 선인들의 천문학 지혜

1. 구암동 고분군에서 농경시대의 풍습을 더듬어

제5호 고분에 고고학적 발굴 유물에 대한 요약

구암동 제5호 고분(鳩巖洞第五號古墳) 발굴에 대한 기자회견은 지난 2022년 4월 12일에 있었다. 북구청이 의뢰한 대동문화재연구원(大東文化財研究院, 대구광역시 달서구 두류공원로 260)에서 발굴했다. 고고학적 특징으로는 1) 매장 주체부(埋葬主體部, burial body part)[128]인 주곽(主槨, main coffin)과 부곽(副槨, deputy coffin)에서 유물이 대부분 발굴되었다. 즉 매장 주체부(주검 안치 시설) 북편서(北便西)에는 2열로 배치된 유개고배(有蓋高杯, 뚜껑 있는 굽다리 접시)와 다수의 철기류, 철제등자(鐵製鐙子, iron stirrups) 등의 마구류(馬具類)가 발굴되었다. 남단벽(南端壁) 아래 상대적 대형 토기류(大形土器類)가 나왔다. 2) 중앙부에는 사람 뼈[人骨] 흔적이 나왔고, 시신(屍身)의 머리 부근에는 금동제 세환이식(金銅製 細鐶耳飾) 3점이 나왔다. 부곽(副槨)에서는 주로 토기류(土器類)가 출토되었다.

앞에서 언급한 구획석렬(區劃石列)에 대해, 3) 2021년 11월에 적석봉토분(積石封土墳, stone-covered earth tomb) 제5호 고분의 특이한 축조기법(築造技法, construction technique)을 먼저 공개했다. 봉토 작업구역의 분담한 구획 축조 방식이었다. 또한 봉분 가장자리에서 고대 토목공법인 구획석렬(區劃石列) 14개소가 확인되었다. 구획석렬(區劃石列) 사이에는 깬 돌[割石]로 채워 상징성을 부여하는 독창적인 적석봉분을 만들었다. 4) 매장 주체부를 평면도를 그리면

주곽(主槨)과 부곽(副槨)이 아라비아 숫자의 '11'[129]자형 혹은 한자로 '입 구(口)'자 2개인 '등뼈 여(呂)'자 모양을 하고 있었다. 5) 주곽(主槨)은 내부 길이 5.85m, 너비 1.1m, 높이(혹은 깊이) 1.5m이었으며, 부곽(副槨)은 더 작은 규모였다. 벽체 돌은 큰 깬 돌을 썼고, 바닥에 깔린 돌은 물에 깎인 듯한 강돌[川石]이었다. 바닥 중앙엔 인골(人骨)의 가장자리를 따라 작은 깬 돌[割石]을 놓았다.[130]

일반상식으로 본 제1호 고분의 복원(復元)에 대하여

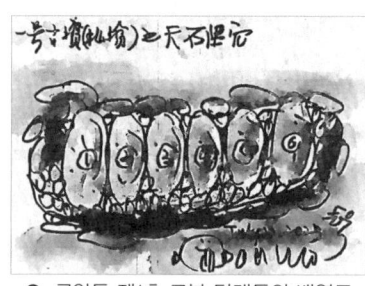

Q 구암동 제1호 고분 덮개돌의 배열도

구암동 고분군(鳩巖洞 古墳群) 제1호 고분(第一號 古墳)을 복원해 놓은 현장답사에서 많은 생각을 하게 했다. 문화재 복원(文化財復元, cultural property restoration) 특히 고분 복원(古墳復元, ancient tomb restoration)에 대해선 문외한(門外漢)이지만 경주 쪽샘 공주릉(公主陵) 복원 현장(復元現場)을 봤고, 중국 서안(中國西安) 진시황(秦始皇)의 병마용갱(兵馬俑坑) 복원 현장을 둘러봤다. 그들은 마치 당시 역사적 현장(歷史的 現場, historical site)을 재현해 놓았다. 관광객은 진시황제 시대(秦始皇帝 時代)로 타임머신(time machine)을 타고 여행하게 된다. 구암동 고분군((鳩巖洞古墳群) 제1호 고분은 오늘날 축조기법(築造技法)과 건축자재(建築資材), 양식(樣式) 등을 복원해 놓았기에 세칭 '솔까말(솔직히 까놓고 말하면)' 현대적 모형(現代的模型, modern model)을 하나 만들어 놓았다는 느낌이 들었다. 로마협약(Rome Convention)에서 역사적 사적(歷史的 事蹟, historicla site)은 옛 자재, 기법 및 모습 등으로 원형을 최대한 살려 역사가치(歷史價値, historical value)와 문화가치(文化價値, cultural value)를 살려야 한다고 했다.

국제협약(國際協約, international agreement)보다도 우리나라 현행 법령인「문화재 보호법」제2조 정의에서 '세계적 유산으로서 역사적 가치(歷史的 價値), 예술적 가치(藝術的 價値), 학술적 가치(學術的 價値) 또는 경관적 가치(景觀的 價値, scenic value)'를 살리게 했다. 이런 점에서는 고분을 대신해서 현대적 모형을 보여준다는 건 탐방객에게 '사기당한 기분(I feel like I've been scammed)'을 들게 한다. 로마(Roma) 시(市)에 있는 포로로마노(Proromano) 유적에는 옛 자재와 현대 자재로 고대와 현대를 대비시키는 기법(古現對比技法, comparative techniques between ancient and modern times)으로 복원해 놓은 열주(列柱)들이 있었다. 시대적 비교분석을 통해 역사적 가치를 새삼 느낄 수 있었다.

우리나라도 고분 복원에도 옛 유물을 그대로 둔 개방형 혹은 투명형 고분 복원(open or transparent tomb restoration)을 고려해야 한다. 본론(本論)으로 제1호 고분에 대해서 살펴보면, 1) 가장 먼저 3개의 봉분이 나란히 붙어있는 연접분(連接墳)이다. 2) 발굴 당시 북쪽에 있는 무덤(北墳)을 개토파분(開土破墳) 했을 때 적석총(積石塚)을 덮었던 천판석(天板石) 혹은 덮개돌(蓋石)에 6개나 나왔다. 3) 혼동을 피하고자 6개 덮개돌에 나란히 1~6번까지 번호를 붙여 말하면 2(1-2)번 덮개돌과 4(1-4)번 덮개돌에는 성혈(性穴, cup mark)과 암각화(巖刻畵, petroglyphs)가 나왔다. 4) 전문가들의 감식을 통해 밝혀진 사실은 2번 덮개돌에서는 검파형 성형(劍把形 性穴, 칼잡이 모양 돌구멍)이고 4번 덮개돌에서는 4개의 동그라미 모양의 돌구멍(性穴)이 새겨져 있었다. 이를 일월성수도(日月星宿圖)라고 전문가들은 해석했다. 쉽게 말하면 해, 달 그리고 별을 돌에다가 새겼다.

한편, 5) 무덤 덮개돌에다가 이렇게 새긴 의도는 무엇일까? '과거와 현재의 대화(conversation between the past and the present)'라는 관점에 고민을 해보면 아마도 검파형 성혈(劍把形性穴)은 피장자 '당신의 무운(武運)을 축복합니다(blessing good fortune by your martial arts).'라는 뜻이다. 다른 하나인 일월성신도(日月星宿圖)는 "하늘나라 별로 태어나셔서 영원한 복락을 축원합니다(wishing you eternal happiness by being born as a star in heaven)."라는 후손들의 축도(祝禱)였다. 고대 미술 전문가(古代美術專門家)는 검파형 암각화(劍把形 巖刻畵)은 칼로 찌른다는 의미를 남녀접성(男女接性)으로 보고, 그런

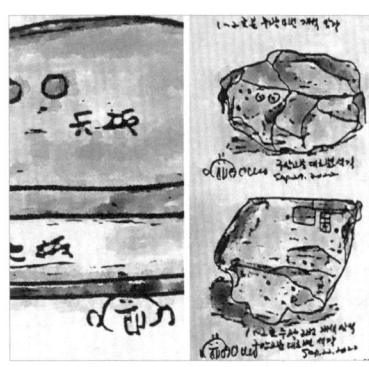

제1호 고분 덮개돌의 일월성수도와 검파성혈

장면을 추상화한 것으로 봤다. 그렇게 간절함을 암각함으로써 자손번창(子孫繁昌)과 농사풍년(農事豊年)을 기원했다. 검파(劍把, sword handle)는 오늘날도 '칼자루를 잡은 사람' 집권자를 상징하고 있다. 당시 신라시대의 집권자도 칼자루를 잡았다는 동일성(同一性)을 부인할 수 없다. 오늘 의학용어 가운데 '질(膣, vagina)'은 라틴어 '칼집(라틴어 vagina, 영어 knife sheath)'에서 어원을 두고 있다. 바람둥이 남자가 농담 삼아 하는 "이빨 달린 칼집(vagina dentata)"이라는 표현과 검파는 일맥상통(一脈相通)하다.

물론 지난 2018년 12월 18일 함안군청(동아세아문화재연구원)이 가야읍 말산리 50-4번지(GPS 북위 35도 16분 45.732초, 동경 128도 24분 50.4882초) 말이산(末利山) 제13호 고분(사적 515호)에서, 지름이 40m 내외 봉분으로 4면이 붉은색으로 채색된 '붉은 벽 고분(Red Wall Tomb)'의 돌덧널 덮개돌 14개 가운데 남쪽에서 5번째 덮개돌에 134개의 별자리가 그려져 있었다.[131] 고천문학(古天文學) 전문가들이 감별한 결과 궁수자리(Sagittarius),

전갈자리(Scorpio)가 뚜렷한 농경사회의 책력 별이었던 남두육성(南斗六星, Milk Dipper)132까지 암각해 망자와 후손들을 기원했다.133 우리가 살고 있는 칠곡에서도 함지산 기슭(구암동 377번지, 좌표 북위 35도 55분 55.5초, 동경 128도 34분 11.0초, 108m/sl)에 고인돌(礫巖, 일명 운암골 고인돌) 하나가 있는데, 그곳에는 남두육성(Milk

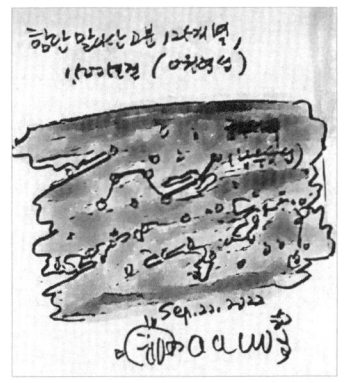
함안 말이산 고분개석 별자리

Dipper)이 성혈로 남아있다. 오랫동안 몇 차례 다양한 기원을 위한 별자리 성혈을 만들었기에 고인돌의 앞뒤에 50여 개 있었다. 당시 남두육성을 암각할 때 사실 남두육성을 봤다고 전재하고, 오늘날까지의 천문학적 북위 고도 세차(歲次)를 기반으로 탄성추계하면 BP(before present) $2,110 \pm 10$년이란 결과치가 산출된다. 즉 BC 86년 이전, 신라건국(BC 57년) 이전인 진한(辰韓, 별나라 별 동네) 때 이미 이곳에서 사람들이 살았다.

남두육성(南斗六星)이란 글자 그대로 풀이하면 '묘지(卯地, 南)를 주관하는 하늘의 근원(斗, 여기서는 칼자루)으로써, 도륙(六, 戮의 의미도 있음)134하는 생사여탈권(生死與奪權)을 가졌다고 믿고 기도하는 별(星)'135, 136이라고 해석한다. 고대 사람들은 하늘의 운명을 별자리들이 결정한다고 믿었다. 천왕의 칼자루(天皇劍把)를 사방에 따라 북두칠성(北斗七星), 동두오성(東斗五星), 서두사성(西斗四星)과 남두육성(南斗六星)으로 믿었다. 고구려 고분벽화에서 별자리로「사신성도

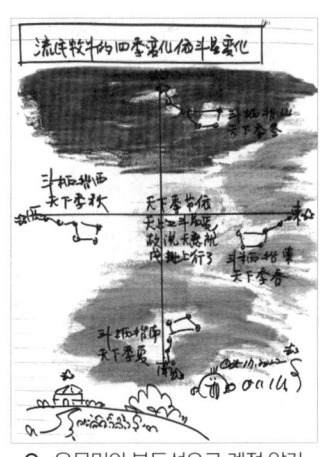
유목민의 북두성으로 계절 알기

(四神星圖)」를 그렸다.137 여기서 말 두(斗) 자는 칼자루(劍柄)와 같은 권한(權限)을 가진 것을 상징했다.138 옛날 국민(초등)학교 때 북두칠성을 '똥바가지'라고 했고, 별자리 끝부분을'자루(柄, 把, 斗)'라고 했다. 서양에서도 북두칠성(北斗七星)을 '큰 국자(The Big Dipper)'라고 하며, 남두육성(南斗六星)을 '우유국자(Milk Dipper)'라고 한다. 이들은 다 같이 '자루(handle)'가 있는 물건이다. AD 319년 서진(西晉)의 '간보(干寶)'라는 필명으로 쓴 지괴소설(知怪小說, 귀신 씨나락 까먹는 소설)「수신기(搜神記)」에서는 "(별나라 여행에서) 북두칠성(北斗七星)은 사람의 저승세계(죽음)를 관장하고, 남두육성(南斗六星)은 이승의 삶(삶)을 관장하고 있더라(北斗注死, 南斗注生)"139고 경험담을 적어놓았다.

구암동 고분군 제56호 고분과 제58호 고분을 찾아서

구암동 고분군(鳩巖洞古墳群)에서 가운데 가장 먼저 발굴된 고분은 제1호 고분이 아니라 제56호 고분이다. 제56호 고분, 제57호 고분 및 제58호 고분은 같은 번지에 인접(隣接)한 고분으로 한꺼번에 발굴되는 게 일반적인 현상이다. 그러나 이곳은 1975년 경상북도(慶尙北道) 제14대 김수학(金壽鶴, 1927~2011) 도지사(道知事)가 지시해 구암동 고분 발굴을 했다. 최초로 발굴한 건 제56호 고분이었다. 당시는 발굴되지 않던 제56호 혹은 제58호를 맨눈(肉眼)으로 분간하기는 불가능했다. 그곳은 이미 몇 차례 도굴당한 상태였으나 인접해 있던 제58호 고분은 천운(天運)으로 도굴당하지 않았다. 제58호 고분에서 특이하게 출토된 유품은 7개 돌기가 난 은제(silver-made) 별 모양(銀製七角星, silver seven-pointed star)이 75개나 발굴되었다. 이런 칠각성(七角星)은 신라 지방군 십정(十停)의 군사적 표식(軍事的 標識)이었고, 은제 7각형 별은 군장(軍將)의 말안장에 U자(신라상징 초승달)140 모양 마구(馬具)였다.

여기서 은제 말 장식 별 모양에 관련해 '과거와 현재의 대화(conversation between the past and the present)'를 시도해 본다면 1) 함안지역(咸安地域)의 아라가야(阿羅伽倻)의 별 모양은 6각형(six-point star)인데, 왜 신라는 7각형 별(seber-point star)인지, 2) 인근 무태동 선사시대 유적에서는 발굴된 11개 돌기 별 모양 돌도끼(星狀石斧 혹은 星形權棒)에서는 왜 11각 모양인지, 3) 청동기 혹은 철기시대 초기에는 청동거울(銅鏡)처럼 별 모양 도끼(星形石斧)로 제례의식(祭禮儀式), 치유의식(治癒儀式), 혹은 통치현장(統治現場)에서 사용했음을 생각할 수 있다. 해, 달, 바람 및 별을 가슴에 품도록 디자인했던(designed to hold the sun, moon, wind and stars in one's heart) 신라 사람들의 복식(服飾)은 오늘날 우리에게도 경이감(異色的 驚異感, sense of exotic wonder)을 자아내게 한다. 다른 건 몰라도 신라(新羅)는 초승달과 별(新月和星)의 상징성(象徵性)을 체계적으로 관리하고자 중앙전담부서로 채전감(彩典監 혹은 典彩署, 통일신라 이후에는 服飾都監으로)141을 설치해서 운영했다. 이곳에서는 군신(君臣)의 복식(服飾)을 비롯하여 군사적 장식(軍旗, 軍馬裝飾, 兵丁服飾)까지 디자인(design)과 색채(color)에 대한 국가의 전문 관리(專門管理)가 있었다.

신라의 상징인 초승달(新月)은 군령을 전달하는 신라 전령기(傳令旗)에도 나오는데 '낮에 나온 반달(晝顯新月)처럼' 푸른 바탕색에 흰색 초승달을 그려 넣었다. "신라인들은 푸른색, 붉은색 등을 이용해 군조직을 구분했다. 전체적 국가를 상징하는 것으로 반달을 표시했다(羅人徽織, 以靑赤等, 色爲別者, 其形象半月)."라고 『삼국사(三國史) 잡지(雜志)』에 기록되어 있다.142 이들 군부대 깃발에다가 반달가슴곰(半月胸熊) 가죽으로 대장군 깃발인 제감화(弟監花), 군사령관 깃발(軍帥監花) 및 당주(幢主)의 깃발 대장척당주화(大匠尺幢主花)를 장식했다.

신라인(新羅人)들의 천문관(天文觀)에 대하여

제58호 고분 출토 발안장용 칠극성

1960년 별빛 쏟아지는 한여름 밤에 할머니에게 '초승달 모양의 송편(月餠)'을 옛날 신라 사람들이 추석 때 해 먹었다는 이야기를 들었다. 보름달 모양 송편(松餠)은 달 모양이 다 찼기에 곧 기울여 멸망하지만, 초승달은 계속 성장할 수 있다는 미래성(未來性)에서 선호했다. 이와 같은 이야기는 『삼국사(三國史)』 백제 본기 의자왕 20년 때 나오는데 "백제가 망한다. 백제가 망한다. 소리가 나오는 땅속을 파보니 3척이나 되는 거북 등에 '백제는 보름이요, 신라는 초승달 같다(百濟圓月輪 新羅如新月).'라는 글귀가 나왔다."라고 기록하고 있다.143 이는 '멸망하지 않고 성장하는 융성(不亡盛隆)'을 상징하는 초승달을 신라는 상징물로 결정했다. 구체화한 사례로는 왕성(王城)을 반월성(半月城), 군신의 초승달 복식(옷깃, 소매 깃, 가슴 등에 초승달을 디자인), 군사적 상징, 전령기 등이 초승달을 상징물로 지정하여 관리했다. 음식도 초승달 모양의 송편(松餠)을 만들어 먹었다. 신라에서 쫓겨서 당나라로 갔던 당군에 의해 중국에 송편을 전달되어 오늘날 '달떡(月餠)'으로 전승되고 있다. 오늘날 중국인들은 중추지절(仲秋之節)에 월병(月餠)을 먹는 풍습이 있다. 신라 사람들은 대자연의 해, 달, 별의 상징성을 녹여 생활디자인(life design)으로 생활화했다.

현존하는 달에 대한 신라의 애착을 살펴보면, 일본에 건너가서 '달의 신(天照大神)'이 되었다는 전설도 있다. 신라가 천년월궁(千年月宮)을 지었고, 성벽을 월성(月城)이라고 했다. 신라 제5대 파사이사금(婆娑尼師今) 22(101)년에는 시조(始祖) 때부터 내려온 금성 동남쪽에다가 '달의 성(月城)'을 쌓앞다. 그 성 이름이 '초승달 성(新月城, 둘레 1,823보)'이라고 했다. 한편 북쪽 에다가 '보름달 성(滿月城, 둘레 1,828보)'을 만들었다. 동쪽에다가는 '달이 밝아오는 성(明活城, 1,906보)'을 성축했다. 남쪽에는 '달 뜨는 남산성(南山城)'을 쌓았다고 『삼국사(三國史)』에 기록하고 있다. 신라의 초기 국명이 샛별(金星) 혹은 철옹성(金城)이라고 했다가 '샛별 나라(金星國)' 혹은 '달의 나라(月城國)'이라고 했으며, 줄여서 '달의 나라(月城)'이라고도 했다. 순수한 신라어(新羅語)로 '달나라 성(達城)'이라고도 했다.

대자연(大自然)으로 눈을 돌리면, 오늘날 말똥구리(蜣蜋, 蛄蜣 혹은 推丸, buzzard)는 어두운 밤에도 말똥 경단을 굴려 집을 향해 이동한다. 그들은 은하수 별자리를 보고 집으로 가는 길을 찾는다.144 별을 보고 길라잡이를 하는 건 사람만이 아니라 곤충, 어류, 조류와 포유류가 별로 방향을 판단하고 목표를 찾아간다. BC 10,000년 전 중동에서는 별을 보고 항해의 방향을 찾았다. BC 206년 중국 전한(前漢)에서 지남철(指南鐵)을 발명하기 전에는 별을 보고 항해하는 '별 나침반(star compass)'이 사용되었다. BC 3,000년경 고대 이집트나 메소포타미아에서도 새벽 3시경에 동쪽에서 떠서 서쪽에 지는 오리온(Orion) 별자리를 '3형제 별(3 Brothers Stars)', '삼성(Three Stars)' 혹은 '동방별(Orient Star)'이라고 했다. 그들은 오리온 별자리(Orion Star)를 보고 봄이 왔음을 알았다. 이를 기반으로 농사철을 짐작했다.

초승달 상징의 신라 디자인
(전담 부서 채전감)

BC 2,000년 전부터 북반구(北半球)에 있는 몽골리아 대초원(Mongolian steppes)에서부터 중국, 한반도(韓半島)에서도 북두칠성(北斗七星, Big Dipper)의 별자리의 자루 부분이 동쪽으로 기울어지면 봄이고, 남쪽에 여름, 서쪽에 가을, 북쪽에 겨울로 판단했다(斗在東則春, 在南則夏, 在西則秋, 在北則冬也). 신석기(新石器) 이후 별자리를 보고 농경시필기(農耕始畢期)를 알았다. 초원 유목민(草原遊牧民)들은 별자리를 보고 초지가 많은 곳으로 이동을 판단했다. 한반도 농경시대(農耕時代)에는 벼 경작에 있어서는 농사책력(農事冊曆, farming calendar)에 해당하는 별은 바로 궁수자리의 남두육성(南斗六星)이다. 그래서 AD 330년경 동진(東晋) 간보(干寶, 출생 미상~336)가 쓴 『수신기(搜神記, A story about finding a ghost)』

Q 운암골 남두육성 고인돌

에서는 "북두칠성(北斗七星, Big Dipper)은 죽음을 관장하고, 남두육성(南斗六星, Southern Dipper)을 삶(생명)을 점지하고 있다(北斗注死, 南斗注生, The Big Dipper governs death and the Southern Dipper rules life)."라고 적었다.

탈곡 작업(脫穀作業, threshing work)을 할 때 알곡과 쭉정이를 골라내는 도구인 키(箕, winnow)를 닮았다고 키별(箕星, Winnow Star)이라고 했다. 기성(箕星)이 뜨는 방향은 팔괘방향(八卦方向)으로는 손방(巽方)에 속하고, 『주역(周易)』에서는 닭(鷄, rooster)으로 봐서 "4개의 주홍색 별로 마치 곡식을 까부르는 키(箕)의 모양이라네. 키 별 아래에 3개의 주홍색 별은 나무 절구공이(木杵, wooden pestle)라고 하며, 키 앞에 있는 한 개의 검은색 별이 알곡의 껍데기(糠)이라네(四紅其狀似簸箕, 箕下三紅名木杵, 箕前一黑是糠皮)."라고 했다. 청동기시대 선인들은 이렇게 '밤하늘을 걸어가면서 노래 한 자락(步天歌)'145을 읊었다. 여름철 별로 단오(端午, 5월 5일) 전후로 보이기 시작하면 각종 곡식 파종과 벼 못자리를 마련했다. 유두(流頭, 6

월 6일)에는 바람을 봐서 보리 베기를 하고, 하지(夏至)에는 물을 다스리는 별(水掌星, a star governing the earth's waters)인 남두육성(南斗六星, South Dipper)을 보고 기우제(祈雨祭)를 지내기도 했다. 가을걷이하는 추석(秋夕, 8월 15일) 이후도 남두육성은 보인다. 중양(重陽, 9월 9일)이 되면 남두육성은 사라져 보이지 않는다. 따라서 한반도에서 하늘에 있는 농사책력(農事冊曆, farming calendar)은 바로 남두육성(南斗六星, South Dipper)이었다. 계절 따라 찾아오는 철새(봄철 제비, 여름 뜸부기, 가을 기러기, 겨울 청둥오리 등), 꽃(쌀밥 꽃, 보리밥 꽃, 조팝나무 등) 및 바람까지도 '자연의 농사책력(Nature's Farming Calendar)'이 되었다.

고조선(古朝鮮), 삼한시대(三韓時代) 혹은 삼국시대(三國時代) 통치자들은 천손(天孫) 혹은 천강(天降)을 주장하면서 군림(君臨)했다. 한편으로는 하늘의 뜻[天意] 혹은 기밀(天機)을 헤아리려 보고자 천문관측에 지대한 관심을 가졌다. 고대왕국(古代王國)에는 반드시 천문관측소(天文觀測所)를 설치하였고, 그곳에 일관(日官 혹은 天官, 曰者, 東方)을 배치했다. 그들은 매일 성변측후(星變測候)를 관찰하여 기록하였고, 중요한 사건은 국왕에게 보고했다. 『삼국사(三國史)』에 나오는 일식기록(日蝕記錄)만 66건이나 된다. 여기서는 성변기록(星變記錄)을 신라 초기 4개만 추려보면, 1) 박혁거세(朴赫居世) 8(BC 49)년 3월 "봄 혜성(孛星 혹은 客星)이 왕량자리(閏秀)에서 나탔다(星孛於王良)." 2) 박혁거세(朴赫居世) 54(BC 3)년 2월에 "하고(河鼓, 독수리) 자리에서 혜성이 나타났다(星孛于河鼓)." 3) 일성 이사금(逸聖尼師今) 17(150년) "8월 혜성이 천시(天市)에 나타났으며, 11월에는 경주 도시에 천둥 번개가 쳤고, 역질병이 퍼졌다(星孛于天市, 冬十一月雷京都大疫)." 그리고 4) 일성 이사금(逸聖尼師今) 20(153)년 10월 "별동별(彗星)이 동방에 보였고, 또한 동북방에 보였다(官門災彗觀東方, 又見東北方)."라는 기록이 있었다.

동서고금(東西古今)에 별과 초승달의 상징성(象徵性, symbolism)

이슬람 문화(Islamic culture)에서는 별과 초승달에 대한 신앙(faith)이 동양보다는 더 각별하다. 사막의 동물(사람)들은 낮에는 태양열로 인해 황야에 어떤 동물도 움직이기 어렵다. 해가 지고 난 뒤에 비로소 활동한다. 그래서 그들은 하루의 시작을 해돋이가 아닌 해넘이에 둔다(They start their day with sunset, not sunrise). 해넘이가 시작되면 하늘에선 초승달 혹은 저녁별 금성(金星)이 인간을 축복한다. 그래서 오망성(五芒星) 혹은 오각성(五角星) 금성(金星, Venus)을 '신성한 상징(sacred symbol)'으로 믿었다. 따라서 초승달은 '진리의 시작(The Beginning of Truth)' 혹은 '부활(Resurrection)'이란 뜻이다. 이슬람교의 성경 '코란(Qur'an)'에서는 예언자 무하마드(Prophet Muhammad, 570~632)에게 천사 가브리엘(Angel Gabriel)이 다가와서 "당신의 모습대로 인간을 창조하신 그분은 자신도 몰랐던 인간을 가르쳤다. 펜이란 매체로 가르치시는 가장 자비로운 그대에게 창조주의 이름으로 전합니다."146라는 메시지로 믿음을 신으로부터 받았다.

1299년부터 대략 600년 동안 오스만제국(Ottoman Empire)에서는 초승달과 샛별(crescent moon and morning star)을 이슬람의 상징으로 여겼다. 이슬람 국가의 국기(國旗)에도 화폐(貨幣)에도 초승달과 샛별이 그려지고 새겨졌다. 이슬람권 국가의 적십자사(赤十字社)인 적신월사(赤新月社, Red Crescent Society)의 상징 마크(symbol mark)도 '붉은 초승달(red crescent)'이다. 오늘날 라마단(Ramadan)과도 초승달은 밀접한 관계가 있다. 즉 아홉 번째 달(the nineth month) 가운데

초승달의 출현과 달의 운행을 고려해서 라마단(Ramadan)이 결정된다. 사실, 이슬람력 책력(달력)이 그레고리력(Gregorian calendar)보다 짧기 때문에 라마단(Ramadan)은 매년 10~12일이나 일찍 시작되어 33년 주기적 모든 계절에 배당되기 때문이다.[147] 이런 의미에서 이슬람 문화(Islamic cultture)에서는 달은 태양보다 더 중요한 생활의 요소가 되었다.

오늘날 튀르키예(Türkiye) 국기(國旗)에는 1844년 초승달과 샛별(crescent moon and morning star)이 그려져 있는데, 이는 BC 4세기 마케도니아 군대(Macedonian army)가 비잔티움(Byzantium, today Istanbul)의 성벽을 뚫고 침입하려 했을 때 초승달 빛으로 침입을 발견하고 나라를 구했다는 데 연유했다. 이를 다시 1932년 5월 29일에 현대적 디자인 감각으로 표준화(標準化)했다. 상징의 기원은 오스만 I세(Osman I)의 전설적 꿈 이야기(legendary dream story)에 유래되었다. 즉 자신의 딸과 결혼하고자 찾고 있던 셰이크 에데발리(Sheikh Edebali, 1206~1326)[148]의 가슴에 달이 떠오르는 것이었다. 즉 "그것은 가득 차오르면서 그의 가슴으로 내려갔고, 허리에서 한 나무가 나서 자라더니 그 푸른 가지의 그늘은 온 세상을 덮었더라."[149]라는 스토리 텔링(storytelling)이다. 그 꿈이 동기(motive)가 되었고, 오브제(object)로 오스만제국의 국기가 탄생했다.

우리나라와 형제 국가인 터키(Turkey)는 2022년 6월 3일 튀르키예 외무부(外務部)가 대한민국 외교부 측에 '튀르키예 공화국'으로 사용해 줄 걸 요청했다. 따라서 2022년 6월 24일부터 대한민국 정부는 '튀르키예 공화국(Türkiye Cumhuriyeti)', 약칭 '튀르키예(Türkiye)'로 불렀다. 튀르키예(Türkiye)에서도 이슬람(Islam)과 무슬림(Muslim)을 의미하는 초승달과 별(crescent and star)을 상징으로 종전과 같이 사용하고 있다.

그러나 북반구(北半球)에서 볼 때는 초승달(crescent moon)이라고 하나 다른 남반구에선 그믐달 모양이다. 북반구에서 초승달인 국기는 투르크메니스탄(Turkmenistan) 국기가 유일하게 제대로 그려졌다. 이와 같은 사실을 옛날 사람들은 모르지 않았다. 세계를 정복했던 로마인들에겐 "달은 거짓말쟁이다(Luna mendax est)."라는 속담까지 있었다. 즉 로마제국의 수도 북반구 로마에서 볼 때, 라틴어 '점점 작게(Decrescendo)'의 머리글자 D자 모양은 초승달(crescent moon)이고, '점점 크게(Cresecendo)'의 C자 모양은 그믐달(old moon)이다.150 오늘날 초승달과 별을 사용하는 나라는 과학적인 근거에 입각한 게 아니라 종교적 전통(신앙)에서 국기를 디자인했다. 즉 알제리(Algeria), 아제르바이잔(Azerbaijan), 보스니아인(Bosnian), 말레이시아(Malaysia), 모리타니(Mauritania), 오스만제국(Ottoman Empire), 파키스탄(Pakistan), 튀르키예(Turkye), 리비아(Libya), 튀니지(Tunisia), 코모로(Comoros), 키레나이카(Cyrenaica), 하이데라바드(Hyderabad), 타타르스탄 공화국(Republic of Tatarstan), 동투르키스탄(East Turkestan), 투르크메니스탄(Turkmenistan), 우즈베키스탄(Uzbekistan), 싱가포르(Singapore), 잔지라(Janjira), 사하라 아랍 민주공화국(Sahara Arab Democratic Republic) 등이 있다.

신라인의 선진 천문관(先進天文觀)은 한마디로, BC 57년 6월 8일에 건국했던 신라(新羅)는 국가상징을 디자인하고자 '채전감(彩典監, Color Design Supervisor)'151이란 전담부서(專擔部署, dedicated department)를 설치해 초승달을 국기(國旗)에다가 그려넣었다. 특히 군기(軍旗)에는 다양한 초승달 문양으로 디자인했다. 그런데 오늘날 이슬람국가는 고대 극동 불교국가(佛敎國家) 신라의 초승달을 아무런 검토도 없이 도입했다.152 신라가 초승달을 국기에 도입한 철학적(哲學的)인 의미 부여(意味附與)는 『삼국사(三國史)』의 일화 중 "보름달은 다 차서 점차 기울어져 사멸(死滅)하지만, 초승달을 점점 차오른다(月輪者滿也. 滿則虧, 如月新者未滿也. 未滿則漸盈).153"라는 구절에서 찾을 수 있다.

신라는 칠각성(七角星)인데 가야는 육각성(六角星)인가?

　지난 2013년 3월 후진타오(胡錦濤, Hu Jintao, 1942년생)의 뒤를 이어 시진핑(習近平, Xi Jinping, 1953년생)이 제6대 중국공산당 중앙군사위원회 주석(主席) 겸 중국공산당 중앙위원회 총서기(總書記)로 등극했다. 역대 중국 최고영도자(最高領導者) 가운데 최초로 중국 건국 이후 출생한 인물이다. 그는 2021년 7월 1일 중국공산당 창당 100주년 기념 연설에서 "중국 백성들은 또한 어떤 외세도 괴롭히고, 억압하며, 노예로 부리는 걸 결단코 용납하지 않는다. 누군가 이런 사실을 잊는다면 14억 국민들은 피와 살로 쌓은 철옹성(鐵甕城)에 반드시 머리가 깨어져 피를 흘리게 될 것이다."154 기념식장 가운데는 오성홍기(五星紅旗)가 붙어있는데 모두 5개의 오각성(五角星) 가운데 큰 별 1개와 4개의 작은 별로 구성되어 있었다. 그날 중국중앙텔레비전(CCTV)에 기념공연(記念公演)으로 출연한 펑리위안(彭麗媛, Peng Liyuan, 1962년생), 즉 시진핑(習進平)의 부인은 특수군복(特殊軍服)의 견장(肩章)에다가 육각성(六角星)이 하나씩 양어깨에 붙어있었다. 물론 우리나라 장성(將星)들에게는 오각성(五角星)을 수여하고 있다. 이와 달리 육군 제12사단 속칭 을지부대(乙支部隊)의 상징 마크(symbol mark)는 육각성(六角星)이다.

　지난 2023년 3월경 구암동 고분군 탐방안내소(鳩巖洞古墳群探訪案內所)에서 문화해설사로부터 "구암동 제58호 고분에서 출토된 말 안장(鞍裝)에 장식하는 은제 7개 돌기의 칠각성(七角星)이 나왔다. 이에 반해 가야의 별 모양은 6개 돌기인 육각성(六角星)인 이유는 뭘까요?"라는 질문을 받았다. 한민족에게는 3과 7의 숫자에 의미를 3은 새(三足烏), 삼태성(三台星), 천지인 삼재(三才, 三極, 三靈 등), 삼신할미(麻姑) 등을 의미하고, 7은 동물로는 칠두사(七頭蛇), 북두칠성(北斗七星)을 그리고 북극성을 중심으로 뭇별이 공전(空轉)하는 모습을 상징(拱辰)한다[155]. 구약성서에서는 북극성(北極星)을 '하늘의 문(天門)'으로 '야곱의 사다리(Jacob's Ladder)'[156]에 놓여있는 곳으로 기록하고 있다.[157] 우리나라 위정철학(爲政哲學)의 근저에서는 북두칠성을 믿었던 유목민 혹은 후한의 황실세력이 천강신권(天降神權) 혹은 천손사상(天孫思想)을 갖고 있다고 믿었다. 조선 시대(朝鮮時代)는 각종 의례에서 북향재배(北向再拜)로부터 시작하며, 사직당(社稷堂) 등은 북쪽(북쪽은 신의 방향)에 배치했다. 그래서 신라도 북두칠성(北斗七星) 혹은 천손의 상징 7(七, 漆)을 맹신했다. 이와 달리 가야(伽倻)는 남방에서 살다 보니 자연스럽게 남두육성(南斗六星)에 대한 신앙을 갖게 되었기에 6(六, 戮)이란 번성(豊年)의 숫자에 매달렸다. 따라서 신라인들은 무의식적으로 7개 돌기의 칠각별(七角星)을 혹은 남방의 가야인들은 6개 돌기를 가진 육각별(六角星)을 그렸다.

동서고금(東西古今)을 통해 별 모양(몇 각형인가?)을 살펴보면, 우리나라는 고조선부터 조선 시대까지 동그라미(圓)로 별을 표시했다. 현존하는 천문학 서적에는 대부분 별이 동그라미로 그려져 있다. 민간 민속화(民俗畵)나 고분벽화(古墳壁畵)에서는 가끔은 꽃 모양 등으로 별을 표시했다. 고려 시대(高麗時代)와 조선 시대(朝鮮時代)에 통용했던 「천상열차분야지도(天上列次分野之圖, Map of Divisions in the Heavens)」에서는 290개의 별자리(星座)와 1,467개의 별(星)을 동그라미(圓)로 그렸다. 좀 더 자세하게 언급하면 고조선 시대부터 천문관측을 했던 기록이 많이 남아있다. 천문가(天文家)를 일관(日官), 왈자(曰者) 혹은 일자(日者)라

🔍 문헌기록상 오성취장 현상

고 했다. 발해(渤海)에서는 천부생(天父生, 天父生我意何如?)이라고 표현했다. 천문가(天文家)들이 매일 별들의 변화(星變測候)를 관찰 보고했던 '성변측후단자(星變測候單子, star change prediction sheet)'를 모아서 등록한 책자를 성변등록(星變謄錄, star change transcript), 천변등록(天變謄錄, transcript of heavenly changes) 혹은 객성등록(客星謄錄, guest star transcript)을 작성했던 역사가 우리나라는 2,000년이나 된다. 오늘날 용어로 천문관측일지(天文觀測日誌, Astronomical Observation Journal)다.

그렇다면 몇 가지 사례를 살펴보자. BC 2,377년 오성취합(五星聚合 혹은 五星聚張)이라는 기록이 조선 시대 이순지(李純之)가 쓴 『천문유초(天文遺草)』에 기록되어 있다. 지구 주변을 공전하는 수·금·화·목·토·천·해·명이란 항성이 일직선에 5개가 모이는 현상을 오성취합(五星聚合) 혹은 오성취(五星聚, five star gathering)라고 했다. 이런 기이한 천문학적(天文學的)인 현상을 탐지했던 국왕(천왕)은 국가생망, 왕조존망 등의 중대한 변고(變故)가 있을 것을 예고(豫告)한다고 믿었다. 오성취합(五星聚合)을 마치 오늘날 국제연합에 상임이사국이 중대한 모임을 하는 것처럼 봤다. 고조선 시대부터 성변기후관측(星變氣候觀測)을 했고, 삼국시대(三國時代)는 고구려, 백제 및 신라에도 첨성대(瞻星臺)가 다 있었다. 그러나 현존하고 있는 건 가장 늦게 세운 경주 첨성대(慶州 瞻星臺)만이 남아있다. 『삼국사(三國史)』에서 오성취루(五星聚婁, five stars gathering together at Lu), 오성취장(五星聚張, five stars gather together at Chang), 오성취동방(五星聚東方, five stars gather in the east) 등의 표현이 나오고 있다. 이는 28수(宿)의 별자리 위치에 따라 표현을 달리한 오성취합(五星聚合, five star agregation)을 말한다. 고조선 시대(古朝鮮時代)에 무진오십(戊辰五十, BC 1733)년에 수성, 금성, 화성, 목성 및 토성이 28수(별자리) 가운데 루(婁, 양) 자리에 일렬로 모였다는 기록이 있어서 서울대학교 천문학과 박창범(朴昌範, 64세) 교수158가 2015년 8월 27일 미국 항공우주국 시뮬레이션(NASA's Eyes) 사이트로 BC 1733년에 오성취장(五星聚張)이 있었음을 확인했다.159

김부식(金富軾)의『삼국사(三國史)』기록을 보면 박혁거세(朴赫居世) 54(AD 3)년에 견우성(牽牛星) 쪽에서 혜성이 나타났다는 기록이 있었다. 이는 서양에서 말하는 예수 탄생과 일치하기에 동방박사(東方博士)를 신라 사람으로 보고 있다는 기록까지, 심지어 교황청에 소장 중인 사해성경(死海聖經)에서는 아예 신라인을 의미하는 표현이 있다. 당시는 신라 비단장수들이 (東方博士) 로마 황제의 곤룡포를 만드는 비단인 조하주(朝霞紬)을 팔고 그 대가로 금, 몰약과 유향(乳香)160으로 물물교환한 뒤에 성현(예수) 탄생 현장을 목도했다. 그곳 베들레헴 (Bethlehem, 빵집 혹은 고기집)161에서 가진 걸 축하금으로 제공했다. 축하금은 곧바로 예수의 가족이 이집트로 도피해 은둔생활을 하는데 기본 자금이 되었다.

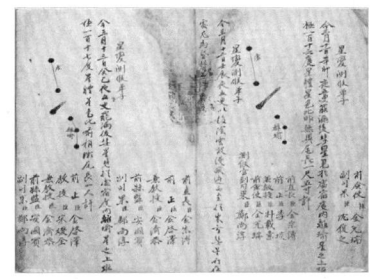

🔍 1759년 헬리혜성에 관한 성변측후단자

근대천문학에서도 캐플러 초신성(Kapler Supernova)에 대하여 1604년 조하네스 케풀러(Johannes Kepler, 1571~1630)가 10월 9일 우리 은하 뱀 주인 자리에서 맨눈으로 본 마지막 초신성(超新星)이었다. 그러나 이 별에 대한 더 자세한 기록은 조선 선조(宣祖) 때 성변측후단자(星變測候單子)라는 기록이 있었다. 이에 대해 1936년 Korean Astromy(韓國天文學)에서 루퍼스(Will Carl Rufus)가 1604년 9월 21일부터 50일간 자세한 28수 별자리의 50일간 변동기록을 소개했다.162, 163 지난 2023년 3월에는 조선 시대(朝鮮時代) 관상감(觀象監)에서 일관 35명이 25일간 기록한 헬리혜성(Halleu Comet, 1P/Halley)에 관한 성변측후단자(星變測候單子)를 유네스코 등록을 추진했다. 뿐만 아니라 인류 최초의 천문 기록도 우리나라가 보유하고 있다. 고조선 시대의 천문기록으로 역사적인 기록은 진수(陳壽)의 『삼국지 위서동이전(三國志 魏書東夷傳)』에 "예(濊)나라 사람들은 별자리를 관측하여 그해 풍년이 들 것을 미리 알았다(曉候星宿, 豫知年歲豊約)."라고 기록하고 있다.

오늘날 오각성(五角星)은 어떤 의미를 담고 있는가?

BC 1000년 아시리아(Assyria) 농부의 그림에는 좀생이별(pleiades)을 동그라미로 샛별(金星)은 꽃 모양으로 그려져 있었다. 새벽녘 동쪽 하늘에 반짝이는 별을 새벽별, 샛별 혹은 금성(金星)이라고 한다. 중국 천문학서에서는 계명성(啓明星), 명성(明星), 태백성(太白星), 신성(晨星), 혹은 효성(曉星)이라고 했다. 고대 이집트의 피라미드를 오리온 별자리에 일치하도록 배치했다는 사실에서 동방별(오리온 혹은 삼성)을 세모꼴(三角聖) 혹은 동그라미로 그려졌다. 예수 탄생 이후에 4각 별(4-point star)은 십자가(十字架)를 연상하는 베들레헴의 별 혹은 출생(出生)의 별을 의미했다. 5각성(5-point star)은 베들레헴의 별, 예수의 성육신(incarnation)을 표현하고, 이교도(異敎徒)의 별이었으며, 미 국방부의 5각형 건물 펜타곤(pentagon)를 비롯하여 1777년부터 1959년 하와이(Hawaii)가 50번째 주로 들어옴에 따라 26번이나 수정되어 오늘날 5각성 50개의 성조기(星條旗)가 완성되었다.

BC 1000년 앗시리아의 농부 그림

사실 기독교(基督敎)에서는 '상처가 별이 된다(Scars into Stars)'는 신앙이 곧바로 예수의 5군데 상처(五傷,[164] 수족 4군데와 창에 찔린 왼쪽 옆구리)를 연상하는 5각성(5-point star)을 만들었다. "상처가 별이 된다(Scars into stars)."라는 시편(Psalm 147:30)에 "흩어진 이스라엘 백성을 모으신다. 마음이 상한 사람을 고치시고, 그 아픈 곳을 싸매어 주신다. 별들의 수효를 헤아리시고, 그 하나하나에 이름을 붙여주신다."165 이외에도 창세기 (14:46~47), 에스겔(1:1~3) 등에서도 나온다, 우리나라에서 최근에는 김양제 작가는 『상처가 별이 되어』166를, 홍순의 목사도 『상처가 별이 될 수 있을까?』167라는 편지 상담집을 출간했다. 서양에서 '상처가 별이 된다(Scars into Stars).'라는 수많은 노래와 시를 창작해 왔다.

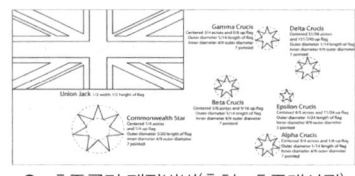

호주국기 제작방법(출처 : 호주대사관)

여기서 거꾸로 된 5각성(reversal 5-point star)을 '사탄의 별(Stan's Star)'이라고 한다. 6각성(six-point star)은 천지창조의 별, 하느님의 6대 속성(힘, 지혜, 권위, 사랑, 자비, 정의)을 표현하고 있다. 유대교나 이스라엘 국기에서는 삼각형에다가 역삼각형을 결합한 '다윗 별(혹은 솔로몬의 별)'은 '다윗의 방패(Magen David)'를 상징하고, BC 1010년에서 BC 937년까지 솔로몬(Solomon)은 유대를 통일하고 유대 왕의 상징으로 삼았다. 그런데 독일 아돌프 히틀러(Adolf Hitler, 1889~1945)는 유대인을 차별하기 위해서 1939년부터 노란 육각별(yellow hexagonal star)을 반드시 가슴에 달게 하여 유대인 색출작업에 활용했다.

한편, 7각성(7-point star)은 7가지 모습(지혜, 총명, 모략, 권능, 자식, 하나님을 경외하는 힘과 하느님 앞에 기뻐함)을 상징하고 있다. 1908년 2월 23일 호주(濠洲)는 7각성 5개와 오각형 1개로 국기를 디자인했다. 8각성(8-point star)은 세례의 신성한 별이며, 세례반(洗禮盤)의 모양이 8각형, 예수 탄생 8일 만에 할례(割禮)를 기념하는 별 등으로 보고 있다. 9각성(9-point star)은 갈리아서 5장 22~23절의 9가지 열매를 상징하고 있다. 11각형 별은 호주의 국기

에 있으며, 12각 별(12-point star)은 이스
라엘의 12지파, 성탄절 12일째 주현절을
의미하고 있다. 해달 12개의 별, 야곱의
아내의 수, 야곱의 열두 아들 등을 의미하
고 있다. 이스라엘 베들레헴의 예수탄생

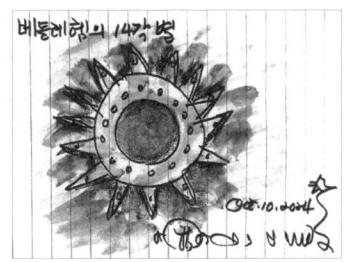

교회(Curch of the Nativity)의 지하실 대리석 바닥에 금속으로 14각형 별인
'베들레헴의 별(Star of Bethlehem)'이 있다. 베들레헴의 별에는 라틴어로
"여기서 예수 그리스도가 동정녀 마리아에게서 탄생하셨다(Hic de Maria
Virgine Jesus Christus Natus est)."라고 새겨져 있다. 여기서 14각형의 의미
는 1) 십자가의 길인 14처, 2) 아브라함에서 다윗까지 14대, 3) 다윗부터 바
빌론 유배까지 14대, 그 후부터 예수까지 14대를 의미한다고 설명하고 있
다. 또한 말레이시아는 1963년 9월 16일 14개의 돌기를 가진 14각형 별을
13개의 주와 1개의 중앙정부(中央政府)를 상징하는 국기(國旗)를 만들었다.

사실 천문학(天文學)이 발전된 오늘
날도 별의 모양을 정확하게 알 수 없
고, 나사(NASA)의 사진을 살펴봐도 수
레바퀴(cartwheel) 모양의 은하(銀河)
가 있고, 나이테(age ring) 모양의 성진
(星塵)도 있어 다양한 별 모양을 하고

Q 수레바퀴 모양 은하(출처: NASA)

있어 별을 보는 사람들에게 상상력을 키워주고 있다. 그렇다면 먼 우주(宇宙)
에서 본 지구의 모양은 1990년 2월 14일 보이저 1호가 NASA에 보낸 사진은
'창백한 푸른 점((Pale Blue Dot)'이었다. 끝으로 한마디, 별 모양은 별을 바라보
는 당신이 가슴에 품고 있는 꿈 모양을 많이 닮아있다(The shape of the star
contains many of the dreams that you hold in your heart as you look at the star).

제1장 칠곡(팔거리)의 선사시대 | 111

V.
구암동(八莒里) 고분군의
독특성을 찾아서

1.
구암동 고분군의 특이성

구암동 고분군의 가야·신라 묘제의 혼합형

문화인류학(文化人類學, cultural anthropology)에서 동서고금(東西古今)을 막론하고 인간의 생을 마감하는 장례식(葬禮式)에는 1) 당시 생활의 풍습, 지식 및 재력을 총동원해서 천년유택(千年幽宅)을 마련한다. 2) 민족성, 신분 및 문화적 유전자를 녹여 종합적 기술, 철학, 그리고 예술로 무덤을 마련한다. 3) 인간이란 생명체이고, 문화사회 공동체 속에서 살아가는 구성원이었기에 문화유전자(cultural mimme)를 언제나 표시했다. 마치 야생동물의 수구초심(首丘初心)과 같이 문화적 동일성(文化的 同一性)으로 유지해왔다.

먼저, 묘지 위치 선정(墓地 位置選定)에 있어, 고령가야(高靈伽倻)의 지산동(池山洞)에 704기(基) 대형 고분(왕릉)들이 산정(山頂)에서 강 혹은 하천의 수평선(물길)을 바라보고 있다. 이런 문화적 인습은 해변 따라 항해했던 제철 유목민(製鐵遊牧民, steel nomads)의 유전자(山頂墓制)를 표현하고 있다. 반면에 신라 경주 대릉원처럼 지평선을 바라보는 초원 유목민(草原遊牧民, steppe nomads)의 유전자(平丘墓制)를 표현하고 있다. 구암동(鳩巖洞) 고분군은 함지산의 산록에 자리 잡고 있어, 금호강의 갈래인 팔거천이 흐르는 팔거들을 바라다보는 위치에 자리 잡고 있다. 따라서 가야식 산정묘제(山頂墓制, mountain-peak tombs)와 신라식 평구묘제(平丘墓制, plain-hill tombs)가 혼합되어 있다. 물론 고분군이 분포하는 능선은 여러 갈래로 나누어져 있었고, 경사가 심한 편이다. 구릉(丘陵)의 능선 위(山頂)에 대형 고분이, 경사면 일대에는 소형 고분이 자리 잡고 있다. 이렇게 모두 370여 기(基)가 분포되어 있다.168 한마디로 금호강(琴湖江) 혹은 팔거천(八莒川)을 바라다보는 산정묘제(山頂墓制, mountain-peak tombs)는 가야의 제철 유목민의 문화유전자가 스며있다. 팔거들(八莒野)을 바라보는 평구묘제(平丘墓制)는 신라 초원 유목민의 문화인습(文化因襲)이다. 따라서 가야와 신라 문화의 혼합형이다.

가야 제철 유목민의 산정묘제(山頂墓制, mountain-peak tombs)의 문화

먼저 제철문화에 대해서 살펴보면 고고학자들의 주장은 BC 5000년에서 BC 3000년 사이에 고대 이집트 히타이트(Hittite) 사람들이 철(鐵)을 발견하여 망치로 두드려 각종 생활 도구와 전투용 무기를 만들었다.169 오늘날 역사적 통설(通說)은 현재 투르키예 아나톨리아 반도(Anatolia Peninsula)에서 BC 1800년에 BC 1200년까지 번성했던 히타이트 제국(New Hittite Empire, BC 1400~BC 1200)170, 171에서 제철기술이 발달하였다. BC 1275년 시리아를 정복하고자 이집트 람세스 2세(Ramses II, Egypt)의 군대를 맞아 전투를 끈질기게 벌였던 강대국이었다.172 구약성서 창세기(創世記, 10:15~18, 23:16~18)에서도 등장하

는 헷(Heth) 족속이며173, 174, 왕국의 수도는 핫투사(Hattusa) 혹은 핫투사스(Hattusas)175이었다. 그곳은 오늘날 튀르키예(Turkey) 수도 앙카라(Amkara)에서 동쪽으로 200km 정도, 오늘날 GPS 좌표로 동경 30도 30분과 북위 40도에 있었다.

BC 2500년경 히타이트(Hittite)로부터 제철기술(製鐵技術)을 배웠던 인도 가야인(Indian Gaya people)은 1,000년 이상 국가기밀로 국가제철산업(國家製鐵産業)을 계승 발전시켰다. 그러나 BC 500년경에 석가모니(釋迦牟尼, BC 560~BC 480)가 만민평등(萬民平等)을 제창하면서 불교를 전파했다. 이때 신분적 카스트제도(Caste system) 아래에서 하층천인(下層賤人)으로 살았던 제철기술자(製鐵技術者)들이 자각하기 시작했다. 그들은 계급제 신분의 굴레를 벗어던지고, 사람마다 하나의 작은 새로운 꿈을 가지게 되었다.

BC 500년경에 인도 부다 가야(Boddha Gaya)에서는 철 생산에 더 좋은 자연환경을 찾아다니는 제철 유목인(India Gaya steel-making Nomads)이 생겨났다.176 당시 꿈에 부풀었던 가야 제철 유목민들의 심정을 노래했던 게 "가야 해! 가야 해! 나는 가야 해!"였다. "난 그동안 연습장에 낙서처럼 의미 없이 살아왔어. 많은 세월 내가 나를 가두고 습관처럼 살아왔어. 바람 같은 세월인데. 한 번뿐인 인생인데. 그냥 이렇게 살 순 없어. 꿈을 꾸는 세상만큼 꿈은 그만큼만 다가오네. 나는 가야 해. 나는 가야 해. 꿈을 찾아. 빈 하늘로 날아가는 새처럼. 희망의 나래를 펴네. 하늘 높이. 부서지는 꿈들은 밤하늘에 별이 될 거야."177 가사(歌詞)처럼 두근거리는 가슴으로 고국 부다 가야(Boddha Gaya)를 떠났다.

유라시아 대초원의 유목민들이 지구촌을 누볐던 역사보다 이전에 이미 가야인의 제철 유목생활(製鐵遊牧生活)이 시작되었다. 그들 유목민(nomads)이 초원을 찾아가듯이 제철 기술자 유목민(steel technology nomads)

들은 철광석(鐵鑛石)과 땔감이 풍부한 곳이면 어디든지 찾아다녔다. 마치 세계 근대사에서 1848년부터 1855년에 캘리포니아(California), 1851년 호주의 빅토리아(Victoria), 1861년 뉴질랜드 오타고(Otago), 1896년 캐나다 유콘 클론다이크(Klondike), 1899년 알래스카(Alaska)에 불었던 골드러시(Gold Rush)의 바람과도 같았다. 부다 가야(Boddha Gaya) 제철 기술자들은 앞을 가로막고 있었던 불확실성(不確實性)을 최소화하고자 가족과 생이별을 해야 했다. BC 500년 당시 항해기법(航海技法)은 그때까지도 별자리를 보고 항해하는 천문항법(celestial navigation)이 없었다. 따라서 해안선의 지형지물을 확인하여 항해하던 인문항법(human navigation)으로 배를 타고 갠지스강을 따라, 또한 벵골만(Bay of Bengal) 해안을 따라 연안을 항해했다. 그렇게 건너편 미얀마(Myanmar)와 말레이시아(Malaysia)의 해변에 닿았고, 다시 해안을 따라 내려와 싱가포르(Singapore) 남단까지 왔다. 여기서 그들은 작은 꿈을 찾아 크게 모험을 했다. 즉 뱃머리를 동북북(ENN)으로 돌렸다.[178] 인도네시아(Indonesia), 필리핀(Philippines), 타이완(Taiwan), 끝내 제주도에서 김해(金海, Steel Sea)에 도착했다. 그곳을 안착 기점으로 황산강(黃山江, 오늘날 洛東江) 물길 주변에는 제철 환경이 좋았을 뿐만 아니라 황홀했다. 그들은 김해(金海)에다가 봇짐을 내렸고, 곧바로 철 생산 터전을 마련했다.

인도 부다 가야(Boddha Gaya)의 제철 기술자(製鐵技術者) 혹은 제철 유목민(製鐵 遊牧民)들이 한반도 남단에서 제철 산업기지(製鐵産業基地)를 건설했던 시기는 대략 BC 350년 전후였다. 그들은 만민평등(Equality for All People)란 불교 사상(佛敎思想)에 빠져있었다. 그들은 BC 500년에서 BC 350년까지 오는 길목마다 옛 고향 이름인 가야(Gaya)라는 이름을 남겨놓았다. 또한 그들은 곳곳에 가야(Gaya)란 제철 생산기지(steel production base)를 만들었다. 다행히도 그들이 만들었던 제철 생산기지는 허물어졌으나 가야(Gaya)라는 지명은 오늘날까지 곳곳에 그대로 남아있다. 우리가 잘 아는 AD 48년에 허황후(許皇后)와 오빠 장유화상(長游和尙)이 불상과 불탑을 갖고 왔던 건 이후에 가야인 후예의 사건이다. 특이하게도 중국 내륙(中國內陸)과 일본 규슈(日本九州)를 제철 유목민 가야인들이 지나가지 않았다.[179] 곧바로 제주도를 거쳐 한반도 남부에 풍요로운 제철 환경(철광석과 땔감)을 보고 터전을 마련했다. 한반도 남부에서도 가야인의 철 생산기지마다 고향 지명(Gara) 혹은 고국 명칭 가야(Gaya)를 붙였다. 그들의 정착은 고구려, 백제, 신라보다 앞선 BC 350년 이후로 보인다.[180] 심지어 같은 한반도 남부였던 신라 땅 울산 달천철장(蔚山達川鐵場)을 중심으로 석탈해 철 생산기지(昔脫解 鐵生産基地)를 건설한 BC 2세기보다도 앞섰다. 이렇게 150년간의 '제철기술의 격차(steelmaking technology gap)'는 '털끝 만한 사소한 차이가 천리(千里)라는 큰 격차를 만들었다(差若毫厘, 繆以千里).'[181]

여우라는 동물도 고향을 향해서 머리를 두고 자며(狐眠首丘), 죽을 때는 반드시 고향을 향해 머리를 둔다(狐死首丘).[182] 인류는 지구촌을 이동하면서 고향 방향으로 머리를 두고 무덤을 쓴다. 뿐만 아니라, 그들의 가슴에는 늘 고향의 이름을 갖고 떠났다.[183] 가야 제철 유목민(Gaya steel nomads)도 유라시아 초원 유목민(Eurasian grassland nomads)들과 같이 가는 곳마다 고향의 지명 가야(Gaya)를 남겨놓았다. 그들은 지명 가야(Gaya)라는 철기문화(鐵器文化)를 창조했다. 그들이 떠난 뒤에도 제철 기지(steel-making base)의 역할을 제대로 했다.

이왕 그렇게 되었다면, 그들이 고향을 떠나게 된 이유를 살펴보면 1) BC 6세기 코살라 왕국(Kosala Kingdom)이 부다 가야(Boddha Gaya) 등을 침입해 종교적 핍박(religious persecution)을 가했다. 2) 이후 곧바로 석가모니(釋迦牟尼)가 창시한 불교의 중심사상은 만민평등이었다. 3) 카스트(Caste) 신분제도에서 철을 생산했던 최하층 천민들은 2, 3중으로 사회적 압박(social pressure)을 받아왔다. 4) 인도 가야 당시 사회에서 가장 약한 연결고리를 담당하고 있던 제철 기술자(steel engineer)에게는 가뭄과 홍수의 피해로 철 생산 환경(iron production environment)까지도 최악이었다. 5) 그들에게는 당장 가족들의 호구지책(hand-to-mouth plan)이 당면 과제였다. 그때에는 제철 환경이 좋은 곳을 찾아 떠나는 방안만이 유일한 탈출구였다. 오늘날 용어로 꿈을 찾아 떠나며, 호구지책을 해결하는 출구전략(exit strategy)이었다.

인도 가야인들이 한반도에 제철 유목민(Steel-making Nomad)으로 도래했다는 역사적 증거로는 1) 가야(Gaya)라는 제철 생산기지(Steel-making Production Base)로 남겨놓은 제철 제국의 고고학적(考古學的)인 유물이 옛 가야강역(伽倻疆域)에서 출토되고 있다. 역사적으로 문신(文身), 편두(褊頭), 옹관묘(甕棺墓) 등이 문화적 유산(cultural heritage)으로 남아있었다. 2) 문화인류학(cultural anthropology)에서 기원전 베트남 동순문화(Doingson Culture)의 생활양식인 고상가옥형 토기(高床家屋形土器)가 함안(咸安) 말이산(末伊山) 고분군에서 발굴되고 있다. 중국에서도 간난식 건축(干欄式 建築)이 타이완 및 일본의 신사(神社) 등에서도 나타나고 있다.[184] 3) 마지막으로 우리 한민족의 핏줄 속에 흐르고 있는 유전학상 Mt-DNA 혹은 세포(핵)에 들어있는 성(Y)염색체에서 남방인(南方人)의 기질이 70%가량이나 된다는 학술논문(學術論文)이 발표되고 있다.[185, 186] 4) 오늘날 일상생활(日常生活)에서 사용하는 언어가 인도 타밀어와 같은 게 '엄마와 아빠' 등을 비롯하여 2,000단어 이상이 현재도 변형 사용되고 있다.[187]

가야(Gaya)의 본질은 철 생산기지(steel production base)였다

한편, 가야 제철 유목민에겐 귀(왕)족처럼 개천(開天), 역성혁명(易姓革命) 혹은 건국(建國)과 같은 '정치적인 야욕을 가질 심리적 여유(psychological freedom to have political ambitions)'조차도 없었다. 오직 제철을 통한 호구지책(糊口之策)에만 매달렸다. 따라서 선진 제철기술로 삶을 보다 윤택하게 하는 철 생산기지를 만들어 같이 먹고살자는 데 기존 토착세력들과도 큰 저항을 받거나 갈등을 빚지 않았

다. 오히려 토착세력들도 첨단 철제무기로 세력 안정화에 도움을 주었다. 한반도 남부의 가야연맹체를 군사연맹체(military alliance) 혹은 국가연합 운영체(national joint operation body)로 군사적 혹은 정치적 색채로 봐왔다. 그러나 최근에는 '제철 생산기지 공동경영체(joint operating body of steel production base)'로 보는 새로운 경향성이 생겨났다.188

이런 주장이 나오고 있는 배경에서는 한반도 6가야 가운데 김해(金海, Steel Sea) 지역에 자리 잡았던 금관가야(金官伽倻)의 1) 금관(金官)이란 '철(金) 생산을 총괄하던 기관(總管) 혹은 관청(官)'을 의미한다. 2) 제철왕국 6개 가야국이 생산한 덩이쇠가 모여들었던 집산지(鐵鋌集散地)가 바로 금관가야(金官伽倻)였다. 3) 그곳에서는 6가야 철 생산기지(生産基地)에서 작업하지 못했던 첨단기술의 제2차 가공단계인 단련(鍛鍊), 품질 관리, 물류 및 안전한 배송 등을 담당했다.189 4) 이를 통해 부가가치(附加價値)를 높여 국제교역에서 6가야 공동이익을 도모했다.190 오늘날 용어로는 6 가야는 제

철 클러스터(steel cluster), 제철 공급 체인(steel supply chain) 혹은 제철 가치 체인(steel value chain)이었다.

이어 5) 최근 김해시(金海市) 대성동(大成洞) 제57호 고분에 순장(殉葬)된 3명의 젊은 여성 시신이 발굴되었다. 여성 시신(女性屍身)의 머리맡에 가야산 철검(伽倻産 鐵製劍)이 나왔다. 순장(殉葬)된 여성의 단련된 신체(筋肉)를 봐서는 '가야의 여전사(伽倻 女戰士, Gaya female warrior)'로 일부 학자들은 주장(主張)했다. 이를 기반으로 AD 400년 중국 동해안(中國 東海岸)에 있었던 광개토왕(廣開土王)의 남정(南征)을 한반도(韓半島)에다가 덮어씌워(대입하여) '고구려의 가야정벌(高句麗之伽倻征伐)'을 역사적 사실로 해석을 해왔다. 따라서 그게 한국사의 통설적인 해석이 되었다. 그러나 사실은 금관가야(金官伽倻)가 수집하고 배송했던 물류과정(物流過程)에서, 그 여성들은 안전경비를 담당했던 여성 경호 요원(female security guard)이었다. 제철사업(製鐵事業)을 하고자 외출이 잦았다. 가족(家族)으로부터 오랫동안 떠나와 교역 활동했다. 남성 구성원들 사이에 인간적 성본능(人間的性本能)이 있었기에 오늘날 에스코트 여성(escort girl)[191] 역할을 그들에게 요구했다. 그들의 일부는 그 역할을 담당했다. 한 마디로 국가 간 전쟁(國家間戰爭)에 참여했다고? 병사가 아닌 금관가야 교역의 원팀(business one-team)에 한 구성원이었다.[192] 이를 일본 신공황후(神功皇后)처럼 신출귀몰(神出鬼沒)한 여무당(女巫堂)이거나 혹은 여전사(女戰士)로 해석하는 일본역사가(日本歷史家)들의 견해를 아무런 고민도 없이 '황국신민의 학자답게(as a scholar of the imperial subjects)' 충성스럽게 이어받음(繼受)은 학자로서 양심을 저버리는 애석함이 느껴진다.

가야철정(伽倻鐵鋌)이 극동아시아의 기축통화(基軸通貨)로

1988년부터 1991년까지 국립중앙박물관에 6차 발굴조사로 창원 다호리(茶戶里) 고분군이 1988년 9월 3일에 사적(史蹟)으로 등록되었다.193 이곳에서 6가야 연맹체의 국제교역(國際交易)에 이용했던 오수전(五銖錢) 3닢이 발굴되었다. 오수전(五銖錢)은 전한(前漢) 무제(武帝) 원수(元狩) 5(BC 118)년부터 당나라 고종 무덕(武德) 4(AD 621)년까지 739년 극동아시아(Far-East Asia)에 널리 유통되었다.194, 195 가장 먼저는 BC 108년 한사군(漢四郡) 때 한반도(韓半島)에 유입되었다. 북한에서는 평양 정백동(貞栢洞) 3호분, 정오동(貞梧洞) 12호분, 석암리(石巖里) 120호 등지 낙랑 무덤, 황해도(黃海道) 은율군(殷栗郡) 운성리, 봉산군(鳳山郡) 지탑리, 황주군(黃州郡) 신봉리와 흑교리의 움무덤에서 발굴되었다.

이제까지 한반도에 출토된 오수전(五銖錢)의 수량(點數)을 살펴보면, 북한에서는 자강도(慈江道) 심귀리(深貴里) 적석묘(1닢), 강동군(江東郡) 만달산 석실묘(1닢). 박천군 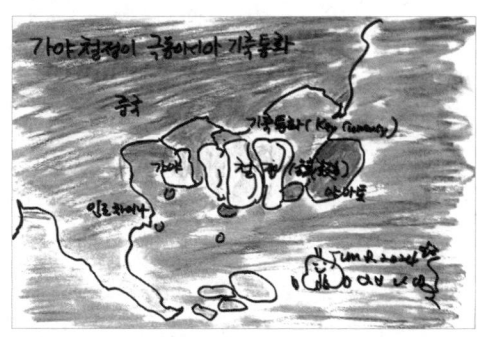 (博川郡) 덕성리 전곽분(38닢), 안악궁 터(8닢), 낙랑구역 돌 칸 흙무덤(1닢), 연천군(漣川郡) 호로고루성(1닢) 등에서 나왔다. 남한에서도, 1) 해안과 내륙강변에 삼국시대(三國時代)까지 20여 군데에 1,960여 닢이 나왔다. 세분하면, 삼한시대(三韓時代) 때 여수(麗水) 거문도(巨文島) 퇴장유적(980닢), 인천(仁川) 운남동 패총(1닢), 운북동 주거지(20닢), 강릉(江陵) 초당동(2점), 춘천(春川) 율문리(2닢), 사천(泗川) 늑도 패총(1닢), 제주도(濟州島) 산지항(山

地港) 유적(4닢)은 생활유적지(生活遺蹟地)나 패총에서 발견되었다. 2) 분묘유적(墳墓遺蹟)에서는 경산 양지리 목관묘(26닢), 임당(林堂) 고분군(4닢), 영천 용전리(3닢), 창원 다호리(茶戶里) 고분군(3닢) 등이 출토, 서울 풍납토성(1닢)이 발굴되었다. 3) 특이하게 공주(公州) 무녕왕(武寧王, 462~523) 능묘에서 90점은 양(梁) 무제(武帝) 당시에 주조된 철제오수전(鐵製五銖錢)이었다. 한반도에서 출토된 이들 오수전(五銖錢)은 1) 실제 화폐로 유통, 2) 분묘에 부장하는 위신재(威信財) 혹은 3) 특정한 목적용(供養)으로 사용된 사례로는 부여 왕흥사 터(3닢), 경주 황룡사 터(1닢), 경주 분황사(芬香辭 1닢) 등에서 나왔다.

그런데 한반도 가야 제철 유목민(Gaya Steel-making Nomads)들이 정착을 하고, 제철생산으로 인하여 동북아의 국제교역에서는 중국의 오수전(五銖錢)이란 화폐보다도, 가야산 철이 화폐(오수전)를 대신해 통용했다. 『후한서(後漢書) 동이전한조(東夷傳 韓條)』에서 "이 나라(가야)에서 철을 산출함으로써 예(濊), 왜(倭) 및 마한(馬韓) 등 모든 나라가 가야 철 덩이를 사서 갖고 갔다. 대체로 어떤 교역에도 모두 철 덩이를 화폐로 통용했다."196라고 한다. 『삼국지(三國志) 동이전변진조(東夷傳弁辰條)』에서는 "이 나라(가야)에서 철을 생산해서 시장에 내놓고 있었기에 한(韓, 中國馬韓等), 예(濊) 그리고 왜(倭)가 모두 와서 가야철정을 사서 가져갔다. 중국에서도 돈(五銖錢)을 사용하는 것 같았으나, 여러 시장에서 물건을 교역할 때는 모두 가야 철 덩이(鐵鋌)를 화폐로 사용했다. 또한 4군중, 2군(樂浪君과 帶方郡)에서도 철이 공급되었다."197라고 한다.

이와 같은 현상을 오늘날 용어로는 철 덩이(鐵鋌)가 당시는 기축통화(基軸通貨, key currency) 역할을 했다고 볼 수 있다. 당시 국제교역 상황을 교환 매체(exchange media) 중심으로 평가하면, 극동아시아는 철정 본위

교역 체제(iron standard trading system)였다.

남미(South America)에까지 신라산(新羅山)이 있다니!

역사적 시계(historical perspective)를 한반도에서 벗어나, 지구촌의 해양세력이 남긴 문화유전자의 하나가 바로 '수평선이 바라보는 언덕(hill overlooking the horizon)'에 조망권(眺望圈)을 확보하는 것이었다. 오늘날 호주 시드니(Sydney) 항구가 보이는 '맥쿼리 부인의 의자(Mrs Macquarie's Chair)'라는 언덕이 있다. 남미 파나마(Panama), 멕시코(Mexico), 우루과이(Uruguay), 페루(Peru) 및 칠레(Chile) 등지에 20여 곳에 '신라 산(Cerro La Shilla)'이라는 높은 산들이 있다. 우리나라 역사학자들은 '신라 산(新羅山, Cerro La Shilla)'이라는 명칭에 착안해 '신라강역(新羅疆域, Silla territory)'이라고 주장한다. 그러나 이는 해상세력 혹은 식민지국의 지도자들이 수평선이 바라다보이는 곳에서 의자를 갖다 놓고 수평선 넘어 고향(고국)을 그려봤던 '의자 언덕(Chair Hill)'이라는 스페인어 표기였다. 일종의 수구초심(首丘初心)의 문화유전자였다.

이런 해상세력(海商勢力)의 문화적 유전자(cultural genes)가 가야 고분(伽倻 古墳)으로 남은 것이 바로 '산정횡혈식 석방고분(山頂橫穴式 石房古墳, mountaintop rectangular Ishibo tomb)'이다. 산정(山頂)에 묘지를 설치하는 건 바로 서양에서 살아 있는 사람들이 '수평선이 바라보이는 의자 산(Chair Mountain overlooking the horizon)'을 만들었듯이 죽은 사람을 위해서 '조망권이 확보되는 산정에 무덤(grave at the top of the mountain with a clear view)'을 조성했다. 돌 방(石室 혹은 石房)에다가 시신을 눕히고 덮개돌을 올렸던 것은, 1) 흙으로 봉토(封土)를 만들기보다 더 견고한 자재로 돌을 사용했고, 2) 초원 주변에서 쉽게 구할 수 있었던 매장용 돌이었다. 3) 다시 그곳을 돌아오면 더 많은 돌을 모아 쌓았다.

신라 초원 유목민의 평구묘제(平丘墓制, plain-hill tombs)의 문화

물론 신라(新羅), 백제(百濟) 및 고구려(高句麗)의 북방(흉노)의 문화적 유전자 혹은 수구초심(首丘初心)이 고분에 녹아 남아있는 것이 바로 적석총(積石冢), 적석목곽분(積石木槨墳) 혹은 적석석곽분(積石石槨墳) 등으로 표현되었다. 유라시아(Eurasia) 북부 대초원지대(北部 大草原地帶)를 주름잡고 살았던 유목민들은 이동하는 문화유전자(文化遺傳子)를 타고났기에, 1) 당시 매장 풍습에 따라 땅에 묻는데, 2) 그 무덤 위에다가 주변에 돌을 모아 쌓는다. 3) 그렇게 적석총(積石冢)을 만드는데 야생동물로부터 조상의 시신을 보호하며, 나중에 찾아올 수 있게끔 표시했다.

이때 나중에 돌아와 다시 머물 때를 기약하면서 선돌(立石), 사람 모양의 돌(石人像, balbal) 혹은 고인들(支石墓)을 만들어 놓았다.198 그들은 한반도에 이동하고도 옛 선인들이 유목인으로 생활에서 했던 수구초심(首丘初心)을 잊지 않고 돌무지무덤(石冢墓)을 만들었다. 고구려, 백제 혹은 신라의 왕릉을 보면 하나같이 과거 유목민의 문화적 유전자가 서린 '대초원을 달리면서 지평선을 바라다보는 조망권(view of the horizon while driving through the prairie)'을 확보하고자 지평선(地平線, horizon)이 바라다보이는 곳에 무덤(土塚墓)을 만들었다.

무덤 구조에서 초원유목민들은 주변 멀리서 구해와야 하는 나무보다

가까이 굴러다니는 돌멩이를 이용해서 고인돌(支石墓, dolmen), 선돌(立石, menhir), 적석총(積石塚, burial caim) 혹은 발발(balbal, 제주도에 harubang) 등으로 돌무지무덤(石冢墓)을 만들었다. 적석분묘(積石墳墓, 돌무지무덤)가 시대변천을 통해서 한반도에 들어오면서 돌무지 쌓기 기반(石冢基盤)에 목곽 혹은 목관을 사용하는 적석목곽분(積石木槨墳, 돌무지덧널무덤)이라는 장제문화(葬制文化)를 만들었다. 한반도의 적석목곽분의 특성으로 1) 평지에 판 구덩이(平地土壙), 2) 토광 안에 나무덧널(壙中木槨)199, 200, 3) 목곽 주위 돌 덮음(木槨蓋石), 4) 시신은 대부분 동쪽으로 누움(屍向東臥)이며, 5) 대다수가 단독장(單獨葬)에, 6) 풍부한 껴묻기와 덧붙이 석곽(副槨)이 있다.

그런데 이곳 구암동 고분군에서는 11자형의 주곽(主槨)과 부곽(副槨)이 나오고 있음은 적석목곽분의 특징을 갖추고 있으나, 단독장이 아닌 배장(陪葬) 및 연접장(聯接葬)이라는 다른 점이 있다. 가족장(家族葬) 혹은 연·배접장(聯陪接葬)은 신라초기에 간혹 출토되기도 했다. 물론 오늘날도 쌍분(雙墳), 분상분(墳上墳, grave-on grave) 등의 사례도 없지는 않다. 낙동강(洛東江)을 경계로 동쪽 신라지구와 서편 가야지구가 지역적인 차이보다 장제에는 큰 차이점이 있었다. 동쪽 고(古)신라는 초원유목민 장제문화였던 지석묘 지하구조에서 출발했으며, 나중엔 석곽묘(石槨墓)로 변천했다. 풍부한 껴묻기(부장품)는 당시 풍요로운 삶을 의미하며, 오늘날 우리에게는 당시 신라문화(新羅文化)를 연구하는 데 다양한 '지하 보관 자료(地下保管資料, underground storage materials)'를 제공하고 있다. 신라의 평지 고분(平地古墳)는 주로 적석목곽분이며, 통일신라 전후로 봐서 석실분이 등장했고, 왕릉의 규모도 소형화되었다.

이에 반해 산지 고분(山地古墳)은 석실분이 대부분이며, 고구려와 백제를 병합하고부터 나타난 무덤 양식으로 보인다. 초기 고인돌(支石墓, dolmen) ▷ 천연 동굴 안에 매장(窟內埋葬, buried in the cave) 혹은 갖다 놓은 굴장(窟葬) ▷ 흙 그릇 굽기 이후에 옹관(甕棺, urn coffin)201 혹은 적석석곽(積石石槨, stone coffin) ▷ 청동기 후기부터 초기 철기시대부터 토광묘(土壙墓, earth-pit tomb)로 변천했다.

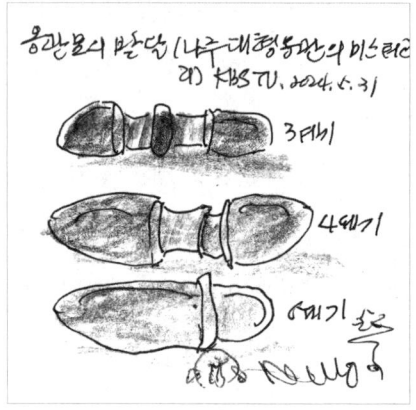

좀 더 깊이 들어가면, 한 봉분(封墳) 안에 여러 구의 시신(屍身)을 모시는 다곽묘(多槨墓, multi-coffin tomb)는 대부분 가족공동장 제도(家族共同葬制度)로 신라 초기에 많았다. 물론 오늘날에서도 문중 공동묘지 혹은 가족묘지에서는 흔히 행해지고 있다. 구암동 고분군 제1호 고분에서도 배장(陪葬)이 발굴되었으며, 그곳 주변에 연접장(連接葬)의 모습을 보였다. 석곽묘(石槨墓, stone-mound tomb)로는 경주 지구에서 가장 오래된 무덤 양식으로 석곽묘는 미추왕릉지구에 길이 2.0m, 폭 1.0m, 깊이 0.6m 정도의 석곽에 개울 돌멩이(川石 혹은 냇돌)로 벽을 채웠다. 몇 개의 개석(蓋石)으로 덮고, 봉토 주변에서는 호석열(護石列)을 돌려치고 있었다. 경주지역에서 적석목곽분(積石木槨墳)은 초기 단계를 지나 5~6세기가 전성기로 보였으며, 차차 북쪽으로 전파되었으며, 또한 대형화(大型化)되었다. 초기에는 가족적인 다곽묘(多槨墓, multi-coffin tomb)가 단곽묘(單槨墓, single coffin tomb)로 말(馬)의 순장(殉葬), 마구류 부장(副葬) 등의 초원 유목인(草原遊牧民, steppe nomads))의 유습(遺襲)을 유지했다. 6세기에 왕릉은 거대화 및 웅장하게 되었다. 대표적인 사례로는 봉황대고본(鳳凰大古墳),

황남동 98호 등이 여기에 속한다.202

고대인들은 유택(幽宅)을 어떻게 선정했을까?

살았던 생명체가 죽어서 묻힌다는 의미에서 '묻음(제2 명사형)', '묻기(제1 명사형, 껴묻기)' 혹은 '묻엄'이라고 했다. 1922년 김구(金九, 1876~1949)의 『백범일지(白凡逸志)』에서 '묻엄'203, 204으로 표기하였으며, 1988년 1월 9일 문교부 제88-2호 고시에 따른 표준어에 따라 오늘날 '무덤'으로 표기하게 되었다. 이외에도 뫼(묏자리, 묏등), 묘(묫자리, 묘소), 산소(山所), 능소(陵所), 구묘(丘墓), 구총(丘塚), 만년유택(萬年幽宅), 분영(墳塋), 총묘(塚墓) 혹은 분묘(墳墓) 등의 유사어가 많다. 시신을 처리하는 방식은 신앙(靈魂不滅) 혹은 제정일치(종교 및 정치)의 문화에 따라서 변천하였는데, 1) 고대 유목인들은 매장(埋葬, burial) ▷ 2) 농경시대(신석기 및 청동기 시대)는 매장(埋葬, 고인돌, 적석총 등) ▷ 3) 배화교의 영향을 받은 불교에서는 화장(火葬, cremation), ▷ 4) 삼국시대는 매장(埋葬, burial)하다가 불교가 도입된 뒤에는 다비(茶毘, 火葬)를 했다. 국교가 불교였던 고려 시대는 대다수가 화장(火葬)을 ▷ 5) 조선 시대에는 유교 영향으로 매장(埋葬, burial)을 하면서 신라 말 고려 초에 확립된 풍수지리설(風水地理說) 명당론(明堂論)에 따라 유택(幽宅, 무덤)을 마련했다. 최근 우리나라는 1990년을 이전에는 매장(埋葬)이 대세였으나 '전 국토의 묘지화(Graveyard in the entire country)'라는 사회적 문제로 대두되고부터 현재는 '치맥 시대(chicken-&-beer Age)'에 걸맞게 장례도 화장(火葬, 속칭 통닭구이)이 대세(大勢)가 되었다. 특히 2020년 코로나 19(COVID 19)의 대유행(大流行)으로 화장 대세가 더욱 공고화되었다.

　명당(明堂) 혹은 길지(吉地)는 고대에서도 있었으나, 1) 고대시대(석기시대에서 청동기 시대)는 낮에는 동식물처럼 햇볕이 쏟아지는 곳, 그리고 신전(神殿)이나 사원(寺院)은 밤에는 별빛이 쏟아지는 곳을 좋은 곳(吉地 혹은 明堂)으로 여겼다. 오늘날 용어로는 천문학적 길지(天文學的 吉地) 혹은 성관명당(星觀明堂)이다. 당시는 대자연에 의존하여 살았던 수렵채취 및 농경시대(農耕時代)였기 때문이다. 고대국가에서는 통치자의 통치적 시계를 확보하는 조망명당(眺望明堂), 전망명당(展望明堂) 혹은 통치명당(統治明堂)을 선택했다. 따라서 대제국수도(大帝國首都)의 조건에 '7개의 언덕 수도(Sven-Hills Capital City)' 혹은 고지 성벽(hill castle)이란 '조망과 피신이론(Prospect & Refuge Theory)'이 신봉(信奉)되었다. 신라 말 『도선비기(道詵祕記)』는 우리나라의 풍수지리설(風水地理說)의 초석이 되었다. 중국에서는 동진의 곽박(郭璞, 276~324)이 저술한 『장경(葬經)』, 『곽박장서(郭璞葬書)』 혹은 『금낭경(金囊經)』에서 "장례를 치른다는 건 생기를 얻는 것이다. 대체 음양(陰陽)의 기운이다. 옛날 사람들은 음양의 기운을 모아서 흩어지지 않으며, 기운을 몰아 한곳에 머물게 하는 것을 풍수라고 하겠다(葬者, 乘生氣也. 夫陰陽之氣 … 古人聚之使不散, 行之使有止, 故謂之風水)."205라고 한 게 풍수지리설(風水地理說)이라는 용어의 기원이 되었다.

　오늘까지 묘터로 유명한 육관도사(六觀道士) 손석우(孫錫佑, 1928~1998)에 대해, 1) 1979년 10월 26일 박정희 시해사건의 예언, 1994년 7월 8일 김일성(金日成)의 사망을 정확하게 예언했다는 이야기, 2) 경남도청의 터 잡기206와 1965년 경북도청 산격청사(山格廳舍)의 터에 대해서도 신천(新川)과 연암산(鳶巖山)의 배산임수(背山臨水)를 주장했다. 3) 1978년 가을 이순자(고 전두환의 아내) 조부 묘소로 왕비 탄생을 예언, 1980년 과천(果川)

정부 청사 터, 1995년 11월 김대중(金大中) 후보자의 전남 하의도(荷衣島)에서 용인시(龍仁市) 묘봉리(卯峰里)로 이장하여 대통령에 도전했다는 등이 한때 인구회자(人口膾炙)했다. 그의 제자 윤덕산(尹德珊, 생몰년도 미상)이 스승 육관도사의 생전구술(生前口述)을 묶어 『터: 육관도사(六觀道士)의 풍수·명당 이야기(출판사답게, 1993)』를 출판했다. 그곳엔 풍수지리에 관한 전설, 설화 및 육관도사에 관련된 일화를 적고 있다.

이곳 택지개발사업이 있기 전 칠곡 읍내(八莒縣)에서도 구암동(鳩巖洞)에 거주했던 박관(朴冠, 정확한 생몰년도 미상, 1920~1980년)이라는 지관(地官, 일명 풍수 전문가)이 있었다.207 그분이 잡았던 묘터로는 1957년에서 1959년에 경북지사를 지난 송관수(宋寬洙, 1907~1969)208가 1960년경에 모친의 묘소를 오

Q 신라 항해용 물 나침반

늘날 읍내동 구수산(龜首山) 동측산록(東側山麓)에 마련했다가 2010년경에 이장했다. 관음동 한영기(韓永基, 1950~2025)의 1960년대 옛날 집터도 그분이 잡았다. 그분의 '터 잡는 기법(擇明堂法)'은 1) 동짓날 해 뜨는 방향과 2) 하짓날 해 뜨는 방향을 기반으로 터를 마련했다. 3) 동짓날 해 뜨는 방향으로 양택(陽宅, 집터)의 대문과 안채를 마련하고, 4) 음택(陰宅, 무덤)의 경우는 좌향을 놓고, 여기서 조산조수(朝山朝水)를 고려했다. 이 방법은 BC 3,600년경 고조·몰타 거석 신전(Gozo and Malta megalithic temples), 혹은 그리스 신전 및 석굴암(石窟庵) 등의 터를 잡을 때 사용했던 '고대 터 잡기 기법(ancient ground-breaking techniques)'이었다.

오늘날 지관이 사용했던 나반(羅盤), 패철(佩鐵), 윤도(輪圖), 나침반(羅針盤)을 이용해 동서남북을 알고 있으나, 고대시대는 하늘의 별자리를 보고 방향을 알았다. '별자리 나침판(constellation compass)' 혹은 '별 나침판(star compass)'를 기반으로 연해안 지형지물(沿海岸地形地物)을 길라잡이로 항해했던 인문항법(人文航法, human navigation) 시대였다. 그러나 신라 항해사(新羅航海士)들은 자철석에다가 바늘을 마찰시켜서 자성(磁性)을 띄게 한 뒤에 이 바늘은 밀짚 등에 끼워 물 위에 띄워 북극을 가리키게 하는 '물 나침반(水羅盤)' 혹은 '지남기(指南

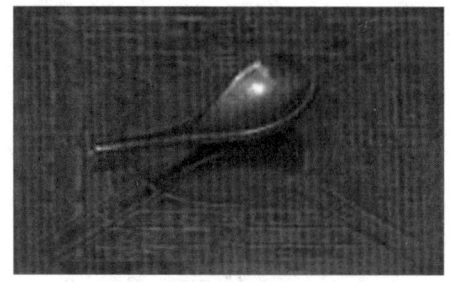

Q 최초 한나라(BC 206) 지남표(指南杓)

器)'를 만들었다.209 나당 연합군이 백제(660년) 및 고구려 정벌(668년)의 육전(陸戰)와 수전(水戰)에도 지남기(指南器)를 사용해 군영(軍營)을 꾸렸고, 진영(鎭營)을 마련했다. 800년 초 장보고(張保皐, 출생 미상~846)는 신라 지남기(指南器)를 사용해 오늘날 천문항법(天文航法, astronomical navigation)과 유사하게 극동아시아 해양(極東亞細亞 海洋)을 무대로 활약해 영역을 주름잡았다. 중국인 심약(沈約, 441~513)이 488년에 편찬된 『송서(宋書)』에도 신라 울산(蔚山) 달천 철산(達川鐵山)에 자철석이 산출된다고 기록했다. 김부식(金富軾, 1075~1151)의 『삼국사(三國史)』 기록에도 669(문무왕 9)년에 당나라의 요청에 따라 달천철산(達川鐵山 혹은 淸州鐵山)의 자석을 보냈다.210 한편 서진(西晉)나라 최표(崔豹, 생몰년도 미상)가 쓴 『고금주(古今注)』엔 밤하늘의 북극성(北極星)의 방향을 맞춰놓은 수레(車, cart) 혹은 국자(湯勺, ladle)를 지남거(指南車) 혹은 지남표(指南杓)을 제작하여 사용했는데, 그때가 BC 4세기였다.211 중국이 자랑하는 3대 발명으로 종이

(紙), 화약(火藥) 및 나침반(羅針盤, BC 206년 한나라)²¹²이라고 하나, 나침반(羅針盤)은 사실상 한민족(韓民族)이 가장 먼저 사용했다고 학계(學界)에서는 통설(通說)로 보고 있다.

VI.
팔거산성의 축성과 용도에 대하여

1.
스키타이(Scythia) 기마 전사단(Comitatus)의 탄생

지구촌에 인류는 지금부터 (before present) 1만 년 전부터 농경(農耕)을 시작(始作)했으나, 가뭄과 천재지변(天災地變) 등으로 정착적인 생활 속 농경만으로 생존에 위험을 느

Q 스키타이 황금의 기마전사단 모습

끼게 되었다. 고대(古代) 그리스인들은 흑해(黑海) 북쪽 돈강(the Don)에서 프루트강(Prut river)에 이르는 초원지대(草原地帶)를 스퀴티아(Skythia)라고 했다. 그곳에 살았던 민족을 스퀴트인(Scythians)이라고 했다. BC 1000년경부터 스퀴티아(Skythia) 초원지대(草原地帶, grassland)에서 유목민(遊牧民)들이 생겨나더니 카스피해(Caspian Sea)에서 동쪽으로 7,000km까지 스키타이 유목의 터전이었다. 유목민(遊牧人)의 말타기는 BC 3500년 혹은 BC 3000년 사이에 생겨났다. 그리스 역사학자(歷史學者) 헤로도토스(Herodotus, BC 484~BC 425)[213]가 BC 425년에 발간했던[214] 『역사(歷史, The Histories)』에서 스키타이 유목인의 기마 전사단(騎馬戰士團, Comitatus)[215]을 표현하기를 "그들이 해결한 중대사(重大事)란 그들이 추격(追擊)하는 자는 아무도 그들에게서 벗어나지 못했다. 그들이 따라잡히고 싶지 않으면 아무도 그들을 따라잡을 수 없다. 말을 타고 활을 쏘기에 능하고, 농경(農耕)이 아니라 목축(牧畜)으로 살아갔다. 그런 그들이 어찌 다루기 어려운

불패(不敗)의 부족(部族)이 되지 않을 수 있겠는가?"216라고 기록했다.

스키타이 유목민(Scythian nomads)은 성경(Bible)에서 '스구디아인(Scythian)'으로 5회나 언급되고 있으며, 누가복음과 히브리서에 나오고 있다. 골로새서(3:11)에서는 "스키타이인(Scythian)은 흑해(黑海)와 카스피해를 따라 살았던 사람들이었다. 1세기에 스키타이인은 그리스인들에게 최악의 야만인으로 여겨졌다. 바울(Paul) 시대에는 문자 그대로 '노예(奴隸, bond-servants)'인 그리스어 '노예(δούλος, Slave)'217로 했음이 일반적이었다."218 이어서(골로새서 3:12) "스구디아인이나 종(노예)이나 자유인이나 차별할 수 없어서…."라는 나쁜 표현으로 AD 65년 이후에 저술되었다. 스키타이 유목민 문화에 대해 헤로도토스는 『역사(The Histories)』에서 요약하기를, 1) 종교는 배화교(拜火敎, Zoroastrianism)와 힌두교(Hunuism)를 신봉하였고, 2) 철학(哲學)은 하나의 위대한 신과 하나의 위대한 국왕과 함께하는 하나의 왕국(One Great Kingsom with One Great King and One Great God)이었다. 3) 유목민 기마 전사단(Scythian Comitatus)의 기본전략(基本戰略)은 최첨단 곡선 활(state-of-the-art recurved bow)을 무장하며, '치고 빠지는 기동전(hit-and-run tactics)'을 구사하고 있었다. 당시 곡선 활(recurved bow)은 직선 활(straight limbed bow)에 비해 1) 화살이 비교적 짧으며, 2) 사격속도(射擊速度)가 빨랐고, 3) 사거리(射距離)가 멀어서 전반적으로 위력이 강력했다.

2. 오늘날까지 우리에게 남아있는 스키타이 문화

이런 스키타인 유목민(Scythian nomads)의 문화가 한반도에 유입된 경로는, 스키타이족 ▷ 북방유목민(흉노, 돌궐, 몽고, 게르만, 훈족) ▷ 예맥족(고조선, 고구려, 삼한) 등으로 전달되었다. 그러나 신라 왕족은 흉노족(金日磾)의 후손으로 스구디아인(Scythian)의 장제, 즉 목관묘(木棺墓)가 오늘날에도 발굴되고 있다. 유라시아(혹은 흑해) 스

🔍 스키타이 유목민의 초원 적석문화

텝(Pontic Steppe)의 '초원길(meadow road, 일명 비단길, 담비길)'을 따라서 유목민들의 적석장제(積石葬制: 積石塚, 支石墓, 立石墓)가 청동기시대 한반도에 유입되었다. 대표적으로 몽고 초원의 선돌 '발발(Balbal)'은 오늘날 제주도에서 '하르방(Dolharbang, 石祖像)'이란 이름으로 만들어졌다. 여기서 '할아버지'의 제주도 방언 '하르방(grandfather)'으로 교체되었다. 그러나 이는 고대 유목민이 초원목축 생활에서 죽은 사람을 위해, 1) 초원에 시신을 묻고, 2) 나중에 찾아올 표식으로 주변에 돌을 모아서, 3) 와석제단(臥石祭壇)과 표지입석(標識立石)을 마련한다. 몽골리아에서 오늘날도 표지입석을 '발발(Balbal)'이라고 하며, 우리나라의 성황당(城隍堂) 돌무더기를 몽골리아에서는 '오보(Oboo)' 혹은 '오워(Ovoo)'라고 한다. 그러나 제주도 '하르방'이란 히브리어로는 '하바르(khabar)', 동사는 '함께하다, 동맹하다, 부

부가 결합하다 혹은 맹세하다.' 등으로 사용되었다. 또한 명사로 '하베르(Khaber)'는 친구(friend) 등으로 사용되었다. 유목민들이 무덤을 만들고, 선돌(立石)을 세우면서 결합, 복수 및 화친 맹세를 했던 회맹문명(會盟文明, alliance civilization)에서 유래되었다.

오늘날 우리나라에 남아있는 스키타이 유목문화의 영향을 개략적으로 살펴보면, 1) 고대 전쟁(古代戰爭) 및 군사문화에서는 전광석화(電光石火)와 같은 기마 전사단(騎馬戰士團, Comitatus)을 방어하고자 한반도에선 3,000여 개의 산성(山城)이 현재까지 남아있다. 산성(山城)을 이용한 '청야산성전(淸野山城戰)'을 기본전략(基本戰略)으로 6.25 전쟁까지 사용해 왔다. 스키타이 유목민의 기마 전사단(騎馬戰士團, Cavalry Division)이 맹세했던 '황금의 맹세(Royal Golden Oath)'는 신라 화랑도의 화랑오계(花郎五戒)와 임신서기석(壬申誓記石) 등에 영향을 끼쳤다. 이는 조선에까지 이어져 국왕에 대해 조정 관료들이 국왕에 맹세를 위한 회맹의식(會盟儀式)을 개최했다. 국왕에게 충성을 맹세했던 1456(세조 2)년 11월 14일 '오공신회맹축(五功臣會盟祝)'과 1625년에 17공신이 국왕에게 충성을 서약한 '십칠공신회맹록(十七功臣會盟錄)'이 남아있다. 다른 한편으로 1592년 임진왜란(壬辰倭亂) 당시 의병창의회맹(義兵倡義會盟)이 오늘날 경상도 정치계에서는 '우리가 남이 가?' 하는 정치적 회맹(政治的 會盟, political alliance)으로 존속하고 있다.

고고학적인 장제(葬制 혹은 墓制)에 있어서 몽골리아 사막 등지에서 목관묘(木棺墓)제가 신라 고분에서도 발굴되고 있다. 앞에서 말한 몽골리아 초원길의 '발발(balbal)'이란 표지입석이 제주도 '돌 하르방'으로 존속하고 있다. 가장 뚜렷하게 남아있는 건 한복(韓服)이다. 물론 신라 시대 초승달(新月)을 의복(초승달 옷깃, 초승달 소매 깃 등)에다가 화랑도의 초승달 신발[219]까지 색채와 디자인을 전담했던 채전감(彩典監)까지 설치 운영했다. 초승달 신발은 몽골리아 칭기즈칸의 동상에서 오늘날도 볼 수 있다.[220] 채전감은 통일신라부터 운영하다가 고려에선 '복식도감(服飾都監)'이란 관명으로 운영되었다.

그러나 근본적인 한복문화(韓服文化)에는 스키타이유목문화를 부정할 수 없다.[221] 한복의 특징으로는 1) '위·아래가 분리된 옷(二部式服飾, two-peaces clothing)'이다. 즉 상의(上衣)와 하의(下衣) 혹은 저고리와 바지 등으로 음양 조화, 상하질서 등 조화철학(調和哲學)을 담았다. 2) 절제와 단정(moderation and modesty)이다. 유목민이 바람에 날리는 말 갈기(mane)와 꼬리를 묶고 자신의 머리칼과 펄럭거리는 소매와 바짓가랑이를 묶었다. 댕기(당겨 묶음) 혹은 대님의 사용이다. 머리 댕기, 조바위 댕기, 버선 댕기(대님) 등이 오늘날까지 이어져 왔다. 대님(당겨 묶은 끈, tie)을 사용하지 않는 경우는 아예 소매통과 바지통을 좁혀서 오늘날 기마복(騎馬服)과 같이 만들었다.[222]

3. 한반도 산성(山城), 백성의 피난보호처 기능

한편 고대 중국(中國)에서는 이들 스키타이(Scythia)인을 샤카(Saka) 혹은 색인(塞人)이라고 했다. BC 92년에서 BC 89년 정화연간(征和年間)에 사마천(司馬遷, BC 145~BC 87)은 『서경(書經)』, 『춘추(春秋, 특히 春秋左氏傳)』, 『주본기(周本紀)』, 『상서대전(尙書大傳)』, 『시경(詩經)』, 『대대예기(大戴禮記)』, 『예

기(禮記)』,『국어(國語)』,『맹자(孟子)』,『한비자(韓非子)』,『여씨춘추(呂氏春秋)』,『회남자(淮南子)』 등을 기반으로『사기(史記)』를 저술했다. 사마천은 평소에 만권독서(萬卷讀書)와 만리행각(萬里行脚)을 통해 견문을 넓혔고, 현장확인을 병행했다.223 사마천(司馬遷)의『사기(史記)』에서는 사카(Saka)를 변방 흉노족(邊方 匈奴族)의 일족인 '색인(塞人)'으로 일반화했다.

Q 한반도 선인들의 청야산성전 모습

스키타이 기마 전사단(Scythian Comitatus)들은 좋게는 청동기(靑銅器)를 한반도에 전달하는 전도사(傳道師) 역할을 했다. 그러나 그들은 한반도를 전광석화(電光石火)처럼 기습하여 농경지를 쑥대밭으로 만들고, 식량과 우마를 약탈하여 갔다. 그래서 한반도에는 그들을 방어하고자 '청야산성전(淸野山城戰)'이라는 전략을 마련했다. 아직도 남아있는 3,000여 산성(山城)들이 입증하고 있다. 그들의 침입 기미가 있으면 들판에 곡식을 먼저 거두어 드리고, 가족(家族)과 우마(牛馬)는 산성으로 옮기며, 적들이 병참 물자로 사용할 여지(餘地)가 있는 것을 모두 불태웠다(焦土化). 최후에 산성에서 그들과 싸워서 승리했다. 여기서 산성은 피난민을 보호하는 '안식처와 안전보장의 기능(shelter and protection function)'이 최우선되었다. 전투에서는 조망(眺望)과 피신(避身)에서 지리적 이점을 살린 '승전 보장의 기능(favorable battlefield function)'을 부수적으로 얻었다.

한편 서양(西洋)에서 BC 2000년경에 수레가 생겨났고, 소가 끄는 달구지보다 말이 속도감 있게 달리는 전투용 마차(戰鬪用 馬車) 곧 전차(戰車)로 발전하게 되었다. 그 유명한 로마제국의 전차군단(戰車軍團)이 세계대

제국으로 성장하는 원동력(原動力)을 제공했다. 오늘날 재래식 무기의 왕자인 전차(戰車, tank)로까지 개발되었다. 처음에는 수레바퀴가 통나무에서, 마치 불교의 법륜(法輪)처럼 '허브(hub)와 스포크(spoke)'로 발전되어 가벼워졌다. 오늘날은 공기타이어를 사용해 더욱 가속화되었다. 그런 역사적 의미에서 서양에서는 아직도 기마 전사단을 고집해 기병 1명이 보병 10~15명을 당해 낸다는 개념을 갖고 있다. 대영제국(大英帝國) 때도 그랬고 미국에선 아직도 기병대(cavalry division)를 운용하고 있다.[224]

4. 한반도의 청야산성전(淸野山城戰)의 기본 전략

팔거산성(八莒山城, 노곡동 산1-2번지)은 북구 노곡동 산1 번지, 현대적 GPS로는 북위 35도 55분 32.64초, 동경 128도 34분 32.6678초 좌향은 180N, 해발고도는 214m/SL이다. 2021년 대구시 문화재로 지정되었다가 2023년 6월 27일에는 문화재청 국가 문화재로 등록되었다. 고조선(古朝鮮)부터 청야산성전(淸野山城戰)을 대비하여 한반도에 3,000여 개

의 산성들이 축조되었다. 청동기문화를 전달했던 전령사 역할을 했던 북방 유목민 기마전사단의 전광석화(電光石火)와 같은 기습적인 약탈을 막고자 우리의 선인들은 군사 병참과 인력 등을 들판에서는 얻을 수 없게끔 모든 걸 불태워 놓고, 산으로 기어 올라오는 적을 산성에서 물리친다는 기본전략을 마련했다. 일명 초토전술(焦土戰術, scorched earth tactics) 혹은 청야전(淸野戰)이라고 했다. 심지어 근대 전쟁에 영웅인 나폴레옹이 초토화 전술(焦土化 戰術)에 대가였다. 1592년 임진왜란 때 비변사(備邊司)에 상신했던 유성룡(柳成龍)의 장계에서도[225] 기본전략으론 청야전(淸野戰)이었다.[226]

산성청야전략(山城淸野戰略)을 마련했던 이유는, '한반도의 약소국으로서 대륙의 강대국가 싸워서 생존하기 위함(As a weak country on the Korean peninsula, we must fight against the powerful countries on the continent to survive).'이었다. 한반도 주변 강대국(强大國)의 침략을 극복하기 위해서는 전투병력의 교환비는 아군 1명이 적어도 적군 100명을 당해 내어야 했다. 이럴 때 생존하는 방법은 1) 아군은 적게 죽고 적군을 많이 죽여야 했다. 2) 도주하는 적은 반드시 복수전을 못 하도록 뒤따라가서까지 다 죽여야 했다. 3) 전시만은 국왕부터 하천민(下賤民)에까지 일심단결하지 않으면 다 죽었기 때문이다. 4) 피난을 갈 때는 반드시 적의 손에 들어갔을 때, 적이 이용할 식량, 쇠붙이, 가옥 등을 불태워 없애야 했다. 5) 좁은 산성에 피신하는 백성과 병장들은 생사고락(生死苦樂)을 같이했다.

임진왜란 때 대명정벌(大明征伐)이라는 '분로쿠 게이초 노 에키(文禄慶長の役, ぶんろく·けいちょうのえき)'라는 거대한 극동아시아 대륙정벌(大陸征伐)을 일본제국은 기획하면서 한반도(朝鮮半島)를 정복하는 대의명분(大義名分)은 '명나라를 칠 것이니 길만 빌려다오(征明假道).'[227]였다. 빌려주지 않으니 너희들부터 정벌하겠다. 이는 바로 중국 '36계(三十六計)' 전략서의

제24 계략 '가도벌괵(假道伐虢)'228을 원용한 전략이었다. 이때 일본 전략가(日本 戰略家)들은 하나같이 조선반도의 청야산성전(淸野山城戰)을 대비해야 한다는 주장에 2년간 조선을 비밀정탐했다. 그 정탐꾼들은 이구동성(異口同聲)으로 1) 조선국왕 선조의 신임(信任)은 백성들로부터 땅바닥에 떨어졌기에 가옥과 식량을 태우면 백성들의 민란(民亂)이 반드시 발생한다. 2) 따라서 청야작전(淸野作戰)은 할 수 없다고 단정했다. 3) 좁은 산성으로 피신 간다고 해도 신분 차이가 심해서 반드시 사색당파 혹은 하극상(下剋上)의 자중지란(自中之亂)이 일어난다. 따라서 절대로 청야산성전(淸野山城戰)을 쓰지 않을 것이고, 성공할 수도 없다고 장담을 했다.229

임진왜란(壬辰倭亂, 일본에선 文祿慶長の役)230 이후에도 청야전(淸野戰)을 기본전략으로 했는데 광해 4년 4월 6일 자『광해군 실록』을 살펴보면 정엽(鄭曄)은 국왕이 묻는 청야전술(淸野戰術)을 "바라보면 군사들의 위용이 매우 성대(盛大)하여 범하기 어려운 기세가 있었지만, 성(城) 아래에 박두했을 때 대포 소리 한번 듣고서 쉽게 물러나는 것을 보니 이들은 바로 겁이 많은 적들이었습니다. 만약 성을 지키면 힘을 얻을 수가 있겠으나 기세를 몰아 진격해오면 대적하기가 지극해 어려울 것이니, 그러한 경우에 대처하는 계책을 미리 강구해 둔다면 걱정이 없을 것입니다."라고 설명했다.231

한마디로 청야전은 전쟁에서 현지 조달(現地調達)하는 병참을 불가능하게 하는 전술이다. 단기전보다 정기전에 유효한 전략이다. 당시도 백성들의 모든 재산을 소각시킨다는(以燒民産) 점에서 국가 혹은 국왕에 대한 신뢰가 없고서는 민란만 초래할 뿐이다(淸野戰也無信不立之戰略). 이 전술(戰術)은 일본 제국에서는 '삼전전략(三全戰略)'으로 악랄화(惡辣化)해져 '모든 생명체는 다 죽이고, 모든 것 다 태운다. 그리고 어머니 치마 밑까지 약탈한다(Kill All, Burn All and Loot All).'로 변했다.232 따라서 제2차 세계대전 당시에 일본은 '대동아공영권(大東亞共榮圈)'이라는 기치를 내걸고 동아시아를 식민지 강탈해 갔다.

한편 한민족(韓民族)은 전시에는 반드시 국왕에서부터 백성들이 일심단결하는 청야산성전의 민족혼을 발휘했던, 근대사(近代史)에서 대일본(對日本) 사례로는 1) 1907년 사이비(似而非) 국체로 조선의 국권을 묶고자 했던 일본제국(日本帝國)에게 갚겠다고 달려들었던 국채보상(國債報償)운동을 전개했다. 2) 1997년 IMF 외환위기 때에 금모으기운동, 3) 2019년 일본이 반도체 핵심소재 수출규제라는 경제보복에 대응전략으로 항일(Anti-Japan) 운동을 전개했다.

5. 지리군사적(地理軍事的) 견지에서 팔거산성의 요새 판단

한편, 『손자병법(孫子兵法) 구지편(九地篇)』에 따른 지리군사적(地理軍事的) 견지에서 보면 1) 서남부의 백제 혹은 가야 군사세력이 낙동강(洛東江)을 타고 침입하는 경우 ▷ 금호강(琴湖江) ▷ 달구벌(多伐國) ▷경주(王都)로 접근 물길에 중간방어적 요새지다. 2) 북동부의 초원유목민 기마 전사단 혹은 고구려 병력이 추풍령(秋風嶺) ▷ 김천(金泉) ▷ 칠곡(漆谷) ▷ 금호강(琴湖江) 평야와 수로로 접근할 때에 중간 차단 요새가 된다. 그리고 3) 고구려가 신라 침입을 위해서 ▷ 충주(忠州) ▷ 계립령(鷄立嶺) ▷ 문경(聞慶) ▷ 삼강(三江, 洛東江) ▷ 금호강(琴湖江)으로 근접침입 수로 차단을 위해 신라호국산성(新羅護國山城)으로 이곳에다가 축성했다. 최치원(崔致遠, 857~909)이 909년 6월 26일 자로233 쓴 「신라수창군호국성팔각등루기(新羅壽昌郡護國城八角燈樓記)」에 따르면 신라 팔괘 호국성(新羅八卦護國城)의 건방자성(乾方子城)으로 팔거산성(八莒山城)을 축성했다고 봤다. 신라 수창군 호국성은 수창군 관아성(父城, 壽昌郡 官衙城) 및 달성토성(母城, 達城土城)에 따를 8방위(8괘)에 따라 축성했던 9개 호국성 가운데 하나의 자성(子城)이었다.

고대는 호국산성(護國山城)과 호국사찰(護國寺刹)을 한 켤레로(as a pair) 조성했다. 554(진흥왕 5)년, 오늘날 GPS 북위 35도 58분 55초 동경 128도 34분 37분(오늘날 경상북도 칠곡군 동명면 송림길 73)에 마정계사(摩頂溪寺, 오늘날 松林寺) 등이 팔거산성(八莒山城)과 비슷한 시기에 창건되었다. 호국사찰(護國寺刹)로써의 역할은 1950년대 6.25 전쟁(Korea War) 때에도 극명하게 보여주었다. 1950년 8월~9월 6주간 낙동강 전투에서 병상자(病傷者)를 양산 통도사(梁山 通度寺)에다가 제31 육군병원 분원(野戰病院)을 설치했다. 경상 환자를 통도사(通度寺)에다가 수용했다. 뿐만 아니라, 사망자의 시신 화장(분골, 묘지 혹은 납골)과 위령제(慰靈祭)까지 담당했다. 부산 범어사(梵魚寺)에서도 전사자의 시신을 다비처리(茶毘處理)하고 명복을 비는 천도제(薦度祭)까지 맡았다. 특히 보타암(寶陀庵)에서는 중상자가 이곳에 집중 수용되었고, 전사자가 운명하자 다비(火葬)처리해 산천에 산골(茶毘散骨)을 행했다.234 약사여래보살(藥師如來보살) 혹은 지장보살(地藏菩薩)은 전사상자(戰死傷者)를 처리했던 보살의 명칭이었다. 여기 지장(地藏)이란 땅에다가 묻는다는 뜻이다.

신라(新羅) 때 지방 방어군 십정(十停) 가운데 제4정 삼량벌정(第四停, 參良火停)은 오늘날 현풍(玄風)에 검은 곰 가죽에다가 노란 초승달 무늬 깃발(黑熊皮黃半月幟)을 상징으로 하는 흑금현효부대(黑衿玄驍部隊)로

18,000여 명이 배치되었다. 그 예하병영으로 팔거산성이 수백 명이 배치 운용되었다. 보다 구체적으로 산성(山城) 축성연대(築城年代)를 분석하면, 1) 인근 구암동 고분군에 출토된 신라 토기 및 와편(瓦片) 등에서, 동천동(東川洞) 선사유적지에서 발견된 병영지(兵營地), 취락구조(聚落構造)의 유구(遺構)로 6~7세기로 추정했다. 2) 그리고 팔거산성(八莒山城) 터에 흩어진 신라 토기 조각 등으로 비교분석을 통한 상대연대(relative dating)만을 추적해 왔다. 그러나 3) 2021년 팔거산성 터 집수지(集水池)에서 매몰되었던 하찰목간(荷札木簡, 혹은 負札木簡, 오늘날 price tag)에서 602년(壬戌年 安居札甘麻谷)과 606년(丙寅年次谷鄒下麥易大豆石)이라는 십간십이지(十干十二支) 연대 표시로 인해 절대연대(absolute dating)를 알게 되었다.[235] 물론 문헌상(文獻上) 팔거산성의 폐기 연대 추정은 1530년에 증편한 『신증동국여지승람(新增東國輿地勝覽)』 고적조(古跡條) 기록으로 봐서 사료 편찬 이전에 폐기된 성터로 추정된다.

6.
팔거산성(八莒山城)이 호국산성(護國山城)으로서의 가치는?

팔거산성(八莒山城)[236]의 소실연대를 1530년 이전으로 막연하게 추정하기보다 좀 더 구체적(具體的)으로 비정(比定)해 본다면 1) 주변의 호국사찰이었던 마정계사(摩頂溪寺, 오늘날 松林寺) 및 부인사(符仁寺) 그리고 팔공산 산성봉(山城峰)에 있는 공산성(公山城)이 소실되었던 몽골군(蒙古軍)에 분탕(焚蕩)되었던 때 팔거산성(八莒山城)도 당시에 소실되었다고 봄이 타당하다. 2) 고려 무신 시대 1237년 문신 이규보(李奎報, 1168~1241)의 『동국이상국집(東國李相國集)』에 "몽골군(1232년 제2차 몽골군 침입)이 지나갔던 곳에는 불상이고 불전(사절)은 마구 불태워버렸다. 이에 부인사(符仁寺)에 소장된 대장경 판본(初造大藏經板)도 남지 않게 되었다(符仁寺所藏, 高麗大藏經, 版本也已消失. 啊啊, 多年心血一日化爲灰燼)."237라는 내용에 일치하는 와편명문(瓦片銘文)이 부인사(符仁寺)에서 발굴되었다.238 물론 임진왜란 때는 소실된 일부를 보수하여 의병의 집결지 혹은 피신처로 관인산성(觀仁山城) 혹은 거성(莒城)이라는 명칭으로 이용되었다.239

앞에서 언급한 팔공산의 공산성(公山城, Gongsanseong Fortress, 東區 龍水洞 山城峰)에 대해 언급하면, 팔공산 제2봉 산성봉(山城峰, 1,175m)의 산정식 산성(山頂式山城)으로 고려 시대 축성된 것으로 추정된다. 『고려사(高麗史)』에 고종 42(1255)년 공산성에 입보(入保, 피난과 보호를 위해 들어옴)한 백성들이 굶어 죽었다는 기록과 대몽항쟁(對蒙抗爭) 시기에 입보용 산성으로 축성되었다는 기록도 있다. 『세종실록지리지(世宗實錄地理志)』의 흥현조(義興縣條)에 "공산석성(公山石城)은 부계현(缶溪縣) 남쪽 10리에 있는데, 본 현(義興縣)과 거리는 40리, 둘레가 1,353보, 높고 험하며, 안에 샘이 둘, 작은 개천 3이 있다. 또 군창(軍倉)이 있어 신녕(新寧), 성주목(星州牧) 임내(任內) 팔거(八莒), 대구 임내(任內) 해안(解顔) 등 군창(軍倉)의 물건을 아울러 들여다 두었다(公山石城, 在缶溪県南十里, 距本県四十里, 周回一千三百五十三歩, 高険, 内有泉二、小渠三. 又有軍倉, 新寧星州任内八莒、大丘任内解顔軍倉, 并入置)."240라고 적혀있다.

『신증동국여지승람(新增東國輿地勝覽) 대구도호부조(大丘都護府條)』와 『의흥현조(義興縣條) 고적조(古跡條)』에 수록되어 있었다. 반쯤 무너졌고, 관리되지 않았다고 적었다. 다시 개축된 건 임진왜란 1592년이 발발하고 1593년 3월부터 화의 협상(和義協商)이 되어 전쟁이 장기국면에 접어들었을 때였다. 이때 조정에서는 산성수축(山城修築)이 있었다. 1895년 승병 유정(四暝大師)이 공산성(公山城)으로 이주해 수축했다. 『선조실록』에 보면 1956년 정월 체찰사 이원익(李元翼)이 칠곡의 산성수축을 의논했다. 1597년 정유재란(丁酉再亂) 때 인근 고을 사람들의 공산성 성안으로 들어와 피신했다. 1597년 9월 왜적에게 공산성(公山城)이 함락되었다.

당시 신녕 현감(新寧縣監) 손기양(孫起陽, 1559~1617)의 『오한집(聱漢集)』에 「공산지(公山誌)」가 수록되어 있다. 공산산성 실측 기록은 일제강점기 「조선성지실측도(朝鮮城址實測圖)」가 제작되어 있으며, '조선보물 고적조사자료(朝鮮寶物古蹟調査資料)'에 기록은 군위군 구역으로 되어있다. 성(城)의 둘레는 『세종실록지리지(世宗實錄地理志)』에서는 1,623.6m(1,353보), 일제강점기 조사는 2,000간(間, 약 3,600m) 정도였다. 성벽의 높이는 5~6척(1.5~1.8m), 길이는 560간(間, 1,018m)의 무너진 석축이 남아있었다. "성벽은 대부분 천험(天險)을 이용해 쌓았던 둘레 1,400간(間, 2,545m)의 석축(石築)이었다. 석벽(石壁)은 당시 대개 무너졌고, 높이는 3장(丈) 정도였다. 주민들이 북문(北門)이라고 칭하는 높이 2간 여의 석문이 남아있었다."

공산산성(公山山城)의 사용에 있어 고려 시대 대몽항쟁기(對蒙抗爭期)엔 입보용 산성(入保用山城, 피난한 백성을 보호하는 산성)으로 축조했다. 조선 시대 일정한 기간 군창(軍倉)으로, 세종 때는 폐기, 임진왜란(壬辰倭亂) 때 개축해서 입보용 산성(入保用 山城)으로 사용, 정유재란(丁酉再亂) 때도 입보용 산성(入保用山城)으로 쓰였으나 끝내 왜군에게 함락당했다.

공산성(公山城)에 몽고군(蒙古軍) 제2차 침입은 1231(고종 21)년부터 1259(고종 49)년까지 제3차 제6차 때 대구에 침입하였기에 부인사(符仁寺)의 초조 대장경판(初彫大藏經)이 1232년 2차 몽고 침입으로 소실되었다고 볼 수 있다. 1255년 3월에 공산성(公山城)에 피신했던 백성들에 대하여 "백성 가운데 굶어 죽는 사람이 많아서 노약자들의 시신이 골짜기를 메웠다. 심지어 어린아이를 나무에 묶어두고 가는 자도 있었다(許多人以, 被餓死了. 老弱屍體, 充滿山谷. 有些人甚, 讓把孩子, 在綁樹上)."라고 『고려사(高麗史)』는 기록하고 있다.

팔거산성이 있는 함지산(咸池山. 287.7m)은 정상에 역암으로 형성되어 있어서 중생대 백악기 때에 지각변동으로 경상화산호(慶尙火山弧, 一名 慶尙湖水)가 200m 내외 융기된 것으로 보인다. 경상호수로 형성된 셰일층(shale)의 가산(架山) 너럭바위는 700평가량의 거대한 노두(露頭, 정상 아래 80m)를 드러내고 있다. 함지산 정상 아래, 운암사(雲巖寺)의 광채일체석불(光彩一體石佛, 일명 미륵보살)은 주변의 역암(礫巖)과 환조기법(丸彫技法)으로 제작되었다. 함지산(咸池山)과 금호강(琴湖江) 수변 사이, 노곡동 절 골(寺谷) 및 부엉덤이(傅巖理)에 같은 역암(礫巖)층이 형성되어 있다. 전반적 사암 기반으로 그 위에 10~15m의 모래와 중국에 수십만 년 동안 날려온 황사(황토)가 표토를 형성하고 있다. 따라서 팔거산성(八莒山城)을 쌓을 때 주변에 있었던 퇴적암(사암)을 모아서 축성했다. 주변에 있었던 흙과 돌로 토석혼축(土石混築) 했다.

함지산(咸池山, 혹은 咸芝山)의 이름만으로 봐서, 방통(方桶, 네모난 통으로 묵, 두부, 떡 등을 자르기 좋게 제작했음)을 닮았다고 해서 방통산(方桶山)이라고 했는데, 속명으로 방통이산(方桶伊山, 朝鮮吏讀) 혹은 방티산(方地山)이라고도 불렸다. 노곡동(魯谷洞)에서는 아직도 '관니산(冠尼山, 존경스러운 공자님을 닮은 산)'으로, 임진왜란 때는 유교의 인의예지(仁義禮智)를 상징한다고 '관인산(觀仁山)', 고산자 김정호(金正浩)는 「대동여지도(大東輿地圖, 木版本)」에서 '독모산(獨母山)'이라고 했다. 한편, 1913년 이후 일본인들은 팔거들만 보인다고 '관야산(觀野山)'이라고 지적도면(地籍圖面) 등에다가 기록했다.

함지산(咸池山)을 한자로 표기함에서는 고대 천문학에서는 서방오거성(西方五車星)인 함지성(咸池星)이 산정에 걸린다고 '함지산(咸池山)'이라고 했다. 진시황제(秦始皇帝) 때에 동남동녀(童男童女)가 이곳에 와서 보니 모든 초목(草木)이 다 불로초(不老草)이고 불사약(不死藥)인 서초(瑞草) 혹은 영지(靈芝)로 보였다고 이곳을 '모두가 영지의 산(咸芝山)'이라고 했다. 순수한 우리말 '함지박'에서 유래를 찾아 한글로만 '함지산'이라고 주장하는 사학자(史學者)도 있다.

팔거산성(八莒山城)은 발굴 당시 측정치(測定値)를 살펴보면, 함지산(咸池山, 287.7m/sl)은 동북쪽에 도덕산과 팔공산이 연결되었고, 남쪽으로 금호강까지 이어졌다. 팔거산성 위치에서는 금호강 너머 대구시(大邱市街)가 한눈에 조망된다. 팔거산성은 정상부를 돌아가면서 축조된 퇴뫼식 산성(抱頂式山城)이며, 성벽은 급경사의 자연환경을 최대한 활용했다. 성안은 전반적으로 동고서저(東高西低), 남고북저(南高北低)의 삼태기 혹은 소쿠리형으로 서문 쪽에 평탄지(平坦地)가 있었다.241 남쪽 금호강(琴湖江)을 향해서(180N) 남북길이 370m, 동서길이 200m로 부정장방형(不正長方形)의 급경사인 자연지형을 이용해 성벽을 쌓았다.

성벽의 연장(延長)은 1,136.8m, 성안 면적

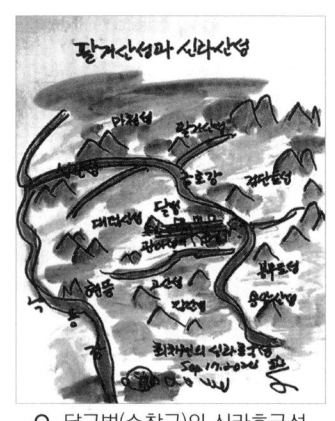

Q 달구벌(수창군)의 신라호국성

(面積)은 55,101,067㎡다. 높이는 5m 내외다. 축성(築城)에 대해서 동·북·남의 성벽은 외벽만 돌로 쌓고 내부는 흙과 자갈로 채워 석성벽(石城壁)으로 쌓았다. 서쪽은 외벽은 둘레의 비탈면을 이용해 흙과 돌을 섞은 토석혼축(土石混築)으로 10m가량 쌓았다. 성벽 폭은 3인 병사가 동시에 이동이 가능하게 5.15m 정도 쌓았다. 성벽의 외면과 내면은 경사면(傾斜面)을 형성하여 1m 내외의 흙 층계(層階)를 만들었다. 군사들의 이동통로인 폭 1~2m 내외의 방어용 회곽도(廻廓道)까지 조성했다. 성문지(城門址)는 동서 2개소, 서문지(西門址)는 팔거산성(八莒山城) 주출입문(主出入門)으로, 성 안쪽을 만입(灣入)한 형태로 성벽이 조성되었다. 개구부(開口部)는 장대석(長大石)을 건너 조성했으며, 동문지(東門址)의 성외(城外)는 급경사 지형을 이용해서 비상탈출구(非常脫出口)인 암문(暗門) 혹은 암구(暗溝)로 사용했다. 전투시설인 치(雉)는 7개소, 평시 병사용 식수, 병마용 식수 등으로 사용했던 집수지(集水池)에 물이 들어왔던 수구문지(水口門址) 1개소, 집수지(集水池), 축대(築臺), 통일 신라시대(統一新羅時代) 건물지 한 곳이 확인되었다.

명불허전(名不虛傳)이라고 했던, 신라호국성(新羅護國城) 팔거산성(八莒山城, 軍主 일명 軍中上人)답게 현재까지 송림사(摩頂溪寺, 松林寺), 운암사(雲巖寺), 관음사(觀音寺) 등의 호국사찰(護國寺刹)과도 무관하지 않았음을 알 수 있다. 성내(城內)의 공동묘지, 헬기장, 예비군용 방공호가 현재도 남아있다. 1593년 이후 임진왜란 때 거성(莒城) 혹은 관인산성(觀仁山城)이란 이름으로 의병의 창의진영(倡義陣營)으로 사용되었다. 1640년에 가산산성(架山山城)을 축조하고 산중에 칠곡도호부(漆谷都護府)가 설치되었다. 1950년 6.25전쟁 때 낙동강 방어선 최후전투를 7월 말부터 9월 초까지 낙동강 방어선을 놓고 대구사수(大邱死守)에 가산산성, 팔공산 등지에서 아마겟돈 전투(Armageddon Battle)를 했던 곳이었다.

7.
청야산성전(淸野山城戰) 측면에서 본 팔거산성의 특이점

　성(城, castle)이란 일반적으로 1) 군주(君主) 혹은 통치자의 신변 보호를 위한 정예병력만의 거주공간으로 읍성(邑城), 평지성(坪地城) 혹은 고지성벽(高地城壁, hill castle)을 말한다. 2) 그러나 청야산성전(靑野山城戰)에서 성(城)에 부여된 전략적 취지는 (1) 백성들의 피난과 민생안전을 보장하는 곳이며(入保機能), (2) 민관 일심 단합으로 적군 격퇴를 위한 생사결단(生死結團)의 장소이다(勝戰機能). 따라서 신라산성(新羅山城)의 기능도 입보적 기능(入保的 機能)과 승전적 기능(勝戰的 機能)을 복합해서, (3) 최악의 위기를 대비한 퇴로(暗門, 索橋, 秘密通路) 확보와 몰려오는 적군을 몰아서 '몰살시키는 공간(kill zone)'을 외성(外城)과 중성(中城) 사이에다가 마련했다.

　현존하는 신라산성(新羅山城)의 축성에서 특이성은 1) 산의 외형을 손상하지 않고, 축성 자재들을 마련하고자 깎은 부분의 흙과 돌을 이용해 방비시설을 쌓았다(現地調達). 2) 산의 형상을 그대로 둠으로써 적으로부터 들키지 않고 적정을 살피는 조망권(視界圈)을 확보하고 동시에 엄폐(掩蔽)할 수 있었다. 3) 따라서 신라산성은 (1) 지전학상(地戰學上)의 허점을 방어하고 (2) 지리적 이점을 전투에 이용하고자 했다. (3) 때로는 빈 성처럼 적군이 몰려 들어오게 해서 화전계(火戰計) 혹은 수전계(水戰計)로 몰살시키는 방법도 사용했다. 조선 시대 인조 때에 축성한 가산산성(架山山城)에서도 최악의 위기를 대비해 내성에 전략촌(戰略村)과 빙하기에 생성된 너덜겅(stone river)을 이용한 석전계(石戰計)까지 구상했다.

팔거산성(八莒山城)은 지전학상(地戰學上)으로 전투산성으로 구비요건(具備要件)을 보면 1) 수전계(水戰計)로 사용할 함지산정의 호수(湖水) 혹은 금호 강물을 이용한 수리시설(水理施設)도 없었다. 2) 화전계(火戰計)를 사용한 수십 미터의 낭떠러지(天涯絶壁)도, 원시림(原始林)도 없었다. 따라서 낙동강으로 침투하는 적군(가야군 혹은 백제군)을 ▷ 초곡산성(草谷山城, 瑜伽), ▷ 석문산성(石門山城, 求智) 및 삼량벌정(參良火停, 일명 玄風西城) ▷ 성산성(城山城, 花園)에서 방어했다. 이곳에서 패했다면 금호강으로 적이 들어올 경우는 죽곡산성(竹谷山城, 多斯)과 마천산성(馬川山城, 일명 錦城) ▷ 팔거산성(八莒山城, 일명 冠尼山城) ▷ 검단토성(儉丹土城) ▷ 봉무토성(鳳舞土城) ▷ 용암산성(龍巖山城) 등으로 봐서 팔거산성은 제7차 방어산성이다. 일반적으로는 전투 패잔병(敗殘兵)을 토벌하거나 후미지원부대(後尾支援部隊)를 경계하기 위해 설계되었다. 보다 솔직하게 말하면, 전투산성(戰鬪山城)의 기능은 10% 정도이고, 전시 백성을 보호하는 시설인 입보산성(入保山城)의 기능이 90%였다.

팔거산성(八莒山城)이 축성된 시기는 아마도 법흥왕(法興王)에서 진흥왕(眞興王)까지로 추정한다. 당시 팔거리현(八居里縣)은 수창군(壽昌郡)의 속현(屬縣)으로 봐서, 부성(父城)은 수창군관아읍성(壽昌郡官衙邑城, 오늘날 壽城區 上同)이고, 모성(母城)은 달성토성(達城土城)이었다.242 8개의 자성(子城)으로 달구벌에서 주역 팔괘 방위에 따라 건성(乾城) 팔거산성(八莒山城), 곤성(坤城)으로 봉무토성(鳳舞土城)으로 이외에 마천산성(馬川山城), 용두산성(龍頭山城), 용암산성(龍巖山城), 검단토성(檢丹土城), 대덕산성(大德山城), 고산산성(孤山山城), 장산성(獐山城) 등이 있었다. 수창군 팔괘 호국성에 대해서는 최치원(崔致遠, 857~913)이 909년 6월 26일부터 11월 4일에 작성한 「신라수창군호국성팔각등루기(新羅壽昌郡護國城八角燈樓記)」에 자세하게 기록되어 있다.243

8.
신라 호국 산성의 연지(蓮池 혹은 集水池)를 기반으로 본 위상

팔거산성(八莒山城)이란 신라호국성(新羅護國城)에 거주했던 병장 인원수 혹은 전략상 위상을 판단할 자료가 없는데도 군사적 전략상 요충지 혹은 중요한 요새지라고 평가해 왔다. 이점에 문외한으로 객관적인 판단이 서지 않는다. 그래서 삼국시대의 산성에 주둔했던 병장 인원수 혹은 병마 수를 짐작할 수 있는 기본 자료가 무엇이 있는지 고민 끝에, 과거 축성(築城)을 하는데도, 오늘날 도시계획처럼 인구·도로·교통량·산업체·식수(상수도) 등의 기반에 착안해 기획(企劃)하듯이 당시도 그렇게 피신 백성의 수, 병정의 인원수 및 병마 등의 생명체를 위한 식수확보(食水確保)를 최우선으로 했다고 보여진다.

사실 신라(新羅)는 고구려의 침입을 피해 월성을 버리고, 자비마립간(慈悲麻立干)은 475년 정월에 명활산성(明活山城)으로 옮겼다. 이후 12년 후에 국력을 길렀다. 아들 소지마립간(炤智麻立干, 재위 기간 479~500)은 487년 7월에 왕도 경주를 바둑판 모양(格子式)으로 정비하고, 왕성 관도(命所司修理官道)를 대수리했다. 오늘날 용어로 도시계획(都市計劃, urban planning)을 실시했다. 동시 궁전 월성(月城)을 수선해 488년 1월에 월성으로 환도했다(葺月城).244 이후에 신라호국산성(新羅護國山城)에서도 병정(병마)의 전략적 인마용(人馬用) 수량(水量) 마련에 고민했다. 사랑의 종교 예수(Jesus Christ)에게 큰 영향을 끼친 겸애주의자(兼愛主義者) 묵자(墨子, BC 480~BC 390)라는 책에선 '묵자파운제(墨子破雲梯)'245라는 공성무기(攻城武器) 이외에도 땅굴 파기(城下鑿掘), 가산공성(假山攻城) 및 인마용수(人馬用

水) 수맥 끊기(斷人馬水) 전략이 BC 400년경에 있었기[246]에 산성축조에는 반드시 충분한 수량확보(水量確保)에 많은 고민을 했다.

신라호국산성(新羅護國山城) 연지(蓮池) 혹은 집수지(集水池)로 계획인마용수량(計劃人馬用水量)을 짐작하고자, 1) 대국산성(大局山城, 남해군 설천면 진목리 등, 大局山, 375m/sl) 연지(蓮池), 2) 둔덕기성(屯德岐城, 거제도 거제시, 牛峯山 326m/sl), 3) 공주 공산산성(公山山城, 충남 공주시 금성동 53-51, 해발 110m/sl) 그리고 4) 팔거산성(八莒山城, 대구광역시 북구 노곡동 산1, 함지산 290m/sl)의 집수지(集水池)를 기반으로 계획인마용수량(計劃人馬用水量)을 추산해 봤다. 대국산성(大局山城) 연지(蓮池)는 최근에 조성했으나 지름 7m, 깊이 3m, 둔덕기성의 연지는 지름 16.2m, 깊이 3.7m, 공산성 연지(公山城 蓮池)는 지름 15.m, 깊이 7.7m이고, 팔거산성(八莒山城)의 집수지(集水池)는 사각형(長方形)으로 길이 8.5m, 폭 4.9m, 깊이 3~3.6m로 집수량을 환산하고, 최근 우리나라 통계청의 1인당 하루 생활용 평균 수량[247] 285리터/인당으로 나눠서 거주 가능 인원을 판단하면 아래 도표와 같다.

Q 신라 호국산성의 연지 모습

항 목	대국산성	둔덕기성	공산산성(백제성)	팔거산성
축성 시기	신라 시대	신라 시대	사비 천도(538) 이전	신라 시대(600년 후)
지름 혹은 길이/폭	7m	16.2m	15.3m	8.5m × 4.9m
깊 이	3m	3.7m	7.7m	3~3.6m
저수량(추산)	56,000리터	166,000리터	318,000리터	124,000리터
285리터 /1인당	196명	582명	1,115명	435명

9.
옛날 신라 땐 물길을 어떻게 찾았을까?

오늘날 지질측량(地質測量), 시추(드릴), 음파탐지기 등을 이용해 지하수를 찾아 저수지를 조성할 수 있다. 과거 신라 시대(新羅時代)는 세칭 경험칙(經驗則, rule of thumb)으로 산정(山頂)이나 분수령(分水嶺, divide)에서 골짜기로 모여드는 강우(降雨)와 강설(强雪)의 물길을 살펴서 수량을 확보해야 했기에 1) 산골짜기의 물흐름과 땅속 물길을 살펴서 연지(저수지)의 위치를 결정하며, 2) 적군(敵軍)에게 보이지 않게 입수구(入水口) 및 배수시설을 매설(埋設)하고, 3) 이들 시설의 통수(通水)는 물론 물이 새지 않게 적심유구(積心有構) 혹은 점토 다짐(clay compaction)을 했다. 오늘날 댐 토목공학 용어로 물이 새지 않게 하는 점토주입(clay grouting) 공법을 사용했다. 4) 집수연지(集水蓮池)의 아래에는 지름 20~100m의 땅속 바닥에다가 점토 다짐과 저수사토층(貯水沙土層)을 만들었다. 5) 뿐만 아니라 한정된 물을 아껴 쓰고자 상·중·하수로 구분한 인마용수(人馬用水) ▷ 생활용수(세수, 세탁, 목욕, 치료 등) ▷ 농업목축(식물재배, 병마 목욕 등) ▷ 토목공사(벽돌 찍기, 성벽 쌓기 등)로 몇 번 사용해서 물 한 방울도 헛되게 쓰지 않았다.

수맥 찾기 작업은 중세기 수도사들이 '물길 찾기(water dowsing)'[248]로 Y자 모양 버드

나무(willow) 혹은 개암나무(hazel) 가지를 사용했던 기법이 아마도 신라(新羅)에서 유럽으로 신라 비단장수들을 통해 넘어갔다.249 동이족은 수맥이나 광맥을 찾는 기원은 BC 4,000~5,000년에 '점 지팡이(占杖, fortune stick)'를 사용했다. 영화「십계명」에서 모세가 지팡이로 홍해 물을 갈라 길을 내듯이 '마술 지팡이(magic stick)'를 사용했듯이, 당시는 지팡이로 수맥과 광맥을 찾았다.250 신라 시대는 '점장(占杖, 일본어 占い杖, 중국어 占卜杖, dowsing stick)251'을 사용해서 신라 호국산성의 연지(蓮池)를 만들고자 수맥을 찾았다. 구체적인 기법이 전해지지 않으나 오늘날 경찰이나 지질학자가 사용하는 탐지 봉(探知棒, detection rod)과 옛날 도굴범이나 1970년 의사들이 사용했던 타진 봉(打診棒, percussion rod) 혹은 타마린드(tamarind) 나무망치의 기법을 종합한 것이다. 오늘날 지층(水中) 혹은 지표 탐사 시설에 비유하면, 심해 석유탐사에서 탄성파 분석장치(彈性波 分析裝置, elastic wave analysis device)에 해당하고, 고적 탐사 등에 사용하는 지표 투과 레이더(ground penetrating radar)에 해당한다.

삼한시대(三韓時代)의 산성과 삼국시대(三國時代)의 산성의 연지(蓮池) 혹은 집수정(集水井)의 대부분은 산 정상과 골짜기의 형태 즉 등고선(等高線, contour line)을 이용해서 강수를 받아 모으는 시설이었다. 그러나 2,430m/sl 높이 마추픽추에서는 750m 떨어진 암석층의 절리(節理, jointing)와 단층의 층리(層理, bedding)로 생긴 틈새(層離)에 나오는 샘(2480m/sl)을 배수로 연결하고 있었다. 대표적으로 우리나라 울릉도는 칼데라(Caldera, 스페

Q 주상절리를 따라 생긴 한탄강

인어로 '끓는 가마솥') 나리분지에서 물이 모여서 용래폭포(龍來瀑布)에서 물이 솟아나고 있다. 우리나라의 산성(山城)은 대부분 퇴적층에 건설되어 있어 집강수기법(集降水技法)에만 의존하고 있었다. 고도(孤島)의 주민들이 바위 동굴의 틈새로 흐르는 샘을 이용하듯이 신라의 호국사찰(호국산성)에는 단층의 층리(層理, bedding)와 암반 절리(巖盤節理, jointing)를 이용했다.

서양 철학(西洋哲學)에서 독일 프랑크푸르트의 아도르노((Theodor Ludwig Wiesengrund, 1903~1969)의 '동일성의 원칙(Principle of Identity)'이란 게 있다. 과거와 현재에 존재하는 물질 혹은 사실에는 동일성을 갖는다. 물론 비판의 여지는 있으나, 현대 고고학에서도 원칙으로 받아들이고 있다. 즉 옛날 신라 시대 수맥 찾기 방법이 오늘날 아프리카 원주민 혹은 남미 인디오들에게 사용되고 있다. 특이하게 미국 특수부대 네이비 실(Navy Seal) 부대에서 절해고도(絶海孤島), 절벽산악(絶壁山岳), 절사황야(絶沙荒野)의 적진(敵陣)에서 생존 탈출방안(生存 脫出方案)으로 교육한다. 신라의 병장들도 이런 방법으로 호국산성 연지(護國山城蓮池)를 마련했다.

미 해군 네이비 실(Navy Seal) 비상생존교재(非常生存敎材)에 나오는 물 찾기를 간략하게 소개하면, 1) 절해고도나 절벽산악에서는 퇴적암의 층리(層理)나 암석층의 절리(節理)를 보고 물이 솟아날 지점을 찾는다. 2) 주변 식생대를 보아 식물의 향일성(向日性)과 굴수성(屈水性, 背光性)으로 지하수를 살핀다. 3) 주변의 언덕과 골짜기를 살펴서 분수령(分水嶺)과 집수 지점을 파악한다. 4) 사막에서는 말라죽은 풀포기까지 살펴본다. 5) 대검(帶劍), 야전삽 등을 탐침봉(探針棒)으로 땅속 물기를 살펴서 물길을 찾아낸다.

한편 베르베르인(Berber)들이 사막에서 식수를 확보하는 방법을 간략하게 소개하면, 1) 먼저 건천(Wadi, 乾川)을 찾는 데 ▷ 말라 죽은 식물(풀)

을 이용하는데 ▷ 그 밑을 파면 수분이 있어 ▷ 양말이나 옷깃으로 젖어 있는 모래를 싸서 ▷ 물기를 짜서 식수를 얻는다. 2) 나무와 같은 식물을 비닐봉지로 밀봉하여 새벽에 기온이 내려갈 때 ▷ 대기(공기) 속 수분을 결로(結露, condensation)시켜 식수를 얻는다. 3) 사막(모래) 아래 동굴에서 생기는 결로현상(frostiness)을 이용해 식수를 마련한다. 4) 성경에서(창세기 21:33)[252] 사막의 에셀나무(Tamarix aphylla, 염분을 토해내는 나무)는 공기 속에 흡수된 수분 가운데 결로현상(結露現象)으로 물을 만든다. 사막에 사람들은 에셀 트리(Esel tree)가 토해내는 소금물을 끓여 식수(食水)를 마련한다.[253] 물론 에셀 트리는 광야를 헤매던 나그네에게 최고의 안식처가 되어준다.

Ⅶ.
신라 건방(乾方) 호국성 팔거산성(八莒山城)의 축성기법

1. 산성(山城)의 기원과 청야산성전(淸野山城戰)의 격전지

한반도 산성의 기원(Origin of Mt. Fortresses on Korean Peninsula)

한반도(韓半島)에 산성(山城)의 기원은 사마천(司馬遷, BC 145~BC 86)의 『사기(史記)』에 의하면 위만조선(衛滿朝鮮) 혹은 위씨조선(衛氏朝鮮) 말에서부터 그 존재가 기록되어 있다. 한무제(漢武帝)가 위만조선(衛滿朝鮮)을 공격할 때에

Q 팔거산성 현장조사(축성기법 스케치)

'왕검성(王儉城)'254에서 1년 가까이 저항하게 되었는데 "'우거(右渠)'는 험하고 견고한 것만 믿다가 나라의 대가 끊어지게 했다."라는 기록으로 봐서 이 왕검성(王儉城)이 전투용 산성이었다. 『삼국지(三國志)』에서도 산성(山城) 그 존재를 알 수 있게 기록하고 있다. 부여조(夫餘條)에는 "성책(城柵)을 둥글게 만들어 마치 감옥과 같았다."라고 기록하고 있다. 고구려조(高句麗條)에서도 "이런 성(城)을 책 구루(幘溝婁)255라고 불렀다. 구루(溝漊)란 고구려 사람들이 성(城)을 부르는 말이다."256, 257 동옥저(東沃沮)에선 "옥저성(沃沮城)으로 현도군(玄菟郡)을 삼았다고 하고, 동부도위(東部都尉)를 설치하고 불내성(不耐城)에 치소를 두었다."258라고도 적었다. 북옥저(北沃沮)는 일명 치구루(置溝婁)라고 한다고 하여 그 시기에 성곽(城廓)이 있었다고 기록했다.

그러나 사마천(司馬遷) 이전의 그리스 헤로도토스(Herodotus, BC 484~BC425)가 BC 425년에 저술한 『역사(The Histories)』에 의하면 스키타이 유목민의 기마 전사단(騎馬戰士團, Comitatus)는 초원의 길을 따라 한반도(韓半島)까지 청동기문화(靑銅器文化, Bronze-Age Culture)를 전달했다. 한반도에도 전광석화(電光石火)와 같은 기마 기습전(騎馬奇襲戰)을 수차례 했기에 우리의 선인들은 이에 대비하여 청야산성전(淸野山城戰, Ash-and-Castle Strategy)으로 대응(對應)했다. 그 대응 흔적 혹은 결과물로 오늘날까지 3천여 개의 한반도 산성들이 남아있다.

스텝(Steppe) 대초원(great grassland)에서 곡선형 활(recurved bow)이란 최첨단 무기로 무장했던 기마 전사(騎馬戰士, cavalry division)들이 '치고 빠지는 전술(hit-and-run tactic)'에다가 속도전(速度戰)을 가미한 신출귀몰함에 대비해서, 1) 들판의 곡식을 미리 거두어 그들이 침입해도 먹고 가져갈 것이 없도록 해놓았다(淸野). 2) 심지어 당장 거처할 움막(집)마저 태워서 없애고 보니(焦土), 3) 식량과 전쟁물자를 현지 조달하고자 했던 모든 전략(戰略)은 꼬여 들었다. 4) 이런 적군(敵軍)의 위기(危機)를 기다리다가, 산성에 피난하는 백성들과 힘을 합해 기습반격전(奇襲反擊戰) 혹은 장기전(長期戰)으로 매번 1당100으로 승리를 챙겼다. 우리의 선인들은 한반도(韓半島)에서 청야산성 전략(淸野山城戰略)으로 오늘날까지 반만년의 역사를 지켜왔다.

청야산성전(淸野山城戰)의 천혜요새(天惠要塞)

한반도(韓半島)의 지질 형성(地質形成)에 대해서 지질학적으로 설명하면 최근 판구조론(板構造論, plate tectonics)에선 한반도는 3조각으로 형성되었는데, 1) 강원도의 태백산맥을 중심으로 충청북도 중간 부분은 고생대(古生代, Paleozoic Era)의 데본기와 석탄기에서 중국 북부대륙에서 떨어져서 부탄(Bhutan)과 오스트레일리아(Australia) 서북해안 섬으로 있었다. 2) 고생대에는 적도 남위 5~10도에서 있었다. 3) BP(before present) 2억 5천 2백만 년 이전부터 북상하여 오늘날 한반도 위치에 도착해 자리를 잡았다. 4) 나머지 한반도(韓半島)는 중생대(中生代) 쥐라기에 북부지역과 남부지역은 현재 위치로 이동했으며, 5) 백두산(白頭山), 한라산(漢拏山) 및 울릉도 성인봉(聖人峰)은 신생대 제3, 제4기에 화산으로 형성되었다. 6) 이때 한반도에 붙어있던 일본열도가 벌어져(찢어져) 동해(東海)가 생겨났고, 7) 태평양 해양판이 한반도 밑으로 밀려 들어오는 바람에 태백산맥(太白山脈)이 높아져서 동고서저(東高西低, high in the east and low in the west) 현상을 오늘날까지 보여주고 있다.

바로 이때 8) BP(before present) 6,600만 년, 신생대(新生代, Cenozoic Era) 제3, 제4기에 백두산맥(長白山脈)에도 태평양 해양판이 밑으로 밀려드는 바람에 화산폭발과 지표가 높이 솟아올랐다. 따라서 북고남저 지형을 형성하게 되었다. 9) 지형상 북고남저(北高南低, high in the north, low in the south), 동고서저(東高西低) 현상으로 중국대륙의 남고북저(南高北低), 서고동저(西高東低)에 반대 현상으로 마치 강물이 역류(逆流)하는 모양을 보이고 있었다.

이렇게 10) 지질구조가 형성된 한반도에서는 70% 이상의 산지로 대륙에서 기마 전사단들이 한반도에서는 '치고 빠지는 전술(打走戰術, hit-and-run tactic)'을 사용할 수 없었다. 선인들은 이런 천혜의 요새지형을 이용해서 고지산성(高地山城, high ground)에 요새를 만들어 '조망과 피신(眺望避身)'이 보장되는 전략적 싸움 터전(요새)을 만들었다. 산맥 사이의 골짜기를 이용해서 3,000여 개의 산성을 청동기 때부터 철기시대까지 쌓았다. 중국이나 서양(西洋)에서는 읍성(邑城), 국왕 등 귀족들이 자신의 인신보호

(人身保護)를 위한 '입보성 성벽(入保性 城壁)'을 쌓았다면, 한반도의 산성은 '전략적 요새(戰略的 要塞)'로 산성을 만들었다.

현재까지 우리나라에 역사적 유적(歷史的 遺蹟)으로 발굴한 산성(山城)이 1,200개 정도 된다. 중국의 대군이 한반도 침입에도 전쟁사에서는 산성(山城)을 크게 이용한 경험이 없는 것으로 보았다. 이에 대해 조선 시대 임진왜란(壬辰倭亂) 당시 권율(權慄, 1537~1599) 장군의 행주산성(幸州山城), 김시민(金時敏, 1553~1593) 장군의 진주읍성(晉州邑城), 및 이여송(李如松, 1549~1598) 장군의 평양성(平壤城) 전투가 있을 정도이며, 1636년 병자호란(丙子胡亂) 당시에 남한산성(南漢山城)에서 45일간 항전하다가 결국 2월 24일 인조(仁祖) 국왕은 삼전도(三田渡)에서 구고두삼배(九叩頭三拜)라는 항복예(降伏禮)를 드리면서 청(淸) 태종(太宗) 홍타이지(洪太極)259에게 항복하는 수모를 당했다.

그러나 자세히 살펴보면, 한반도에서 전쟁으로 우리나라는 망하지 않았으나 중국은 멸망했던 사례로는 고구려(高句麗)와 수(隋)나라 전쟁에서 봉황산성(鳳凰山城, 일명 安市城)에서 패주했던 게 멸망의 계기가 되었다. 신라와 당나라가 극동아시아의 패권을 놓고 7년간 나당전쟁(羅唐戰爭)에서 당나라는 패전해 멸망의 길을 걸었다. 임진왜란(壬辰倭亂)으로 조선은 건장했으나 지원했던 명(明)나라는 멸망하여 청나라가 개천(開天)했다. 일본도 집권세력이 교체되어 에도 바쿠후(江戶幕府, えどばくふ)가 들어섰다.

한반도 산성(山城)의 주요기능은 1) 신라 때 백성들이 산성으로 피난 가서 전쟁위기를 벗어나는 피신처 팔거산성(八莒山城)이었다. 고려 때는 팔공산 산성봉(八公山 山城峰)에 공산성(公山城)이 축성되었다. 고려 시대 몽골군의 침입으로 제2차 침입(符仁寺 初彫大藏經 燒失), 제3차 침입, 그리고 제5차 침입 때 입보성(入保城)으로 역할을 했다. 물론 임진왜란 때는 팔거산성에서 전투는 하지 않았으나 백성이 피신처(shelter)로 택했던 곳(入保

山城)이었다. 심지어 6.25 전쟁 당시에도 일부 지역주민들은 피신처로 삼았다. 팔거 산성에서 피난민 수용 능력은 2,000~3,000인으로 추산된다.

다른 한편으로 2) 신라 법흥왕(法興王)과 진흥왕(眞興王) 당시 가야와 백제가 금호강을 타고 경주에 침입하는 걸 방어하고자 관민합심(官民合心)으로 청야산성전(淸野山城戰)을 치르고자 축성(築城)을 했다. 그러나 실재 고지(山城) 전투를 대비했던 요새산성(要塞山城)으로 기능에 미흡했다. 오늘날도 군사시설이 본래 목적 혹은 기능대로 사용되지 않는 사례는 무수하다. 군사 비행기 활주로(run way) 혹은 군사용 도로가 본래 기능은 못 하고, 벼 혹은 고추를 말리(건조)는 건조장으로 사용되고 있다. 전투 혹은 피신처로 산성(山城)이 오늘날은 관광자원으로 활용되고 있다. 본래 목적 이외 다른 용도(目的外用度, purposes other than the intended purpose)인 셈이다.

2. 팔거산성의 축성 시기와 축성기법을 살펴보면

팔거산성(八莒山城)의 축성 시기 추정과 당시 상황 재구성

최근 고고학(考古學)은 첨단과학과의 융·복합을 통해 변모 혹은 변신하고 있다. 1) 최신첨단과학을 이용해 발굴 유적물의 절대 연도를 추정하고

2) 시대적 연관성을 복합적으로 비정한다. 3) 고고학상 과거의 자연현상이 오늘날과 같다는 동일과정의 원칙에 따른 절대연대(絕對年代)를 추정하기 위해서 탄소(carbon), 지르콘(zircon) 등으로 방사성 동위원소(放射性 同位元素)의 반감기(半減期) 등을 이용한 절대연대(絕對年代) 측정이 일반화되었다.

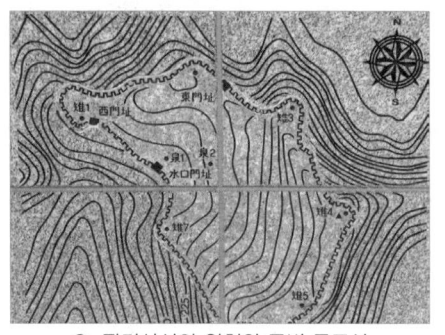

Q 팔거산성의 위치와 주변 등고선

최근 인공지능 기반(AI-based)에다가 방대한 국내외 데이터를 활용하여 데이터 마이닝(data mining)이란 기법으로 비정(比定)하는 방안도 개발되고 있다. 3) 최근에는 고인돌, 화석, 토양 등의 이동 경과를 파악하고자 지구자기(地球磁氣)를 지자기 센서(magnetometer) 혹은 지자기 저항 센서(magneto resistance)로 현장에서 계기 측정을 통해 속칭 '지자기 지문(geomagnetic fingerprint)'으로 방위각(方位角) 혹은 복각(伏角)을 통한 지질학상 고대위치를 확정(確定)한다.

팔거산성(八莒山城)에 연관성을 갖는 각종 역사적 기록(사실)을 모아보면, 1) 고고학적으로 팔거산성 인근 구암동 고분군(鳩巖洞古墳群)은 5~6세기에 조성되었다는 추정, 2) 김부식(金富軾, 1075~1151)의 저서인 『삼국사(三國史, 一名 三國史記)』 잡지(雜志) 제7 직관(職官)에서 진흥왕(眞興王) 5(544)년에 지방군제(地方軍制)로 6정(六停, 統一新羅以後十停) 가운데 인근 오늘날 현풍에 제4정(參良火黑衿驍停)260을 설치해 금호강 침입로를

차단하는 대가야정벌(對伽倻征伐) 혹은 대백제방어(對百濟防禦) 호국산성(護國山城)을 마련했다. 3) 호국산성과 동시에 병참, 사상자 치유 등을 위한 544년 호국사찰인 마정계사(摩頂溪寺, 오늘날 松林寺) 등을 창립한 시기로 추정할 수 있다. 4) 물론 544년을 전 호국산성이라는 전투요새지로 팔거산성을 마련했다. 그러나 전란 때에는 백성들의 피난과 안식처(安息處)의 입보성벽(入保城壁)으로의 용도를 위해서 진흥왕(眞興王, 재위 기간 540~576년) 이후에도 수차례 보수와 개축을 했다. 5) 대가야정벌의 병참기지로 진흥왕 5(544)년 이후에도 삼량벌(參良火, 오늘날 玄風) 제4정(第四停)에는 18,000여 명의 흑금효정(黑衿驍停)을 배치하여 방어했다.

구암동 고분군	마정계사 (호국사)	호국 팔거산성	삼량벌 흑금효정 (4정)	구지산 부곡
5~6세기	544년 창건	우리 같이 추정?	544(진흥왕5)년	진흥왕조

신라 호국 건방 자성 팔거산성의 축조 시기 추정 모델

첨단 가야 철제무기(尖端伽倻鐵製武器)를 개량하여 첨단화를 했던 오늘날 국방과학연구소에 해당한 '구지산 부곡(仇知山部曲, 오늘날 達城君 求知面 戴尼山)'을 설치해 비밀리 운영했다. 또한 철제무기 생산기지로 '논공(論工)'이 저잣거리와 공방을 운영하고 있었다. 이때 팔거산성은 909년 6월 26일 최치원(崔致遠, 857~909)이 쓴 「신라수창군호국성팔각등루기(新羅壽昌郡護國城八角燈樓記)」[261]에 의하면, 수창군 '팔쾌호국성(八卦護國城)'에서 건방자성(乾方子城)으로 팔거산성(八莒山城)이 그 역할을 다해 왔다.

신라 호국산성 팔거산성의 석축기법과 특이성

육구명	잔존평면형태	진행방향	잔존규모	비고
석축 1호	'一'자형	남북 (N-2°-E)	남북길이 754cm 최대높이 54cm	축대 2호의 후축 벽석 최대 2단 적심 3기
석축 2호	'一'자형	동서 (W-20°-N)	동서길이 760cm 최대높이 46cm	축대 1호와 중복 벽석 최대 3단
석축 3호	'ㄴ'자형	동서측 (W-20°-N)	동서길이 957cm 남북길이 420cm 최대높이 61cm	벽석 최대 4단
석축 4호	'ㄴ'자형	동서측 (W-45°-N)	동서길이 1410cm 최대높이 64cm	축대 2호의 후축 벽석 최대 6단 계단석
석축 5호	'一'자형	동서측 (W-40°-N)	동서길이 910cm 최대높이 94cm	축대 4호와 중복 벽석 최대 4단
석축 6호	'ㄷ'자형	동서측 (W-40°-N)	동서길이 332cm	벽석 최대 4단
석축 7호	'一'자형	남북측 N-25°-W	동서길이 790cm 최대높이 45cm	벽석 최대 2단

🔍 석축 조사 현황(오승연, 팔거산성 발굴조사, p.23)

안타깝게도 팔거산성(八莒山城)의 옛 모습(本來)을 볼 수 없어서 정확한 석축기법(石築技法)을 살펴볼 수 없으나 현존하는 산성의 성벽(城壁), 유구(遺構), 토석재(土石材) 등을 실측하여 '고고학적 동일성 원칙(principle of archaeological identity)'에 기반을 두고 재구성하고자 한다.

팔거산성(八莒山城) 발굴에 참여하신 재단법인 화랑문화재연구원(花郎文化財研究院, 오승연)의 석축 조사현황에서, 돌쌓기 작업(石築)은 집수지 위쪽(北方) 경사면(傾斜面)에서 건물과 대지조성을 위해 쌓은 축대에 한정하여 실측했다. 석축 실측의 조사현황을 도표로 정리했다. 석축(石築)에서 등고선(等高線)과 평행하게 축조하였으며, 석축 조사 제3 지점과 제4호 지점 안쪽에는 20cm 정도의 깬 돌(日本式 表記 割石)262로 조밀하게 채워져 있었다. 석축의 벽돌(壁石)은 20~50cm 정도의 활석(割石)을 이용했다. 깬 돌로 채웠던 이유는 맞물려 꽉 짜여 '흙 힘에 밀림(soil creeping)'을 방지하고 했다. 돌을 쌓는 방법으로는 위치와 재료에 따라서 '바른 층 쌓기(stacking the right layers)' 혹은 '허튼 층 쌓기(stacking the wrong layers)'를 했다.

발굴 당시에 석축의 모습을 살펴볼 수 있는 곳으로 1) 곡성(曲城) 부분, 2) 성체부(城體部), 3) 집수지(集水池)의 물들이 수구(水溝), 4) 집수정(集水井) 전체 등을 살펴보면, 목적 기능 및 석재를 조화시켜서 약간씩 기법을 달리하고 있다. 한마디로 "둥근 성 돌은 쓸모가 없다(A round castle stone

is useless)."라는 신라 속담처럼 성벽의 돌
은 맞물려 절대로 빠지지 않아야 한다. 성
벽도 하나의 맞물리지 않은 둥근 성 돌 하
나로 무너지고 만다는 만고의 진리를 새
삼스럽게 한다. 오늘날 조직체의 구성원
은 하나의 성 돌처럼 역할을 한다. 미국 네
이비 실(Navy Seal)의 구호는 "특공대의 능
력은 가장 낮은 수준의 구성원 능력과 같
다(The special forces' abilities are equal to

Q 고구려 산성의 축성, 쐐기형 쌓기

those of the lowest rank members)."라고 하고 있다. 이런 철학을 신라인들
은 산성 석축(石築)에서 반영했다.

　한반도(韓半島) 내에서도 석축기법은 신라와 백제는 대부분 자연적인
흙과 돌을 이용한 편측기법과 토석혼축 기법(土石混築技法)을 사용했으나
중국대륙 대군을 방어했던 고구려 봉황산성(鳳凰山城 혹은 烏骨山城)은 당
시 공성무기(攻城武器)였던 누거(樓車), 충거(衝車), 운제(雲梯), 지도(地道),
포거(抛車), 토산(土山) 등을 충분히 고려해서 적합한 석재를 마련해 '쐐기
형 쌓기'로 강력한 산성을 마련했다. 가까운 일본에서는 궁중(정원)에 석축
은 '들여쌓기(stacking in)'를 해서 연당(蓮塘)이나 사당(沙塘)을 마련하고,
그곳엔 거북(龜)을 상징하는 와석(臥石)과 학(鶴)을 상징하는 입석(立石)을
세운다. 이는 도교적 세상을 축소하여 일상생활 속으로 들여놓고자 했다.
그러나 성벽에는 적이 한 발도 내딛지 못하게 경사 혹은 구배(句配)를 심하
게 하거나 아예 '내어 쌓기(stacking out)'를 하고 성벽 아래는 접근을 못 하
게 해자(垓子)를 마련했다. 성벽 내부에는 보호공간(保護空間)과 구루와(曲
輪)263을 마련하여 필살공간(必殺空間)을 분리 조성했다.

팔거산성에 사용했던 각종 석축기법 살펴보기

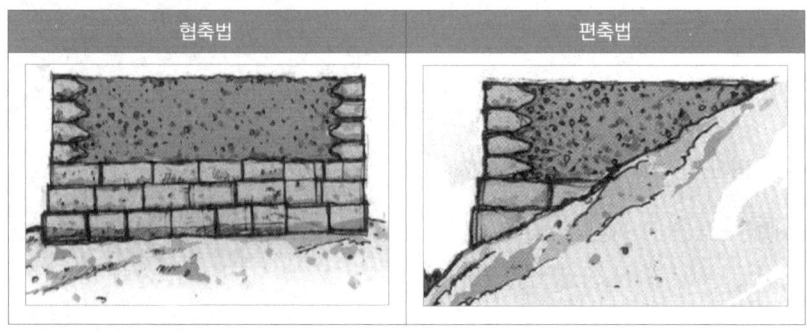

| 협축법 | 편축법 |

팔거산성 서편을 제외한 동·서남쪽은 1) 외면상으로는 외벽은 석축을 하고 안쪽에는 흙으로 채우는 편축법(偏築法, 혹은 片築法)이고, 2) 성축한 재료가 흙과 돌을 섞어서 쌓았기에 토석혼축(土石混築)이다. 3) 편축기법(片築技法)을 사용하는 데 성벽 내부를 흙과 돌로 채우는데 이를 한자표기로 내탁(內托)이라고 하며, 산의 지형(等高線)에 따라서 채우는 것을 산탁(山托)이라고 한다.

이왕 석축기법(石築技法)을 이야기했으니 보다 튼실한 성벽을 쌓고자 할 때는 협축기법(夾築技法)을 사용한다. 신라 산성으로 백제방어용 삼년산성(三年山城, 충북 보은군 보은읍 성주1길 104)과 중국 대군 방어용 고구려 국내성(國內城 일명 通溝城)은 협축기법(夾築技法)으로 축성했다. 외벽을 모두(양쪽) 돌벽을 쌓고 그 가운데를 흙으로 채워 보다 튼실하게 하는 축성법이다. 팔거산성을 편축법으로 사용한 걸 보면 팔거산성의 목적(乾方子城), 중요도(3급) 및 용도(入保用)를 짐작할 수 있었다. 협축기법(夾築技法)은 평지도성(平地都城) 혹은 읍성(邑城)에 사용하고, 편축법의 산성이라도 성문 좌우성벽에 협축기법을 사용하여 안정적으로 내구력(耐久力)을 발휘하게 했다.

팔거산성에는 당시 채석장(採石場)이 없었기에 축성에 적합한 석재를 구하기 어려웠다. 함지산 주변 지질학적 관찰을 하면 중생대 백악기에 형성된 퇴적층과 백악기(白堊期) 말기에 화산활동으로 경상호수에서 솟아오른 역암(礫巖), 사암(砂巖) 등으로 형성된 석재를 이용할 수밖에 없었다. 이를 석제와 흙을 이용해서 팔거산성을 쌓았다. 최근 2023년 11월 15일 제304호 고분발굴 설명회 현장에서 304호 고분 덮개돌(蓋石, 砂巖)에 대해서 팔달동 '작원 모랭이(鵲院隅)' 채석장(採石場)에서 채석해서 만든 것이라는 한 문화해설사의 주장이 있었다. 그러나 그 채석장(採石場)은 1735년 민응수(閔應洙, 1684~1750) 경상도 관찰사(慶尙道 觀察使) 겸 대구도호부사(大邱都護府使)가 대구 토성(읍성)을 석축하고자 채석했던 '붉은색 사암(赤砂巖)'으로 팔거산성의 축성 석재와는 타임라인(time line)으로 대략 1,200년(1735년-544년)의 시차(時差)가 생기고 있다.

한편 산성(山城)으로 실용성을 위한 산성 이외에 자연경관과 조화를 이루는 미관(美觀)을 추구하는 왕궁의 내성(內城)이나 백성들이 많이 보는 중성(中城) 등에는 성벽 쌓기 기법을 달리한 돌의 모양, 주변 환경 등을 고려해서 정방형 쌓기, 장방형 쌓기, 점판암 쌓기 및 잔돌 끼움 쌓기 등을 사용하고 있다. 팔거산성(八莒山城)에 사용한 성축기법에서 1) 편측법에 채움에는 내탁(內托)과 산탁(山托)을 사용했고, 2) 사암과 역암(礫巖)을 석재로 자연경관과 조화를 위한 막돌 막 쌓기와 잔돌 끼움 쌓기가 기본이고 허튼 층 쌓기 방법을 혼용했다. 그런데 점판암과 같은 석재가 없어서 정방형 혹은 장방형의 쌓기는 볼 수 없었다. 만약 당시에 조선 시대처럼 채석기술(採石技術)과 벽돌의 조성기술(造成技術)이 있었다면 오늘날 중국의 만리장성(벽돌축성기법)이나 수원시 화성(正方形石築)처럼 예술적인 작품을 만들었을 것이다. 채석기술과 벽돌 만들기 기술이 발달함에 따라서 석축기술도 정교해져 다양한 모양의 석축예술이 발전하게 되었다.

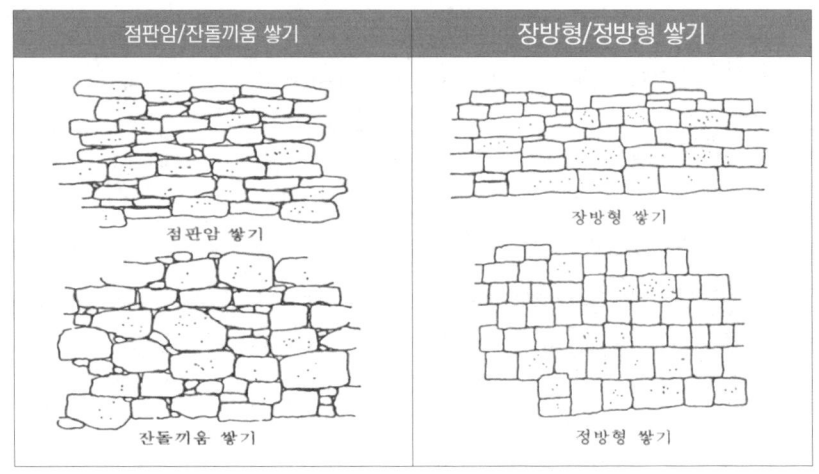

채석기술(採石技術)과 석재접착기술(石材接着技術)

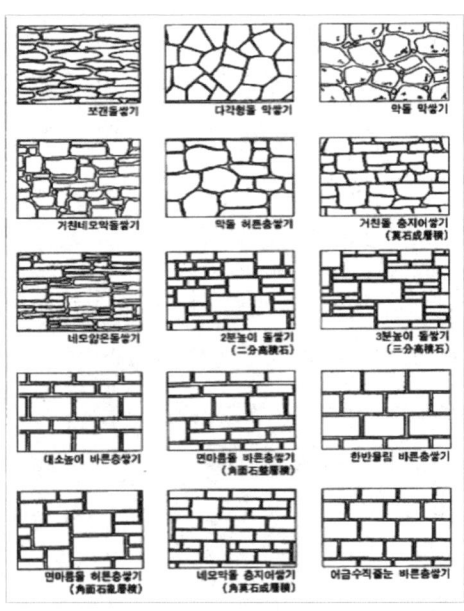

철제도구(鐵製道具)와 화약(TNT) 등의 개발로 인해서 채석기술도 청동기 때 비해 많이 발전했다. 청동기시대(靑銅器時代)는 자연석을 자른다는 것은 1) 동절기(冬節期)에 석재 표면에다가 홈이나 틈새를 내어 이곳에 물을 부어 기온이 영하(零下) 이하로 내려가 동파현상을 만들어서 돌이 갈라지게 했다. 2) 비동절기

(非冬節期)엔 홈이나 틈새에다가 바싹 마른 향나무, 대나무 등 밀도가 높은 마른나무를 깰 돌의 표면에 박고 나무에다가 물을 부어서 부피가 늘어나게 하여 돌이 파열하게 만든다. 때로는 바싹 마른 콩(알곡)을 이용하기도 했다. 3) 그러나 철기시대(鐵器時代)는 철제(鐵製) 정(釘)이나 쐐기(wedge, 楔)를 박아서 돌을 갈라지게 함으로 채석을 했다. 당나라 손사막(孫思邈, 582~682)이라는 도사(道士)가 680년경 고름(化膿症)을 치료하고자 유황(硫黃)을 이용하는 화연단술(火鍊丹術)로 만든 약을 화약(火藥)이라고 했다. 이 화약(火藥)의 폭발력(TNT)을 이용해서 바위를 깨뜨리게 되었다. 1735년 대구읍성의 성 돌을 채석(城石採石)할 때도 철제쐐기(鐵楔)를 사용했다. 최근에는 각종 폭약(TNT)으로 발파하고, 자동화 톱으로 석재를 자르거나 조각한다.

한편 돌과 돌을 접합하는 방법으로는 1) 짜 맞추기 혹은 2) 접합제를 사용한다. 최근에는 목재는 짜 맞추기 달구지 작업을 한다. 석재는 대부분 접착제를 사용했다. 과거는 접착제를 사용하거나 혹은 못을 사용하지 않은 경우는 특히 목관(널)이나 귀중한 가구 제작에서는 목제를 맞붙일 때는 나비형 쐐기 구멍을 파서 그 구멍에 나무쐐기를 다듬어 박았다. 옛 로마의 폼페이(Pompeii)시가 화산분출로 매몰되었다가 복원되었는데 옛 로마 도시 헤르쿨라네움(Herculaneum)의 석재시설물을 석재를 나비형 쐐기 구멍을 파고 그곳에 납을 끓여서 부어 접착시켰다. 옛 로마, 중국 만리장성, 남미 잉카제국의 고적 성벽을 어떻게 접합 혹은 짜 맞췄는지 살펴봤다. 이곳은 대부분은 여러 종류의 접착제를 개발하여 오늘날 시멘트처럼 사용했다.

고대 로마의 포로 로마노(Foro Romano) 시설이나 남미 잉카제국에서는 조류(藻類)와 같은 해초(海草)에서 끈적거리는 물질을 채집하여 모래와 혼합하여 성벽의 석재를 접착했다. 중국의 만리장성은 흙을 구운 벽돌들을 찹쌀의 접착성을 이용해서 접착했기에 중국 고전에는 미농(米濃) 혹은 미교(米膠)라고 했다. 그래서 중국 친구의 농담이 "만리장성은 찹쌀풀로 만들었다(中國的長城是用糯糊砌成的)."라고 한다.264 우리나라는 바다 풀로 만든 해교(海膠) 혹은 해농(海濃)을 사용하지 않고 특이하게도 조선 시대 왕릉에 석회석, 모래와 느릅나무 수액(楡樹汁, 핑크 점액)을 혼합한 회장석(灰葬石)을 사용했다. 대표적으로 1868년 4월 독일 오페르트가 대원군(大院君) 부친(南延君)의 묘소 도굴(Ernst Oppert's excavation

_Q 찹쌀로 만들어진 만리장성(epochtimes.com)

incident)을 3차례나 시도했음에도 모두 실패한 이유는 바로 회장석(灰葬石)이 너무 단단해서 깨뜨리지 못했기 때문이다.

특히 우리나라는 다양한 바이오 접착제(bio-adhesives)를 만들어 사용했다. 1950년 때 시멘트가 귀하여 방바닥이나 벽을 바를 때는 1) 부유한 집은 석회에다가 우모(牛毛)와 해교(해교, 진저리, 우뭇가사리. 미역 등 해초의 점액)를 반죽해서 사용했으나, 2) 가난한 집에서 모래, 황토 및 밀가루 풀을 혼합해서 방바닥과 벽을 발랐다. 3) 선비들이 국궁 사정(國弓射亭)에서 쏘는 활이나 화살은 반드시 민어(民魚) 부레를 고아 만든 어교(魚膠)로 붙였다. 4) 양반집 장례에는 국왕의 왕릉처럼 회장석(灰葬石)을 하고자 누릅나무의 핑크(pink) 수액을 마련했다.

1769년 영국인 제임스 파커(James Parker)가 시멘트(Cement)를 발명하기 이전에 사용했던 접착제(接着劑)는 아래와 같이 정리할 수 있다. 우리나라는 해방 전에는 일제는 오노다(小野田) 회사 등 3개 기업체의 6개 공장에서 연간 생산능력 180만 톤으로 대륙침략 병참기지 등 군수용으로만 사용했다. 해방 후 1957년 문경 시멘트 공장이 건립되고 본격 생산했으나 일반인에게는 배급된 계기는 새마을운동으로 새마을 다리를 마련할 때만 무료로 제공되었다. 사실 1970년 이전 시골에서는 조선 시대 접착방식 그대로 수교(樹膠), 해교(海膠) 및 미교(米膠) 등을 사용했다.

고대 로마 및 남미 해교(海膠)	중국 만리장성의 미농(米濃)	어교(魚膠), 수교(樹膠), 아교(阿膠)
옛 로마 도시의 성벽 혹은 포로 로마노, 콜로세움 등의 석재시설물은 해교(농)를 사용. 남미 잉카제국의 석제 시설물도 해교(농)으로 접착시켰음.	명나라 때 만리장성(万里長城)은 대부분 석재를 대신해서 가마에서 구운 벽돌을 찹쌀(糯米) 풀(米濃)과 흙을 혼합해서 접착제로 사용.	조선 시대 왕릉의 석축 공사는 석회, 모래(흙) 및 누릅나무 수액(회장석) 혼합물(樹膠). 일반적 토목공사는 석회와 해교(海膠), 특수 목공(화살 혹은 활 제작)에는 어교(魚膠), 일반 가정용 도구는 아교(阿膠)265로 접착했음.

우리나라 산성(山城)의 특이성에 대하여

우리나라는 청야산성전(淸野山城戰)을 전제로 하고 산성을 축조하였기에 입보성벽인 서양성벽과는 다르다. 산성전(山城戰)을 목적으로 했기에 산의 형태에 따라서 1) 산꼭대기에 성벽을 조성하는 퇴뫼산성이라고도 했던 산정식 산성(山頂式 山城)이 있고, 2) 산 계곡을 1개 이상 감싸고 성벽을 마련한 포곡식 산성(包谷式 山城)으로 정약용은 고로봉식 산성이라고 했다. 3) 산정식과 포곡식을 종합한 복합식 산성(複合式 山城)이 있다. 대부분은 고구려 산성이나 백제와 신라의 산성도 백성의 피난처를 제공을 위해서 포곡식 산성을 많이 쌓았다. 우리 주변에 있는 팔거산성(八莒山城), 가산산성(架山山城), 공산성(公山城)은 포곡식 산성(包谷式 山城)이다.

판축성 기법으로 쌓아진 몽촌 토성(夢村土城), 공주 공산성(公州公山城), 부여 부소산성(扶餘扶蘇山城), 목천 토성(木川土城), 직산(稷山) 사산성(蛇

山城), 익산(益山) 오금산성(五金山城), 나주(羅州) 회진토성(會津土城), 달구벌(達句伐) 달성토성(達城土城), 대구 초기 토성읍성(土城邑城)이 축성되었다. 판축(版築)에 의한 축조기법인 판축기법(版築技法)은 동양 고대 토목공사에서 특이하게 발달되었다. 은(殷)나라 중기 유적에서 확인되는 용산문화기(龍山文化期)에 시작되었다. 건축의 기단을 비롯하여 묘광전토(墓壙塡土), 성벽 축조(城壁築造)를 할 때 판축기법이 개발되었다.

문헌상으로는 기원(起源)은 주초(周初)로 보고 있다. 즉『시경(詩經) 대아 문왕지십면편(大雅文王之十緜篇)』에 문왕의 풍경(酆京) 건설을 노래했다. 판축기법으로 성벽을 쌓았다는 생생한 묘사로 "삼태기로 흙을 많이 많이 담아다가. 판축 안에다가 빨리빨리 쏟아 넣어라. 이것을 다 같이 다져서 올리자. 담장이 겹치는 곳은 깎아내고 단단하게. 모든 성벽이랑 금방 세워지니. 역사를 권한이란 큰 북이 당하지 못하더라(捄之陾陾, 度之薨薨, 築之登登. 削屢馮馮, 百堵皆興, 鼛鼓弗勝)."266라 적었다. 고대 성벽축조에 대한 '영조법식(營造法式)'267에는 판축기법(板築技法)에 대해 "성체의 길이 7척 4촌마다 영정주(永定柱)와 야차목(夜叉木)을 2개씩 사용해서 성벽의 높이를 5자씩 축조하고, 그때마다 횡목(橫木)을 1개를 박는다. 협판(夾板)은 매 3자에 새끼(稻索)로 묶어서 그 새끼의 한쪽을 판축성체(板築城體) 내부에 박은 쐐기에 고정한다." 한편 1421(세종 3)년에 도성수축도감(都城修築都監)이 보고했던 문건에는 도성을 수축하는 데 토성(土城)은 매 자당(每尺當) 15명씩의 인력이 필요하며, 석성(石城)은 매 자당 각 5명씩의 인력이 소요된다고 적었다. 토성축조(土城築造)가 석축보다 3배의 공력이 들고 있음을 기록하고 있다. 두말할 필요 없이 이런 동원 인력 환산은 수축 과정에서 축성 재료가 준비된 상태에서 산출한 것이다. 토축성(土築城)이 석축성(石築城)보다 더 많은 공력을 요구하고 있었다.

팔거산성 축성에 동원된 인력을 얼마나 되었을까?

이왕 성벽 축조(城壁築造) 이야기가 나왔으니 축성 기술 및 동원 장비 등을 고려하지 않고 초등학생의 산수 수준으로 속칭 주먹구구(rule of thumb)로 산출하면, 달성토성은 AD 261년 신라 초기에 축조된 둘레 1.3km, 높이 4~7m 판축기법으로 축조된 토성으로 척당 15명으로 환산하면 1) 달성토성(達城土城)의 둘레는 1,300m / 0.30303m로 4,290척, 2) 토성이라서 척당 15명으로 총 소요 인력(總所要人力)은 64,350명으로 환산된다. 같은 방법으로 팔거산성의 석조에 동원인력을 대략적 탄성추계(彈性推計) 하자면, 1) 팔거산성(八莒山城)의 축조기법은 석축과 토축으로 구분하면 석성 축조(70%)와 토성 축조(30%)로 안분(按分)하고, 2) 팔거산성(八莒山城)의 둘레는 1,136.8m를 조선 시대 척간법(朝鮮時代 尺間法)으로는 3,408척으로 척당 15명 30%와 척당 5명 70%로 안분(按分)하며, 3) 평균 척당 8명으로 계산되어 총 소요 인력은 27,264명으로 환산된다.

보다 역사적 사료와 문헌상 기록을 기준으로 산성 축성 동원 인력 판단 모델링을 만들어서 팔거산성을 축조하는

한양도성 축조 동원 인력(출처: 국가유산청)

데 필요한 인력을 산출하고자 한다. 1) 세계적으로 유명한 만리장성은 총 길이는 5,650km에 동북공정 등으로 고려 천리장성까지 포함하고 있어 6,000km는 될 것이다. 그러나 BC 220년경 진시황제가 초나라 성벽을 기반으로 만리장성을 기획 축조했을 때는 60km를 쌓는데 70~72만 명을 동원했다고 한다. 사마천(司馬遷)이 쓴『사기 진시황본기(史記 秦始皇本紀)』에서는 "온 나라에서 동원된 노예 수(궁형 및 징역형 죄수)가 무려 70여만 명이

나 되었다(及幷天下, 天下徒送徒七十餘萬人)."라고 기록하고 있다. 2) 한양도성 축조에 대해서는 축조 연도 1396년부터 1398년까지 그리고 1422년 세종 때에도 나머지를 축성했다. 물론 명종, 숙종 때도 개수·보완 축성했다. 성 둘레가 59,500척이고 높이는 40여 척, 여장은 44,664척, 치성은 6군데를 완성했다.268 이를 왕조별로 세분해 살펴보면 아래 도표와 같다.

태조의 한성 축성사업		세종의 한성 축성사업
제1차 축성	제2차 축성	
49일 118,070명	55일 79,400명	30일 322,400명

위에서 언급한 만리장성(萬里長城) 및 한양도성(漢陽都城) 축조를 기준으로 팔거산성의 동원 인력 탄성추계의 모형(모델링)을 아래와 같이 만들어서 산출하고자 한다.

만리장성	한양도성	팔거산성
60,000m	18,627m	1,156.8m
70여만 명	519,870명	32,748명

신라인들의 내진설계(earthquake-resistant design) 그랭이질

신라는 지질학적(地質學的)으로 중생대 백악기 퇴적암층에 불국사(석굴암) 화강암층의 관입이 대구 팔공산까지 뻗어 산정(山頂)에 노두(露頭)를 드러내고 있다. 화강암 지층에 잦은 지진 활동으로 열수성 금속인 황동석 혹은 황철석 사이에 금(gold)이 광맥에서 끼워져 나왔다.269, 270 진도 5~7

도의 잦은 지진으로 인하여 70% 이상의 구상정금(球狀精金) 혹은 주상정금(珠狀精金)이 모래 황금(砂金)으로 노출되고 있었다. 『삼국사(三國史)』에서도 AD 100(婆娑尼師今 21)년 날아가는 새들이 죽을 정도로 강도 높은 지진이 발생했다.271 이렇게 신라는 황금의 제국이 된 계기에는 경주 형산강(兄山江)에서 사금(砂金)을 채취했다. 당시는 오늘날처럼 산금(금맥 채굴)을 채굴할 기술도 장비도 없었으나 강물에 씻긴 구상정금을 주워 모아 금관과 같은 예술적 공예품을 제작했다.

그런데 신라(新羅)의 국가 대형토목공사를 했던 토목쟁이들은 지진(地震)에도 견디는 사찰, 탑, 성벽, 도로, 궁궐 등을 축조하는 데 많은 고민을 했다. 당시 신라인 가진 토목기술로는 많은 한계에 부딪쳤다. 궁하면 통한다(窮則通)는 진리를 찾았다. 바로 토목공사에 오늘날 내진설계의 선진기술이라는 그랭이공법을 창안해 내었다. 당시는 그랭이질(格蘭異質), 속칭 걸뱅이질(乞丐陰質)이라고 했다. 1968년 1월 21일 김신조(金新朝, 本名 金在現, 1942년생) 청와대 습격사건 이후 대간첩방어시설로 산정에 헬기장을 건설했다. 동네마다 부역으로 젊은 장정들이 10일 이상 헬

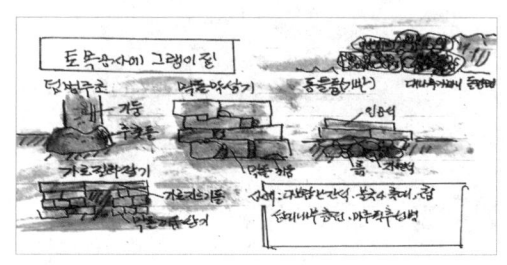

기장 축조(토목공사)작업에 참여했다. 그때는 가래질(큰 삽을 여러 사람이 당겨 땅을 고름), 빵깨질(혹은 달구질, 땅 다지기 작업), 그랭이질(주변 자연 돌로 축대 쌓기), 지게질(흙과 돌멩이 운반) 등을 부역으로 10일간 해야 했다.

그때 담장 혹은 축대를 쌓았던 경험이 있어서 헬기장축조에 주변 축대를 쌓는 '그랭이질(축대 돌 쌓기)'을 맡게 되었다. 그랭이질(이두 표기 格蘭異質)은 크게 봐서 1) 사찰에 '덤벙 주초(柱礎)' 놓기, 2) 축대에 동틀 돌(일명 귀틀 돌) 쌓

기, 3) 돌 담장 쌓기에서 '막돌 막 쌓기(일명 막돌 끼움 쌓기)'혹은 물막이공사에 서는 돌망태 쌓기 등이 여기에 해당했다. 네이버 백과사전(百科事典)에서 그 랭이질(Grangi Method)을 찾아보면 "자연석과 인공이 맞닿는 부분을 처리 하는 수법으로, 자연석 위에 놓이는 돌의 아랫부분을 자연석에 맞추어 깎 아 올려놓는 수법이다. 불국사 석축 부분의 그랭이는 매우 아름다우며 자 연적인 미를 가지고 있는데, 다른 나라에서는 찾아볼 수 없다."라고 써있다. 외국에서도 있는지 살펴봤더니 스페인 성벽에도 '막돌 막 쌓기 기법(스페인 어로 Ciclopeo 혹은 Mampostero라고 함)'이 사용되고 있었고, 페루의 7대 불가 사의에 속하는 마추픽추(Machu Picchu)의 성벽은 카드 한 장도 들어갈 틈 없이 그랭이질(格蘭異質)을 했다. '그랭이질'이란 오늘날 용어로는 '걸뱅이질 (乞丐陰質)'이다. '거지처럼 가리지 않고 있는 그대로 사리(事理)에 맞춰서 일 이 되도록 한다(Let things be done according to reason, without being picky

🔍 그랭이질을 한 페루 마추픽추의 성벽

like a beggar).'라는 신라어다. 이런 토목공사는 주·은(周殷)나라 황허 강의 홍수를 다스리기 위해서 물 막이 공사를 할 때도 물속에 씻겨 나가는 흙을 넣기 전에 대나무 가 마니(우리나라는 짚 가마니)에 돌을 넣 은 돌망태로 물속에 둑을 쌓았다. 오늘날 우리나라 하천(사방) 공사에도 철 망 돌망태를 사용하는 토목기법이다. 1980년 현대건설이 새만금 간척지 물막이 공사가 막바지에 있을 때 물살이 강해서 난처할 때에 정주영 공법 이라는 폐유조선(廢油槽船)에다가 흙과 돌을 채운 뒤 물속 가라앉힌 '그랭 이질(음역 格蘭異質)'이 최신 공법이 되었다.

신라인 토목쟁이들이 '그랭이질'을 해놓은 걸 찾아보고자 지난 2019년

경주여행을 했다. 다보탑 난간석(多寶塔 欄干石), 불국사 축대(佛國寺 築臺), 첨성대 내부충전(瞻星臺 內部充塡)에 '가로질러 돌(橫持石)', 불국사 등 사찰에 덤벙 주초272 등이 무수히 많았다. 외국에서는 없다고 했으나 자세히 살펴보면 유사한 공법을 사용하고 있는 곳이 많다. 현장에 본 사례로는 고대 로마시설물(폼페이, 街道), 남미 페루(Peru, South America)의 잉카제국(Inca Empire) 문화유적인 마추픽추(Machu Picchu)의 성벽 등에서 많이 남이 있다. 팔거산성(八莒山城)에도 원형이 남아있다면 '그랭이질(Grangi Method)'을 했던 흔적을 우리가 두 눈으로 볼 수 있었으나 그럴 수 없어 아쉽기만 하다.

우리나라 사람들은 참으로 이상하다. 자신이 모르면 찾아보지도 않고 외국(外國)에는 없다니, 세계 최초(世界最初)이니 하는 표현을 사용하고 있다. 절대로 그렇지 않다. BC 930년경 국왕 솔로몬(Solomon, BC 990~931)이 쓴 전도서(Ecclesiastes 1:9)에서는 "태양 아래는 새로운 것은 없다(There Is Nothing Old Under The Sun)."라고 했다. 오늘날 잠수함이 기원전 아시리아(Assyria, BC 2450~BC 609) 전쟁 때에 사용되었다는 사실을 대영박물관 중앙아시아전

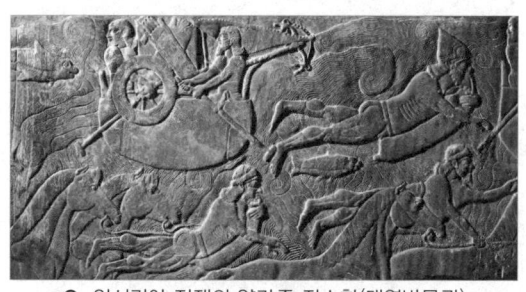
🔍 앗시리아 전쟁의 양가죽 잠수함(대영박물관)

시관에서, 강탈해 온 벽면 부조(壁面浮彫)에 양가죽 배와 갈대 호흡기로 잠수했던 부대(潛水部隊)를 부조(浮彫)로 새겨놓았다. 이제는 적어도 찾아보고 말하자는 권유(勸誘)를 드리고 싶다. 말해 놓고 아니면 그만이다는 투는 자신의 신임을 저버리게 만든다(If you say something and then pretend not to do it, you will betray your own trust).

제2장
임진왜란 극복의 팔거 경상감영 시대

I.
팔거 경상감영에서
명군 총병 유정(劉綎)에 대하여

1.
『조선왕조실록』에 나타난 팔거현을 찾아서
- 팔거(八莒)에서 칠곡(漆谷)으로, 그리고 팔거 경상감영으로

경상도(慶尙道)에 영속되었던 팔거현(八莒縣)부터 살펴보면

국정(國政)을 펼치는데도 주먹구구식(by rule of thumb)으로 셈하기보다 통계와 현실성에 근거를 두고 1) 정책 입안에 효율성과 2) 국민에게 설득력을 더하고, 3) 행정 실패를 최소화하고 실패할 때에도 해명이 가능한 입장에서 1424(세

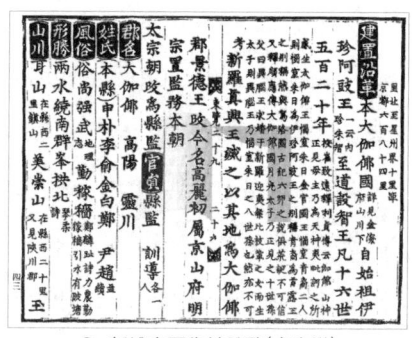

Q 新增東國輿地勝覽(慶尙道)

종 6)년 11월 15일 세종(世宗)이 집현전(集賢殿)을 설치한 뒤에 대제학(大提學)이였던 변계량(卞季良, 1369~1430)에게 "본국의 지지(地志)와 주부군현(州府郡縣)의 고금 연혁(沿革)을 찬술해 보려고 한다. 그러나 춘추관(春秋館)에 일이 많아져서 편찬할 수 없으니, 우선 주부군현(州府郡縣) 연혁(沿革)을 편찬하여 보라. 주공(周公)의 빈풍(豳風)273 시(詩)와 무일(無逸)274의 서(書)를 거울삼을 만하다."라고 교시(敎示)를 내렸다.275

춘추관(春秋館)의 지시(指示)가 하달된 경상도 관찰사 하연(河演)은 문장가이며, 성균관 박사(成均館 博士)를 역임했던 지대구군사(知大丘郡事)를 맡은 금유(琴柔)에게 인동현감(仁同縣監) 김빈(金鑌)과 같이 『경상도지리지

(慶尙道地理志)』를 편찬하도록 했다. 6개월간 초고(草稿)를 수합 정리하여 편찬했다. 국난 혹은 화재 등 최악의 경우를 대비해 1부 부본(副本)을 만들어 남겼다. 그리고 1부를 1425년에 춘추관에 올렸다. 오늘날『경상도지리지(慶尙道地理志)』는 임진왜란 때에 춘추관 본이 화재로 소실되었지만, 부본(副本)만은 오늘날까지 남아있다. 조선팔도(朝鮮八道)에서 올라온 각 도 지리지를 저본(底本) 기반으로 '조선 지리지(朝鮮 地理志)' 일명『세종실록지리지(世宗地理志)』를 저술했다. 세종이 서거한 뒤 1452년에『세종실록(世宗實錄)』을 편찬하는데, 칠정산(七政算) 정간보, 국조오례(國朝五禮)의 전신, 지리지(地理志)를 따로 수록했다. 당시에는 1432년『신찬팔도지리지(新撰八道地理志)』를 개편했다. 이때에 4군 6진 개척 이후에 편입된 압록강(鴨綠江), 두만강(豆滿江) 유역의 지리 상황을 추가 수정했다.

『세종실록지리지(世宗實錄地理志)』에서 소개하고 있는 경상도 연혁(慶尙道 沿革)을 살펴보면, 경상도는 삼한(三韓) 때에는 진한(辰韓) 땅이었다. 삼국(三國) 때에는 신라(新羅) 땅이었다. 고려 태조(太祖)가 신라와 백제를 병합함에 따른 동남도 도부서사(東南道都部署使)를 설치했다. 사(司)를 경주(慶州)에 두었다가, 성종(成宗) 14년(995) 을미(乙未)에 경내(境內)를 10도(道)로 나누었다. 상주(尙州)의 관할(管轄)은 영남도(嶺南道)로 하고, 경주(慶州)·금주(金州)는 영동도(嶺東道)로, 진주(晉州)는 산남도(山南道)로 하였다. 그 뒤에 어느 때인지 알 수 없으나 합해서 경상도(慶尙道)로 되었다.[276]

지금 국사(國史)를 상고하건대, 예종(睿宗) 원(元, 1106)년 병술(丙戌)에 경상진주도(慶尙晉州道)라 일컬었고, 명종(明宗) 원(元, 1171)년 신묘(辛卯)해 나누어서 경상주도(慶尙州道)·진합주도(晉陜州道)로 만들었다. 예종 16(1121)년 병오(丙午)에 이르러 비서승(秘書丞) 이계장(李桂長)을 동남해도부서사(東南海都部署使) 겸 경상주도안찰사(慶尙州道按察使)로 삼았다.

경상도(慶尙道)의 이름이 여기에서 비롯되었다. 신종(神宗) 14(1191)년 갑자(甲子)에 상진안동도(尙晉安東道)로 고치고, 그 뒤에 또 경상진안도(慶尙晉安道)로 고쳤으며, 충숙왕(忠肅王) 원(1314)년 갑인(甲寅)에 도로(거꾸로) 경상도(慶尙道)로 하였는데, 본조(本朝, 世宗朝)에서 그대로 따라 도관찰사(都觀察使)를 두고 사(司)를 상주(尙州)에 두었다.277

세종조(世宗朝) 당시 대략적인 경상도(慶尙道)의 지정학상 개관(地政學的 槪觀, overview of geopolitics)은 경상도의 땅(지형)이 동남쪽에는 큰 바다가 있고, 서쪽은 지리산(智異山)을 경계로 하여 감음현(減陰縣) 육십현(六十峴)에 이르고, 북쪽은 죽령(竹嶺)을 경계로 하여 문경현(聞慶縣) 초점(草岾)에 이르는데, 대구군(大丘郡)이 도(道) 중앙에 있었다. 동서(東西)가 3백76리, 남북(南北)이 4백48리이다. 관할[所管]은 유수부(留守府)가 1, 대도호부(大都護府)가 1, 목(牧)이 3, 도호부(都護府)가 6, 군(郡)이 15, 현령(縣令)이 6, 현감(縣監)이 34곳이 있었다.278

당시 경상도(慶尙道)에 이름이 있는 5개의 명산이 있었으니, 문경(聞慶)에 있는 주흘산(主屹山, 1,108m), 봉화(奉化)에 있는 태백산(太伯山, 1,566m), 진주(晉州)에 지리산(智異山, 1,915m), 상주(尙州)에 있는 사불산(四佛山, 913m), 성주(星州)에 있는 가야산(伽倻山, 1,432m)이 5대 명산이었다. 명산 아래에 흐르는 대천(大川)으로는 3개가 있으니, 낙동강(洛東江, 一名 伽倻津), 남강(南江) 그리고 황둔진(黃芚津)이다. 이들은 인체에 비유하면 산은 뼈대에 해당한다. 큰 강은 동맥이라면 작은 강을 실핏줄을 형성하고 있었다.279

가장 먼저 낙동강(洛東江)이다. 그 기원(起源)은 셋으로 1) 그 하나가 봉화현(奉化縣) 북쪽 태백산 황지(太伯山 黃池)에서 나오고, 2) 다른 하나는 문경현(聞慶縣) 북쪽 초점(草岾)에서 발원하며, 3) 다른 나머지 하나는 순흥(順興) 소백산(小白山)에서 나와서 물길이 합쳐져 상주(尙州)에 이르러 낙동강(洛東

江)이 된다. 선산(善山)에서 여차니진(餘次尼津), 인동(仁同)에서 칠진(漆津), 성주(星州)에서 동안진(東安津), 가리현(加利縣)에서 무계진(茂溪津)이 되었다. 초계(草溪)에 이르러 합천(陜川)의 남강(南江) 물과 합하여 감물창진(甘勿倉津)이 되었다. 영산(靈山)에 이르러 또 진주(晉州) 남강(南江)의 물과 합하여 기음강(岐音江)이다. 칠원(漆原)에서는 우질포(亏叱浦), 창원(昌原)에서는 주물연진(主勿淵津)이 되어 김해(金海)에 이르고 있다. 밀양(密陽) 응천(凝川)을 지나 뇌진(磊津, 一名 海陽江)이라고 했다. 양산(梁山)에서 가야진(伽倻津)이고, 황산강(黃山江)이 되어, 남쪽으로 바다(朝海 혹은 棗海)에 들어간다.280

다음으로 진주(晉州)의 남강(南江)이다. 남강의 근원(根源)은 둘이니, 1) 하나는 지리산 북쪽(智異山 北麓)에서 나오고, 2) 다른 하나는 지리산 남쪽(智異山 南麓)에서 나왔다. 진주(晉州) 서편에서 합류하여 광탄(廣灘)이고, 의령(宜寧)에 이르러 정암진(定巖津)이 되어, 동쪽으로 흘러 기음강(岐音江)으로 들어간다. 마지막 세 번째는 초계(草溪) 황둔진(黃芚津)이다. 그 근원(根源)도 둘이 있으니, 1) 하나는 전라도 무주(茂朱) 초현(草峴)에서 나오고, 2) 하나는 감음현(減陰縣) 황석산(黃石山)에서 발원한다. 이는 거창(居昌)에서 합류되어 합천(陜川)을 지나 동쪽으로 흘러 감물창진(甘勿滄津)으로 들어간다.281

오늘날 국가정책(national policies)이나 도시기획(都市企劃, urban planning)에서도 기반요소는 행정구역인 토지(land)와 그곳에 거주하고 있는 지역주민, 즉 인구(poplation)다. 조선 건국(朝鮮建國) 당시에도 '국가의 근본은 백성이고, 군주의 하늘은 백성이다(民者國之本而君之天).'라고 규정했다. 이와 같은 민본사상은 정도전(鄭道傳)의『경제문감(經濟文鑑)』및『조선경국전(朝鮮經國典)』에 명기하고 있었다.282 동양철학에서도 삼라만상(參羅萬像) 창조(創造)에 3가지 근본요소(三才)로 하늘(天, 天然資源), 땅(地, 國家疆域) 그리고 지역주민(人, people) 등을 주역(周易)은 물론 세종대왕(世宗

大王)은 훈민정음 창제(訓民正音 創製)에서 삼재(三才)로 삼았다. 또한 세종대왕(世宗大王)은 민본사상 구현(民本思想 具顯)에 통계기반정치(統計基盤政治)가 핵심이라는 사실을 깨달았다. 지역의 연혁, 인구, 특산물 등의 지역 특수성(地域 特殊性)에 대한 인문지리통계(人文地理統計, human geography statistics)를 마련했다. 그것이 바로『조선팔도지리지(朝鮮八道地理志)』 편찬사업이었다. 이를『세종실록(世宗實錄)』에 게재했던 것이 바로『세종실록지리지(世宗實錄地理志)』였다.

『세종실록지리지(世宗實錄地理志)』라는 인문지리 통계자료(human geography statistics)를 소개하면, 1425(세종7)년 당시 경상도 민간인의 호수는 42,227호에 인구는 173,759명으로 호당(세대당) 4.11명이었다. 군정(軍丁)은 시위군(侍衛軍, 오늘날 鄕土豫備軍)이 2,631명, 영진군(營鎭軍, 現役軍人)이 3,876명, 선군(船軍. 나중에 水軍) 15,934명이었다. 간전(墾田)은 301,147결(結)283 부과하는 과세(賦稅)는 쌀(稻米: 白米·糙米·糯米·黃米), 콩(豆: 大豆·菉豆), 밀(小麥), 참깨(芝麻), 향유(香油), 차조기 기름(蘇子油), 꿀, 밀(黃蠟), 명주(綿紬), 모시(苧布), 무명(綿布), 베(正布), 풀솜(雪綿子) 등으로 품질이 가장 좋았다. 이렇게 품질이 좋은 건 타도에서는 없었다. 이외에도 상면자(常綿子, 보통품질의 솜)와 면화(綿花)가 있었다.284

지역 특산물(地域特産物)로 진상(進上)하는 경상도 곡물(慶尙道貢物)에는 호랑이 가죽[虎皮], 표범 가죽[豹皮], 곰 가죽[熊皮], 사슴 가죽[鹿皮], 노루 가죽[獐皮], 여우 가죽[狐皮], 삵 가죽[狸皮], 잘 가죽[山獺皮], 수달피(水獺皮), 말 가죽[馬皮], 쇠가죽[牛皮], 돼지가죽[猪皮], 전자리상어 껍질(占察皮, Squatina japonica), 물고기 껍질[魚皮], 가죽 줄[皮絃], 표범 꼬리(豹尾, 房帚用), 여우 꼬리(狐尾, 房帚用), 족제비 털(黃毛, 최고의 붓털로 사용), 돼지 털(猪毛, 풀솔), 늑(肋), 잡깃(雜羽, 무관모 장식), 쇠뿔(牛角, 공예용). 마른 사슴고기[乾鹿], 마른 돼지고기[乾猪], 마른 노루고기[乾獐], 사슴 고기포[鹿脯], 사슴 꼬리(鹿尾, 裝身具), 대구어(大口魚), 문어(文魚), 상어(沙魚, shark), 마른 물고기[乾水魚], 백조어[白條], 전복(全鮑), 홍합(紅蛤), 어교(魚膠, 민어의 부레로 목공예 접착제 등), 미역[藿], 해모(海毛), 우무(牛毛, 석회 마감), 참가사리(細毛, 접착공예), 오해조(吾海曹), 칠(漆), 송연(松煙, 먹 만듦), 송진(松脂), 밤, 대추, 홍시(紅柿), 곶감(乾柿), 모과(木瓜), 석류(石榴), 배, 개암(榛子), 잣, 송화(松花, 설사약제), 귤(橘), 호도(胡桃), 치자(梔子), 작설차(雀舌茶), 석이(石茸), 느타리 버섯(眞茸), 표고버섯(蔈古), 겨자(芥子), 마른 죽순(乾竹笋), 지초(芝草), 홍화(紅花), 회화나무꽃(槐花, 종이 염색), 뇌록(磊碌, 염색용), 저마 승색(苧麻繩索, 노끈), 마의(馬衣), 지차(紙箚: 중국에 바치는 表紙와 나라에서 쓰는 표지, 擣鍊紙, 眼紙, 白奏紙, 常奏紙, 狀紙 등)285, 유둔(油芚), 유기(柳器), 목기(木器), 자기, 초마선석(哨麿船席: 중국에 상납하는 黃花席, 彩花席, 滿花寢席, 滿花席, 簾席, 方席 등은 타도에는 없다. 또 우리나라에서 사용했던 滿花各色席, 別文上席, 踏席, 常文踏席, 白文席, 草席 등), 죽피방석(竹皮方席), 가는 대(篠: 烏竹, 箭竹, 簜, 全竹, 片竹 등), 입초(笠草), 자단향(紫檀香), 백단향(白檀香), 정철(正鐵, 재단련하여 탄소량이 적은 참 쇠) 등이 있었다.286

 다른 한편 국왕 및 궁정 관리의 건강을 위하여 공물로 올렸던 약재를 살펴보면, 쇠 쓸개[牛膽], 곰 쓸개[熊膽], 사향(麝香), 우유 기름[酥油], 돼지 쓸개[猪膽], 수달피 쓸개[獺膽], 고슴도치 쓸개[猬膽], 고슴도치 가죽(猬皮, 치질 치료제), 우황(牛黃), 아교(阿膠), 섣달 토끼 머리(臘兎頭, 祭需用), 녹각(鹿角), 녹용(鹿茸), 녹각교(鹿角膠, 鹿角霜), 섣달 여우 간(臘狐肝, 약재), 영양뿔(羚羊角), 범의 정강이뼈(虎脛骨), 청어 부레[島阿鳥油], 서리 말벌 집[霜蜂房], 원잠아(元蠶蛾, 晩蠶蛾 등), 누에 허물[馬鳴退], 오어골(烏魚骨), 가뢰(班猫), 자라 껍데기(鼈甲, 해열제 혹은 강장제), 매미 허물(蟬脫皮, 약재), 거북 껍데기(龜甲, 점술용), 뽕나무벌레(桑螵蛸, 小兒驚氣治療), 잉어 쓸개[鯉膽], 굴조개 껍질(牡蠣, 간 해독제), 등에(蝱蟲), 백화사(白花蛇), 뱀 허물(蛇脫皮), 오가피(五加皮), 필등(蓽䔲), 가(茄), 황경나무껍질[黃蘗皮], 뽕나무 껍질[桑白皮], 느릅나무 속껍질(楡白皮, 당뇨병 치유), 고염(小柿), 탱자(枳殼), 무이(蕪荑), 산이스랏씨(郁李仁), 복숭아씨[桃仁], 살구씨[杏仁], 괴각(槐角), 조피나무 열매[川椒], 뽕나무 겨우살이[桑寄生], 모란 껍질(牧丹皮, 월경불순 혹은 울노증 치료제), 오배자(五倍子), 산조인(酸棗仁), 조협(皂莢), 율설(栗楔) 등이 있었다.287

그리고 오수유(吳茱萸), 산수유(山茱萸), 오미자(五味子), 후박(厚朴), 오매(烏梅), 염매(鹽梅), 백매실(白梅實), 청피(靑皮), 진피(陳皮), 두충(杜沖), 비자(榧子), 팔각(八角), 해동피(海東皮), 자석(磁石), 감꼭지(柿帶), 담죽엽(淡竹葉), 초목(椒目), 촉수자(蜀隨子), 적복령(赤伏苓), 백복령(白伏苓), 복신(茯神), 때죽나무 진[安息香], 산골(自然銅), 새삼씨(兎絲子), 고무딸기 열매[覆盆子], 겨우살이꽃[金銀花], 선복화(旋覆花), 사상자(蛇床子), 질려자(蒺藜子), 백부자(白附子), 결명자(決明子), 천선자(天仙子), 인삼(人蔘), 백합(百合), 검화 뿌리껍질[白鮮皮], 방풍나물 뿌리(防風), 천남성(天南星), 창포말(菖蒲末), 마기령(馬䕫零), 쇠비름(馬齒莧), 매자기 뿌리[京三稜], 제니(薺苨), 포황(蒲黃), 택사(澤瀉), 감제풀 뿌리[虎杖根], 여우 오줌 풀뿌리[鶴蝨], 탱알(紫菀), 대소계초(大小薊草), 천마(天麻), 천마 생약(赤箭), 멧두릅 뿌리[獨活], 가희톱[白斂], 검산풀 뿌리[續斷], 절국대 뿌리[漏蘆], 족도리풀 뿌리[細辛], 유향(薰香), 외나물 뿌리[地楡], 당귀(當歸), 버들 옷[大戟], 활석(滑石), 연꽃 술[蓮花蘂], 연방(蓮房, 연밥), 검인(芡仁), 으름[林下婦人], 동초(冬草), 독주근(獨走根), 파고지(破古紙), 작약(芍藥, 白芍, 赤芍), 박색(藜蘆), 구기자(枸杞子), 지골피(地骨皮), 석위(石葦), 천문동(天門冬), 만형자(蔓荊子), 향부자(香附子), 영릉 향(苓陵香), 현호색(玄胡索), 택란(澤蘭), 등심(蕐心), 맥문동(芡門冬), 쇠

무릎(牛膝), 시호(柴胡), 전호(前胡), 끼절가리 뿌리[升麻], 호본(藁本), 백지(白芷), 반하(半夏), 백급(白芨), 현삼(玄蔘), 쓴 너삼 뿌리[苦蔘], 더위지기[茵陳], 진봉(秦芃), 속서근풀[黃芩], 단 너삼 뿌리[黃耆], 으름덩굴[木通], 지모(知母), 회초미 뿌리[貫衆], 수뤼나물 뿌리[葳靈仙], 바곳(草烏頭), 쪽(藍), 칠(漆), 여여(藺茹), 저실(楮實), 두고(豆鼓), 초해(草薢), 낭아(狼牙), 인동초(忍冬草), 구맥(瞿麥), 첨정력(甛葶藶), 청호(靑蒿), 수평(水萍), 해조(海藻), 용담(龍膽), 서장경(徐長卿), 충위자(茺蔚子), 목적(木賊), 사간(射干), 원지(遠志), 석곡(石斛), 수포석(水包石), 하수오(何首烏), 자하거(紫荷薬) 등이 있었다.288

재배하는 약재(藥材)는 적소두(赤小豆), 두화(豆花), 대맥(大麥), 백편두(白藊豆), 흑편두(黑藊豆), 양귀비(鶯粟), 차조기(紫蘇), 영생이(薄荷), 소야기(香薷), 회향(茴香), 악실(惡實), 생지황(生地黃, 乾地黃, 熟地黃), 장군풀(大黃), 청목향(靑木香), 형개(荊介), 해바라기 씨[葵子], 맨드라미꽃[鷄冠花], 감국(甘菊), 흑대두(黑大豆), 궁궁이(芎藭), 율무(薏苡), 청대(菁黛), 호유(胡荽), 호로(胡蘆), 순무 씨[蔓菁子], 생강[薑], 심황(深黃), 견우자(牽牛子), 자리공 뿌리(商陸, 살충제 혹은 설사약)이다.289

세종 때 경상도 군사·행정시스템에 대하여

병마도절제사(兵馬都節制使)의 사령지휘부(司令指揮本部)는 창원(昌原)에 있었다. 군관(軍官)이 5백 명이며, 그 가운데 수성군(守城軍)이 4백38명이다. 병마첨절제사(兵馬僉節制使)의 수어(守禦)하는 5곳으로 1) 울산진(蔚山鎭)은 군관 399명, 수성군 40명, 2) 영일진(迎日鎭)은 군관 301명, 수성군 80명, 3) 동래진(東萊鎭)은 군관 300명, 수성군 80명, 4) 영해진(寧海鎭)

은 군관 300명, 수성군 80명. 그리고 5) 사천진(泗川鎭)에는 군관 300명, 수성군 49명이었다.290

자세히 언급하면, 좌도수군 도안무처치사(左道水軍都安撫處置使)는 동래(東萊) 부산포(富山浦)에 있었다. 병선(兵船) 33척, 군사 1,779명, 수군만호(水軍萬戶)가 수어(守禦)하는 곳이 11곳이다. 1) 염포(鹽浦) 울산에 도만호(都萬戶)가 수어, 병선(兵船) 7척, 군사 502명, 2) 서생포(西生浦) 울산에, 3품은 만호(萬戶), 4품은 부만호(副萬戶), 5품은 천호(千戶), 6품은 부천호(副千戶)라 일컫는다. 아래에도 이와 같다. 병선 20척, 군인 767명이었다. 3) 축산포(丑山浦) 영해(寧海)에 병선 12척, 군사 429명, 4) 오포(烏浦) 영덕(盈德)에, 병선 8척, 군사 353명, 5) 통양포(通洋浦) 흥해(興海) 혹은 두모적포(豆毛赤浦)에, 병선 8척, 군사 218명, 6) 포이포(包伊浦) 장기(長鬐) 혹은 가엄포(加嚴浦)에 병선 8척, 군사 589명, 7) 감포(甘浦) 경주(慶州)에 병선 6척, 군사 387명, 8) 개운포(開雲浦) 울산에, 병선 12척, 군사 420명, 9) 두모포(豆毛浦) 기장(機張)에 병선 16척, 군사 843명, 10) 해운포(海雲浦) 동래(東萊)에 병선 7척, 군사 589명, 11) 다대포(多大浦) 동래에 병선 9척, 군사 723명 등이 배치되어 있었다.291

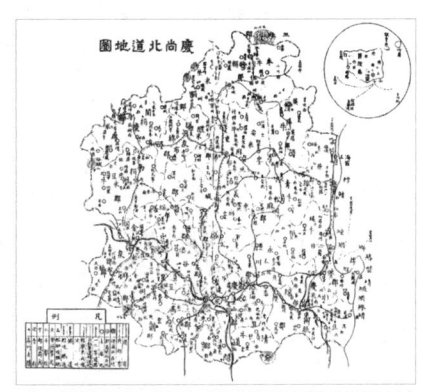
경상도지도(출처 : 한국근대사데이터베이스)

한편, 우도수군도안무처치사(右道水軍都安撫處置使)는 거제(巨濟) 오아포(吾兒浦)에 병선 28척, 군사 2,601명이 예전에는 제포(薺浦)에 있었는데, 금상(今上) 원년을 기해 대마도(對馬島)를 쳐서 파하고 처치사(處置使)를 이곳으로 옮기도록 명했다. 또 가배량(加背梁)·견내량(見乃梁) 등지의 만호(萬

戶)에게 옥포(玉浦)로 옮겨 지키게 했다. 이른바 적군의 침입으로 목구멍(浸入項孔)을 틀어막은 격이었다. 수군만호(水軍萬戶)가 방어하는 곳이 8개소로써, 1) 가배량(加背梁) 고성(固城)에 혹은 거제(巨濟) 옥포(玉浦)에 도만호가 수어(守禦)하며, 병선 22척, 군사 1,122명, 2) 제포(薺浦) 김해(金海)에 병선 9척, 군사 882명, 3) 영등포(永登浦) 거제(巨濟)에 병선 8척, 군인 720명, 4) 견내량(見乃梁) 고성(固城)에 혹은 거제(巨濟) 옥포(玉浦)에 있으니 병선 20척, 군사 940명, 5) 번계(樊溪) 고성(固城)에 혹은 당포(唐浦)에 있으니 병선 15척, 군사 7백22명, 6) 구량량(仇良梁) 진주(晉州)에 혹은 고성(固城) 사포(蛇浦)에 있으니 병선 16척, 군사 748명. 7) 적량(赤梁) 진주(晉州)에 지금은 가을곶(加乙串)에 있으니, 병선 13척, 군사 720명, 8) 노량(露梁) 진주(晉州)에 지금은 평산포(平山浦)에 있으니, 병선 8척, 군사 568명이었다.292

당시 지방(地方)에 목장(牧場) 사무(事務)를 맡던 감목관(監牧官)은 한 사람이었다. 소금생산과 저장을 관리하는 염장관(鹽場官)은 3인, 역(驛)을 관리하는 종9품의 역승(驛丞)이 10인이다. 사근도승(沙近道丞)의 관할하는 역(驛)이 15개로 금양(金陽), 권빈(勸賓), 유린(有隣), 삼가신역(三嘉新驛), 무촌(茂村), 성기(星奇), 성초(省草), 초계신역(草溪新驛), 함양신역(咸陽新驛), 안음신역(安陰新驛), 신안(新安), 단계신역(丹溪新驛), 전곡(㪋㲃), 신번신역(新繁新驛) 및 소남(召南) 역이 있었다.293

성현도승(省峴道丞)의 관할(管轄)하는 역이 14개로 용가(龍駕), 수안(水安), 수산신역(守山新驛), 무흘이(無訖伊), 동음신역(冬音新驛), 풍각신역(豐角新驛), 온정(溫井), 내야(內也), 일문(一門), 쌍산(雙山), 서지(西之), 청도신역(淸道新驛), 매전(買田), 유천(楡川)이 있었다. 김천도승(金泉道丞)의 관리하는 역이 16개로는 답계(踏溪), 안언(安偃), 무계(茂溪), 설화(舌化), 팔거신역(八莒新驛), 안림(安林), 추풍(秋豐), 부쌍(扶雙), 김산신역(金山新驛), 양천(楊

川), 범어(凡於), 하빈신역(河濱新驛), 인동신역(仁同新驛), 약목신역(若木新驛), 작내(作乃), 장곡(長谷)이 있었다.294

창락도승(昌樂道丞)의 관리하는 역이 7개소는 창보(昌保), 평은(平恩), 유동(幽洞), 안교(安郊), 통명(通明), 도심(道深), 순흥신역(順興新驛) 등이었다. 장수도승(長水道丞)의 관할 역이 16개로 청통(淸通), 영천신역(永川新驛), 아화(阿火), 모량(毛良), 사리(沙里), 경역(鏡驛), 조역(朝驛), 인비(仁庇), 의곡(義谷), 육역(六驛), 압량(押梁), 흥해신역(興海新驛), 대송(大松), 송라(松羅), 장기신역(長鬐新驛), 하양신역(河陽新驛) 등이었다. 황산도승(黃山道丞)의 관할 역은 13개소로 잉보(仍甫), 노곡(奴谷), 구어(仇於), 부평(富平), 굴화(屈火), 간곡(肝谷), 윤산(輪山), 위천(渭川), 덕천(德川), 아월(阿月), 성산(省山), 기장신역(機張新驛), 동래신역(東萊新驛) 등이었다.295

유곡도승(幽谷道丞)의 관할 역이 20개로 요성(聊城), 덕통(德通), 낙양(洛陽), 낙동(洛東), 낙원(洛源), 낙서(洛西), 장림(長林), 청리신역(靑里新驛), 공성신역(功城新驛), 상평(常平), 구며(仇旀), 영향(迎香), 안곡(安谷), 상림(上林), 쌍계(雙溪), 안계(安溪), 수산(守山), 용궁신역(龍宮新驛), 지보(知保), 소계(召溪)가 있었다. 소촌도승(召村道丞)의 관할 역이 22개소로 진주신역(晉州新驛), 말문신역(末文新驛), 평거(平居), 부다(富多), 정수(正守), 평사(平沙), 금량신역(金良新驛), 영선신역(永善新驛), 상령(常令), 춘곡(春谷), 함안신역(咸安新驛), 지남(知南), 송도(松道), 배둔(背屯), 춘원(春原), 횡포(橫浦), 율원(栗原), 마전(馬田), 관률(官栗), 사천신역(泗川新驛), 완사(浣沙), 오양(烏壤)이 있었다.296

안기도승(安奇道丞)의 관할 역은 16개소로 옹천(甕泉), 일직신역(一直新驛), 금소(琴召), 송제(松蹄), 우곡(牛谷), 청로(靑路), 철파(鐵破), 병곡(柄谷), 석보신역(石保新驛), 영덕남역(盈德南驛), 주등(酒登), 예안신역(禮安新驛), 용안(龍安), 문거(文居), 화목(和睦), 진보신역(眞寶新驛)이 있었다. 자여도승(自

如道丞)의 관할하는 역이 12이었다. 근주(近珠), 신풍(新豊), 안민(安民), 창인(昌仁), 영포(靈浦), 김해신역(金海新驛), 대산신역(大山新驛), 남역(南驛), 금곡(金谷), 덕산(德山), 성법(省法), 적항(赤項) 등이 있었다.297

오늘날 평시에는 물류(物流, logistics)이며, 전시에는 병참보급(兵站補給)으로 부가가치창출에서 가치 연쇄(value chain)를 형성했던 도내(道內)의 공부(貢賦)는 각각 가까운 곳에 따라, 김해(金海)의 불암창(佛巖倉), 창원(昌原)의 마산창(馬山倉), 사천(泗川)의 통양창(通洋倉) 등으로 나누어 수송하여 바다를 따라 전라·충청도 해로(海路)를 지나서 서울에 이르는데, 수로(水路)가 험악하여 매번 파선되어 침몰함으로, 태종 3년 갑신년에 조선(漕船)을 폐하고 각각 농민으로 하여금 충청도의 충주(忠州) 경원창(慶源倉)으로 바로 바치게 하였다. 그 가운데 낙동강 하류의 연강(沿江) 각 고을은 김해(金海), 창원(昌原), 밀양(密陽), 양산(梁山), 함안(咸安), 초계(草溪), 창녕(昌寧), 칠원(漆原), 진해(鎭海), 의령(宜寧)이었다. 삼가세(三價稅: 船價, 人價, 馬價)를 거두어 사람을 모집해 배에 싣고, 뱃삯과 사람 삯을 주었다. 거슬러 올라와 상주(尙州)에 이르러서, 육로(陸路)로 운반하여 문경(聞慶) 초점(草岾)을 지나 사람 삯과 말 삯을 주었다. 경원창(慶源倉)에다가 바치면, 참선(站船)으로 서울에 이르렀다.298

세종 때 성주목(星州牧, 高麗時代 京山府)에 배속된 팔거현(八莒縣)에 대해

오늘날 성주(星州)는 성산가야(星山伽倻)가 신라에 복속되면서 본피현(本彼縣)이라고 했다가 757(경덕왕 16)년에 한자명으로 신안현(新安縣)으로 개칭하여 성산군(星山郡)의 영현(領縣)이 되었다. 신라 말기에 벽진군(碧珍郡)으로 개칭했다. 고려 940(태조 23)년, 즉 경자(庚子)년에 경산부(京山府)

로 고쳤다. 981(경종 6)년 신사(辛巳)년에 광평군(廣平郡)으로 격하시켰고, 975(성종 14)년 을미(乙未)에 대주도단련사(岱州都團練使)로 고쳤으며, 1012(현종 3)년 임자(壬子)년에 단련사(團練使)를 폐지하였다. 1018(戊午)년에 지경산부사(知京山府事)로 고쳤다. 1285(충렬왕 21)년 을유(乙酉)년에 승격하여 흥안도호부(興安都護府)를 만들고, 1308(충렬왕 34)년 무신(戊申)에 성주목(星州牧)으로 승격했다가, 1310(충선왕 2)년 경술(庚戌)에 새로 만든 목[新牧]을 없애고 경산부(京山府)로 낮췄다. 조선왕조 때 그대로 따랐다가 1401(태종 원)년 신사(辛巳)년에 어태(御胎)를 경산부(京山府) 남쪽 30리의 조곡산(祖谷山)에 안장하고, 성주목(星州牧)으로 승격시켰다.299

성주목(星州牧)에 속했던 속현(屬縣)은 3개로, 1) 가리현(加利縣)은 본래 일리군(一利郡)인데, 경덕왕이 성산군(星山郡)으로 고쳤고, 고려에서 지금의 이름으로 성주(星州)로 고쳤다. 별호(別號)는 기성(岐城)이다. 2) 화원현(花園縣)은 본디 설화현(舌火縣)인데, 경덕왕(景德王)이 지금의 이름으로 고쳤다. 별호(別號)는 금성(錦城)이다. 3) 팔거현(八莒縣)은 본디 팔거리현(八居里縣)

Q 칠곡(팔거현) 광여도(대동여지도)

인데, 경덕왕(景德王)이 이름을 팔리(八里)로 고쳐서 화원(花園)과 함께 모두 수창군(壽昌郡)에 속현(領縣)시켰다. 고려에서 팔거(八居)로 고쳤다. 별호(別號)는 칠곡(七谷)300이다. 그 뒤에 거(居)의 음(音)이 바뀌어서 거(莒)가 되었다. 위의 세 현(縣)은 1498년 현종 무오년(戊午年)에 모두 경산부(京山府) 임내(任內)에다가 붙였다.301

성주목(星州牧)에 이름있는 산으로는 가야산(伽倻山)이 성주(星州)의 서

남쪽에 있다. 일명(一名)은 소머리(牛頭)를 제물로 산신제를 지냈다고 '우두산(牛頭山)'이라고 했다. 대천(大川)은 낙동강(洛東江)으로 유입되고, 하류(下流)가 경산부(京山府) 동쪽을 지나서 동안진(東安津)에 나룻배가 있었다. 남쪽으로 흘러 가리현(加利縣) 동쪽에 이르러서 무계진(茂溪津)이란 나루터가 있었다. 사방경계(四方境界)는 동쪽으로 현풍(玄風)에 이르기 40리, 서쪽으로 지례(知禮)에 이르기 50리, 남쪽으로 고령(高靈)에 이르기 42리, 북쪽으로 개령(開寧)에 이르기 27리이었다.302

성주(星州)의 민호 수(民戶數)는 1,479호, 인구가 5,807명이며, 가리현(加利縣)의 호수는 299호, 인구가 924명, 화원현(花園縣)의 호수는 321호, 인구는 1,361명이며, 팔거현(八莒현)의 호수는 347호, 인구가 1,481명이었다. 군정(軍丁)은 시위군(侍衛軍)이 197명, 영군(營軍)이 63명, 진군(鎭軍)이 128명, 선군(船軍)이 768명이었다. 성주(星州)의 토착 성씨는 7개 성씨로 이(李), 배(裵), 여(呂), 백(白), 전(全), 박(朴), 차(車)였다. 타지(他地)에서 들어온 내성(來姓)이 서울에서 유입한 임(林) 씨가 있었다. 대대로 이어온 속성(續姓)이 4성이니, 진주(晉州) 강(姜), 밀양(密陽) 손(孫), 김해(金海) 김(金), 근본은 모르나 향리를 하고 있었던 조(趙) 씨가 있었다. 가리현(加利縣)의 성씨로는 5성이니, 윤(尹), 조(趙), 이(李), 홍(洪), 정(鄭)이었다. 속성(續姓)이 1성이니, 세종조에 향리였던 김(金) 씨다. 화원현(花園縣)의 성씨는 5성이니, 서(徐), 갈(葛), 석(石), 조(曺), 정(丁)이요. 내성(來姓)이 3성이니, 한(韓), 이(李), 백(白)이었다. 팔거현(八莒縣)의 성씨로는 3성이니, 도(都), 현(玄), 임(任)이었다. 백성(百姓)의 성이 2성이니, 전(田), 변(卞)이었으며, 내성(來姓)이 2성이니, 배(裵), 임(林)이었다. 이곳 성주목(星州牧) 출신 인물(人物)로 고려 공민왕 때 문하 시랑 평장사(門下侍郎平章事) 이승경(李承慶, 1290~1360), 판삼사사(判三司事) 흥안 부원군(興安府院君) 문충공(文忠公) 이인복(李仁

復, 1308~1374))과 첨서밀직사사(簽書密直司事) 도은(陶隱) 이숭인(李崇仁, 1347~1392)이 있었다.303

풍토(風土)와 토산품(土産品)에 대해서 간략하게 살펴보면, 땅이 기름지고, 기후는 따뜻하며(厥土肥, 風氣暖), 풍속은 화려함을 숭상하고 여공(女功, 紡織)304을 잘했다(俗尙華麗, 善女功). 간전(墾田)은 15,555결이다. 그 가운데 논은 8분의 3 정도였다. 토의(土宜, 土産品)는 벼, 조, 기장, 피, 보리, 뽕나무, 삼(麻), 닥나무, 목면(木綿)이었다. 가리현(加利縣)에도 산도(山稻), 청태(靑苔), 청저(靑苧)가 생산되었다. 토공(土貢, 조공하는 지역특산물)은 꿀, 밀(黃蠟), 지초, 배, 대추, 잣, 종이, 칠(漆), 왕대(簜), 여우 가죽, 삵 가죽, 노루 가죽이었다. 약재(藥材)는 당귀(當歸)·백부자(白附子)였다. 토산(土産)은 은구어(銀口魚), 송이버섯이었다. 자기소(磁器所)가 한 곳 있었으니, 주(州) 동쪽 흑수리(黑水里)에서는 중품자기(中品瓷器)를 생산했다. 도기와 옹기를 굽던 도기소(陶器所)가 한 곳 있었으니, 주(星州)의 동쪽 두의곡리(豆衣谷里)에 중품도기와 옹기를 생산했다.305

주요 시설(主要施設)을 살펴보면, 성주목 읍토성(邑土城)은 둘레가 474보, 안에는 우물 7개와 연지(蓮池) 1개가 있었다. 가야산 석성(伽倻山石城)은 주(州)의 서남쪽 40리에 있었으며, 평탄한 곳과 험한 곳이 반씩이며, 둘레가 2,730보, 안에 6개의 곡계수(谷溪水)가 항상 흐르고, 또 샘이 6개가 있었다. 몽송루(夢松樓)는 주(州) 북쪽에 있었다. 역(驛)이 5개이니, 주의 경계에 답계(踏溪)와 안언(安偃)이 있었고, 가리현에 무계(茂溪), 화원현에 설화(舌化)가, 팔거현에는 팔거신역(八莒新驛)이 있었다. 봉화(烽火)가 5곳이니, 성산(星山)은 주(州) 동쪽에 있었으며, 남쪽으로 가리현 이부로산(伊夫老山)에 응하고, 북쪽으로 본주(本州) 각산(角山)에 응했다. 각산(角山)에서는 북쪽으로 약목(若木)의 박집산(朴執山)에 응했다. 말응덕산(末應德山)은 가리현 동쪽에서 동쪽으로 화원(花園)에 응하고, 북쪽으로 성산(城山)에 응하며, 남쪽으로 현풍현(玄風縣) 소산(所山)에 응했다. 성산(城山)에서는 북쪽으로 하빈(河濱)의 마천현(馬川峴)에 응했다. 이부로산(伊夫老山)은 가리현 북쪽에 있어, 동쪽으로 말응덕산(末應德山)에 응하고, 남쪽으로 고령(高靈) 망산(望山)에 응했다. 큰 방죽이 6곳이나 있었으니, 동정자(東亭子) 방죽, 소비곡(所非谷) 방죽, 극지(極只) 방죽, 죽제(竹堤)가 모두 주(州) 동쪽에 있었다. 그리고 소리(所里) 방죽과 사라(沙羅) 방죽은 팔거현(八莒縣)에 있었다.[306]

2. 경산부(京山府 혹은 星州牧) 팔거현을 살펴보면

칠곡(七谷, Seven Vally)란 명칭이 어디서 유래했을까?

 삼한시대(三韓時代) 이전, 이곳은 평화스럽고 연년세세(年年歲歲) 풍년이 찾아들었다고 해 아시골(鳳凰村) 혹은 아시랑(鳳凰世)라고 했다. 오늘날까지 이곳 지명에서는 아시마을(鳳凰村) 혹은 아시랑 고개(鳳凰峙)라는 말이 남아있다. 1987년 200만 호 주택건설이란 국정에 따라 칠곡 택지개발에 들어가 옛 지역이 흔적도 없이 사라졌다. 그 잔재로 명칭만이 남아있는 비봉산(飛鳳山, 오늘날 사수동 및 국우동) 2곳, 명봉산(鳴鳳山, 오늘날 관음동) 1곳,

봉서재(鳳棲齋, 오늘날 관음동 양지마을) 및 봉서루(鳳棲樓, 평지읍치 칠곡도호부의 북루)가 각 1곳, 아시마을(鳳凰村, 읍내동) 1곳 그리고 아시랑 고개(阿尸郞峙, 영남대로 첫 고개)가 남아있다. 신라 때는 이곳을 팔거리(八居里) 혹은 팔리(八里)라고 해서 팔거리현(八居里縣)이라고 했다.

'군사적 요새지(military fortress)'라는 의미의 산스크리트(Sanskrit)어 '부리(夫里, Puri)'가 불교와 같이 들어왔다. 그래서 부리체제(夫里體制, 군사적 요새지) 개념을 도입됨으로써 팔거리(八居里) 혹은 북치장리(北恥長里)라고 했다. 757(경덕왕, 16)년에는 이두(吏讀) 혹은 신라국자(新羅國字)로 표기했던 지명을 모두 한자 명칭으로 고쳤다. 팔거현(八居縣)에서 팔리현(八里縣)이라고 했다. 1018(顯宗 9)년에 수창군(壽昌郡)에서 지경산부(知京山府, 星州)에 배속했다, 별호(別號)로는 칠곡(漆谷, 오늘날 漆谷)이라고 했다.

부리(夫里, Puri)라는 용어에 대해서 좀 더 자세하게 살펴보면, 산스크리트(梵語, Sanskrit)어는 오늘날 요새지(要塞地, fortress)에 해당하는 곳을 고조선과 삼한시대에는 '아사달(阿思達, ashadal)'이라고 했으나, 백제, 신라, 고구려에서는 부리(夫里, Puri)라는 용어를 사용했다. 백제에는 반나부리(나주 반남면), 고사부리(정읍), 고랑부리(청량읍) 등이 있고, 대구지역엔 오늘날 현풍(玄風)을 삼량양벌부리(參良火夫里)라고 하면서 신라 지방군 10정 가운데 제4정이 설치되었다. 팔거리(八居里) 혹은 팔리(八里)는 '팔개부리(八個夫里) ▷ 팔거부리(八居夫里) ▷ 팔거리(八居里) ▷ 팔리(八里)'라고 변천했는데 자세한 연유는 연구할 대상이 되고 있다.

🔍 북두칠성/칠봉산의 비호 아래 칠곡

마한(馬韓)이나 백제(百濟)에서는 '모로(牟盧, moro)' 혹은 '모량(牟良, mora)'이라고 했으나 신라어로는 '모라(牟羅, mora)'라고 발음했으며, 현재

일본어로는 '무라(むら, mura, 村)라고 했다.307 오늘날 용어로는 '마을[村]'
이다. 같은 맥락에서 '큰 마을'은 신라어로는 '건모라(健牟羅)'라고 했으며,
'빼앗은 마을'이란 의미로 '침모라(侵牟羅)'라고도 했다. 요새 마을(要塞村)
이란 의미로 삼한시대(三韓時代)에 비리(卑離, biri)308라 했다가 백제 시대
에선 부리(夫里, buri)란 538년 성왕(聖王) 때 부여소부리(夫餘所夫里)에 천
도했다.309 오늘날 한자어 '부락(部落)'310이라는 용어와 일본의 '부라쿠(部
落)'는 에도시대 천민집단(賤民集團)을 지칭했다.

 현재로 남아있는 우리나라 지명으로는 제주도 산굼부리(山穴凹, 山仇音
夫里) 등이 있으나, 이상하게 가장 많이 남아있는 곳은 태국(Thailand)이
다. 롭부리(Lopburi), 칸차나부리(Kanchanaburi), 랏차부리(Ratchaburi), 싱
부리(Sing Buri) 등 십여 곳에 남아있다. 이렇게 용어가 같은 건 범어(梵語,
Sanskrit) '부리(Puri)'에서 나왔다. '요새화된 도시(fortified city)' 혹은 '요충
지(key point region)'라는 뜻이다.311

 칠곡(漆谷 혹은 七谷)은 1018(현종 9)년 별호로 시작되었다. 그 연유는 칠
곡읍지(漆谷邑誌)에 의하면 나말여초(羅末麗初)에 칠봉산(七峯山, 칠곡군 가
산면 가산리, 902m)은 나직한 7개 산봉우리로 들려 쌓인 평정(平頂, plauto)
의 산이며312, 이로 인해서 7개의 골짜기 형성되어 있어서 '칠곡(七谷, Sven
Valley)'이라고 했다.313 세계적 의미에서는 '로마의 7개 언덕(Seven Hills of
Roma)'314마냥 대제국의 천혜 도읍지 환경을 갖췄다. 이를 두고 향토사학
자들은 통일신라 689(신문왕 9)년 달구벌(達句伐)로 천도 대상지였다는 주
장도 있었다. 이에 반해서 최근 연구에선 수성초등학교 주변의 지적원도
를 발견했다는 논문이 발표되었다.315 칠곡 팔거리현 천도설은 합리적인
설득 자료도, 논리도 없다. 단지 애향향토사학자만이 신라 신문왕이 팔거
들(八居平野)로 천도 기획을 했다고 주장한다.316

먼저 팔거현(八莒縣)의 개관부터 알아보자!

팔거현(八莒縣)이란 지방행정의 군현제도에 따른 지명은 신라 ▷ 고려 ▷ 조선 시대에 이르러 오늘날까지 칠곡지역에 있었다. 고려 태조 때 팔리현(八里縣)에서 팔거현(八居縣)으로 고쳤다가 뒤에는 발음이 같은 '알토란 거(莒)'317로

Q 칠곡부읍지(출처: 대구역사문화대전)

고쳐서 팔거현(八莒縣)으로 정착되었다. 조선 시대 임진왜란 및 병자호란의 국란을 겪은 뒤에 칠곡도호부가 설립되었던 1640(인조 18)년 이전까지는 팔거현(八莒縣 혹은 八居縣)으로, 그 이후는 칠곡도호부(漆谷都護府)로 불렸다.

물론 삼국시대 및 발해(渤海)와 신라의 남북국시대에도 팔거리(八居里), 북치장리(北恥長里) 혹은 인리(仁里)라고 했다. 757(경덕왕 16)년에 팔거리현(八居里縣)에서 팔리현(八里縣)으로 개칭되어 고려 시대(高麗時代)로 이어졌다. 고려에 들어와 태조 때 팔리현(八里縣)을 다시 팔거현(八居縣)으로 개칭하였다. 뒷날 같은 발음인 거(居)를 제(齊)나라 때 '제후 거(莒)'로 중국 춘추시대 산동성 거현(莒縣)의 거성(莒城) 혹은 거국(莒國)의 유래를 인용해서 '팔거리 거성(八居里 莒城)'을 줄여서 팔거(八莒)라고 했다. 허신(許愼)의 『설문해자(說文解字)』에서 "제나라 때 토란 우(芋 或 芋)를 거(莒)라고 했다(齊謂芋爲莒).318" 해서 이후에는 '토란 거(莒)'라고 했다. 이에 1018(현종 9)년에 팔거현(八莒縣)을 수창군(壽昌郡, 오늘날 대구광역시 壽城區)에서 지경산부사(知京山府事, 오늘날 星州郡)에 배속시켰다.319 별칭으로 칠곡(七谷)이라고도 했다.320 이후 조선 시대 병자호란 이후에 1640(인조 18)년에 경상도 관

찰사(慶尙道 觀察使) 이명웅(李命雄)이 가산(架山)에 성(城)을 쌓았다. 이로 인해 성주목(星州牧)에서 관리하기는 거리가 멀어서 다스리기 어렵다고 요청함에 따라, 조정에서는 팔거현(八莒縣)을 칠곡도호부(漆谷都護府)로 승격시켰다. 1819(순조 19)년 가산산성의 칠곡도호부 관아(官衙)가 산정에 있어 불편한 점이 많아 팔거현(八莒縣)의 본래의 땅 읍내(縣內)로 1819년 179년 만에 복귀하였다. 가산산성(架山山城)은 별도로 성(城)을 지키는 별장(別將)만 두게 되었다.

이어 1895(고종 32)년에 칙령 제98호로 23부제 실시에 따라 칠곡도호부(漆谷都護府)를 칠곡군으로, 인동도호부(仁同都護府)는 인동군(仁同郡)으로 고쳐 대구부(大邱府)에 편입되었다. 1896년 3월 6일에 대구부에서 분리되어 칠곡군과 인동군은 경상북도에 편입되었다. 칠곡군은 팔거(八莒), 퇴천(退川), 문주(文朱), 노곡(盧谷), 파미(巴彌), 동북(東北), 서북(西北), 하북(下北), 이언(伊彦), 상지(上枝), 도촌(道村) 등의 11개 면을 관장하였다. 인동군은 읍내(邑內), 동면(東面), 북면(北面), 문량(文良), 장곡(長谷), 석적(石赤), 기산(枝山), 약목(若木), 북삼(北三) 등의 9개 면을 관장하였다. 1911년 인동군청(仁同郡廳)이 인동 읍내에서 약목(若木)으로 옮겼다.

한편 1519(중종 14)년에 경상도(慶尙道)의 일이 번다(繁多)하다는 사유로 경상좌도감사(慶尙左道監司)와 경상우도감사(慶尙右道監司)를 나눠두었다. 낙동강 동쪽을 경상좌도(慶尙左道)에 배속하고, 낙동강 서쪽을 경상우도(慶尙右道)로 영속시켰다. 그렇게 나누고 보니 폐단이 더 많았다. 분도했던 1519년 그해에 파지(罷止)하고 경상도를 1로 복귀시켰다. 1592(선조 25)년에 임진왜란(壬辰倭亂)이 발발하여 왜구(倭寇)가 침입하여 옴에 따른 도로가 통하지 않아(交通不通) 또다시 경상좌감사(慶尙左監司)와 경상우감사(慶尙右監司)로 나눠 좌감영(左監營)은 경주(慶州)에 우감영(右監營)

은 상주(尙州)에 설치했다. 1593(선조 26)년 9월에 하나로 통합해 성주목(星州牧) 팔거현(八莒縣)에 두었다. 곧 명나라 총병(摠兵) 유정(劉綎)이 팔거현(八莒縣)에 왔을 때는 5,000여 명에서 가장 많았을 때는 13,000여 명이 주둔하게 되었다. 일본 왜군들과 해안전투경험이 많았던 총병(摠兵) 유정(劉綎) 산하 절강성 정예부대(浙江省精銳部隊)의 전술과 척계광(戚繼光, 1528~1588)321 기효신서(紀效新書)322에 입각한 선진무기를 조선병정(朝鮮兵丁) 5,000여 명에게 숙지 훈련을 시키고자 했다.323 이런 기대로 팔거현(八莒縣)에다가 유정부대(劉綎部隊)를 주둔시키고 경상감영(慶尙監營)을 이전시켰는데 결과는 "(유정 총병 부대를) 팔거에 주둔시킨 건 민폐는 두 눈 뜨고 볼 수 없었다. 지금까지 보탬이 된다는 건 털끝만큼도 없었다니 가히 헛지랄했구나(劉總兵住八莒, 民弊不貲. 至今無一毫補益, 可謂虛事也, 宣祖實錄)." 라는 조정의 냉혹한 평가에 2년 9개월만 1596년 6월에 달성토성(達城土城, 오늘날 達城公園)으로 경상감영을 옮겼고, 유정부대(劉綎部隊, 13,000여 명)가 당시 한성(漢城)으로 이전하고자 했으나 식량 사정이 극심해져서 그곳으로 옮기지 못했다. 군량미 조달을 고민하다가 끝내 식량 사정과 민심이 비교적 좋다는 남원(南原)으로 부대를 이전했다.

팔거현(八莒縣), 거성(莒城) 및 거성관(莒城館)이란 명칭에 대해

고려 때 팔거(八居)를 팔거(八莒)로 변경한 사유에 대해서 칠곡지역 향토사학자들 사이에 다양한 주장을 하고 있다.324 간략하게 주장을 간추리면, 1) 팔거천에 뚱딴지(돼지감자)325가 야생하고 있어서 식량 부족에 도움이 되었기에 '감자 거(莒)'로, 2) 춘추시대 산동성에 존속했던 제나라의 거성국(莒城國)326에서 '백행의 근본인 효의 기원지(莒人入向)'327라는 이상향(utopia)을 지명으로 도입했다고 했다는 주장이 있었다. 여기서 오늘날 안데스산맥을 원산지로 하는 감자(potato)는 1630년 일본에 거래했던 네덜란드 상인이 전수했다.328 우리나라에는 기록상으로는 1824년에 전래되었다.329 또한 뚱딴지 혹은 돼지감자(Jerusalem artichoke)는 1920년 중국을 통해서 도입된 귀화식물로 자리를 잡았다. 이런 역사적 사실을 무시하고 고려 시대로 소급하여 '감자 거(莒)'라고 주장하는 건 타임라인(time line)을 싹 무시하는 처사다.

고대에 감자(potato)가 있었는지 혹은 '감자 거(莒)'가 있었는지를 살펴보고자, AD 100년에 출판된 허신(許愼)의 『설문해자(說文解字)』를 살펴보니, "춘추시대 산동성 제나라를 우(芋, 토란)를 거(莒, 토란)"라고 했다고 적고 있다. 즉 '토란 우(芋 혹은 芛)'를 '토란 거(莒)'로 대용했다는 의미였다.330, 331 고려시대도 알토란은 소중한 식량이 되었기에 지명에다가 붙였을까? 2004년 5월 12일 이순자(李順子, 1939년생) 영부인께서 "알토란 같은 내 돈"332이라는 표현을 했다.

🔍 1963년 대만의 우표(毋忘在莒)

물론 1963년 타이완(臺灣)에서는 중국 본토 회복 의지(中國本土恢復意志)의 표현으로 '거성에 있을 때를 잊지 말자(毋忘在莒)!'333라는 운동을 전개했다. 춘추시대 산동성(山東省莒縣)에 있었던 BC 685년 제(齊)나라가 연(燕)나라의 공격을 받아 79여 성을 모두 함락당했다. 오늘날에 남아있는 건, '거성(莒城, 莒國之邑城)'과 즉묵(卽墨)이라는 땅 이름만이다. '거나라에 있었던 걸 잊지 마라(毋忘在莒).'

란 오늘날 타이완(臺灣) 사람들의 고토 회복 의지(毋忘在莒)를 나타내고 있다.334 우리나라에서 유사한 사례를 찾는다면 고구려시대 광개토왕(廣開土王)부터 장수왕(長壽王)까지 추진했던 다물 프로젝트(多勿 project)와 같다. 신라의 '삼한일통(三韓一統)'의 대계책과도 유사했다.

한편 오늘날 팔거산성(八莒山城)이라고 하지만 임진왜란 당시 거성(莒城)이라고 했으며, 이는 오늘날 칠곡을 의미했다. 당시는 한편으로 팔거현(八莒縣)을 뜻했다. 거성(莒城)이란 단순한 춘추시대의 거국성(莒國城)이란 단순한 성명이 아닌 '튼실한 성(A Strong Castle)'이라는 뜻도 포함하고 있었다. 『조선왕조실록(朝鮮王朝實錄)』을 검색하면 1486(성종 17)년에 강릉대도호부사(江陵大都護府使) 조숙기(曺淑沂)가 사직하면서 성벽을 튼실히 축조하라는 상소문에 "주역(周易)에 '왕공이 험악한 곳에 성을 설치하여 그 나라를 지켰다(王公設險, 以守其國).'라고 했다. 춘추전(春秋傳)에서도 '거성(莒城)이 험악해서 12일에도 못 되는 사이에 초(楚)나라가 삼도(三都)를 이겼다(莒城惡, 不浹辰, 楚克三都).'라고 적고 있다. 그렇다면 국방(國防)에 성곽이 없을 수 없고, 낮고 부실해서는 안 된다. 우리의 옛 성군(聖君)들은 요해처(要害處)에 산성(山城)을 쌓고, 읍성(邑城)을 쌓아 튼튼한 방비를 했습니다."335라고 한다. 이와 같은 의미를 부여하고자 임진왜란 때는 '민심을 한 곳에 결집(民心合一)'을 위해 팔거현(八莒縣) 자체를 거성(莒城)이라고 했다. 이에 따라 경상감영(慶尙監營)의 객사를 '거성관(莒城館)'이라고 했다.

3.
『조선왕조실록』에서
팔거현(八莒縣)과 총병 유정(摠兵 劉綎)

임진왜란에 있어 팔거현(八莒縣)의 지군학적 위상(地軍學的 位相)

지금부터 700만 년 전 지구촌에 인류가 출현하고 난 뒤에 BC 2,700년 경 수메르(Sumer, 오늘날 이라크)와 엘람(Elam, 오늘날 이란) 사이 바스라(Basra)에서 군대(육군)가 전투를 했다는 기록이 최초의 기록이다.336 물론 동양에서 BC 8세기에서 BC 3세기의 춘추전국시대(春秋戰國時代)의 전투는 이후의 전쟁이다. 전쟁에 이기고자 무기개발(武器開發), 고지(高地) 선점 혹은 요충지(要衝地 혹은 要害地)의 선정, 전술과 전략을 연구해 왔다. 그래서『육도삼략(六韜三略)』,『오자병법(吳子兵法)』,『손자병법(孫子兵法)』,『삼십육계략(三十六計略)』등의 수많은 병서가 저술되었다. 세계에서 가장 오래된 병법 전략서로 지금부터 2,500년 전의『손자병법(孫子兵法)』을 꼽고 있다.337『손자병법(孫子兵法)』의 저자 손자(孫子)가 추천하는 싸우지 않고 이기는 방법으로는 1) 국제간의 외교 관계를 단절(伐交), 2) 전쟁을 아예 할 생각을 못 하도록 기획(伐謀)하라고 했다. 즉 "평화를 원한다면 전쟁을 대비하라(Si vis pacem, para bellum)."라는 로마(Roma)의 격언(格言)을 상기시키고 있다. 오늘날 군사과학(軍事科學, military sceince)이란 용어는 클라우세비츠(Clausewitz)의 '전쟁원칙론(Principles of War)'에서 기인하고 있다.338

오늘날에는 '지리가 정치와 국제관계에 미치는 영향을 연구하는 학문'을 지정학(地政學, geopolitics)이라고 한다.339 지정학(地政學)이란 용어는

1899년 스웨덴 정치학자 루돌프 셸렌(Rudolf Kjellen)이 사용한 데서 시작되었다.[340] 지정학의 창시자로는 핼퍼드 존 맥킨더(Sir Halford John Mackinder, 1861~1947)로 보고 있다.[341] 지정학적으로 한반도는 대륙세력과 해양세력의 세력 간의 충돌지점(衝突地點)이고, 최근에 와서는 중국, 일본, 러시아 및 미국이라는 강대국이란 '4마리 코끼리 사이에 있는 작은 한 마리 동물(a small animal among four elephants)'에 비유되고 있다.[342] '거대한 미국의 체스판(Great Chessboard of US)'에서는 하나의 '싸움하는 전사(knight) 역할'을 해야 하는 게 지정학적 해석이다.[343]

한편, 한반도가 지정학적(地政學的)으로 대륙세력(大陸勢力) 명나라와 해양세력(海洋勢力) 일본(日本) 사이에 외줄 타기를 해야 하는 위상에 있었다. 우리의 선인들은 임진왜란 때 지군사학적(地軍事學的, geo-military) 위상을 먼저 파악해 '최선 출구전략(最善出口戰略, best exit strategy)'을 찾고자 노력했다. 그런 사실은 『조선왕조실록』을 살펴보면 알 수 있다. 특히 팔거현에 대

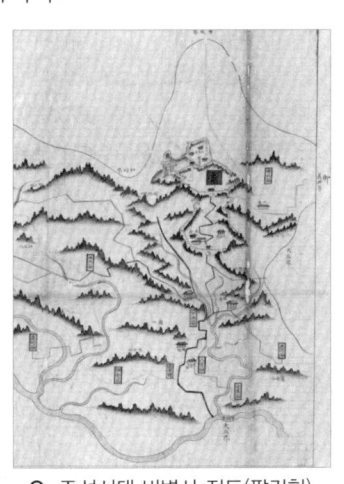

🔍 조선시대 비변사 지도(팔거현)

한 지군사학적 위상(地軍事學的 位相, geo-military situation)를 『선조실록(宣祖實錄)』에서 1597(선조 30)년 4월 21일에 언급한 문장을 그대로 옮겨보고자 한다. "… 양산(梁山)에서 밀양(密陽)과 경산(慶山)을 거쳐 대구에 이르는 길에도 적이 통과하는 하나의 요로(要路)였던 대구(大邱)는 왜병들이 임진년 무혈입성(無血入城)하게 했기에 백성들이 잔인하게 소탕되었던 곳이었다. 대구에서 북으로 뻗어 나가 팔거(八莒)라는 지점(臥薪嘗膽地點)이 있는데, 이곳에 명나라 총병 유정(摠兵 劉綎)이 주둔했던 곳이다. 험애

(險隘) 함은 자못 믿을 만하다(自大丘迤北, 有八莒古縣, 此總兵劉綎先日所駐, 險頗可恃). 팔거(八莒)를 지나면 또 두 갈래 길인데 한 길은 성주(星州)로 가게 되고, 성주성(星州城)은 견고하지 않으나 다시 수축할 만한 곳이다. 다시 더 나아가면 상주(尙州)인데 그 성도 지킬 만하다. 다른 한 길은 팔거(八莒)를 거쳐 서쪽으로 꺾어드는데 고령(高靈)과 금산(錦山) 두 곳을 지나도록 전혀 산성(山城)이 없고, 다시 더 나아가면 추풍령(秋風嶺)에 이른다. 이상의 세 길은 모두가 왕경(王京) 일대에 이르게 된다."344라고 간명하며 솔직하게 표현하고 있다.

임진왜란, 볼링게임에 킹핀(Kingpin) 역할을 했던 팔거현(八莒縣)

1591(선조 24)년 3월 1일 우의정 유성룡(柳成龍)이 일본 통신사(日本通信使) 부사(副使)였던 김성일(金誠一)에게 "그대의 말이 무슨 연고로 황윤길 정사와 말이 다른가? 만일 나라에 전란이 있다면, 앞으로 나는 어떻게 해야 하는가?"라고 묻자. 김성일(金誠一)이 말하기는 "저 역시 어찌 반드시 왜병이 오지 않는다고 장담할 수 있겠습니까? 단지 두려운 가운데 놀란 나머지 현혹됨을 단지 풀고자 했을 뿐입니다."라고 대답했다.345

임진왜란(壬辰倭亂) 때 팔거현(八莒縣)은 한마디로 임진왜란(壬辰倭亂)이란 극동아시아의 대륙세력과 해양세력의 볼링게임에서 팔거현(八莒縣, Palgeohyeon)은 볼링장의 킹핀(kingpin)에 해당했다(In the Imjin War, Palgeohyeon played the role of kingpin in the bowling game between the continental and maritime powers of East Asia). 좀 더 풀이하면, 1) 경상좌도(慶尙左道) 및 경상우도(慶尙右道)를 통합한 전시순행감영지(戰時巡行監營地)

로서, 2) 천조명군(天助明軍) 총병(摠兵) 유정(劉綎) 부대의 왜병과 해전경험이 풍부한 절강성(浙江省) 정예병정(13,000여 명)의 주둔지(駐屯地)였다. 3) 중·왜 화친강화(中倭和親講和)의 중심지(莒城館, 慶尙監營客舍)로 왜관 상인이란 유능한 통역인력(通譯人力)을, 그리고 절강가흥(浙江嘉興) 출신 심유경(沈惟敬, 1537~1599)346 등의 경호인력(警護人力) 공급을 담당했다. 4) 경상감영의 관수(官需)와 유정(劉綎)부대의 군수(軍需)를 이곳에서 해결했다. 5) 왜군 포로병 수용관리와 조선군의 병기훈련(兵技訓鍊) 등에서도 계사·갑오년 대기근(癸巳甲午大饑饉)임에도 불구하고 호국향리(護國鄕里)로 역할을 다했다.

팔거현(八莒縣)에는 1456(세조 2)년에는 경작 농사가 제대로 되지 않아 대부분의 농가에서는 실농(失農)하였다. 8월 13일 조정에서는 팔거현 등에 세금을 절반으로 경감 해주고자 결정(八莒 等邑, 今年失農, 其減田租之半)을 했

Q 팔거현 경상감영 모습

다.347 1547(명종 2)년에도 수해를 많이 입어 경상감사(慶尙監司) 임호신(任虎臣, 1506~1556)은 팔거현 수재에 대해 조정(星州大雨, 洛東江邊東村及八莒)에다가 장계(狀啓)를 올렸다.348 1588(선조 21)년 4월 22일에 팔거현에서는 왜관이 가깝게 있다가 보니 일본인에게 푸대접했다고 하여 팔거현 색리(色吏, 擔當下級鄕吏)를 쫓아가서 잡으려고 했으나 멀리 도망치고 말았으니(八莒縣, 接待埋沒, 欲推色吏, 則盡爲逃散不現) 쫓아가 찾으라는 지시가 하달되었다.349

1592년에 임진왜란이 터지자 팔거현(八莒縣)은 전략적 요충지(戰略的 要衝地)로 경상도 관찰사(觀察使)는 물론이고, 체찰사(體察使) 혹은 순찰사(巡察使) 등이 여러 차례 답사하여 검토한 결과에 따라 팔거현(八莒縣)에서

국란극복전략(國亂克服戰略, national crisis overcoming strategy)은 대략적으로, 1) 천조대명군(天助大明軍) 13,000여 명을 주둔시켜, 2) 왜구와 해전경험이 많았던 절강성(浙江省) 정예부대(摠兵 劉綎部隊)로부터 조선 병정들에게 새로운 병기와 전술을 익히게 하며, 3) 이들에게 전량미(戰糧米)와 각종 병참을 지원하기 위해 경상 관찰사의 순영(巡營)을 팔거현(八莒縣)으로 이전했다. 4) 뿐만 아니라 중왜화친강화(中倭和親講和)를 위한 왜관역관 인력을 이용하였으며, 심유경(沈惟敬) 등의 요인신변경호(要人身邊警護)를 중국 총병(摠兵) 유정(劉綎) 지원군의 정예부대에 맡겼다.

1592(선조 25)년 신속한 병참 보급을 위하여 경주(慶州)에다가 경상좌도(慶尙左道) 감영을 상주(尙州)에 경상우도(慶尙右道) 감영을 설치 운영하였으나, 전시(戰時)에 필요한 일사불란(一絲不亂)보다 중구난방(衆口難防)으로 행정공백(行政空白, administrative vacuum)만 발생했다. 드디어 1593년 5월 1일 총병유정(摠兵劉綎) 부대가 팔거현에 주둔하게 되었다.『선조실록(宣祖實錄)』에서 "명나라 조정에서 사천 총병(四川總兵) 유정(劉綎)을 연달아 파견했는데 복건(福建)·서촉(西蜀)·남만(南蠻) 등에서 소모병(召募兵) 5천 명을 거느리고 성주(星州)에 주둔하고자 진을 쳤다."350라고 기록하고 있다. 이에 따라 1593년 9월에 전시(戰時) 경상도통합감영(慶尙道統合監營)을 성주목 팔거현(八莒縣)으로 이전했다. 총병 유정부대 6,000여 명에서 13,000여 명 가량이 팔거현(松川川邊)351에서 대략 2년 간 주둔하게 되었다. 이와 같은 사례는 초계군(草溪郡, 고려 충숙왕~조선 말) 관아와 권율(權慄, 1537~1599) 장군의 도원수부(都元帥府)가 인접했으며, 병영은 황강변(黃江邊)에 주둔했다.352 수변진영(水邊陣營)을 마련한 이유는 1) 일본군의 장기전에 대비해 수운을 이용한 대량적 병참보급선(兵站補給船)을 차단하고, 2) 아군에게 많은 병정과 병마들에게 물 공급이 쉬운 곳을 선점(先占)

하고, 3) 왜군이 침입 시 생명수를 선점차단(先占遮斷) 함으로써 적을 사지(死地)로 몰아넣게 만드는 육전 최선 진영전략(陸戰最善陣營戰略)이었다.

1593(선조 26)년 윤(閏) 11월 22일 조정에서 유성룡(柳成龍), 윤두수(尹斗壽) 및 심충겸(沈忠謙)이 이곳 총병(總兵) 유정(劉綎)353을 찾아와서 전시상황과 전략 등을 상의하고자 면담을 하였다. 면담 결과를 곧바로 국왕에게 보고했다.354 12월 1일에는 유정(劉綎) 부대에 13,600여 명에게 보급한 한 달 치 군량미가 5,237석이라는데 다른 병영에 비해 너무 많았다. 팔거현 유정부대(劉綎部隊)에다가 순찰사(巡察使)를 보내 군량미의 제공 상황을 현장 점검했으니 알력 다툼으로 제대로 하지 못했다.355

국가위기관리(國家危機管理) 측면에서는 "인간이 자초한 재앙에는 반드시 하늘도 재앙을 덤으로 내린다(自招人災添天災也)." 당시 조선 조정에서는 대륙세력 명나라와 해양세력 일본의 충동이 일

沈惟敬(出處: 百度百科)

촉즉발인 상황을 간파하고도 중립적인 위상을 지키지 못했다. 지나치게 명나라에 쏠리는 바람에 한반도 조선(朝鮮)이 전쟁을 자초하고 말았다(莫中庸位, 過傾明國, 自招戰亂)356.

1592년 4월 13일 동래성(東萊城)이 함락됨으로써 한반도에서 임진왜란 전쟁이 개시되었다. 가렴주구(苛斂誅求)로 "아랫것들은 왜군이 왔다는 소식에 모두가 달아났고 보이지 않았다. 자기들 세상이 왔다는 양 좋아라고 야단인 모양이다."라는 오희문(吳希文, 1539~1613)『쇄미록(瑣尾錄)』에 당시 민심(民心)의 기록이다. 조선 백성은 절반은 조선군(朝鮮軍)에, 너머지 절반은 왜군(倭軍)에 종사(從事)하게 되었음을(賊兵幾何? 半是我國人云, 然

耶?)357, 358 『선조실록(선조 25년 5월 4일)』에서도 기록하고 있다.

　남정네들은 전장에 끌려나갔다지만, 남은 부녀자(婦女子)들은 하루 종일 산사(山寺) 혹은 고성(古城) 등 피신처(避身處)에 숨어있어야 했기에 경작지(耕作地)는 대부분이 황무지(荒蕪地)가 되고 말았으니, 농사를 지을 사람들이 없으니 자연히 실농(失農)했다. 임진왜란(壬辰倭亂)에 따라 1593(癸巳)년과 1594(甲午)년에는 실농과 민심마저 대노(大怒)한 나머지 혹독한 계갑대기근(癸甲大饑饉)이 들었다. 전쟁으로 인한 각종 전염병, 부녀자 겁탈(婦女子 劫奪)과 물건 약탈(物件掠奪)로 의한 민심도 극도로 황폐해졌다. 백성들에겐 남은 거라고는 악만 남았다. 결국은 인육(人肉)을 먹는다는 소문까지 전국에 퍼졌다. 이곳 팔거현(八莒縣)에서도 사람을 잡아먹는 사람이 있다는 소문이 났다. 그 소문을 탐문 조사하고 있던 좌의정 윤두수(左議政 尹斗壽)는 팔거현에 군관을 보내 그 놈을 잡아 죽이도록 명령했다. 끝내 찾아내어서 참했다고 보고(臣往八莒時, 聞有屠人而食者, 卽遣軍官斬之)했다.359 두말할 필요도 없이 당시도 아무런 연고도 없는 힘없는 한 백성이 안타까운 죽음을 당했을 뿐이다.

　팔거현(八莒縣)에 주둔한 총병 유정(劉綎)의 부대에 "모든 병정들이 (타국에서 피 흘려 싸울 필요가 없으니) 빠른 시일에 조국으로 돌아갈 마음에 전의를 상실했다(各兵徑動歸思, 散還八莒)."라는 첩보를 받은 병조판서(兵曹判書) 이덕형(李德馨, 1561~1613)은 팔거현에 주둔하고 있는 총병 유정부대(劉綎部隊)에 방문하여 살펴보고 돌아가서 국왕에게 보고했다.360 보고한 뒤 다음 해 1594년 1월 6일에는 윤두수(尹斗壽)와 유성룡(柳成龍)이 같이 사직상소(辭職上疏)를 하면서 명군철병문제(明軍撤兵問題)를 거론하였다.

　팔거현 주둔 총병 유정(摠兵 劉綎)을 만나서 이 문제에 대해서 깊이 논의했다.361 같은 달 1월 19일에 명나라 병부상서(兵部尙書) 석성(石星)에까지 명군철병문제가 귀에 들어갔다. 종국적인 공론화가 시작되었다. 1월 21

일에는 경성으로 철병(撤兵)하자니 한성(漢城, 일명 京城)의 식량 부족(食糧不足) 문제가 심각해졌다. 하는 수 없이 팔거현(八莒縣)에 그대로 주둔하자니, 그곳마저도 군량미(軍糧米) 공급문제까지 번지고 있었다. 결론은 비교적 식량 사정이 양호한 남원(南原)으로 이동했다가 나중에 한성(漢城)으로 이동하는 방안을 강구했다.362

이렇게 돌아가자 1월 27일 이덕형(李德馨)과 심유경(沈惟敬)은 빨리 전쟁을 끝내는 방안으로 왜군과 화친강화(和親講和)에 치중하게 되었다. 명의 병부상서 석성(石星)은 심유경(沈惟敬)에게 "조선군은 물론 왜군 진중을 흔들어 대는 유격 장군(不僅震鮮軍, 也震日軍, 以遊擊將軍)"이라는 뜻에서 심유격(沈遊擊)이라고 칭송했다. 심유격(沈遊擊)은 항표(降表, 강화조건을 담은 시나리오)를 갖고 왜군 소장(少將)을 동반해 팔거현(八莒縣)의 강화장소인 거성관(莒城館)을 향해 갔다.363

당시 심유경(沈惟敬)이 가진 항포(降表, 항복 의사 표시문)에는 평양에서 이전 해 거론했던 강화조건으로 조선을 대략 반쪽 갈라서 한강 이남 사도(四道)를 왜군이 분할점령(分割占領)하는 방안이었다(沈惟敬, 在平壤講和時, 許割朝鮮 漢江以南四道以與之). 여러 차례 오고 갔던 화친강화는 한마디로 1946년에 상영되었던 「회의는 춤춘다(Congress Dances)」영화를 방불하게 했다. 연일 거성관(莒城館)에서 주지육림(酒池肉林)의 연회(宴會)가 베풀어졌고, 왜·명군의 정성들은 물론 참석자들까지도 '꽃 같은 아가씨(花樣女)'로 잠자리 접대를 해야 한다고 야단법석(惹端法席)만을 떨었다. 당시 조선 백성의 민심은 "침략군은 왜놈인데, 점령군은 땟놈들이다(The invading force is Japanese, and the occupying force is Chines)."라고 했다. 심지어 "땟놈들의 등살에 조선이 망한다(Korean are ruined by the Chinese' backstabbing)."라고 했다.

결국, 다음 해 1595(선조 28)년 2월 2일에는 팔거현에서 진행되었던 중왜강화 교섭(中倭講和 交涉)은 심유경(沈惟敬)의 간사함에 진실을 모르겠다고 조정에 보고되었다. 지지부진(遲遲不進) 속으로만 빠져들어 갔다.364 2월 10일 팔거현 군사시설(軍事施設)에 원인 모를 불이 났다.365 이런 군사적 변고를 쉬쉬했으나, 왜군 첩보(倭軍諜報)를 통해서 조정 국왕에게 보고되는 비정상적(非正常的)인 현상까지 일어났다. 2월 19일에 총병 유정부대(摠兵劉綎)는 팔거현(八莒縣)에서 호남(南原)으로 철병(撤兵)을 공식으로 결정했다.366 3월 4일 가등청정(加藤淸正)과 소서행장(小西行長)을 이간(離間)시키고자 서사(書辭)를 작성하여 팔거현(八莒縣) 유총병(劉摠兵)에게 보냈다.367

劉綎의 모습(出處: 百度百科)

아무리 튼실한 돌다리도 두들겨 보자는 심정으로 4월 3일에도 조정대신들이 전략회의를 했으나 "유정 총병 부대가 팔거현에 주둔함에 대해 민폐는 두 눈 뜨고 못 보나, 지금까지 보탬이 되는 건 털끝만큼도 없었으나 가히 헛지랄했다(劉總兵住八莒, 民弊不貲. 至今無一毫補益, 可謂虛事也)."라는 조정의 평가가 나왔다.368 5월 1일에도 "팔거현에 유정 총병 부대가 2년간 (조선군에게) 군사훈련은 시켰으나 번거로웠을 뿐 실제 효과는 하나도 없었다(而住兵八莒, 二年訓鍊, 三道軍兵, 徒爲煩費, 而一無實效)."라는 평가까지 얻었다.369 5월 3일에도 "유총병의 2년 주둔으로 민폐만 끼쳤지 보탬은 하나도 없었던 허사였다."라는 가장 점잖은 평가였다.370 1596년(선조 29년) 6월 유정 총병부대는 남원(南原)으로 이전하게 되었다. 경상 통합 감영(統合監營)은 이미 경상좌도·우도(慶尙左道·右道)로 분할되어 있었다. 천조대명군 병참보급(天助大明軍 兵站補給)이란 설치 취지(設置趣旨)는 사라졌고, 자연히 경상좌도(慶尙左道)는 달성토성(達城土城)으로 순영(巡營)을 이전하게 되었다.

유성룡(柳成龍)의 『징비록(懲毖錄)』에서 총병유정(摠兵劉綎)

　임진왜란(壬辰倭亂)이란 잔인함을 한마디로 표현하면, 사대수(査大受) 총병(摠兵)이 파주(坡州)에 있는 마산(馬山)역으로 가는 길가에서 어린아이가 기어가서 죽은 어미의 젖을 빨고 있는 것을 보고 불쌍히 여겨 이를 거두어 군중에게 기르게 하고서 영의정 유성룡(柳成龍)에게 말하기를 "왜적은 물러가지 않았는데 인민들은 이 꼴이니 장차 어떻게 하겠습니까?" 하고 탄식하기를 "하늘도 근심하고 땅도 슬퍼할 것이다."371 1593년 4월 20일에 한성을 수복하고, 유성룡(柳成龍)이 명나라 군사를 따라 한양 성안으로 들어갔는데 성내에 남아있던 백성들을 보니, 백 명 가운데 한 명도 온전히 살아있는 사람이 없는 형편이었다. 그 가운데 살아남은 사람도 모두가 굶주리고 병들어 얼굴빛이 귀신과 같았다. 이때 날씨는 몹시 더웠는데, 죽은 사람과 말(馬) 시체가 곳곳에 그대로 나동그라져 늘려있었다. 썩은 냄새가 성안에 가득 차서 길 가는 사람들은 코를 가리고서 지나갔다. 관청과 민간의 집들은 모두 불타고 없어졌다.372

　1593년 5월에 명나라 조정에서는 또 사천 총병(泗川摠兵)으로 유정(劉綎)373을 임명하여 복건(福建), 서촉(西蜀), 남만(南蠻) 등지에서 모집한 군사 5,000명을 거느리고 잇달아 진출했다. 이렇게 하여 성주 팔거(星州 八莒)에 주둔하게 되었다.374 총병(摠兵) 유정(劉綎)은 진주(晉州)가 함락되었다는 소식을 듣고 팔거(八莒)로부터 합천(陜川)으로 달려왔고, 오유충(吳惟忠)은 봉계(鳳溪)로부터 초계(草溪)로 가서 우도(右道)를 지켰다. 적군도 또한 진주(晉州)를 함락시키고서는 부산(釜山)으로 돌아갔다.375 1593년 10월 이여송 제독과 여러 장수들은 모두 본국 명나라로 귀국하였고, 다만 유정(劉綎), 오유충(吳惟忠), 왕필적(王必迪) 등이 군사 1만여 명을 거느리고 팔거에 주둔해 있었다.

서울과 지방의 백성들은 몹시 굶주렸다. 또 군량미 운반하기에 지쳐서 늙은이와 어린아이는 도랑과 골짜기에 쓰려져 있었다. 건장한 사람은 도적이 되었으며, 역질(疫疾)이 겹쳐서 다 죽어 없어졌다. 심지어 부자(父子)와 부부(夫婦)가 서로 잡아먹었는데, 해골만 잡초처럼 드러나 있었다. 얼마 후 유정(劉綎)의 군사가 팔거로부터 남원으로 옮겼다가 또 남원에서 서울로 돌아와, 10여 일 동안 머물러 머뭇거리다가 서쪽 명나라로 돌아가 버렸는데, 왜적은 아직 바닷가에 머물러 있어서 사람들은 더욱 두려워했다.376

1597(丁酉再亂)년 명나라 조정에서 병부시랑(兵部侍郎) 형개(邢玠)를 군문총독(軍門總督)으로 삼고, 요동포정사(遼東布政司) 양호(楊鎬)를 조선군무경리(朝鮮軍務經理)로 삼았다. 마귀(麻貴)를 대장(大將)으로 삼았으며, 양원(楊元), 유정(劉綎), 동일원(董一元) 등이 군사를 거느리고 서로가 잇달아 우리나라로 나왔다.377

1598년 9월 형개(邢玠)는 다시금 군대를 나눠 배치하였는데, 마귀(麻貴)는 울산을 맡게 하고, 동일원(董一元)은 사천(泗川)을 맡게 하고, 유정(劉綎)은 순천(順天)을 맡게 하고, 진린(陳璘)은 바다 물길(水路)을 맡게 하여 같은 때 나아가 적군을 치게 하였으나 모두 이기지 못하였다. 동일원의 군대는 오히려 적군에게 패전하여 죽은 사람이 가장 많았다.378

1598년 10월 유정(劉綎) 제독(提督)이 다시 순천에 있는 적군의 진영을 쳤으며, 통제사 이순신(李舜臣, 1545~1598)이 수군(水軍)으로 적의 구원병을 바다 가운데서 크게 패배시켰으나, 이순신(李舜臣, 1545~1598)은 이 싸움에서 전사했다. 적의 장수 평행장(平行長)은 성(城)을 버리고 도망쳤으며, 부산, 울산, 하동 등 연해에 진을 쳤던 적군도 모두 물려갔다. 이때 소서행장(小西行長)은 순천(順天) 예교(曳橋)에 성을 쌓고 굳게 지키고 있었다. 유정(劉綎)이 많은 군사를 거느리고 나아가 공격하였으나 이기지 못하

고 순천(順天)으로 돌아갔다가 잠시 후에 다시 나아가 공격하였다.³⁷⁹

조선점령군 명군(朝鮮占領軍 明軍)의 폐단에 대해서

영남(嶺南) 선비들은 관대한지? 점잖은 것인지? 아니라면 모명사상(慕明思想) 혹은 사대주의(事大主義)가 강렬했는지는 모르겠지만, 임진왜란 때에 팔거 송천변(松川邊) 총병(摠兵) 유정(劉綎)부대 절강성 정예병이 많게는 13,000명 이상이 2년 이상 주둔했음에도 민폐에 대한 기록이 전혀 없다. 당시 유명한 선비로 서사원(徐思遠)의 『낙재일기(樂齋日記)』, 송원기(宋遠器, 1548~1615)의 『아헌문집(啞軒文集)』 등의 지역 선비들의 문집에도 구체적인 기록을 찾을 수 없다. 심지어 접대낭청(接待郎廳)으로 안동 풍산(豐山) 출신 유연당(悠然堂) 김대현(金大賢, 1553~1602) 선비는 저서 『유연당 선생문집(悠然堂先生文集)』에는 "장군님(劉摠兵)께서 군대를 이끌고 오셨기에, 우리는 더위와 추위를 견디며 많은 고통을 겪어 낼 수 있었습니다. 오늘은 조선에 살아남은 백성들이 집에서 편안하게 누워 밥이라도 먹을 수 있는 건 머리카락 한 올 한 올이 천자님과 장군님 그리고 모든 장군님의 덕분입니다(將軍提師遠臨. 涉暑而寒. 良苦良苦. 夫東方子遺之民. 獲保今日. 以偃仰食息于覆載間者. 秋毫皆, 聖天子及將帥諸公之德也)."라고 시작하는 유정에게 보낸 편지(上唐將劉綎) 2통이 실려있다.³⁸⁰ 당시 이곳의 실상을 알고자 하는 수 없이 당시 임진왜란을 기록한 함양(咸陽)에 살았던 고대(孤臺) 전경운(鄭慶雲, 1556~1610)이 기록한 『고대일록(孤臺日錄)』³⁸¹에서는 찾을 수 있어서 다행이었다. 당시 민폐(民弊)를 짐작하고자 『고대일록(孤臺日錄)』의 기록을 인용하지만, 이곳 팔거현(八莒縣)에서는 함양(咸陽)보다는 수백 배는 더 심각했다.

유성룡의 징비록(懲毖錄)에서는 1593년 5월에 명나라 총병 유정(劉綎)은 대구(大丘) 인근 팔거현에 주둔하고, 오유충(吳惟忠)은 선산의 봉계(鳳溪)에 주둔하고 있

🔍 점령군의 부녀자 겁탈 (출처: 국립중앙박물관)

었다. 유정(劉綎)이 거느린 군사가 오천 명이며, 오유충(吳惟忠), 낙상지(駱尙志), 왕필적(王必迪)의 군사를 합친 것이 1만여 명인데, 성주목 팔거현 등에 주둔하여 적군과 서로 지구전을 하고 있었다.

우리나라에서는 백성들은 군량의 운반에 시달려서, 노약자들은 죽어서 시체가 구렁을 메우게 되고, 건장한 사람은 도적으로 변하는 형편이었다. 그러한 데다가 전염병과 흉년까지 겹쳐서 거의 다 죽게 되어 아비와 자식이 서로 잡아먹는 지경이 되었다. 얼마 후(1595년 5월) 유정(劉綎)의 군대가 남원으로 이동하였다가 또 남원에서 도성으로 돌아와서 서쪽 나라(명나라)로 가버렸다.382

당시를 짐작할 수 있는 몇 가지 사례를 살펴보면, 1) 계사년(癸巳年, 1593년) 2월 15일 판교 오운(吳澐) 초계군수 곽율(郭慄, 1525~1584), 산음현감 김락(金洛), 단성현감 조종도(趙宗道), 김정용(金廷龍), 함안의(咸安義) 등이 군 동헌(東軒)에서 함께 모여 천군(天軍, 명나라군) 접대하는 일을 의논했다.383 또 경상우도(慶尙右道) 10읍에 통문을 보내어 유사(有司)를 분정(分定)했다. 큰 읍은 술 50동이, 소 3마리, 작은 읍은 술 30동, 소 2마리를 배당했다. 천병(天兵, 劉綎部隊)이 남하하는 날을 기다렸다.384 2) 1593년 5월 30일 나주, 고산, 만경, 흥덕, 임피 등의 수령들이 모두 군에 도착했다. 당병(唐兵, 天兵)을 접대하기 위해서다.

3) 1593년 7월 9일 천병 유총병(劉摠兵)의 군대가 함양군에 도착했다. 4) 12월 4일 유총병 군이 이르렀다. 함양군의 선비들이 소 2마리, 술 10동이, 꿩 6마

리를 큰 접시에다가 담았다. 과일 접시는 각색의 과일을 7 혹은 8접시를 뜰에 진설했다. 군을 맞이하는 예물 목록(禮物目錄)을 적은 글을 동헌 앞에서 올렸다. 한 고을의 선비들이 뜰 아래에서 서서 재배하였다. 5) 7월 11일 총병이 사방으로 나가 수색하니 사람들이 집을 비웠는데, 백성들이 그 고통을 이기지 못했다.385 6) 7월 14일 천병(天兵)이 함양군(咸陽郡)에 가득하고 백성들은 한결같이 집을 비웠다. 약탈하는 피해가 왜놈들이나 다름이 전혀 없었다.386

7) 7월 15일 내가 집으로 와서 가정을 살펴보니 창호(窓戶), 문호(門戶) 및 병풍(屛風) 책자들은 모두 천병들이 약탈해 가져가 버렸다. 큰 대나무 천죽(川竹)도 하나도 남음이 없었다.387 8) 8월 1일 겁탈하려는 군병에게 정절을 지키려던 지부(志夫)를 구타해 얼굴이 깨지고 피가 흘렀으며 몸도 중상이었다.388 9) 1593년 4월 25일 정사연(鄭士淵)을 만나 개녕(開寧), 부산(釜山)에서는 민란(民亂)을 겪으면서도 관인(官人)이 서로(사람) 잡아먹는다는 소식을 듣고 경악을 감추지 못했다. 세상이 이 지경에 이르렀음에 탄식했다. 이는 누구의 잘못인가?389 10) 갑오년 농사철임에도 한 달 동안 비가 내려 백 가지 곡식이 모두 상했다. 목화(木花)가 더욱 심하게 피해를 입었다. 겨울이 오면 배고픔과 추위가 함께 극에 달할 것인데?390

11) 갑오년 8월 23일 화적(火賊) 떼가 최별감(崔別監) 집을 약탈했다고 하니 지극히 통탄할 일이다. 슬프도다. 농사는 되지 않고, 사람들은 굶주리니 도적들이 서로 일어나 혹은 산중(山中)에 모이고 혹은 대낮에 사람을 가족들에 앞에서도 부녀자를 겁박해 겁탈하는 생지옥(生地獄)이다. 이 세상이 얼마나 망가져야 끝나겠는가?391 12) 갑오년 10월 19일 상주 목사 정기용(鄭起龍, 고대의 8촌)이 명령을 내려 북면(北面)의 적을 체포해 보니, 양반 박홍령(朴弘翎)이 함께 있었다니, 인심(人心)이 흉악(凶惡)해짐에 이렇게까지 추락했다네.392

Ⅱ.
팔거 경상감영 시대 관찰사와 그들의 업적

1.
팔거현 경상감사(八莒縣 慶尙監司)로 누가 왔는가?

경상도선생안(慶尙道先生案)393에서 팔거 경상도 관찰사(慶尙道觀察使)는?

고려 문종(文宗)부터 조선을 거쳐 대한제국(大韓帝國)까지 경상도 도백(道伯)을 지냈던 이들의 명단을 수록한 증보경상도선생안(增補慶尙道先生案)을 기반으로 하여 팔거현 경상감영 시대에 관찰사(觀察使)에 대해 살펴보고자 한다. 도백(道伯)이라고 칭했던 용어로는 고려(高麗) 초에는 절도사(節度使)라고 했다가 1012(顯宗 3)년에 안찰사(按察使), 1064(文宗 18)년에는 도부서(都部署), 1113(睿宗 8)년에는 다시 안찰사(按察使), 1276(忠烈王 2)년에는 안렴사(按廉使), 1388(昌王 元)년 도관찰출척사(都觀察黜陟使)라고 했다. 조선 시대(朝鮮時代)에 들어와서 초창기(草創期)는 고려 때 명칭인 도관찰출척사(都觀察黜陟使)라고 했다가 1466(世祖 12)년에는 줄여서 관찰사(觀察使)로 개칭했다. 도백(道伯)을 지칭하는 명칭으로는 감사(監司), 방백(方伯), 외헌(外憲), 도선생(道先生), 영문선생(營門先生) 등으로 칭했다.

경상도선생안(慶尙道先生案)을 기반(基盤)으로 조선 시대 선조(宣祖) 때에 경상(좌·우)도 관찰사로 임명을 받은 분들은 526대 박계현(朴啓賢), 527대 정유길(鄭惟吉), 528대 강섬(姜暹), 529대 이양원(李陽元), 531대 박대립(朴大立), 532대 송찬(宋贊), 533대 임열(任說), 534대 노진(盧禛), 535대 김계휘(金繼輝), 536대 윤근수(尹根壽), 538대 박근원(朴謹元), 539대 박소립(朴素立), 541대 이린(李燐), 542대 유홍(兪泓), 543대 최옹(崔顒), 544대 정

지연(鄭芝衍), 545대 허엽(許曄), 546대 정언지(鄭彦智), 547대 홍성민(洪聖民), 548대 윤탁연(尹卓然), 550대 유훈(柳塤), 551대 유성룡(柳成龍), 552대 권극례(權克禮), 554대 이산보(李山甫), 555대 유영립(柳永立), 556대 권극지(權克智), 558대 김수(金晬), 560대 홍성민(洪聖民), 561대 김수(金晬), 562대 한효순(韓孝純. 팔거현 감영), 565대 김성일(金誠一), 566대 김륵(金玏), 567대 홍이상(洪履祥), 570대 서성(徐渻), 571대 이용순(李用淳), 573대 윤승훈(尹承勳), 574대 정경세(鄭經世), 575대 유영경(柳永慶), 577대 한준겸(韓浚謙), 578대 김신원(金信元, 1601년 5월24일 대구로 이전)394, 580대 이시발(李時發), 582대 이시언(李時彦), 583대 유영순(柳永詢), 585대 정석호(鄭眼湖) 등이 임명되었다.

Q 조선왕조실록, 조준의 기록

경상도선생안(慶尙道先生案)에서 우리에게 잘 알려진 인물로, 1) 윤탁연(尹卓然, 1538~1594)은 1581(선조 14)년에서 1582(선조 15)년에 경상도 관찰사를 역임했으며, 그는 상주목사(尙州牧使)에서 승차 형조참판을 지냈다. 2) 유성룡(柳成龍, 1542~1607)은 1583(선조 16)년에서 1584(선조 17)년에 관찰사를 지냈으며, 상주목사(尙州牧使)에서 승차하여 부제학(副提學)으로 전출하였으며, 선조 때 영의정을 역임했다. 3) 김수(金晬, 1547~1615)는 1591(선조 24)년 1592(선조 25)년에 관찰사에 임명되었으며, 홍문관 부제학(副提學)에 전입하여 한성판윤(漢城判尹)에 전출하였다. 그는 임진왜란 발생 당시에 경상도 관찰사를 역임했다. 4) 김홍미(金弘徵)는 1592(선조 25)년과 1594(선조 27)년에 도사(都事)를 역임했으며, 이조정랑에 전입했다. 5) 조즙(趙濈, 1568~1631)은 1598(선조 31)년에 도사(都事)를 역임했고, 정언(正言)에 전입했다395. 6) 정경세(鄭經世, 1563~1633)는 1598(선조 31)년에 관찰사를 거쳐 우승지에 전입하였으며, 대사성(大司成) 및 대제학(大提學)을 역임했다.

국란을 극복한답시고 분도합도(分道合道)에 갈등까지

경상도의 분도(分道)와 합도(合道)를 몇 차례 시도했으나 효과보다는 솔직하게 말해서는 1) 마음속에 있는 관료에게 한 자리를 마련했다는 위인설관(爲人設官)이었거나, 2) 관직 혹은 권력 나눠 갖기(分官分權, jop sharing)를 한다는 구색물목(具色物目)으로 사용해 왔다. 고려 시대(高麗時代)부터 언급하면 1186(明宗 16)년 경상주도(慶尙州道)로, 1314(忠肅王 元)년에 경상도(慶尙道)를 개칭했다. 조선시대(朝鮮時代) 들어와 1408(太宗 8)년 경주안동도와 상주진주도로 분도했으며, 1416(太宗 16)년에 경상좌도와 경상우도로, 그리고 1519(중종 14)년에는 낙동강(洛東江)을 기준으로 동쪽은 좌도(左道), 서쪽은 우도(右道)로 나눠 통치했으나 같은 해 다시 통합했다. 1592(선조 25, 壬辰)년 4월 13일 임진왜란(壬辰倭亂)396, 397이 터지고 15만여 명의 왜군이 해일처럼 몰려 왔다. 당시 조선의 정규병력은 4만7천여 명으로 함경도(북측) 국경에 집중해 있다가 일본 왜군이 남쪽에서 쳐들어오자, '호떡 집에 불난 꼴(像胡餠店之著火一樣)'을 보여주었다. 왜군이 침입하는 남동부 해안(南東部海岸)을 담당했던 경상도는 왜군창궐(倭軍猖獗)로 주요 교통로마저 완전히 마비되고 말았다(倭賊瀰滿, 道路不通,). 이에 '국란위기의 관할범위(國亂危機管轄範圍, Scope of National Crisis)'가 비교적 방대하다는 이유 하나만으로 경상도를 경상우도와 경상좌도로 분할, 관찰사 겸 순찰사를 임명해 분할관리(分轄管理, Division Management)를 1592(선조 25, 壬辰)년 8월부터 시도했다.398 그러나 위기국한조치(危機局限措置, crisis limit measure) 차원(次元)에서 분할관리(分轄管理, Division Management)는 1) 이해상반의 의사결정에 갈등만 외현(外現), 2) 책임회피와 적시적소의 긴급대책의 실기(失機), 3) 책임소재와 관할구역 떠넘기기(免避) 등으로, 10월 6일 경상우도감사 김늑(金玏, 1540~1616)이 국왕에게 장계를 올려서(馳啓) "경상좌도 성주(星州)를 비롯한 8개 읍은 쑥대밭이 되어 경작할 곳이 전혀 없어졌습니다. 경상우도는 함안(咸安)을 포함한 9개 읍은 도적들의 소굴이 되어 완전히 분탕(焚蕩)되고 도탄(塗炭)에 빠졌습니다(自星州以上八邑, 蒿荻之外, 更無餘牧; 咸安以上九邑, 方爲賊窟. 其餘各邑, 又被賊患, 蕩敗塗地)."라고 참혹한 결과를 보고하여 다시 통합해야 한다고 건의했다.399

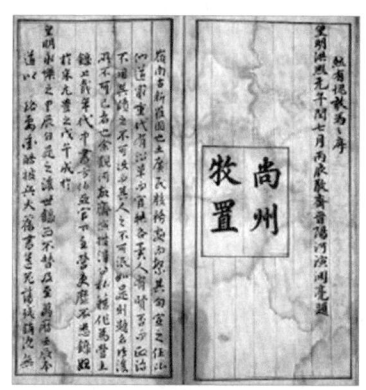

경상도선생안(출처: 상주박물관)

그는 다음 1593(宣祖 26, 癸巳)년 10월에 다시 경상도 관찰사(慶尙道 觀察使)로 임명했다. 동시에 경상감영을 천병(天子國兵, 大明朝鮮支援軍)400 총병 유정(摠兵 劉綎) 부대가 주둔하고 있는 성주목 팔거현(八莒縣)으로 경상도 감영을 1593(宣祖 26, 癸巳)년 9월에 이전했다. 그런데 1595(선조 28, 乙未)년 2월 27일에 또다시 땅(광대한 행정 관할구역으로)이 넓어 통치가 어렵다(以地広難治)는 사유로 다시 좌도와 우도로 분도 했다. 이번에는 효과적이겠지 했으나 '혹시나 했다가 역시나(to hope, but it turned out to be true)'로 끝났다. 결국은 1596(선조 29, 丙申)년 6월에 다시 경상도(慶尙道)로 통합했다(還分左右 丙申六月 復合爲一).

1592년 4월 13일 임진왜란으로 1596년 6월까지 경상도 감영을 상주에서 1593년 9월에 성주목 팔거현(星州牧 八莒縣)으로 이전했다. 물론 그동안에 2차례 경상좌도와 경상우도로 분도(分道) 했다가 합치는 조치가 이어졌다. 그때 경상감사로 부임하셨던 분들에 대해서 경상도선생안(慶尙道先生案)에서 간추려 보면 관련된 분은 1) 김수(金睟, 右道觀察使)401, 2) 한효순(韓孝純, 左道觀察使)402, 3) 김성일(金誠一, 左道觀察使 3일 만에 右道觀察使)403, 4) 김륵(金玏, 右道觀察使)404, 5) 홍이상(洪履祥, 慶尙道觀察使)405, 6) 서성(徐渻, 右道觀察使)406, 7) 이용순(李用淳, 左道觀察使)407 등으로 팔거현 경상감영에서 근무했던 분들은 한효순(韓孝純), 홍이상(洪履祥) 그리고 이용순(李用淳) 관찰사다.

성명	전직명	재임기간	전임 및 퇴임
김수(金睟)	홍문관 부제학	1591.7.~1592.9.	1592.8. 우도관찰사 한성부판윤
한효순(韓孝純)	영해부사	1592.9.~1594.8.	경상좌도감사 변란으로 유임 체직으로 이임
김성일(金誠一)	초유사	1592.9.~1583.4.	3일만 경상우도감사 가선대부 병사
김륵(金玏)	안집사	1593.5.~1593.10.	경상우도감사 승정원 도승지 이임
홍이상(洪履祥)	승정원 좌승지	1594.8.24.~1596.4.6	경상우관찰사 사정이 밝아 유임 동지중추부사 이임
서성(徐渻)	순무어사	1595.3.1.~1596.6.7.	경상우도관찰사 호군 이임
이용순(李用淳)	나주목사	1596.4.~1598.2.26.	경상좌도 관찰사 동지중추부사 이임

　　당시 성주목 팔거현(星州牧 八莒縣)에는 1593년 5월 1일에 "명나라 조정에서 사천 총병(四川總兵) 유정(劉綎)을 연달아 파견했는데, 복건(福建), 서촉(西蜀), 남만(南蠻) 등지에서 소모된 병정 5천 명이 성주목 팔거현(星州牧 八莒縣)에 진영을 치고 주둔을 했다."408 이렇게 시작된 총병(摠兵) 유정 부대(劉綎部隊)가 2년 만에 남원(南原)으로 이전했다. 임진왜란이란 국란 극복(國亂克服)을 위해 중시했던 천병(天兵 혹은 天遣之兵, 즉 劉摠兵部隊)의 병참을 담당했던 경상감영은 팔거현 이전 취지를 상실하자, 1596년 6월에 팔거현(八莒縣)에서 새로운 전략적 중심이었던 대구 달성토성(達城土城)으로 이전하게 되었다.

　　『선조실록(宣祖實錄)』에 등장하는 경상도 관찰사는 1) 1592년 8월 7일에 경상도 관찰사 김수(金睟, 1547~1615), 2) 임진왜란이 발발하고부터 백성들의 고통을 들어주고 효과적인 국난 극복을 위해 경상좌·우도를 분할 관리하고자 경상좌도 감사 김성일(金誠一)과 경상우도 한효순(韓孝純, 1542~1621)을 임명해서 맡겼다. 그러나 12월 5일 경상좌도 감사에 김성일(金誠一, 1538~1593.4.29.)이 임명되었다. 3) 1593년 4월 17일 한효순(韓孝純)은 경상좌도 감사로, 같이 날에 김성일(金誠一)을 경상우도 감사로(相避制), 4) 1593년 6월 15일에 경상도(慶尙道) 관찰사 한효순(韓孝純)으로, 5) 1593년 7월 9일 경상우도감사 김늑(金玏, 1540~1616)이 10월 6일에 좌우도 합칠 것을 건의했다. 그해 11월(윤) 8일 김늑(金玏)은 한성 우윤(漢城右尹)으로 자리를 옮겼다. 6) 1592년 8월 3일 경삼감사로 홍이상(洪履祥, 1549~1615)이 왔으며, 그도 자리를 옮겨서 1597년 6월 22일 경기도 관찰사에 홍이상(洪履祥)이 임명되었다. 7) 1595년 9월 12일 경상우도 감사에 서성(徐渻, 1558~1631)이, 1596년 경상도 관찰사가 되었다가 1596년 6월 동부승지(同副承旨)로 승진했다. 8) 1596년 4월 27일 나주목사(羅州牧使)에서 경상감사로 이용순(李用淳, 생몰 연도 미상)409이 전임해 왔다가 1598년 1월 6일 불미스러운 일로 국왕에게 보고되었다.

팔거현 경상감영(통합/좌도)에서 무슨 일들이 있었나?

성주목 팔거현(星州牧八莒縣) 경상감영(慶尙監營 或 慶尙左道監營)에서 감사(監司)로 일했던 분들은 1592년 8월 7일 경상우도 관찰사 한효순(韓孝純)이 1593년 4월 17일 경상좌도(慶尙左道) 감사로 오게 하여 경상좌도 관찰사였던 김성일(金誠一)과 맞바꿨다.410 이렇게 수정함에는 사실 김성일에겐 "왜란은 절대 없을 것이다."라는 말로 만백성에게 미운털이 박혀있었다. 1592(선조 25)년 8월 7일로 김성일을 경상좌도 관찰사로 제수했을 때, 김성일은 의성김씨였기에 일가친척(貫鄕)이 있는 경상좌도 의성을 관향으로 했다. 이런 꼬투리 하나를 잡고 '광의적 상피제도(廣義的相避制度)411를 위반했다.'라는 당쟁 논란(상소가 빗발치기)이 8개월이나 지속했다. 마지 못해 1593(선조 26)년 4월 17일 김성일과 한효순(韓孝純)을 경상좌·우도 관찰사로 맞바꿨다. 한효순에 이어 1594년 8월 24일 경상도 관찰사에 홍이상(洪履祥)이 왔다. 그다음은 1596년 4월 27일 경상감사(慶尙監司) 이용순(李用淳)이 왔다가 1598년 1월 6일로 동지중추부사(同知中樞府事)로 옮겨 갔다. 이들 세 분에 대해서 선조실록에서 팔거현에 관련된 몇 가지 사실을 아래와 같이 간추려 본다.

한효순(韓孝純)이 1593(선조 26)년 4월 18일 경상좌도 관찰사(慶尙左道觀察使)로 임명된 다음 날에 국왕은 "경상도의 군량미(軍糧米)가 매우 우려된다고. 공명 고신첩(空名告身帖)을 김성일과 한효순(韓孝純)이 있는 곳으로 보내라."라고 하명(下命)을 내렸다.412 한마디로 관직을 팔아서 군량(軍糧)을 확보하라는 말이었다. 같은 해(1593) 6월 7일 한효순(韓孝純) 관찰사는 국왕에 장계를 올렸다. "제독(明支援軍 長帥 李如松)이 매번 군량미(軍糧)와 말먹이(馬草)가 부족하다고만 하오니, 앞으로 우려됨은 이루 말로 다 표현할 수 없습니다. 그러나 경상도에서 남아있는 곡식을 긁어모아, 양호(兩湖: 湖南湖西)에서 운송한 곡식도 같이 독촉하여 수송·보충하면 똑 떨어질 염려가 없을 것입니다."라는 호조(戶曹)의 판단에 국왕이 따랐다.413 다음 7월 11일 한효순(韓孝純) 관찰사가 국왕에게 보낸 장계는 "경상도와 양호에서 운송되는 군량은 밤낮으로 와서 쌓이고 있어 군량 보급에 우려는 없는데, 명나라 군대가 이곳으로 내려와서 싸움을 하지 않는다(所憂者天兵終不下耳)."414라는 내용이었다.

이어 1594(선조 27)년 6월 18일 국왕에게 심충겸(沈忠謙)이 "양남(兩南: 湖南과 嶺南)의 감사를 해낼 수 있는지는 잘 모르겠습니다. 한효순(韓孝純)이 지금 중병을 앓고 있다고 합니다. 지금과 같은 때 사람만이라도 제대로 얻어도 일을 성취할 수 있을 텐데 이처럼 사람 발탁을 감히 의론을 못 하겠습니다."415라고 했다. 1594(선조 27)년 8월 27일에 한효순(韓孝純) 전 경상도 관찰사가 말을 타고 와 장계를 올리기를 "대마도 태수 평신 의지(豊臣義脂: 平義智)와 평조신(平調信)이 화친을 요청하는 서신을 방어사(防禦使) 김응서(金應瑞)에게 보냈으니, 제가 글씨를 보니 왜적의 서신이 틀림없이 보여서 이들의 서신을 동봉하여 올립

Q 八莒縣弓城圖
(出處: 韓國鄕土文化電子大典)

니다."라고, "(국가에 중대한 영향을 끼치는 일이라서) 제가 마음대로 답장을 써서 줄 수가 없었습니다."416라고 했다. 이에 대해 9월 6일에 비변사(備邊司)에서 글의 행간을 읽으니 계책이 들어있는 바라(以爲行間之計可也) 왜적을 이간하는 문제를 국왕에게 아뢰었다.417

오늘날까지 궁성덤(弓城堰, 일명 궁성 더미) 혹은 궁성정(弓城亭)이란 지명이 남아있다. 이 지명을 과거 풍수지리적 이치를 '밑에서 위로 거슬러 생각하기(turn-(bottom-top thought)'로 통역한다면 1) 경상감영이 왜 그곳에 들어서게 되었는지는 물론이고, 2) 왜 그곳에 자리를 잡게 했는지 철학적 의미(哲學的 意味)를 해명해 주고 있다. 팔거현(八莒縣)으로 임진왜란이란 국란을 극복하기 위한 전시통합 경상감영의 적합한 자리를 찾고자, 1) 한효순 관찰사가 앞장서서, 2) 윤두수(尹斗壽) 및 유성룡(柳成龍) 등의 상국(相國)을 비롯하여 팔거현 관아에 내려와서, 3) 주변 산야를 몇 차례 살

펴봤다. 4) 그때 '활 모양으로 몇 겹이고 둘러싼 산 모양이 천혜 길지(山疊護保, 弓形山城, 天惠吉地)'라는 산수(山水) 모양새가 눈에 들어왔다. 이에 착안해 감영 터전을 잡았다.418 경상감영의 이전사업을 국난 극복에 '새로운 명활(新命活)' 선택의 의미를 부여해 과녁(貫革, 國亂克服)을 명중시킬 수 있게 '활의 줌 통(손잡이)'에 해당하는 곳에다가 경상감영을 배치하게 되었다. 이미 당시는 팔거현 들판을 궁성들(弓城野)이라고 했고, 구수산을 궁성덤(弓城堰)이라고도 했다.419 사실은 기존의 지명, 산세 및 팔거현의 입지에 대한 재해석(再解析)과 철학적 의미부여(哲學的 意味)였다.

『선조실록』에서 경상도 관찰사 홍이상(洪履祥)의 모습

다음으로 홍이상(洪履祥) 관찰사에 대해 1594(선조 27)년 8월 3일에 임명되어420, 8월 24일에 경상도 관찰사 겸 순찰사로 부임했다. 그런데 8월 27일 이전 경상도 관찰사 한효순이 국왕에게 치계하였다. 이를 비변사에서 검토한 결과 왜적의 이간계, 즉 1) 전 경상감사(韓孝純)와 현 경상감사(洪履祥)의 이간, 2) 국왕에게도 과거 통신사(黃允吉과 金誠一)까지 불신하게 하는 이중 이간계(二重離間計)였던 사실을 홍이상(洪履祥) 경상감사와 도원수에게 사실을 하교(下敎)하라고 하자 국왕이 9월 6일에 그의 말에 따랐다.421 1595(선조 28)년 1월 22일 유성룡(柳成龍)이 국왕에게 "전일 한효순이 경상도관찰사로 있을 때 비록 문란함은 있는 듯하지만 그래도 군량은 계속 조달되었는데, 홍이상 관찰사가 취임하고 그때부터 10월부터 인원수에 따라 군량을 안분배정(安分配定)하였기에 그 수량이 많지 않습니다."라고 했다. 국왕이 "안분배정(安分配定) 즉 분정(分定)이란 무슨 뜻인가?"라는 질문에 유성룡(柳成龍)은 "군사 숫자가 몇 명이면 군량이 얼마라는 말입니다. 군사는 자신뿐 아니라 종과 말이 따라서 먹으니, 이래서 더욱 어렵습니다. 적에게 포로가 되었다가 나온 사람들은 모두 먹을 것이 없어서 도로 적중(敵中)으로 들어갔습니다. 변진(邊鎭)에 들어가서 방어했던 사람(入防出身)도 먹을 수 없어서 각 읍으로 나눠 보냈으니 적이 쳐들어 온다면 군병(軍兵)을 집합시키기가 참으로 어렵게 되었습니다."라고 문제점을 제시했다.422

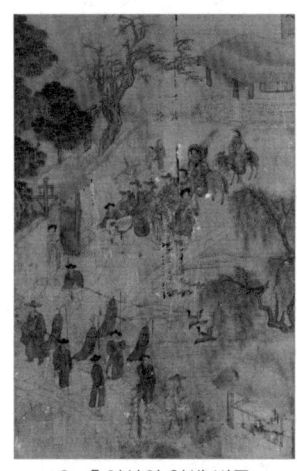

홍이상의 일생 병풍
(출처: 국립중앙박물관)

1594(선조 27)년 8월 15일 국왕이 홍이상(洪履祥)을 경상도 관찰사로 보내면서 인견(引見)을 해서 대화를 했다. 대화 가운데 "경상도(慶尙道)엔 풍습이 잘못된 지가 오래다. 비록 친형제(親兄弟)라도 천자문(千子文)을 배우고 고상한 이야기를 하면 높은 자리에 앉히고 대우를 하지만, 활과 화살을 가지고 무술(武術)을 익히면 뜰에 내려가게 하고 천대(賤待)한다. 그래서 변란을 당하기 전에 상주(尙州)에는 궁수(弓手)가 3인뿐이었다고 한다. 풍속(風俗)이 이와 같아서야 어떻게 적병(敵兵)을 막겠는가? 또 신묘(辛卯) 연간에 조회 오는 왜인이 연이어 2년을 오지 않자 영남사람들은 저들에게 자중지변(自中之變)이 있다 핑계하면서 적이 반드시 오지 않는다고 하였으니 이렇게 깔봐서 되겠느냐? 백 번을 싸운 후에야 반드시 좋은 장수가 있는 것이니 홍이상(洪履祥) 자네가 경상도(慶尙道)에 가서 장수의 재목(材木)이 있거든 찾아서 아뢰도록 하라. 중국은 비록 도적이나 오랑캐일지라도 다 등용하기 때문에 저 이평호(李平胡) 같은 사람도 도독(都督)이 되었다. 우

리나라 사람은 장수(長帥)는 항상 장수이고, 군졸(軍卒)로 있는 자는 항상 군졸로 있게 된다."423라고 당부했다.

1594(선조 27)년 8월 15일 경상감사 홍이상(洪履祥)은 장계로 보고하기를 "항복하려는 왜인 제정(諸正, 투항하는 왜군에게 관직을 제대로 주는 일) 처리에 있어서 만약 그 무리를 모두 거느리고 나온다면 매우 난처한 일이 생깁니다. 타일러도 따르지 않고 함부로 나오거나 혹은 공손하지 못한 태도가 있다면 어떻게 처리해야 되겠습니까?"424라고 하자, 국왕과 비변사의 대답은 "문서로 서약을 하고, 약속을 따르지 않으면 무기로 대응하라. 비변사에서도 대응하겠다."라는 전교(傳敎)를 다음 날 8월 16일에 어보(御寶)를 찍어서 보냈다.425 11월 17일 경상감사 홍이상의 장계에선 "당초 왜군의 투항(降倭)을 유인해 왔을 때는 극도로 후대하다가 시골 아낙네들을 잡아다가 겁탈을 하고 눈에 띄는 주민들을 매타작하는 등 그들이 멋대로 교만방자하게 처신하면 그 해독에 견디기 어렵게 된 뒤에는 손대기가 어렵습니다."426라는 내용이었다.

한편 1594년 10월 18일 걸쳐 경상감사 홍이상(洪履祥)이 일본 모리씨가문(毛利氏家門) 가신 '가야시마 기헤이(鹿兒島紀平)'를 정3품 당상관 절충장군 용양위(折衝將軍 龍驤衛)라는 고위 무관에 임명했던 고

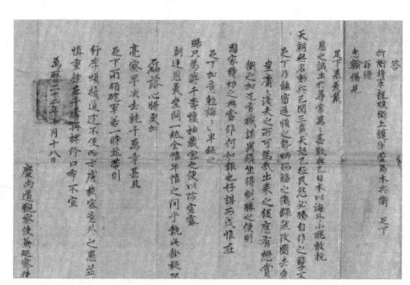

왜인무관 임명장(출처: 日本九州博物館)

신(告身, 一名 職牒 오늘날 任命狀)이 현재 일본 구주 국립 박물관(九州博物館, emuseum.nich.go.jp)에 소장되어 있다. 당시 국왕의 인장(印章)이었던 '시명지보(施命之寶, 國璽)'가 날인되어 있었고, 동시에 경상도 관찰사 겸 순찰사 홍이상(洪履祥)의 수기(手記 或 手決)가 되어있었다. 이외에도 동래거주

적병의 포로였던 송창세(宋昌世)427에게 보낸 '홍이상의 전령(洪履祥之傳令)'에서 가야시마 기헤이(鹿兒島紀平)가 왜병들에게 조선 측에 투항하도록 쏟은 노력에 대해 치하(致賀)하고 있었다.

1594년 9월 14일에는 경상도방어책(慶尙道防禦策)을 수립하여 국왕에게 장계로 보고하니 "둔전병(屯田兵)으로 하여금 적을 막는 곳은 아무쪼록 앞뒤가 서로 구원하고 좌우로 협세할 수 있어야 적으로 하여금 뒤가 염려되어 공격에 전념(專念)을 못 하게 하며, 우리에게 있어서 진퇴(進退)와 기각지세(掎角之勢)428를 만든 연후에야 아무리 급한 일이 창졸간 생기더라도 여지(餘地)없이 무너지기에 걱정이 없을 것입니다."429라는 방어계책을 올렸다. 그러나 경상도방어책에 대해서는 10월 13일 비변사(備邊司)가 왜적을 방비하는 일을 회계함에서 "여러 장수들의 용병(用兵)이 대개가 후일 경계 삼고자 하는 것이다. 주사(舟師)가 이미 공을 세우지 못하였고, 또 경상감사 홍이상(洪履祥)이 근거로 삼았던 원균(元均)의 첩보(牒報) 내용으로 보면, 공을 세우지 못했을 뿐만 아니라 약세만 내보이고 업신여김을 당함이 너무 심하며, 육군과 수군을 겨우 어렵게 수합(收合)하여 한 가지 이익도 얻지 못하고 돌아옴으로써, 군사들의 마음이 모두 동요되었다."430라는 평가를 받았다.

1595(선조 28)년 1월 24일 경상도 관찰사 홍이상(慶尙道觀察使 洪履祥)은 군량의 부족이 극심하여 방책을 국왕에게 상신(上申)했는데, "군량미 절약방안으로 동절기 방수(防戌)를 조금 쉽게 하여 군량미를 절약하는 방안이 있으나 이 방안에는 막상 전투가 벌어져서 집합을 시켜도 오합지졸(烏合之卒)이 될 것이고, 강한 적에게는 한 구덩이 다 죽게 하는 꼴이 될 것이니 방책이 보이지 않는다."라고 하교(下敎)를 바란다는 장계였다.431 2월 4일에는 홍이상(洪履祥) 경상도 관찰사(慶尙道觀察使)는 경상좌도와 경상

우도로 분도(分道)하여 치세를 설득하는 논리는 "(과거 좌·우도로 나누었을 땐 중국군의 접대 및 관급자재 등에 서로 책임을 미루고 나눴으나) 관할 지역이 넓어서 적군 침입에 큰 공간의 사각지대(死角地帶)가 생기고, 군기책응(軍機策應), 유민소집(招集遺民), 권농사업 등에도 매번 실기했다."라는 논리였다. 국왕을 장계에 의해 다시 분도(慶尙分道事, 依啓)를 하도록 명령을 내렸다.432, 433

『선조실록』에서 경상도 관찰사 이용순(李用淳)의 모습

1596(선조 29)년 2월 19일에 이용순(李用淳)을 경상좌도 관찰사(慶尙左道觀察使)로 임명했다434. 그런데 2일이 지난 2월 21일에 사헌부(司憲府)에서 이용순(李用淳)을 해임하라고 청했다. 해임 사유는 "사람 됨이 용렬하고, 명망 역시 가벼운 사람이라 사람과 직책이 맞지 않음이 이보다 더 심각할 수 없습니다(名望又輕, 人器之不稱甚矣). 바라건대 임명을 철회하시기 바랍니다. 경상도 방백은 책임 극히 중대합니다. 온갖 조치와 대응의 방법에 있어서 한 걸음을 헛디디는 사이에 사기(事機)가 바로 변동되고 상대가 뒤따를 것이니, 진실로 재략을 겸비하고 위엄과 덕망이 현저한 사람이 아니면 결코 감당하기 어렵습니다(苟非才略兼備, 威望素著者, 決難承當)."435라고 제안을 했다. 3월 7일에 비변사의 의견을 종합한 뒤에 국왕은 이용순(李用淳)을 경상도 관찰사로 임명하라고 하명을 내렸다.436

이렇게 부임에 갖은 마음고생을 했던 이용순(李用淳) 경상좌도 감사는 4월 27일에 국왕에게 장계를 올렸다. "경상좌도 병마절도사(慶尙左道兵馬節度使) 고언백(高彦伯)의 보고에 의하면, 좌수영(左水營)에 투항한 일본 병사 노개칠치(路介叱致, 노스케 히타치. 스스로 진중에 뛰어들어 투항한 왜병)의 첩보(諜報)에 의하면 '풍신수길(豊臣秀吉, 도요토미 히데요시) 관백(關白)은 어린 아들 하나만을 두었을 뿐이며, 나이는 63세로 몸이 쇠약하여 그다지 건강과 용건(勇健)이 없는 상태인데도 중국 중원(中原)을 치겠다고 말을 하면서 정예병사(精銳兵士)를 뽑고, 군기를 제작하고 3배나 되는 화약을 제조하고 있답니다."라고 보고했다.437 11월 19일에는 이용순(李用淳) 감사를 가자(加資, 품계를 올림)해야 한다고438 11월 20일까지 장령 이철이 제청했으나, 국왕은 옳지 않다고 하시더니 결국 허락을 하지 않았다(答曰不允).439

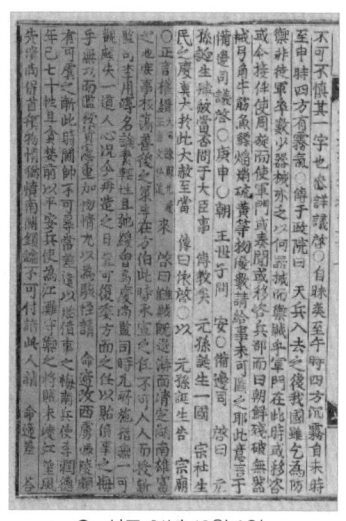

Q 선조 31년 12월 9일, 정언 권잠의 탄핵보고

1597(선조 30)년 4월 20일 사간원(司諫院)에서 국왕에게 보고하기를 "경상감사 이용순을 허물을 추문(推問)하여 살펴보기(推考)를 그리고 도여국(都與國)은 상중(喪中)에도 관직을 지내는 건 철회하시길 청합니다(請慶尙監司李用淳推考, 都與國等還收起復之命)."라고 했다. 기복(起復)이란 상중시묘(喪中侍墓)라는 인본효도(人本孝道)를 저버리게 관직에 임명함은 반인륜적처사(反人倫的處事)로 마땅히 철회되어야 한다고 했다.440 5월 17일 이용순(李用淳) 관찰사는 장계를 올려서 "영남은 왜군의 가장 잔인하게 분탕(焚蕩)을 당하고 있는 곳입니다. 왜군들이 휩쓸고 지나가는 첫 길목(初徑)입니다. 수령에 임명된 자들이 잔인하게 분탕질을 하는 고을(鄕里)을 목숨을 걸고 지키려고 하지 않습니다. 성주목사(星州牧使) 허잠(許潛)은 숭반(崇班)에 오른 고관대작(高官大爵)인데도 직분(職分)을 버리고 고을을 떠났으니 관직의 형법률(刑法律)을 엄중히 하여주시길 바랍니다."라고 청원했다.441

1598(선조 31)년 12월 9일 정언 권진(權縉)이 전 경상도관찰사 이용순(李用淳)을 탄핵하며, 체차(遞差, 오늘날 경질)를 요청했다. 내용은 "전에 경상감사로 있을 적에도 조치한 일들이 하나도 볼 만한 것이 없었습니다. 또한 전도민(全道民)으로부터 인심을 잃었습니다. 더구나 지금 나라를 다시 일으키는 때에 그에게 다시 방백(方伯)이란 관직에 임용하는 건 나랏일을 그르치는 후회를 남기게 해서 되겠습니까? 공이 없는데 함부로 자헌(資憲)의 중한 가자(加資, 品階上昇)를 제수하였으므로 물정이 더욱더 해괴하게 여기니 체개(遞改, 오늘날 更迭)를 명하소서."라고 하자 국왕(宣祖)은 "이용순(李用淳)은 쓸만한 사람인데 이같이 탄핵을 당하고 있으니 장계(狀啓)대로 조치하라(李用淳, 可用之人, 然如是被論, 依啓)."442라고 했다.

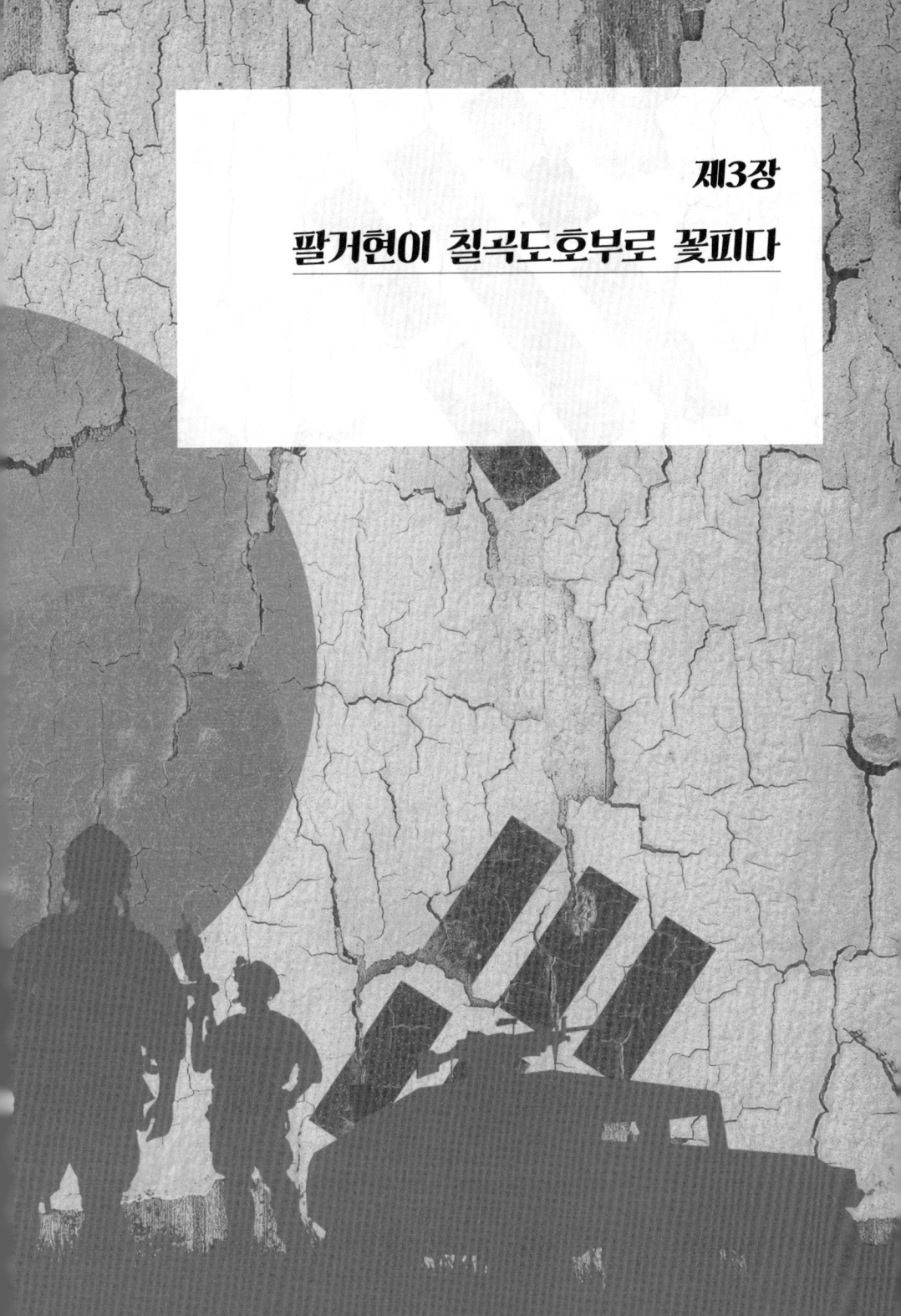

제3장
팔거현이 칠곡도호부로 꽃피다

1.
팔거현에 경상감영은 가고, 칠곡도호부가 설치되다

팔거현은 한국의 아마겟돈(Palgeohyeon is the Armageddon of Korean)

역사의 아이러니함(the irony of history)은 임진왜란(壬辰倭亂)이란 국란 극복을 위해 팔거현에 경상도 감영이 들어섰다가 사라진 뒤에도 병자호란(丙子胡亂)의 상처가 아물기도 전에 팔거현이 군사적 요충지라는 의미를 되살려 가산 산성(架山山城)에다가 팔거현(八莒縣)을 승격시켜 칠곡도호부(漆谷都護府) 시대가 개막됨을 누구도 상상을 못 했다. 이는 한마디로 팔거현의 역할이 국란 극복(國亂克服)이란 '볼링게임에서 킹핀의 역할(the Kingpin's Role in Bowling)'을 했다는 의미였다. 1950년 6.25 전쟁이 발발하자 그해 8월과 9월에 이곳 가산산성(架山山城)과 그 주변에서 북한 인민군(人民軍)과 국군(國軍)·미(유엔)군의 아마겟돈 격전(Battle of Armageddon)이 55일간 전개되었다. 팔거현에 한정해 통시적 관찰(通時的觀察)을 한다면 지정학적(地政學的)이고, 지군학적(地軍學的) 운명이 땅에도 부여되고 있는 모양이다.

1601(선조 34)년에는 팔거현(八莒縣)에 지진이 발생했다. "천둥소리처럼 우르르 울렸고, 동남방에서부터 서북방으로 진동이 전해졌는데, 가옥이 흔들리고 사람과 말들이 놀라서 달아났으며, 한참 후에는 조용해졌다."443라는 『선조실록(宣祖實錄)』 기록에 따르면 오늘날 지진계로 진도 4~5도에 해당했다. 1602(선조 35)년에 유정(惟政, 四溟大師)이 대마도에 보낸 서찰(書札)에 "유정총병(劉綎摠兵)이 팔거현 주둔할 때에 일본 군문(軍門)에게 계

청(揭請)하여 가등청정(加籐淸正, かとうきよまさ)에게 전언하였던 것을 무시하고 도산전투(島山戰鬪)444에서 패전했다."445라는 글을 통해서 다시금 팔거현을 선조 국왕에게 특별하게 인식하게 하는 계기를 마련했다.

팔거현에 군사적 거점(지역 특수성)을 살리고자 뭔가는 해야 한다는 제안을 누가 시작했을까? 대표적으로 1615(광해군 7)년 11월 12일 정인홍(鄭仁弘)이 광해군(光海君)과 대화 도중에 "화원과 팔거현을 별도로 묶어서 유신현(維新縣)을 건의하였다." 이어 "조선 인재의 절반은 영남이고, 영남인제의 절반은 진주(晉州)에 있다."라고 광해군에게 진주를 주지시켰다.446 이후 병자호란(丙子胡亂)을 당했고, 전략적 요충지였던 팔거현(八莒縣)에 대한 진가를 다시금

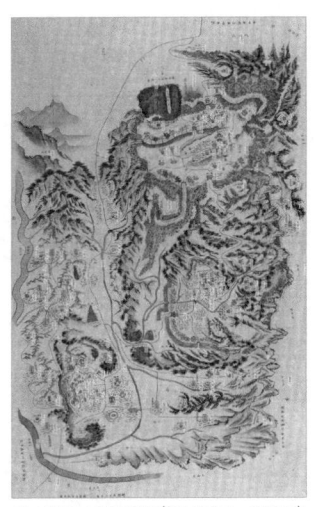

Q 가산산성 지도(칠곡지도, 1872년)

거론하게 되었다. 바로 이 지역 출신 문신 이도장(李道長, 1603~1644)이다. 그는 1636(인조 14)년 병자호란 때 성균관 박사에서 승정원 주서(承政院 主書)가 되어 남한산성(南漢山城) 인화원(人和院, 客舍名稱)에서 국왕 인조와 병자호란 극복(戰亂克服)에 머리를 맞대었다. 그는 1637년 예문관 검열(檢閱)에 임명되고부터 고향 팔거현의 군사적 전략이 필요함을 깊이 인식했다. 인조에게 팔거현에 머물고 있었기에 대구부에 예속시키지 말고, 가산산성에 별읍(別邑, 도호부)을 설치하여 국가적 전란극복에 활용하기를 몇 차례 건의했다. 1639년 상소했던 초안(草案)이 『낙촌문집(洛村文集)』에 남아있어 옮겨 보면, "바라옵건대, 애련하게 여겨 주옵소서. 만일 성주(星州)에 소속될 수 없다면 가산산성(架山山城)에 별도의 팔거현(漆谷都護府) 성읍을 세우는 걸 윤허(允許)하시어 민정(民情)을 따라 관문의 정비를 소중히 하심이 공사(公私)에 모두 행복한 일입니다."447라

고 결론을 맺었다. 1639(인조 17)년 7월 13일에 경상감사 이명웅(李命雄)이 경상도 두 진관(鎭管)의 속오군(束伍軍)을 동원하여 금오산성(金烏山城)을 쌓을 것을 요청하자 국왕은 이를 윤허(允許)했다.448

가산산성 내 칠곡도호부(漆谷都護府)는 하늘이 만든 천험요새(天作天險要塞)

"뭇 대신의 말[言]이 무쇠 같은 국왕의 마음[心]을 녹인다(衆口鑠金)."라고 했듯이 팔거현(八莒縣)의 전략적 중요성을 인식시키고, 남한산성처럼 인화원(人和院)이라는 행궁까지 갖춘 가산산성을 구상해 전시 국정(國家危機管理)까지를 기획했다. 1640(인조 18)년 5월 25일 가산산성의 읍명(都邑地名稱)을 칠곡도호부(漆谷都護府, 약칭 漆谷府)로 정하고 윤양(尹瀁)을 부사로 임명하였다(定架山城邑名爲漆谷, 以尹瀁爲府使)449. 1641(인조 19)년 12월 21일에 칠곡도호부 부사 임타(林墥)는 경상도 감사에게 군량, 군병 등이 부족하다고 보고했다. 1642(인조 20)년 6월 11일 경상감사 정태화(鄭太和)가 사직하면서 국왕을 알현하는 자리에서 국왕이 칠곡산성에 대해 묻자, "이명웅 감사의 공역을 할 때는 원성이 많았으나 지금 보니 형세는 매우 좋습니다(李命雄以此城之役, 取怨雖多, 而形勢則甚好云矣)."라고 답변을 했다.450

　1643(인조 21)년 3월 3일 경상감사 임담(林墰, 1596~1652)이 말을 타고 와서 국왕에게 상소하기를 "경상도는 부산-조령 사이에 요새가 한 곳도 없었는데, 이명웅 감사가 조정에 청해 가산산성을 축성한 것에 시비가 많았으나 현재는 금오산성(金烏山城)과 가산산성(架山山城)은 낙동강을 사이에 두고 대치하는 기각형세(掎角形勢)이고, 남쪽 방비에 천험요새(天險要塞)의 하늘의 작품입니다(又與善山之金烏, 隔江對峙, 勢成掎角, 南藩防備之所,

實是天作)."라고 하며, 이어 "(팔거현을 승격하여) 칠곡도호부를 가산산성(架山山城) 안에다 설치한 건 최악의 국란에 만전(萬全)을 도모한 계책(又以漆谷府入設於城中, 出於萬全之計)이며, 산성 아래 주변 지역(周邊地域)을 배속시킴이 자물쇠로 잠그는 것과 같은 강화 방안입니다(而本府新設, 不成貌樣. 請割城底傍近地方, 移屬本府, 以爲壯固鎖鑰之地)."로 건의했다. 이를 듣고 국왕은 이명웅의 선견지명(先見之明)에 추증(追贈)을 명했다.451 1643(인조 21)년 11월 1일에는 칠곡도호부 부사 최후헌(崔後憲)이 진정했던 상소(上疏)로 병조(兵曹)의 면포(綿布) 500필을 가산산성(架山山城)으로 내려보내라고 어명이 떨어졌다(命送兵曹綿布五百匹于架山城).452

2. 천험요새(天險要塞)엔 백성의 원성 따위는 들리지 않았다

1647(인조 27)년 2월 14일부터 칠곡부사(漆谷府使) 파직을 신호탄으로

1647(인조 27)년 2월 14일 사간원(司諫院)에서 국왕에게 보고하기를 "칠곡(도호)부는 새로 설치한 황폐한 고을(殘邑 혹은 薄邑)이지만, 국방 전략에서 소중한 지역(重地)입니다. 부사(府使) 이지형(李枝馨)은 젊은 나이에도 교만하고, 경망스럽게 직무에 삼가지 않으며, 군량미를 던져버리니(抛棄), 지치고 쇠약한 백성

들을 침해함은 물론이고 포학하기까지 하고 있으니 그를 파직하소서(漆谷新設殘邑, 保障重地, 府使李枝馨年少驕妄, 不謹職事, 抛棄軍餉, 侵虐殘民. 請罷職)."라고 하자, 국왕은 칠곡도호부사를 파직하라고 했다.453 3월 15일 사헌부 지평(正五品) 홍명하(洪命夏)가 국왕을 뵙고 이지형(李枝馨) 부사 파직문제에 관련해 감사보고서(監査張本)를 살펴보니 도의적으로 체척(遞斥)을 당해야 한다고 했다. 그러나 국왕은 그에게 사직만은 하지 말라고 했다.454

이후 10년가량 이곳에 아무런 변고가 없었으나 1657(효종 8)년 4월 9일에는 경상도 영산(靈山)과 군위 등지에서는 우박이 크게 쏟아져 콩과 보리 같은 곡식에 손상을 가했다. 칠곡(도호)부에는 산이 갈라지는 변고(山 龜裂, mountain crack)가 발생했다고 조정에 보고되었다.455 4월 18일에는 칠곡부 땅(산)이 갈라지는 변고(大地龜裂, earth crack)를 놓고, 국왕이 낮 강의(晝講)에 나아가 시전 북산장(詩傳 北山章)을 강의하였다. 강의 끝에 "칠곡에 땅이 갈라지는 변괴는 더욱 놀랍고 참혹하다(而漆谷府地拆之變, 尤極驚慘)."라고 언급하면서 "지금까지 쇠란(衰亂)의 시대에 있는 변고라고 했다(每在衰亂之世, 而不幸又出於今日)."456 최근 유사한 사건으론 1998년 12월 28일 중앙내륙고속도로 건설현장인 향교 뒤 말산(馬山)의 갈라짐(crack)이 있었으나, 전화위기(轉禍危機)의 지혜를 살린 절토작업(絶土作業)으로 성토작업비용(盛土作業費用)이 한 푼도 들지 않았다.

천재(天災)는 인재(人災)의 예광탄(曳光彈)이었다. 즉 산이 갈라지는 변고가 발생한 지 6년이 지난 1663(현종 2)년 6월 5일 삼도 암행어사의 감찰에서 적발된 칠곡부사(柒谷府使) 김시설(金時卨) 등이 파면 혹은 추문(或罷或拿問) 당했다.457 1665(현종 5)년 10월 28일 사간원(司諫院) 정언(正言, 정6품) 장건(張鍵)이 국왕에게 아뢰기를 "칠곡부사 이박(李璞)은 관직에 있으면서 일을 처리한 것이 하나도 볼만한 게 없습니다. 올해 봄에 굶주린 백성을 구제할 때에 끝내 방출미를 주지 않았으며, 복심(覆審, 오늘날 항고심)할 때에 미쳐서 재해를 입었다고 핑계를 대었고, 재해를 입은 농경지 결수(結數)까지 속여 보고했습니다. 파직하소서." 재차 아뢰자 국왕은 할 수 없이 파직을 허락했다.458

1696(숙종 22)년 4월 12일 경상도 암행어사 박권(慶尙道暗行御史朴權)의 장계와 이조(吏曹) 보고서에 "칠곡부사(漆谷府使) 권순(權詢)이 탐관오리를 다스리지 못한 죄를 다스려 아울러 추문과 처벌을 해야 합니다(俱有貪污不治之罪, 竝拿問)."라고 적혀있었다.459

암행어사 마패(출처: 국립중앙박물관)

1706(숙종 32)년 5월 13일 어사 이태좌(御史李台佐)와 유태명(柳泰明) 등이 국왕에게 복명(服命)했는데, '대구판관(大丘判官) 이징해(李徵海)와 칠곡부사 정상주(漆谷府使 鄭翔周)'의 이름과 죄명은 '탐욕을 다스리지 못함(貪污不治)'으로 처벌받았다.460 1735(영조 12)년 3월 11일에 "칠곡부사 이진환(李震煥)을 제대로 다스리지 못한다 하여 견책(譴責)해서 파면하도록 청했다."461 이제까지 파면 등의 비리로 칠곡부사가 늘 명단에 올랐다. 그러나 1759(영조 35)년 8월 7일 영남어사 이담(李潭, 1723~1775)이 감찰한 결과 "칠곡부사(漆谷府使) 장천용(張天用)에게는 우직(右職)에 조용(調用)하도록 진언하였다(命右職調用, 因李潭奏也)."462라는 뒤바뀐 보고가 있었다.

제주 목사(濟州牧使)가 가산 칠곡도호부의 민폐를 국왕에게 직언하다

1778(정조 2)년 11월 29일에 제주 목사(濟州牧使) 김영수(金永綏, 1716~1786, 三道水軍統制使 昇進)가 국왕에게 산성 내의 칠곡도호부(漆谷都

護府) 민폐에 대해서 "경상도 중군(中軍)으로 처벌을 기다리고 있을 때(待罪時) 가산산성(架山山城)을 살펴봤는데 대구(大邱)에서 40리쯤 되는 곳에 있고, 밖은 험하지만 안쪽은 평탄하여 진실로 산성전(山城戰)에 최적의 여건을 갖춘 곳입니다. 칠곡 부사(漆谷府使)가 가산산성에 거처하는 건 국가 방위(關防)에 무익할 뿐만 아니라, 조적(糶糴)을 수납(輸納)할 즈음에 또한 백성의 고달픔은 말할 수 없습니다. 짧은 소견으로는 칠곡도호부를 읍내 평지로 옮기고, 경상감영의 중군(中軍)을 이 성에 배치하며, 그리고 기계(器械)와 향곡(餉穀)을 헤아려 옮겨 전란을 비축(備蓄)할 수 있습니다. 한편으로는 관방의 땅을 중요하게 여기는 것이 되고 한편으로는 민폐를 제거하는 방도가 되어 사리에 합당합니다(臣待罪慶尙中軍時, 見架山山城, 在於大丘四十里許, 而外險內夷, 實合於守城之地. 而漆谷府使之處於山城, 非徒無益於關防, 糶糴輸納之際, 亦多民弊. 臣意則移設漆谷於平地, 置監營中軍於是城)."라고 직언을 드렸다.463 한동안 조용했던 칠곡부사의 비리는 1783(정조 7)년 6월 9일 국왕이 이조·병조 당상들에게 하명하여 보낸 영남 어사 서계(書啓)를 심리한 결과 칠곡부사 김형주(金衡柱)에게는 잘 다스리지 못해 차등이 있게 죄를 다스려야 한다고(俱以不治, 勘罪有差) 국왕에게 보고되었다.464 1787(정조 11)년 4월 29일에도 영남좌도 암행어사 정대용의 서계(書啓)를 올렸는데 "칠곡도호부 부사 송익휴(宋益休)에게 잘 다스리지 못하고 법을 어긴 죄(不治違法罪)를 탄핵을 논해야 한다."465라고 적혀있었다.

산중 칠곡도호부가 복마전(伏魔殿)처럼, 1794(정조 18)년 12월 8일에도 영남 위유사(慰諭使) 이익운(李益運) 국왕에게 장계를 올렸는데 "칠곡 부사(柒谷府使) 유진혁(柳鎭爀)은 상(賞)을 바라는 의도에서 관사(官舍)를 수리한다는 빌미로 사찰이나 민가를 모두 공해(公廨)라 칭하고 농번기(農繁期)에 백성들을 부역을 강행해 장정당 사흘씩 일하게 했습니다. 또 남창전(南倉錢) 8백 냥을 억지로 부자(富者) 백성들에게 나누어 주고 나서 4개월 만에 5할의 이식(利殖)을 거둔 뒤 중앙조정(京營)에서 고리채(作錢)를 하는 것이라고 속여 보고하여 이익을 취했습니다."466라는 내용이었다. 1798(정조 22)년 4월 27일에는 전 칠곡부사 윤양검(尹養儉)이 잘 다스리지 못하여 차등 있게 죄를 처벌(俱以不治, 勘罪有差)해야 한다467는 결정을 받았다.

「복마전」 일본 영화 포스터

산중복마전(山中伏魔殿)이 평지읍치(平地邑治)로 맑아졌다니!

1592년에 시작된 임진왜란(壬辰倭亂)이 7년간 전쟁을 했으며, 급변하는 극동아시아의 국제정세에 적극적으로 대응하지 못하여 1627년에 정묘호란(丁卯胡亂)을 당했으며, 1636년에 병자호란(丙子胡亂)으로 "내분으로 썩은 국가사직이 외침으로 내려앉는다."라는 사실을 실감했기에 왜군의 재침을 방비하고자 가산산성에다가 병자호란 때에 남한산성(南漢山城)에서 전시 임시행궁(人和院)을 운영했던 사례를 본받아 가산산성에서도 인화원(人和院)이라는 궁왕의 행궁을 마련했다. 물론 평시에는 객사(客舍)로 사용했다. 이와 같은 전시 국정에 대한 아이디어는 병자호란 때에 승정원 주서(注書)로 국왕의 옆을 지켰던 칠곡 지역 출신 이도장(李道長, 1603~1644)이 예문관 검열(檢閱)로 승진하면서 팔거현(八莒縣)의 호국 요새지로 가산산성(架山山城)을 설계했으며, 몇 차례 국왕에게 장계를 올렸다. 가산산성(架山山城)은 지군사학적(地軍事學的)인 '천혜요새(天惠要塞)'였다는 사실을 1950년 6.25 전쟁 당시에서 북한 인민군이 선점(先占)하는 바람에 국군과 미(유엔)군이 탈환(奪還)하는 데 많은 희생(犧牲)이 따랐다. 이런 사실만으로도 과거 선인들이 얼마나 과학적으로 분석했는지를 알 수 있다.

사실 오늘날 칠곡주민(漆谷住民) 입장에서 살펴보면, 1640년 칠곡도호부(漆谷都護府)가 가산산성(架山山城)에서 시작되었다. 1819년 칠곡 읍내동으로 이전해 평지읍치(平地邑治)를 하다가 1895(고종 32)년 칠곡군(漆谷郡)으로 개편되어 대구부(大邱府)에 속했다. 칠곡도호부(漆谷都護府)는 179년간 산중읍치(山中邑治)를 하면서 탐관오리(貪官汚吏)들에게 천국(天國)과 같은 복마전(伏魔殿)에서 군림하다가 평지읍치(平地邑治)를 하면서 비로소 못된 버릇을 고치는 척했으나, 76년 더 연명하다가 1895년에 245년의 수명을 다해버렸다.

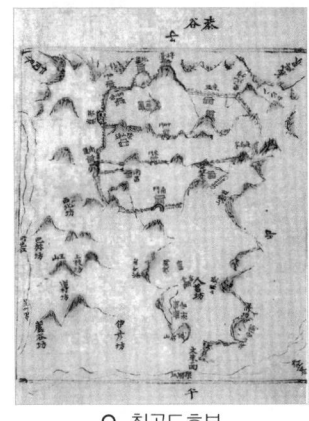
Q 칠곡도호부
(출처: 칠곡도호부사 행록집)

한편 당시 국왕 입장에서 살펴본다면 가산산성(架山山城)의 칠곡도호부는 천혜의 요새답게 적군뿐만 아니라 백성들의 접근에서도 난공불락(難攻不落)이라서 1) 관존민비(官尊民卑)의 성역지(聖域地) 2) 가렴주구(苛斂誅求) 혹은 가정맹어호(苛政猛於虎)임을 보여주는 위정사각지(爲政死角地)였다. 특히 1801(純祖元)년에 노비안(奴婢案)에 기재된 상당한 공노비(公奴婢)들이 백성으로 탈주(脫走)를 시도했으며, 외척의 세도정치(勢道政治)가 심각해져 사회기강(社會紀綱)마저 무너져가고 있었다. 1811(순조 11)년에는 홍경래(洪景來)의 난이 발발했다. 삼정문란(三政紊亂)의 각종 사태가 번져나가자 농민들의 불만은 행동으로 드러내었다. 굶주린 백성들은 화적(火賊 혹은 山賊), 수적(水賊 혹은 海賊)이라는 도적 무리에 가담했다. 세도정치(勢道政治)로 미약했던 조정은 1819년까지도 민란진압(民亂鎭壓)마저 끝내지 못했다.

1819(순조 19)년 5월 25일 영남지역마저 일촉즉발의 상황임을 파악했던 국왕은 칠곡도호부의 삼정(조세)에 관련 불만이 팽배해지고 있다는 첩보

를 접했다. 제발 민란의 도화선이 되지 않기를 바라는 급한 마음에서 "칠곡도호부를 옛 팔거현(혹은 경상감영)의 옛 터전이었던 팔거창(八莒倉, 일명 舊倉)으로 옮기라고 하명했다. 경상도 관찰사는 문서로 들었고, 조정의 대신들은 말로 전해 들었다(命移漆谷府於舊邑八莒倉, 因道臣狀聞, 大臣言之也)."[468] 1818(戊寅)년 정월 18일에 당시 110대 칠곡부사로 부임했던 성동일(成東一)은 읍내로 내려왔으며(下邑),

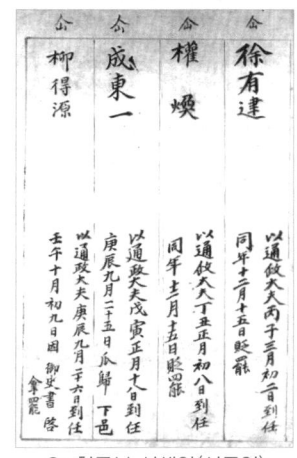

칠곡부 선생안(성동일)

1820(庚辰)년 9월 25일에 제대로 임기를 마치고 고향으로(瓜歸) 돌아갔다.

1822(순조 22)년 10월 3일에는 경상좌도(慶尙左道)에 내려보냈던 암행어사 김정균(金鼎均)이 국왕에게 서계를 올렸다. "(평지읍치로 전환한) 칠곡도호부 부사 유득원(柳得源)이 잘 다스리지 못하니 정상을 논하고, 경중에 따라 처벌을 해야 한다."[469]

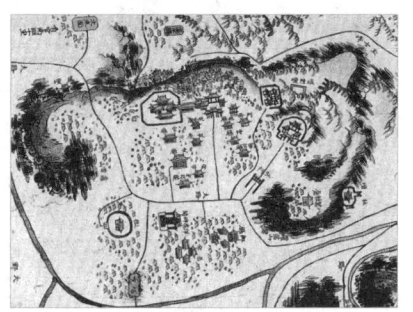

읍내동 칠곡도호부
(출처: 대구일보, 2020.1.12.)

라는 내용이었다. 1830(순조 30)년 윤5월 6일에 경상좌도(慶尙左道)를 암행했던 조연춘(趙然春)의 서계가 도착했는데, "칠곡부사 서양보(徐良輔) 등이 잘 다스리지 못한 상황을 논하여 모두 경중(輕重)을 나누어 죄상을 감안해 조처하시기 바랍니다."[470]라는 보고였다.

이와 판이하게, 1865(고종 3)년 1월 7일에는 고종은 양주 목사 임한수(林翰洙)와 칠곡부사 여은섭(呂殷燮)에게 급여를 올려주라(可資, 오늘날 品階昇級)고 명했다. 사연은 해당 경상도 감사가 국왕에게 포상을 상신(上申)했기 때문이었다.[471] 1866(고종 4)년 7월 18일에는 경상도 암행어사 박선수(朴瑄壽)가 서계(書啓)를 올렸다. "칠곡부사 박주운(朴周雲, 1820~몰년 미상) 등에게 새서(璽書, 옥쇄가 찍힌 문서)와 표리(表裏, 신하에게 주는 옷 겉감과 안감)를 주는 은전(恩典)을 베풀어 주소서."라고 했다.[472]

칠곡도호부의 157인 부사 가운데 10명이 처벌, 3인은 조용(調用) 등

Q 칠곡부선생안(서량보)

부사(府使)는 고려 및 조선 시대의 지방장관직(地方長官職)으로 1) 고려(高麗) 때는 개성부(開城府)와 지사부(知事府)의 수령(首領)을 칭했다. 2) 조선 시대(朝鮮時代)는 (1) 정3품의 대도호부사(大都護府使)와 종3품의 도호부사(都護府使)를 총칭했다. 도호부(都護府)는 변방(邊方)의 행정중심지(行政中心地)에 설치했으나 고려 성종(成宗)에서 현종(顯宗) 초에 안동(安東)도호부, 안서(安西)도호부, 안남(安南)도호부, 안북(安北)도호부, 안변(安邊)도호부 등 5도호부에서 3품 이상 대도호부 부사와 도호부 부사를 파견했다. 조선 초기에는 안동(安東), 강릉(江陵), 영변(寧邊) 등에 대도호부사(大都護府使)를 파견, 44개 도호부사(都護府使)를 명시하고 있다. 1415(태종 15)년 종래의 군(郡)으로서 1,000호 이상 고을을 일괄적으로 도호부로 승격시켜 도호부사(都護府使)를 파견했다.

이에『경국대전(經國大典)』에 안동(安東), 강릉(江陵), 안변(安邊), 영변(寧邊)의 4 대도호부사, 44도호부사를 파견함을 명시했다. 대도호부사(大都

護府使)는 정3품으로 목사(牧使)보다 상위직, 도호부사(都護府使)는 종3품으로 '목사(牧使) > 도호부사(都護府使) > 군수(郡守)'의 중간에 해당했다. 칠곡도호부가 설립될 당시는 44개 직(職)에서 75개의 직(職)으로 확대되어 『대전회통(大典會通)』에서는 75개로 경기도 8, 충청도 1, 경상 14, 전라도 7, 황해도 6, 강원도 7. 함경도 18, 평안도 14개소로 명시했다. 특히 동래부사(東萊府使)는 일본과 외교통상관계(外交通商關係)의 중요성에서 정3품 당상관(堂上官)을 임명하는 것이 상례였다.

　칠곡도호부(漆谷都護府)는 1640(인조 18)년 5월 25일 자로 윤양(尹瀁) 부사가 임명됨으로써 시작되었으며, 1819(순조 19)년 5월 25일에 가산산성 도호부에서 읍내동 과거 경상감영(慶尙監營 혹은 八莒縣) 옛터에 있었던 팔거창(八莒倉, 일명 舊倉)으로 옮겨왔다. 평지읍치를 하면서 1895년 대구부(大邱府)로 배속될 때까지 157명의 부사가 임명되었다. 그 가운데 『조선왕조실록』에 나오는 기록을 중심으로 3명의 부사는 장천용(張天用)은 우직조용(右職調用, 榮轉), 여은섭(呂殷燮)은 가자(加資, 品階昇級)와 박주운(朴周雲)은 은전(恩典)을 받는 영광을 받았다. 한편으로 가산산성(架山山城)이란 민성사각지대(民聲死角地代)를 이용하여 복마전(伏魔殿)을 마련했던 이지형(李枝馨), 김시설(金時卨), 이박(李璞), 권순(權詢), 정상주(鄭翔周), 김형주(金衡柱), 송익휴((宋益休), 유진혁(柳鎭爀), 유득원(柳得源) 및 서양보(徐良輔) 등 10명 부사는 파직 혹은 비리에 상응하는 처벌을 받았다.

　한편으로 영욕을 구분하고자 칠곡부선생안(七谷府先生案) 원문을 확인하여 1) 임기를 제대로 마치고 돌아감(瓜歸), 2) 죽음으로 마침(別世), 3) 옮겨감으로 배송(移拜), 4) 내직으로 옮겨 배송(內移), 5) 임기를 마치기 전에 다른 곳으로 전직(徑遞)이었다. 영광스럽지 못한 경우는 6) 강등시켜 면직시킴(貶罷), 7) 강등하여 교체시킴(貶遞), 8) 상소 등에 의해서 파면(疏罷), 9) 체포되어 파면됨(拿罷), 10) 국왕의 교지 등 상부 문서에 의한 파면(狀罷), 11) 비리로 파면당함(罷職), 12) 강등되어 관직을 그만두었음(貶歸), 13) 면(파)직당해 나갔음(罷去), 14) 재난 등의 어려움을 당해서 그만둠(遭難)으로 적혀있다.

치욕적(恥辱的)인 관직을 마치지 않은 사례로는 내직 혹은 외직으로 자리를 옮긴(移拜, 內移, 京職, 徑遞) 오늘날 용어로 속칭 영전을 하신 분은 11명이었고, 임기를 무사히 마치고 가신 분이(瓜歸) 5명이었다. 공직 생활을 하시는 도중에 세상을 떠나므로 오늘날 용어로 순직하신(別世) 분이 5명이나 되었다. 가장 불행한 끝맺은 암행어사(暗行御史) 등에게 달싹 잡혀서 파면(拿罷)된 분이 6명이나 되었다. 이외 많은 분은 뭔간 비리 등에 연결되어 지저분하게 감자조치(減資措置) 등(貶歸, 狀罷, 罷職, 貶遞)으로 부사 관직을 끝냈다. 그래서 그런지 지역 백성들의 입에서는 가산산성 도호부를 '가산 탐관오리 연못(架山汚吏淵)'이라고 했고, 줄여서 '산 오리(山鴨, mountain duck)'[473]라고도 했다. 1443년 앵화만발(櫻花滿發)의 봄날 세종대왕이 집현전 학자들과 한밤중에 경회루를 산책하면서 경회루에서 놀기 좋아하는 오리, 육식을 좋아했던 세종이 유독하게 오리를 싫어했던 이유는? 백성을 먹잇감으로 했던 탐관오리(貪官汚吏)때문이었다.

향토사(鄕土史)에 관심이 있는 지역주민(地域住民)이라면 칠곡도호부(漆谷都護府) 부사의 성함은 당연히 한 번 정도는 들어봤기에 취임순서로 157명을 나열하면 1) 윤양(尹瀁) 2) 임타(林㙔) 3) 최후헌(崔後憲) 4) 최무(崔茂) 5) 이두양(李斗陽) 6) 이지형(李枝馨) 7) 정정(鄭珽) 8) 송사호(宋士豪) 9) 이준한(李俊漢) 10) 민승(閔昇) 11) 이경한(李經漢) 12) 이동상(李東相) 13) 오세언(吳世彦) 14) 김시설(金時卨) 15) 최율(崔嵂) 16) 이박(李璞) 17) 유막(柳邈) 18) 양우급(梁禹及) 19) 권주(權儔) 20) 정두제(鄭斗齊) 21) 김세익(金世翊) 22) 설관징(薛觀徵) 23) 최주화(崔柱華) 24) 박선흥(朴宣興) 25) 이운등(李雲登) 26) 김여흠(金汝欽) 27) 한익세(韓翼世) 28) 신지응(愼祉膺) 29) 남취성(南聚星) 30)

이우항(李宇恒) 31) 성윤동(成胤童) 32) 김시현(金時鉉) 33) 이팽수(李彭壽) 34) 안근(安根) 35) 권순(權詢) 36) 황빈(黃鑌) 37) 장한상(張漢相) 38) 홍처무(洪處武) 39) 홍하신(洪夏臣) 40) 이광보(李光輔) 41) 정상주(鄭翔周) 42) 심약허(沈若虛) 43) 김시경(金始慶) 44) 허채(許埰) 45) 신명윤(申命尹) 46) 황재징(黃再徵) 47) 이동진(李東振) 48) 윤필주(尹弼周) 49) 김중려(金重呂) 50) 장효원(張孝源) 51) 남익화(南益華) 52) 이중신(李重新) 53) 이경지(李慶祉) 54) 강한주(姜翰周) 55) 류동무(柳東茂) 56) 허정(許晶) 57) 하덕휴(河德休) 58) 김몽형(金夢衡) 59) 이진환(李震煥) 60) 전일상(田日祥) 61) 이희하(李喜夏) 62) 박태도(朴泰道) 63) 정세장(鄭世章) 64) 유륭기(兪隆基) 65) 한사정(韓師正) 66) 김중만(金重萬) 67) 김양중(金養中) 68) 이희원(李禧遠) 69) 서행진(徐行進) 70) 이중좌(李重佐) 71) 한사협(韓師浹) 72) 김선(金渲) 73) 장천용(張天用) 74) 김종혁(金宗爀) 75) 이정수(李廷壽) 76) 윤경연(尹景淵) 77) 김상훈(金相勳) 78) 윤광(尹珖) 79) 윤광정(尹光鼎) 80) 이세형(李世馨) 81) 조덕준(趙德濬) 82) 심기(沈錡) 83) 정주신(鄭冑新) 84) 조명집(曹命楫) 85) 조경진(趙慶進) 86) 우필창(禹弼昌) 87) 김형주(金衡柱) 88) 임영로(林永老) 89) 이경린(李慶僯) 90) 송익휴(宋益休) 91) 정학경(鄭學畊) 92) 조준규(趙駿逵) 93) 서유병(徐有秉) 94) 송응휴(宋應休) 95) 류진혁(柳鎭爀) 96) 이방운(李邦運) 97) 윤우대(尹宇大) 98) 윤양검(尹養儉) 99) 김광운(金光運) 100) 이적(李迪) 101) 민수익(閔修益) 102) 이민수(李民秀) 103) 김한주(金翰周) 104) 이엽(李燁) 105) 민수현(閔修顯) 106) 권응호(權膺祜) 107) 윤면진(尹勉鎭) 108) 서유건(徐有建) 109) 권환(權煥) 110) 성동일(成東一) 111) 류득원(柳得源) 112) 박홍진(朴弘鎭) 113) 김종순(金宗淳) 114) 박경진(朴敬鎭) 115) 이옥현(李玉鉉) 116) 홍운석(洪雲錫) 117) 서양보(徐良輔) 118) 이민식(李民植) 119) 류창근(柳昌根) 120) 류홍우(柳興禹) 121) 김병호(金秉浩) 122) 권우용(權友容) 123) 주재언(朱載彦)

124) 신길보(申吉輔) 125) 이숙(李橚) 126) 최홍덕(崔弘德) 127) 이종긍(李種兢) 128) 이배원(李培遠) 129) 김병일(金炳一) 130) 이효권(李孝權) 131) 이낙소(李樂韶) 132) 이민수(李敏樹) 133) 장대급(張大汲) 134) 이용(李瑢) 135) 김성구(金聖求) 136) 이지화(李志華) 137) 이규흥(李奎興) 138) 박주운(朴周雲) 139) 허전(許琠) 140) 이병호(李炳鎬) 141) 채규봉(蔡奎鳳) 142) 김준구(金駿求) 143) 이기헌(李夔憲) 144) 구광서(具光書) 145) 윤석인(尹錫仁) 146) 이재욱(李載旭) 147) 임순헌(林淳憲) 148) 원재정(元在貞) 149) 이봉우(李鳳宇) 150) 이수영(李秀暎) 151) 김두식(金斗植) 152) 강진영(姜鎭濚) 153) 김한주(金漢柱) 154) 이원로(李源老) 155) 우성규(禹成圭) 156) 이규풍(李圭豊) 157) 남궁억(南宮憶)으로 되어있었다.

3.
칠곡도호부의 태동에서부터 폐지까지의 연혁

지방 도호부(地方制 都護府)**의 원천**(源泉)

고려 시대(高麗時代) 995(성종 14)년에 도호부(都護府)를 최초로 설치했다. 목사(牧使)와 같은 정3품의 대도호부사(大都護府使)가 통치했다. 대도호부사(大都護府使)와 도호부사(都護府使)는 향리 지명(鄕里地名) 뒤에 붙일 때는

'부사(府使)'로 약칭했다. 조선 시대(朝鮮時代) 대규모 행정구역엔 대도호부(大都護府)를 설치했는데 안동(安東), 강릉(江陵), 영흥(永興), 영변(寧邊), 창원(昌原) 5곳이다. 보다 작은 도호부(都護府)로 종3품 도호부사(都護府使)가 임명되었다. 군(郡)의 인구가 많아지면(대략 3만 명) 도호부로 승격시켰다. 물론 위인설관(爲人設官)도 없었던 것도 아니었다. 안주(安州), 북청(北靑), 길주(吉州) 도호부사(都護府使)는 절도사(節度使)로 겸임시켰다.

조선 시대 세조에서 성종 때까지 확립한 '경국대전(經國大典)'을 수정 보완해서 1865년에 편찬된 '대전회통(大典會通)'에서는 경기도(京畿道) 8곳, 충청도(忠淸道) 1곳, 경상도(慶尙道) 14곳, 전라도(全羅道) 7곳, 황해도(黃海道) 6곳, 강원도(江原道) 7곳, 함경도(咸鏡道) 18곳, 평안도(平安道) 14곳 등 75개 도호부로 기재되어 있었다. 지방체제로는 대도호부(大都護府) ▷ 목(牧) ▷ 도호부(都護府) ▷ 군(郡) ▷ 현(縣) 등으로 등급(품계)제를 확립되었다. 각 도호부의 직제(職制)는 사(使, 3품 이상), 부사(副使, 4품), 판관(判官, 6품), 사록(司錄, 7품), 장서기(掌書記, 7품), 법조(法曹, 8품), 의사(醫師, 9품), 문사(文師, 9품) 등이 구성원으로 관속(官屬)되었다. 또 경(京)·목(牧)과 함께 계수관(界首官)으로서 주(州), 부(府), 군(郡), 현(縣), 진(鎭) 등 영군(領郡)을 통할하는 중간기구(中間機構)로 역할을 했다.

도호부(都護府)는 중앙조정에서 파견된 도호부사(都護府使) 아래 중앙조정의 6조 체제(六曹體制)를 축소한 이방(吏房)·호방(戶房)·예방(禮房)·병방(兵房)·형방(刑房)·공방(工房)의 6방(六房)으로 분담 처리했다. 육방(六房)을 담당했던 관리를 향리(鄕吏)라고 했다. 갑오개혁(甲午改革) 다음 해 1895년 23부제 개편 당시에 도제산하(道制傘下)의 지방직제의 다층제(多層制, multi-layer system)를 폐지(廢止)하고, 군제(郡制)를 일원화(郡制 一元化)했다.

팔거현 지역(八莒縣 地域)의 칠곡도호부(漆谷都護府)는 1640년 도호부로 승격되기 전에는 팔거현(八莒縣)으로 성주(星州)의 속현이었다. 뒤집어 말하면 팔거현(八莒縣)에서 군체제(郡體制)를 건너뛰어 넘고 칠곡도호부(漆谷都護府)가 되었다. 이렇게 특별하게 도호부(都護府)로 선정됨에는 '전략적 요새화의 필요성(The Need for Strategic Fortification)'이란 논리가 중앙조정을 설득시킨 결과였다.

가산산성! 전략적 요새화로 조정을 설득시키다

임진왜란(壬辰倭亂, 1592~1598)과 병자호란(丙子胡亂, 1636)의 국가적 대전란(國家的 大戰亂)을 당면한 뒤, 재차 정한론(征韓論)으로 무장한 왜적에 대한 철통방어(鐵桶防禦)를 위해 경상도에 금성탕지(金城湯池)을 구축해 놓아야 한다는 국방논리(國防論理)로 조정을 설득하여 확신을 이끌어내었다. 1638년(인조 16) 2월 6일 경상도 감사 이경증(李景曾)이 사직할 때 국왕 인조와 독대(獨對)를 하면서 일본의 정세에 대해 상신(上申)하는 데 어유산성(御留山城)에 대한 축성의 필요성(必要性)을 말씀드렸다. 이경증(李景曾)은 영남산성으로 "칠곡 인동(仁同)에 천생산성(天生山城)이 험준(險峻)하기 최상이나 지세가 험악(險岳)해 백성이 견디지 못하고, 어유산성(御留山城)은 돌아가신 유성룡(柳成龍)이 지리적 이점(地理的 利點)이 있음을 지적하였으나 백성들이 곤궁(困窮)하고, 재정이 다하여 축성사업(築城事業)을 일으키기 어렵다고 하였다(而民窮財竭, 恐難始役矣)."474 같은 해 3월 5일에 이경여(李敬輿)가 상세하게 치계(馳啓)를 하였다.475 어유산성(御留山城)의 축성을 건의하였다. 국왕은 장계(狀啓) 그대로 따르라고 했다(上從之).

다음 해에는 금오(金烏)·천생(天生)산성, 대구의 공산 산성(公山山城)과 성산(星山)의 독음산성(禿音山城) 축성이 조정에서 거론되었다. 경상도 감사(慶尙道 監司)의 상신(上申) 요지는 한꺼번에 모두 다 축성할 수 없으니 제반여건(諸般與件)을 고려하여, 특히 재정상태(財政狀態)에 맞춰 우선순위(優先順位) 등으로 판단해 축성 시기(築城時期)를 조정해야 한다는 결론에 도달했다. 경상도 산성(慶尙道山城)을 수축할 필요성에 대한 인식을 실감한 이명웅(李命雄)이 경상감사로 1639년(인조 17) 2월 11일에 임명되면서 476부터, 4월 경상도 관찰사로 부임함을 신호탄으로 중앙조정(中央朝庭) 설득에 나섰다.

경상도 관찰사 이명웅(李命雄)의 국왕을 대상으로 축성(築城)해야 한다는 설득전략(說得戰略, persuasion strategy)은 1) 경상도 산성 축성이 임진왜란과 같은 국란에 제1일의 금성탕지(金城湯池)가 될 '천혜전략상 요새지(天惠戰略上 要塞地, natural strategic fortress)'임을 각인(刻印)시키며, 2) 낙숫물로 댓돌을 뚫듯이(水滴穿石) 몇 번이고 장계(狀啓) 혹은 치계(馳啓)를 했다. 끝내 국왕 인조(仁祖)는 이에 대해 성을 쌓을 만한 곳을 조사하여 보고하라고 명령을 내렸다.477 경상도 감사로 대구(大邱)에 부임한 이명웅(李命雄)은 팔거현(八莒縣)의 가산(架山)이 지형상 천혜 요새지로 가산에다가 산성 축성을 건의했다. 1639(仁祖 17)년 7월 13일 왕으로부터 금오산성 축성 허락을 얻어내었고478, 1639(仁祖 17)년 8월 19일에 가산산성 축성을 조속히 하겠다는 내용과 산성 도면을 올렸다. 국왕은 반대하지 않는 묵언윤허(黙言允許)를 내렸다.479 경상감사 이명웅은 1639년(인조 17) 9월부터 인근향리(隣近鄕里) 일할 수 있는 모든 남자를 징발하여 산세(山勢)를 따라 축성했으며, 이듬해 4월에 내성(內城)을 준공했다.

가산산성(架山山城)이 축조됨에 따라 종래 성주목(星州牧)에 속해 있던 팔거현(八縣)을 나누어 가산산성 도읍(架山山城 都邑)을 정했고, 칠곡(漆谷)이라고 호명한 후 칠곡도호부(漆谷都護府)가 설치되었다. 관아(官衙)가 가산산성 내에 들어서게 되는 전략촌 도읍(戰略村都邑)의 형태를 갖췄다. 초대 칠곡도호부사(漆谷都護府使)로 윤양(尹瀁)이 1640(인조 18)년 5월 25일에 임명되었고[480], 7월에 부임하였다. 관직 명칭을 자세히 언급하면 칠곡도호부사(漆谷都護府使)는 3품 무관(武官)으로 대구진관(大丘鎭管) 병마동첨절제사(兵馬同僉節制使) 가산성장(大邱鎭管 兵馬同僉節制使 架山城將)을 겸했다.

가산산성 축성으로 인한 가렴주구(苛斂誅求)

그러나 가산산성(架山山城)을 쌓기 위해 10만 명 이상 대규모 백성에게 공역(供役)을 지우고, 막대한 국가 재원 투입(財源投入)으로 축성되었다. 경상감사(慶尙監司)의 과도한 성축 독려(城築督勵)로 공사 도중 많은 사람이 죽기까지 했다. 이로 인해 민심 동요(民心動搖)가 극심했다. 여러 차례 탄핵을 받은 이명웅(李命雄)은 1640(인조18)년 4월 4일 임기를 채우지 못하고 탄핵을 당해 종지부를 찍었다.[481] 결국 1640(仁祖 18)년 7월 11일 좌부승지(左副承旨)로 제수하여[482] 체직(遞職 오늘날 용어로 更迭)되고 말았다.

그가 죽은 후 1년 뒤인 1643(仁祖 21)년 3월 3일에 경상도 관찰사 임담(林墰, 1596~1652)이 그가 만든 영루(營壘)를 두루 살펴보고, 기재(奇才)이면서도 도리어 참소(讒訴)와 비방(誹謗)을 당한 것을 한탄하고, 성을 쌓은 지난날의 계획(計劃)이 아주 뛰어났음을 갖추어 올리면서 작위(爵位)와 상(賞)을 추서(追敍)하기를 청하였다. 임금이 가상하게 여겨 공(李命雄)에게 이조 판서(吏曹判書)를 추증(追贈)하고 완양군(完陽君)에 추봉(追封)하였다.[483]

앞에서 말한 가산 산성 축성에 대해서는 1642년 11월에서 1644년 2월까지 재임한 칠곡부사 최후헌(崔後憲)의 부탁으로 미수(眉鬚) 허목(許穆, 1595~1682)484의 '가산축성석기(架山築城石記)'에 상세히 기재되어 있다. 축성기록(築城記錄)에 의하면 산성의 규모는 성의 둘레(城周)가 3,830보(步)에, 1,752개의 성가퀴(parapet 혹은 胸壁, 胸牆, 女墻, 堞, 城堞이라고 함)가 있었으며, 성(城)에 딸린 문루(門樓), 보루(堡樓), 군영(軍營), 각종 대(臺), 수문(水門) 및 기타 크고 작은 공해(公廨), 사원(寺院) 등이 총 30여 곳이었다. 또 크고 작은 샘과 연못이 32곳, 무기도 격에 맞게 장만해 보관했다. 성내 전략촌(城內戰略村)에는 백성을 모아 부역과 세금 일체를 면제해 주었다. 토지분할과 경계를 지어 칠곡도호부(漆谷都護府)라는 산중읍치(山中邑治) 유영(留營)을 설치하였다. 얼마 뒤에 이를 반대하던 자들이 다방면으로 헐뜯자 이명웅(李命雄)은 이곳을 떠났다. 또한 "땅이 좁아서 옮겨 온 백성들의 농지가 모자라므로 다른 곳의 땅을 떼어다 보태줄 것을 청하여 동으로 공산(公山)을 기점하고, 서로 낙동강까지 다 떼어주었다(又地界小. 徙民耕農不足. 請增割地益之. 東據公山. 西盡大江)."라고 기술하고 있다.485

가산진관체제(架山鎭管體制)에 대하여

가산산성(架山山城) 안에는 지역방위체제인 가산진관(架山鎭管)이 있었다. 가산산성은 지금의 칠곡군 가산면 가산리(架山里), 동명면 남원리(南原里)에 걸쳐있었으며, 험준(險峻)한 산지에 위치하고, 남북 침입 경로에 접해 있어 내륙방어 요충지(內陸防禦要衝地)였다. 1640년(인조 18) 내성(內城)을 쌓은 다음 1700년(숙종 26) 관찰사 이세재(李世載)가 외성(外城)을 축조했다. 숙종(肅宗) 때 경상도 관찰사 이세재(李世載)는 가산산성 축성기(架山山

城築城記)에서 군사의 조련(操鍊)에 관한 내용이 '칠곡부읍지(漆谷府邑誌)' 486에 간략히 실려있다. 이를 옮겨본다면, 약간의 군사로 독진(獨鎭)으로 만들어 좌영(左營)에서 무예(武藝)를 익히고 봄·가을로 번갈아 조련하여 관장(管掌)하게 할 뿐이었다. 또한 순아병(巡牙兵)을 소속시키고 네 읍(邑)의 속오군(束伍軍)으로 옛날부터 본성(本城)에서 무예(武藝)를 익히던 사람은 그대로 두니 거의 10,800여 명이나 되었다.

농한기(農閑期)에 성에 입성(入城)하여 크게 모아 쓸 만한 힘을 과시하고, 징 소리에 그치고 북소리에 떨쳐 일어나는 군대절도(軍隊節度)를 익히게 했다. 그런 뒤에 사람들이 모인 상황(狀況)을 이용하여 더 쌓았는데 남창(南倉) 밖의 좌우 산 모양은 저절로 성터가 되고 돌을 나르고 흙을 북돋우는 일을 줄이니 삼일(三日)이 지나지 않아 성(城)이 이미 반이나 이루어졌다는 기록으로 봐서, 봄·가을로 군사훈련(軍事訓練)이 있었고, 훈련과 함께 성곽보수(城廓補修) 등 축성의 일도 겸했다.

칠곡도호부의 산성 관련 각종 시설

1741년(영조 17)에는 관찰사 정익하(鄭益河)가 중성(中城)을 쌓았다. 가산진관(架山鎭管)에 예속된 군현은 의흥(義興, 오늘날 군위군 의흥면), 신녕(新寧), 군위(軍威), 하양(河陽)이었다. 외성(外城) 안에는 1701년 경상감사(慶尙監司)의 하명으로 건립한 승창미(僧倉米)를 보관하던 천주사(天柱寺)가 있었다.487 가산진(架山鎭)의 병력 규모와 주요 시설물은 '증보문헌비고(增補文獻備考)' 병고(兵庫) 주군병(州郡兵) 산성조(山城條)에 의하면 칠곡도호부사(漆谷都護府使) 겸 병마동첨절제사(兵馬同僉節制使)인 가산수성장(架山

守城將)이 거느린 병력은 내외첩작령군(內外堞作領軍) 1,541명, 성정군(城丁軍) 18초(哨), 아병(牙兵) 20초(哨), 모민작대(募民作隊) 1초(哨) 73정(丁), 대포 수 50명, 표하수솔군병(標下隨率軍兵) 182명, 당보군(塘報軍) 60명, 치중군(輜重軍) 29명, 승군(僧軍) 294명으로 구성되어 있었다. 가산산성(架山山城) 시설물엔 동포루(東砲樓), 서포루(西砲樓), 남포루(南砲樓), 북포루(北砲樓), 장대(將臺), 진남대(鎭南臺) 등의 관액(款額)과 남창(南倉), 가산영창(架山營倉), 가산진 속읍 군창(架山屬邑軍倉: 軍威倉, 義興倉, 新寧倉, 河陽倉), 빙고(氷庫), 장적고(藏籍庫), 내성군기고(內城軍器庫), 외성군기고(外城軍器庫), 외북창(外北倉) 등의 창고(倉庫)와 동문루(東門樓), 남문루(南門樓), 위려창(爲礪倉), 운주헌(運籌軒), 찬주헌(贊籌軒) 등의 누정(樓亭)이 있었다.

칠곡도호부사(漆谷都護府使)가 담당했던 업무들

1623(인조 1)년에 시작하여 1910(순종 4)년까지 조선 말기에 작성했던 『승정원일기(承政院日記)』에 의하면 1682(숙종 8)년 제29대 칠곡도호부사(漆谷都護府使)로 제수받은 남취성(南聚星)이 숙종에게 방임인사(坊任人事)에서 남부사(南府使)에게 국왕이 수령칠사(守令七事)를 외워보라고 했다. 남취성(南聚星)은 "인구를 늘릴 것(戶口增), 농사와 누에 치는 일을 잘 돌볼 것(農桑盛), 부역을 균등히 할 것(賦役均), 민사의 소송을 바르게 할 것(詞訟簡), 간교하고 교활함이 없도록 할 것(奸猾息), 군대에 관한 사무를 바르게 할 것(軍政修), 교육을 진흥시킬 것(學校興)"이라고 아뢰었다. 국왕은 "외울 것이 아니라 마음에 새겨두어라(非徒口誦, 着心爲之)."라고 하였다.488 지방 수령으로서 반드시 해야 할 수령칠사(七事)는 주된 업무였다. 오늘날 저출

산 고령화 사회에서는 '출산장려'의 업무였으나 당시에도 '인구증가정책(戶口增)'이 수령칠사(守令七事)에 제일사(第一事)였다.

다시 뒤돌아서 1677(숙종 3)년 『승정원일기(承政院日記)』에 제19대 칠곡부사(漆谷府使)를 지낸 권주(權儔)가 영흥부사(扶興府使)로 제수받고 국왕에게 인사를 드릴 때 이력을 물었다. 권주(權儔)가 대답하길 "소신 신묘년에 무과에 급제하여 무겸선전관(武兼宣傳官)에서 의영고주부(義盈庫主簿)로 승진하였고, 연일현감(延日縣監), 형조정랑, 감찰, 칠곡부사, 상주영장(尙州營將), 진주병마절도사(晉州兵馬節度使), 회령 부사의 임기를 마치고 돌아와 총융중군(摠戎中軍)이 되었고, 지금은 이 고을 원이 되었습니다."라고 답하자 임금이 "지나간 이력(履歷)이 이와 같으니 백성을 다스림에 힘을 다하고 다스리는 일은 반드시 면밀(綿密)하게 하라. 반드시 마음을 다해 행하도록 하라."489라고 당부했다. 국왕은 지방관리 부임(赴任)하는 수령들의 선정(善政)을 바라는 마음을 담아 이들에게 지방관리로서 최선을 다해 임무를 수행하기를 신신당부(申申當付)했다.

토착세력(土着勢力)으로 기반을 틀고 있었던 지역양반(地域兩班)들의 협조를 얻고자 지역민과 교유한 내용은 이도장(李道長, 1603~1644)과 도신수(都愼修, 1598~1650)가 제3대 부사 최후헌(崔候憲, 1594~1679)에게 보낸 편지글(簡札)이 남아있다. 제155대 우성규(禹成圭, 1830~1905) 부사가 유화당(有華堂)490을 방문하여 쓴 시(時), 최현달(崔鉉達, 1867~1942) 군수가 관천서옥(觀川書屋, 오늘날 觀川齋)491을 방문하면서 쓴 시(詩)와 당시 지역의 강장(講長)인 조일승(曺日承, 1839~1907)과 이병규가 나란히 읊어 보여준 데 좇아 화답한 시(詩), 배석하(裵錫夏, 1857~1936)에 보낸 시(詩), 이도장(李道長)이 쓴 초대 부사 윤양(尹瀁)의 제문(祭文), 배석하(裵錫夏)가 쓴 최현달 군수 선정비(善政碑) 등이 남아있어서 당시 상황을 짐작할 수 있다.

이도장(李道長)492이 최후헌(崔後憲) 부사에 보낸 편지글(簡札)은 "덕의(德義)와 풍교(風敎)가 세상에 드문 것이어서 아직도 흠모(欽慕)하고 있습니다. 더구나 다스리시는 지역에서 곡진(曲盡)하게 은혜와 사랑을 입었는데도 고질병(痼疾病) 때문에 만나 뵐 길이 없어 편지를 올려 문안 인사를 드리게 되니, 두려운 마음이 바야흐로 깊습니다. 그런

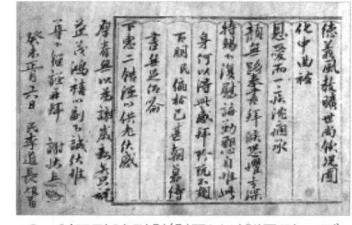
이도장의 간찰(칠곡부사행록집, 41면)

데 특별히 답장(答狀)을 보내시어 위로하고 일깨워주는 마음이 간절(懇切)하니, 이 몸이 어찌하여 이런 대우를 받는지요? 감사(感謝)히 받아 소중하게 읽노라니 백붕(百朋)493보다 더합니다. 민(民, 수령에게 자신을 낮춤)은 반신불수(半身不隨)가 너무 심하여 아침저녁으로 죽기만을 기다리고 있으니 더 드릴 말씀이 없습니다. 작은 솥 두 개를 보내주시니 삼가 늙은 부모를 공양할 수 있겠습니다. 두터운 정에 감사드리지만 사례할 길이 없군요. 새해가 되었습니다. 더욱 큰 복을 받으시어 제 정성에 부응해 주시길 빌 뿐입니다. 살펴주십시오. 삼가 재배하고 답장을 올립니다. 계미년(1643, 인조21) 1월 6일에 민(民) 이도장(李道長) 드림."494

지역 선비였던 도신수(都愼修, 1598~1650)가 당시 최후헌(崔後憲) 부사에게 보냈던 편지(簡札)에는 "전번 답장(答狀)을 받고 여태까지도 마음이 매우 후련합니다. 서늘한 가을에 정무(政務)를 보는 생활은 어떠하신지요? 줄곧 궁금했습니다. 저는 어버이를 모시면서 그럭저럭 지내고 있사오니, 달리 무슨 말씀을 드리겠습니까? 다름이 아

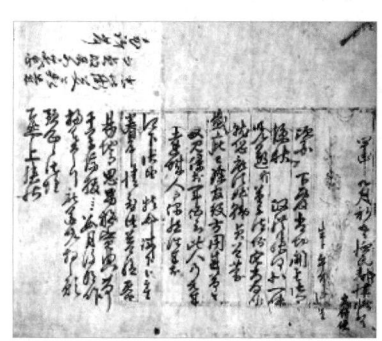
도신수의 간찰(칠곡부사행록집, 42면)

니라 서종질(庶從姪) 한정(韓貞)이 일찍이 보살핌을 입어 이미 관역(官役)에서 면제(免除)를 받았습니다, 매우 고마웠습니다. 그런데 지금 또 군적(軍伍)의 일로 괴롭힘을 당하고 있습니다. 이 사람은 원래 달성(達城) 사람인데 우연히 치하(治下) 실제적인 은전(恩典)을 베풀어 주는 것이 어떻겠습니까? 부디 구제(救濟)하여 돌보아 주십시오. 부디 구제(救濟)하여 돌보아 주십시오. 몇 개월 뒤에 성묘(省墓) 가려고 하니 만나보는 소원을 이룰 수 있을 것입니다. 미리 기대합니다. 살펴주십시오. 안부편지를 올립니다. 갑신년(1644, 인조22) 9월 5일에 가련한 백성 도신수(都愼修) 올림."495

칠곡부선생안(漆谷府先生案)이란 어떤 기록일까?

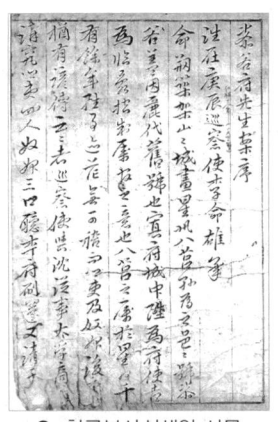

Q 칠곡부사선생안 서문
(출처: 부사행록집 p.334)

먼저 칠곡도호부사 선생안(漆谷都護府使先生案) 서문부터 살펴보면, "칠곡부선생안 서(漆谷府先生案序): 지난 경진(庚辰, 인조 18년, 1640)년에 순찰사 이명웅(李命雄)이 명을 받들어 가산산성(架山山城)을 새로이 신축하였다. 성주(星州) 팔거현(八莒縣)을 분할하여 읍을 만들고, 읍의 호칭을 칠곡(柒谷)이라고 하였으니, 대개 고려(高麗) 때의 옛 이름을 좇은 것이다. 성(城) 가운데 부(府)를 두고 비록 부사(府使)라고 한 것은, 난(亂)에 임하여 딸린 관원들의 통제를 위한 뜻이었다. 팔거(八莒)가 성주에 속한지 천여 년(千餘年)에 비록 일의 사적을 아득히 헤아릴 수 없지만, 향리(鄕吏)와 노비의 후예들이 오히려 말로 전하여 운운하는 게 있다.

순찰사와 심(沈) 종사관(從事官) 태부(太孚)가 말하기를 "진실로 생각하건 데 향리 네 사람과 노비 세 가구를 강구(講究)하여 성주(星州)에서 본부로 보내주시기를 허락(許諾)해 주시고, 또 조정(朝廷)에 계청(啓請)하여 이웃 고을에서 각 사찰의 노비 10명을 본부에서 선발해 관노비(官奴婢)를 삼게 해주십시오 했다. 자세한 건 장계(狀啓)를 모아놓은 가운데 있다. 아! 읍을 설치한 지 오 년간에 읍재(邑宰)가 바뀐 게 세 번이나 되어, 선생의 안(案)이 없다면 곧 후인(後人)들이 징험(徵驗)할 수 없을 것이다. 이런 까닭에 대략 체직(遞職)의 연월과 창설(創設)의 대개(大槪)를 취해 기록한다. 갑신(1644) 년 10월 통훈대부 행 칠곡도호부사 최후헌 적음496"라고 시작했다.

일반적으로 선생안(先生案)은 조선 시대 중앙과 지방의 각 관청에서 전입(轉入) 관원(府使, 都事, 營吏 등)의 성명, 생년월일, 성씨 본관, 부임 및 이임(移任) 일자(시기) 등을 기록한 문건을 지칭한다. 안책(案冊), 제명록(題名錄), 좌목(座目) 등으로도 호칭 된다. 안(案)이란 오늘날 '계획안(計劃案)' 혹은 '초안(草案)'이라는 용어를 사용하고 있는 것처럼 완성된 기록이 아닌 첨삭(添削)과 보완해야 한다는 의미를 지니고 있다. 관직을 대상으로 한 건 판서(判書), 참판(參判), 참의(參議) 선생안(先生案), 기관 단위로는 삼공(三公), 의정부낭청(議政府郎廳), 비변사(備邊司), 비변사낭청선생안(備邊司郎廳先生案) 등이 있다. 지방 관서에서는 감사와 수령을 기록한 도선생안(道先生案)과 읍선생안(邑先生안)이 있다. 향리를 대상으로는 호장선생안(戶長先生案) 등도 있으나, 이는 향교(鄕校), 향청(鄕廳) 및 서원(書院) 등에서도 각종 임원록(任員錄), 제명록(題名錄), 좌목(座目) 등을 작성·비치하고 있다.

칠곡부선생안(漆谷府先生案)은 1644년 최후헌(崔後憲) 5대 부사가 팔거현(八莒縣)이 도호부(都護府)로 승격한 1640년에 부임한 윤양(尹瀁) 초대 부사(初代 府使)까지 소급해 처음 만든 뒤 현재의 군수에 이르기까지 부사(府使)와 군수(郡守)의 인사 사항을 함께 담고 있다. 부사나 군수의 이름·본관(本貫, 혹은 貫鄕)·호(號)·제수(除授)받은 날짜·전임지(前任地)·부임 기간·경체(經遞·임기 만료 전의 인사이동 사항) 등 부사·군수(府使郡守)의 인사이동에 관한 사항을 기록했다. 행정조직 개편으로 부(府)가 군(郡)으로 바뀐 1895년을 기점으로 부사 157명, 군수 65명(2002년 7월 기준)에 대한 기록이다. 마지막 부사는 1893년에 부임한 독립운동가이자 교육자·언론인이었던 남궁억(南宮檍, 1863~1939) 선생이었다. 서지학적(書誌學的)으로 살펴본다면, 총 60여 장짜리 선생안(先生案)에는 첫머리 서문(序文)에는 도호부 승격사유(昇格事由)와 승격 과정(昇格過程) 등이 적혀있다. 한 면에 4명씩 기록하고 이후 수정 보완을 위한 여백을 남겨놓고 있다. 현재 50장 내외 기록이 있다. 표지(表紙)는 두꺼운 한지(韓紙, hard cover)에 중국산 고급 비단(緋緞)을 덧붙여 책을 만들었다. 필사본에서는 수정 보완을 할 수 있도록 여백을 남겨놓았으며, 수정 보완을 마쳤다는 수정 보완 표시로 항목 머리 부분에 인산(人山)의 합자 '날아갈 듯한 가벼울 현(飛去輕貌現)' 표시를 하고 있다.

칠곡도호부의 산성읍치에서 평지읍치로 전환 필요성

경상도 관찰사(慶尙道 觀察使) 이명웅(李命雄, 1590~1642)은 병자호란을 당면하여 남한산성 호종성벽(扈從城壁) 아래에서 양곡을 실어 전수책(戰守策)을 확립하고, 외환을 대비한 수차례 성첩수축(城堞修築)을 인조에게 계청(啓請)하였다. 1639년 4월 경상도 관찰사(慶尙道觀察使)로 부임한 뒤 1640년 7월에 체직(遞職)될 때까지 가산산성 축성에 대한 수차례 치계(馳

啓)를 통해서 가산산성(전략적 요새지)의 전략상 미래가치(戰略上未來價値, strategic future value)를 설득하였으며, 불철주야(不撤晝夜)로 가산산성 축조에 노력을 쏟았다.497 그런데 가산산성(架山山城) 축조과정(築造過程)에 과도하게 철저한 기강의 확립과 많은 인명의 손실이 있었다는 이유로 탄핵을 당했다.

  이후 성(城)을 만들 당시의 미비한 점들도 상당수 드러나게 되었다. 새로이 설치한 관아에서 병기와 물품이 부족하여 초기에 부임한 부사들이 애를 쓴 흔적이 초대 부사 윤양(尹瀁)으로부터 6대 부사인 이지형(李枝馨)에 이르기까지 여러 곳에서 이와 관련된 기록들이 나타난다. 초대 도호부사인 윤양(尹瀁)은 도호부의 성을 보수하고 연장, 기구와 군량미 비축을 위하여 백방으로 심혈을 기울이다 임지(任地)에서 병으로 순직(殉職)했다. 두 번째 부사인 임타(林㙐)는 군병과 군기(軍器)가 부족하다며 조정에 동래의 동철(銅鐵)을 보내줄 것과 이웃 고을의 귀속된 자를 가산성에 전속(轉屬)해 주기를 바라는 내용을 관찰사에게 보고하였으며, 관찰사는 조정에 서면으로 상주하여 동래의 동철(銅鐵)을 하사받게 되었다. 세 번째 부사인 최후헌(崔後憲)은 임금님에게 고하여 병조의 면포 500필을 가산산성으로 가져오게 하였다. 또한 미수(眉叟) 허목(許穆, 1595~1682)에게 부탁하여 가산산성축성기(架山山城築城記)를 작성하였다.

  제6대 부사 이지형(李枝馨)은 사간원에 탄핵되어서 "젊은 데다 교만하고 경망하여 직무를 삼가지 않고 군량미를 포기하며 가난에 지친 힘없는 백성에게 포악하다"고 국왕에게 보고되어 파직(罷職)되었다. 그러나 경상감사 이만(李曼, 1605~1664)이 1648년 3월 4일부터 1649년 11월까지 재임했다. 경상감사 이만(李曼)은 1649(인조 27)년 3월 7일 치계(馳啓)를 올리기를 "이지형 전 칠곡도호부사를 칠곡산성을 수보(修補)하는 일을 그대로 지휘할(무관에 임명) 수 있도록 계청했다." 국왕은 사간원에 명하여 그렇게 체차(遞差)하도록 했다.498 이지형(李枝馨)이 경상감사 이만(李曼)과 의논하여 승려와 군병을 동원하여 백성들 모르게 성을 불과 수개월 만에 중수했다. 중수로 100여 간의 건물과 포루(砲樓) 등을 건조했다. 남측성벽에 곡성(曲城)을 두어 방비를 강화했다. 중수로 규모가 처음 둘레 3,830보, 여장(女墻) 1,752첩(堞)에서 둘레 4,710보, 여장(女墻) 1,877첩(堞)으로 확장되었다.

이어 1700년(숙종 26)에는 관찰사 이세재(李世載)가 외성(外城)을 축조했다. 외성(外城)은 석축으로 둘레 3,754보, 여장(女墻) 1,890첩(堞), '영남제일관(嶺南第一關)'이라 제액(題額)한 누(樓)가 있는 성문 1곳, 북·동·남측의 3개 암문(暗門)과 남·북문 밖에 별도(위험 분산 차원에서)로 곡식을 보관할 수 있는 두 개의 곡창(穀倉)을 마련했다. 이후 1741년(영조 17)에 관찰사 정익하(鄭益河)가 다시 외성(外城)을 보축(補築)했다. 이때 외성(外城)은 석축으로 둘레 602보, 여장(女墻) 402첩(堞), 성문루(城門樓) 1개소 구성되었다.

평지읍치로 읍내동 시대(1819~1914)를 열다

1640년(인조 18)에 가산산성이 축조되었고, 더불어 성안에 칠곡도호부가 설치됨에 따라, 1) 위정자 입장에선 호랑이 눈과 같은 백성들의 눈초리를 벗어나고, 준엄한 관존민비(官尊民卑)의 전형을 보여주기에 최적의 여건이었다. 2) 피지배자 백성 입장에서는 삼정문란(三政紊亂)에도 등뼈가 휘는데에도 험준한 산정 읍치가 있어서 군량의 수송 등 여러 가지로 불편한 점이 많았다. 이에 대하여 암행어사를 통해, 민원상소를 통해 산중읍치(山

中邑治)를 평지읍치(平地邑治)로 옮기자는 논의가 일찍부터 있었다.

　비변사등록 숙종4(1678)년 8월 13일 자, 1646(인조 24)년 1월 13일 경상감사에 부임한 허적(許積, 1610~1680)⁴⁹⁹이 말하기를 "경상감사(慶尙監司) 이단석(李端錫, 1625~1688)이 칠곡읍(漆谷邑)에 살면서 백성들이 큰 고개를 넘기가 어렵고 또 산성의 꼭대기에 오르는데 감당하기 어려운 폐단을 호소하는 민원(民願)에 따라 팔거현(八莒縣)에 이설(移設)하는 일을 가지고 계문(啓聞, 국왕에게 상소하여 문의함)하였는데, 칠곡산성(漆谷山城)은 바로 인조조(仁祖朝)에 축성하였으며, 그 지세가 가장 뛰어난 요지(要地)이니 이제 경솔한 이거(移居)를 허락할 수 없습니다." 하였다.⁵⁰⁰ 이렇게 되어 더 이상 조정에서 논의가 없다가, 1815년 5월 26일 영의정 서용보(徐龍輔)가 입시(入侍)하여 칠곡부의 읍을 옮기는 문제 등에 대해 논의하였다. 1819(순조19)년 5월 26일 자 비변사등록에선 "이는 경상도 전 감사 김노경(金魯敬)의 장계입니다. 칠곡부사(漆谷府使) 성동일(成東一)의 첩정(牒呈)을 하나하나 들며 말하기를 칠곡은 산성(山城)에 자리하고 있어 많은 병폐가 모여있습니다. 읍을 옮기자는 논의가 이미 백 년이나 되도록 오래 되었고, 암행어사와 도신 이전 후로 논열(論列, 열거논의)한 것이 한두 번뿐만이 아닌데 본부(本府)의 팔거창(八莒倉)은 곧 옛 읍(경상도 감명)의 터입니다. 지세가 평평하고 두터우며 마을을 포용하고 있는 것이 조밀하여 큰 도시의 생취(生聚, 먹고살고자 모여 둠)가 될만하며 향교가 있고 창사(倉舍)가 있습니다. 지금 많은 사람들의 원에 따라 이곳으로 읍을 옮기고 가산별장(架山別將)을 본영에서 병조로 의망(擬望)해 보내 입계(入啓, 입궁해 국왕의 면전에 장계를 올림)하여 수점(受點,

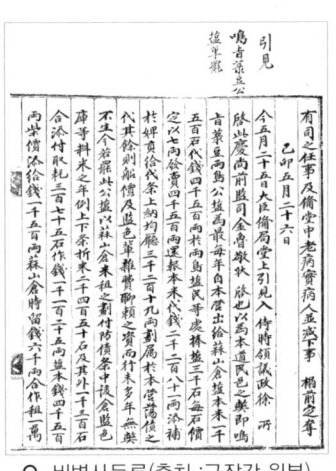

비변사등록(출처 :규장각 원본)

다수방안을 평가하여 선정)해서 수직(守直, 맡게 함)하도록 하고 수성장(守城將, 산성을 지키는 무관직)의 임무에 있어서 본읍 수령이 그대로 겸하되 성주(星州)와 선산(善山)의 사례와 같이하며 읍을 옮기는 재력은 당해 부사가 이교(吏校, 세습하는 지방 아전과 장교)의 요미조(料未條)에서 3백 석을 10년 한도로 아울러 그의 읍에서 취해 쓴 뒤에 회록(會錄)하겠다고 말하였으나 공곡(公穀)을 나이(那移, 유용함) 하는 것은 가벼이 논의하기에 어려움이 있으니, 동래(東萊)의 금정산성(金井山城)에 본영에서 별도로 준축(蹲縮, 땅이 주저앉음) 하는 것이 매년 2천 냥인데 지금부터 5년 한도로 보내던 것을 멈추고 이것 획급(劃給, 나눠서 추진함)하여 읍을 옮기는 밑천으로 삼도록 묘당(廟堂, 조선 시대 의정부임)에서 품지(稟旨, 국왕에 제안을 올려 지침 등을 받음)하여 분부하기를 청한다 하였습니다. 본읍의 읍치[邑治, 고을의 치소(治所)가 있는 곳]가 지탱하여 보존할 수 없는 상황은 전후 도신(道臣)과 수령(守令)의 논의가 한결같은 말이 똑같고, 당초 읍을 설치한 것도 비록 보장(保障)을 진념(軫念, 임금이 마음을 써서 근심)한 데서 나왔으나 남창(南倉)을 지은 뒤에는 읍치(邑治)의 유무가 별로 긴요하지 않고 또 들으면 읍을 옮기는 일이 몇 개의 관아에 지나지 않을 뿐 별로 대단히 곤란한 단서가 없다고 하니, 장계에서 청한대로 시행하는 것이 어떻겠습니까?" 하니, 임금이 그리하라 하였다(上曰從之).501

이렇게 가산산성 칠곡도호부(架山山城 漆谷都護府)를 팔거읍(八莒邑: 현재 대구광역시 북구 읍내동)으로 이전하도록 하는 윤허(允許)가 떨어졌다. 이렇게 허락할 수밖에 없었던 건 앞서 삼정문란(三政紊亂)에서 촉발된 홍경래(洪景來)의 민란이 1811년에서 1819년까지 진압되지 않았기에 오늘날 암 전이(癌轉移, cancer metastasis)처럼 영남지역에서도 민란의 위험이 일촉즉발(一觸卽發)의 상황에 놓여있었다. 1819(순조 19)년에는 순조(純祖) 국왕도 더 이상 안주할 수 없었다. 1) 가산산성(架山山城)이 영남거진(嶺南巨鎭)으로 관방(關防)의 중요한 곳임에도 불구하고 훈련이 충실하지 못하다는 논의가 있어 전략적 요새는 논외로 하였다. 2) 전주(全州) 위봉산성(威鳳山城, 오늘날 전북도 완주군 소양면 산7-4번지 외 1-32)의 예에 따라 별장(別將)을 두게 되었던 선례(先例)가 있었다. 예외적 유일한 산중도호부(山中都護府)를 평지읍치로 이전한 뒤에 1820(순조 20)년엔 가산산성의 방어를 가산진(架山鎭) 별장(別將, 지방군영에 무관직)이 담당하게 되었다.

Q 순조실록
(출처: sillok.history.go.kr)

제110대 성동일(成東一, 1818년 1월 18일~1820년 9월 25일) 부사(府使)의 '공금당실기(共衾堂實記)'에 읍을 옮길 당시의 상황이 이렇게 기록하고 있다. "읍내동으로 옮길 때 새로운 목재(木材)를 다 운반됨에 미치지 않아 부민(府民)의 유력한 자가 훔쳐 지고 간 일을 관리가 성동일 부사에게 알렸다. 성 부사(成 府使)는 거짓으로 격노(激怒)하면서 말하길 '모씨(某氏)는 본부에서 예법(禮法)을 가장 잘 지키는 분이다. 어찌 이런 일을 하겠는가? 네 놈이 감히 그 집안을 무고(誣告)하는가?' 밀고자에게 곤장 수십 대 내리쳤다. 그 소문을 그 사람이 듣고서 크게 부끄러워하고 뉘우쳐 다시 목재(木材)를 그전에 있던 곳에 되돌려 놓았다."라고 했다.502

근대 이후 1895(고종 32)년 팔도제(八道制)가 폐지되었고, 23부제가 실시될 때, 칠곡도호부(漆谷都護府)는 칠곡군(漆谷郡)이 되었고, 군수(郡守)를 두었다. 또한 대구부(大邱府)에 소속되었다. 1896년 13도제가 실시되면서 경상북도(慶尙北道)에 편입된 칠곡군(漆谷郡)은 1914년 3월 1일 일제 행정구역 개편을 통해 인동군(仁同郡)의 9개 면과 약목면(若木面)을 병합하면서 군청사(郡廳舍)를 왜관(倭館)으로 이전했다.503

제4장
6·25 전쟁의 아마겟돈 전투

I.
미 육군 전투사에서 다부동 전투의 전주곡[504]

1.
자유는 공짜로 얻어지는 건 없다
(Freedom is not free)

워싱턴 DC 한국전쟁 참전용사기념공원 참배를 시작으로

낙동강 방어선(Nakdong-River Defence Line)을 사수하여 대구를 방어하고자 시산혈하(屍山血河, mountain of corpses and river of blood)의 전투 역사를 만들었다. 당시 미국 제8군과 유엔군의 참여에 대한 전투를 더 듬어보고자 한다. 이에 대한 자세한 역사적 자료를 챙기고자 미국 워싱턴 DC, 1943년 7월에 건립된 미 육군 군역사연구소(CENTER OF MILITARY HISTORY, UNITED STATES ARMY, Fort Lesley J. McNair, Washington, D.C., U.S.)를 방문해 필요한 파일을 받았다. 워싱턴 DC 국립공원(National Mall) 타이들 베이슨 호수(Tidal Basin Lake) 주변에는 일본제국이 미합중국 제100주년 기념으로 선물한 제주도 원산지인 왕벚꽃 나무 3,000주가 심어져 있었다. 매년 뉴욕커(New Uorker)들에게 '봄날의 환상적 벚꽃나라(fantastic cherry-blossom paradise, spring)'가 되고 있다. 워싱턴 기념관에서 동남쪽으로 직선거리 100m 내외 6.25 전쟁의 아픔을 하소연하는 '한국전쟁참전용사기념공원(Korean War Veterans Memorial Park)'이 있다.505 6.25 전쟁의 참상을 언

6.25 참전용사 동상(출처: National Park Service)

급하고자 마음을 먹었기에 당연하게 참배를 해야 했다. 지난 2024년 10월 16일에 방미한 김에 참배부터 하고 미육군전사연구소(美陸軍戰史硏究所)를 찾았다.

이곳 회상의 연못(回想之淵, remembrance pool) 주변 연석(連石)에는 한국전에 희생자, 부상자 및 실종자로 집계된 미군 전사자 36,634명, 한국 카투사 전사자 7,174명, 유엔군 전사자 628,833명으로 적혀있다. 19인의 참전용사 기념 동상(War Veterans Memorial Statue) 앞 돌바닥에 적힌 헌사(獻辭, Dedication)는 "그들은 알지 못했던 나라와 만난 적도 없는 사람들을 지키기 위해, 국가의 부름에 응했던 우리의 아들과 딸들에게 우리는 경의를 표합니다(OUR NATION HONORS HER SONS AND DAUGHTERS WHO ANSWERED THE CALL TO DEFEND A COUNTRY THEY NEVER KNEW AND A PEOPLE THEY NEVER MET)"라고 새겨져 있다.

그들이 이렇게 참혹한 죽음이란 대가를 치른 결과로 오늘날 대한민국에 살아가는 우리들이 자유를 얻었다. 이런 실감 나는 현실성(現實性)을 말해 주는 '통곡의 벽(痛哭的壁, Wailing Wall)'에는 "자유는 거저 주어지지 않는다(Freedom is not free)"는 교훈을 몇 번이고 되새기게 한다. 미국은 자유(自由)의 나라다. 자유진영 우방국가(自由陣營 友邦國家)의 자유까지를 챙기기 위해서 목숨을 바쳤다. 미국에서 자유라는 1) 뉴욕의 허드슨 강물(Hudson River)과 대서양이 만나는 끝 지점에 '자유의 여신상(Statue of Liberty)'이 있고, 워싱턴 DC 국회의사당(國會議事堂, The Capital) 첨탑(尖塔)에도 '자유의 여신상(Statue of Freedom)'이 있다. 천부인권의 자유(liberty)와 피 흘려 투쟁(鬪爭)한 결과로 얻는 자유

🔍 1975년 프리덤 생리대 광고문

(feedom)가 다르다. 6.25 전쟁으로부터 피 흘려 얻는 자유는 분명히 프리덤(freesdom)이다. 그래서 우리나라에 1975년부터 사용되었던 여성의 생리대(生理帶, sanitary napkin) 상품명이 프리덤(Freedom)인 이유는 피 흘려서 얻는 자유란 의미를 강조하고 있다.506

평화 때는 인간(생명체)이지만 전쟁에서 시체는 병참(3종)통계가 된다

아프리카 7세 어린아이 1명의 사진을 올리면 자선 모금액을 치솟지만, 수백만 명의 굶주린 통계를 올려서 자선모금운동을 하면 성금은 모이지 않는다. 2007년 3월 18일 미국 외교전문지 '외교정책(Foreign Policy)'에서 이와 같은 현상을 "숫자에 무뎌짐(Numbed by Numbers)"이라고 했다.507 전쟁 희생자 혹은 대규모 희생자 숫자를 접하는 사람들에게는 '동정 피로증(compassion fatigue)'을 가중시키고, 지원을 방해하는 결과가 초래된다. 소련의 독재자 조셉 스탈린(Joseph Stalin, 1878~1958)이 "한 명의 죽음은 비극이지만, 백만 명의 죽음은 통계다(One man's death is a tragedy; the death of a million is a statistic)."508라고 했던 말이 이와 같은 이치다. 1979년 노벨평화상을 수상한 마더 테레사(Teresa Anjeze Gonxhe Bojaxhiu, 1910~1997) 수녀도 "다수를 보면 행동하지 않고, 한 명만 본다면 행동한다(If you see many people, you don't act, but if you see only one person, you act)."509라고 했다.

이렇게 인류에겐 전쟁이란 아무렇지도 않은 당연지사(當然之事)로 지금까지 받아들여져 왔다. 2022년 2월 24일에 시작한 우크라이나와 러시아 전쟁도 3년째 하고, 2024년 11월 5일 현재 시점에서 '한국전쟁의 휴전(Korea-type Truce)' 방식을 언급하고 있다. 6.25 전쟁도 1년간을 전쟁했으나, 자유적 정의의 잣대가 아닌 '점령지 영토인정(recognition of occupied territory)'에서 2년간은 유리한 협상의 고지선점(高地先占)을 위해 지속적인 병사 소모 전투(battle of attrition, 전사자의 70%)를 했다. 2024년 2월에 튀르키예(옛 터키) 에르도안(Recep Tayyip Erdoğan, 1954년생) 대통령의 중재로 이스탄불(Istanbul)에서 3월 29일까지 양국이 5차례 대면 협상을 했음에도 '평화협정(Peace Treaty)'이란 단어가 처음 등장했다.510, 511

인류전쟁사(人類戰爭史)에서 가장 많은 인명을 살상했던 무기는 로마 시대의 글라디우스(gladus, 劍)라고 할 수 있다.512 최근에는 대포가 있지만 이는 엄호구축물(掩壕構築物) 혹은 진지 시설(陣地施設) 파괴에 주로 사용되었다. 때로는 아군 진격(我軍進擊)을 엄호하는 데 사용하기에 인명 살상을 그다지 하지 못한다. 그러나 총은 사람을 겨냥해서 발사하기에 치명상을 주고 있다. 적 1명당 소총 발사의 실탄 수는 대략적으로 2만에서 20만 발까지, 총진격전(總進擊戰), 고지전(高地戰) 혹은 게릴라전 등과 전투양상(戰鬪樣相)에 따라서도 크게 차이가 난다. 저격수(sniper)에게는 2차 세계대전까지만 해도 실탄 1발에 적 1명이 대부분이지만, 베트남 정글전(Vietnam Jungle Battle)에서는 저격수(sniper)에게도 적 1명에게 1.3~1.7발의 실탄이 소비되었다.513 제2차 세계대전에 미군의 전쟁통계(戰爭統計)에서는 적군 1명에 소총 25,000발이 소요되었다. 그러나 제2차 세계대전에서는 전반적으로 적군 1명 사살에 45,000발이 소요되었다.514 1950년 한국전쟁(6.25 동란) 때에는 고지진격 등으로 난사하는 바람에 적군 1명당 50,000발로 2배나 증가했다. 1965년 베트남전쟁(동남아시아) 때는 전자동 록앤롤(automatic rock-and-roll) 화력으로 적 1명당에 200,000발이 소모되었다.515

전쟁에서 겨냥해 발사하는 소총(小銃)의 명중률(命中率)은 '돌격 앞으로' 난사(亂射)의 경우를 제외하고는 구체적으로 시나리오에 의해서 민간인

(民間人)과 총격전(銃擊戰)에서는 약 18%가 명중(命中)하나, 군사적 상황에서는 0.1%가 표적에 명중할 뿐이다.516 전쟁에서 0.1%는 대단히 높은 확률이다. 인천상륙작전(仁川上陸作戰, Incheon Landing Operation)의 승률이 0.02%였다. 제2차 세계대전 동안 소비했던 소형무기 탄약은 430억 발, 포탄은 1,100만 톤 정도가 소모되었다.517 세계전쟁사에서 한국전쟁(Korea War)은 민간인 사망자 300만 명으로 민간인 피해 비중(民間人 被害比重)이 세계전쟁역사에서 가장 높았다.518 인류의 인권역사(人類人權歷史, history of human rights)에 있어서 군대의 인종차별이 철폐된 최초전쟁(最初戰爭)이었고, 트루먼(Harry S. Truman, 1884~1972) 제33대 대통령은 군대의 인종차별을 철폐하는 행정명령에 서명했고, 미군 내 아프리카계 병정과 통합부대를 편성하고 복무하게 했다.519 이외에는 한국전의 특징은 1) 기동성과 신속한 진격(mobility and rapid advance), 2) 공세와 반격이 몇 차례 반복(repeated attacks and counterattacks), 3) 중공군의 매복전과 기습전으로 게릴라전이 한국형 개발(guerrilla warfare developed in Korea through ambushes and surprise attacks by the Chinese army), 4) 공군력으로 근접항공지원과 적의 공세차단(close air support and blocking of enemy attacks through air power), 5) 제트항공기와 헬리콥터가 전장에 등장(jet aircraft and helicopters appearing on the battlefield), 6) 특수지형과 기후로 물자공수에 한국형 개발이 있었다(special terrain and climate for airlifting supplies developed in Korea).520 그리고 7) 오늘날 우크라이나(Ukrain)와 러시아(Russia)의 한국형 전쟁과 휴전모델(休戰模型, 非武裝地帶造成)이 오늘날 우크라이나(Ukrain)와 러시아(Russia)의 휴전모델을 만들었다.

사실 고대 전쟁은 전략(戰略)과 전술(戰術)로 했지만, 그 핵심에 수학이 자리 잡았다. 당장에 생각나는 전쟁수학은 1) 난수표(亂數表)라는 암호문

(素因數解讀), 2) 대포를 발사하기 위한 탄도수학(彈道數學)과 사영기하학(射影幾何學), 3) 포격지점을 결정하는 좌표(座標), 4) 전쟁규모에 따른 병정수, 전투물자 및 식량에 대한 병참수학(線型計劃法), 5) 전쟁예산을 집행하는 전쟁회계(戰爭會計), 6) 아주 작게 작전을 결정하기 전에 (1) 최단거리 경로 결정(path argilithem), (2) 최적 무기의 결정(weapon metrix), (3) 불발탄 최소화 및 승전까지의 작전연구(operation research) 등은 모두 통계(統計), 유·무기화학(有無機化學), 원자물리학(原子物理學), 확률, 양자역학(암호해

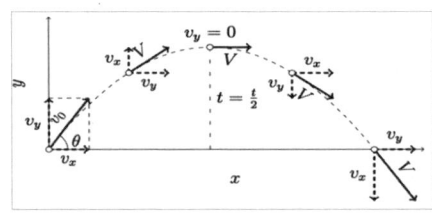

독), 위상기하학(位相幾何學), 기후학(氣候學), 워게임(war game) 등의 최신첨단과학(最新尖端科學)이 다 동원되어 왔다.

인류 최초 병서(最初兵書)라고 알려진 『손자병법(孫子兵法)』은 첫머리가 '시계편(始計編)'으로 전쟁개시에 앞서 먼저 승률을 계산했다. 그 승률계산에는 '5사 7정(五事七情)'으로, 오늘날 행렬식 수학(일명 승률 매트릭)을 사용했다. BC 400년 이전에도 승률이 높아야 비로소 전쟁을 시작했다.[521] 조선 숙종(肅宗) 때 영의정 최석정(崔錫鼎, 1646~1715)은 마방진(魔方陣)이란 수학으로 병력배치에 효율화를 도모했다. 세계수학사(世界數學史)에서도 레온하르트 오일러(Leonhard Paul Euler, 1797~1783)보다 61년 이전에 직교라전방진(直交羅

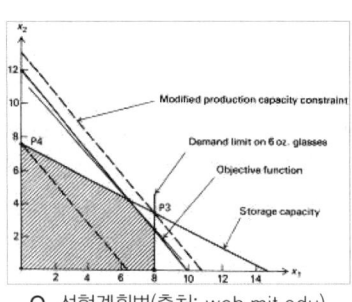

Q 선형계획법(출처: web.mit.edu)

典方陣, orthogonal Latin square)을 만들어서 풀었다고 기록하고 있다. 중학교 때에 기하학(幾何學)을 배울 때 들었던 보나파르트 나폴레옹(Napoléon Bonaparte, 1769~1804) 이야기는 그는 '삼각형의 합동(congruence of triangles)'을 이용해 독

일(獨逸)과 프랑스 전쟁에서 라인강의 강폭을 측정했다. 같은 사례는 1943년 제2차 세계대전 때 삼각형의 합동을 이용한 수면상 18m에서 폭탄을 쏟아부었다. 영국 수학자 앨런 듀링(Alan Mathison Turing, 1912~1954)은 암호문 해독기(cryptographic decryptors)를 제작하여 1) 노르만디 상륙작전(Normandy landings operation)을 성공하게 했다. 세계대전의 종전을 적어도 2년 정도 앞당겼다는 평가를 받고 있다. 1939년 소련에서는 레린그라드 공방전(The Battle of Leningrad)이 교착상태에 빠졌을 때 물자공급에 선형계획법(線型計劃法, linear programming)을 원용하여 승전했던 레오니트 비탈리예비치 칸토로비치(Leonid Vitalievich Kantorovich)는 러시아 경제성장에도 수학을 활용하여 크게 기여했다. 그는 1975년 노벨경제학상을 수상했다. 사실, 우리나라 1960년대 박정희(朴正熙, 1917~1979) 대통령이 추진했던 경제개발 5개년계획의 기반에는 러시아 계획경제이론(Russian planned economy theory)이 원용된 선형계획법(線型計劃法)이었다.

1940년 제2차 세계대전 중에 영국(英國)에서 파괴된 독일탱크의 포탄 파편(破片)에서 생산번호(lot nomber)를 모아 'N = M + M/N -1'라는 단순한 산수풀이로 적의 탱크생산량을 예측했던 초등학생의 랜덤추계(random counting) 240대가 스파이전(spy war)으로 얻은 첩보 1,400대보다 더 정확했다. 연합군이 점령 후 해당 탱크 생산공장의 출고대장(出庫臺帳)을 확인하니 출고수량(出庫數量)은 243였다. 겨우 3대 차이만 났는데 사실은 운송 도중(運送 道中)에 있던 차이였기에 초등학생의 추산이 100% 정확했다.

1943년 8월 공중전(空中戰)에 참전했던 미국 폭격기 376대 가운데 추락되지 않고 귀환 폭격기 316대와 격추되어 수습된 60대의 피탄 흔적(被彈痕迹)을 조사해 창정수리(創定修理)하는데 '보이지 않는 맹점(invisible blind spot)'을 찾는 데 확률(確率)을 사용했다. 당대 수학자 필립 모르스

(Phillip M. Morse, 1903~1985)522는 수학으로 풀이한 작전연구(operation research)523를 1940년 영국에서 군부대 작전연구(OR Team) 팀에서 그 방법론은 도입했다. 즉 통계학(統計學), 확률(確率), 알고리즘(argorithem) 등을 활용하여 불발탄 최소화(minimizing unexploded ordnance), 사상자 최소화(minimizing casualties), 작전 최단경로(shortest operation route), 최적병참 방법(optimal logistics method) 등을 모색하여 승전의 기틀을 마련했다. 제2차 세계대전의 끝판왕은 아인슈타인의 $E = mc^2$(Mass-Energy Equivalence)이란 방정식에 기반해 1945년 7월 16일 뉴멕시코 앨라모고도(Alamogordo) 사막에서 '삼위일체(Trinity)' 핵무기 코드네임으로 핵실험(TNT 22KT)에 성공한 뒤, 이를 8월 6일에 일본 히로시마(廣島, ひろしま)에 우라륨 폭탄(Little Boy)을 투하했으며, 8월 9일에는 플루토늄 탄(Fat Man)을 나가사키(長崎, ながさき)에 떨어뜨렸다. 이후 오늘날에는 원자폭탄 보유국 간에는 '상호확증파괴(相互確證破壞, mutual assured destruction, mutually assured destruction, MAD)'라는 '공포의 균형(The Balance of Terror)'을 이뤄야 한다는 평화보장원칙을 내놓고 있다.

레오 톨스토이(Leo Tolstoy, 1828~1919)**가 '전쟁과 평화'에 대한 몇 마디를**

Q 6.25 전쟁의 핏빛 강물 속에서 평화 건지기

『전쟁과 평화』장편소설을 쓴 톨스토이에게 부탁하니 "전투직후(戰鬪直後) 또는 그다음 날, 보고서(報告書)가 작성되기 전에 군대를 한 바퀴 돌아보고, 군인과 상급 장교(上級將校),

하급 장교(下級將校)에게 일이 어떻게 진행되었는지 물어보세요. 이 모든 사람들이 경험(經驗)하고 본 것이 무엇인지 말해 줄 것이고, 위엄(威嚴) 있고 복잡(複雜)하며 무한히 다양(多樣)하고 우울(憂鬱)하고 모호한 인상을 형성(形成)하게 될 것입니다. 그리고 아무도, 특히 총사령관(總司令官)에게서는 전체 일이 어땠는지 알 수 없을 것입니다."524라고 첫 머리글을 썼다.

1950년 8월 워커(Walton Harris Walker) 장군의 주요 목표는 한국에서 확고한 거점(據點, foothold)을 확보하고 유지하는 것이었다. 워커 장군(General Walker)은 이를 통해 나중에 군대가 충분한 전력을 갖추면 공격(攻擊)을 시작할 계획이었다. 워커(General Walker)는 주요 참모 장교(參謀將校)와 주요 지휘관(主要指揮官)에게 다음과 같이 말했다. "우리가 이번 일을 공격(攻擊)으로 이길 것이라는 사실을 염두에 두십시오. 공격할 기회를 절대 놓치지 마십시오. 저는 공격으로 전환할 수 있는 능력과 기회(機會)를 원한다. 그때까지 모든 지휘관이 공격하고, 습격하고, 포로(捕虜)를 잡고, 북한군(적)의 균형(均衡)을 깨뜨리기를 바란다. 그렇게 하면 북한군(적)을 해칠 기회가 점점 더 많아지고, 우리 군대는 상황(狀況)이 무르익었을 때 총공세(總攻勢)로 전환할 준비가 더 잘 될 것이다."525

워커 장군(General Walker)은 한국에서의 거점(據點, foothold)이 부산(釜山)에서 북쪽으로 밀양(密陽)을 거쳐 대구(Taegu ◁ Miryang ◁ Pusan 釜山)까지, 동쪽으로 경주까지 그리고 부산으로 돌아오는 철도 노선(鐵道路線)을 포함하기를 원했다. 이렇게 하면 나중에 돌파 공세(突破攻勢, breakout offensive)에 필요한 병참지원(兵站支援)이 가능해질 것이다. 이 순환

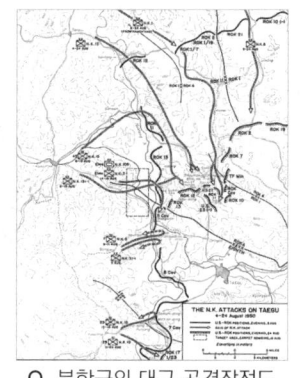

🔍 북한군의 대구 공격작전도
(미 육군본부, p.337)

통신망(circumferential communication net)을 유지하기 위해 워커 장군은 적절한 타이밍 감각(a fine sense of timing)과 그는 언제든지 모을 수 있는 소규모 예비군을 현명하게 활용해야 했다. 그는 제한된 예비군을 언제, 어디로 이동해야 할지 정확히 알아야 했다. 예비군은 적절한 장소에 있어야 했고 너무 늦지 않아야 했다. 미 제8군과 한국군의 부산 방어선 방어전을 연구하면 워커가 이 분야의 거장임을 알 수 있을 것이다.526

소규모 예비군(小規模 豫備軍)을 구성하는 데 따른 어려움은 1950년 8월과 9월에 미국 제8군 참모부(參謀部)가 직면한 주요 문제 중 하나였다. 바로 이것이 8군 사령관에게 일상적인 관심사였다. 8월에 8군 참모총장(參謀總長)이었던 랜드럼 대령(Colonel Landrum)은 육군 예비군으로 '확인 꼬리표가 붙어있어(tagged)'527 같이 일할 수 있는 부대를 찾는 걸 가장 중요한 일상 업무 중 하나로 여겼다. 이번 수색에는 8군과 한국군(韓國軍)이 모두 포함되었다. 그렇게 지정된 병력은 24~48시간 이내에 방어선 어딘가에 투입될 것이 확실하다고 여겨졌다. 워커 장군이 참모총장(參謀總長)에게 하는 일상 인사말 가운데 하나는 "랜드럼, 오늘 나를 위해 얼마나 많은 예비군을 (땅을 파서라도) 찾아냈는가?"였다.528

워커 장군(General Walker)은 본부 업무의 대부분을 참모진에게 맡겼다. 그는 매일 대부분 시간을 전투 부대를 방문하여 현장실태(現場實態)를 점검하고 격려하는 데 투입했다. 본부에서 부재중(不在中)일 때 경계전선(警戒戰線) 주변에서 무슨 일이 일어났는지, 그에게 완전히 알리는 일은 랜드럼 대령(Colonel Landrum)이 그 몫을 맡았다. 랜드럼(Landrum)은 워커 장군이 대구 본부로 돌아왔을 때마다 매일 이렇게 했다. 육군 G-2(정보), G-3(작전), 그리고 공군과 긴밀한 연락을 유지하는 것 외에도, 랜드럼 대령(Colonel Landrum)은 매일 밤 10시에서 자정 사이에 각 주요 전투 부대에 전화를 걸어 부대 지휘관(指揮官)이나 참모총장(參謀總長)과 전선의 그 부분의 상황에 대해 전화통화(telephone call)를 나누는 게 관례가 되었다. 이를 통해 최신 정보(最新情報)를 얻을 수 있었다. 그 순간의 다양한 지휘관의 정신 상태(精神狀態)까지도 알아차릴 수도 있었다. 워커 장군(General Walker)은 이러한 야간 전화통화(night telephone call)를 바탕으로 다음 날 방문순찰(訪問巡察)을 계획하는 경우가 많았다. 그는 심각한 상황이 발생하거나 발생할 수 있다고 생각되는 곳을 찾아다녔다.[529]

중앙(中央) 또는 대구 전선은 경계의 다른 부분에서 급히 모은 제한된 예비군을 사용하는 데 있어서 모든 문제점을 짚어본 뒤에서 실시했다. 그곳은 제8군 사령관이 매일 상황을 상당히 정확하게 평가해야 하는 지역이었다. 왜냐하면, 여기서 지군학적 분석을 하면 '남쪽으로 접근하는 여러 회랑(回廊, corridors)이 낙동강 계곡(valley)에다가 합류(the joining of the corridors)'하기 때문이었다. 이 회랑합류(回廊合流, corridor jointing)를 따라 진군하는 북한군은 서로 가까운 지원 거리(close supporting distance)에서 비교적 큰 병력으로 집결되기 때문이다. 대구에 대한 북한군(적)의 정면협공 압박(挾攻壓迫, frontal pressure)은 이미 설명한 양쪽 측면의 압박과 동시에 전개되었다.[530]

2.
다부동 전투의 전주곡
(Prelude to the Battle of Tabudong)

북한군이 낙동강 도하(洛東江 渡河)로 대구 함락을 감행

 남(南)에서 북(北)쪽으로 대구를 중심으로 호(弧)를 그리며 모인 북한군은 제10 사단, 제3 사단, 제15 사단, 제13 사단, 제1 사단과 제105 기갑사단의 일부였다. 그들은 남쪽의 고령군 성산면 득성동(得成洞, Tuksong-dong, 고령군 성산면 득성리)531에서 북쪽으로 왜관(倭館)을 돌아 군위(軍威)까지 도달했다. 대구 북쪽과 서쪽에 집중된 것은 북한군이 상주(尙州)에서 대구(大邱)까지 낙동강 계곡(洛東江 溪谷)의 자연 통로(侵入回廊, invasion corridor)를 남쪽으로 진군하는 다음 단계에서 주요 공격축(主要攻擊軸)으로 사용할 것으로 예상했다. 8월 초순에 북한군 5개 사단 맞은편 낙동강을 건너 남쪽에서 북쪽으로 미군 제1 기병사단과 국군(ROK) 2군단의 6개 사단이 있었다. 미군 제1 기병사단과 국군(ROK) 제1 사단의 경계는 왜관에서 북쪽으로 약 2마일, 대구에서 북서쪽으로 10공중마일(air mile) 떨어진 곳에 있었다.532

 보다 자세하게 언급하면 북한군 제10 사단과 제3 사단의 일부는 미군 제1 기병사단 맞은편에 있었다. 국군(國軍, ROK) 제1 사단과 제6 사단 맞은편에는 북한군 제3 사단의 일부와 제15 사단, 제13 사단, 제1 사단이 배치되어 있었고, 북한군(北韓軍) 제105 기갑사단(機甲師團)의 지원부대도 있었다. 바로 남쪽에 있는 미군 제24 보병사단(步兵師團)처럼 제1 기병사단(騎兵師團)도 길쭉한[長] 전선을 지키고 있었다. 남쪽에서 북쪽으로 미군 제7 기병연대(騎兵聯隊), 제8 기병연대, 제5 기병연대가 그 순서대로 줄을 서있었다. 대구 서쪽에 있는 미군 제8 기병연대의 두 대대는 각각 약 10,000야드의 전선(戰線)을 가지고 있었다. 왜관(倭館)에 있었던 제5 기병연대는 14,000야드란 전선(frontline)을 가지고 있었다.533

그렇게 길쭉한 전선(frontline)에 포병 화력 지원(砲兵火力支援)을 제공하기 위해 포병 사격 포대는 전선 뒤 약 7,000야드, 서로 약 6,000~7,000야드 떨어진 곳에 배치되어 있었다. 각 포대(砲隊)는 포를 두 개의 다른 편향(偏向)에 두었다. 포열(砲列)을 이동시킴으로써 포대 화력을 집중시킬 수 있었다. 어떤 경우에는 두 개의 포대가 화력을 집중시킬 수 있었지만, 연대 구역 내의 측면 거리가 너무 멀어서 포병대대 전체가 그렇게 할 수 없었다. 포병대는 빠른 발사 속도로 화력의 양을 달성하려고 했다. 어떤 경우에는 10문의 105mm 곡사포(曲射砲, howitzers)가 70초 동안 120발을 발사했는데, 이는 각 포당 평균 6초마다 1발씩 발사한 셈이다. 북쪽에서는 1950년 8월 6일에서 8월 8일 사이에 북한군 제1 사단이 국군(ROK) 6사단 구역의 함창(咸昌)과 상주(尙州) 사이의 낙동강을 건넜다. 1950년 8월 6일, 미군 비행기는 강을 건너 군대를 실어 나르는 10척의 바지(barge)선을 발견했다. 북한군(적)의 사단은 2,500명의 녹색보충병력(綠色補充兵力)으로 보강되었지만, 일부는 함창(咸昌)에서, 일부는 강을 건넌 후 여전히 절반의 병력이었다.534

많은 보충병(補充兵)들은 무기를 가지고 있지 않았고, 잡다한 임무로 후방에서 일했다. 이 사단은 군위(軍威)로 공격하기 위해 국군(ROK) 제6 사단의 완강한 저항에 부딪혔다. 대구에서 북쪽으로 25 에어 마일(airmail) 떨어진 그 마을에 8월 17일경까지 도착하지 못했다. 그곳에서 국군(ROK) 제

6 사단과 전투를 벌이면서, 남쪽으로 다부동(多富洞) 지역과 대구로 향하는 길로 진군하기 전에 더 많은 손실을 입었다. 북한군 제1 사단 남쪽에서 제13 사단은 8월 4일과 5일 밤 낙동강(洛東江)을 건너기 시작했다. 8월 5일, 제21 연대의 주력(主力)은 상주도로(尙州道路)에서 대구에서 북서쪽으로 40 에어 마일 떨어진 낙동리(洛東里)에서 건너갔다. 교차로(交叉路)가 발견된 후, 일부 북한군은 아직 물속에 있는 동안 공중폭격(空中爆擊)을 받았고, 국군(ROK) 포병과 박격포 사격이 교차지점(交叉地點)으로 향했다.535

남쪽 강둑에서 연대(聯隊)는 지속적인 공중폭격과 포병사격을 받았지만, 사상자는 알려지지 않았다. 그날 밤 제19 연대는 제21 연대의 진로(進路)에서 강을 건넜다. 병사들은 무기를 머리 위로 들고 목까지 차오르는 물속을 헤엄쳤다. 그들은 중화기(重火器)와 차량을 남겨두었다. 다음 날 밤인 8월 6일과 7일, 북한군 제13 사단의 세 번째 연대인 제23 연대는 포병 2개 대대와 함께 뗏목을 타고 낙동리(洛東里) 아래로 건너갔다. 북한군 제13 사단의 이 교차로는 국군(ROK) 제1 사단의 구역에 있었지만, 그 사단의 준비된 위치에서 몇 마일 떨어져 있었다.536

국군(ROK)은 북한군(北韓軍) 제13 사단이 강을 건너자마자 공격(攻擊)하여 산으로 몰아넣었다. 그곳에서 북한 제13 사단은 동쪽에서 연합(聯合)하여 야간에 합동공격(合同攻擊)을 개시해서 국군(ROK) 방어선을 무너뜨렸다. 대구로 가는 주요 도로인 낙동리(洛東里)에서 남동쪽으로 20마일 떨어진 곳으로 진군을 시작했다. 낙동강(洛東江)을 건너고 일주일 후, 북한군 제3 사단과 국군 제1 사단은 대구에서 북쪽으로 약 15마일 떨어진 다부동(多富洞) 지역에서 맞붙었다. 거기에는 도시의 북쪽 방어에 중요한 지형이 있었다.537

남쪽으로 진군(進軍)하는 북한군(적) 사단 가운데 두 번째인 북한군(人

民軍) 제15 사단은 8월 5일 김천(金泉)에서 약 1,500명의 보충병(補充兵)으로 병력보충(兵力補充)을 받았다. 이로써 병력은 약 6,500명이 되었다. 다음 날 제45 연대는 북동쪽으로 낙동강(洛東江)을 향해 진군(進軍)했다. 이 연대는 8월 7일에 선산(善山)을 지나 그 마을 남동쪽에 있는 강을 건넜다. 유엔군 비행기가 강을 건널 때 일부 지역을 폭격했다. 강을 건넌 후, 연대는 산으로 향했고 처음에는 아무런 저항도 받지 않았다. 나머지 두 연대인 제48 연대와 제50 연대는 나중에 김천(金泉)에서 출발하여 8월 8일 새벽 전에 인동(仁同)과 왜관(倭館) 사이의 낙동강을 건너기 시작했다. 이들은 왜관(倭館)에서 북쪽으로 4마일과 6마일 떨어진 두 개의 페리 지점(渡船場, ferry sites)에서 4피트 깊이의 강을 건넜다. 탱크와 차량은 상부 페리 지점(渡船場)의 수중다리(水中橋, underwater bridge)를 건너갔다. 주요 초기 도하 작전(渡河作戰)은 왜관(倭館)에서 6마일 떨어진 상부 페리지점(渡船場, ferry sites)에서 이루어졌는데, 8시 10분까지 2개 대대와 최소 2개의 전차가 도하(渡河)한 것으로 추정되었다.538

북한군(北韓軍)은 강 서쪽에서 직접 전차를 발사하여 이 도하작전(渡河作戰, Operation River Crossing)을 지원했다. 미 공군은 7개의 전차(tank)가 그곳에 사격 위치에 있다고 추정했다. 이 전차(戰車, tank)들은 낮 동안 강을 도하(渡河)하는 데 분명히 성공했다. 북한군 제15 사단은 도하지점(渡河地點)에서 강 동쪽에 있는 201고지와 346고지를 점령한 후, 7 에어 마일(air mail) 떨어진 다부동(多富洞)을 향해 동쪽으로 진군했다. 이러한 북한군(적)의 도하 작전이 대구에 대한 가장 심각한 위협이라고 생각하여, 미 제8 군단은 북한군(적)의 침투가 발생할 경우 미군(美軍)으로 한국군(韓國軍)을 지원하기 위한 계획을 세웠다. 그 사이에 공군은 왜관에서 북쪽으로 6마일 떨어진 수중다리(水中橋, underwater bridge)를 발견하고

1,000파운드 폭탄을 투하했지만 그 결과는 불확실했다.539

다음 날 국군(ROK) 제1 사단은 강을 건너는 지점에서 높은 곳을 되찾았다고 보고했다. 그러나 북한군은 파괴되어도 강을 건너 밀려나지 않았다. 그들은 단순히 동쪽으로 더 깊은 산속으로 이동했다. 8월 12일에서 16일 사이에 북한군 제15 사단의 3개 연대는 강을 건너는 지점에서 동쪽으로 5마일, 다부동(多富洞)에서 북서쪽으로 3마일 떨어진 2,800피트 높이의 우뚝 솟은 봉우리인 유학산(遊鶴山) 근처의 낙동강 동쪽에서 연합했다. 북한군 제13 사단은 이미 국군(ROK) 제1 사단과 유학산(遊鶴山)에서 전투를 벌이고 있었다.540

왜관(倭館)의 남쪽, 건너편에는 북한군(적)의 두 사단이 북쪽 사단과 협력하여 낙동강을 건너려고 준비했다. 이 가운데 첫 번째 사단인 북한군(北韓軍) 제3 사단은 왜관(倭館)에서 남서쪽으로 4마일 떨어진 성주(星州) 근처에 집중되어 있었다. 제3 사단에서 10마일 떨어진 곳에 북한 제10 사단이 고령(高靈)지역에 집중 모여들고 있었다. 이 두 사단은 모두 제1 기병사단(1st Cavalry Division) 맞은편에 있었다.541

북한군(北韓軍) 제3 사단 제7 연대는 8월 9일 오전 3시경 왜관교(倭館橋)에서 남쪽으로 2마일 떨어진 노천(老村) 마을 근처의 페리 지점(老村渡船場)에서 낙동강을 건너기 시작했다. 이 지점의 강은 단단한 모래바닥이었고, 깊이는 5피트였다. 북한군 부대는 물 위로 무기를 들고 강을 건너갔다. 강을 건너는 곳을 발견한 미군 제5 기병연대의 일부 부대는 북한군에게 자동무기(自動武器)를 발사하고 강을 건너는 곳에 사전 신고한 포병 사격을 요청했다. 북한군 연대는 일부 사상자를 냈지만, 대부분은 동쪽 강둑에 안전하게 도착하여 언덕으로(내륙으로) 이동했다. 한 군인은 강을 건너는 것에 대해 일기(渡河日記, diary of the crossing)에 다음과 같이 적었다.542

"점차 강을 향해 전진했다. 적의 포격이 거세다. 강가에 도착했다. 무섭게 적들이 섬광탄을 쏘아대었다. 낙동강은 조용하고 숨을 고르며 흐르고만 있었다. 강에 들어갔다. 200m를 전진한 후, 적(국군)은 섬광탄을 쏘면서 본격적인 사격이 시작했다. 소음이 귀 전을 울렸다. 이미 강을 건넜다. 언덕을 점령했다. 새로운 날이 이미 밝아오고 있다."543

> Gradually advanced toward the river. Enemy shelling is fierce.
> Arrived at the shores of the river. The terrible enemy has sent up flares.
> The Naktong River is flowing quietly and evenly. Entered the river.
> After advancing 200 meters, shooting began with the firing of an enemy flare.
> The noise is ringing in my ears. Have already crossed the river. Occupied a hill. A new day is already breaking.

북한군(北韓軍) 제3 사단 제7 연대가 강을 건넌 지 30분 후, 제8 연대와 제9 연대가 강 남쪽을 건너기 시작했다. 이때 미군(美軍) 제5 기병연대와 모든 지원 박격포(迫擊砲)와 포병대(砲兵隊)는 완전히 경계작전에 진입했다. 섬광탄(閃光彈)과 별탄(flares and star shells)이 강 중류에 있는 이 두 북한 연대를 밝게 비춰주었다. 미국은 모든 지원 무기에서 포격을 가했고, 포병대(砲兵隊)가 주도적인 역할을 했으며, 북한군을 섬멸하고 서쪽으로 돌려보냈다. 동쪽에 도달한 사람은 소수(小數)에 불과했다. 그곳에서 그들은 포로(捕虜)가 되었거나 다음 날 밤 강을 다시 건널 때까지 숨었다.544

삼각측량 기준점, 340고지(Triangulation Hill 340, 鷦鶋山)

1950년 8월 9일 새벽, 대구에 있는 미군 제1 기병사단 본부의 게이 장군(General Gay)은 왜관(倭館) 남쪽에 있는 그의 사단구역(師團區域)에서 북한군(적)의 도하(渡河)를 알게 되었다. 첫 번째 보고가 모호했기 때문에 그는 상황에 대해 더 자세히 알 때까지 행동을 보류(保留)하기로 결정했다. 그는 제5 기병연대의 S-2 대행인 해리 A. 버클리 중위(Lt. Harry A. Buckley)가 북한군(적)의 도하(渡河)를 개인적으로 알고 있다고 하는 보고를 받았다. 게이 장군(Genral Gay)은 중위를 불러서 그의 도착을 기다리는 동안 제7 기병연대 제1 대대를 예비군으로 배치하여 1시간 동안 경계를 서도록 지시했다. 사단 본부(師團本部)에 있는 게이 장군에게 보고한 버클리 중위(Lieutenant Buckley)는 다음과 같이 보고 말했다.545

오늘 아침 동이 트기 직전, I&R(정보수색) 소대의 소규모 부대와 같이 정찰(偵察)을 하고 있었다. 동이 트기 약 45분 전, 북한군이 268고지 북서쪽의 능선을 따라 이동하는 것을 관찰(觀察)했다. 북한군은 4명씩 무리 지어 개처럼 빠르게 이동하고 있었다. 4명 중 1명은 경기관총(輕機關銃)이나 따발총과 같은 자동무기(自動武器)를 들고 있었다. 그들이 모두 268고지의 덤불 속으로 사라질 때까지 그들을 지켜보았다. 개인적 의견으로는, 그리고 주의 깊게 세어보니, 북한군은 약 750명의 증원 대대 규모였다.546

몇 분 후, 워커 장군(General Walker)이 사단본부에 도착했다. 그는 게이 장군에게 계획이 무엇인지 물었다. 게이 장군(Genral Gay)은 적어도 북한군(적) 대대가 낙동강을 건너 268고지에 있으며, 다른 적 연대가 그 순간 제5 기병연대의 집중포화(集中砲火)를 받으며 강을 건너려 하고 있으며, 자신의 위치를 확신하자마자 268고지의 북한군(적)을 공격하여 강 건너로 몰아낼 것이라고 답했다. 워커는 "좋습니다. 움직이기 전에 옳게 되었는지 확인하세요. 그 북한군(적) 대대는 허세일 수 있고, 진짜 공격은 훨씬 더 왼쪽에서 올 수 있습니다." 나중에 일어난 일로 이 가능성이 옳았다는 것이 증명되었다.547

8월 9일 오전 9시 30분, 게이 장군(General Gay)은 제7 기병연대 제1 대대를 지휘하는 피터 D. 클레이노스 중령(Lt. Col. Peter D. Clainos)에게 북한군(적)의 침투를 제거하라고 명령했다. 제1 대대는 대구 바로 외곽의 야영지(野營地)에서 즉시 이동했고, 제71 중전차대대 A 중대의 전차 5대가 동행했다. 이 기계화 부대는 왜관(倭館)에서 남동쪽으로 3마일, 대구에서 북서쪽으로 10 에어 마일(air mile) 떨어진 삼각측량 기준점 (Triangulation Hill)으

Q 삼각측량 기준점 268고지 마을(p.341)

로 알려진 268고지(錦舞山, 일명 劍舞山 혹은 巨武山)548 기슭으로 진군했다. 그 사이에 제61 야전 포병대대는 고지에 집중 포격을 가했다. 이번 고지(高地)는 통신선과 가깝기에 두 배나 중요시했다. 태고적부터 남북을 잇는 주요 기간도로와 부산(釜山) - 서울 - 하얼빈, 만주(滿洲)를 잇는 주요 복선 철도가 그 기슭을 따라 지나갔다.549

정오(正午)에 포병대(砲兵隊)는 왜관지구 268고지에서 준비했고, 제1 대대는 남서쪽 154고지까지 계속 진군하라는 명령에 따라 공격했다. 268고지는 약 4피트 높이의 덤불과 8~10피트 높이의 나무로 뒤덮여 있었다. 그 날은 매우 더웠다. 제1 대대 병사들 가운데 다수가 포병대 사격과 잘 조율되지 않은 공격 중에 열사병(熱射病, heat exhaustion)으로 쓰러졌다. 북한(적군)은 공격을 격퇴했다.550 다음 날 8월 10일 아침에 공습과 준비된 포병이 268고지를 폭격했다. 포로에 따르면, 이러한 화재로 인해 엄청난 손실(損失)이 발생했고, 북한군(적) 연대에 혼란(混亂)이 초래되었다.551

오전에 부사단장(副師團長), 참모총장(參謀總長), G-2(정보참모), 그리고 여러 군·경찰이 매복(埋伏)에 부상을 당했다. 대부분(大部分)이 268고지의 왜관 도로에서 부상을 입었다. 그날 오후, 게이(Gay) 장군과 그의 부관(副

官)은 268고지(錦舞山, 268m/sl) 근처에 멈춰서 제1 대대 행정 장교와 소수 군·경찰들이 이야기를 나누었다. 북한군(적)의 박격포탄(迫擊砲彈)이 그 무리에게 직격하여 게이(Gay)와 그의 부관을 제외한 모든 사람이 사망하거나 부상을 당했다. 게이(Gay)는 5대의 전차에 왜관(倭館) 도로를 따라 북서쪽에서 북한군(적)이 점령한 언덕의 반대쪽 경사면으로 사격할 수 있을 때까지 전진하라고 명령했다. 이 전차(戰車)의 사격은 포병사격으로부터 피난처를 찾고 있던 북한군을 그 자리에서 덮쳤다. 두 사격 사이에 갇힌 그들은 그 자리를 피하기 시작했다. 그런 다음 보병 공격이 어려움 없이 언덕 꼭대기에 도달했고, 전투는 16:00에 끝났다.

이제 미군 포병과 박격포 사격(迫擊砲 射擊)이 서쪽으로 이동하여 북한군(적)의 퇴각을 차단했다. 야전 포병대대가 이 시기에 발사한 무기는 백색인(白色燐, white phosphorus)이었다. 한 번 정확한 목표 임무(One time-on-target mission)는 마을에서 많은 적군을 포획했다. 나중에 미국 지상군이 200명의 북한(적군)을 죽인 것을 발견했다. 그날 저녁 제7 기병대 제1 대대는 사단 예비군(豫備軍)으로 복귀했고, 제5 기병대의 일부는 268고지와 그 주변에서 소탕(掃蕩)을 마쳤다.552

1950년 8월 13일 왜관(倭館) 268고지(錦舞山)를 주의 깊게 조사했을 때, 그곳에서 발견된 북한군 전사자, 장비, 문서는 북한 제3 사단 제7 연대의 것이며, 대부분 파괴(破壞)되었다. 제1 대대와 제7 기병대는 전투지역(戰鬪地域)에서 300명에서 400명 사이의 북한군 전사자를 기록했다. 대대 자체는 2일간의 전투에서 14명이 사망하고, 48명이 부상을 당했다.553 왜관 268고지(錦舞山)를 싹 쓸어버리는 마지막 작전(作戰)에서 포로로 잡힌 사람들은 제7 연대의 약 1,000명이 낙동강을 건너 268고지로 갔으며, 그중 약 700명이 사상자(死傷者)가 났다. 포로들은 또한 포병과 박격포가 연대에 대부분이 치명적 사상(致命的 死傷)을 입혔다. 낙동강 동쪽으로 건너간 후, 북한군(적) 연대는 식량이나 탄약을 전혀 공급받지 못했다 (received no food or ammunition supply). 약 300명의 생존자가 8월 10일과 11일 밤 서쪽으로 다시 강을 건넜다.554

북한군(혹은 人民軍) 제3 사단이 왜관 남쪽의 낙동강을 건너려고 시도했지만, 재앙(災殃)으로 끝났다. 제7연대의 생존자들이 8월 12일경 사단에 재합류(再合流)했을 때, 한때 강력했던 제3 사단은 약 2,500명의 무질서한 부대로 전락했다. 북한군(北韓軍)은 제3 사단에다가 보충병으로 재건(再建)하기 위해 예비군을 그대로 두었다. 전쟁 초기에 서울에 가장 먼저 입성한 이 사단은 조치원(鳥致院) 전투에서 싸웠고, 대전 전투에 금강(錦江)을 건너 그곳에서 제19 보병을 격파했다. 그 후 제4 사단과 합류하여 대전(大田)을 점령했다. 영동(永同)에서 제1 기병사단을 몰아냈으며, 이제 대구(大邱) 전투에서 일시적으로 제외되었다.555

용포(龍浦, 구미시 대원리)556에서 북한군(적) 제10 사단이 도하(渡河)한 뒤 서쪽과 남서쪽에서 대구를 공격하기 위한 북한군의 작전은 북한 제10 사단이 북한 제3 사단과 공동으로 공격하자고 요구했다. 제10 사단은 지금까지 전투에 나서지 않았다. 7월 25일경 철도를 타고 석촌(石村, 오늘날 송파구 석촌동)에서 전선으로 출발했다. 천안(天安)에서 기차에서 내려 도보로 남쪽으로 계속 이동해 대전(大田)을 거쳐 8월 8일경 왜관(倭館) 맞은편 낙동강에 도착했다. 그곳에서 이틀 후에 전투명령(戰鬪命令)을 받았다. 임무는 득성동(得成洞, 오늘날 고령군 성산면 득성리) 부근에서 낙동을 건너 동쪽으로 침투해 대구·부산 주요 보급로를 차단하는 것이었다. 제10 사단은 다음 날인 8월 11일에 고령지역(高靈地域)에 집결했다. 그것은 부분적으로 파괴된 낙동교(洛東橋, Noktong Bridge)를 거쳐 대구까지 북동(北東) 쪽으

로 달리는 주요간선도로(主要幹線道路) 위에 있었다.557

미군 제8 군단은 낙동교(洛東橋, Noktong Bridge)를 의도적으로 이 다리를 완전히 파괴하지 않았다. 보병은 통행할 수 있었지만, 차량은 통행할 수 없었다. 부분적으로 파괴된 상태에서는 북한군이 건너갈 때 일종의 함정(something of a trap)이 되었다. 다리(洛東橋)와 그 접근로(接近路)가 북한군(적)의 움직임을 그 위로 유도(誘導)했고, 사전 준비(事前 準備)한 박격포와 포병사격(砲兵射擊)으로 완전히 엄폐한 상태였다. 여기에 강 근처 언덕의 좋은 방어 위치(防禦 位置, defensive position)에 있는 보병무기(步兵武器)로 사격을 추가했다.558

북한군(北韓軍) 제10 사단의 2개 연대, 즉 남쪽의 제29 연대와 북쪽의 제25 연대는 제27 연대를 예비로 두고 강습도하(强襲渡河, assault crossing)를 해야 했다. 제25 연대 사령관은 낙동강(洛東江)을 건너기 전날 명령을 내리면서 목표는 "북한군 제3 보병사단과 협력하여 대구시의 국군(적)을 섬멸(殲滅)하는 것"이라고 밝혔다.559

Q 북한군 작전도(출처: 육본전사연구소)

북한군 제10사단, 2대대, 29연대는 강을 건넌 사단의 첫 번째 부대였다. 그 부대는 8월 11일에서 12일 밤사이 현풍(玄風, Hyongp'ung)에서 서쪽으로 3~5마일 떨어진 세 개의 페리지점(船着場, ferry sites)에서 아무런 저항 없이 동쪽으로 걸어갔다. 제2 대대는 현풍(玄風, Hyongp'ung)에서 남서쪽으로 2마일 떨어진 409고지의 북쪽 능선인 265고지에 올라 기관총 진지(機關銃陣地)를 구축했다. 그런 다음 다른 두 대대가 409고지를 건너 점령했다. 제1 대대의 약 20~30명이 도하(渡河)에서 5피트 깊이의 급류에 빠져 익사했다. 8월 12일 아침, 낙동강 돌출부 전투(洛東江突出部戰鬪, battle of the Naktong Bulge) 중 제7 기병연대와 접촉을 시도하며 강변 길을 따라 북쪽으로 이동하던 가운데, 409고지의 북한군이 제24 사단 제21 보병연대의 I&R(정보수색) 순찰대를 매복(埋伏) 공격했다.560

북쪽 측면(側面)에서 제25 연대는 8월 12일 오전 3시경에 낙동강을 건너기 시작했는데, 고령(高靈) ▷ 대구(大邱) 도로의 득성동(得成洞, 고령군 성산면 득성리)에 있었던 반파된 간선도로 다리 근처에 있었다. 제7 기병연대 제2 대대는 대구에서 남서쪽으로 14마일 떨어진 이 교차로를 커버했다. 낮이 되자 300~400명의 북한군이 위천동(渭川洞, Wich'on-dong, 달성군 논공읍 위천리)으로 침투했다. 그곳에서 제7 기병연대 H 중대가 근접 전투로 공격했다. 수류탄(手榴彈)과 자동무기(自動武器) 공격으로 북한군은 중대의 진지, 박격포 관측소(迫擊砲 觀測所), 중기관총 진지(重機關銃 陣地)를 압도했다. 북한군(적)의 초기 목표는 용포(龍浦, 구미시 대원리) 동쪽의 고지를 점유하여 뒤따를 주요 교차로를 보호하는 것인 듯했다. 그러나 오전 9시가 되자 제2 대대는 제77 야전포병대대의 강력한 지원(支援)과 공습의 도움을 받아 북한군을 용포(龍浦, 구미시 대원리)를 거쳐 다리 쪽으로 몰아내고 분산(分散)시켰다.561

이번의 이런 작전 실패(作戰失敗)로 대구 서쪽의 북한군 제10 사단의 노력이 끝날 것이라고 가정할 수는 없었다. 8월 10일부터 12일까지의 3일 동안 낙동강의 강물은 3피트나 낮아졌고, 물이 많은 곳에서 어깨 깊이에 불과했다. 대규모 북한군(적)의 도하(渡河)에 절호의 기회(opportunity for large-scale enemy crossings)가 다가왔다.562

1950년 8월 14일 새벽 무렵, 득성동(得成洞)과 용포(龍浦, 구미시 대원리)

사이의 끊어진 다리 근처에서 낙동강을 건너는 더욱 단호한 북한군(적)의 움직임이 시작되었다. 5시 20분에 제7 기병연대 제2 대대 전초기지(前哨基地)에 있는 병사들은 정면의 완두콩밭과 벼 논에서 북한군의 목소리를 들었다. 6시 20분에 약 500명의 적군이 용포까지 침투했다. 15분 후, 건너는 곳에서 동쪽으로 1마일 떨어진 위천동(渭川洞) 근처의 제2대대 진지에서 근접전(近接戰)이 진행되고 있었다.563

북한군(적)이 낙동강을 건넌다는(渡河) 소식이 새벽 전에 미군 제1 기병사단 사령부에 전해지자, 게이 장군(General Gay)은 사단 예비군인 클라이노스 대령(Colonel Clainos)의 제7 기병대 제1 대대에 1시간 전에 이동하라고 경고했다. 새벽이 지난 후 더 많은 북한군이 강을 건너왔고, 오전 8시에 게이 장군(General Gay)은 이미 트럭에 실려있던 클라이노스 대령(Colonel Clainos)의 대대에 용포지역(龍浦地域)으로 이동해 제2 대대를 지원하라고 명령했다.564

강 서쪽에서는 북한군(적) 포병대와 전차포격이 강을 건너는 것을 지원했다. 오전 중반에 강 바로 서쪽의 득성동(Tuksong-dong)과 판장(板墻, Panjang)에 있는 많은 추가 북한군이 동쪽에서 이미 치열하게 교전 중인 부대를 지원하기 위해 강을 건너려고 할 준비가 된 듯했다. 일부 북한군은 다리 근처에서 바지선(barge)을 타고 강을 건너고 있었다. 공습으로 서쪽에 있는 북한군을 폭격했고, 포병대가 그들을 맹렬한 포격으로 공격했다. 제77 야전포병대대는 북한군(적)의 집합지역(enemy concentration)에 약 1,860발을 발사했다. 이렇게 맹렬하고 빠르게 사격하면서 포관(砲管, gun tubes)이 손상되었다.565

이번 공격(攻擊)에서 북한군의 가장 깊은 침투는 폭파된 다리 넘어 약 1마일 반 떨어진 사문동(Samuni-dong, 沙門洞)에 도달했다. 그곳에서 모든 보병 무기, 박격포, 포병의 합동 사격으로 적을 강으로 몰아냈다. 정오 무렵, 대규모 북한군(北韓軍)이 서쪽으로 강을 다시 건너려 했다. 전방 관측대는 후퇴하는 북한군에 대한 포병과 박격포 사격을 조정하여 많은 사상자를 냈다. 해 질 무렵, 미군 제7 기병대는 용포(龍浦)에서 북한군(적)의 교두보(橋頭堡)를 제거했다. 이 전투에서, 이틀 전에 벌어진 전투에서와 마찬가지로, 제7 기병대 제2 대대는 두각을 나타냈다. 이것은 불과 3주 전에 용동(龍洞, Yongdong, 달성군 유가읍) 동쪽에서 매우 만족스럽지 못한 방식(unsatisfactory manner)으로 수행했던 같은 대대였다.566

도하작전전투(渡河作戰戰鬪)는 낙동강을 따라 실제로 교차지점에서 벌어진 유일한 주요 전투였으며, 북한군 제10 사단의 제25 연대와 제27 연대에 엄청난 인명손실(人命損失)을 입혔다. 미군 제7 기병연대의 추산에 따르면 강을 건너는 데 성공한 북한군(적) 1,700명 중 1,500명이 사망했다고 추산(推算)했다. 전투 이틀 후, H 중대는 전선 뒤에서 267명의 적군을 매장했다고 보고했지만, 정면의 논에 있는 북한군은 계산하지 않았다. G 중대는 진지 앞에서 북한군 150명을 세었다. 반면 G 중대는 전투 중 전사자 2명과 부상자 3명만 잃었다. 그중 한 명인 기관총 사수인 로버트 D. 로버트슨 일병(Pfc. Robert D. Robertson)은 두 번이나 머리 위 0.5인치 공간을 총알이 헬멧(helmet)을 꿰뚫었으나, 거기에 가지고 있던 여러 편지와 사진(several letters and photographs)만을 찢었지만 크게 다치지는 않았다.567

북한군(北韓軍)의 시체 가운데 대령 두 명의 시신이 발견되었다. 또한 많은 북한군의 작전문서도 발견되었다. 1950년 8월 13일 문서 가운데 하나는 "김일성이 전쟁과업을 8월 15일까지, 즉 광복 5주년까지 최후승리를 실현하라고 하신다. 우리의 승리는 우리 눈앞에 있다. 청년들이여! 당신들은 우리의 최후의 승리를 위한 전투에 참여할 수 있어 다행이다. 청년들이여, 대구 점령(大邱占領)은 낙동강을 건너는 데 있다. 3천만 명의 사람들의 눈이 낙동강 도하작전(渡河作戰)에 고정되어 있다. 모든 전투원의 맹세(Pledge of all fighting men), 우리는 어떤 고난과 희생이 우리 앞에 놓여 있든 그것을 감내하고 낙동강도하(洛東江 渡河)를 완수하기 위해 전력(全力)을 다할 것을 목숨을 걸고 맹세한다. 청년들이여! 적을 완전히 섬멸함으로써 우리의 영광스러운 자존심(自尊心)을 지키자!"라고 적혀있었다.568

이 말은 북한군(北韓軍) 제10 사단의 젊은 병사들을 감동시켰을지는 모르지만 그들의 약속은 이루어지지 않았다. 그 대신 낙동강 계곡(洛東江溪谷)과 주변 언덕은 수많은 북한군의 무덤을 만들고 말았다. 8월 12일부터 14일까지 사이에 낙동강을 건너는 첫 번째 전투임무(戰鬪任務, first combat mission)에서 제10 사단은 포로병(捕虜兵)의 진술에 의하면 2,500명의 사상자를 냈다. 심지어 일부 부대는 병력의 50%를 잃었다.569

왜관 자고산(鷓鴣山 혹은 鵲烏山) 303고지(Hill 303 at Waegwan)

미군 제1 기병사단 남부 구역인 득성동(得成洞)과 용포(龍浦)에서 주요 북한군 도하작전(渡河作戰)이 거의 동시에 진행되는 가운데 또 다른 도하작전(渡河作戰)이 사단과 국군(ROK) 제1 사단의 경계선 근처인 왜관(Waegwan) 상공에서 북쪽으로 진행되고 있었다. 제1 기병사단의 가장 북쪽 부대는 제5 기병연대의 G 중대였다. 이 부대는 미국 8군의 오른쪽 측면 닻 역할(anchor)을 했던 303고지(鷓鴣山 혹은 鵲烏山)를 방어하고 있었다.570

작오산(鵲烏山, 혹은 鷓鴣山, 303m/sl) 고지(高地)는 북동남서(北東南西) 축을 따라 2마일 이상 길이의 길쭉한 타원형(楕圓形)으로, 최대 고도는 약

1,000피트다. 이곳은 왜관(倭館) 북쪽에 있는 첫 번째 고지다. 남쪽 경사는 마을 가장자리까지 내려오고, 북동쪽으로 1마일 조금 넘는 정상(頂上)은 강 위로 거의 950피트 높이로 솟아있다. 이곳에서 왜관(倭館), 마을 밖으로 뻗어있는 도로망(道路網, road network), 그 지점에서 강을 가로지르는 철도(鐵道)와 국도(國道) 다리, 북쪽과 남쪽으로 뻗어 있는 긴 강 계곡을 조망(眺望)할 수 있었다. 서쪽 경사(傾斜)는 낙동강 동쪽 기슭에서 끝난다. 왜관(倭館)에서 낙동강 동쪽 기슭을 따라 북쪽과 남쪽으로 도로가 이어졌고, 또 다른 도로는 산을 지나 북동쪽 다부동(多富洞)으로, 그리고 또 다른 도로는 남동쪽으로 대구(大邱)로 이어졌다. 303고지는 부산(釜山) ▷ 서울 간 주요 철도 도로와 낙동강 간선도로(幹線道路, main road) 교차로, 그리고 왜관(倭館, Waegwan) 자체를 통제(統制)하는 중요한 지형적 특징(地形的 特徵)을 갖고 있었다571.

며칠 동안 정보원(情報員)들은 국군(ROK) 제1 사단 맞은편 낙동강에 북한군(적)이 집결하고 있다고 보고했다. 8월 14일 첫 번째 북한군 연대가 왜관(倭館)에서 북쪽으로 6마일 떨어진 낙동강을 건너 국

🔍 303고지에서 낙동강 왜관교(출처: p.346)

군(ROK) 제1 사단 구역으로 들어갔다. 그곳 두 번째 수중다리(水中橋, underwater bridge)를 건넜다. 자정 직후(子正直後) 미군과 국군의 경계 바로 북쪽의 고지(高地)에 있던 국군이 공격을 받았다. 일출(日出) 후 공습으로 수중다리(水中橋, underwater bridge)가 부분적으로 파괴되었다. 북한군의 공격은 남쪽으로 확대되었다. 정오 무렵 북한군(北韓軍)의 소총 사격이 303고지(자고산)에 있는 제5 기병연대 G 중대에 함락되었다. 이 교차로(交

叉路)는 같은 장소 근처의 이전 교차로와 달랐다. 북한군은 산 쪽인 동쪽으로 이동하지 않고 남쪽으로 방향을 바꾸어 왜관(倭館)으로 향했다.572

8월 15일 새벽 전인, 303고지(鵲鵲山)의 G 중대원들은 언덕 기슭의 강길을 따라 남쪽으로 대담하게 이동하는 두 대의 전차(戰車)와 함께 약 50명의 적군을 볼 수 있었다. 그들은 또한 다른 부대가 후방으로 이동하는 것을 보았고, 곧 F 중대와 소총으로 교전(交戰)하는 것을 들었다. 적의 포위망을 벗어나기 위해 F 중대는 남쪽으로 철수했다. 오전 8시 30분까지 북한군(北韓軍)은 303고지에서 G 중대와 H 중대 박격포 지원소대를 완전히 포위했다. B 중대, 제5 기병대, 전차 소대로 구성된 구호 부대(救護部隊)가 G 중대에 도달하려 했지만, 북한군(적)의 사격(射擊)으로 물러났다.573

1950년 8월 16일에 다시 B 중대와 전차(戰車)들은 약 700명의 대대(大隊) 규모(規模)로 추산되는 북한군(적)을 303고지(鵲鵲山)에서 몰아내려고 했지만 실패(失敗)했다. 제61 야전포병대대와 제82 야전포병대대 B 포대의 곡사포(曲射砲) 3문이 낮 동안 북한군(적)이 주둔했던 그 고지(Hill)에다가 포격을 가했다. 그때 왜관(倭館, Waegwan)은 무인지대(no man's land)이었다. 마을은 대부분 버려져 있었다. 연대장 마르셀 B. 크롬베즈 대령(Col. Marcel B. Crombez)은 제2 대대장을 교체했는데, 대대장은 자신의 부대를 통제할 수 없게 되었고, 대대원들이 어디에 있는지 몰랐기 때문이었다. 새로운 사령관이 공격을 재개할 준비를 했다. 밤에 G 중대는 303고지(鵲鵲山)에서 탈출하는 데 성공했다.574

1950년 8월 17일 새벽 전, 제5 기병연대 제1 대대와 제2 대대의 병력이 제70 전차대대 A 중대의 지원을 받아 303고지(鵲鵲山)를 공격했지만, 북한군(적)의 맹렬한 박격포 사격(mortar fire)으로 왜관(倭館) 끝자락에서 멈췄다. 아침에는 맹렬한 포병 준비가 303고지의 북한군(적) 진지를 폭격했고, 제61 야전포병 대대만 1,159발을 발사했다. 제5 기병대는 오전 11시 30분 사단에 사격 지원을 요청했고, 미 공군이 14시에 고지(鷦鶘山)를 타격(打擊)할 것이라는 첩보(諜報)를 얻었다.575

첩보로 얻었던 공습(攻襲)은 예정대로 이루어졌고, 비행기는 네이팜탄과 폭탄(napalm and bombs)을 투하(投下)했다. 물론 로켓을 발사하고, 기총소사(機銃掃射, strafing)를 했다. 공습(攻襲)은 목표에 도달했고, 포병 준비(砲兵準備)와 함께 극적으로 성공했다. 공습 후, 보병은 15시 30분에 언덕을 공격하여 저항 없이 16시 30분까지 확보했다. 언덕 위에 있는 E 중대와 F 중대의 합동 병력(合同兵力)은 약 60명이었다. 포병 준비와 공습(攻襲)으로 303고지(자고산)에서 약 500명의 북한군이 사망과 부상을 당했다. 약 200명의 북한군 시체가 언덕에 널려있었다. 공습(攻襲) 후 생존자(生存者)들은 완전히 패주(敗走)하였다.576

303고지(자고산) 위에서 비극(Tragedy on Hill 303)

1950년 8월 17일 303고지(Jago-San Hill)를 탈환하던 제5 기병연대는 비참한 광경을 마주쳤다. H 중대의 박격포병 26명의 시체가 손이 뒤로 묶인 채 따발총의 총알에 맞아있었다(hands tied in back, sprayed with burp gun bullets). 정찰병(偵察兵)들이 303고지에서 온 가운데 박격포 소대의 로이 맨링 일병(Pvt. Roy Manring)을 데려왔을 때, 그는 따발총의 총알에 양쪽 다리와 한쪽 팔에 부상을 입었다. 맨링(Pvt. Roy Manring)은 공격군의 정찰병을 볼 때까지 언덕을 기어 내려갔다. 그가 자신의 이야기를 한 후, 폴 켈리 중위(Lt. Paul Kelly)가 지휘하는 제5 기병연대 I&R(정보탐색) 소대의 몇몇 병사들이 맨링(Pvt. Roy Manring)의 지시에 따라 비극의 현장으로 갔다. 그 자리에 있던 사람 가운데 한 명이 그들이 본 것을 다음과 같이 묘사했다.577

"소년병(少年兵)들은 어깨를 맞대고 웅크리고 누워있었고, 마치 햇볕 아래 잠자는 아기처럼 몸을 웅크리고 있었다. 바위 위를 걷다가 피가 나고 맨발이 된 그들의 발은 뻣뻣하게 튀어나와 있었다. 모두 손이 등 뒤로 묶여있었다. 어떤 사람은 끈으로, 어떤 사람은 정규군 통신선(正規軍通信線, regular issue army communication wire)으로 묶여있었다. 몇몇 손만 꽉 쥐어져 있었다."578

나머지 정보탐색(I&R)소대는 언덕을 돌며 북한군(北韓軍) 병사 두 명을 포로로 잡았다. 26명의 시신이 된 그들은 박격포병들을 포로로 잡아둔 집단의 일원임이 밝혀졌다. 그들과 나중에 포로(捕虜)로 잡힌 세 번째 사람, 그리고 박격포병(迫擊砲兵) 중 생존자 다섯 명을 통해 303고지(자고산)의 불운한 집단(ill-fated group)에 무슨 일이 일어났는지에 대한 자세한 내용이 나왔다.579

화요일(火曜日) 아침 새벽 전인 8월 15일, 박격포 소대는 303고지(자고산) 근처에서 북한군(적)의 활동을 알게 되었다. 소대장은 제5 기병연대 G 중대 사령관에게 전화를 걸어 약 60명의 국군(ROK) 소대가 박격포 소대를 지원하러 올 것이라고 알렸다. 아침 식사 무렵, 병사들은 전차의 움직임을 듣고 아래 도로에서 북한군(적)의 전차(戰車) 2대와 200명 이상의 북한군을 따라가는 것을 보았다. 얼마 지나지 않아 한 무리의 한국인들이 경사면에 나타났다. 오르는 한국인들을 만나러 가는 정찰대(偵察隊)가 부르자 자동무기의 발사가 응답으로 왔다. 박격포 소대장은 그러함에도 불구하고, 그들이 아군이라고 믿었다. 감시하던 미군들은 '모자에 붉은 별(red stars on their caps)'이 보일 때까지 그들이 북한군이라고 확신하지 못했다. 그러자 그들은 미군에 가까이 다가갔다. 북한군은 어느 쪽도 총 한 발 쏘지 않고 바로 아군진지(foxhole)까지 왔다. 어떤 사람들은 한 손으로 박격포병의 옆구리에 따발총(burp guns)을 밀어 넣고 다른 한 손은 마치 악수하듯 내밀다. 북한군 병사 가운데 한 명은 "미군 병사들이 멍청한 표정이었다(American soldiers looked dazed)."라고 말했다.580

자고산(鷓鴣山, 303 Hill)에 학살된 26명의 소년 포로병(少年 捕虜兵)들은 북한군 제105 기갑사단(105th Armored Division) 제206 기계화 보병연대 제2 대대 제4 중대가 포로로 잡은 것이었다. 제105 기갑사단 45mm 포병대대 본부 중대원 몇 명이 그 자리에 있었다. 북한군(北韓軍)은 소년(포로)병들에게 무기(武器)와 귀중품(貴重品)을 빼앗은 후 언덕 아래로 행진(行進)시켰다. 과수원(果樹園)에서 그들은 포로들의 손을 등 뒤로 묶고, 옷 몇 벌을 벗기고, 신발을 벗겼다. 그들은 미군에게 그들이 잘못 행동하면 서울 포로수용소(捕虜收容所)로 보내겠다고 협박(脅迫)까지 했다.581

분명한 사실은 북한군(北韓軍)은 원래부터 포로(捕虜)로 잡은 자들은 이틀 동안이나 그대로 살려두지 않았다. 북한군(北韓軍) 제3 사단의 한 중대가 포로를 잡은 후 그들을 보호했다는 증거가 있었다. 8월 14일에 왜관 위의 낙동강을 건너 남쪽으로 303고지와 왜관(倭館)으로 방향을 돌린 북한군(北韓軍)은 제3 사단의 일부였다. 그리고 제105 기갑사단의 지원부대(支援部隊)였다. 어째던 첫날 밤 북한군(北韓軍)은 포로들에게 물, 과일, 담배를 주었다. 그들은 그날 밤 그들을 낙동강(洛東江)을 건너 이동시키려고 했지만, 미군의 사격으로 막혔다. 그날 밤 두 명의 미군이 손목을 묶은 신발끈을 풀었다. 이로 인해 소동(騷動)이 일어났다. 적어도 한 명의 생존자(生存者)는 북한 장교(北韓將校)가 손을 풀려고 미군들을 쏘겠다고 위협(威脅)한 자신의 부하 한 명을 쏘았던 걸 기억했다.582

다음 날인 8월 16일, 포로병(收監者)들은 경비원(警備員)들과 함께 많이 옮겨졌다. 박격포병 중 한 명인 로이 L. 데이 주니어 상병(Cpl. Roy L. Day, Jr.)은 일본말을 구사했고, 일부 북한군과 대화할 수 있었다. 그날 오후 그는 북한 중위(North Korean lieutenant)가 미군이 너무 가까이 다가오면 포로병(수감자)들을 죽일 것이라고 말하는 것을 우연히 들었다. 그날 밤 경비원(警備兵)들은 미군 포로병 5명을 데려갔고, 다른 사람들은 그들이 어떻게 되었는지 몰랐다.583

8월 17일 아침, 북한군 포로병(北韓軍 捕虜兵)의 경비병(警備兵)들은 미군과 총격을 주고받았다. 정오 무렵, 미군을 붙잡고 있던 북한 부대는 그들을 경비병 몇 명과 함께 협곡(峽谷)에 가두었다. 그런 다음 미군의 집중적(集中的)인 포병 준비와 언덕에서의 공습(攻襲)이 있었다. 이때 북한군 장교(北韓軍 將校) 한 명이 미군(美軍)이 북한군 쪽으로 다가오고 있으면 포로들을 계속 붙잡아 둘 수 없다면서 총살(銃殺)해야 한다고 말했다. 장교는 명령을 내렸고, 참여자 중 한 명에 따르면, 50명으로 구성된 전체 중대가 협곡(峽谷)에서 쉬고 있는 미군(捕虜兵)에게 총격을 가했다. 그러나 생존자(生存者) 중 일부는 경비병(警備兵) 2명이 신호를 외치며 따발총으로 사격하자 14~20명의 북한군이 달려왔다고 말했다. 모든 북한군이 그 지역을 떠나기 전에 그들 중 일부는 협곡(峽谷)으로 돌아와 신음(呻吟)하는 사람들을 몇 번이고 확인사살(射殺)했다. 상병. 제임스 M. 러드(Cpl. James M. Rudd)는 옆에 있던 남자가 그 위에 쓰러져 죽었을 때 난사되었던 따발총에서 죽음을 피했다. 다리와 팔에 세 번이나 맞은 러드(Cpl. James M. Rudd)는 더 많은 보호를 위해 쓰러진 동료(同僚)들의 몸 아래로 파고들었다. 다른 네 명도 비슷한 방식으로 탈출(脫出)했다. 그들 가운데 두 명은 나중에 언덕을 내려가던 중 언덕을 올라가던 제5 기병대 병사들에게 총격을 받았지만, 다행히도 맞지 않았다. 그들은 신원(身元)을 확인하기 전에 상황이었다.584

1950년 8월 17일, 그날 밤 303고지 근처에서 추가적인 잔혹행위(殘酷行爲, atrocities)가 발생했다. 왜관(倭館) 근처에서 북한군(적)의 대전차사격(對戰車射擊)이 제70 전차대대의 전차(戰車) 두 대를 미군이 타격하여 파괴했다. 다음 날인 8월 18일, 미군은 전차병(乘務員) 6명의 시신(屍身)을 발견했는데, 그들이 포로로 잡혀 처형당한 흔적(痕迹)이 보였다.585

303고지(鷦鴣山)와 그 주변에서 일어난 이 사건으로 인해 맥아더 장군(General MacArthur)은 8월 20일에 북한군에 발표문을 방송하고, 북한군 총사령관(北韓軍總司令官)에게 전단을 보내 잔혹행위(殘酷行爲, atrocities)를 비난했다. 공군은 북한군에게 대량의 전단을 뿌렸다. 맥아더 장군(General MacArthur)은 다음과 같이 메시지를 마무리했다.586

"이렇게 중대(重大)하고 보편적(普遍的)으로 인정된 지휘책임(指揮責任, command responsibility)을 수행하는 데 있어서 귀하와 귀하의 선임현장 지휘관의 무기력(無氣力)함은 그러한 잔혹함(殘酷)에 대한 묵인과 격려로만 해석될 수 있으며, 이를 곧바로 고치지 않는다면 전쟁의 규칙과 관례(rules and precedents of war)에 따라 귀하와 귀하의 지휘관을 형사상 책임(criminally accountable)을 지울 것이다."587

북한군 최고사령부(北韓軍最高司令部)가 전쟁의 이 단계에서 포로병(捕虜兵)을 사살하도록 지시했다는 증거는 없었다. 전쟁의 첫 몇 달 동안 303고지(자고산)와 다른 곳에서 일어난 일은 통제되지 않는 소규모 부대, 보복심이 강한 개인, 또는 포로를 잡은 자들에게 불리하고 점점 더 절박(切迫)해지는 상황 때문에 저질러진 것이다. 1950년 7월 28일, 북한군 제3 사단을 지휘했던 사령관 이용호 장군은 김책(金策) 사령관과 강곤(康袞) 참모총장, 북한군 총사령관이 서명한 포로 처우에 관한 명령을 전달했는데, 그 내용은 다음과 같았다. 1) 적군을 전쟁포로(戰爭捕虜, Prisoners of War)588로 간

주할 수 있는 상황에서 불필요하게 죽이는 것은 지금부터 엄격히 금지한다. 항복하는 사람은 전쟁포로(PsW)로 간주하고, 사상과 정치적으로 적을 파괴하기 위한 모든 노력을 다한다. 2) 전쟁포로(PsW)의 처리 방법은 여기에 첨부된 최고사령부가 발행한 PW(Prisoner of War) 캠프의 규정 및 명령에 관한 규정에 따라야 한다. 3) 이 지시는 모든 군인에게 즉시 설명하고 이해시켜야 하며, 문화부 직원은 이것이 수행되도록 책임을 져야 한다.[589]

1950년 9월에 입수된 또 다른 문서는 북한군이 일부 병사들의 행동을 알고 있었고, 이에 대해 다소 우려하고 있었음을 보여주었다. 1950년 8월 16일 북한군 제2 사단 문화부(文化部)가 내린 명령서에는 "우리 가운데 일부는 여전히 항복하러 오는 적군(국군 및 유엔군)을 학살하고 있다. 따라서 군인들에게 전쟁 포로를 잡고 친절하게 대하는 법을 가르치는 책임은 각 부대의 정치부에 있다."라는 내용이었다.[590]

왜관(倭館) 건너편에다가 융단폭격(Carpet Bombing Opposite Waegwan)을!

낙동강변에서
백선엽 소장(출처: p.350)

왜관(倭館)과 303고지(鷦鴣山)의 북동쪽 산악지대에서 ROK 1사단은 8월 중순에 매일 북한군의 공격을 받아들였다. 이로 인해 국군(ROK) 제1 사단에 대한 북한군(적)의 압박은 오랫동안 멈추지 않았다. 제1사단 사령관 백선엽(白善燁) 소장의 강력한 리더십(leadership) 아래, 이 사단은 대구(大邱)로 향하는 산악접근로(山嶽

接近路)를 용감하고 피비린내 나는 방어로 싸워 이겼다. 미군 제1 기병사단 구역의 미국 포병사격은 국군 제1 사단 구역의 일부를 지원했다. 국군(ROK) 제13 연대는 여전히 강을 따라 일부 위치를 유지했고, 제11 연대와 제12 연대는 다부동(多富洞) 서쪽과 북서쪽, 낙동강의 동쪽 4~6마일 떨어진 수암산(水巖山, 일명 숲데미산)과 유학산(遊鶴山)의 높은 산지에서 북한군(적)과 교전했다. 북한군은 왜관(倭館)에서 북쪽으로 6마일 떨어진 낙동강을 가로지르는 수중 다리를 수리하고 있었다. 201고지와 346고지가 바로 앞이었다. 155mm 포탄이 이 다리를 직접 타격(打擊)했지만 심각한 피해를 입히지 못했다.[591]

　1950년 8월 중순에 국군(ROK) 제13 연대 구역과 왜관과 303(자고산)고지의 제5 기병대 구역 경계를 따라 북한군(적)의 침투가 있었다. 다부동(多富洞) 지역의 국군(ROK) 제1 사단 주력에 대한 압박이 점점 심해지면서 대구의 안전이 위태로워지기 시작했다. 8월 16일, 750명의 한국 경찰이 추가 예방조치(追加豫防措置)로 도시외곽(都市外廓)에 주둔했다. 피난민(避難民)으로 인해 대구의 정상인구는 30만에서 70만 명으로 늘어났다. 8월 18일 이른 아침에 북한군(적)의 포탄 7발이 대구에 떨어지면서 사람들 사이에 위기(危機)가 고조(高潮)되는 듯했다. 대구(기차)역 근처에 떨어진 포탄은 기관차 창고를 손상, 야드 엔진(yard engine) 1대를 파괴, 한국 민간인 1명이 사망했고, 8명이 부상당했다. 그날 경북도청(오늘날 경상감영공원 내) 전시정부(Korean Provincial Government)는 대구에서 철수하고 부산(釜山)으로 이전을 명령했다. 곧바로 이승만 대통령(President Syngman Rhee)은 수도를 부산(釜山)으로 옮겼다.[592]

　남한 정부당국(南韓政府當局)의 이러한 행동은 매우 위험한 상황을 만들어냈다. 당황한 한국인 무리가 도시에서 이어지는 도로로 쏟아져 나와 모든 군사교통(軍事交通)을 중단하겠다고 위협했다. 동시에 피란민과 뒤범 벅인 된 시민을 대피시키면서 도시를 방어하던 군대의 사기(士氣)는 땅에 떨어졌다. 미 제8군 통신선 보호조정관의 강력한 행동으로 대피가 중단되었다. 북한(적군)은 대구를 두 번 더 포격했다. 세 번째이자 마지막 포격은 8월 20일 일요일 밤이었다. 이때 한국 경찰 6개 대대가 부산 경계선 내의 중요한 철도 및 고속도로 터널로 이동하여 보안을 강화했다.[593]

다른 한편, 북한군(적)이 왜관(倭館)과 303고지를 공격하기 시작하자 대구의 안전에 대한 우려가 커졌고, 강 건너편에 북한군(적)의 집중 집결이 계속되고 있다는 보고가 왜관에 있는 국군(ROK) 제1 사단(오늘날 오상중학교에 주둔)과 미국 제1 기병사단이 임무를 수행하고 있었다. 8월 14일, 맥아더 장군(Gerneral MacAurther)은 도쿄 사무실로 극동 공군(極東 空軍) 사령관인 스트라테마이어 장군(General Stratemeyer)을 불러 부산 방어선을 위협하는 북한의 집중지역에 무차별 폭격을 가하고 싶다고 말했다. 스트라테마이어 장군(General Stratemeyer)은 극동 폭격 사령관인 에밋(로지) 오도넬 주니어 소장[Maj. Gen. Emmett (Rosie) O'Donnell, Jr.]과 이야기를 나누었는데, 그는 3마일 × 5마일 지역에서 비교적 좋은 폭격이 가능하다고 말했다. 맥아더 장군(General MacAuther)의 작전본부(Operations Headquarters)에선 낙동강(洛東江) 서쪽, ROK 1사단 맞은편에 동서로 3½마일, 남북으로 7½마일 떨어진 27제곱마일의 직사각형 지역(27-square-mile rectangular area)을 선정했다. 이 직사각형의 남동쪽 모서리는 왜관(Waegwan) 바로 북쪽에 있었다. 추정되는 정보에 따르면 이 지역에 북한군이 가장 많이 집중집결(集中集結)하고 있었다. 일부의 추정(一部推定)에 따르면 북한군 4개 사단(제3 사단 등)과 여러 기갑연대(機甲聯隊)가 있었으며, 총 병력은 약 40,000명이었다.[594]

미군 제1 기병사단을 지휘하는 게이 장군(General Gay)은 폭격이 왜관 북동쪽, 낙동강과 왜관(倭館)과 다부동(多富洞) 도로(Waegwan-Tabu-dong road) 사이 지역을 포함할 것을 거듭해서 요청(要請)했다. 이 요청은 제1 기병사단과 국군(ROK) 제1 사단 병력에 사상자가 발생할 수 있다는 우려 때문에 거부되었지만, 게이 장군(General Gay)은 지형적 특징이 자신이 추천한 지역을 명확히 정의한다고 지적했다(defined the area he recommended). 게이 장군(General Gay)은 또한 제1 기병사단 L-19 비행기 폭격기를 이 목표물로 이끌도록 제안했다.595

FEAF(Far Eastern Air Force)는 8월 16일 일본(日本)과 오키나와(Okinawa)에서 B-29 5개 그룹 임무를 명령했다. 목표 지역에 북한군(적)의 집단이 있다는 징후가 없었기 때문에 폭격기 사령부는 각 사각형의 중앙에 조준점을 두고 12개의 동일한 사각형으로 나누었다. B-29 1개 편대가 각 사각형을 공격했다.596

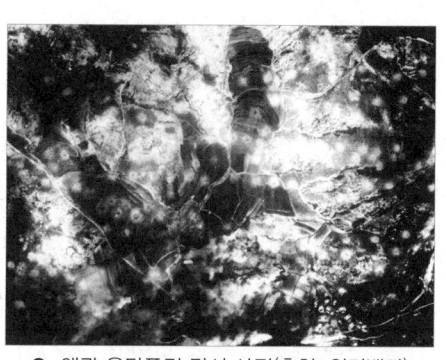

Q 왜관 융단폭격 당시 사진(출처: 위키백과)

1950년 8월 16일 융단폭격 당시, 오전 11시 58분, 제19, 제22, 제92, 제98, 제307 폭격기단의 98대 B-29 중 첫 번째가 목표 지역에 도착했다. 마지막 폭격기(爆擊機)는 오후 12시 24분에 목표 지역(目標地域)을 통과했다. 폭격기는 10,000피트 상공에서 약 960톤의 500파운드와 1,000파운드의 폭탄을 일반 표적에다가 투하했다. 폭격기 승무원은 폭탄이 목표에 도달했다고만 보고했다. 오도넬 장군(General O'Donnell)은 2시간 이상 목표 지역 상공에 있었지만 아래에서 북한군의 활동흔적(活動痕迹)을 보지 못했다.597

미 제8군 사령관 해리스 워커 장군(General Walker)은 다음 날 극동아시아 사령관 맥아더 장군(Genral MacAurther)에게 "8월 16일의 융단폭격(絨緞爆擊)으로 적에게 입힌 피해를 평가할 수 없다(The carpet bombing of 16 August could not be evaluated)."라고 보고했다. 그는 연기와 먼지 때문에 공중에서 관측하기 어려웠고, 피폭되어 충격지역이 서쪽으로 너무 멀리 있어 미국과 한국 지상군도 관측할 수 없었다고 말했다. 폭격 피해 지역을 조사하기 위해 파견된 지상 정찰대(地上偵察隊)는 결코 그곳에 도착하지 못했다. 미군 제1 기병사단의 정찰대 가운데 한 사람도 강을 건너지도 못했다. 당시 북한군(적)의 포격으로 다른 한 대는 강을 건너자마자 멈췄다. 유엔 사령부는 이 대규모 폭격(大規模 爆擊)으로 북한군 한 명이라도 사망했다는 구체적(具體的)이고 확실한 증거(證據)를 제시할 수 없었다. 나중에 북한군 포로병(北韓軍 捕虜兵)으로부터 얻은 첩보(諜報, 미확인한 정보)에 따르면 극동 사령부가 낙동강 서쪽에 있다고 생각했던 북한군(적) 사단은 사실 이미 동쪽으로 건너 폭격 지역(爆擊地域)에 있지 않았기에 허탕(虛蕩)만 쳤다. 굳이 폭격으로 인해 생긴 유일한 이점을 따진다면 폭격 후 일정 기간 동안 미 제1 기병대와 국군(ROK) 제1사단 구역에 떨어진 북한군(적)의 포병 사격량이 급격히 감소했다(이미 쑥밭을 만들어놓았기 때문에 더 허비하지 않겠다.)는 것이었다.598

워커 장군(Generals Walker), 파트리지 장군(Genral Partridge), 오도넬 장군(General O'Donnell)은 북한군(적)의 집중집결하고 있다는 정확한 정보가 없었고, 상황이 극도로 위급하지 않은 한 북한군(적)의 전술 부대에 대한 미래의 대규모 융단폭격 공격에 반대했다. 스트라테마이어 장군(General Stratemeyer)이 맥아더 장군(Genral MacAurther)에게 개인적으로 중재를 요청하면서 8월 19일에 예정된 낙동강 동쪽 지역에 대한 두 번째 융단폭격(絨緞爆擊)이 취소되었다.599 이렇게 해서 두 번째 허탕 융단폭격은 없었다.

볼링계곡(Bowling Alley, The Sangju-Taegu Corridor)

　미군 제25 사단(師團) 제27 보병연대는 제24 사단(師團) 구역의 낙동돌출부(洛東江 突出部, Naktong Bulge area, 昌寧郡 靈山面 靈山) 남부에서 북한군(北韓軍)을 제거하는 임무를 방금 마쳤을 때 대구 북쪽의 북한군(北韓軍, 적)의 압력이 미군 제8군 사령부(司令部)에 새로운 경보를 발령했다. 대구 북쪽 위협에 따라 미 제8 군사령부는 8월 14일에 제27 연대를 제24 사단에 배속하지 않도록 해제한 뒤 다음 날 육군예비병력(陸軍豫備兵力)으로 북쪽 경산(慶山, Kyongsan)으로 이동하도록 명령했다. 1950년 8월 16일에 경산(慶山)에 도착하자 미카엘리스 대령(Colonel Michaelis)은 경산(Kyongsan)의 동쪽, 북쪽, 북서쪽, 서쪽 경로를 정찰(偵察)하고 이 방향에서 오는 북한군(적)의 공격에 대응할 작전명령(作戰命令)에 따라 준비하라는 명령을 받았다. 낮 동안 2대의 북한군(적) 전차(戰車)가 대구에서 북쪽으로 12마일 떨어진 다부동(多富洞)의 국군(ROK) 제1 사단 방어선을 돌파(突破)해 들어왔지만, 국군(ROK)은 3.5인치 바주카포 팀(bazooka teams)이 탱크 2대를 모두 박살내고 말았다.600

　다음 날인 8월 17일 정오(丁午)에 제8 군은 제27보병대대에 본부와 강화된 대대를 '지체 없이(without delay)' 대구에서 북쪽으로 3마일 떨어진 금호강(琴湖江) 건너 다부동(多富洞) ▷ 상주(尙州)로 이동시켜 "그 방향에서 대구를 북한군(적)의 침투로부터 보호(to secure Taegu from enemy penetration)"하라고 명령했다. 국군(ROK) 소식통에 따르면 6대의 전차(戰車)가 이끄는 북한 기갑연대가 다부동(多富洞, Tabu-dong)에서 북쪽으로 2마일 떨어진 작은 금화(錦華, Kumhwa, 오늘날 漆谷郡 架山面 錦華里) 마을에 진입했다.601

미군 제8 군사령부 제27 보병 대대, 제1 대대 박격포 중대 소대 B 포대를 제외한 제8 야전포병대대가 정오에 대구 북쪽으로 이동했다. 그날 늦게 이 부대는 국군(ROK) 제1 사단 사령부가 있는 칠곡(漆谷)으로 2마일 더 북쪽으로 이동했다. 어두워질 무렵, 제8군 제27 연대 전체가 대구 북쪽의 다부동(多富洞) 도로에 있었고, 제73 전차대대 C 중대의 지원을 받았다. 대구(大邱)에서는 북쪽에서 포격 소리가 들리자 경보(警報)가 퍼졌다. 미군 제8군은 A 포대를 제외한 제37 야전포병대대에 며칠 동안 치열한 전투가 벌어지고 있던 경주(慶州) ▷ 포항동(浦項洞) 지역에서 이동하여 제27 보병연대에 배속되어 대구(大邱) 위쪽에 있는 제8 야전포병대대의 화력을 지원하라고 명령했다. 그들은 다음 날 그곳에 도착했다. 이때 남쪽에서는 오봉리(梧鳳里) 능선(Obong-ni Ridge, 오늘날 淸道郡 錦川面 梧鳳里)과 클로버잎 고지(Cloverleaf Hill, 靈山高地)602에서 벌어진 중요한 전투가 아직 결정(決定)되지 않은 상태였다.603

경계교두보 전투(Perimeter battle)에서 북한군 제13 사단은 다부동 회랑(多富洞回廊, Tabu-dong corridor)을 돌파(突破)하여 대구로 진격(進擊)을 시작했다. 북한군 제13 사단은 8월 17일에 다부동 회랑을 돌파하기 전에 일주일 동안 유학산(遊鶴山) 고지대에서 국군(ROK) 제1 사단 제11 연대와 제12 연대와 전투를 벌였다. 제1 사단의 연대 사령관은 나중에 그 승리를 거두는 데 1,500명의 사상자가 발생했다. 8월 18일에 북한군 제13 사단은 다부동(多富洞) 바로 북쪽 도로 서쪽에 집중하고 있었다.604

1950년 8월 13일 서쪽에서 북한군 제15 사단도 유학산(遊鶴山)에 배치되었다. 북한군 제15 사단과 역시 국군(ROK) 제1 사단과 교전을 시작했지만, 지금까지는 사소한 교전이었다. 이 중요한 시점(時點)에서 북한 고위 사령부는 제15 사단에게 타부동 북서쪽에서 동쪽 영천(永川) 전선으로 이동하라고 명령했다. 그곳에서 북한군 제8 사단은 대구 측면 회랑(계곡)으로 진군하지 못했다. 북한군 제15 사단은 8월 20일경에 유학산(遊鶴山) 지역을 떠났다. 한편, 8월 13일 왼쪽 즉 동쪽에 있던 북한군 제1 사단은 대구에서 북쪽 25마일 떨어진 군위(軍威) 지역으로 진군했다. 북한군 사령부는 이제 다부동(多富洞) 지역으로 진군하여 다부동 회랑(多富洞回廊, Tabudong corridor)을 따라 대구를 공격하기 위해 제13 사단과 나란히 오라고 명령했다.605

이 시점(時點)에서 북한군(北韓軍)은 부산 교두보(釜山橋頭堡) 전투 중에 유일한 대형 전차 증원군을 받았다. 8월 15일경 북한군 제105 기갑사단은 새로운 T34 전차(戰車) 21대와 200명의 병력 보충을 받았으며, 대구를 공격하는 사단에 배속(配屬)되었다. 북한군(N.K.) 제13 사단의 전차연대(戰車聯隊)는 14대의 전차(戰車)를 보유하고 있었다.606

이것이 북한군 제13 사단이 다부동(多富洞) 바로 위 상주(尙州) ▷ 대구(大邱) 도로를 따라 대구에서 불과 13마일 떨어진 곳에 있는 북한군(적)의 상황이 전개되고 있었다. 미군 제8군은 8월 18일에 제27 보병연대에 도로를 따라 북쪽으로 공격하라고 명령했다. 동시에 국군(ROK) 제1 사단의 2개 연대가 도로 양쪽의 높은 지대를 따라 공격할 예정이었다. 이런 작전계획(作戰計劃)은 다부동(Tabudong)에서 북쪽으로 4마일 떨어진 마을인 석적(石積, Sokchok) 근처에서 국군(ROK) 제1 사단 방어선(防禦線)을 회복하기 위한 제한적인 목표공격(目標攻擊)을 요구했다. 출발선(出發線)은 다부동 바로 북쪽에 있었다. C 중대의 퍼싱 M26 전차(Pershing M26 tanks), 제73 전차 대대, 그리고 제37 야전포병 대대의 2개 포대가 제27 보병 대대를 지원할 예정(豫定)이었다.607

트럭(truck)이 타부동(Tabudong)에서 북쪽으로 굴러가 출발선에 다다르자, 안에 있던 사람들은 도로를 내려다보는 높은 언덕에서 북한군(NK) 과 국군(ROK)이 싸우는 것을 볼 수 있었다. 보병(步兵)은 내려서 배치했고, 체크 대령(Colonel Check)의 제1 대대는 도로 왼쪽에 머치 대령(Colonel Murch)의 제2 대대는 도로 오른쪽에 있었다. 전차가 도로를 이끌고, 두 대대는 13시에 출발선을 건넜다. 전차(戰車)는 산의 경사면에 사격을 가했고, 포탄의 울림이 좁은 계곡에 울려 퍼졌다. 도로 양쪽의 보병은 낮은 언덕을 휩쓸었고, 도로에 있는 전차(戰車)는 보병을 향해 진군했다. 계곡에 있는 북한군(적)의 전초기지(前哨基地)가 후퇴했고, 첫 한 시간 동안은 거의 저항이 없었다. 이때 북한군(적)의 전초기지(前哨基地)는 주요진지(主要陣地)에서 약 2마일 반 떨어진 곳에 있는 것으로 밝혀졌다. 제27 보병연대는 다부동(Tabudong)에서 북쪽으로 약 2마일 떨어진 지점에 도착했을 때 미카엘리스 대령(Colonel Michaelis)은 계곡도로(溪谷逃路)를 둘러싼 고지대에 있는 국군(ROK) 연대 중 어느 연대도 진군(進軍)할 수 없었다는 메시지를 받았다. 제27 보병연대 2개 대대가 도로를 따라 걸터앉아 경계방어(警戒防禦)를 형성하라는 명령을 받았다.608

미군 제8 군단 제27 보병연대의 2개 대대는 가산면 천평동(泉坪洞)의 소이리(천평리의 小泥里, 일명 新酒幕)의 작은 진흙 초가 마을(小泥里, little mud-thatched village) 바로 북쪽의 경계 방어선으로 들어갔다. 도로 왼쪽에 있는 1대대는 다른 보병부대보다 약간 앞서 있는 높은 지대에 있는 C 중대와 함께 위치를 잡았고, A 중대는 그 뒤의 능선에 있었다. 오른쪽에 있는 B 중대는 A 중대보다 약간 앞서서 개울과 좁은 계곡(溪谷)을 건너 도로까지 방어선을 옮겼다. 그곳에서 2대대가 방어선을 맡았고, E 중대는 도로와 그 동쪽에, F 중대는 오른쪽에 있었고, G 중대는 F 중대 뒤의 능선(稜線)을 지켰다. 이렇게 해서 두 대대는 4개 중대 규모의 전선을 형성했고,

한 중대는 양쪽에 제외된 측면 위치를 지켰다. 전차(戰車) 소대는 전선에 위치를 잡았고, 2대의 전차(戰車)는 도로에, 2대의 전차는 개울 바닥에 있었다. 4대의 전차(戰車)는 예비로 전선 뒤쪽에 있었다. 포병대는 보병대 뒤쪽의 사격 위치로 이동했다. 6개의 바주카(bazooka) 팀이 도로를 따라 보병대(步兵隊) 위치 앞과 개울 바닥에 위치를 잡았다. 국군(ROK) 제1 사단은 제27 보병대 위치 양쪽의 높은 곳을 차지했다.609

미군 제8 군단 제27 보병대 진지 앞에 포플러 나무가 늘어선 대구(大邱) ▷ 상주(尙州) 도로는 좁은 산골짜기에서 평평

🔍 볼링계곡 혹은 금화계곡(출처: p.350)

한 길을 따라 북쪽으로 뻗어있었다. 서쪽의 개울이 도로와 거의 평행을 이루었다. 도로는 제27 보병대 진지를 통과하는 남북 축에서 거의 직선(直線)이었고, 어느 정도 북쪽으로 뻗어있었다. 그런 다음 약간 서쪽으로 방향을 틀었다. 이 도로 구간은 나중에 '볼링계곡(Bowling Alley, 일명 泉坪溪谷 혹은 錦華溪谷)'으로 알려지게 되었다.610

미군 제8 군단 제27 보병대 진지에서 1마일 조금 넘게 떨어진 곳에서 도로는 천평동(泉坪洞, Ch'onp'yong-dong)이라 불리는 작은 집들이 모여있는 곳에서 갈라졌다. 왼쪽 갈래는 상주(尙州)로이고, 오른쪽 갈래는 군위(軍威)로 가는 도로였다. 도로 갈래에서 상주(尙州)로는 긴 곡선으로 북서쪽으로 굽어진다. 신주막(新酒幕) 마을은 갈래에서 북쪽으로 조금 떨어진 이 곡선 위에 있었다. 언덕 방어선이 제27 보병대 진지에서 직접 사격(直接射擊)을 가하는 것을 막았다. 적의 전차가 낮 동안 숨어있었던 곳은 바로 거기였다.611

서쪽 계곡(溪谷, alley)에서 갑자기 솟아오른 유학산(遊鶴山)은 산 덩치

로는 높이 2,700피트까지 치솟았다. 동쪽에는 비슷한 산괴(山塊)가 높이 2,400피트까지 치솟았고, 남쪽으로 2.5마일 떨어진 곳에 우뚝 솟은 가산(架山)이 있는데, 성벽(城壁)으로 둘러싸인 정상은 높이가 2,900피트가 넘었다. 이 높은 지대는 남쪽으로 대구 분지(大邱盆地, Taegu bowl)가 내려다 보이며, 주변 지역(周邊地域)을 조망할 수 있었다.612

북동(北東)쪽과 북서(北西)쪽에서 온 군위(軍威, Kunwi) 도로와 상주(尙州, Sangju) 도로는 천평동(泉坪洞)에서 대구 분지(大邱盆地)로 이어지는 유학산(遊鶴山)과 가산(架山) 사이에 자연스럽게 침입이 가능한 회랑(回廊, 溪谷)으로 들어갔다. 볼링장 전투(Bolwing-Alley Battle)는 이 도로교차로(道路交叉路) 바로 남쪽에서 벌어졌다.613

1950년 8월 18일 밤 어둠이 내린 직후, 7차례의 북한군 야간공격(夜間攻擊, night attacks) 가운데 첫 번째 공격이 제27 보병대대의 방어선(防禦線)을 강타했다. 북한군(적)은 박격포와 포병이 공격을 가해 이에 대규모 준비사격을 감행했다. 북한군 전차 2대와 자주포 1대가 제27 보병대대 방어선에서 2마일 떨어진 천평리의 신주막(新酒幕) 마을에서 이동했다. 보병(步兵)이 뒤따랐는데, 일부는 트럭을 타고 있었고 다른 일부는 도보로 이동했다. 선두 전차(戰車)는 느리게 움직이며 사격하지 않고 관찰(觀察)하는 듯했고, 두 번째 전차와 자주포는 F 중대의 진지를 향해 반복적으로 사격했다. 전차기관총(戰車機關銃) 사격은 마치 북한군(적)이 미군 진지의 정확한 위치를 모르는 듯 무차별적으로 퍼부었다. 전차가 다가오자 F 중대의 3.5인치 바주카포 팀이 줄을 서 있던 두 번째 전차를 파괴했다. 바주카포 팀(Bazooka teams)도 선두 전차를 두 번 공격했지만 로켓은 폭발하지 않았다. 그러나 승무원(乘務員)은 전차(戰車)를 버렸다. 제8 야전포병대대의 포격으로 자주포(self-propelled gun)가 파괴되었고, 트럭 두 대가 파괴되었으며, 약 100명이 사망하거나 부상당했다. 포병 관측병이었고, 나중에 보병으로 전속된 후 명예훈장을 받은 루이스 밀렛 중위(Lt. Lewis Millett)는 자신의 참호에서 50야드 떨어진 곳에 있는 T34 전차로 북한군에게 포격을 가했다. 북한군 전차(戰車) 세 대가 도로를 따라 내려왔지만, 이제 그들은 주행등(running lights)을 켜고 방향을 돌려 북쪽으로 돌아갔다. 자정 30분 후, 모든 전투가 끝났고 모든 것이 조용해졌다. 북한군(北韓軍)은 약 2시간 후 첫 번째보다 훨씬 약한 두 번째 공격을 시도했지만, 포병과 박격포(迫擊砲)의 공격으로 분산되었다.[614]

볼링장(Bowling Alley)에서 벌어진 모든 야간전투(night battles)에서 공통적으로 나타나는 특징이 있었다. 북한군은 신호탄 시스템(system of flares)

굴러떨어지는 탱크 볼링공(출처: p.358)

을 사용하여 다양한 행동을 알리고 이를 조정했다. 방어하는 미군은 녹색 신호탄이 주어진 지역에 대한 공격을 알리는 데 사용된다는 사실을 금방 알게 되었습니다. 그래서 제27 보병대는 자체 녹색 신호탄(green flares)을 확보한 다음 북한군(北韓軍)의 공격이 시작된 후 주요 방어 위치 위로 발사했다. 이는 공격하는 북한군(北韓軍)을 혼란스럽게 했고, 종종 가장 강력한 지점으로 유인하여 많은 사상자(死傷者)를 냈다. 좁은 계곡의 방어 위치 앞에 지뢰를 사용하는 것이 전투의 야간특징(nightly feature of the battles)이 되었다. 대전차 지뢰를 심지 않고 전차 앞에다가 흩뿌렸다. 북한군(北韓軍)은 전차를 멈추게 되자 우군 보병들은 정차한 전차(戰車)를 제거하려고 했다. 그런 때 신호탄이 현장을 비추고 사전 준비된 포병과 박격포(迫擊砲)가 움직이지 못하는 북한군(北韓軍)에게 치명적 결과(fatal results)를 가져주었다.[615]

1950년 8월 19일 아침 미국 제8 사단 제11 연대와 제13 연대는 능선(ridges)을 따라 반격을 개시하여 약간의 이득을 얻었다. 워커 장군(General Walker)은 국군(ROK) 제10 연대의 1개 대대 병력과 또 다른 예비부대(reserve unit)를 대구 전선으로 보내 국군(ROK) 제1 사단과 제6 사단 사이에 생긴 틈을 메우라고 명령했다. 오후에 또 다른 부대인 미국 제23 보병대대를 이동시켜 대구에서 북쪽으로 8마일 떨어진 제8 야전포병대대와 제37 야전포병대대 주변에 방어선(防禦線)을 구축하라고 명령했다. 제3 대대는 포병대 주변에 방어진지(defensive position)를 구축했고, 제2 대대는 제27 보병대 뒤편 도로를 따라 방어진지(防禦陣地)를 구축했다. 다음 날 제3 대대와 제2 대대는 자리를 서로 바꿨다.616

1950년 8월 20일 일요일(日曜日)은 대구전선(大邱戰線)에서 비교적 조용한 날이었다. 그런데도 미군 항공기는 낮 동안 그곳의 북한진지(北韓陣地)를 반복적으로 공격했다. 비행기는 미군 보병 바로 앞에서 기관총 사격이 식별 패널(identification panels)을 흩뿌렸다. 꺼진 50구경 카트리지(50-caliber cartridges)가 '친절한 여우굴(friendly foxholes, 참호 속에 2~3명이 숨어있는 모습이 여우굴에 비유)'617, 618에 떨어졌다(피격당했다). 워커 장군(General Walker)은 낮 동안 대구전선을 방문했고, 나중에 북한군의 사격이 감소했으며 대구는 '확실히 구원되었다(certainly is saved)'고 말했다.619

대조적(by contrast)으로 그날 밤은 조용하지 않았다. 17시에 북한군의 120mm 박격포탄이 중화기 중대(Heavy Weapons Company) 지역에 떨어졌다. 밝은 달빛이(bright moon silhouetted) 북한군(北韓軍)의 전차를 어두운 측면 산에 비추며 좁고 푸른 계곡을 따라 내려왔다. 또 다른 공격을 이끌었다. 포병과 박격포가 적과 진군하는 북한군(北韓軍) 보병 사이에 떨어졌다. 대기하던 미군은 북한군이 150~200야드 범위 내에 들어올 때까지 소총과 기관총 사격(機關銃 射擊)을 중단했다. 모든 무기의 합동 사격으로 그들의 공격은 격퇴되었다.[620]

다음 날 아침인 8월 21일, 보병 2개 소대와 전차 3대로 구성된 정찰대(偵察隊, patrol)가 북한군의 진지를 향해 길을 따라 올라갔다. 미군 전선 앞에 백기(white flag)가 게양되었고, 원주민(原住民)에게서 많은 북한 군인들이 항복을 원한다는 소문이 돌았다. 정찰대(偵察隊, patrol)의 임무는 이 상황을 조사하고 북한군의 손실을 추정하는 것이었다. 정찰대는 약 1마일을 전진하여 소규모 북한군과 교전하고 일부 포병사격을 받았다. 순찰대는 야간작전(night operation)에서 무력화된 북한군 전차 5대를 테르밋 수류탄(thermite grenades)으로 파괴했다. 정찰대는 또한 파괴된 적 장비 중에서 37mm 대전차포 1문, 자주포 2문, 120mm 박격포 1문을 발견했고, 수많은 북한군이 죽은 것을 보았다. 가장 멀리 전진한 지점에서 정찰대는 마을 학교 안뜰(village schoolhouse courtyard)에서 버려진 북한군의 탱크를 발견하고 파괴했다.[621]

그날 저녁 해 질 무렵(that evening at dusk), 제27보병연대는 보병선에서 150야드 앞 도로와 개울 바닥에 대전차 지뢰밭(antitank mine field), 대인 지뢰(antipersonnel mines), 트립 플레어(trip flares)를 설치했다. 땅 위 두 번째 지뢰 벨트(belt of mines)를 묻힌 지뢰밭에서 약 100야드 앞에다가 설치했다.[622]

그날 저녁 늦게(later that evening), 8월 21일, 북한군은 자정직전(子正直前)까지 제27 보병진지의 일반 지역을 포격했다. 그런 다음 북한군 제13사단은 고지대에 있는 국군(ROK) 부대와 계곡에 있는 미군에 대한 대규모 공격(大規模 攻擊)을 시작했다. 9대의 전차와 여러 대의 자주포(SP guns)가 계곡에 있는 북한군을 지원했다. 다른 미군 부대보다 더 높은 지대에 있었고, 더 진격했기 때문에 도로 왼쪽에 있는 C 중대는 보통 다가오는 적진을 가장 먼저 감지했다. 그날 저녁 C 중대 사령관은 전화로 전선에서 전차 소리가 들린다고 했다. 포병대가 조명탄(illuminating shell)을 발사했을 때 도로에서 공격하는 열아홉 대의 차량을 세어볼 수 있었다. 전차(戰車)와 자주포(自走砲)는 빠르게 발사하면서 미군 진지에 접근했다. 대부분의 포탄은 후방에 떨어졌다. 북한군 보병은 도로 양쪽으로 전진했다. 동시에 다른 부대는 계곡을 둘러싼 높은 산등성이(high ridges flanking the valley)에서 국군(ROK)을 공격했다.623

미군 포병과 박격포 사격이 북한군을 포격하여 전차(戰車)와 보병(步兵, infantry)을 분리하려고 했다. 북한 보병이 지뢰밭에 들어가 근거리(近距離)에 도달한 후에야 기관포 사격이 시작되었다. 최전선에 있는 퍼싱 전차(Pershing tanks)는 북한군 전차가 매우 가까이 올 때까지 사격을 멈추었다. 미군 전차 중 하나가 125야드 거리에서 선두 북한군 전차를 격파했다. F 중대의 3.5인치 바주카 팀이 행렬의 세 번째 전차의 SP포를 격파했다. 갇힌 두 번째 전차는 바주카 사격으로 무력화되었고, 승무원(乘務員)은 탱크를 버렸다. 포병과 90mm 전차 사격으로 북한군 전차 7대, SP포 3대, 트럭과 인원 수송차(人員 輸送車) 여러 대가 파괴되었다. 이 야간 전투(night battles)는 약 5시간 동안 지속되었다. 양측의 사격이 격렬했다.

미국 측에서 일부 집계에 따르면 제2 대대, 제27 보병대대, B 포대, 제8 야전포병대대(105mm 곡사포)를 지원하기 위해 1,661발을 발사했고, 4.2인치 박격포소대는 902발을 발사했으며, 81mm 박격포소대는 1,200발을 발사했다. F 중대 자체는 60mm 박격포를 발사했다. 북한군(北韓軍)의 기갑부대(機甲部隊)의 기둥뿌리가 파괴된 셈이었다. 낮에 정찰을 실시한 결과 경계선 앞에서 북한군의 사망자(死亡者)가 확인되었고, 이를 근거로 북한군이 야간전투(night battles)에서 1,300명의 사상자를 냈다고 추정했다. 정찰대(patrol)에 잡힌 11명의 포로는 이 작전으로 인해 부대가 파괴되었고, 병력의 약 1/4만 남았다고 말했다.[624]

미군 제27 보병대대 F 중대의 병사들은 8월 21일과 22일의 야간전투(night battles)에서 볼링장(Bowling Alley)이라는 이름을 만들어낸 듯하다. 북한군의 T34 전차는 미군 진지를 향해 철갑탄을 도로 위로 똑바로 발사하여 미군 전차를 무너뜨리고자 했다. 밤새도록 쏟아지는 불덩어리와 총소리의 울림은 마치 반대편의 표적을 향해 구렁텅이(gutter)로 질주하는 볼링공(bowling ball)처럼 생생한 장면(wild scene)들을 육안으로 보았으며, 귀로는 폭파되는 굉음(轟音)을 병사들은 들었다.[625]

야간전투(夜間戰鬪) 동안 북한군은 미 제27 보병대의 동쪽 측면 높은 능선을 따라 침투하여 다음 날 정오 무렵 연대 후방 6마일, 대구에서 불과 9마일 떨어진 곳에 나타났다. 이 북한군은 대구 전투에 합류하기 위해 방금 군위 지역에서 도착한 북한군 제1 사단 제1 연대(1st Regiment of the N.K. 1st Division)였다. 이들 북한군은 미군 제27 보병대의 주요 보급로(main supply road)를 대구에서 9마일 떨어진 지점에서 시작하여 북쪽으로 뻗어 있는 5마일 구간을 따라 소총 사격(small arms fire)으로 막았다.[626]

미군은 자유를 위해 피를 흘리는데, 국군 백장군 부대는 조국을 위해 싸우지 않는다고?

이 무렵, 미카엘리스 대령(Colonel Michaelis)은 미 제8군에 긴급 메시지(urgent message)를 보내어 그의 왼쪽에 있는 국군(ROK) 군대가 물러났으며, "그 사람들은 싸우지 않는다(those people are not fighting)"고 말했다.

포로들은 약 1,000명의 북한군(北韓軍)이 서쪽 측면에 있다고 말했다. 그는 공습을 요청했다.627

미군 제27 보병대와 지원부대가 도로를 따라 싸우고 있는 동안 국군(ROK) 제1 사단은 양쪽 산에서 싸우고 있었다는 사실을 간과해서는 안 되었다. 만약 이 국군(ROK) 군대가 이 고지에서 쫓겨났다면 미 제27 보병연대의 경계선 위치는 유지될 수 없었을 것이다. 국군(ROK) 군부대의 병사들이 여러 번 낮에 산에서 내려와 계곡에서 음식을 찾았고(daytime looking for food), 개울에서 목욕까지 했다(bath in the stream). 하지만 미군 포병대의 지원을 받아 그들은 항상 고지로 다시 올라가 고지를 탈환했다. 국군(ROK) 제1 사단은 이때 대구 북쪽 전선을 유지한 공로(the credit for holding the front)를 후하게 인정받아야 했다.628

백선엽(白善燁) 장군(General Paik)은 미카엘리스 대령(Colonel Michaelis)이 자신의 부하들이 싸우지 않는다는 비난에 몹시 분개했다. 미군 제27 연대가 언덕으로 올라가 소총으로 야간전투를 치르는 동안 모든 전차와 포병 지원을 받아 계곡 진지를 지키고 싶다고 말했다. 제8군 G-3 참모는 미카엘리스 대령((Colonel Michaelis)이 국군(ROK) 군대가 진지를 떠났다는 비난을 조사했다. 미 주한군사 고문단(KMAG, Korea Military Advisory Group) 장교 모두가 국군(ROK) 제1 사단 부대를 방문했다. G-3(정보부대) 부참모는 상황을 알아보기 위해 직접 국군(ROK) 전선으로 갔다. 모든 보고서는 국군(ROK) 부대가 사령관 백선엽 장군(白善燁 將軍)이 말한 곳에 있었다는 데 확인(確認)·동의(同意)했다.629

8월 22일 오후, 제임스 W. 에드워즈 중령(Lt. Col. James W. Edwards)의 제2 대대, 제23 보병대는 제27 보병대 뒤에서 지원포병대를 지키다가 전방진지(前方陣地, forward positions)를 돌아 지나간 북한군(N.K.) 제1 사단 병력의 공격을 받았다. 연대 사령관(regimental commander) 폴 L. 프리먼 주니어 대령(Col. Paul L. Freeman, Jr.)은 오후 4시 40분에 미군 제8군에 북한군(적)이 제37 야전포병대대의 후방 포대를 포격했으며, 북한군의 소총병들이 도로에 있는 미군 제27 연대와 제23 연대 사이에 있었으며, 다른 북한군(적) 집단이 연대 사령관((regimental commander)의 전방대대의 동쪽을 돌아 지나갔다고 보고했다. 오후 4시 5분에 제8 야전포병대대의 본부 구역에 집중적인 포격이 쏟아지기 시작했다. 25분 후 사격지휘센터(fire direction center)에 직접 타격을 두 번 가해 완전히 파괴했다. 이로 인해 장교 4명과 부사관(副士官) 2명이 사망했다. 개별포대(individual batteries)는 대대화력(大隊火力)의 통제권(統制權)을 신속히 장악하고 보병을 계속 지원했으며, 대대 본부(battalion headquarters)는 화력으로 인해 후퇴했다.630

공군(空軍), 해군(海軍), 호주기(壕州爆擊機, Australian planes)가 도로 동쪽의 북한군이 점유한 산등성이와 그 너머의 계곡을 공격했다. 이번 공격에는 44,000파운드의 폭탄을 사용한 B-26이 포함되었다. 그날 밤, 워커 장군(General Walker)은 제1 대대를 제외한 제23 보병대의 통제권을 제1 기병사단에 다시 넘겨 도로와 주요 보급로(main supply road)를 내려다보는 지휘구역(commanding ground)에서 북한군을 제거하라는 명령을 내렸다.631

한국전쟁(Korea War)에서 보기 드문 드라마가 8월 22일 다부동(多富洞) 북쪽에서 일어났다. 약 1,000명, 북한 제13 사단을 지원하는 포병연대를 지휘하는 중령(中佐) 정봉욱(Lt. Col. Chong Pong Uk, 鄭鳳旭, 1924~2018)은 다부동(Tabudong)에서 북쪽으로 3마일 떨어진 국군(ROK) 제1사단 진지로 혼자 걸어들어왔다. 그는 한 손에 흰 깃발(white flag)을 들고 있었고, 어깨에는 가죽 지도 케이스(leather map case)가 걸려있었다. 이렇게 귀순한

제4장 6·25 전쟁의 아마겟돈 전투 | 323

사유는 북한군 제13 사단 사령관은 다부동(多富洞)을 포격하지 못한 것에 대해 그를 호되게 문책했다. 지형 장애물(terrain obstacles) 때문에 포병사격이 다부동에 도달할 수 없다고 생각하고 질책을 받고 화가 난 정 중령(鄭 中領)은 탈영했다.632

지금까지 전쟁에서 가장 높은 계급의 포로(the highest ranking prisoner)였던 정(鄭鳳旭)633 중령은 포병대의 위치에 대한 정확한 정보(precise information)를 제공했다. 그의 첩보에 따르면, 여전히 작동 가능한 122mm 곡사포 7문과 76mm포 13문이 다부동(多富洞)에서 북쪽으로 4마일 떨어진 유학산(遊鶴山) 북쪽의 작은 계곡에 있는 과수원에 배치되어 위장되어 있었다. 이런 현장 첩보를 취득한 미 제8군은 즉시 북한군의 무기를 파괴할 준비를 했다. 전투폭격기(戰鬪爆擊機)가 과수원 부지에 네이팜탄(napalm)을 투하했고, 미군 포병대가 포격을 받으며 그 위치를 점령했다.634

1950년 8월 22일에서 23일 밤, 북한군은 제27 보병연대에 평소와 같은 공격(攻擊)을 가했지만, 규모가 크지 않았고 쉽게 격퇴(擊退)했다. 그러나 8월 23일 정오 직전, 전선 뒤에서 약 100명의 북한군이 감지되지 않은 채 미군 제27 보병연대 K 중대와 제65 공병전투대대 C 중대 1소대의 진지에 도달하는 데 성공하면서 격렬한 전투가 발생했다. 북한군은 50명을 죽이고 쫓겨나기 전에 이들 진지의 일부를 점령(占領)했다.635

한편, 워커 장군(General Walker)의 명령에 따라, 제2 대대, 제23 보병대는 북한군의 야간공격(夜間攻擊, night attacks)을 여러 차례 격퇴한 후, 8월 23일 새벽에 반격(反擊, counterattack)을 가해 도로 위의 포병대대가 있는 고지를 점령했다. 동시에 제3 대대는 도로 동쪽의 3마일 길이의 고지를 휩쓸며 종일 공격(all-day attack)을 시작했다. 이번 작전으로 제27 보병대의 뒤와 측면에서 북한군을 대부분 제거했다. 오후 1시 35분, 마이클 대령(Colonel Michael)은 볼링장(Bowling Alley)에서 미군 제8군에 북한군 (N.K.) 제13 사단이 도로를 그의 정면으로 날려버리고자 지뢰를 매설했으며, 철수 중(withdrawing)이라고 보고했다.636

다음 날인 8월 24일, 제23 보병연대는 후방지역을 계속 소탕(掃蕩, clearing)했다. 밤에는 전방 위치(forward positions) 뒤에 200명 이하의 적군이 있다고 추정했다. 볼링앨리 전선(Bowling Alley front)은 24일에 불행한 사고(unfortunate accident)를 제외하고는 조용했다. 미군 제8군 전차 회수팀이 전방 미군 지뢰밭 바로 앞에서 멈춘 T34 전차를 회수하기 위해 왔다. 회수팀이 T34를 앞으로 끌어당기기 시작하자 보이지 않는 미군 지뢰가 전차 아래의 느슨한 흙 속으로 밀려가 폭발하여 전차를 심하게 손상시키고, 근처에 서있던 12명이 부상을 입었다(wounding twelve men standing nearby).637

8월 24일 자정 직후 북한군(北韓軍)은 볼링앨리(Bowling Alley)에서 이제까지 정기적으로 밤마다 공격을 시작해 왔다. 이 공격은 몇 대의 전차의 지원을 받아 추산된 2개 중대 규모의 공격이었다. 제27 보병연대는 무산될 시도를 저지했고, 지원 포병대의 사격(supporting artillery fire)으로 적의 전차 두 대가 파괴되었다. 이것은 제27 보병연대가 볼링 앨리(Bowling Alley)에서 보낸 마지막 밤이었다. 8월 18일부터 25일까지 확인된 북한군의 손실에는 T34 전차 13대, 자주포(self-propelled guns) 5대, 차량 23대가 포함되었다.638

북한군(적)이 대구 북쪽으로 후퇴(後退)하자, 워커 장군(General Walker)은 8월 24일에 제27 보병대에게 볼링계곡(Bowling Alley)을 떠나 마산(馬山) 지역의 제25 사단으로 돌아가라는 명령을 내렸다. 국군(ROK) 제1 사단은 천평리 볼링계곡에 대한 책임을 맡았지만, 미군 제23 연대는 대구 북쪽에 남아 지원을 했다. 국군(ROK)의 제27 보병대에 대한 구호활동

(ROK relief of the 27th Infantry)은 8월 25일 오후 6시에 시작되어 8월 26일 오전 3시 45분까지 밤새도록 계속되었다. 8월 30일에 미군 제23 연대는 대구 근처에서 마산으로 이동하라는 명령을 받았고, 다음 날 아침 8시에 시작하여 대원들을 기차로, 차량은 도로로 이동했다. 울프하운드 연대 (Wolfhound Regiment)는 그날 밤 8월 31일에 이동을 완료했다. 그리고 그 것은 매우 행운의 움직임이 입증되었는데, 왜냐하면 그것은 딱 맞는 시기 (in the nick of time)에 도착했기 때문이었다.639

🔍 유학산 전투 주변 지도(출처: 칠곡군청)

이번주 전투에서 대구 북쪽 접근로(接近路)의 성공적인 방어를 알리듯, 국군(ROK) 제1 사단의 20세 상사(20-year-old master sergeant)가 위험하고 화려한 위업(dangerous and colorful exploit)을 수행했다. 배성섭(裵聖攝, 1930년생) 특무상사640는 9명의 정찰대를 이끌고 북한군 방어선 뒤 6,000야드 떨어진 북 13사단 사령부로 향했다. 그곳에서 그의 정찰대(偵察隊)는 여러 명의 적군을 사살하고 3명의 포로를 사로잡았으며, 그들을 아무런 손실 없이 데리고 귀환했다. 국군 제1사단장 백선엽(白善燁) 장군은 그 대담한 상사에게 그의 위업에 대한 보상으로 50,000원(25.00달러)을 주었다.641

한편, 머치 대령(Colonel Murch)의 제2 대대와 체크 대령(Colonel Check)의 제1 대대, 제27 보병대는 대구 북쪽 볼링계곡(Bowling Alley)에서 어느 정도 명성을 얻었다. 제2 대대와 제3 대대, 제23 보병대가 최전선 뒤에서 깊이 방어해 대구 관문을 장악하려는 북한군의 모든 노력을 좌절시켰다. 지원 전차(支援戰車)와 포병대도 훌륭하게 자신들의 임무를 충실히 수행했다. 낮 동안 공군의 공격은 적에게 파괴와 무질서를 초래했다. 그리고 천평리(泉坪里) 볼링계곡의 산등성이 성벽(mountain ridges walling)에서 국군(ROK) 제1 사단은 북한군의 돌격을 물리치는 데 전력을 다했다.642

북한 제1 사단 제1연대의 생존자들은 가산(架山)의 성벽이 있는 정상 부근 대구(Taegu) 상주(Sangju) 도로 동쪽 산에서 그 사단의 나머지 부대에 합류했다. 포로들이 하는 말에 의하면, 제1 연대가 볼링계곡(Bowling Alley)에서 북한 제13 사단의 동쪽 측면에서의 작전으로 다 죽고 남은 병력은 대략 400명 정도만 남았다. 여기에다가 120mm 박격포, 76mm 곡사포, 대전차포(antitank guns)를 모두 잃었다고 보고했다.643

Ⅱ.
미 육군 전투사 속
'6.25 전쟁의 아마겟돈 전투'

1.
대구 방어를 지원하고자(Back on Taegu)

6.25 전쟁(Korea War)에 유엔군이 참전하기까지

2024년도 국가보훈부에서는 '7월 27일을 유엔군 참전기념일(UN Participation Day)'로 지정하여 참전 22개국에서 198만 명의 참전용사를 기리는 기념행사를 추진하였다. 자유 가치를 추구했던 젊은 날의 유엔 참전용사를 위한 헌정곡(獻呈曲)으로 「그때 한 순간(One Moment in Time)」을 가수 박기영(朴杞濚, Park Ki Young, 1977년생)의 목소리로 전달했다.

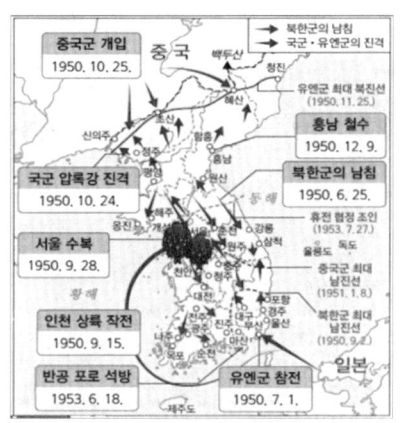

🔍 6.25 전쟁의 주요일자
(한국육군전사연구소)

"그 모든 건 제게 달려있죠. 그런 순간이 제게 주어지기를 제 운명에 맞서 나간다면 그때 한순간 자유로워질 거라는 걸(And the answers are all up to me, Give me one moment un time. When I'm racing with destin, Then in that one momnet in time, I will be, I will be free)."[644]

1950년 6월 25일 새벽 4시 작전명 '폭풍 224(Storm 224)'로 38도 분계선(38th degree demarcation line)을 남침하기 시작했다. 한국전쟁의 발발 첩보를 받은 유엔안전보장이사회(United Nations Security Council)에서는 즉각적으로 논의에 들어갔다. 1) 북한이 남침했다는 사실을 확인하자마자, 2) 유엔

안전보장이사회(安全保障理事會)는 현장 실정에 따른 신속한 대응조치(rapid response measures)를 취하고자 뉴욕시각 그날 즉각 안보리 회의(安保理會議)를 소집해 의결했다. 3) 11개 안보리 이사국 찬성(贊成) 9, 기권 1(유고) 및 불참(不參) 1(소련)로 결의문 제82호(UN Resolution No. 82)를 채택645, 4) 결의문에선 "적대행위 즉각적인 중지를 촉구하고 … 북한 당국이 그 군대를 38선 이북으로 철수(撤收)할 것을 촉구(the authorities in North Korea to withdraw forthwith their armed forces to the 38th parallel)"하고 이행(移行)을 요구했다. 이틀 뒤 6월 27일 유엔 안보리(安保理)는 제83호 결의문을 채택, "무력공격(武力攻擊)의 격퇴와 그 지역에서 국제평화(國際平和) 및 안전의 회복을 위해 한국(韓國)에 대해 필요한 원조를 할 것을 회원국에 권고(勸告)"646 했다. 유엔 현장에 따른 집단안보(集團安保)를 최초로 발동한 사례였다.

6월 27일 제83호 결의문 채택(決議文 採擇)으로 유엔회원국의 군사적 참여가 즉각적(卽刻的)으로 시작되었다. 미군의 연합군(聯合軍) 참전을 신호탄(信號彈)으로 작전개시(作戰開始)가 되었다. 당시 유엔사무총장 트리그스 리(Trygce Lie)는 결의문 83호의 집단조치(集團措置)에 필요한 지원을 요청했고, 여러 회원국은 정치적 지지(政治的 支持)로부터 군대, 식량, 의약품 제공 등을 약속했다. 7월 7일 결의문 제84호647를 채택하여 효과적인 군사작전이 가능하게 군사지원의 조정(軍事支援 調整)을 결의했다. "미국 지휘하에 통합사령부(유엔군사령부)에 그러한 군대와 지원을 제공할

🔍 유엔 제83호 결의문(유엔 안보리)

것을 권고"했고, "미군 사령관(美軍 司令官)을 지명하도록 요청", "통합사령부(統合司令部)가 참전 국가들의 국기와 함께 유엔기(聯合旗)를 사용하도록 승인"했다. 유엔군의 지휘계통(指揮系統)을 UN군 사령관 ▷ UN 안보리 ▷ UN 사무총장으로 연계시켰다.

실질적(實質的)으로 유엔군의 참전은 1) 6월 28일 미군 제7함대 대만해협 봉쇄작전, 6월 29일 태평양 사령관 맥아더(Douglas MacArthur, 1880~1964) 원수(元帥)의 한강 방어선 시찰(視察), 6월 30일 미 지상군 투입(地上軍 投入)을 결정했다. 7월 1일 미 지상군 제24사단이 선발대(先發隊)로 부산공항에 도착했고, 7월 5일에 미군 스미스 중령의 특임부대(特任部隊, 38선 이북으로 복원작전)가 오산 죽미령(竹美嶺)에서 최초 전투(最初戰鬪)를 했다. 7월 7일에 UN 안보리 유엔통합사령부(UN군 사령부) 설치를 결의했다. 우리나라 정부는 6.25 전쟁 발발 뒤늦게 7월 8일에 비로소 전국비상계엄(전남·북 제외)을 선포했다. 7월 14일 우리나라 이승만(李承晩, 1875~1965) 대통령은 국군 작전지휘권(國軍作戰指揮權, Wartime Operational Control, WT-OPCON)을 유엔군 총사령관(總司令官) 맥아더 원수(元帥)에게 이양했다.648 7월 16일에 전시임시정부청사(戰時臨時政府廳舍)는 대전(大田)에서 대구(大邱)로 이동, 8월 1일 낙동강 방어선이 형성, 8월 18일 전시임시정부청사를 다시 부산(釜山)으로 이동했다.

대구를 사수(死守)하기까지 미군작전(美軍作戰)은?

1950년 6.25 전쟁 당시에 오늘 우리가 살고 있는 지역 대구를 방어하기 위한 선열영령(先烈英靈)을 위하여 미국 육군전사연구소(U.S. Army Center of Military History)에서 1991년에 발간한(PDF 무료 제공) '낙동강(洛東江)에서 압록강(鴨綠江)까지(South to the Naktong, North to the Yalu)'를 중심으로 여기서는 대구 방어에 치열한 전투를 중심으로 요약하고자 한다.649

🔍 낙동강에서 압록강까지
(미 전사연구소)

태평양 연합사령관(太平洋 聯合司令官) 더글라스 맥아더(Duglas MacArthur, 1880~1964) 원수(元帥)는 6.25 전쟁 발발했다는 군사 동향보고를 받았고, 6월 29일에 북한을 물리치고 회복하는데 2개 사단이면 경찰업무 수행만 잘하면 충분하다고 봤다. 7월 1일에 일본 주둔 제24사단 21연대 1대대 스미스 전투부대(Smith's Combat Unit)를 수송기편으로 부산(釜山)으로 급파시켰다. 당시 34세 찰스 스미스(Charles Bradford Smith, 1916~2004) 중령이 지휘하는 540명(그 가운데 포병 108명) 특수부대는 기차로 대전(大田)까지 갔다. 거기선 트럭으로 오산(烏山, Osan) 북방 죽미령(竹美嶺)650에 도착하여 방어선을 구축했다. 7월 5일에 전투가 벌어졌고, 상황이 전개됨을 보니 7월 7일에는 4개 사단이 필요하다고 판단했다. 7월 9일에는 다시 4개 사단을 추가 충원을 하게 되었다. 한국전쟁의 급격한 상황을 반영하여 처음 6주간은 미군 피해는 6,000여 명이 달했다. 낙동강 전선 상황이 급박하게 돌아가자, 7월 26일에 미 제8군 사령관 월턴 워커(Walton Harris Walker, 1889~1950) 중장은 사단 사령부를 부산으로 이전을 요청했다.

이에 대해 맥아더 장군은 후퇴 중지와 사수를 강조하면서 "한국 덩커크는 없다(There is no Korean Dunkirk)."라는 점을 강조하면서 대구 주둔지 이외는 없다고 분명히 했다. 군사적으로 말해서 배수진(背水陣)을 치겠다는 의미였다. 여기서 덩커크(Dunkirk)651은 2017년 상영된 영화를 보면, 제2차 세계대전(1940년) 프랑스 덩케르크(Dunkirk) 해안에 고립된 40여만 명의 영국군(英國軍)과 연합군(聯合軍)을 독일군이 공격하고 있어 이들을 구출시키며 동시 무사히 철수작전(撤收作戰)을 전개했다. 험난한 전쟁상황(戰爭狀況)에서 프랑스군의 지원사격과 영국 국민의 힘이 합쳐져 놀라운 철수(撤收)가 가능하게 된다.

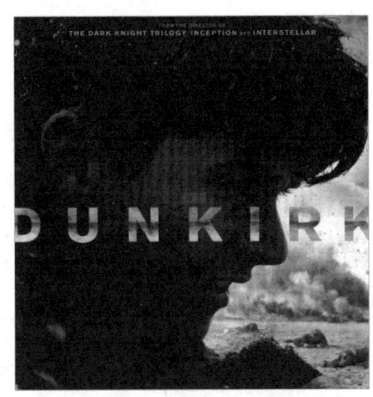
Q 2017 영화 「덩케르크」의 포스터

맥아더 장군이 대구사수(大邱死守)의 의지를 천명(薦名)할 때, 북한군(北韓軍) 제2 군단의 4개 사단이 포항동(浦項洞), 경주(慶州), 영천(永川) 지역에서 남쪽으로 공격하는 동안에 2군단의 나머지 3개 사단(대구공략을 위해 서쪽에서 동쪽으로 순서대로 제3 사단, 제13 사단, 제1 사단)은 북쪽과 북서쪽에서 대구점령을 향해 집중공략(集中攻落)을 실행했다. 북한군 제3 사단(倭館邑 梅院里 朴谷宗宅에 人民軍指揮部 設置)은 대구 북서쪽의 왜관 지역을 공격하고, 북한군 제13 사단은 대구 북쪽의 산등성이를 따라 상주 ▷ 대구 도로를 따라 서쪽으로, 북한군 제1 사단은 상주(尙州) ▷ 대구(大邱) 국도(國道)의 바로 동쪽의 높은 산등성이를 따라 공격해 왔다.652

대구를 방어하는 미군 제1 기병사단(1st Cavalry Division, US Army)은 약 35마일의 전선을 가지고 있었다. 제1 기병사단 사령관 호바트 게이(Hobart R. Gay, 1894~1983) 소장(小將)은 방어구역(防禦區域)으로 진입하는 주요 도로(主要道路)를 전초기지(前哨基地, outpost)로 삼고, 3개 연대를 전초기지(前哨基地) 뒤에 집중적으로 배치했다. 그 방어선(防禦線)의 남서쪽 끝에서 게이(Gay) 소장은 처음에는 제1 기병여단에 배속된 제2사단 23보병 3대대를 지휘했다. 9월 5일653에 한국전쟁(韓國戰爭)에서 처음으로 참전한 영국 제27 여단이 그 대대를 대체했다. 북쪽으로 다음 진군한 제5 기병연대(5th Cavalry Regiment)는 왜관(倭館) 주변의 낙동강(洛東江)과 거기에서 대구까지 남동쪽으로 이어지는 오늘날 서울 고속도로를 따라 구역(區域)을 방어했다. 동쪽으로는 제7 기병연대(7th Cavalry Regiment)가 오늘날 고속도로(高速도로)와 상주국도(尙州國道)를 둘러싼 고지(高地) 사이의 산악지역(山嶽地域)을 담당했다. 후자(尙州國道)를 담당한 제8 기병연대(8th Cavalry Regiment)는 그 도로를 따라 그리고 경계고지(警戒高地)에 있었다.654

🔍 1950.7.13. 한미 전선상황도
(미 군사연구소)

1950년 9월 초 북한군(北韓軍)의 공격과 제2 사단과 제25사단 구역 부산 방어선(釜山 防禦線) 남부구역 침투에 대해 크게 우려한 워커(W.H. Walker) 중장(中將)은 9월 1일 제1 기병사단에 북쪽이나 북서쪽을 공격해 남쪽 북한군 전력 일부를 그 구역으로 분산(分散)시키라고 명령했다. 게이(Gay) 소장(少將)은 이 명령을 받고 상주국도(尙州國道)를 따라 북쪽을 공격하기로 처음 결정했다. 그렇지만 제1 기병사단 사령관 게이 소장(小將)의 참모(參謀)와 연대 지휘관들(聯隊指揮官, regimental commanders)은 모두 제7 기병연대 구역의 518고지(Hill 518, 숲데미산 혹은 水巖山)655, 656를 공략(攻落)해야 한다고 주장했다. 불과 이틀 전만 해도 518고지(Hill 518)는 국군 제1사단 구역에 있었고, 북한군 집결지(北韓軍 集結地)로 간주했다. 따라서 미 제1 기병사단은 제7 기병연대 구역에서 공격에 대비했다. 미 제8 기병대 제3 대대의 2개 중대가 제7 기병대 오른쪽 측면에서 교란공격(攪亂攻擊, disruption attack)을 감행할 준비를 했다. 이로 제8 기병대는 예비로 소총 중대 하나만 남겼다. 제8 기병연대의 제1 대대는 볼링계곡(Bowling Alley, 泉坪溪谷) 서쪽, 다부동(多富洞, Tabudong) 북쪽의 고지(Hill)에 있었고, 제2 대대는 도로를 따라 걸었다.657

2. 숲데미산(水巖山, 518고지) 점령을 위한 공략작전(攻落作戰)

숲데미산(水巖山) 518고지 전투(Battle of Hill 518, Suamsan)

518고지(Hill 518)에 대한 공격작전은 북한군 제13 사단 제19 연대의 S-3인 김송준(Kim Song-Jun) 소령이 9월 1일에 이탈해 미군에 귀환한 것은 우연한 일치(flexible match)였다. 그는 그날 해 질 무렵에 본격적인 북한의 공격이 시작될 것이라고 첩보를 제공했다. 김 소령(Major Kim)은 북한군 제13 사단이 방금 4,000명의 보충병력을 인수인계(引受引繼)를 받았다. 그 가운데 2,000명은 무기 없이 들어갔으며, 지금은 약 9,000명의 병력을 운용하고 있다는 첩보(諜報)를 내주었다. 이런 첩보(諜報)를 받은 게이(H. Gay) 장군은 모

든 최전선 부대에 북한군의 공습에 대비(對備)하라고 명령을 내렸다.658

대구 북서쪽의 북한군(北韓軍)에 대한 사실상의 파괴공격(破壞攻擊)에 대한 미 제8군의 명령(命令)을 준수함과 동시에 게이(Gay) 장군은 9월 1일에 제7 기병연대 사령관에게 다음 날(9월 2일) 공격해 북한군이 점령하고 있는 518고지(숲데미산)를 공략(攻落)하라는 명령을 내려보냈다. 518고지(水巖山)는 왜관(倭館)에서 북동(北東)쪽으로 5마일, 낙동강(洛東江)에서 동쪽으로 2마일 떨어진 큰 산(山)이다. 꼭대기에서 서쪽으로 경사져 보였다. 가장 서쪽에 있는 346고지까지 이어지며, 그곳에서 지면은 갑자기 낙동강(洛東江)으로 급경사가 형성되었다. 왜관(倭館) ▷ 다부동(多富洞) 도로 북쪽에 위치하고 있다. 두 마을의 중간지점(中間地點)에 위치해, 이곳은 두 장소 사이의 도로를 제어할 수 있는 중요한 위치이었다. 518고지를 확보한 후, 제7 기병대는 314고지(道德山 南鹿)의 공략(攻落)을 계속했다. 9월 2일 보병 공격(步兵 攻擊)에 앞서 공습과 포병 준비가 완료되었다. 제1 기병사단이 사용할 수 있는 포병 40문, 즉 5분의 4가 공격을 지원하기로 작전을 세웠다.659

공군의 지원폭격과 포공후원(砲攻後援)의 엇박자로 실패(failed in a misstep)

1950년 9월 2일 아침, 미 공군은 518고지와 346고지에다가 37분 동안 공격했다. 이어 포병대는 북한군 주둔지에다가 집중공격을 가했다. 그 후 비행기가 다시 와서 네이팜탄(Naipam)을 투하(投下)하고 표적 고지를 소탕(燒蕩)했다. 10시 직후, 마지막 네이팜 탄(Naipam) 공격 직후, 제7 기병연대 제1 대대가 518고지(Hill 518)를 공격했다. 연대 공격작전은 불행하게도 목표에 대한 최소병력(最少兵力)만 투입했다. 제1 대대가 공격을 하는 동안, 제2 대대는 왼쪽(서쪽) 차단(遮斷) 위치에 있었다. 새로 도착한 제3 대대는 첫 번째 한국군 작전에서는 제2 대대 뒤에 있었다. 그 제2 대대와 518고지 사이의 열린 틈(死角地帶)에 있었다. 제1 대대는 국군을 통과해 높은 곳에서 좁은 능선을 따라 남동쪽에서 중대열(中隊列, column of companies)로 공격하다가, 다시 소대열(小隊列, column of platoons)로 작전을 하다가 마지막으로 분대열(分隊列, column of squads)로 공격을 했다. 따라서 최종적인 효과는 강력하게 유지된 위치에 대한 1개 분대 공격에 해당하는 연대공격을 했다.660

이번 공격(攻擊)·함락작전(陷落作戰)은 처음부터 실패할 운명이었다. 집중적인 공습과 포병 준비는 북한군을 몰아내는 데 실패(失敗)했다. 북한군은 자신의 위치에서 올라오는 보병에게 박격포(迫擊砲)와 기관총(機關銃)을 발사해

🔍 제1 기병여단 관측소, 518고지 모습(1950.9.1., p.414)

정상공략(頂上攻落)을 시작에 앞서 선봉대(先鋒隊)가 막히고 말았다. 오후에 제2 대대는 518고지에서 철수해 북동쪽으로 490고지를 공격(攻擊)했다. 다른 북한군이 518고지에서 북한군을 지원하기 위해 발포했다.661

다음 날(9월 3일) 정오(正午)에 새로 도착한 3대대는 남쪽에서 518고지에 대한 공격을 재개했다. 정찰(偵察)하지 않았던 사각지대(死角地帶)에서 전날 제1 대대와 마찬가지로, 중대열이 결국 분대열로 공격을 했다. 재차 공격도 실패(失敗)로 끝났다. 뒤이은 9월 4일 공격함락 작전(攻擊陷落 作戰)도 실패했다. 518고지에서 잡힌 북한군의 전방 관측자(前方 觀測者)는 1,200명의 북한군이 고지(高地)에 참호를 파서 땅속에 숨어있었다. 포사격(砲射擊)을 할 탄약은 120mm와 82mm 박격포(迫擊砲)에 조금 있다고 말했다.662

우군(友軍)끼리도 통신이 두절(communications between allies cut-off)

　이러한 수암산(水巖山, 518고지) 공락작전(攻落作戰)이 오른쪽에서 추진되는 동안, 제5 기병연대 제2 대대는 9월 4일에 303고지를 공격하여 점령했다. 다음 날(9월 5일), 북한군의 반격에 맞서 고지(hill)를 지키는 데 엄청난 고초를 겪었다. 9월 4일까지 제5 기병연대와 제7 기병연대 앞에 있는 북한군 제3 사단이 스스로 공격을 하고 있었다. 518고지에서 공습(攻襲), 포격 준비(砲擊準備), 보병의 공격하려는 노력이 계속되고 있음에도 불구하고, 공격당하는 미군은 후방으로 많은 병력을 침투시키고 있었다. 그날 정보수색(I&R, Information and Research) 소대는 북한군이 왜관(倭館) ▷ 다부동(多富洞) 도로 남쪽에 있는 518고지 맞은편의 높은 464고지를 점령하고 있었다. 북한군의 손아귀로 넘어가지 않도록 무전기(無電機)와 기관총(機關銃)을 파괴해야 한다고 보고했다. 그날 밤(9월 5일) 대규모 북한군이 518고지 남쪽 경사면에 있는 제3 대대와 서쪽에 있는 제2 대대 사이의 틈(死角地帶)을 통해 침입했다. 제3 대대 지휘소에 있는 사람들은 한동안 공격이 동쪽으로 돌아서 그들을 압도할 것을 생각했지만, 그 대신 북한군(北韓軍)은 서쪽으로 방향을 돌려 464고지를 대거 점령(大擧 占領)해 버렸다.

선제압도가 아니라 선제차단 당함(first get blocked, not overwhelmed)

　9월 5일까지 제7 기병대는 후방(後方)에 있는 464고지에는 전방(前方)에 있는 518고지보다 더 많은 북한군(北韓軍)이 있었다는 사실을 그때까지 알지 못했다. 북한군(北韓軍)은 연대 동쪽에 있는 왜관 ▷ 다부동 도로를 차단(遮斷)했기 때문에 이제 아군(我軍)의 통신은 서쪽으로만 가능했다.663 한동안 3대대 지휘소(指揮所)에 있던 사람들은 공격이 동쪽으로 방향을 돌려 그들을 압도(壓倒)할 것을 생각했지만, 대신 북한군(北韓軍)은 서쪽으로 방향을 틀어 464고지를 대거 점령(對擧占領)했다. 낮 동안 제7 기병대는 518고지에서 제한적(制限的)으로 철수했다. 연대가 고지를 점령할 수 있다는 희망(希望)은 사라졌다. 한 미국 장교는 이때 대구 북쪽의 상황을 "누가 포위했는지 알 수 없다(I'll be damned if I know who's got who surrounde)."라고 말했다. 미군 사단 우측(右側)에서 다부동(多富洞)은 북한군의 손아귀에 있었고, 좌측 왜관(倭館)은 무인지대(無人地帶, no-man's land)였으며, 중앙에서는 강력한 북한군이 518고지에서 남쪽으로 침투하고 있었다.664 중앙의 제7 기병연대는 더 이상 뒤쪽의 왜관·다부동 측면 보급로를 사용할 수 없었고 포위당할 위험에 처해 있었다.

워커(W. H. Walker) 장군과 콜리어 대령(Coel Collierlon)은 철수계획(撤收計劃, withdrawal plan)을 논의한 후, 게이 장군(General Gay)은 9월 5일에 방어선을 단축하고 더 나은 방어 위치(防禦位置)를 차지하기 위해 밤에 제1 기병여단을 전면철수(全面撤收, Walled City of Ka-san)하라는 명령을 내렸다. 이 이동은 제8 기병연대에서 시작하여 오른쪽에서 왼쪽으로 진행되었고, 그다음 518고지 지역의 제7 기병연대 마지막으로 왜관 지역의 제5 기병연대로 진행되었다. 이 철수로 인해 제8 기병대 제3 대대는 가산산성 전략촌(架山山城 戰略村, Walled City of Ka-san) 접근로에 있는 다부동 도로 근처에서 방금 공격하여 점령한 언덕을 포기해야 했다. 제7 기병대 구역에서 제1 대대, 제3 대대, 제2 대대는 오른쪽에 있는 제8 기병대 제1 대대가 철수한 후 순서대로 철수해야 했다. 왜관 북쪽 303고지에 있는 제5 기병대 제2 대대는 제7 기병대의 철수를 엄호하고 탈출로(脫出路, withdrawal plan)를 유지해야 했다.665

3.
미 제8 군사령부 안에서
위기(Crisis in the Eighth Army Command, U.S.)

대구에서 미군 철수(美軍 撤收)가 비밀리(秘密裏) 의결(議決)되었으나 미이행

9월 5일 이때 제7 기병연대가 철수(撤收)를 강요당하고, 남쪽에서 북한군의 침투로 부산(釜山)으로 가서 전투하는 일이 있자, 제8 군사령부(軍司令部)에서 요구한 평가와 결정에서 위기(危機)가 발생했다. 낙동강 방어선(洛東江 防禦線) 주변 어디에서나 북한군이 아군 방어 진지를 제집에 드나들 듯이 했다. 어떤 곳에서는 북한군이 엄청난 성과를 거두었다. 제8 군과 국군은 낙동강 동·서부 방어선(東西部防禦線)은 다부동(多富洞) 전투기반(戰鬪基盤)으로 부산 방어선(釜山防禦線)과 비슷하게라도 유지할 수 있을지 의문이었다. 한국군(韓國軍)과 대부분의 미국 사단(美國師團)은 한계점(限界點)에 가까워 보였다(The ROK Army and most of the American divisions appeared to be near the breaking point). 유엔군 방어선을 미 8군 공병참모 데이비슨(Garrison H. Davidson, 1904~1992)[666] 준장(Brigadier General Davidson, 8th US Army Engineer Staff Sergean)이 제안한 '데이비슨 방어선(Davidson Line)[667, 668]'까지 철수해야 할 지경(板勢)이었다.[669]

이때 일본 정부가 야마구치현(山口縣)에다가 6만 명의 한국 전시 망명정부(韓國 亡命政府)를 설치함이 좋겠다는 의견을 제시하고 문의했는데, 미군에서는 받지 못하겠다고 거절(拒絶)했다[670]. 이와 같은 사실이 최근 일본에서 공개함으로써 밝혀졌다.[671] 이 문제는 8군 사령부 내에서 군사적 비밀(軍事的 秘密)로 논의되었다. 결과적으로 맥아더(D. MacArthur) 태평양 총사령관에 의해 한 치도 물러나지 않고 대구에서 사수하는 엄명(嚴命)으로 부결하고 말았다. 이렇게 하여 미군은 파부침주(破釜沈舟)의 배수진(背水陣)에 본격적으로 돌입했다.

한편 북한군(北韓軍)은 포항시 포항동(浦項洞)을 점령하고, 동쪽 경주(慶州) 외곽으로 진군했다. 대구 측면복도(側面複道, side corridor)에 있는 영천(永川)에 도착했다. 대구 북쪽의 왜관(倭館), 칠곡 다부동(多富洞), 가산(架山)을 점령해 옛 낙동강 돌출부(Second Battle of Naktong Bulge)를 지나 영산(靈山)으로 진군했다.672 이렇게 함으로써 남쪽에서 미국 제25 사단을 분열(分列)시켰다. 후방 지역(後方地域)으로 마산(馬山) 외곽까지 진군(進軍)하면서 그 방어선(防禦線)으로 철수하기로 한 결정이 임박한 것처럼 보였다. 낙동강 돌출부(洛東江 突出部, Naktong Bulge, 昌寧·靈山)와 마산(馬山) 침투는 아직 설명되지 않았지만, 북한의 조정된 공격의 하나의 연결고리가 이미 형성되었다.673

월턴 해리스 워커(Walton Harrus Walker) 장군은 어느 날 밤, 주요 참모진 즉 대부분 사단 지휘관, 그리고 동부의 부사령관 콜터(John Breitling Coulter, 1891~1983) 장군과 함께 데이비슨 방어선(Davidson Line)으로 철수하는 문제를 논의했다. 대령 다브니(Dabney), 8군 G-3는 워커(Walker) 장군에게 이번에는 무엇을 추천해야 할지 모르겠다고 말했다. 결정을 내리기 어렵다고 말했지만, 미군이 더 머물기를 바란다고 말했다. 그는 과거 북한의 침투가 며칠 후에 약해질 것이고, 다시 그럴 수도 있다고 지적했다(North Korean penetrations in the past had waned after a few days and that they might do so again).

사실은 랜드럼(Landrum) 대령의 명령에 따라 다브니(Dabney) 대령은 그날 저녁 G-3 분과를 시작하여 제8군을 위한 철수 명령을 준비하는 작업을 시작했다. 참모진과는 밤새도록 작업했다. 명령은 공개되었고, 오전 5시에 발행될 준비가 되었지만, G-3 분과에서 워커(Walker) 장군의 직접 명령이 내려질 때까지 보류했다. 이후 그 명령은 내려지지 않았다. 밤 중 어느 때 워커(Walker) 장군은 미 제8군은 절대로 철수하지 않을 것이라는 결정에 도달했다.674

9월 4일, 미 제8 군사령부와 한국 군사령부가 부산으로 이동

1950년 9월 4일, 미 제8 군사령부는 대구를 떠났다. 9월 4일 오후 전황(戰況)이 너무 악화되어 대구에 있는 제1 기병사단 탄약 보급창은 제8군의 명령에 따라 거의 모든 탄약(彈藥)을 철도 차량에 싣고 남쪽으로 급히 대피할 준비를 했다. 군용물품 수송장교(輸送將校)는 본선의 삼랑진 북쪽과 동쪽의 경주 북쪽과 동쪽의 모든 철도 운송에 금수조치(禁輸措置)를 취했다.

다음 날 아침인 9월 5일, 워커(W.H. Walker) 장군은 제8 군사령부를 부산(釜山)과 동래(東萊) 사이에 있는 옛 수산대학(水産大學)으로 다시 옮기기를 결정했다. 이런 결정은 낮 동안 이루어졌다. 한국군 사령부(國防部)도 부산(釜山)으로 이전했다. 한국 군사령부(韓國 軍司令部)는 9월 6일 오전 8시에 부산에서 문을 열었다. 미 제8 군사령부(軍司令部)는 오후 4시에 문을 열었다. 워커(Walker) 자신과 몇몇 참모 장교는 대구에 남아 군 지휘소(指揮所)의 전진 부대로 전술 사령부(戰術司令部, Tactical Command)를 구성했다.

워커(Walker) 장군이 제8군 사령부를 부산으로 옮긴 주된 이유는 군 신호 통신 장비(軍信號通信裝備)의 보호 강화를 위해서였다. 제8군의 텔레타이프 장비(teletype equipment)가 북한군에게 파괴되거나 노획되었다면 극동(極東)에는 이를 대체할 만한 다른 중장비(重裝備)가 없었다. 만약 신호장비(信號裝備)가 분실되거나 손상되었다면 미군의 작전에 심각한 타격을 당할 것이다.675

워커 장군, 북한군이 대구에 들어오면 그들과 싸우세요!

이때 가빈(James M. Gavin, 1807~1990)676 장군은 부산의 제2 군단 병참사령부에 있는 장병들에게 구두명령(口頭命令, verbal orders)을 내려 제8군과 극동사령부(極東司令部, Far-East Command) 간의 통신은 이 장비가 분실되거나 손상되었다면 가장 큰 타격을 입었을 것이다. 제8군 산하 한국에 있는 부대의 전술적 통제(tactical control)는 아니다. 항구도시와 접한 고지(高地, Hill)와 도시 자체 내부의 방어적 위치(defensive position)에 대한 전술적 상황이 요구될 경우였다.

이때 남한 민간인들이 이런 상황을 어떻게 받아들였는지? 9월 5일경 저명한 한국인들이 부산(釜山)을 떠나 한국과 일본 사이의 한국 해협 중간에 있는 쓰시마 섬(對馬島)으로 밀항(密航)을 개시(開始)했다. 10~20톤의 소형선박(小型船舶)을 운영하는 사람들이 그들을 섬으로 비밀리 수송(密航)했다. 부산(釜山) 지역에 거주하는 부유(富裕)하고 영향력 있는 중국인(中國人)들은 포모사(Formosa 혹은 Taiwan)677로 떠날 계획을 했다. 첫 번째 그룹은 9월 8일경에 출발할 예정이었다. 그들은 역시 소형선박으로 밀항(密航)을 모색했다.678

1950년 9월 초의 이 기간은 워커(W. H. Walker) 장군은 다른 어떤 사람보다 고민에 빠졌다. 워커(Walker)는 일반적으로 대중 앞에서는 감정을 드러내지 않는 사람이었다. 특히 언론과는 무관심(無關心)했기에 인기는 당연히 없었다. 언제나 군인으로 그는 강하고 요구가 많을 수 있었다. 그는 이때도 그랬다. 그의 지휘관 가운데 많은 사람이 미군 제8군이 북한군(北韓軍)을 막을 수 있는 능력에 대한 자신감을 잃었을 때 그는 막을 수 있다고 결심했다.

Q 월턴 워커 기념비(디지털도봉문화대전)

9월 초 어느 날, 그는 사단 지휘관 중 한 명에게 사실상 "북한군이 대구에 들어오면 거리에서 북한군에게 저항하는 것을 보게 될 것이다. 신뢰할 수 있는 사람들이 나와 함께 있을 테니 당신도 똑같이 할 준비를 하는 게 낫다. 이제 사단으로 돌아가서 싸우세요(If the enemy gets into Taegu you will find me resisting him in the streets and I'll have some of my trusted people with me and you had better be prepared to do the same. Now get back to your division and fight it)."라고 말했다. 그는 한 장군에게 관속에 들어가는 일이 있더라도 다시는 전선에서 돌아오지 않을 것이라고 소신까지 말했다.679

워커(w.H. Walker) 장군은 낮에는 연락 비행기(liaison plane)나 장갑(裝甲) 지프(armored jeep)를 타고 경계선(境界線) 방어진지(防禦陣地) 주변을 이동(移動) 순찰했다. 지프에는 특수한 철제난간(鐵製欄杆)이 장착되어 있어 차량이 움직이는 동안 더 잘 관찰할 수 있었다. 물론 일어설 수도 있었다. 일반적(一般的)으로 그의 순찰차량(巡察車輛)은 빠르게 움직였다. 그는 45 자동권총(automatic pistol) 외에도 평소에 연발 산탄총(repeating shotgun)을 휴대했다.

동료 장교에게 "총에 맞는 건 상관없지만, 저것(적)들이 나를 매복 공격하지는 않을 거야."라고 말했다. 워커(Walker)는 부산 경계선 전투에서 한국에서 가장 군인다운 멋진 모습을 보여주었다. 이전에는 기갑공세(機甲攻勢) 전쟁의 지지자(支持者)로 유명했지만, 그는 1950년 8월과 9월에 방어 전쟁(防禦戰爭)에도 능숙함을 보여주었다. 그의 투지가 강한 기질은 격렬한 방어 작전을 지휘하는 데 적합했다. 한마디로 그는 용감한 군인이었다.[680]

미 제8 군단 제7 기병대의 철수(The 7th Cavalry's Withdrawal Battle)

이런 위기 상황이 닥치자 제8 군단 제7 기병연대는 대구 북서쪽에서 철수를 시작했다. 연대 사령관인 세실 니스트(Cecil Nist, 1900~1978)[681] 대령은 제7 기병연대에 대한 철수지시에서 "제2 대대는 오늘 밤 464고지에서 북한군을 제거해야 한다(The 2d Battalion must clear Hill 464 of enemy tonight)."라고 명령했다. 이는 제2 대대가 북한군과 정면으로 교전에서 벗어나 후방을 공격하여 제7 기병연대가 점유할 새로운 주요 저항선에 있는 464고지와 380고지를 점유해야 한다는 걸 의미했다. 지난 2~3일 동안 다른 부대가 464고지를 점유하려는 노력이 실패했기 때문에 쉬운 임무는 아니었다.[682]

9월 5일과 6일 밤에 폭우가 내렸다. 진흙 때문에 철수하는 모든 바퀴 달린 차량과 궤도차량(軌道車輛)이 진흙 장군(rasputitsa)과 씨름을 한판 했다. 제1 대대는 반대 없이 철수를 완료했다. 제3 대대는 서쪽으로 야간행군(夜間行軍)하는 동안 북한군 부대와 여러 차례 합류했는데, 북한군은 남쪽으로 이동하는 부대라고 생각한 듯했다. 그들은 포로(捕虜)가 되어 철수에 동행했다. 새벽에 왜관에 가까워지자 제1 대대는 새벽 이후 북한군의 전차와 박격포(迫擊砲)에 포위되어 약 18명의 사상자가 발생했다.683

제2 대대는 북한군과 교전을 해제하고 9월 6일 오전 3시에 철수를 시작했다. 제2 대대는 두 대의 전차를 버렸다. 하나는 기계적 고장(機械的 故障) 때문이고, 다른 하나는 진흙 속에 갇혀있었기 때문이다. 제2 대대는 두 개의 주요 그룹으로 후방(後方)으로 이동했다. G 중대는 464고지를 공격하고 나머지 대대는 남쪽으로 반 마일 떨어진 380고지를 점령했다. 북한군은 제2 대대가 철수(撤收)하는 걸 금세 알아채고 공격했다. 대대장 오마 T. 히치너 소령(Maj. Omar T. Hitchner)684과 그의 S-3, 제임스 T. 밀람 대위(Capt. James Thomas Milam)685가 사망했다. 464고지와 380고지 근처에서 제2 대대는 새벽에 북한군에게 사실상 포위당했다는 사실을 발견했다. 니스트(Nist) 대령은 대대 전체가 손실되었다고 생각했다.686

미 제1 기병연대 한국전쟁의 영예(출처: 주한미군)

G 중대는 다른 모든 부대와 완전히 단절되어 혼자서 이동하면서 약 80명에 불과했는데, 가장 큰 피해를 입었다. 오전 8시에 464고지 정상에 다다르자, 기습공격(奇襲攻擊)을 가해 북한군 3명을 사살했다. 갑자기 북한군의 자동무기(automatic weapons)와 소총의 사격이 중대를 강타했다. G 중대는 하루 종일 언덕을 돌았지만 정상에 도달하지 못했다. 오후 중반에 그날 밤

철수(撤收)하라는 무전 명령(radio command)을 받았다. 중대는 언덕에 6명을 전사(戰死)시키고 부상자를 판초(雨衣, poncho)와 나뭇가지로 만든 임시 들것(litters of ponchos and tree branches)에 실어 비와 어둠 속에서 산의 셰일(Shale) 경사지를 따라 내려갔다.

절반 정도 내려간 곳에선 미군의 포병대에다가 집중공격(friendly artillery barrage)으로 하사관 중 한 명이 사망했고, 폭발한 포탄 중 하나가 돌을 튕겨서 G 중대 사령관인 허먼 L. 웨스트(Capt. Herman L. West) 대위를 타격했다. 그는 고통스러운 허리 부상을 당했었다. 중대 대원들은 흩어졌지만 웨스트(West) 대위가 다시 소집해 집결시켰다. 웨스트(West)는 부하들에게 조용히 움직이고 어떤 상황에서도 발포하지 말라고 경고하여 주변 북한군이 그들을 자기 부대 중 하나로 생각하도록 한 뒤 부하들을 464고지 동쪽 진영으로 이끌고 밤새도록 방어진지(防禦陣地)를 구축했다.687

한편 미군 사단 왼쪽에서는 303고지에 있는 제5 기병대 제2 대대가 맹렬한 공격을 받았고, 대대장은 철수를 원했다. 연대장인 크롬베스 대령(Colonel Crombez)은 제7 기병대가 철수 퇴로(撤收 退路)를 확보할 때까지 철수할 수 없다고 말했다. 이때 제2 대대는 6일에 303고지를 북한군에게 내버려 두기 전까지 많은 사상자(死傷者)를 냈다.688

G 중대가 464고지에서 탈출을 시도하는 동안 나머지 제2 대대는 남쪽으로 반 마일 떨어진 380고지의 동쪽 기지(基地) 탈출구(脫出口)가 막혀있었다. 니스트(Nist) 대령은 해가 지기 전에 찾을 수 있는 모든 국군의 수송 차량을 동원(조직)하여 제2 대대를 위해 물, 식량, 탄약을 운송했지만 수송했던 부대는 제2 대대를 찾을 수 없었다. 9월 7일 새벽에 464고지 동쪽 기지에 있는 G 중대 경계에 있는 병사들은 희미한 빛 속에서 네 명의 인물이 자신들을 향해 산길을 따라 내려오는 것을 보았다.

곧 그들이 북한군(北韓軍)임을 확인한 뒤 병사들은 북한군을 사살했다. 이 소총 사격은 근처 진지에 있는 북한군으로부터 답장사격(答狀射擊)을 불러왔다. 이때 웨스트(West) 대위는 서쪽의 언덕에서 미군 무기(美軍 武器)에서 나는 특이한 소리를 들었다. 밤 동안 자신과 헤어진 무기 소대에서 온 것일 수도 있다고 생각한 그는 자신의 중대를 그 방향으로 이끌었다. 그는 판단은 옳았다. 곧 중대는 다시 만날 수 있었다.[689]

서로 총도 쏘지 않고 제 갈 길만 가는 이상한 경험

핼러드 안드레그(Harold R. Anderegg) 중위가 이끄는 전투소대(戰鬪小隊)는 이상한 경험을 했다. 나머지 중대와 분리된 후, 밤에 세 번이나 추적하던 길에서 북한군을 만났지만, 두 경우 모두 어느 쪽도 총을 쏘지 않았고 각자 제 갈 길만 갔다. 새벽에 소대는 언덕에 있는 여우굴(은어, 隱蔽塹壕)을 발견했다. 북한군이 그중 일부를 차지하고 있었다. 북한군(北韓軍)을 놀라게 하고 마비시킨 듯한 신속한 행동으로 소대는 약 13명을 사살(射殺)하고 북한군 3명을 포로(捕虜)로 잡았다. 장교의 시체에서 그들은 중요한 문서와 지도가 들어 있는 서류 가방을 꺼냈다. 이를 통해 464고지는 518고지에서 대구(大邱)로 진군하는 북한 제3 사단의 일부가 모이는 장소였음을 알 수 있었다.[690]

그날(9월 7일) 늦게, 제2 대대 사령관인 멜버른 C. 챈들러 대위(Capt. Melbourne C. Chandle)는 공중 관측자(空中 觀測者)로부터 464고지에 있는 G 중대의 위치에 대한 소식을 받고, 중대를 380고지의 동쪽 기지에 있는 대대로 안전하게 안내하는 순찰대(巡察隊)를 보냈다. 한편, 대대는 가능한 한 빨리 어떤 경로로든 철수하라는 무선 명령을 받았다. 대대는 남서쪽으로 제5 기병대 구역으로 이동했다. 어느 순간, 미군 군복을 입은 북한군이 철모(鐵帽, helmet)를 흔들고 "야, 여기야, 미군 병사들은(Hey, this way, G.I.)!"라고 소리쳤을 때, 방향을 돌려 매복(埋伏)을 피했다.691

대대 동쪽에서 북한군은 9월 7일에 새로운 위치에 있는 1대대를 공격하여 대대 구급소(大隊 救急所)를 압도하여 4명을 죽이고, 7명을 부상(負傷)시켰다. 그날 밤, 사단 명령(師團 命令)에 따라 제1 대대는 제5 기병 연대에 배속되었다. 나머지 제7 기병 연대는 사단 예비대로 대구 근처 지점으로 이동했다. 9월 7일과 8일 밤, 사단 명령(師團 命令)에 따라 제5 기병 연대는 왜관 아래까지 철수하여 서울 ▷ 대구 간 국도(國道)를 따라 새로운 방어 진지(防禦陳地)로 이동했다. 북한군 제3 사단은 여전히 낙동강을 건너 지원군을 이동시키고 있었다. 관측자들은 7일 저녁 왜관(倭館)에서 북쪽으로 2마일 떨어진 곳에서 병력과 포병대(砲兵隊)를 실은 바지선(barge) 15척이 강을 건너는 것을 목격(目擊)했다. 8일 북한의 공동성명(共同聲明)은 왜관을 점령했다고 주장(主張)했다.692

다음 날 제1 기병사단의 상황(狀況)은 더욱 악화(惡化)되었다. 좌측 측면에서 북한 제3 사단은 제5 기병대 제1 대대를 왜관(倭館)에서 동쪽으로 3마일 떨어진 345고지에서 철수(撤收)하도록 강요(强要)했다. 북한군은 전진했고, 제5 기병대는 즉시 203고지와 174고지에서 치열한 접전(接戰)을 벌였다. 제7 기병대 제1 대대는 연대에 합류하기 위해 그 구역을 떠나기 전에 4차례의 공격 끝에 마침내 174고지를 점령했다.693 제5 기병연대는 9월 12일에 203고지를 방어하는 데 매우 큰 어려움을 겪었다.

9월 13일 자정과 4시 사이에 북한군은 다시 공격하여 E 중대에서 203고지를, L 중대에서 174고지를, B 중대와 F 중대에서 188고지를 점령했다.⁶⁹⁴ 오후 반격(午後 反擊)에서 연대는 국도로 남쪽에 있는 188고지를 탈환했지만, 북쪽에 있는 203고지와 174고지는 실패했다. 14일에 I 중대는 다시 174고지를 공격했는데, 이 174고지는 지금까지 일곱 번이나 주인이 바뀌었다. 이번 작전(作戰)에서 중대는 사상자 82명을 냈다.

시작할 때는 미국인 27명과 한국군 15명으로 구성된 2소대는 목표에 도달했을 때 미국인 11명과 한국군 5명만 있었다. 그런데 중대는 언덕 한쪽만 지켰고, 북한군(北韓軍)은 다른 쪽을 지켰으며, 두 곳 사이의 수류탄 전투는 일주일 더 계속되었다. 이때 제5 기병 연대의 대대는 병력이 너무 적어서 전투에 거의 효과가 없었다. 이놈의 난장(亂場)은 대구에서 북서쪽으로 불과 8 에어 마일(1 air mail = 1.1508 miles = 1.852 km)⁶⁹⁵ 정도 떨어진 곳에서 계속되었다.⁶⁹⁶

가산산성에 집결한 남·북한 병사들(Troopers in the Mountains-Walled Ka-san)

김송준(Kim Song-Jun) 소령(Major Kim)이 북한군의 공격이 9월 2일 밤에 시작될 것을 경고한 직후, 대구 북쪽 칠곡군 가산면 천평(泉坪) 볼링계곡(Bowling Alley) 지역에 총력전(總力戰)이 가해졌다. 상주로(尙州路)를 방어하던 제8 기병 연대는 적절한 예비군(豫備軍)이 없어 제대로 배치되지 않았다. 북한군에게 9월 2일과 3일 밤 볼링계곡(泉坪 錦華溪谷) 서쪽, 북쪽으로 2마일 떨어 다부동(多富洞) 448고지에서 제2 대대, 제8 기병 연대가 공격당해 점령되었다. 오른쪽에 있는 E 중대는 공격을 받지는 않았지만 차단(遮斷)되었고, 우회전로(右回轉路)로 철수(撤收)해야 했다. 제3 대대 사령관인 해럴드 K. 존슨 중령(Lt. Col. Harold K. Johnson)은 제1 중대를 다부동(多富洞) 바로 북쪽 도로를 따라 차단 지점(遮斷地點)에 배치했다. 그곳에서 북한군 전차 2대와 북한군 보병 일부가 9월 3일 아침 2시에 공격(攻擊)했다. 이 작전에서 제1 중대는 많은 사상자를 냈지만, 북한군의 공격을 격퇴(擊退)했다. 압도당한 제2 대대는 다부동(多富洞) 남쪽의 방어위치(防禦位置)에 다급히 집결(集結)한 제3 대대를 통해 철수했다. 낮 동안 북한군 제1 사단의 군조직 및 시설기반 등(elements)[697]은 제8 기병 I&R(정보수색) 소대와 남한 경찰 분견대(分遣隊)를 다부동에서 동쪽으로 4마일 떨어진 902고지(架山)의 꼭대기에 있는 난공불락(難攻不落)의 산성(山城)인 가산(架山)으로 집중 투입하고 있었다. 따라서 9월 3일, 미 제8 군단은 다부동과 대구에서 북쪽으로 10마일 떨어진 지배적인 산 정상인 가산(架山)이라고 불리는 902고지(902 Hill, Kasan)를 모두 북한군(北韓軍)에게 점령당했다.[698]

북한군(北韓軍)은 이제 902고지(架山) 북쪽에 포병을 집중시켰고, 포격은 가볍고 산발적이기는 했지만 제99 야전포병 진지에 사소한 피해만 입혔다. 대구를 향해 남쪽으로 갑작스럽게 몰려온 북한군의 진격은 미 제8 군단 사령부에 고민을 안겨주었다. 미 육군은 대구보충훈련(大邱補充訓練)센터에서 제8 기병대 후방에 있는 위치에 국군(ROK) 대대를 향해 명령했다. 미군 제1 기병여단 프랭크(Lowe, Frank E., 1885~1968)[699] 준장(Brig. Gen. Frank)이 지휘하는 앨런 특공대(Task Force Allen)를 조직했다.[700]

앨런 주니어(A. Allen, Jr.)가 통솔하는 이번 앨런 특공대(Task Force Allen)는 사단 본부와 기술지원부대, 사단 밴드, 대체 중대 및 기타 잡다한 부대로 구성된 두 개의 임시 대대로 구성되었다. 북한군이 산성 전략촌(戰略村)을 가장자리로 돌파할 경우 전투에 사용될 예정이었다.[701]

미 제8군은 제1 기병여단에 902고지(架山)를 탈환하고 방어하라고 명령하였고, 다부동(多富洞) 도로를 따라 북한군의 진격에 대응했다. 대구에서 북쪽으로 10마일 떨어진 이 가산고지(架山高地)는 제8군 진지를 거쳐 산성전략촌(山城戰略村)까지 남쪽으로 관측할 수 있는 곳이었다. 북한군의 손에 들어가면 일반적인 정보수집 목적으로 사용되나, 포병과 박격포 사격을 지휘할 관측소(OP)로 적격이었다. 902고지(Kasan)는 다부동 도로에서 너무 멀리 떨어져 있어 지배할 수 없었다. 그렇지 않았다면 이 주요 통신 경로를 통제했을 것이다. 북한군의 포병과 박격포 탄약이 부족해 정상(頂上)은 관측지점(觀測地點)으로써 가진 이점이 대부분을 무효화(無效化)시킬 수 있었다.702

미 제1 기병 연대와 국군 제1 사단의 가산공략에 대한 책임 공방

사실, 가산(架山)산성 성벽 안에는 전략촌(戰略村)이 있는데, 이는 7~8부 능선에 있고, 정상에는 성벽이 전혀 없었다. 가산(架山) 또는 902고지(902 Hill)는 3,000피트 높이의 산으로, 이 지역의 대부분 높은 봉우리와 달리 정상에 타원형의 반쯤은 평탄한 지역이었다. 이 타원형(楕圓形)은 1마일 길이의 능선과 같은 정상의 일부로 너비가 200~800야드이며 정상은 902m/SL이고, 남동쪽 끝은 약 755m까지 경사져 있었다. 이 능선의 모든 면에서 산 경사가 가파르게 떨어졌다. 조선 시대 인조 18(1640)년 정상 주위에 30피트 높이의 산성을 축조하고, 안에는 전략촌(戰略村)을 형성했다. 이렇게 정상을 요새화(要塞化)했다.703 성벽 그늘에서 전투했던 한 병사는 나중에 "그들이 땅이 미끄러지는 것을 막기 위해 그 성벽을 쌓은 것처럼 보였습니다(It looked to me like they built that wall just to keep the land from sliding down)."라고 농담까지 했다. 1950년 전투 당시는 정상 대부분은 울창한 덤불과 작은 소나무로 덮여있었다. 작은 다랑이(階段式) 밭이 몇 개 있었다. 한국인들은 가산(架山, 천상의 시렁 대 산)을 신성한 산으로 알고 있었다. 정상의 북쪽 끝 근처에는 여전히 불교 보국사(輔國寺)가 있었다.704

8월 29일 제1 기병여단이 대구 북쪽의 옛 국군(ROK) 제1 사단 구역에 대한 책임을 맡았을 때 I&R(정보수색) 소대에서 가산 정상(架山頂上)까지 순찰을 보냈다. 그곳에서 순찰대(巡察隊)는 156명의 남한 경찰(파견대)을 발견했다. 게이 장군(General Gay)과 제8군 사이에 제1 기병여단이 산에 대한 책임을 져야 하는지 아니면 국군(ROK) 제1 사단이 책임을 져야 하는지에 대한 논의가 있었다. 게이 장군(General Gay)은 35마일 전선을 가진 병력이 부족한 사단이 이미 너무 확장되어서 다부동(多富洞) 도로 바로 옆 언덕 너머로 동쪽으로 확장할 수 없다고 주장했다. 가산(架山)에 대한 최종 책임에 대한 불확실성(不確實性)은 북한군이 산을 점령한 뒤엔 가산(架山)에 대한 공략작전(攻落作戰)의 책임 공방(責任 攻防)은 실효성이 전혀 없는 헛소리에 지나지 않자 9월 3일 오후에 끝났다.705

미 제8군 G-3 분과는 제1 기병사단 참모총장인 어니스트 V. 홈즈 대령(Col. Ernest V. Holmes)에게 전화를 걸어 제1 기병여단이 성벽도시(城壁都市, Walled City)에 대한 책임을 지고 있다고 말했다. 홈즈(Holmes) 대령은 당시 본부에 없었던 게이 장군(General Gay)이 그 결정을 좋아하지 않을 거라고 생각하지만, 그가 돌아오는 동안 가산(架山)으로 공병(工兵) 중대를 파견하겠다고 답했다. 게이 장군(General Gay)이 지휘소로 돌아왔을 때 그는 군대가 책임을 명령했다면 반드시 따라야 한다고 말했고, 홈즈(Holmes) 대령이 산으로 중대를 파견하기로 한 결정을 승인했다.706

미 제8군과 전화 통화를 한 후, 홈즈 대령(Col. Ernest V. Holmes)은 제8

공병 전투대대 사령관인 윌리엄 C. 홀리 중령(Col. William C. Holley)에게 제8 기병 연대를 지휘하는 레이먼드 D. 팔머 대령(l. Raymond D. Palmer) 에게 보고하라고 명령했다. 그날 오후, 다부동(多富洞) 도로에 있는 지휘소 (指揮所)에서 팔머 대령은 홀리와 제8 공병 전투대대 D 중대, 제8 기병 대대 E 중대의 지휘관들에게 가산(架山, Kasan)을 탈환하기 위한 공격계획 (attack plan)을 설명했다. 존 T. 케네디 중위(Lt. John T. Kennedy)가 지휘하는 공병 중대가 공격을 이끌고 E 중대가 뒤따랐다. 부대가 정상에 도달하고 E 중대가 방어위치(防禦位置)에 자리 잡은 후, 공병 중대는 산에서 내려왔다. 다행히도 D 중대의 많은 병사들은 2차 세계대전 당시를 경험했던 노련한 보병이었다.707

그날 저녁, D 중대는 트럭에 실려 폭우 속에서 북쪽으로 이동하다가 결국 주요 도로에서 지정된 집결지로 방향을 틀었다. 도중에 그들은 남쪽으로 가는 두 대의 트럭에 탄 남한 경찰(分遣隊)을 만났는데, 그들 중 일부는 부상을 입었다. 이들은 I&R(정보수색) 소대 분견대(分遣隊)와 함께 그날 오후 가산(架山)에서 쫓겨난 경찰들이었다. 우중(雨中)에 잠시 명령을 기다린 후, 공병대는 방향을 돌려 캠프로 돌아갔다.708

다음 날 아침(9월 4일) 식사 때, D 중대는 보병(步兵)으로 즉시 가산 (Kasan)으로 이동하라는 명령을 받았다. 한 소대는 아침 식사를 포기해야 했다. 제8 기병대 E 중대가 나중에 식량과 물을 가져올 예정이었기 때문에 중대는 먹을 걸 가지고 있지 않았다. 공병대(工兵隊)는 다부동(多富洞) 도로에서 동쪽으로 2마일 떨어진 기성동(箕聖洞) 마을 근처의 집결지(集結地)에 도착했는데, 홀리(Holley) 대령이 통신 지휘소(通信 指揮所)를 세웠다. 그들이 가산(架山)의 가파른 경사지(傾斜地) 기슭까지 반 마일을 올라가자 저격병(狙擊兵)들이 총격을 가해졌다. 가산(架山)에는 약 75명의 무질서한 북한군이 있다는 소식이 중대에 전달되었다. 하지만 실제로 9월 3일 오후와 저녁에 북한군 제2 대대, 제2 연대, 제1 사단이 가산(架山) 정상고지(頂上高地)를 점령하고 있었다.709

가산산성(架山山城) 공격작전은 일종의 자살 임무(suicide mission)였다고

공병중대(工兵中隊)는 9월 4일 정오경 남쪽 산등성이 산길을 따라 공격을 시작했다. 제1 소대가 선두에서 한 줄로 섰고, 제2 소대와 제3 소대가 그 뒤를 따랐다. 팔머 대령은 이 임무가 매우 중요하

🔍 가산전투 당시의 가산산성 모습(P.427)

다고 여겨 그와 그의 G-2, 르네 J. 귀로 대위(Capt. Rene J. Guiraud)가 공병대를 동행했다. 제2 소대, D 중대의 제임스 N. 반디그리프(Sgt. James N. Vandygriff) 소대 상사는 홀리(Colonel Holley) 대령과 짧은 대화를 나누며, 대령(大領)보다 앞서 산길을 올라가면서 이것이 자살 임무(suicide mission)라고 생각했다고 말했다.710

산길을 따라 1마일도 채 못 올라가자 D 중대는 오른쪽 전면에서 기관총 사격(機關銃 射擊)을 받았고, 이로 인해 여러 사상자(死傷者)가 발생했다. 케네디 중위(Lieutenant Kennedy)는 반디그리프 상사가 분대를 데리고 총을 잠그라는(knock out the gun) 요청을 거부했다. 그래서 대열은 제3 소대의 BAR 사격으로 무기가 꺼질 때까지 최선을 다해 사격선(射擊線)을 통과했다. 산길을 따라 더 올라가자 또 다른 북한군의 기관총이 오른쪽에서

산길을 따라 발사되었다. 무전 조정 포병사격(adjusted artillery fire)이 진격(進擊)을 멈추게 할 때까지 진출(進出)을 막았다.711

I&R(情報搜索) 소대의 로버트 피터슨 중위(Lt. Robert Peterson)를 안내자(案內者)로 한 병사는 산길과 같은 길을 떠나, 그 길은 막다른 길이었고, 왼쪽 협곡으로 떨어졌다. 계속 오르막길을 올랐다. 북한군의 박격포(迫擊砲) 사격으로 이 오르막길에서 두 명이 사망(死亡)했고, 8~10명이 부상(負傷)을 입었다. 이때 제2 소대 지휘관이 신장질환(腎臟疾患, kidney ailment)으로 쓰러졌고, 지휘권은 반디그리프(Vandygriff) 상사에게 넘어갔다.

반디그리프(Vandygriff) 상사는 이제 중대장이 된 자신의 소대를 이끌고 협곡을 올라갔고, 마침내 오후 5시경에 작은 산등성이와 돌담 아래의 터널을 지나 902고지(架山) 정상의 남쪽 기슭 언덕 755고지(치키봉, 雉箕峰)712의 그릇 모양의 정상에 도달했다. 제2 소대와 제3 소대가 그 순서대로 곧 도착했다. 팔머(Palmer) 대령은 정상에서 50피트 떨어진 곳에 도달했을 때 게이(Gay) 장군으로부터 무선으로 산에서 내려오라는 명령을 받았다. 게이 장군(General Gay)은 팔머(Palmer)가 홀리(Holley)에게 전화를 걸어 그를 찾을 때까지 그가 공격에 동행했다는 사실을 알지 못했다.713

케네디 중위(Lieutenant Kennedy)는 재빨리 그의 중대 약 90명의 병력을 서쪽에서 북동쪽으로 호(弧)를 그리며 배치했다. 제2 소대는 성벽돌담 근처의 좌측(左側)을 차지했고, 제1 소대는 숲이 우거진 언덕의 중앙위치(中央位置)를 차지했으며, 제3 소대는 숲 가장자리의 우측을 차지했다. 케네디 중위(Lieutenant Kennedy)가 정상에 도달했을 때, 제3 소대를 지휘하는 토마스 T. 존스(Lt. Thomas T. Jones) 중위는 오른쪽(동쪽)의 풀이 우거진 산등성이에서 약 1,000야드 떨어진 곳에 북한군 박격포(迫擊砲) 3문이 발사되는 것을 보고로 들었다. 존슨 중위는 케네디 중위(Lieutenant Kennedy)에게 이 박격포에 대한 포격을 요청하라고 여러 번 제안했다. 그렇지만 케네디는 그 제안에 따라 행동하지 않았다. 케네디는 제2 소대 위치 뒤의 터널 내부에 지휘소(指揮所)를 설립했다. D 중대 위치는 성벽돌담으로 둘러싸인 구역 내에 있었고, 제3 소대 위치 근처 북동쪽을 제외하고는 거의 완전(完全)했다. 그곳은 무너져 덤불과 나무로 뒤덮여 있었다. 존스 중위(Lt. Thomas T. Jones)는 소대 상사와 분대 지휘관(指揮官)에게 그가 잔디 능선 너머에서 본 북한군 박격포를 마주 보며 숲 가장자리에 위치를 잡으라고 지시(指示)했다. 그런 다음 그는 케네디 중위(Lieutenant Kennedy)와 몇 분간 대화를 나누었다.714

몇 분 후 존스(Lt. Thomas T. Jones)는 숲 가장자리에 있는 제3 소대 대원들과 합류(合流)했다. 그들은 소대 상사와 나머지가 좁은 풀밭 산등성이 쪽으로 계속 이동(繼續 移動)했다고 그에게 말했다. 바로 그때 소대원 중 한 명이 존스(Lt. Thomas T. Jones)를 숲 가장자리로 불러서 10~12명 정도 위장(僞裝)을 잘한 북한군(北韓軍) 병사들을 가리켰다. 그중 한 명은 기관총(機關銃)을 들고 있었고, 박격포 진지(迫擊砲 陣地)에서 좁은 산등성이를 따라 그들에게 다가오고 있었다. 이 무리는 박격포를 위한 경비 부대였던 듯했다. 산등성이 아래로 약 1/3 지점에서 땅에 박격포(迫擊砲)가 떨어졌기 때문이다.715

존스(Lt. Thomas T. Jones)는 다른 두 소대를 다시 데려와 견고한 전열(戰列) 형성을 작심했다. 몇 분만 가면 도착할 것으로 예상하고 SCR-300 무전기를 두고 왔다. 그가(Lt. Thomas T. Jones) 나중에 말했듯이, 그것이 그의 큰 실수였다. 존스(Lt. Thomas T. Jones)는 한 소대를 찾았지만 다른 소대는 더 멀리 가서 보이지 않았다. 그가 지형을 살피고 마지막 소대를 데려오라고 보낸 메신저를 기다리는 동안 북한군(北韓軍)이 그의 뒤에 있는 주요 중대 진지를 공격했다. 총격과 고함 소리로 판단해 볼 때, 존스((Lt.

Thomas T. Jones)는 북한군(北韓軍)이 자신과 중대원 사이의 숲이 우거진 골짜기에 즐비하다고 생각했다. 총격이 끝났을 때, 그가 들을 수 있었던 것은 북한군(北韓軍)의 목소리뿐이었다. 존스(Lt. Thomas T. Jones)는 제3분대로 돌아오지 못했다. 그와 소대의 나머지는 능선에서 왼쪽 협곡(峽谷)으로 떨어졌고, 두 분대는 잠시 서로를 볼 수 있어도 헤어졌다.716

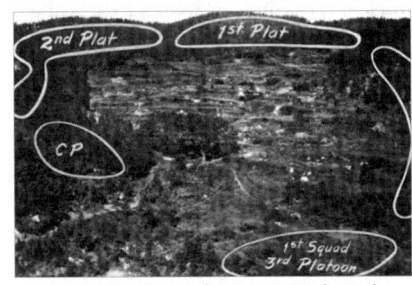

755고지(치키봉) 미군 배치도(p.427)

그날 밤 존스(Lt. Thomas T. Jones)와 그와 함께한 8명은 능선 바로 아래 협곡(峽谷)에 머물렀다. 무전기 없이는 나머지 중대원과 통신할 수 없었는데, 그는 중대가 파괴되었거나 언덕에서 쫓겨났다고 생각했다. 다음 날 미군 전투기(戰鬪機)가 언덕 꼭대기를 기관총으로 공격했을 때 D 중대원이 거기에 없다는 그의 믿음이 확인되었다. 선진(先進) 분대의 일부 병사들은 안전한 곳으로 갔지만, 북한군은 9월 10일 가산 아래쪽에서 존스(Lt. Thomas T. Jones)와 그와 함께한 8명을 북한군의 방어선을 뚫고 가려고 할 때 붙잡았다. 제3 소대에 대한 이 설명은 제3 소대가 그날 저녁 D 중대에 재합류한 제3 소대를 제외하고는 정상에 도착하자마자 전투에서 빠져나와 정상에서 거의 벗어났다. 당시 케네디 중위(Lieutenant Kennedy)와 중대의 나머지는 이 사실을 전혀 몰랐다.717

D 중대가 755고지에 도착한 지 30분 후, 북한군 대대가 902고지(架山) 정상(頂上)에서 남쪽으로 755고지로 내려가는 경사면(傾斜面)을 따라 공격을 개시한 것으로 추정되었다. 주요 공격은 반디그리프 상사가 기관총 두 자루를 설치하고 장전한 직후에 반디그리프의 제2 소대는 공격을 당했다. 이 기관총과 왼쪽에 있는 15피트 벽의 보호 덕분에 D 중대는 이 공격

을 되돌릴 수 있었다. 그러나 제2 소대에서 1명이 사망하고 3명이 부상당했다. 그날 밤 북한군의 박격포와 소총 사격이 중대를 괴롭혔고 여러 차례 소규모 탐색공격(probing attacks)이 있었다.718

미 C-47 비행기 3대가 북한군에 공수투하, 한국 민간인 지게 부대가 미군에 공급

제3 소대와 통신이 되지 않자 케네디(Lieutenant Kennedy)는 추정위치(推定位置)로 정찰대(偵察隊)를 보냈다. 정찰대는 아무도 없지만, 로켓 발사기(發射機)와 경기관총(輕機關銃) 두 자루는 발견했다고 보고했다.719 밤새도록 비가 내렸고, 9월 5일은 755고지 위에서 비와 안개가 자욱한 새벽이었다. 차가운 이슬비가 내리던 새벽 직후 북한군(北韓軍)이 공격했다. 공병대(工兵隊)는 이 공격을 격퇴했지만 사상자(死傷者)가 발생했다. 북한군의 공격으로 반디그리프 상사의 무전기가 파괴되어 러너(runners)를 사용하여 케네디(Lieutenant Kennedy)의 지휘소와 통신해야 했다. 탄약까지 부족했다. C-47 비행기 3대가 공수투하를 위해 왔다. 케네디(Lieutenant Kennedy)는 주황색 식별 패널(identification panel)을 꺼낸 다음, 북한군이 비슷한 색상의 패널(panel)을 꺼낸 것을 지켜보았다. 비행기들은 빙빙 돌다가 마침내 탄약과 식량을 북한군에게 투하시켜 주었다. 공수투하 직후, F-51 전투기 2대가 와서 D 중대를 공격했다. 북한군의 패널(panel)이 화물기와 전투기를 모두 오도(誤導)했던 사실이 분명했다. 전투기(戰鬪機)는 D 중대 경계 내에 네이팜탄(napalm bomb)을 탱크 두 대에 투하했는데, 다행히도 하나는 점화되지 않았고, 다른 하나는 아무도 다치게 하지 않았다. 그런 다음 비행기는 제2 소대 위치를 바로 통과했지만 기적적으로 사상자(死傷者)가 발생하지 않았다. 이 공중 공격 직후, 북한군의 트림포 사격(Trimpo shooting)으로 케네디(Lieutenant Kennedy)는 다리와 발목에 부상을 입었다.720

1000m/SL에서 1100m/SL 사이쯤에 제8 기병 연대 E 중대의 선발 소대가 755고지 위에 도착하여 D 중대 경계로 들어왔다. 일부 공병대원은 후자(後者)가 신분을 밝히기 전에 E 중대 병사들에게 사격했다. E 중대 소대는 반디그리프(Vandygriff) 상사의 오른쪽에 위치를 잡았고, 케네디(Lieutenant Kennedy)는 연합군의 지휘권을 E 중대 사령관에게 넘겼다. 그런 다음 케네디(Lieutenant Kennedy)는 부상자 12명을 모아 그들과 함께 산에서 내려가기 시작했다. 북한군의 환영파티로 대부분 길에서 소총 사격을 받았다. 미국 장교가 이끄는 한국 민간인 노무단(A-Frame Army)이 지게(A-Frame, forklift)로 캠프까지 운반해 주기에 오전에 보급품을 가지고 산을 오르기 시작했다. 북한군의 총격으로 짐꾼(民間勞務團, Korea Service Corp) 몇 명이 사망하자 민간노무단은 사격권역(射擊圈域)에서 물러났다.721

전날, E 중대는 D 중대를 따라 755고지로 가는데 지연(遲延)되었다. 공병 중대(Engineer Company)가 4일에 산길을 오르기 시작한 직후, E 중대는 산기슭에 있는 홀리 대령의 지휘소에 도착했다. 당시 산길에 북한군의 박격포가 떨어지고 있었고, 중대장은 그것 때문에 전진할 수 없다고 말했다. 홀리(Holley)는 이 정보를 팔머(Palmer) 대령에게 무전(無電)으로 알렸고, 대령은 다른 중대장을 지정하여 "그에게 뚫고 들어오라고 말해(Tell him to come on through)."라고 말했다. 이 두 번째 장교는 바위에 안경이 깨졌고 홀리(Holley)에게 더 이상 갈 수 없다고 알렸다. 홀리(Holley)는 그를 무전으로 팔머(Palmer)에게 연결했고, 팔머(Palmer)는 그에게 언덕을 계속 올라가라고 명령했다. 그 후 얼마 지나지 않아 이 장교는 다리에 부상을 입었다. 홀리(Holly)는 세 번째 장교를 지정했고, 그는 그날 저녁 8시경 E 중대와 함께 산을 오르기 시작했다. 북한군의 총격으로 중대는 500 야드 떨어진 곳에서 멈췄다.722

북한군의 총격(銃擊)으로 새벽 전에 중대는 정상(頂上)에서 500야드 떨어진 곳에서 멈췄다. 이 중대는 9월 2일 저녁에 공격을 개시(開始)하여 다부동(多富洞) 북쪽 제2 대대를 압도했을 때 북한군(NK) 제13 사단이 차단한 중대였다. 이 경험과 연대에 재합류하기 위한 우회전 행군으로 지치고 낙담한 E 중대원들은 최고의 사기(士氣)를 지니지 못했다.723

북한군 시신에서 무기를 챙기고, 야간전투는 야전삽으로 박살을!

E 중대 소대가 반디그리프(Vandygriff) 상사에 합류한 직후 북한군이 다시 공격했다. E 중대 보병들은 박격포를 가져오지 않고 소총만 가지고 있었다. 이 상황에서 반디그리프(Vandygriff) 상사는 3.5인치 로켓 발사기(rocket launcher)를 가져와 북한군을 향해 사격했다. 그들은 그것이 박격포나 75mm 무반동총 사격(recoilless rifle shooting)이라고 생각했다. 그들은 공격을 중단했다. 반디그리프(Vandygriff)는 소대를 점검해보니 탄약이 거의 바닥났다. 그는 부하들에게 북한군의 시체에서 얻을 수 있는 모든 무기와 탄약을 모으라고 지시했다. 이런 식으로 그들은 비상용으로 약 30~40개의 소총, 5개의 트림 총(trim gun), 그리고 몇 개의 수류탄을 얻었다.724

이러한 적의 무기를 모으는 동안, 반디그리프(Vandygriff) 상사는 제3 분대의 BAR(Browning automatic rifle, 브라우닝 자동소총) 병사인 브라운(Melvin L. Brown) 일병의 참호 진지를 지나갔다. 브라운(Brown)은 소대 진지의 맨 왼쪽에 있는 벽 옆에 있었는데, 그 벽은 높이가 약 6~7피트에 불과했다. 브라운(Brown)의 진지 주변 벽의 바닥에는 약 15~20명의 북한군이 죽었다. 반디그리프(Vandygriff) 상사는 브라운(Brown)에게 무슨 일이 일어났는지 물었다. 그는 "그들이 올라올 때마다 나는 그들을 벽에서 떨어뜨렸다"고 대답했다. 그날 아침 8시경, 케네디(Kennedy)는 브라운(Brown)을 방문했고, 브라운(Brown)이 BAR(Browning automatic rifle)의 총격으로 죽인 적군 5명의 시체를 보았다. 그 후 브라운은 자동소총 탄약을 모두 소진했고, 수류탄도 몇 발 다 떨어졌다. 마지막으로 참호를 파는 도구인 야전삽을 사용해 북한군이 산성성벽(山城城壁)을 넘으려 할 때 머리를 내리쳐 박살을 내었다. 브라운(Brown)은 이른 아침에 어깨에 살상을 입었지만 직접 붕대를 감고 자신의 위치를 떠나기를 거부(拒否)했다.725

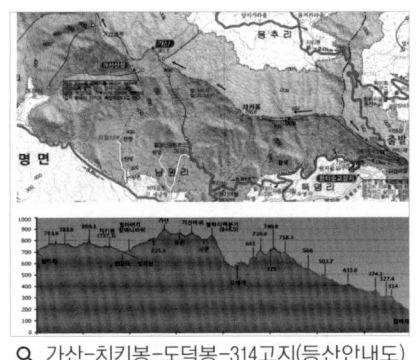

가산-치키봉-도덕봉-314고지(등산안내도)

13시 30분에 게이 장군(General Gay)은 제8 기병 연대가 가산(架山)726에서 병력을 철수하라고 명령했다. 게이(General Gay) 장군은 아예 가산(架山)에서 전투하는 걸 포기(抛棄)했다. 그가 포기한 사연은 1) 가산을 확보하고 유지할 병력이 충분하지 않다고 믿었고, 2) 북한군이 포병과 박격포 사격을 지휘하기 위한 관측지점(觀測地點)으로 점유할 탄약이 충분하지 않다고 생각했다. 이 명령이 실제로 언덕에 있는 사람에게 전달되었는지는 확실하지 않았다. 홀리(Holley) 대령은 제8 공병 전투대대 D 중대의 누구에게도 연락할 수 없었다.727

비가 다시 내리기 시작했고, 짙은 안개가 산 정상을 뒤덮어 몇 야드 이상 볼 수 없었다. 다시 한번 북한군이 제2 소대와 인접한 E 중대 보병을 공격했다. 공병(工兵) 중 한 명이 목에 총을 맞았고, 반디그리프(Vandygriff)는 그 부상자를 중대 지휘소로 보냈다. 약 30분 후 그 부상자가 되돌아왔다. "무슨 일이야(What's wrong)?" 반디그리프(Vandygriff)가 물었다. 상처 때문에 거의 말을 할 수 없었다.728

상처와 충격으로 거의 말을 할 수 없었던 그 남자는 더 이상 지휘소에 없었고, 아무도 찾을 수 없었다. 북한군의 시체만 보았다고 대답했다. 반디그리프(Vandygriff)는 이제 E 중대 소대를 지휘하는 보병 상사에게 가서 무엇을 할 것인지 물었다. 그 부상자는 사실상 자신의 소대를 데리고 성벽을 넘어갈 것이라고 대답했다.729

반디그리프(Vandygriff)는 자신의 소대로 돌아가서 분대장들을 모아서 소대가 들어온 길로 나갈 것이며, 부상자들에게 30분에 출발할 것이라고 말했다. 이제 거의 모든 방향에서 북한군의 총격이 소대 구역에 쏟아지고 있었다. 전투상황(combat situation)은 절망적으로 보였다. 제3 분대장인 필립(John J. Philip) 상사는 소대가 꺼낼 수 없는 무기를 분해하기 시작했다. 브라운(Brown)이 모인 사람들 가운데 없다는 것을 알아차린 반디스리프(Vandygriff)는 필립(Philip)에게 어디에 있는지 물었다. 그는 모르지만 찾아보려고 노력하겠다고 대답했다. 필립(Philip)은 분대의 위치로 돌아와 15분 후 돌아와서 반디그리프(Vandygriff)에게 브라운(Brown)이 죽었다고 보고했다. 필립이 죽은 자의 식별(識別) 태그(identification tag)를 떼어야 할지 묻자 반디그리프(Vandygriff)는 "아니요."라고 말하면서 나중에 식별(識別)할 수 있는 유일한 수단이기 때문에 그대로 두라고 했다. 반디그리프(Vandygriff)는 소대를 V자 형태로 배치하고 올라온 길과 같은 방향으로 언덕을 내려오게 했고, 내려가는 길에 부상당한 4명을 태웠다.730

산기슭에서 홀리(Holley) 대령과 다른 사람들은 오후에 E 중대원들이 정상(頂上)에서 내려오는 것을 보았고 나중에는 공병(工兵) 중대원들이 내려오는 것을 보았다. 각 그룹은 마지막 생존자(生存者)라고 생각했고, 혼란스럽고 상충(相衝)되는 이야기를 했다. D 중대의 나머지 구성원이 모두 모였을 때 홀리(Holley) 대령은 중대가 50%의 사상자(死傷者)를 냈다는 것을 알게 되었다. 18명이 부상당했고, 30명이 실종(失踪)되었다.[731]

북한군은 가산산성 요새를 이용해 전황 흐름을 완전히 장악

팔공산(一名 雉箕峰, 755고지)에서 옮겨진 부상자 중에는 제8 공병전투대대 D 중대 장교(將校)가 있었다. 북한군의 기관총에 다리가 맞았고, 그는 높은 난간에서 뛰어내렸다. 두 사람이 그를(負傷將校) 아래로 옮겨 그의(負傷將校) 요청에 따라 한국인 집에 두고 지프 차를 타고 돌아올 것을 기대했다. 얼마 후, 산에서 탈출한 다른 대원들이 그의 비명(悲鳴)이 들렸다. 제1 기병여단이 그 지역을 탈환하기까지 2주가 지났다. 그들은 집에서 장교의 시신을 발견했다. 손과 발이 묶여있었고, 눈은 파여있었고, 엄지손가락이 뽑혔으며, 시신(屍身)은 부분적으로 불에 탄 흔적이 있었다. 이런 정황을 봐선 그 부상장교(負傷將校)는 묶여 심한 고문을 당했으며, 그 산채로 불이 피워놓고 온갖 고문을 다 했던 것이다.[732]

국군(ROK) 제1 사단의 병사들은 9월 4일 가산(架山) 근처에서 북한군(北韓軍)을 붙잡았는데, 그는 약 800명의 동료 병사(同僚 兵士)들이 가산산성(架山山城) 전략촌(戰略村) 내 지역에 있었고, 북쪽에서 3개 대대가 그들을 따라왔다고 말했다. 공병대(工兵隊)는 북한군이 점유한 지역 내에서 잠시 경계선(境界線)을 확보하는 데만 성공했다.[733]

1950년 9월 5일 저녁 무렵, 가산(架山)은 약 1,500명의 북한군으로 추산되는 5개 대대를 거느린 북한군의 손아귀 속으로 안전하게 쏙 들어갔다. 그들의 진지(陣地)는 산과 산의 전방 경사면(前方 傾斜面)에 있었다. 82mm 박격포탄(搏擊砲彈)과 쌀을 실은 북한군 수송 차량이 낮 동안 가산 정상(架山頂上)에 도달했다. 국군(ROK) 제1 사단은 며칠 후 가산 남쪽에서 이 수송 차량을 탈취했다.734

존스 중위(Lieutenant Jones)가 9월 10일에 포로가 되어 산으로 돌아갔을 때 그는 능선에 적어도 400~500명의 북한군이 있는 것을 보았다. 모스키토 정찰기(mosquito spotter plane)가 날아갔고, 존슨 중위는 북한군의 많은 수를 발견하고 전투기를 불러서 기총사격(機銃射擊)을 가할 것이라고 확신했다. 하지만 그는 "비행기 조종사가 한 번 쳐다보고는 가버려서 놀랐는데, 비행기 소리를 듣자마자 북한군은 모두 땅에 부딪히거나 웅크리고 머리를 숙였는데(The pilot of the plane took one look and went away which amazed me, except that the minute they heard the plane the North Koreans all either hit the ground or squatted and ducked their heads), 이는 거의 모든 사람이 셔츠 뒤와 모자 위에 있는 끈 그물에 꽂아둔 풀잎 혹은 나뭇가지 등으로 위장(僞裝)한 효과를 단단히 보았음을 증명해 주었다."라고 말했다. 이제 가산(架山)을 확실히 점유한 북한군 제13 사단과 제1 사단은 대구로 내려가기 위해 준비했다(ready to press on downhill into Taegu).735

1950년 9월 6일, 미군이 가산(架山)에서 쫓겨난 다음 날, 북한군은 다부동(多富洞)에서 3마일 아래에 도로봉쇄(道路封鎖, road closures)를 설치했다. 다른 부대는 산성 전략촌(城壁都市)에서 남서쪽으로 2마일 떨어진 대구 도로를 동쪽에서 내려다보는 570고지를 점령했다. 다음 날 아침, 제16 정찰 중대(16th Reconnaissance Company)의 전차 5대가 도로봉쇄에 대한 공격을 이끌 준비를 했다. 북한군은 서쪽 논과 도로 동쪽 언덕에 있었다. 게이 장군(General Gay)이 그 현장에 있었고, 그 행동을 지켜보았다. 그는

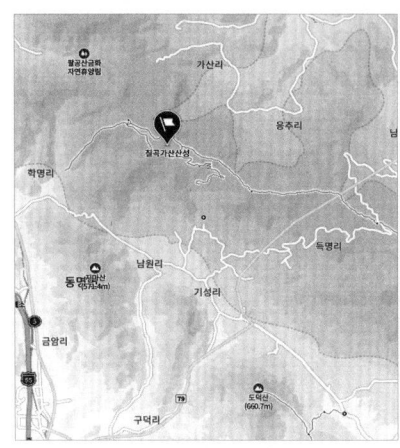

Q 가산-치키봉-도덕산-314전투 지역

정찰 중대 사령관(Reconnaissance Company Commander)에게 "저 빌어먹을 전차가 시속 25마일 이하로 움직이는 것을 원치 않는다. 너희가 그 사람들 위에 올라설 때까지는 말이야(I don't want a damn tank moving under 25 miles per hour until you are on top of those men)."라고 말하며, 최고 속도로 논으로 공격을 시작하라고 명령했다. 전차 공격은 논에서 북한군을 재빨리 제거했지만, 보병은 도로 동쪽 언덕을 정리하는 데 몇 시간을 보냈다.[736]

1950년 9월 7일 북한군의 포병대(Artillery)는 제99 야전 포병 대대의 포대를 포격하여 낮 동안 2개의 포대가 이동하도록 강요했다. 미군 공습과 포병대(Artillery)는 902고지와 570고지에 모두 맹렬한 공격을 가했다. 그날 제1 기병여단이 거의 모든 곳에서 후퇴했지만, 워커 장군(General Walker)은 제8군 사단과 국군(ROK) 제2 군단(軍團長 劉載興 准將)에 902고지와 가산산성 전략촌(城壁都市)을 공격하여 점령하라고 명령했다. 공격 시간은 관련 지휘관들이 합의했다. 국군 제2 군단장은 국군(ROK) 제1 사단과 제1 기병여단에 경계를 정하고 공격하는 동안 물리적 접촉을 유지하라고 지시했다. 1950년 9월 8일 아침, 해럴드 K. 존슨 중령(Lt. Col. Harold K. Johnson)의 미 제8 기병대 제3 대대는 밤에 이전 위치에서 철수한 뒤 570고지에서 적을 몰아 내기고자 시도했다.[737]

유엔군과 국군은 설상가상(雪上加霜)으로 탄약 부족에 빠졌다

이 산(道德山 660.1m/sl 아래 570고지)의 세 봉우리에는 구름이 끼어있어 폭격기(爆擊機)의 공습이나 포병의 박격포(迫擊砲) 사격으로 보병 공격을 지원하는 것이 불가능(不可能)했다. 존슨(Lt. Col. Harold K. Johnson)은 세 봉우리에 대한 공격에 소총 중대 3개 부대를 모두 배치했다. 그 가운데 두 부대는 목표에 도달했다. 한 부대는 거의 저항을 받지 않았고, 다른 한 부대는 땅에서 잠자던 북한군을 사로잡았다. 하지만 북한군은 반격으로 두 번째 봉우리를 탈환(奪還)했다. 570고지의 주요 북한군은 세 봉우리 중 세 번째이자 가장 높은 봉우리에 있었고, L 중대의 공격에 맞서 굳건히 버텼다. I 중대 사령관과 L 중대 집행관이 사망했다. 여러 명의 하사관(下士官, sergeant)들이 피살되었다.

미 제8군 정보부(情報部)는 대구에서 북쪽으로 불과 8 에어 마일(only eight air miles north of Taegu) 떨어진 570고지에 1,000명의 북한군이 있다고 추정했다. 9월 8일에 제1 기병여단 구역 동쪽 측면에 대한 지속적인 압박은 "아마도 유엔군에 가장 즉각적인 위협이 될 것(represents what is probably the most immediate threat to the U.N. Forces)."이라고 밝혔다. 같은 날인 9월 8일, 제1 기병여단은 북한군이 570고지 남쪽과 동쪽에 있는 314고지와 660고지를 위협(威脅)했을 때 제7 기병연대 제3 대대가 570고지에 대한 지속적인 공격계획을 취소했다.[738]

대구에 대한 북한군(北韓軍)의 공격이 한창일 때 유엔군은 탄약 부족이 심각해졌다(an ammunition shortage became critical for the U.N. forces). 상황이 이렇다 보니 맥아더 장군(General MacAuther)은 9월 9일에 요코하마(橫濱)와 부산(釜山)으로 향하던 105mm 포탄 172,790발을 실은 탄약선(彈藥船) 2척이 9월 11일에 도착할 것으로 예상하고 선박의 안전에 맞는 최대속도(最大速度)로 진행하라고 촉구하는 메시지를 보냈다. 미 제8군은 9월 10일에 105mm 곡사포 탄약의 배급량을 곡사포당 하루 50발에서 25발 절반으로 줄였다. 다만 비상사태(非常狀態)는 예외였다. 카빈소총 탄약(Carbine rifle ammunition)도 심각하게 부족했다. 한국에 도착한 최초의 8인치 곡사포(曲射砲)를 보유한 제17 야전 포병 대대는 탄약 부족(lack of ammunition)으로 전투에 참여할 수 없었다.739

북한군 제1 사단은 이제 제1 기병여단의 오른쪽 측면을 중심으로 국군(ROK) 제1 사단 구역으로 이동을 시작했다. 약 1,200명의 병력을 거느린 제2 연대는 902고지의 성벽도시(山城戰略村) 근처에서 동쪽으로 6 에어 마일(6 air mile)을 진군하여 4,000피트 높이의 팔공산 산까지 진군(進軍)했다. 9월 10일 새벽 무렵 팔공산(八公山) 정상에 도달했고, 얼마 지나지 않아 뒤에서 따발총(burp guns, 일명 딸꾹질 총)으로 무장한 새로운 보충대(補充隊)가 국군(ROK) 진지를 향해 맹렬하게 돌격해 오고 있었다. 국군(ROK)은 돌격을 막아 공격보충대(攻擊補充隊)의 약 3분의 2를 사상(死傷)시켰다.740

제1 기병여단은 이제 대부분의 전투부대(戰鬪部隊)를 대구 북쪽의 우익(右翼)에 집중시켰다. 제8 기병 연대에 배속된 제7 기병연대 제3 대대는 대구에서 북쪽으로 6 에어 마일(6 air mile) 떨어진 다부동(多富洞) 도로를 끼고 있는 181고지와 182고지에 있는 연대 뒤에 있었다. 제7 기병연대의 나머지(제1 대대는 낮에 연대에 합류했다.)는 대구 비행장(K2 동촌 비행장)과 북한군 사이의 오른쪽 후방에 있는 금호강 계곡(琴湖江溪谷)에 있었는데, 대구 비행장은 도시에서 북동쪽으로 3마일 떨어져 있었다. 제5 기병대는 대구에서 북서쪽으로 8 에어 마일 떨어진 왜관 도로를 끼고 있는 언덕에 배치되었다. 좌측에는 제8 공병전투대대 전체가 보병으로 일렬로 배치되어 대구 동쪽의 낙동강(洛東江)과 합류하는 지점 근처에서 금호강(琴湖江)을 가로지르는 다리를 지키는 임무를 맡았다.[741]

9월 11일 대구 북쪽에서 벌어진 660고지와 314고지 근처에서 벌어진 전투는 격렬하고 혼란스러웠다. 한동안 제1 기병여단은 제7 기병대 제3 대대의 봉쇄위치(封鎖位置)로 돌파구(突破口)를 찾을까 두려워했다. 이때 제1 기병여단 소총 중대는 이제 병력이 매우 부족했다. 예를 들어 9월 11일, 제5 기병대 E 중대는 왜관(倭館) 방향으로 여단 왼쪽에 있는 203고지를 공격할 때 장교 3명과 병사 63명만 있었다. 전날 제7 기병대 C 중대는 병사 50명만 있었다. 존슨 대령(Colonel Johnson)은 나중에 이 기간 100명을 보유한 제8 기병대 제3 대대의 모든 중대는 그날 그의 공격 중대뿐이었다고 했다.[742]

4.
대구의 아마겟돈 314고지 전투
(Hill 314 Battle of Daegu's Armageddon)

대구 성문(城門) 열쇠(Gate Key to Taegu) 쟁탈 사활전(死活戰)

대구를 눈앞에 둔 상황으로 직선거리가 12km로 당시 직사포의 사거리는 10km 내외였으나 한치도 더는 밀려 서서는 대구가 함락될 위기에 놓였다. 대구사수(大邱死守)의 아마겟돈 전투(The Battle of Armageddon for

Daegu)가 도덕산(道德山, 660m/sl) 아래 315 혹은 314고지에서 벌어졌다.

1944년 8월 12일 노르망디(Normandy) 해안 314고지에서 미국 700명 가운데 400여 명의 목숨을 잃었던 경험이 있었다.743 이런 전사(戰史)에 따라 314고지(Hill 314)란 "7(3+4) 명의 병사 가운데 적어도 4명은 죽는다(At least 4 out of 7 soldiers die)."라는 유언비어가 미군들 사이에 나돌았다.

노르망디 314고지의 전투(1944.8.12.)

미군 제8 기병대 제3 대대가 9월 11일에 다시 570고지를 헛되이 공격하는 동안, 9월 11일 북한군은 314고지에서 남동 쪽으로 2마일 떨어진 곳, 대구에 훨씬 더 가까운 곳의 정상(頂上)을 점령했다. 사실 2개 고지(Hill)는 인접해 있었다. 아래쪽 경사지(傾斜地)는 서로 소총 사정거리 내에 있었다. 북한군은 미 제16 정찰중대를 언덕에서 몰아냈다. 이전 대구에서 지원 위치(supporting position)로 서둘러 전선으로 들어온 국군(ROK) 제5 훈련대대의 앞을 북한군이 이 지형적 특징을 완전히 장악하는 길을 막아섰다. 이 국군(ROK) 제5 훈련대대는 314고지의 역경사(逆傾斜, lower slopes) 일부를 여전히 지키고 있었는데, 제8 기병대 제3 대대가 570고지에 대한 무익한 공격에서 서둘러 현장으로 가서 위치를 탈환하려고 했다. 국군(ROK) 제5 훈련대대는 두 번이나 공격을 가해 정상에 도달했지만 버틸 수 없었다. 그래서 남쪽 경사면(lower southern slopes)에 쥐죽은 듯이 파묻혀 있었다. 미 제7 기병대 제3 대대는 9월 12일 공격 명령(attack order)을 내리고, 제8 기병대를 통과해 314고지를 공격할 준비를 하면서 침투하는 북한군을 물리쳐야 했다.744

1950년 9월 12일 이번 공격은 대구 북쪽에서 북한군 제13 사단과 제1 사단을 저지하기 위한 대규모 미군과 국군(ROK) 반격의 일부였다. 제7 기병대 제2 대대는 314고지 동쪽의 660고지(道德山)에서 국군(ROK) 부대를 살려(救濟)내었다. 그 언덕을 확보하는 임무를 맡았다. 동쪽으로 더 나아가 국군(ROK) 제1 사단은 팔공산에서 902고지의 가산산성 전략촌(城壁都市, Walled Village)를 향해 공격하는 임무를 맡았다. 이때 북한군이 점령한 대구에 가장 가까운 지점은 314고지였다. 어떤 이들은 이곳을 대구점령의 문을 여는 '대구의 열쇠(key to Taegu)'라고 불렀다. 다른 고지(高地)도 사슬의 고리와 마찬가지로 중요했을 수 있으므로(과장된 표현일 수 있지만), 북한군 제13사단은 이곳의 점유를 소중히 여겼고 약 700명의 병력을 이곳에 집중시켰다.[745]

　북한군(北韓軍)은 대구에 대한 다음 진격을 위해 그곳을 사용할 생각이었다. 즉 1) 그곳에서 대구까지 관측(觀測)이 가능했다. 2) 대구 분지(大邱盆地, Taegu bowl)를 둘러싼 남쪽의 작은 언덕이지만 지휘통제(指揮統制)가 가능했다(observation reached to Taegu and it commanded the lesser hills southward rimming the Taegu bowl).[746] 314고지는 실제로 570고지의 동쪽에 가까이 위치한 해발 500m 고지 남쪽 언덕이었다. 깊은 협곡으로만 그 고지(高地, high land)의 언덕과 분리되어 있었다. 고지(高地) 덩치(hill mass)는 길쭉한 눈물방울 모양이며(hill mass is shaped like an elongated teardrop) 넓은 끝은 북쪽에 있었다. 남쪽 지점은 314m까지 올라가고 능선은 일련의 언덕으로 북쪽으로 올라가 380m, 마지막으로 500m까지 올라갔다. 314m에서 500m 지점까지의 능선은 길이가 1마일이다. 고지(高地) 덩치(hill mass)의 모든 면은 매우 급경사(急傾斜)를 이루고 있었다.[747]

　제임스 H. 린치 중령(Lt. Col. James H. Lynch)의 제7 기병대 제3 대대는

314고지(Hill 314)를 공격하기 전날 후방 진영을 제외하고 535명의 병력을 보유하고 있었다. 제3 사단 제30 보병 연대에서 조지아주 포트 베닝(Fort Benning, Ga.)에 편성된 제3 대대는 8월 말에 한국에 도착했다. 9일 전에 시작된 518고지에서의 제7 기병대의 불운한 작전이 첫 번째 작전이었다. 이번이 두 번째 작전이 셈이다. 이번 대대의 공격계획(攻擊計劃)은 518고지에 대한 작전과 근본적으로 달랐다. 전번 작전에서 실패한 직접적인 결과였다. 314고지 공격 계획(attack plan)의 핵심측면(核心側面)은 능선(稜線)을 따라 2개 중대를 나란히 배치하여 공격함으로써 가능한 한 많은 소총병(小銃兵)을 좁은 능선 위에 집결시켜, 북한군에 대항하여 소대, 때로는 분대만의 화력만 사용할 수 있었던 518고지의 실수를 반복하지 않는 것이었다. 탄약이 부족하여 314고지에는 포병 준비가 없었지만, 9월 12일 오전 11시에 L 중대가 좌측에, I 중대가 우측에 배치된 린치 중령(Lt. Col. James H. Lynch)의 대대가 공격을 시작하기 전에 공습이 있었다. 출발점은 언덕 아래쪽 경사면(lower slope of the hill)에 있는 제8 기병대 제3 대대의 최전선이었다.[748]

제3 대대가 이동하면서 북한군의 120mm 박격포 사격이 출발선과 그 뒤로 떨어졌다. 500야드 동안 산발적인 소총과 기관총 사격(機關銃 射擊)만 있었다. 그런 다음 북한군의 소총 사격이 강렬해졌고, 사전 표적화된 박격포 사격이 군대에 떨어져 그들을 그곳에서 벗어나지 못하게 붙잡혔다. 왼쪽에서 L 중대의 병사들은 약 400명의 북한군이 반격을 준비하는 것을 볼 수 있었다. 그들은 공습을 무전으로 요청했지만 폭격기(爆擊機)는 지상에서 연료를 보급하고 있었다. 다행히도 그들은 포병, 박격포, 소총 사격을 합쳐 반격을 물리칠 수 있었다. 공습(攻襲)은 14시에 시작되어 능선의 정상과 북쪽 경사면(傾斜面)을 뒤덮었다.[749] 이때쯤 북한군의 박격포 사격(迫擊砲 射擊)으로 많은 사상자(死傷者)가 발생했고, L 중대와 I 중대가 폭격의 폭풍에 온통 뒤섞였다. 그러나 518고지에서의 전투와는 대조적(對照的)으로 많은 장교들이 사상자(死傷者)가 된 후에도 병사들은 대체로 스스로 의지(意志)로 공격을 계속했다.750

그러나 일부 장교들은 전투 사례의 방향을 제시했다. I 중대 지휘관인 조셉 A. 필즈(Lt. Joseph A. Fields) 중위는 중대가 사상자 25%를 낸 후 자신의 안전은 고려하지 않고, 박격포 사격 하에 중대를 재편했다. 한편, 마빈 H. 헤인즈(Lt. Marvin H. Haynes) 중위는 L 중대의 일부를 압도한 북한군을 죽이거나 몰아낸 소규모 부대를 이끌었다. L 중대 지휘관인 로버트 W. 워커 대위(Capt. Robert W)는 훌륭한 개인적 지도력을 계속 발휘했다. 그랬음에도 필즈(Fields) 중위는 부상당했고, 헤인즈(Haynes) 중위는 죽었다. I 중대 무기 소대 지휘관인 로이 E. 맥컬럼 상사(MSgt. Roy E. McCullom)는 자신의 병력을 소총수로 조직했고, 어깨와 오른팔에 세 번이나 부상을 당했다. 머리에 네 번째 부상입을 때까지 그들을 이끌었다. 박격포 파편에 부상입은 I 중대 마셜 G. 엥글(2d Lt. Marshall G. Engle) 중위는 두 번이나 공격으로 피함을 거부했고, 중대원들에게 더 앞으로 가서 중상을 입은 사람들을 데려가라고 말했다. 엥글(Engle) 중위는 밤늦게까지 12시간 동안 언덕에 누워있었고, 그 사이에 또 다른 박격포에 맞아 부상을 입었다. 마침내 들것(litter)으로 부대가 그를 대피(evacuated)시켰다.751 이렇게 미군에선 장교들에게 부하가 가중되었기에 "한국 국군묘지는 사병의 무덤이지만, 미군 묘지에는 중대장의 무덤이다(The Korean military cemetery contains the graves of private soldiers, but the American military cemetery contains the graves of company commanders)."752라고 했다.

공습 15분 후, 제3 대대는 산등성이를 향해 공격을 재개(再開)했다. 산등성이에 가까워지자 북한군은 격렬한 반격으로 진지(陣地)에서 나와 근접전(近接戰)을 벌였다. 일부 병력이 산등성이에 도착했지만, 북한군의 박격포와 기관총 사격으로 인해 밀려났다. 그들은 두 번째로 산등성이에 도달했지만 버틸 수 없었다. 또 다른 공습이 북한군을 강타(强打)했다. 그런 다음 세 번째로 워커 대위(Captain Walker)는 L 및 I 중대의 병력을 이끌고 정상(頂上)으로 향했다. 워커(Walker) 대위가 산등성이에 도달했을 때 그는 "저들이 보이는 곳으로 올라와! 그들이 많고, 그들을 죽일 수 있어(Come on up here where you can see them! There are lots of them and you can kill them)."라고 소리쳤다. 병력은 마지막 150야드 동안 60도 경사를 올라가 정상에 도달했다. 그곳에서 북한군과 가까워져 그들의 진지를 넘어섰다. 워커(Walker) 대위와 두 중대(company) 나머지 사람들은 1r30(1:30) 경사도(傾斜度)에서 고지(高地)를 확보했다. 그런 다음 워커(Walker) 대위는 자신의 지휘 아래 두 중대를 함께 재편했다. L 중대에는 40명도 안 되는 인원이 남았고, I 중대(中隊, company)엔 약 40명이 남았으며, 나머지 중대는 모든 장교를 잃었다.753

게이 장군(General Gay)은 이 작전에 대한 특별 연구를 수행하게 했다. 게이(Gay) 장군은 작전연구(operation research)에 매우 뛰어난 것으로 여겼다. 그는 제3 대대가 처음 두 시간 동안 229명의 전투 사상자를 냈으며, 그중 대부분이 공격 2시간 동안 발생했다는 사실을 발견했다. 이 중 38명의 미국 군인이 사망하고 167명이 부상당했다. 나머지는 한국군에 속해 있었다. 대대 구급소(大隊救急所, Battalion aid-station)는 130명의 사상자를 치료했다고 보고했다. 다른 부상자들은 제8 기병대 구급소(first-aid station)에서 치료를 받았다. 경미(輕微)한 부상을 입원 많은 병사들은 전투가 끝날 때까지 의료 지원을 요청하지 않았다. 518고지의 18명과 대조적으로 전투 쇼크(combat shock) 사례는 5건에 불과했다. 북한군의 박격포 사격(迫擊砲 射擊)으로 사상자의 80%가 발생했다.[754]

북한군은 미군 M1·카빈총으로 전투를 하고도 이렇게 잔인한 사건을!

린치 대령(Colonel Lynch)의 대대는 그 후 6일 동안 314고지를 방어하고 많은 물량의 북한군 장비와 탄약을 모았다(gathered up a large amount of enemy equipment and ammunition). 314고지의 북한군 대부분은 미군의 제복, 철모, 전투화를 착용했다. 그들 중 다수가 M1 소총과 카빈총(Carbine rifle)을 가지고 있었다. 그들 중 200명이 언덕에 죽어있었다. 거기에 있었던 것으로 추정되는 다른 500명 중 대부분이 부상을 입었거나 혹은 실종되었다고 포로들은 말했다.[755]

314고지에서의 전투 중에 여러 가지 잔혹 행위 사건이 밝혀졌다. 제임스 B. 웨벨 대위(Capt. James B. Webel)는 언덕에서 마지막 전투가 벌어지고 있는 12일 오후에 첫 번째 사건을 발견했다. 그는 손과 발이 묶인 채 휘발유를 붓고 불에 탄 미군 장교를 발견했다. 시신 옆에는 5갤런 캔(can, 휘발유 통)이 놓여있었다. 이틀 후 대대원(大隊員)들은 언덕에서 손이 묶인 다른 미군 병사 4명의 시신을 발견했다. 시신에는 묶인 채로 총검에 찔렸으며, 또한 총에 맞았다는 증거가 있었다.[756]

9월 12일 314고지를 점령한 후 대구 북쪽의 상황이 개선되었다. 9월 14일 제8 기병대 제2 대대가 공격을 가했다. 314고지의 포격 지원을 받아 북한군 제19 연대 제13 사단으로부터 570고지의 일부를 차지했다.[757] 오른쪽의 군대 경계를 건너 국군(ROK) 제1 사단은 북서쪽으로 공격을 계속하여 성벽마을(가산산성 전략촌) 가장자리까지 진격했다. 국군(ROK) 제11 연대는 9월 14일 어두워질 무렵 755고지를 점령했고, 국군(ROK) 제15 연대의 소규모 부대가 동시에 가산산성 전략촌(城壁都市, Walled Village) 지역의 돌 성벽에 도달했다. 국군(ROK)과 북한군은 밤 동안 그리고 15일까지 가산산성 내 전략촌(城壁都市, Walled Village)에서 남동쪽으로 755고지와 783고지, 그리고 팔공산까지 뻗어있는 높은 산의 중추(中樞)를 따라 여러 지점에서 싸웠다.

국군(ROK)이 잡은 포로(捕虜)들은 이 높은 산등성이에 약 800명의 북한군(北韓軍)이 있다고 추정했다. 국군(ROK) 제1 사단은 나중에 약 3,000명의 북한군이 성벽도시(城壁都市, Walled City) 경계 안에 있었고, 약 1,500명 또는 2,000명이 능선 근처에 있다고 추정했다. 이때 북한군 제1 사단의 대부분이 점차 성벽도시와 그 주변으로 철수하고 있었던 것으로 보인다. 북한군 제13 사단도 북쪽으로 철수하고 있다는 징후(徵候)가 있었다. 9월 14일 오후 공중(空中) 관측자(觀測者)들은 약 500명의 북한군이 다부동(多富洞)에서 북쪽으로 이동하고 있다고 보고했다.

그러나 이러한 징후(철수)가 희망적이었지만 워커 장군(General Walker)은 대구의 마지막 근접방어(近接防禦)를 위해 가능한 모든 준비를 계속했다. 한국 속담에 "다 먹은 죽에 콧물 빠진다(My nose runs after eating all the porridge)."처럼 마지막 순간을 방심하지 않고자 했다. 동양 고대전략서 36 계략에서 패전했음에도 승리를 훔치는 계책(敗戰計)758인 미인계(美人計), 공성계(空城計) 등 6개 계책이 있기에 간계(奸計)한 북한군에게 기만(欺瞞)당하지 않아야 했다. 속된 말로 "만사는 불여 튼튼(The best secret to everything is to make it strong)."이라고 했다. 그 일환(一環)으로 14개 대대의 한국 경찰(大邱守護隊) 병력으로 도시 주변에다가 배수진(背水陣)을 쳤다.759

1950년 9월 15일 대구 북쪽에서 싸움은 계속되었다. 제2 대대, 제8 기병대는 여전히 다부동(多富洞) 국도 동쪽에 있는 570고지를 장악하기 위해 싸웠다. 반면에 제2 대대, 제8 기병대는 북한군이 제8 기병연대와 제5 기병연대 사이의 틈새로 침투한 401고지를 공격했다. 401고지에서의 싸움은 지극히 격렬(激烈)했다. 밤이 되자 양측 모두 산에 모든 병력을 배치했다. 이 작전에서 SFC 얼 R. 벡스터(SFC Earl R. Baxter) 소대장은 목숨을 바쳐 자신의 소대(제2 소대, L 중대)의 강제 철수를 엄호했다. 근접 전투에서 최소 10명의 북한군을 사살한 후 북한군의 수류탄에 맞아 사망했다.760

끝으로 314고지 전투는 서양전투사(西洋戰鬪史)에서 '사막의 여우(Desert Fox)'라는 별명을 가졌던 에르빈 롬멜(Erwin Romme, 1891~1944) 장군이 쓴『보병공격(Infantry Attacks)』761에서 가장 극적인 전투였던 1917년 '마타주르 고지 전투(Battle of Mount Matajur)'762와 314고지 전

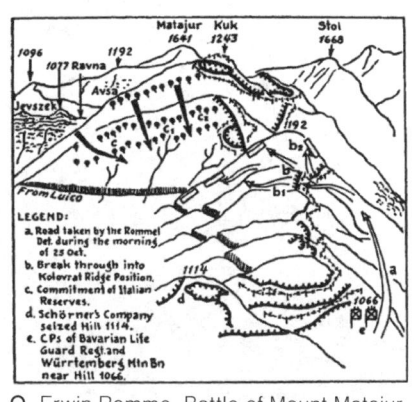
Erwin Romme, Battle of Mount Matajur

투가 유사했다. 314고지 전투의 승리는 곧바로 모든 전황을 한꺼번에 홀라당 다 뒤집었다. "전우의 시체를 넘고, 넘어 앞으로. 앞으로. 낙동강아, 잘 있어라. 우리는 전진한다. 원한이야 피에 맺힌 적군을 무찌르고서 꽃잎처럼 사라져 간 전우야. 잘 자라."763라는 노래가 진중을 흔들었다. 한국전쟁의 새로운 스프링보드(spring board)를 마련했다. 곧바로 인천상륙작전으로 반격의 계기가 마련되었다.

Ⅲ.
6.25 전쟁(Korea War), 1,129일간의 전투[764]

1.
자유민주주의가 승리한 전쟁
(The war that liberal democracy won)

한국전쟁 이후 한국은 1950년 6월 25일부터 1953년 7월 27일까지 1,129일간의 전투를 하고 휴전협정을 했다. 그런데도 지금까지도 정전상태(停戰狀態)에 있어 냉전(冷戰)은 현재진행형(現在進行形)이다. 대한민국 육군본부 육군 군사연구소(Army Military Research Institute, Army Headquarters, Republic of Korea)765의 자료를 기반으로 625전쟁에 대해 칠곡(漆谷, 옛 八莒縣)을 중심으로 요약정

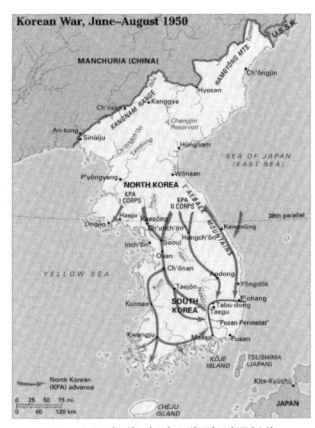

🔍 브리케니카 백과사전에 6.25 전쟁(2024년)

리(要約整理)하고자 한다. 대전제(大前提)는 6.25 전쟁은 북한이 대한민국을 기습남침한 전쟁이다(The 6.25 War was a war in which North Korea launched a surprise attack on South Korea)766. 간략하게 개념정리를 하면 1950년 6월 25일 새벽 4시에 '38도 선(軍事分界線)'에서 '224 폭풍(Storm 224)'767 암호명으로 북한군의 기습남침(奇襲南侵)이 시작되었다. 1,129일(3년 1개월) 동안의 전쟁은 대한민국에서 국군과 유엔 참전국이 함께 공산세력의 적화 의도를 막아낸 '세계 자유 수호 전쟁(World War to Defend Freedom)'이었다. 또한 '자유민주주의가 승리한 전쟁(A War Won by Liberal Democracy)'이었다.

1950년 6월 27일, 유엔총회(United Nations General Assembly)에서 미국 해리 트루먼(Harry S. Truman)이 한 연설문을 옮겨보면, "대한민국에 대한 이

러한 공격(북한의 공격)은 공산주의가 독립 국가를 정복하기 위해 체제전복(體制顚覆, overthrow the system)이라는 수단을 넘어 이제는 무장침략(武力侵略)과 전쟁(戰爭)을 사용할 것을 의심할 여지조차 없이 명백하게 보여주고 있습니다. 또한 이들은 국제평화(國際平和)와 안보를 지키기 위한(to preserve international peace and security) UN 안전보장이사회(安全保障理事會)의 결의 또한 무시하였습니다. 유엔에 소속된 모든 국가들이 유엔헌장을 무시한 채 한국 침략의 결과에 대해서 신중하게 고려할 것이라 봅니다. 국제관계(國際關係)에서 힘에 의한 통치로의 복귀는 많은 분야에 영향을 미칠 것입니다. 미국은 계속해서 법치를 지킬 것입니다(to uphold the rule of law)."[768]

2.
미소(美蘇) 고래 싸움에 작은 새우 한국의 등이 터졌던 전쟁(戰爭)

한편, 전쟁발발(戰爭勃發)의 배경(背景)과 원인(原因)을 살펴보면, 1) 제2차 세계대전 후 미국과 소련의 냉전(冷戰)이 심화되었다. 2) 이런 국제적 정세 속에서 한반도(韓半島)까지 1945년 일제 식민지로부터 광복과 동시에 '북위 38도 선(軍事分界線)'을 경계로 남북한이 분단되어 서로 대립하게 되었다. 3) 1948년 정부수립(政府樹立) 후에도 좌익(左翼)과 우익(右翼)의 첨예한 대립(sharp confrontation between the left and the right)으로 남한의 사회는 몹시 불안정(不安定)했다. 4) 6.25 전쟁은 이러한 남한의 정세와 스탈린(Joseph Stalin, Ioseb Besarionis dze Jughashvili, 1879~1953)의 세계 공산화 전략(World Communist Strategy)에 맞아떨어졌다. 5) 또한 마오쩌둥(毛澤東, Mao Zedong, 1893~1976)의 전쟁 지원 약속(promise of war support) 등에 고무된 김일성(金日成, 1912~1994)의 무력적화통일(武力赤化統一, armed communist unification) 야욕이 불타고 있었다.

이에 1949년에 남한에 주둔했던 미군을 일본기지 오키나와(沖縄, おきなわ)로 완전철수(完全撤收)했다. 미군의 철수로 1949년 6월 30일 이후 한국군(韓國軍)은 '이빨과 발톱이 다 빠진 호랑이로(as if a tiger with no teeth or claws)' 어떤 공격도 방어도 제대로 할 수 없는 상태로 만들어놓았다. 여기에다가 1950년 1월 12일 미군의 극동아시아 방어선(極東亞細亞防禦線)을 한반도와 대만을 제외한다는 에치슨(Dean Acheson) 라인(Acheson Line)을 선언했다. 이는 곧바로 기습남침하라는 국제적인 시그널(Surprise Invasion Signal)을 보낸 결과가 되었다.

현재 시점에서는 대등한 전쟁을 할 수 있다고 생각할 수 있으나, 1950년 6월 24일 당시 남한과 북한의 군사력을 비교하면, 남한의 국군병력은 103,827명에 북한군 201,050명, 전차(tank)는 남한 0대 북한 242대, 화포(火砲)에 남한 1,051문에 북한은 2,492문, 항공기(航空機)는 22대에 226대, 함정은 38척에 110척이었다. 특히 의정부·서울 축선(軸線)에서는 북한군은 평시에도 국군의 7배가 넘는 전투력(戰鬪力)을 집중 배치했었다. 그를 이용해서 대대적이고 기습적(奇襲的)으로 남침(南侵)을 단행했다.

한때는 남침(南侵)이니 북침(北侵)이니 하는 논란도 있었으나, 확실하게 북한이 대한민국을 기습남침(奇襲南侵)했다는 명백한 증거자료(證據資料)를 국내외(國內外)에서 찾아본다면, 1) 구(舊) 소련 비밀문서 기록(스탈린 남침 승인, 1950.3.20.): 소련의 북한 군사고문단장 제3대 바살리 예프(A.B.

Vasiliev. 근무 기간: 1950년 2월~1950년 11월) 중장(中將)이 1950년 5월 29일에 전쟁계획(戰爭計劃)과 북한군 운용계획(北韓軍 運用計劃)을 작성하여 6월 16일에 스탈린(Joseph Stalin, 1879~1953)의 승인을 받은 뒤 북한군 작전국장 유성철(兪成哲, 1917~1995)이 우리말로 번역(飜譯)했다. 2) 북한주재 소련대사가 1950년 6월 15일 본국에 보고한 문서("6월 25일 새벽에 진격한다.")는 공격개시일 기록(記錄)과 3) 북한군 정찰 명령 제1호(1950.6.18.): '공격 준비를 6월 22일 24시까지 완료할 것'과 공격 개시 이후의 임무 명시(任務明示, mission statement)와 4) 북한군 제2사단 참모부 지령(準備命令, preparation order): 병사들은 6월 24일 19시까지 식사 종료 후 준비할 것, 23시에 공격선 도착 및 공격 준비할 것 등이 있다. 5) 기타 주요 증언: 소련 수상 후르시초프(Nikita Sergeyevich Khrushchev, 1894~1971)의 회고록, 『김일성이 전쟁을 발의하고 스탈린이 승인(Ким Ир Сен начал войну, а Сталин ее одобрил)』, 북한군 작전국장 유성철(兪成哲)의 『내가 남침 선제 타격계획 작성』 및 1992년 이후 러시아 교과서에 "북한 남침(Северная Корея вторгается в Южную Корею)"이라고 명시하고 있다.

6.25 전쟁의 전반적인 경과를 간략하게 4단계로, 1) 북한군 기습남침(奇襲南侵)과 낙동강 방어선(洛東江 防禦線)으로의 후퇴(1950.6.25.~9.14.) 2) 인천상륙작전(仁川上陸作戰)과 압록강(鴨綠江)으로 진격(1950.9.15.~10.24.) 3) 중공군(中共軍)의 개입 및 새로운 전쟁(1950.10.25.~1951.7.9.) 4) 휴전협상(休戰協商)과 휴전선 일대의 고지쟁탈전(高地爭奪戰, 1951.7.10.~1953.7.27.)로 나눠서 간략하게 살펴보고자 한다.

1) 북한군 기습남침(North Korean surprise attack)과 낙동강 방어선(洛東江 防禦線)으로 후퇴는 1950년 6월 25일부터 9월 14일까지로 국군은 3일 만인 6월 28일에 서울을 빼앗겼다. 한국을 돕기 위해 유엔군이 7월 1

일 참전하였지만, 전쟁개시(戰爭開始) 후 1달 만에 6월 25일부터 7월 31일까지 낙동강까지 후퇴를 거듭하였다. 낙동강(洛東江)까지 밀린 40여 일에는 8월 1일부터 9월 14일까지 낙동강 방어선(Nak-dong River Defense Line)에

Q XY방어선의 변경(육군본부 전사연구소)

서 필사적(必死的)으로 방어에 성공하였기에 인천상륙작전(仁川上陸作戰)의 반격 기반(反擊 基盤)을 마련했다. 8월 1일 낙동강 방어선(洛東江防禦線) 돌파를 격려하고자 8월 3일에 김일성(金日成, 本名 金成柱, 1912~1994)이 수안보(水安堡)에 있는 인민군 전선사령부(人民軍 前線司令部, People's Army Front Command)에 와서 "해방 제5 주년 기념일인 8월 15일까지 부산을 점령해야 한다(We must occupy Busan by August 15th, the 5th anniversary of liberation.) … 유엔(UN)군에게 숨 돌릴 틈을 주지 말고, 낙동강을 도하(渡河)해 대구(大邱)와 부산(釜山)을 점령하라."769라고 지령을 내렸다.

2) 인천상륙작전(Incheon Landing Operation)과 압록강으로 진격은 1950년 9월 15일부터 10월 26일까지다. 1950년 9월 15일 인천상륙작전(Incheon Landing Operation) 성공과 낙동강 방어선(Nakdong River Defense Line)에서의 반격으로 전세(戰勢)를 역전(逆轉)한 국군과 유엔군은 서울을 9월 28일에 탈환 후 반격개시(反擊開始) 9월 16일부터 9월 30일 보름 만에 38도 선(戰前軍事分界線)을 회복했다. 10월 1일 38도 선(38th parallel)을 돌파한 아군(我軍)은 10월 1일부터 10월 20일까지 채 한 달도 되지 않아 압록강(鴨綠江) 인근의 초산(楚山)770까지 진격하여 통일(統一, unification)을 눈앞에 두는 듯했다.

3) 중공군(中共軍)의 개입과 새로운 전쟁은 1950년 10월 26일부터 1951

년 7월 9일까지가 여기에 해당한다. 국군이 압록강(鴨綠江) 초산(楚山)⁷⁷¹까지 국군 제6사단 제7 연대(聯隊長 林富澤 中領) 진격하고 있을 무렵 10월 25일 이미 25만 명의 중공군(中共軍)은 압록강을 건너와 국군(國軍)과 유엔군(UN forces)의 등 뒤에서 기습의 기회를 노리고 있었다. 10월 26일에 시작된 중공군의 대규모(大規模) 공세는 이듬해 5월까지 5차례에 걸쳐서 실시되었다. 국군과 유엔군은 12월 초 중공군(中國人民軍)의 2차 공세로 인해 12월 4일 평양(平壤) 철수를 개시한 지 한 달 만에 다시 서울을 북한군(적)에게 내어주는 1·4후퇴를 했다. 급기야 평택(平澤)과 삼척(三陟)을 연결하는 37도 선(37th parallel)까지 후퇴하였다가 3월 15일에 서울 재탈환(再奪還) 이후부터 38도 선을 중심으로 일진일퇴(一進一退)의 공방전(攻防戰)을 지속했다.

4) 1952년 11월 29일 데이비드 아이젠하워(Dwight David Eisenhower, 1890~1969) 대통령 후보자가 한국전쟁 종식(韓國戰爭終熄, The Korean War Ends)을 선거공약으로 제시했다. 1953년 1월 20일 제34대 미국 대통령으로 그가 당선되었다. 하필이면 북한군의 지원국가였던 소련의 스탈린(Joseph Stalin, 1878~1953)이 1953년 3월 5일에 74세로 세상을 떠나자 북한에 군사지원(軍事支援)이 끊겼다. 양대 지원국가(兩大支援國)의 지도자(指導者)에 대한 변동요인(變動要因)이 크게 작동되었다. 이에 따른 휴전협상(Armistice negotiations)이 시작되었다. 휴전선 일대의 고지쟁탈전(高地爭奪戰)은 1951년 7월 10일부터 1953년 7월 27일까지 지속(持續)되었다. 유엔군(UN forces)과 공산군(共産軍)은 1951년 7월 10일 휴전협상을 시작했다. 그러나 2년간이나 계속되는 휴전협상(休戰協商) 기간 남·북한은 "한 치의 땅이라도 더 차지하기 위해(to occupy even an inch of land)" 현재의 휴전선 일대에서 치열한 고지쟁탈전(高地爭奪戰, Battles for the Highlands)을 계속했다. 전쟁개시 3년여 만인 1953년 7월 27일에 판문점(板門店)⁷⁷²에서 비로소 유엔군(Mark Wayne Clark),

중공군(彭德懷) 및 북한 인민군(金日成)이 정전협정(Armistice Agreement)에 조인함으로써 남·북한은 휴전선으로 분단된 채 오늘에 이르고 있다. 아이러니하게도 우리 영토에서 3년이나 전쟁을 했음에도 휴전 반대(休戰反對)를 이유로 이승만(李承晚, 1875~1965) 대통령은 서명조차 하지 않았다.[773]

3. 반격의 발판을 마련한 낙동강 방어선 전투[774]

'절대로 물러서지 않는 불독(Bulldog)' 워커 중장의 낙동강 방어선

낙동강 방어선(洛東江防禦線, Nak-dong River Defense Line)이란 1950년 8월 1일부터 8월 10일까지 인민군 총공세를 제어하는 유엔군의 사수저지선(死守沮止線, death's defense line)으로 영덕(寧德) ▷ 청송(靑松) ▷ 안동(安東) ▷상주(商州) 낙동리(洛東里) 낙동강으로 연결하는 저지선(沮止線)이었다. 8월 11일부터 조정된 제2차 낙동강 방어선으로 제1차 낙동강 방어선에서 남으로 후퇴하였다. 당시 미국 제8 군사령관이었던 존 해리스 워커(Walton Harris Walker, 1889~1950.12.23.) 중장이 험준한 산맥을 천연요새(天然要塞)로 하여 효과적으로 방어하고자 설정했다. 일명 '워커 라인(Walker Line)'이라고도 했다. 제2차 낙동강 방어선은 포항(浦項) ▷ 기계(杞溪) ▷ 안강(安康) ▷ 영천(永川) 북편 ▷

팔공산(多富洞) ▷ 왜관(倭館) ▷ 낙동강(洛東江)으로 연결선(連結線)이었다.

제2차 낙동강 방어선에 배치된 대한민국의 병력(일명 國軍)은 산악지대는 우리나라 국군이 담당하고, 낙동강 저지선을 미군이 담당하였다. 당시 국군의 배치병력을 개략적으로 살펴보면, 포항에 육군 3사단, 기계(杞溪)엔 수도사단, 영천 북편에 8사단, 신령 북편 6사단, 다부동 아래 동명국민학교(東明國民學校)775에 육군 1사단 백선엽 준장이 사수했다. 왜관에서 마산까지 낙동강 변에 미군 배치는 왜관 ▷ 대구 미군 제1 기병여단, 미군 8사단은 오늘날 캠프 워커(Camp Walker, 대구도서관 건립, 반환미군기지)에 설치되어 있었다. 아래로 내려가면서 미군 제2 사단, 창녕(昌寧)에 제24 사단, 제1 사단 및 마산(馬山)엔 제25 사단이 맡았다.

Q W.H. Walker(텍사스주립역사관)

이에 대응하는 북한군(일명, 人民軍)의 배치는 포항 ▷ 왜관 ▷ 마산으로 언급하면 인민군 제5 사단, 제12 사단, 제8 사단, 제1 사단, 제13 사단, 성주 ▷ 고령 사이에 제3 사단(왜관 매원마을 광주 이씨 박곡종택에 사령부 설치)776과 옆에 제10 사단이 배치되었다. 미군 제24 사단과 맞서는 북한(인민)군 제4 사단, 미군 제25 사단과 인민군 제6 사단이 맞서 배치되었다. 당시 최고의 전략가이며 최정예부대를 지휘하고 있던 북한군 제6 사단장 방호산(方虎山, 1916~1959)777 중장 중국공산당의 항일 유격대원(抗日遊擊隊員)의 경험을 기반으로 호남을 우회(迂迴)하여 하동(河東), 거창(居昌)으로 남진했으며, 낙동강(洛東江)을 압박했다. 7월 20일에 전주(全州)를 점령하고 7월 27일 하동(河東)까지 점령해 내려왔다. 미군 제24 사단과 맞서게 되었다. 7월 27일 아침 미 제29 연대 제3 대대가 쇠재 혹은 쇠고개(牛峙)에서 북한군으로부터 불의기습(不意奇襲)을 당했다. 60% 이상 병력 손실로 후퇴했다. 이 전투실패의 문책으로 채병덕(蔡秉德, 1914~1950) 소장은 총참모장(總參謀長)에서 사임(辭任)하고 최일선 진두지휘 중에 전사했다. 오전에 민기식(閔機植, 1921~1998) 대령 부대는 함양 서북방 화산리(花山里) 부근에 안의(安義)와 함양읍(咸陽邑)을 침공해 온 북한군과 격전으로 북한군에 포위되었으나 포위망을 뚫고 진주(晉州)로 철수했다.

초대 미 제8 군사령관으로 월턴 워커(Walton Harris Walker, 1889~1950.12.23.) 중장의 별명(nickname)이 '절대로 물러서지 않는 뿔독(Never-backs-down Bulldog)'이었다. 그는 한반도 전시상황을 파악하고 제1성으로 "한 치의 땅이라도 빼앗기면 수많은 전우의 죽음이 있을 것이니 끝까지 싸워야 한다." 라며, "죽음으로 지켜라(Stand or Die)."라고 명령을 하면서 본인도 전의에 불타고 있었다. 위기 때마다 적시 적절한 대책과 전력(戰力)을 투입함과 동시에 역습으로 적을 격퇴하여 총반격 작전(總反擊 作戰)에 나서게 했다. 애석하게도 워커 사령관은 12월 23일 서울 도봉구 고갯길에서 전쟁 속의 교통사고(交通事故)로 순직하여, 우리 정부는 이를 기리기 위해 한강변 야산에 호텔을 짓고 '워커 힐(Walker Hill)'이라고 이름을 지었다. 뿐만 아니라 대구 남구 대명5동에 있던 육군 비행장이며 카투사(Korean Augmentation To the United States Army, KATUSA) 부대를 월턴 워커(Walton Harris Walker) 중장의 순직을 기리기 위해서 캠프 워커(Camp Walker)라고 하고 있다.

낙동강방어선 서부 및 남부지역 작전(Operations in the West & South Nakdong-River Region)

미군 3개 사단(제25 사단, 제24 사단 및 제2 사단)은 북한군 4개 사단(제6, 4, 3 및 제10 사단)에 맞서 창녕(昌寧)-영산(靈山), 진주(晉州)-마산(馬山) 축선(軸線)

에서 공방전을 전개했다. 북한군의 8월 총공세 때, 미 제24 사단은 영산(靈山)을 피탈(被奪) 당하는 위기(危機)를 맞기도 했으나 고전 끝에 끝내 이를 격퇴했다. 미 제25 사단은 마산(馬山)을 거쳐 부산(釜山)으로 진출하려는 북한군 제6 사단에 대항하고자 미 제25 사단, 제5 연대 전투단, 국군의 민부대(閔部隊, 一名 閔機植 部隊, Min Force), 해병대, 미 제87 전차대대에서 정예요원(精銳要員)을 뽑아서 킨 특수 임무 부대(Kean Task Force)를 편성했다. 그 특공대로 전주탈환(全州奪還) 작전에 투입하여 전투를 전개했다778. 또한 역공세(counter-attack)를 감행하여 마산을 끝까지 사수했다.

여기서 민기식 부대(閔機植 部隊) 혹은 민 부대(閔部隊)는 1950년 새로운 사단을 창설하지 못한 민기식(閔機植, 1921~1998) 대령이 군부대를 조직해 1950년 7월 24일 남원(南原) 방어에서도 참전했으며, 8월 15일 영천에서 포항으로 투입되었다. 그리고 8월 20일 민부대(閔部隊)는 제7 사단으로 창설되었다. 이에 따라 민기식(閔機植)은 사단장과 준장으로 승진되었다. 이와 같은 특수임무부대(特殊任務部隊, Special Mission Forces)는 미군의 킨 특수임무부대(Kean Task Force)로부터 많은 영향을 받았다. 민기식 부대뿐만 아니라, 해병대 김성은(金聖恩, 1924~2007) 중령이 지휘했던 김성은 부대(金聖恩部隊, Kim Seong-eun's Force)는 마산 함락을 방어하는데 혁혁한 공을 세웠다. 또한 1951년 1월부터 3월 30일까지 활동했던 채명신(蔡命新, 1926~2013) 육군 중령은 제11 연대에서 363명과 제12 연대에서 330(낙오 170)명, 제13 연대에서 124명을 선발하여 백골병단(白骨兵團, The White-Bone Corps)을 편성해 적진 후방에 게릴라전을 전개했다.779 2025년 1월 12일에도 백골단(白骨團)을 결성한다고 하얀 플라스틱 헬멧(white plastic-helmet)을 써야 하느니 사회적 야단법석(野壇法席)을 떨었다.780

낙동강 돌출부, 창녕(昌寧)-영산(靈山)지구 전투: 북한군 제4 사단은 유엔군의 병참선(兵站線, supply line)을 차단(遮斷)하기 위해 8월 5일 낙동강을 기습도하(奇襲渡河)하여 영산(靈山)을 점령했다. 미 제24 사단은 대전전투(大田戰鬪) 이후 전투력이 약해진 상태였음에도 미 제1 해병여단의 지원을 받아 8월 18일 북한군을 격퇴하였다. 북한군 제4 사단은 이 전투에서 입은 막대한 피해로 다시는 낙동강 전선에 나타나지 않았다.[781] 낙동강 돌출부(洛東江 突出部)를 점탈하여 대구와 부산의 틈새를 파고들고자 했던 북한군의 속셈은 산산조각으로 부서지고 말았다(The North Korean military's plan to seize the Nakdong River salient and exploit the gap between Daegu and Busan was shattered).

킨 특수임무부대(Kean Task Force)의 역공격: 북한군(北韓軍)의 8월 공세가 대구 정면(正面)에 집중되자 북한군의 전투력을 분산시키기 위해 미군은 미(U.S.) 제25 사단에 미(美) 제1 해병여단 및 제5 연대 전투단, 그리고 국군 해병대 등을 배속시켜 사단급 규모의 킨 특수임무부대

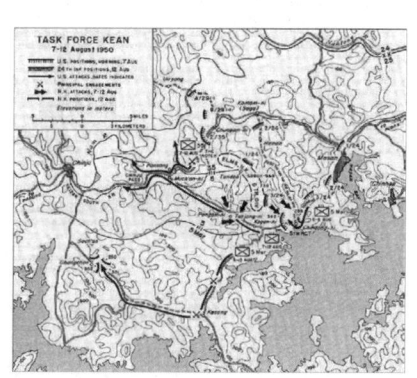

🔍 미군 킨 특수임무부대 과제도
(미 전사연구소)

(Kean Task Force)를 편성하여 8월 7일 진주(晉州)를 목표로 역공격(counterattack)을 과감하게 펼쳤다. 그러나 대구 북쪽과 낙동강 돌출부(昌寧靈山戰鬪)에 대한 북한군의 공격이 강화되자, 동해안의 국군 제3 사단이 매복(埋伏)에 포위당하는 등 상황이 악화(惡化)되었다. 이런 상황으로 역공세(逆攻勢)를 당함으로써 8월 16일부터는 공격이 아닌 방어로 태세를 전환했다. 이 작전은 대구에 집중된 북한군을 유인하려 했던 목적은 달성하

지 못하였으나 '공세작전(攻勢作戰)에 대한 자신감(Confidence in offensive operations)'을 갖게 한 중요한 계기를 마련했다는 평가를 받았다.

낙동강 방어선 중서부지역 작전(Operations in Central and Western Nakdong-River Region)

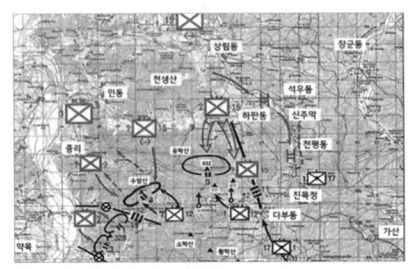
다부동 인근 고지전투도
(다부동 전투기념관)

왜관(倭館)-다부동(多富洞)-팔공산(八公山) 지역은 경부국도 및 철로 등 도로망이 발달(發達)되어 있었을 뿐만 아니라 임시수도였던 대구와 근접한 전략적 요충지(strategic location)였다. 6.25 전쟁 당시 전시 임시수도는 경북도청(오늘날 경상감영공원)에 7월 16일부터 8월 17일까지 1개월 1일 만에 부산으로 임시수도를 옮겼다. 이런 사연에서 충북 수안보(水安堡)에 있었던 북한군 전선사령부(北韓軍 戰線司令部)에 8월 3일에 격려차 순시했던 김일성(金日成)이 "제5차 광복행사는 대구시에서 개최하자(Let's hold the 5th Liberation Day event in Daegu City)."라는 말을 했다. 당시 대구시의 주요군사시설을 살펴보면 미 제8군 사령부는 오늘날 캠프 워커(Camp Walker)에 있었고, 달성공원 성내는 국군통신부대와 헌병대(憲兵隊)가 있었다. 인근 경상감영공원(경북도청)에 대통령을 비롯한 임시정부가 있었다. 오늘날 칠곡(다부동)을 중심에 놓고, 국군 제1 사단(師團長 白善燁 准將)과 미 제1 기병여단은 북한군 5개 사단(제10 사단, 제3 사단, 제15 사단, 제13 사단 및 제1 사단)에 맞서 치열한 공방전(攻防戰)을 치르면서 '대구의 관문(Gate of Taegu)'을 끝까지 지켜냈다.

북한군의 8월 총공세와 국군 제1 사단의 다부동 전투: 백선엽(白善燁) 장군의 국군 제1 사단(처음에는 보병 제1 사단)은 북한군 주력이 지향하고 있는 다부동 축선(軸線)에서 8월 13일부터 8월 28일까지 전차(戰車)로 증강된 북한군 3개 사단(제15 사단, 제13 사단 및 제1 사단)을 상대로 치열한 전투를 펼쳤다. 특히 다부동이 돌파될 위기상황(危機狀況)에서는 미군 2개 연대(제25 사단 제27 연대 및 제2 사단 제23 연대)와 국군 제8 사단 제10 연대까지 증원하여 북한군의 공세(攻勢)를 격파하였다. 다부동(多富洞) 방면으로 돌파하는 것이 어렵다고 판단(判斷)한 북한군은 8월 20일부터 정면대결보다 우회로(迂廻路)를 선택했다. 즉 제15 사단을 영천방면(永川方面)에서 대구공략(大邱攻落)의 우회회랑(迂廻回廊, winding corridor)에 투입하기로 전환(轉換)했다. 특히 큰 피해를 입고 전투의지(戰鬪意志)가 극도로 저하된 북한군 제13 사단에서는 고급간부(高級幹部)들까지 국군에게 귀순(歸順)해 왔다. 이에 반해 국군 제1 사단도 매일 600~700명의 병력손실(兵力損失)이 발생할 정도로 전투가 치열해졌다. 심지어 학생 신분으로 자원입대(自願入隊)했던 속칭 '군번 없는(without military number)' 학도병(學徒兵)과 신병보충을 통해 다부동(多富洞)을 지켜낼 수 있었다.

"내가 물러서면 너희가 나를 쏴라." 제1 사단 사단장 백선엽 준장의 진두지휘: 백선엽(白善燁, 1920~2020) 장군은 북한군의 공격을 받아 후퇴하고 있는 부대원을 세워놓고 훈시했다. "사단장이 직접 선두에 서서 나갈 테니 내 뒤를 따르라. 내가 선두에서 물러나면 너희들이 나를 쏴라."[782] 이에 감동(感動)한 장병들은 곧바로 역습(逆襲)을 감행하여 자신들이 버리고 후퇴했던 고지(高地)를 30분 만에 탈환했다. 이를 지켜보고 있던 미 제27 연대장 존 허시 마이켈리스(John H. Michaelis, 1936~1976) 대령은 "한국군은 신의 군대다(The Korean army is God's)."라는 감탄까지 서슴없이 했다.

낙동강 방어선 중동부지역 작전(Operations in Central and Eastern Nakdong-River Region)[783]

우리나라 육군본부 군사연구소(陸軍本部軍事研究所)의 자료를 기반으로 '중동부지역 작전(中東部地域作戰)'을 살펴보면 1) 북한군 9월 공세와 영천지구 전투(永川地區 戰鬪), 2) 국군 제6 사단 신녕지구(新寧地區)의 전투를 중심으로 전개되었다. 육군 제6 사단, 제8 사단 및 수도사단 등 3개 사단은 전차(tank)로 증강된 북한군 4개 사단 즉 제15 사단, 제13 사단, 제1 사단 및 제8 사단을 상대로 의성(義城), 신녕(新寧), 영천(永川) 일대에서 치열한 공방전을 전개하였다. 북한군의 9월 공세 때 국군은 칠곡군 다부동(多富洞) 방면에서 영천방면으로 전환된 북한군 제15 사단의 기습을 받아 한때 영천을 빼앗(被奪)겼다. 이로 인해 유엔군은 한반도에서 전면철수(全面撤收)까지 고려할 만큼 최대위기(最大危機)를 맞기도 했다. 그러나 제6 사단이 신녕(新寧)에서 감행했던 역공격(逆攻擊)과 제8 사단의 영천탈환(永川奪還)으로 국가존망(國家存亡)의 위기(危機)에서 벗어날 수 있었다.

북한군의 9월 공세(攻勢)와 영천지구(永川地區) 전투: 국군 제8 사단은 북한군 제15 사단의 기습적인 공격을 받아 1950년 9월 6일 영천(永川)을 한때 빼앗겼다. 대구 ▷ 포항을 잇는 횡적 보급로(補給路)상의 전략적인 요충지(要衝地)인 영천(永川)이 침탈당(侵奪當)함으로써 '아군은 동·서간의 보급로가 차단되는 최대위기(The allies are in a major crisis as their supply routes between the East and West are blocked)'를 직면(直面)하게 되었다. 이에 국군 제8 사단에 3개 연대(제7 사단 제5 연대, 제1 사단 제11 연대, 제6 사단 제19 연대)를 증원(增員)하여 국운이 건곤일척(乾坤一擲)에 달린 역습을 감행하여 9월 13일 영천을 다시 빼앗아옴으로써 유엔군이 고려했던 '한반도로부터의 전면 철수계획(Plan for a complete withdrawal from the Korean Peninsula)'은 백지화(白紙化)되었다.

국군 제8 사단의 신녕지구 전투(新寧地區 戰鬪): 9월 6일, 북한군 제15 사단이 영천(永川)을 점령하자 북한군 제8 사단은 흐린 날씨를 틈타 국군 제6 사단이 방어하는 지역으로 주간공격(晝間攻擊)을 감행했다. 이때 날씨가 맑아지면서 무방비(無防備) 상태로 노출된 북한군 제8 사단은 유엔군 공군기(空軍機) 폭격으로 큰 피해를 자초(自招)하고 말았다. 때마침 이 기회를 포착한 국군 제6 사단이 과감하게 역공격(逆攻擊, counterattack)을 가하자 오히려 공격하던 북한군이 방어로 전환했다. 이로 인해 추가증원(追加增員)을 받지 못한 북한군 제15 사단은 그들이 점령했던 영천(永川)에서 고립된 채 국군 제8 사단에 의해 각개격파(各個擊破, defeat each one)되어 개죽음을 당했다.

영천전투(永川戰鬪)의 실패를 질타한 김일성: 1950년 12월 4일 김일성(金日成)은 압록강 섶 별오리(慈江道 滿浦面 別五洞)에서 있었던 노동당중앙위원회(勞動黨中央委員會)에서 "우리는 영천(永川)을 점령했을 때 승리(勝利)할 수 있었고, 영천(永川)을 상실함으로써 패배하였다(We were able to win when we captured Yeongcheon, and we were defeated when we lost Yeongcheon)."라고 언급했다.784 김일성이 영천전투(永川戰鬪)에서 얼마나 많은 기대를 걸고 있었는지를 가히 짐작할 수 있다.

낙동강 동부지역 작전(Operations in the eastern part of the Nakdong River)785

국군 수도사단(首都師團)과 제3 사단은 영덕(寧德), 포항(浦項), 기계(杞溪), 안강(安康) 등을 잇는 동부전선(東部戰線, Eastern Front)에서 북한군 유격대를 포함한 북한군 제12 사단 및 제5 사단의 공세에 맞서 치열한 전투를 전개했다. 특히 국군 제3 사단이 북한군 제12 사단 및 제5 사단에 의

해 영덕 남쪽에서 퇴로가 차단되어 고립되는 위기를 맞기도 했다. 그러나 동해안(東海岸)을 통한 성공적인 철수작전(撤收作戰, withdrawal operation)과 포항지구 방어 전투(防禦戰鬪)를 통해 중부전선(中部前線)을 지키는 반격의 발판(springboard for a counterattack)을 마련했다.

동부전선의 위협(육군본부, 전사연구소)

국군 제3 사단의 해상철수(海上撤收)와 학도의용군(學徒義勇軍)의 사투(死鬪): 1950년 8월 초 영덕(盈德) 남쪽에 위치했던 국군 제3 사단은 북한군 제12 사단이 포항을 8월 11일에 점령하면서 퇴로(退路)가 막혔다. 북쪽으로부터 북한군 제5 사단의 협공(挾攻)을 받아 고립무원(孤立無援) 되었다. 그럼에 국군 제3 사단은 철저한 보안을 유지한 가운데 육군본부의 해상철수(海上撤收) 명령에 따라 구룡포항(九龍浦港)으로 8월 17일에 철수하여 포항지구 방어 임무를 수행했다. 국군 제3 사단은 이 철수작전(撤收作戰)에서 한 명의 사병(士兵)도 남기지 않고 전원(全員)을 철수시켰다. 지역 내 피란민(避亂民)까지 안전지대(安全地帶)로 피신시켰다. 이러한 완벽한 작전이 가능할 수 있었던 건 목숨을 걸고 국군 제3 사단의 후방 지휘소(後方 指揮所, Rear Command Post)를 지켰던 학도의용군(學徒義勇軍, Student Volunteer Corps)의 사투(死鬪)와 희생(犧牲)의 덕분이었다. 이 전투에서 학도의용군(學徒義勇軍) 71명 중 47명이 전사(戰死)하고, 나머지는 실종(失踪) 또는 포로(捕虜)가 되었다.

군번도 계급장도 없이 전선에 뛰어든 무명용사(無名勇士)들: 학도의용군(學徒義勇軍)은 1950년 6월 29일 피란길에 올랐던 학생들이 수원에서 조직한 '비상학도대(非常學徒隊, Emergency Student Unit)'의 시초가 되었다. 1953년 9월까지 전쟁 수행에 기여했다. 이들은 교복을 입은 채 '책 대신 총을(Gun instead of Book)' 메고 전투에 뛰어들었다. 그들은 신장(身長, 키)보다도 더 긴 M1(총, 전장 1.1m, 대검착검 1.55m)을 메고, 소금물 간을 한 꽁당보리 주먹밥을 하나씩 받아 들고 동급생의 환송을 받으면서 전장에 왔다. 군번도, 계급장도 없이 교모를 쓴 채로 많은 희생을 당하기도 했다. 소년병(少年兵)은, 특히 낙동강 전선에서는, 16세에서 17세로 병역의무가 없는 나이 어린 소년들이 나라를 지키겠다는 애국충정(愛國衷情)으로 입대하여 연대 수색대(搜索隊) 및 특공대(特攻隊) 요원으로 치열한 전투에 참여했다. 민간노무단(民間勞務團, Korean Service Corp)은 6·25 전쟁 동안 수송·보급·잡역을 겸한 1인 3역을 담당했으며, 전선 혹은 전후방에서 국군뿐 아니라 미군에게도 배속되어 수많은 탄약과 식량, 무기를 운반하고 부상자(負傷者)를 후송하였다. 특히 무더웠던 날씨에 치러졌던 낙동강 전선의 산악고지전(山嶽高地戰)에서 매우 중요한 역할을 했다.

　낙동강 전선(洛東江 戰線)에서 유엔군 증원 및 국군의 증원: 유엔군은 최초 주일 미군이 한반도에 증원되어 한미연합군으로만 구성되어 있다가 8월 29일 홍콩(Hong Kong)에 주둔하고 있던 영국군 제27 여단이 들어오면서 다국적(多國籍) 유엔군으로 변모했다. 미군 제2 사단을 필두로 미국 본토에 주둔하고 있던 부대들까지 본격적으로 증원하여 작전 운용(作戰 運用)에 융통성을 갖게 되었다. 국군은 사단증편계획(師團增編計劃)에 의해 8월 20일 제7 사단을 재창설하고, 8월 27일에는 제11 사단 창설 준비를 시작하는 한편 미군으로부터 보급 지원 아래 반격을 위한 전투준비(戰鬪準備)를 갖췄다. 다른 한편으로 육군본부는 감소 편성된 미군 전력보강을 위해 모든 미군 사단, 즉 제24 사단, 제25 사단, 제1 기병여단, 제2 사단, 제7 사단에 각각 8,000여 명의 한국군 병력(카투사, KATUSA)을 보충하였다.

IV.
다부동 아마겟돈 전투를 향해서

1.
"방귀 잦으면 똥 싼다"는 격으로

해방 이후 사회적 갈등과 정치적 긴장이 이념논쟁으로

1945년 8월 15일 해방(解放) 이후 우리나라는 완벽한 준비가 되지 않는 상황에서 급격하게 밀어닥친 정치적·사회적 소용돌이(political and social vortex)를 맞아 허둥거리고 있는 사회에 파고는 더욱 거세게 밀고 나갔다. 간략하게 변화적 과도기(變化的 過渡期)를 나열하면 1) 해방과 민족적 환희, 2) 미소 냉전의 시작(beginning of the US-Soviet Union cold war), 3) 정치적 혼란과 사회적 갈등(political turmoil and social conflict), 4) 정부 수립과 정치적 긴장(government establishment and political tension), 5) 경제적 재건과 사회적 급변(economic reconstruction and social upheaval) 및 6) 6.25 전쟁 발생이라는 과정을 겪었다. 마치 위험 물질인 황산(黃酸, H_2SO_4)과 니트로글리세린(Nitroglycerin, $C_3H_5(NO_3)_3$)이 혼합되어 다이너마이트(dynamite)가 생성되듯이 (1) 미소 냉전(美蘇 冷戰)의 시작 (2) 정치적 혼란과 사회적 갈등 그리고 (3) 정부 수립과 정치적 긴장이 혼합되어 자유·공산 진영으로 분열되어 '이념논쟁'이라는 시한폭탄(The Time Bomb of Ideological Debate)'을 만들었다. 결국은 시한폭

Q 남조선인민유격대원 집행
(출처: 자주시보)

탄이 6.25 전쟁이라는 극한상황(極限狀況)으로까지 몰고 갔다.

이런 정치적·사회적 갈등을 겪는 동안에 대구 지역에서는 1946년 10월 1일 속칭 대구폭동사건(大邱暴動事件) 혹은 대구사건(大邱事件)이란 가슴앓이를 했다. 이곳 칠곡(옛, 八莒縣)에서는 1) 신라 시대 팔거산성(八莒山城)에 주둔했던 지방군체제의 10정 가운데 제4정의 삼량벌정(參良火停) 파견부대에서 군율 위반자(軍律違叛者)를 처형했던 곳, 2) 임진왜란 당시에 경상감영(慶尙監營) 혹은 총병유정(摠兵劉綎)의 왜병수용과 처형했던 곳, 3) 해방 이후에 큰 금정골(큰 검정논골) 주변의 군사처형장(軍事處刑場, 1곳)[786] 및 아싯골 군사처형장(軍事處刑場, 2곳)[787]에서 몇 차례 군사적 처형이 이뤄졌다. 6.25 전쟁 발발로 그해 7월에도 대구교도소 수형자를 지천(枝川) 고개 기슭에서 사형했다.

이렇게 군사 처형장이 있었던 연유는, 1) 역사적으로 군사형장(軍死刑場)이 있었다는 사실과 2) 칠곡(七谷)이란 지명에서 북두칠성(北斗七星)의 명부(冥府)로 인식함과 동시에 귀환(歸還)시킨다는 사상 그리고 3) 안양동(安養洞)이란 지명에서 불교의 안양정토(安養淨土) 사상에서 명복(冥福)을 축도(祝禱)했다는 데 연유를 찾을 수 있다.

허태영 대령의 사형집행 장소로 알려진, 금정골

큰 금정골(큰 검정논골 혹은 검정못골)에서 허태영(許泰榮, 1919년 12월 11일~1957년 9월 24일) 대령을 '김창룡(金昌龍, 1920~1956) 특무부대장을 저격한 죄'로 1957년 9월 24일 14시 30분경에 오늘날 칠곡IC(관음동 큰 금정골)에서 관련자 4명이 헌병대에 의해 총살로 처형했다. 사진의 처형 장면은 1950년 4월 남조선인민유격대원 38명의 처형 장면이다.[788] 허태영의 공개적인 처형장소(處

刑場所)는 육군정보(통신)학교 야외사격장(慶山)에서 처형한다고 알렸다.[789] 그러나 비밀리 군사작전(軍事作戰)으로 이곳 큰 금정(검정)골에서 집행했다. 처형장 인근 돌고개까지 수형자를 군용차량으로 군사적 기밀로 이송하고, 헌병대원(오늘날 군경찰)의 엄격한 경호 아래에 수형자(受刑者)를 큰 금정골로 걷게 함과 동시에 민간인(民間人)의 접근을 엄금했다. 물론 처형은 군사작전(軍事作戰)으로 비밀리 추진했다. 사후 피형자 시신 처리(被形者 屍身 處理)는

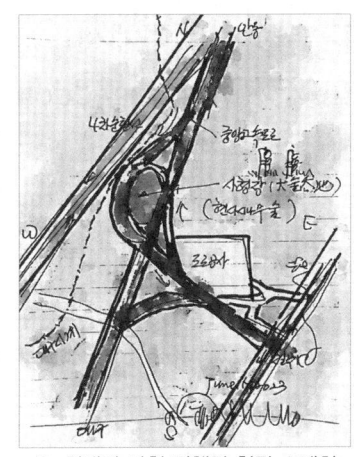
Q 허대령 사형 집행장 현장 스케치

연고자가 있는 시신은 찾아갔다. 그러나 무연고자는 이후에 연고자(緣故者)가 나타날 경우를 대비해 각목(角木)에다가 성명과 생년월일을 적어 비목(碑木, stele-wood)을 설치하고 가매장(假埋葬)을 했다.

김창룡 저격사건(金昌龍 狙擊事件)이란 1956년 1월 30일 아침 7시 30분 육군 특무대장 김창룡(金昌龍, 1920.7.18.~1956.1.30.) 소장(小將)을 원효로 5가 자혜병원 노상에서 누군가 저격(狙擊)하는 사건이 발생했다. 이승만(李承晩, 1875~1965) 대통령은 김창룡을 중장(中將)으로 추서했고, 사건 연루자 6명 모두 군사제판에서 사형선고(死刑宣告)를 당했다. 배후 최고 책임자 강문봉(姜文奉, 1923~1988)과 배후사주(背後使嗾, instigate behind the scenes) 교사자 이진용(李珍鎔, 1920~1991)은 무기형으로 감형되었고, 나머지 4명은 큰 금정골(큰 논골)에서 총살형으로 처형되었다. 역사적인 아픔을 안고 있었던 형장의 옛 모습은 1995년 8월 29일 중앙고속도로(中央高速道路)가 건설되고부터 현재 칠곡IC의 안동 ▷ 칠곡 진입로(Ramp) 안에 은사시나무(Populus tomentiglandulosa) 숲으로 덮여있어 아무도 모르고 있다.

2. 다부동(多富洞)에서 아마겟돈(Armageddon) 전투가 있기까지

다부동(多富洞)의 어제와 오늘

이 글을 쓰고자, 2024년 6월 24일부터 6월 26일까지 낙동강 칠곡보 옆 칠곡호국평화기념관(漆谷護國平和記念館), 자고산 전망대(鷓鴣山 展望臺), 수암산(水巖山, 숲데미산) 및 328고지의 시산혈하(屍山血河)의 현장, 유학산(遊鶴山), 천평리 금화계곡(泉坪里 錦華溪谷), 다부동(多富洞), 가산산성(架山山城), 팔공산(雉箕峰), 도덕산(道德山), 315고지 및 동명국민학교(東明國民學校, 1934년 3월 39일 개교)의 당시 국군 제1 사단의 사령부(司令官 白善燁 准將) 등을 둘러봤다.

🔍 백선엽 장군 호국구민비(다부동 전적기념관)

그리고 인근에 있었던 전적비(戰績碑) 혹은 충혼비(忠魂碑)까지 살펴봤다. 1951년 4월 1일에 세워진 백선엽(白善燁) 장군의 호국구민비(護國救民碑), 1955년 10월 3일 충혼비(忠魂碑), 1959년 3월 31일 왜관지구 유엔전승비, 1971년 1월 15일 미군 제8군 제27 연대 전승비, 1971년 12월 15일 다부동 전승비(Memorial of the Bowling Alley), 1973년 9월 18일 백선엽(白善燁) 장군 전적비, 1978년 7월 1일 왜관지구 전적비(倭館地區 戰績碑), 1988년 구국 경찰 충혼비(救國警察忠魂碑)[790] 및 1995년 6월 24일 국군 용사 충혼비 등이 호국선열(護國先烈)들의 6.25 동란의 아픔이 '소리 없는 아우성

(silent scream)' 혹은 '아물지 않는 상처(wound that doesn't heal)'로 남아있었다.

   1950년 6.25 전쟁 당시 전투현장으로 들어가면, 1950년 8월 3일부터 29일까지 6.25 전쟁 도중 지금의 경상북도 구미시 해평면(海平面), 경상북도 의성군 단밀면 낙정리(洛亭里), 경상북도 칠곡군 가산면 다부리(多富里)를 중심으로 숲데미산(이하 수암산으로 통칭) 및 유학산(遊鶴山) 일대에서 대한민국 국군(國軍)과 북한군(朝鮮人民軍) 사이에서 벌어진 전투가 있었다. 낙동강 전선의 요충지(要衝地, 충돌이 필요한 지역)인 다부동(多富洞, Tabudong)을 가운데 놓고 백선엽(白善燁) 준장 등이 이끄는 국군 제1 사단과 미군 2개 연대가 큰 희생을 감수하면서 지켜냈다. 이로써 북한군(혹은 인민군)은 공세 종말점(offensive endpoint)에 도달했다고 생각했다. 선택지는 유일하게 유엔군은 추후 반격의 계기를 마련해야 했다. 제1차 세계대전 서부전선 독일제국군(獨逸帝國軍)과 프랑스군 사이에 1916년 2월 21일부터 12월 18일까지 9개월간 장기간 전투를 했던 프랑스 베르됭(Verdun) 지역이 있었다. 그래서 다부동 전투(Battle of Tabudong)를 '동양의 베르됭 전투(Battle of Verdun in the East)'라고 표현했다. 1916년 5월 23일, 프랑스 육군 알프레트 주베르(Alfred Joubert) 보병 중위의 일기에 적혀있기를 "인류는 미쳤다. 지옥도 이보다 더 참혹할 수는 없다. 미치지 않고서야 이런 짓을 할 수 없다. 이 학살극을 보라! 이 공포와 주검들을 보라! 내가 받은 인상을 말로는 표현할 수 없다. 인류는 미쳤다(Je ne peux pas exprimer avec des mots l'impression que j'ai reçue. L'humanité est folle)!"791

   이렇게 참혹한 싸움터는 오늘날 행정구역 명칭인 '다부동(多富洞)'이 아닌 칠곡군 가산면 '다부리(多富里)'였다. 동네 이름은 '부자들이 많이 모여 사는 동네(多富人洞)'였다. 전투 당시의 지명을 그대로 따라 '다부동 전투(Battle of Tabudong)'라 부렸다. 조선 시대 역원 가운데 '다부원(多富院)'이 이곳에 있었다. 조선 시대 때 인동군(仁同郡) 석적면(石積面)에 속했으나 1914년 일제강점기 때 칠곡군 가산면(架山面)에 편입되어 오늘날까지 왔다. 북쪽 배산(背山, 동네 뒷산)으로 백운산(白雲山, 713.4m)과 황학산(黃鶴山, 762m)이 내려오고, 조수(朝水, 동네 앞 물)으로 한천(漢川)이 흐르고 있으나 고려 및 조선 시대는 소야강(所也江, 혹은 所耶灘)이라고도 했다.

칠곡읍지(漆谷邑誌)에서는 소야강(所也江)을 고려 말 왜구 침입으로, 배 씨(裵氏)라는 한 열부(裵烈婦) 여인이 순절사(殉節死)했던 곳이라고 적고 있다.792 자세한 내용은 1431년에 편찬한 「삼강행실도

Q 세종 때 삼강행실도의 열부입강도

(三綱行實圖, 烈婦入江篇)」에 고려 말 왜구가 이곳을 침입하여 배중선(裵中善)793의 딸이고, 낭장(郎將) 이동교(李東郊)794의 아내가 있었다. 왜구들이 그녀를 겁탈하고자 하자, "사악하고 더러운 네놈들에게 치욕을 당하느니, 차라리 자결하겠다(寧願自殺,不要惡辱)." 하고 소야 개울 물에 뛰어들어 순절사(殉節死)했다.795 지금도 소야 고개(所也峙, 246m) 이정표가 설치되어 있으며, 한천(漢川)과 팔거천(八莒川)의 분수계(分水界)를 이루고 있다.

경상북도에서 지난 1988년까지 읍·면(邑面)의 하위 행정구역 단위로 '동(洞)'이 있었으나, 2013년 12월 현재 다부리(多富里)의 면적은 7.9㎢, 거주민은 2011년 8월 현재 218가구 432명, 2013년 12월 현재 234가구 419명, 2022년 말 현재는 350여 명이 살고 있는 작고 평화로운 동네다. 쌀농사, 양봉, 복숭아 등의 과수 재배(果樹栽培), 느타리버섯 등의 시설경작재배(耕作栽培)가 많았다. 이렇게 아담하고 평온한 동네에서 6.25 전쟁의 혈하시신(血河屍山)이란 아수라장(阿修羅場)이 되었다는 사실을 누구라도 믿기 어렵다.

다부동 전투 이전 상황

먼저, '다부동 전투(多富洞戰鬪, Battle of Tabu-Dong)'에 대하여 자유롭게 접근이 가능한 나무위키(namu.wiki) 백과사전을 저본(water mark, 底本)으로, 별도의 첨언(添言)이 필요한 것에만 주석을 붙인다. 다부동 전투(多富洞 戰鬪)라고 현재 다부동전적기념관(多富洞戰績紀念館)이 있는 다부동 인근 전투뿐만 아니라. 이전과 이후 전투라도 관련성이 있는 것 모두를 가능한 한도에서 서술한다.

오늘날 미국 육군사관학교인 '웨스트포인트(West Point)'나 해군사관학교인 아나폴리스(Annapolis: United States Naval Academy)에서도 동양의 『손자병법(孫子兵法)』, 『육도삼략(六韜三略)』, 『삼국지연의(三國志演義)』와 같은 동양고전(東洋古典)에서 전략과 전술(戰術)을 익히고 있다.796 그들이 이렇게 배우는 이유는 6.25 전쟁과 베트남 전쟁(Vietnam War)에서 '군사적 속임수(military deception)'에 많이 당했기 때문이다.

동양(東洋)에서는 전쟁(戰爭)이란 "대체로 오직 병영 장막 안에서 작전 하나 세웠는데도 몇천 리 밖에서 벌어지는 전투에도 크게 영향을 미친다(夫運籌策帷帳之中, 結勝於千里之外)."797, 798라고 했다. 이런 군사적 전략(軍事的 戰略)의 중요성을 6.25 전쟁 때도 미 태평양 사령관이 더글러스 맥아더(Douglas MacArthur) 원수(元帥)도 '전략과 전술은 무기나 병력에 비견된다(Strategy and tactics are comparable to weapons and troops).'라는 생각을 못 했다. 그래서 전투현장에 있었던 미 제8 군사령관 워커 중장(Lieutenant General Walker)마저도 "북한군을 북으로 물리치는데 한 주일이면 충분할 것이니 38도선 이북으로 원상복구(原狀復舊) 하시오(One week will be enough to drive out the North Korean army, so restore the original situation north of the 38th parallel)."라고 대수롭지 않게 판단하고 명령했다.

우리나라 다부동 전투(多富洞 戰鬪)에 관련된 제2군 군단장 유재흥(劉載興) 준장이나 제1 사단 사단장 백선엽(白善燁) 준장도 일본제국 관동군(日本帝國 關東軍)에서 익힌 '앞으로 돌격(前方に突擊)!'만이 유일한 전술이고, 전략으로 체질화되어 있었다. 따라서 그들의 사전(事典)에는 '이보(二步) 전진을 위한 일보(一步) 후퇴(One step back to advance two steps forward)'는 없었다. 물론 이는 원광법사(圓光法師, 555~638)가 화랑도 귀산(貴山, 출생 미상~602)에게 세속오계(世俗五戒)를 전수하여 화랑오계(花郎五戒)로 자리 잡았던 '임전무퇴(臨戰無退)'799가 전승(傳承)된 것이다.

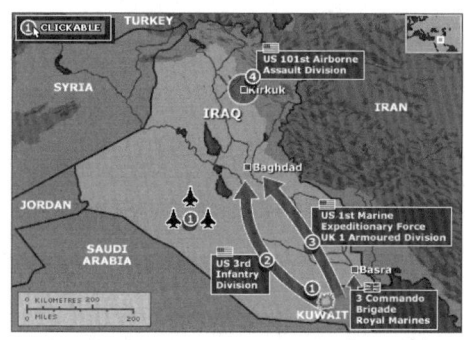

Q US, Iraq-Attack Operation Map(2003.4.9.)

앞으로 작전개념 없이 전투했던 몇 가지 사례론 1) 북한 전차(탱크) '도하작전의 속임수(trick of the operation across the river)'를 읽지 못하고 속임수에 넘어가 고스란히 허(虛)를 찔린다. 2) 미군에게 지원을 요청해 북한군 진지를 폭격해야 하는데 미군 포병대대는 우군(友軍) 국군 제3 사단 진지를 소탕해 북한군으로부터 박수갈채(拍手喝采)를 받았다. 3) '미군과 한국군의 엇박자(the US and Korean militaries are out of sync)'로 점령할 수 있었던 고지(高地, Hill)마저도 몇 번이고 실패해 아군의 피해만 키웠다. 4) 빈틈없다고 생각했던 작전도 사각지대(blind spot)를 만들어서 북한군을 불러들여 전투실패를 자초했다. 5) 동명원(東明院, 東明國民學校)800에 설치한 제1 사단사령부는 북한군 유격대(遊擊隊)의 야간기습을 당했다. 심지어 한 대낮(high noon)에서도 기습공격(奇襲攻擊)을 당하기도 했다. 인파이터(infighter) 복서는 앞에서만 공격하나, 전쟁의 현실은 아웃복서(out-fighter)처럼 뒤통수까지도 친다는 걸 도외시(度外視)했다.

다부동 전투(多富洞 戰鬪) 이전에 상황을 살펴보면 월턴 해리스 워커(Walton Harris Walker, 1889~1950) 미 제8 군사령관이 1950년 8월 1일 "낙동강 방어 전선을 구축하라(Build the Nakdong River Defense Line)"는 명령에 따라, 유엔군이 낙동강 남안(南岸)에서 철수하여 방어선을 구축하려 할 때, 이미 1950년 7월 20일 김일성은 수안보 전선사령부(戰線司令部, Frontline Command Headquarter)에 독려 사찰하러 왔다가 하룻밤을 보내면서 인민군 최고사령관 김책(金策, 본명 金洪啓 1903~1951)에게 7월 21일 내린 "8월 15일 이전에 부산을 함락(陷落)하라. 그렇게 하여 제5주년 8.15 광복행사를 부산에 거행하자."라는 지령(指令)에 따라 인민군은 UN군에게 시간을 주지 않기 위해 맹추격전(猛追擊戰)을 전개했다. 낙동강 북부 전선에서는 8월 5일을 기해 낙동강 도하(渡河)작전을 완료하게 되어있었다.

이때 낙동강 북부 전선을 담당한 북한군 제2군단은 북에서 남으로 7개 사단을 전개해 대구를 탈취하고, 부산까지를 점령하고자 했다. 즉 북한군 제1군단은 서(西)에서 동(東)으로 4개 사단을 전개하여 영산(靈山), 함안(咸安) 그리고 마산(馬山)을 잇는 전선(front-line)을 뚫고 부산(釜山)을 점령하려 했다. 주공축선(主攻軸線, main attack axis)에는 5개 사단이 집중된 대구(大邱, Taegu) 방면, 그 가운데서도 증강된 3개 사단(북한군 제3, 제13, 제15 사단과 제1 사단 일부)이 공격

🔍 6.25 전쟁 부산 방어 시계(視界)

을 감행한 대구 북방의 국군 제1 사단 정면이었다. 이렇게 대치하는 바람에 일명 '8월 대공세(The Great August Offensive)'라는 '핏빛 전투의 태풍(Typhoon of Bloody Battle)'이 몰아치기 시작되었다.

'망치와 모루(hammer and anvil)'[801] 방어선(defence line)

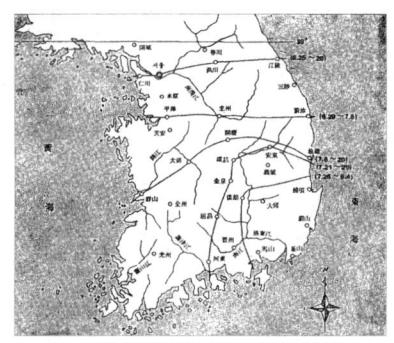

Q 6.25 전쟁 당시 방어전선의 변동

고대 서양전투(古代西洋戰鬪)에서 중장보병(heavy infantry) 혹은 팔랑크스(phalanx)가 모루(anvil)로 기병(騎兵)이 망치(hammer)로 역할을 분담하여 적을 섬멸했던 전략으로 알렉산더(Alexander, BC 356~BC 323), 한니발(Hannibal, BC 247~BC 181), 칭기즈칸(Genghis Khan, AD 1162~AD 1227) 등이 많은 승리를 챙겼다. 당시까지 이를 교묘하게 응용하면 승리를 얻어 챙긴다고 모두가 확신했다. 마치 대장간 대장장이(black smith)들이 망치로 쇠를 두들겨 팰 때 꼼짝달싹도 못 하게 밑에다가 반드시 모루를 받쳐놓는다. 낙동강(river)과 주변 고지(高地, Hills)들이 마치 로마제국의 팔랑크스(Phalanx) 중무장보병(重武裝步兵)처럼 모루 역할(anvil role)을 할 거라고, 그리고 몰려오는 북한군은 '해머와 모루(hammer and anvil)'에 짓이겨 떼죽음을 당할 것이라고 믿었다.

전쟁터를 마치 사냥터처럼 모두가 함께 토끼몰이 사냥을 하듯이 지형지물을 이용한 방어선(defense line)이란 '평면상 그물의 벼리 개념(concept of a net on a flat surface)'을 도입해서 이용해 왔다. 전투(戰鬪)란 사업

계획(project)에 있어, 시간적 관리차원(時間的 管理次元)에서 최소비용으로 최대효과를 올리기 위한 '마감 시간(dead-line)' 혹은 '동원시간(mobilization time)'을 정했다. 한편 장소적 관리차원(場所的 管理次元)에서 '마지노선(Maginot line)' 혹은 '방어선(defense line)'을 만들어 통제가 가능하게 판을 짠다. 1950년 6.25전쟁에서 방어선(防禦線)을 작전지도(作戰地圖)에다가 선을 그었다가 변경했던 사례를 살펴보면, 1) 1950년 6월 26일부터 6월 28일까지 제1차 방어선은 인천(仁川) ▷ 서울 ▷ 홍천(洪川) ▷ 강릉, 2) 6월 29일부터 7월 5일까지 제2차 방어선은 평택(平澤) ▷ 충주(忠州) ▷ 울진, 3) 7월 6일부터 7월 20일까지 제3차 방어선은 군산(群山) ▷ 대전(大田) ▷ 김천(金泉) ▷ 속초, 4) 7월 21일부터 7월 25일까지 제4차 방어선은 하동(河東) ▷ 거창(居昌) ▷ 함창(咸昌) ▷ 안동(安東) ▷ 속초, 5) 7월 26일부터 8월 4일까지 제5차 낙동강 방어선으로 마산(馬山, 진동리) ▷ 창녕(昌寧, 신제리) ▷ 김천(金泉) ▷ 예천(醴泉) ▷ 안동(安東) ▷ 영덕으로 설정했다. 그러나 최후의 마지노선으로 생각했던 낙동강 방어선도 8월 11일에는 포항(浦項) ▷ 기계(杞溪) ▷ 신령(新寧) ▷ 팔공산(八公山) ▷ 칠곡 다부동(多富洞) ▷ 왜관(倭館) ▷ 낙동강(洛東江)으로 다시 변경되어 후퇴하였다.

1950년 6.25 전쟁이 발발(勃發)하여 북한군 공세를 막고자 방어선을 치는 과정까지 오는 동안에 전투력의 손실은 병력 7만여 명(당시 국군병력의 71%)의 병력을 잃었다. 6.25 전쟁이 터지기 직전(直前)은 국군의 병력은 8개 사단, 9만5천 명이었으며, 38도선(軍事分界線)에는 4개 사단을 배치하고 있었다. 당시 국군은 참모총장(參謀總長)부터 사단장(師團長)에 이르기까지 일본제국(日本帝國) 관동군(關東軍), 남방군(南方軍) 등의 일본육군 출신이었다. 그들이 사용했던 핵심전략과 전술은 오직 하나 '돌격 앞으로(突擊前へ)!'였다. 이에 비해 돌격전(突擊戰), 포위전(包圍戰), 유격전(遊擊戰) 및 각종(各種) 기만전술(欺

瞞戰術)에 능숙했던 북한군에게는 조금도 먹혀들지 않았다. 국군은 뾰족한 방법을 찾지 못했다. 결국은 미군과 유엔군이 올 때까지 '버티기 후퇴(hold-on retreat)'만 거듭했다. 당시 국군 주요사령관의 과거 경력을 살펴보면,

구분	육군참모총장	제2군 단장	제1 사단장	제11 연대장
사령관	정일권(丁一權)	유재흥(劉載興)	백선엽(白善燁)	김동빈(金東斌)
생몰 연도	1917 ~ 1994	1921 ~ 2011	1920 ~ 2020	1923 ~ 2002
주요 경력	- 조선경비사관학교장 - 3군 총사령관 - 육참모총장 - 국무총리 - 국회의장	- 일본군 육군 대위 - 한국육군 중장 - 대한석유공사 사장	- 만주군 중위 - 한국 육군대장 - 캐나다 대사 및 프랑스 대사 - 한국종합화공사 사장	- 국방경비학교 졸업 육군 소위 - 6.25 당시 제11 연대장 - 국방부 군수차관보

고대 전쟁사(古代戰爭史)에서는 『오기병법(吳起兵法)』에서 "무능한 지휘관은 적군보다 더 무섭다(無能將是, 更怕比敵)."라는 말이 있었는데, 근대전(近代戰)에서 나폴레옹(Napoleon Bonaparte, 1769~1821)도 "무능한 지휘관에 유능한 적보다 더 무섭다(Un commandant incompétent est plus effrayant qu'un ennemi compétent)."라고 말했다. 무능한 아군의 지휘관이 유능한 적장보다도 아군(我軍)과 백성(百姓)들 더 많이 죽인다.

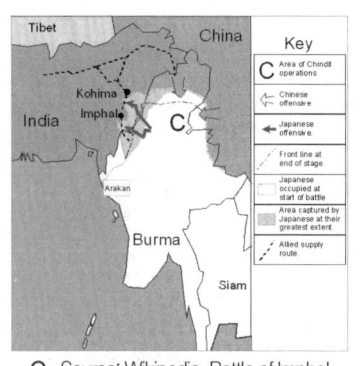
Source: Wikipedia, Battle of Imphal

일본제국 육군 출신의 장군들이 지닌 가장 취약점은 아시아 대륙 전체가 일본 식민지였기에 군사 보급이라는 개념이 전혀 없었다. 어떤 보급선도 없이 현지 조달이 다 가능했기에 병참 혹은 보급이란 개념조차 없었다. 여기에다가 식민지 백성을 징집해서 끌고 오면 되었기에 병사

(병사)들을 탄약과 같은 소모품으로 인식했다. 다 쓰고 없으면 곧바로 징집(徵兵)하면 된다는 생각이었다.

일본제국 장군 가운데 가장 대표적인 무능한 장군으로 일본인들이 생각하는, 육군 무타구치 렌야(牟田口廉也, むたぐち れんや 1888~1966) 장군이다. 1943년 제15 사단장에 취임하면서 3월 8일에서 7월 3일까지 임팔작전(インパール作戰)에서 "일본군은 초식동물이기에 전쟁 중에 풀을 뜯어 먹으면서도 전쟁을 할 수 있다(日本軍は 草食動物であるため, 戰爭中に草を開けて食べながらも戰爭ができる)."라고 장담하면서 병참과 보급을 아예 무시했다. 그 결과는 일본군은 최소한으로 봐도 3만여 명은 굶어서 죽게 되었다.

일본제국(日本帝國)의 대동아공영권(大東亞共榮圈), 즉 '아시아의 공동번영을 위한 대동아전쟁(大東亞戰爭)'을 평가하면 "이스트 뉴기니(East New Guinea)에서는 90%, 임펄(Imphal) 작전에서는 80%, 일본군이 가장 많은 50만의 사망자를 낸 필리핀에서는 40만 명, 중국 본토에서는 절반이 아사(餓死)했다. 일본군의 전투 지역(戰鬪地域)을 평균하면 실로 6할 이상 140만 명이 굶어 죽거나 영양실조(營養失調)가 원인이었던 병사(病死)였다."802 적군으로부터 총격을 받아서 죽기보다 무능한 국가지도자로부터 '소모품 소진 작전(消耗品 燒盡作戰, Operation Consumables Depletion)'에 희생되었다.

전쟁이란 재앙(人災) 뒤에는 반드시 대기근(天災)과 같이 찾아온다

동서고금(東西古今)을 막론하고 전쟁(戰爭) 뒤에는 반드시 대기근(大饑饉)이 뒤따라온다. 그 이유는 참으로 간단하다. 1) 생산인력이 전투병력(戰

鬪兵力)으로 혹은 노무단(勞務團) 등으로 충원된다. 2) 생산농경지를 떠나 피난 생활로 농사작업의 적기(適期)를 잃고 만다. 3) 학교, 종택(향교, 서원 등) 등의 건물과 토지가 징발되어서 전투시설을 사용된다. 따라서 전쟁으로 흉년이 들고 따라서 폭증하는 병참물자(兵站物資)를 우선적 공급하다가 보니 민간수요(民間需要)에는 반드시 기근(饑饉)과 품귀현상(品貴現狀)이 찾아오게 된다. 1592년 임진왜란, 1950년 6.25 전쟁으로도 예외 없이 기아(飢餓)가 닥쳤다. 그래서 윌리엄 셰익스피어(William Shakespeare)는 "불행은 결코 혼자서 단독으로 오지 않고, 대대 병력으로 온다(Misfortune comes from generation to generation)."라고 했다.803

오늘날 우리들은 "현대전(現代戰)은 병참이 생명선이다(In today's war, logistics is the lifeline)."라고 외친다. 그러나 6.25 전쟁 당시 병참전략(兵站戰略)을 갖춘 계기는 미 제8군 사령관 월튼 해리스 워커(Walton Harris Walker) 중장이 오고부터다. 그는 미국의 전쟁사를 통해서 보급 중시를 배웠고, 체득했던 장군이었다. 미국 독립전쟁 때에도 대륙군대 너새니얼 그린(Nathaniel Green, 1742~1786) 소장은 "물류는 충분하지 않으면 전쟁에서 승리할 수 없는 것입니다."804라고 병참의 중요성을 강조했다. 6.25 전쟁 당시에 캠프 워커(Camp Walker) 기지에는 얼마나 보급품을 챙겼는지 대구시민은 아직도 군화(軍靴)를 '워커 화(Walker shoes)'라고 한다. 군부대에 나오는 잔반(殘飯, 버려진 짬밥)에다가 물을 타서 끓인 죽(탕)을 '꿀꿀이죽(모조리 탕)', '유엔 탕(UN Stew)' 혹은 '워커 탕(Walker Stew)'이라고 했다.

당시 칠성시장(七星市場)에 10환 지폐 한 장이면 꿀꿀이죽을 밥그릇에 철철 넘치도록 가득히 주었다. 재수 좋은 날에는 미군의 이빨 자국이 있는 소시지(sausage)도 맛볼 수 있었다. 윤항기(尹恒基, 1943년생)와 윤복희(尹福姬, 1946년생) 남매 가수가 6.25 전쟁 고아로 미군의 짬밥 통에 미군

양키(GI)들이 버린 양담배가 꿀꿀이죽에 섞여 나와 맛봤다고 했다. 오늘날은 짬밥 통에서 잔반(殘飯, 먹고 남아 버리는 음식)을 양돈(養豚) 농가에서도 사용하지 않는다. 그 이유는 1) 각종 전염병과 염분이 많아서 돼지가 염분 중독증(鹽粉中毒症)에 걸려 크지 않고, 2) 또한 식물재배용 비료(肥料)를 만들거나 가축 사료(家畜飼料)로도 나트륨의 역삼투압 현상으로 백엽 현상(百葉現狀)을 발생시킨다. 요사이는 우리나라에서 열병합발전소(熱竝合發電所, Combined Heat and Power Generation) 등 소각장(燒却場)에서 연료로 사용하나 다이옥신(Dioxin)을 발생시킨다고 문제가 되고 있다.

한편, 의정부(議政府), 포천(蒲川), 왜관(倭館), 대구(大邱), 이태원(利泰院) 혹은 용산(龍山) 등 미군 부대에서 나온 각종 부식품으로 찌개를 끓인 별미를 오늘날 우리는 '부대찌개(Budae-jjigae, Army-Base Stew)'[805]라고 한다. 1966년 10월 31일 린든 존슨(Lyndon Baines Johnson, 1908~1973) 대통령[806]이 한국을 방문해 베트남 전쟁(Vietnam War)에 한국군 전투병 파병을 요청했다. 이때 만찬 식탁에 부대찌개(Army-Base Stew)를 올려놓고 박정희(朴正熙, 1917~1979) 대통령과 나눠 먹으면서 국정을 협의했다고 당시 언론에서는 '존슨탕(Johnson Stew)'이라고 보도했다.[807]

당시 이곳 대구는? 거주민 34만 명이었는데 전국에서 피란민으로 100만여 명 이상 몰려왔다. 당시 시인들의 표현을 빌리면 '하수구의 모기 애벌레 마냥(like mosquito larvae in a sewer)' 혹은 '재래식 변소에 구더기처럼(like maggots in a traditional toilet)' 대구에서는 피란민들이 바글거렸다. 거처하는 집이라고 하천 바닥이나 군부대 인근에서 주워 모은 보드박스(Board Box) 조각으로 '겨울 찬바람 막이' 역할이 전부였다. 당시 대구에서는 배고픈 데다가 겨울 찬바람이 보드박스 틈새로 들어오는 걸 "바늘구멍에 황소바람이 들어온다."라고 했다.

심지어 죽은 인민군(人民軍)의 군복을 벗겨, 군복을 그대로 못 입게 했기에, 모양을 개량하거나 색깔을 다르게 시커멓게 염색해서 입었다. 북한군들이 비상군량미(非常軍糧米)였던 미숫가루(參禪食, 볶은 보릿가루)808, 809 자루를 허리나 어깨에 휘두르고 내려왔다. 죽은 북한군을 보면 그날은 온 가족이 미숫가루로 포식(飽食)한다. 얼마나 가난했던지, 학도병(學徒兵)으로 입대하는 아들의 환송식장에서 점심으로 먹으라고 꽁당보리밥을 소금물에 적신 주먹밥이 한 개가 전부였다. 누나라도 있는 가정에서는 평소 긁어모아 두었던 밥 누룽지 한 덩어리를 얻어 감추었다. 부잣집에서는 망개(청머루) 잎에다가 싼 망개떡을 환송 선물(歡送膳物)로 받았다.

🔍 황금광 시대, 군화를 삶아 먹는 명장면

칠성시장에서는 죽은 군인들의 군화(Walker shoes) 가죽을 푹 삶아서 만든 '워커 쇠고기(Walker Beef)'를 술안주로 팔았다. 한 접시에 10환으로 기억된다. 소주 한잔이면 천하에 부러울 게 없었다. 당시 회상되는 어른들의 표현은 "워커 쇠고기 한 접시와 소주 한 병이면 대구시장은 눈 아래로 내려다보인다(With a plate of Walker beef and a bottle of soju, you can overlook the Daegu Mayor)."였다. 구두 쇠가죽을 삶아 먹는 건 1925년에 상영되었던 미국 영화「황금광 시대(The Gold Rush)」에서 찰리 채플린(Charles Chaplin, 1889~1977)이, 당시도 배가 너무 고파서 구두를 삶아 쇠가죽 구두끈을 스파게티(spaghetti)처럼 먹는 명장면(名場面)이 나왔다.

사기(士氣, morale)는 바닥 모르게 떨어지는 데, 적의 공세는 세차지기만 했다

　최소 인력(最少人力)으로 최대 방어효과(最大 防禦效果)를 낼 방어선(防禦線, defense line)을 설정한 작전계획(project) 개념으로 군사작전(軍事作戰, military operation)을 전개했다. 오늘날 군사용어(軍事用語)로 '정밀한 외과수술(precision surgery)' 혹은 '참수작전(斬首作戰, operation decapitation)'은 아니더라도 자체적 군사작전(自體的 軍事作戰)의 진용(陣容)을 갖춰 갔다. 이때 작전명령 가운데 보급작전(補給作戰, supply operations)을 포함해서 살펴본다면 육군본부 지휘관 정일권(丁一權)은 14건, 제2군 단장 유재홍(劉載興) 13건, 제1 사단장 백선엽(白善燁) 7건 그리고 제11 연대장 김동빈(金東斌)은 16건의 군사작전을 했다.

　당시 우리 국군의 실정을 살펴보면, 1) 사단병력(師團兵力)은 7천여 명 수준이었다. 2) 비로소 곡사포(曲射砲) 105mm 1정씩 대대(大隊)에 보급되었다. 3) 약간의 고참병(古參兵) 외 나머지 병력은 대부분 1주간의 훈련(訓練)밖에 못 받았던 수준이었다. 4) 개인별 지급된 화기(火器)는 지극히 미약해 임진강(臨津江)에서 낙동강(洛東江)까지 지연전(遲延戰)을 하는 동안 병사들의 사기(士氣, morale)는 바닥 없이 떨어졌다. 북한군(北韓軍)의 8월 대공세를 저지해 대구사수(大邱死守)에 전차 30대 격파, 북한군 전사상자(戰死傷者) 17,500여 명이었으나 아군 피해(我軍被害)도 1만여 명이 되었다. 국군 제1 사단에만 하루 240여 명이 23일간 5,520여 명이 '전장의 이슬(dew of the battlefield)'로 산화(散華)했다. 마치 병사들은 "아침 햇살이 오르자 새벽에 풀잎마다 맺힌 이슬이 하나씩 사라졌다(As the morning sun rose, the dew that had formed on each blade of grass disappeared one by one)."라는 어느 시인(詩人)의 표현이 맞았다. 그 순국영령(殉國英靈)들은 하나씩 별이 되어 오늘 우리의 밤하늘에서 우리의 자유를 지켜주고 있다(The spirits of those martyrs have become stars one by one and are protecting our freedom in our night sky today).

3.
6.25 전쟁의 아마겟돈(Armageddon) 전투를 다부동(多富洞)에서

북한군은 '8월 대공세(August's Great Offensive)'에 전력투구했다

1991년 사회과학원 역사연구소 등에서 출간한 『조선전사(朝鮮戰史)』에 북한군의 8월 대공세(八月大攻勢, August Great Offensive)에 대해서 "제4차 작전방침은 연속적인 타격과 대담한 기동작전으로 김천 ▷ 함창 ▷ 안동지역 등에서 포위 소멸하고, 신속하게 낙동강을 강행도하(强行渡河)해 북한군(적)의 기본집단을 대구일대(大邱一帶)에서 포위 소멸(包圍 掃滅)하는 것이었다. 그리고 마산(馬山) ▷ 대구(大邱) ▷ 영천(永川) ▷ 포항(浦項)을 잇는 선(契線, Lineage)으로 진출함으로써 조국강토(祖國疆土)에 최종적으로 남한을 격멸소탕(擊滅掃蕩)하기 위한 유리한 조건을 마련하는 것이다."810라고 지령(指令)을 내렸다.

북한군	예하부대	공격축선
제1 군단	제6 사단	마산-대구축선
	제4 사단	영산-밀양축선
	제3 사단·제10 사단	왜관-대구축선
제2 군단	제13 사단·제15 사단	다부동-대구축선
	제1 사단	군위-대구축선
	제8 사단	의성-영천축선
	제12 사단	기계-경주축선
	제5 사단	영덕-포항축선
지원부대	제105 전차사단·독립기갑연대	

　위와 같은 김일성(金日成)의 지령(指令)에 따라 1950년 8월 1일 북한군은 진격계선(進擊契線, line of attack)은 진주(晉州) ▷ 김천(金泉) ▷ 점촌(店村) ▷ 안동(安東) ▷ 영덕(寧德)에 이르는 전선(戰線)에까지 진출했다. 북한군이 국군 및 미군과 대치하고 있는 상황을 정리하면 1) 수안보(水安堡)에 있던 전선사령부(戰線司令部)를 제1 군단은 김천(金泉)에서, 제2 군단은 안동(安東)에서 각각 공격부대(攻擊部隊)를 지휘했다. 2) 북한군은 낙동강 외곽에다가 제105 전차사단으로 증강된 10개 사단을 배치하고, 예비사단으로 제10 사단을 낙동강(洛東江)으로 남하시켰다. 3) 제7 사단, 제0 사단(混性部隊) 등 2개 사단은 서울에 집결하여 전선 투입 준비, 4) 왜관(倭館) 북방에서 영덕까지 담당은 북한군 제2 군단은 제15 사단과 제13 사단 일부가 국군 제1 사단 정면에, 5) 그 동측(東側)엔 북한군 제13 사단과 제1 사단이 국군 제6 사단 정면에, 6) 그리고 북한군 제8 사단이 국군 제8 사단 정면에, 북한군 제12 사단이 국군수도사단(國軍首都師團) 정면에, 북한군 제5 사단과 제766 부대는 국군 제3 사단과 대치하고 있었다. 7) 왜관(倭館)에서 마산(馬山) 정면을 담당하던 북한군 제1 군단은 제3 사단이 미

제1 기병사단 정면에, 8) 북한군 제5사단은 낙동강(洛東江) 돌출부(突出部, 靈山과 昌寧)에 있는 제24 사단 정면에, 9) 마산(馬山) 서부엔 북한군 제6 사단과 제105 전차사단(戰車師團) 예하 전차연대가 미 제25 사단 정면에 대치하고 있었다. 10) 이 무렵 북한군 제105 전차사단(戰車師團)의 전차 40여 대는 2개 군단으로 나눠 지원하고 있었고, 북한군 제2 사단은 김천(金泉)에 예비집결(豫備集結)하고 있었다.

북한군 전선사령관(戰線司令官) 김책(金策)은 1) 사령부를 수안보(水安堡)에서 김천(金泉)으로 이동하고, 2) 11개 사단을 낙동강 전선에 투입하여 이른바 '8월 대공세(August Great Offensive)'를 감행하기 위하여 병력배치를 1950년 8월 1일에 완료했다. 전선사령부(戰線司令部, front-line command)의 주요공격은 대구에 지향해 대구를 경유, 부산을 점령할 기도(企圖)로 공격을 가해왔다. 7월 20일 김일성은 수안보 전선사령부에서 전선사령관 김책(金策)에게 "8월 15일까지 부산을 점령하라." 하고 지령을 내렸다. 8월 3일 수안보를 방문하여 독전(戰爭督勵)하면서 이번 공세(今次攻勢)에서 특히 미군의 집중포화(集中砲火)를 피할 수 있는 '야간공격(night attack)'을 이용하라고 지시하였다. 다부동 일대의 방어선이 끈질기게 무너지지 않았으므로, 8월 15일 명령 제82호를 내려 8월을 '완전점령의 시기(The period of complete occupation)'로 삼았다.[811]

1950년 8월 15일, 제5주년 광복절(光復節)을 맞이하여 북한군 전선들 가운데 다부동(多富洞)과 마산(馬山), 기계(杞溪) 등 여러 지역에다 총공격(總攻擊)을 가해 국군과 미군이 위기에 처했다. 8월 말에 접어들면서 국군과 유엔군은 이들에게 역습(逆襲, counter-attack)을 개시해 위기상황(crisis situation)이 다소 해소되었고, 전황(戰況)은 소강상태(state of calm)에 접어들게 되었다. 자연스레 서로가 지친 듯이 '공세 종말점(攻勢 終末點, offensive endpoint)'에 이르게 되었다. 서로가 마지막 막판 뒤집기를 위하여 숨 고르기를 했다.

즉 북한군(北韓軍)은 1) 점령지역에서 '의용군(義勇軍)' 징집을 해서 2) 곧바로 훈련을 시켜 부대 인력의 절반 이상을 의용군(義勇軍)으로 재편성했다. 3) 지연전(遲延戰) 이후에 60%가량 소진했던 전투력을 보강하고자 소련으로부터 전차(戰車)를 받아 전력화했다. 4) 그렇게 함에도 낙동강 방어선(洛東江 防禦線, Nakdong River Defence Line)을 돌파하지 못하고 공세 종말점(offensive endpoint)에 도달하고 말았다. 5) 설상가상(雪上加霜)으로 제공권(制空權)을 장악한 유엔군의 맹렬한 폭격으로 병력집결이 어려웠고, 낙동강 축선(洛東江 軸線)을 돌파하기는 교착상태(deadlock)에 빠졌다. 8월 대공세에 실패하였고 '9월 공세(September Offensive)'에 들어갔으나 유엔군의 주간 융단폭격(UN Forces' daytime carpet bombing)을 피해 야간공격(night attack)을 실행했으나 설상가상으로 야간폭격(night-time bombing)마저 멈추지 않았다.

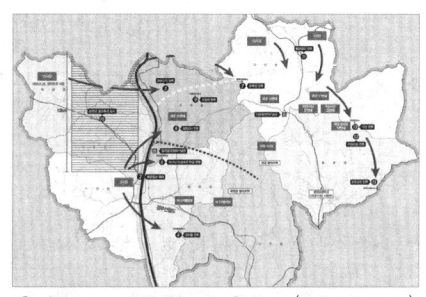
55 days of Battles in Chilgok(chilgok.go.kr)

도둑고양이처럼 해평리(海平里)에서 제1 사단의 도하작전(渡河作戰)

제1 사단 사령관 백선엽 준장(白善燁 准將)을 8월 2일 17시경에 보1 사단명(보병 제1 사단 작전명령) 제25호로 "(국군) 제1 사단은 낙동강을 도하(渡河)해 구미시 장천면 상장동에 진지 함창(咸昌)에서 21시에 작전 개시하며,

다음 날 18시까지 선산군 장천면(長川面) 상장동(上場洞)으로 이동해 그곳에다가 사단본부를 설치 완료한다."812 제1 사단 백선엽 사령관이 지휘하는 제1 보병사단은 함창(咸昌)에서 북한군과 접촉을 끊었다. 8월 2일 밤 9시에 작전을 시작하여 8월 3일 오후 6시까지 낙동강 도하작전(渡河作戰, river-crossing operation)을 성공했다.

낙동강 도하작전(Crossing Nakdong River)을 끝내자마자 제1사단 제15 연대는 약목(若木)과 다부동(多富洞)을 경계선(境界線)으로, 제11 연대는 해평동(海平洞)으로, 보병 제1 사단(국군 제1 사단)의 도하를 엄호하였다. 철수한 제12 연대는 의성군 단밀면(丹密面) 낙정리(洛井里)에 배치했다. 주변 병력의 재배치는 좌측은 미군 제1 기병사단과 연결, 우측으로는 북한군 제1 사단을 추격하여 북한군 제13 사단이 낙정리, 제16 사단이 구미시로, 제3 사단이 왜관읍으로 틈새를 비집고 들어왔다. 당시 국군 제1 사단 제11 연대의 해평지구 전투상황 상보(詳報, 전투 후 종군기자 작성)는 "북한군(적)은 해평(海平)을 점령 후 다시 신주막(新酒幕, 泉坪里)813 인근에서 대구 점령을 목표로 하는 기도(企圖)였다."라고 북한군의 속셈을 간파했다.

다부동 전투(多富洞戰鬪)814의 서곡(序曲)으로 낙정리 전투와 '낙동강 오리 알'

8월 3일, 제1 사단 제12 연대는 사단의 작전명령(作戰命令)에 따라 풍양면 낙상리(洛上里)에서부터 철수하여 사단에서 가장 북쪽인 낙정리(洛井里) 부근에 배치했다. 국군 제1 사단은 제12 연대를 사단 예비대로서 배치하기로 하였으므로 연대장 김점곤(金點坤, 1923~2014) 중령은 무슨 낌새를 알아차렸는지 낙정리(洛井里) 일대에서의 북한군을 격퇴하고, 상황을 봐서 사단 집결지로 이동하겠다고 하였다. "1) 낙정리(洛井里) 지형이 낙동강 하천방어에 매우 유리한 지점(watch tower)이다. 따라서 이곳에서 북한군에게 선제적 조치(先制的 措置, preemptive measures)를 하면 초전박살(初戰撲殺, first fight culling)의 승리를 담보할 수 있고, 병사들에 필승의 신념을 각인(刻印)시킬 천재일우(千載一遇)라고 했다. 2) 이렇게 유리한 천혜자연 요새(Fortress of the Heavenly Grace)인 여기서 지연전(遲延戰, delay war)을 포기하면 필연적으로 사단작전에 차질이 생길 것이다."라는 전황보고(戰況報告)를 했다.

그날(8월 3일) 제12 연대는 먼저 제3 대대로 하여금 적정(敵情)을 탐지(探知)하도록 하고, 제4 중대와 81mm 박격포(迫擊砲, mortar) 12문과 기관총 8개 반(班, team)으로 구성한 부대로 막강한 포망(砲網)을 만들었다. 이때 제9 중대 정면에서는 피난민(避難民)들 100여 명이 건너오지 못하고 있음을 목격했다. 그러나 뾰족한 방도를

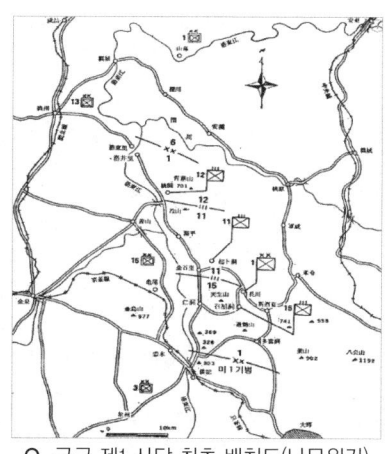

Q 국군 제1 사단 최초 배치도(나무위키)

찾지 못했다. 해가 저물고, 북한군은 선발대로 추정되는 부대를 보내어 낙동강에서 수심을 측정해 도하지점(渡河地點, point of crossing the river)을 탐색하고 있었다. 국군의 사격에 그들은 물러갔다.

다음 날(8월 4일) 새벽 06:00 안개가 걷혔다. 북한군(北韓軍) 1개 대대와 증원 부대의 후속(後續)이 목격되었다. 이런 전황을 대대장이 연대장에게 이를 보고하자, 연대장(聯隊長)은 북한군에게 집중포화(集中砲火) 가격(加擊)을 명령했다. 그리하여 대전차 중대와 제17 야전 포병대대 제2 중대장과 긴

밀한 협조로 57mm 대전차포를 낙정리(洛井里) 부근에서 발사함으로써 이는 다부동 전투(多富洞 戰鬪)로 연계되는 첫 교전(交戰)이 펼쳐졌다. 다부동 전투(多富洞 戰鬪)라는 웅장한 오케스트라 공연의 낙정리에서 서곡(Nakjeong-ri prelude)이 울렸다.

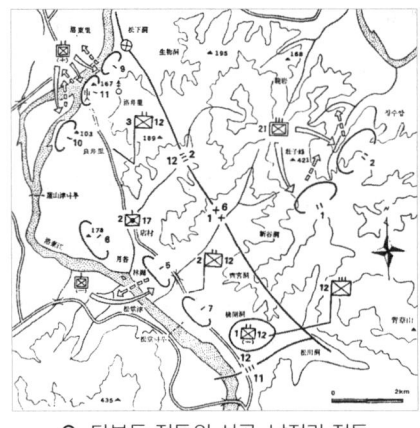

Q 다부동 전투의 서곡, 낙정리 전투 작전도(나무위키)

북한군(北韓軍)은 대응사격(對應射擊)과 동시에 강을 건너오면서 공격을 감행했다. 국군의 예광탄(曳光彈, glow bomb)이 발사됨과 동시에 12문의 박격포가 북한군에게 집중포화를 했다. 낙동강은 핏빛으로 물들었고, 당시 유행하던 표현으로 "낙동강 오리 알(Duck Eggs in the Nakdong River)"이다. 북한군(北韓軍)의 시신들이 낙동강 강물에 풍덩 떨어져 똥 덩어리처럼 강물 따라 유유히 떠내려가고 있었다. 이를 봤던 사람들이 후세에 "낙동강 오리 알 신세"라는 유행어(流行語)를 만들었고, 만화에서도 "낙동강 오리알 신세"가 한때 인구회자(人口膾炙)했다.[815, 816]

낙정리(洛井里)에서 첫 교전을 이렇게 치렀다

1950년 8월 4일, 제1 사단 제9 중대 제1 소대장은 개인호(個人壕)에 있다가 올라오는 적을 야전삽(entrenching tool)으로 북한군을 내리치고 후려쳐 물리쳤는데, 수상한 낌새가 있어 주변을 확인하니 북한군이 국군의 사각지대로 이동해 차츰 접근기습(接近奇襲)하고 있었다. 발견한 즉시 집중포화(集中砲火)로 이들을 무찌르고, 11명의 포로를 사로잡았다. 북한군은 사실상 패주하고 없었기에 처음으로 느껴보는 짜릿한 감정을 장병들 모두가 공유할 수 있었다. 북한군을 향해 미군 폭격기가 북한군들을 향해 네이팜 폭탄(Napalm Bomb)817, 818을 소낙비처럼 쏟아붓고 있었다. 영화 장면과 같은 전투 장면을 두 눈으로 봤던 제11 중대장은 "야, 낙동강 오리알이 떨어진다!"라는 소리를 쳤다. 물론 낙동강을 건너고 있던 피난민들도 피격당해 숨지는 사건이 발생하곤 했다.

국군 제1 사단 낙동강 양정리지구(良井里地區) 전투상보(戰鬪詳報, The Battle Report)에선 "1) 적정(敵情): 적은 4일 미명(微明)을 기해 약 1개 대대 병력이 낙동강 도하(渡河)를 기도하고 강변까지 진출, 도하를 개시하였음. 2) 부대 이동(部隊移動): (1) 아군의 연대군단 경계부대로 별지요도(別紙要圖)와 같이 방어태세를 취하고, 대기 중 8월 3일 17시 아군 제3 대대 진지 앞에 적 전초부대(前哨部隊)가 접근하여 옴을 확인 사격을 개시했음. ▷ (2) 북한군은 8월 4일 미명(微明)을 기해 1개 대대 병력이 낙동강 도하를 개시함으로 9시경에 이르러 아군 폭격기의 폭격(爆擊)과 야전 포대의 화력지원(火力支援) 아래 맹렬한 포격을 가해서 이를 격퇴했음. ▷ (3) 8월 4일 17시 현재 북한군을 완전격퇴하고, 상사(上司)의 명에 의해 부대 주력은 22시경 상림동(長川面 上林洞)에서 철수했음."으로 되어있었다.

제12 연대분견대(分遣隊, Detached Unit, 金點坤 中領)819의 개고생

1950년 8월 4일, 주력부대를 상림동(上林洞)에서 철수하는 시각에 제2 대대에서 조용했던 북한군이 갑자기 14시를 기해 178고지(Hill) 일대에 포격을 가해왔다. 이때 그 고지를 지키고 있던 제6 중대장이 부상을 입어 후송되었다. 북한군과 국군 사이에 격전이 치열해져 장시간(長時間) 교전했다. 국(아)군의 폭격기(友軍機)가 지원사격을 하고자 출현했으나 북한군의 맹렬한 사격으로 물러나게 된 상황이 전개되었다. 이런 상황에 중대장은 우선 81m 박격포 소대를 철수시키고 좀 더 상황을 지켜보고 있었는데 2시간 후에 총성이 울렸으나 잠잠해졌다.

그러나 모든 통신(通信)이 두절되었다. 여하한 방법으로도 인원이고 정황의 확인도 불가능했다. 자정(子正)이 지나 8월 5일 00:30(dark thirty)에 연락병이 보고를 받았다. 북한군이 낙동강을 도하(渡河)해 소대의 퇴로를 차단시켰다는 최악의 소식이었다. 유일한 방법론은 본의는 아니지만, 분견대(分遣隊, detached unit)로서 소대 단위 독자적인 작전을 수행하여 진지를 이탈하여 북한군의 영향권을 벗어나야 했다. 중대장은 평소에 신임이 두터운 장교였다는데 분견대 행동을 허락했다.

Q 분견대 당시 주변 군사 배치도(나무위키)

분견대장(分遣隊長)은 각종 예상상황을 종합분석해 북한군은 이미 분견대 후방으로 이동해 퇴로를 차단한다는 최악의 상황을 상정했다. 연대에 보고도 통신도 두절(杜絶)되었기에 할 수 있는 건 철수(撤收)뿐이었다. 마침 북한군은 예상했던 대로 낙정리 부근(洛井里 附近)으로 도하하고 있었다. 분견대(分遣隊, detached unit)로 주변을 수색한 결과 지역주민들이 장자봉(莊子峰, 421.5m/SL, 의성군 단밀면 용곡리) 일대에 국군이 배치되어있다고 했다. 그 뒤로 4시간 동안 수색을 하여 국군 제6 사단 제2 연대 수색대원을 만났다. 분견대원들은 국군 수색대원을 만나자 심히 반가워하였다. 제2 연대는 이들 분견대원을 마음 놓고 휴식하도록 했다. 행군에 행군을 거듭하여 5일이 지나 6일째가 되자 점점 더 지쳐나갔다.

이때 드디어 연대(聯隊)와 교신(交信)에 성공해서 연락이 닿았다. 연대 집결지를 향해서 출발한 뒤에 11시에 도착했다. 당시 제12 연대는 4일 차 22시 상림동(長川面 上林洞)에서 철수하여 사단 예비대가 된 직후에 수색대(搜索隊)를 파견하여 무려 2일 동안 행방을 찾고 있었다.

당시 분견대(제12 연대)를 지휘했던 김점곤(金點坤) 중령은 "실상 제12 연대는 군단의 경계부대로서 제1 사단과 제6 사단의 철수를 엄호(掩護)하고 나서 장자봉(莊子峰)에서 도개동(道開洞)에 이르는 지대를 점령하였다. 그러나 연대장은 단독으로 낙동강선(洛東江線)에 부대를 배치하고 있다가 다행히도 북한군을 섬멸할 수 있었다. 이 때문에 사단에서는 명령대로 부대 배치를 하지 않고 명령하지 않는 딴 데서 전투를 한다는 말이 많았다."라고 담담하게 경험담을 회상했다.

바다처럼 평평한 해평지구(海平地區)에서 전투

1950년 8월 3일 사단 명령에 따라 해평지구(海平地區)로 철수한 제11 연대는 제1 사단 중앙에 배치되어 북한군의 공격에 최대한 버티는 역할을 맡게 되었다. 먼저 제11 연대는 이제까지 전투 피해로 인해 학도병(學徒兵) 300여 명과 고참병(古參兵) 일부로 제3 대대를 재편(再編)했다. 너머지 병력으로는 제1, 제2 대대를 보강했다. 이로 인해 제1, 제2 대대는 낙동강 물 섶에 배치되었고, 제3 대대는 보충된 신병(新兵)으로 후방에서 2~3일간 전투현장

경험(戰鬪現場經驗, combat field experience)을 쌓은 뒤에 배치하기로 했다.

이때 제12 연대가 배치된 낙정리(洛井里) 부근에서 제12 연대가 사단 예비대로 임무변경을 받고 상림동으로 철수하고, 그 자리를 제6 사단 제2 연대가 담당하게 되었다. 제2 연대는 하루아침에 넓어진 전투 지경선(戰鬪地境線, the frontier of battle)을 감당하지 못해 결국 제2 연대와 제11 연대 사이에 간격 3km의 사각지대(死角地帶, blind spot)가 생겼다. 북한군은 이곳 사각지대(blind spot)를 "너희들 가족은 모두 죽었다. 그러니 너 혼자 남아서 뭘 하겠느냐! 투항하라."라는 심리전(心理戰, psychological warfare)을 위한 선전방송까지 전개했을 정도였다.

1950년 8월 4일 북한군은 선산(善山) 일대 병력을 증강(增强)시켜 점차 남하(南下)할 기세를 보였다. 9시에는 낙동리 전방 3km 지점에 트럭 2대와 직사포(直射砲) 2문으로 국군 진지를 향해 포격을 시작했다. 이에 국군은 적정(敵情)을 탐지한 후 송당정사(松堂精舍)[820]가 있는 송당마을(경상북도 구미시 선산읍 신기리 70-19)과 강창 도하장(江倉渡河場)을 중점으로 경계 강화(警戒强化)와 적침을 대비했다. 적정 탐지(敵情探知)를 하던 수색대가 2시간이 되는 시각, 제11 연대와 제2 연대의 사이에 있는 비등봉(베틀산, 비틀산 혹은 비등봉) 동쪽에 북한군 1개 대대가 오고 있으며, 북한군 1개 중대는 쇠죽통골(혹은 구시골)[821] 방면으로 진출(進出)하고 있다는 보고를 받았다.[822]

그렇게 북한군(北韓軍)은 8월 5일 1시 심야 암흑(深夜暗黑)을 이용해 진평동 인근 도로를 따라 남하해 제2 대대 정면에서 불쑥 나타났다. 또한 2시에는 제5 중대 정면에서 참병소대(參兵小隊, platoon of soldiers)로 보이는 북한군이 포착되었다. 제6중대 중대장은 이들에 대항사격을 하라고 지시를 내렸다. 육박백병전(肉薄白兵戰, close combat)을 감행하여 격퇴했다. 이때 사망자 19여 명과 부상자 20여 명이 발생했다. 그러나 동이 트고

북한군(적)의 시체를 살펴봤더니 총 20구의 시신을 확인했다.[823]

그 뒤로 152고지(152 Hill)로 이동해 새로운 진지(陳地)를 구축했다. 이때 74고지를 방어 중이던 제7 중대는 갑작스럽게 북한군(적)의 침투로가 힘없이 무너져 내려 이들 병력도 152고지로 철수했다. 이번 공격으로 제7 중대가 무너지면서 비등산(일명 베틀산) ▷ 하도봉(河圖峰, 해평면 낙산리)[824] ▷ 74고지가 단숨에 점령되는 비극을 겪어 국(아)군은 이를 반드시 탈환해야만 했다. 그리하여 13시에 제5, 제6 중대는 북한군이 재편성하기 전에 공격해 16시에 74고지와 하도봉(河圖峰)을 탈환했다. 이날 10시 국군 제1 사단장 백선엽 준장은 제11 연대가 위기에 빠졌음을 알고 예비대로 주둔 중이던 제12 연대 제1 대대를 증원시켰다.

이름 없는 225고지(225 Hill) 점령 전투

1950년 8월 5일 제1 사단 제15 연대 제1 대대는 송암동(오늘날 龜尾市 松亭洞)으로 진출하여 평송동(松平洞) 남쪽 무명고지를 선점했다. 그날 밤에는 제11 연대의 제2 대대를 엄호(掩護)하다가 6일 6시경에 북한군과 전투가 벌였는데, 북한군이 사격과 수류탄으로 완강하게 버티자 폭격기(爆擊機)로 적진을 강타하여 공격을 재개해 8부 능

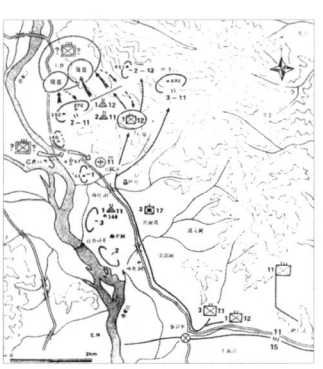

🔍 1950.8.6. 225고지 전투 및 전력배치도(나무위키)

선까지 육박하여 접근했다. 그러했음에도 북한군의 완강한 저항으로 목표 정상 40m를 눈앞에 주고 공격을 멈춰야 했다. 8월 6일 그날 밤중에 제

11 연대는 북한군의 낙동강 도하(洛東江 渡河)를 마주하게 되어 교전을 펼쳤다. 폭격기의 지원으로 북한군은 피폭되었음에도 중원부대로 이를 극복하게 되자 교전을 더욱 치열하게 전개하여 마침내 3차례의 공격으로 225고지를 빼앗게 되었다.

보다 상세하게 언급하면, 제1차 공격(the first attack)은 파상공격(波狀攻擊, wave attack)825에 고전(苦戰)하던 제2 대대를 엄호하던 임시배속 제12 연대 제1 대대는 1950년 8월 6일 6시 제2 대대가 철수하고 역습(逆襲)을 감행했다. 이때 북한군은 대대가 돌격전을 펼쳐 올 때는 사격을 하다가, 국군이 사격준비를 하자 수류탄(手榴彈)과 사격(射擊)을 병행하여 당해내지 못하고 퇴각했다. 제1차 공격으로 북한군의 위치와 화력을 파악한 대대는 폭격기 지원과 화력을 이용해 재반격(再反擊) 작전을 세웠다.

제2차 공격(the 2nd attack)은 08:00 북한군은 다시 제7 중대와 제5 중대의 진지(陣地)를 향하여 돌파를 시도해 몇 시간 교전을 계속했다. 제7 중대는 항공기(爆擊機) 지원과 포(後方砲部隊) 지원을 요청하여 약 30분간 적진(敵陣)을 강타했다. 반격을 재개하는 즉시 8부 능선까지 다가갔다. 북한군의 수류탄과 사격으로 고지를 바로 눈앞에 두고도 다시금 멈췄다. 정면공격(frontal attack)보다 약한 점을 찾아서 측방침투(flank attack)를 기획했다. 먼저 3개 중대 병력을 뒤로 뺐다. 대대 수색대를 목표고지(目標高地) 오른쪽으로 보내 적정(敵情)을 살폈다. 그 사이에 제5 중대와 제7 중대는 끈질기게 공격을 하여 17시경에 74고지를 탈환하고 북한군을 격퇴(擊退)했다.

제3차 공격(the third attack)은 측방공격작전(側傍攻擊作戰, flank attack operation)을 이행하여 제3 중대는 정면으로 북한군(北韓軍)을 유인하고 나머지 2개 중대로 하여금 북한군의 측방을 찔러 무력화시킨 후 22시 30분 드디어 225고지 정상을 탈취했다. 공격을 시작한 지 겨우 30분 만이다. 이는 마치 대구 사나이처럼 '주먹에는 강해도 손가락으로 옆구리 찌르는데 가장 약하다(Although he is strong with one's fists, he is weakest when stabbed in the side with his fingers).'라는 사실이었다. 그래서 전술(戰術)과 전략(戰略)이 필요하다는 사실을 모두가 피부로 실감했다. 그 뒤로 북한군은 몇 번이고 반복해 225고지를 탈환하고자 했으나 시체만 남긴 채로 후퇴하곤 했다. 이를 보고 국군은 보다 적침대비(敵侵對備)에 만전(萬全)을 기해야 했다.[826]

225고지(高地, Hill)의 혈전(血戰)으로 국군에 피해는 장교 3명, 병사 25명이 전사했다. 부상자는 장교 3명과 병사 113명이나 되었다. 전투력(戰鬪力, combat power)에 있어 35%가량 소모한 셈이었다. 이에 북한군은 160여 명 살상(殺傷)되었다. 인명피해(人命被害)는 국군이 북한군보다 훨씬 적었다. 제12 연대는 대대의 병력 손실과 저하되는 사기(士氣)를 종합하여 영산(令山, 일명 冷山 651m/SL)에 대대를 배치하고, 북한군의 우회 공격(迂迴攻擊)을 저지(沮止)하는 임무를 부여했다. 제2 대대에서는 비교적 손실이 가벼운 제2 중대로 하여금 하달된 지령(指令)을 수행하게 했다.

제1 보병사단 제12 연대 제2 대대가 고립되었다니!

1950년 8월 7일 1시쯤 야음(夜陰, darkness of night)을 이용해 북한군(北韓軍) 제13 사단은 주력 2개 연대로서 국군 제1 사단 제2 대대와 배속된 제12 연대 1대대 진지를 향해 3차례에 걸쳐 공격했다. 처음에는 국군이 이에 반격하여 이를 격퇴하는가 하였으나, 적은 많은 병력을 이용한 인해전술(人海戰術, human wave strategy)을 사용했기에 제2 대대는 152고지에서 제12 연대 제1 대대까지도 327고지로 철수했다. 날이 밝고 제2 대대는 배속된 제12 연대 제1 대대의 진지를 임무교대(任務交代)한 뒤, 제2 대대 요원 가운데 일부를 뽑아 제8 중대에 배속시켰다. 그들에게 152고지에 대한 방어임무(防禦任務)를 부여했다. 그렇게 제8 중대는 기관총 1개 소대와 81mm 박격포 소대, 탄약 2분의 1을 배속받은 대대 요원으로 2개 소대를 편성하고 8시엔 재편성(再編成)을 완료했다.

제12 연대 제2 대대는 미군 전폭기(戰爆機)의 지원을 받아 원진지(元陣地)를 재차 공격했다. 이때 안창엽(安昌燁) 일등중사(一等中士)는 대원 2명을 이끌고 북한군 진영으로 뛰어들어 순식간(瞬息間)에 기관총 진지를 점령했다. 그럼에 북한군은 152고지를 점령한 기세(氣勢)로 주력을 보내었으므로 할 수 없이 국군은 오늘날 해평면 금호동(金湖洞) ▷ 반포동(反浦洞, 오늘날 해평면 반포역) 축선(軸線)으로 철수했다. 제12 연대의 철수 소식을 들었던 국군 제1 사단장 백선엽 준장(白善燁 准將)은 제11 연대의 상황이 매우 위급하다는 사실을 알았고, 예비대인 제12 연대 제3 대대를 증원하도록 했다. 그리하여 제3 대대는 상림동(上林洞)에서 재편성한 뒤 오리동(五里洞)으로 이동해 진지(陣地)를 구축했다.

한편, 제12 연대 제1 대대는 168고지와 해평동(海平洞) 사이에 있는 진지를 점령해 북한군 침공에 대비하고 있었다. 제3 대대도 교량동(橋梁洞)에서 진지를 점령하고 있었다. 북한군이 접근하고 있다는 보고를 받고 보니 제13 사단의 1개 대대 병력이 낙동강을 도하(渡河)하고자 접근하고 있었다. 30여 분 뒤에 은밀히 침입하여 공격을 개시한 북한군은 국군에 의해 저지되었는데 문제는 이게 끝이 아니었다. 북한군(北韓軍)은 또다시 2회에 걸쳐 공격을 계속적으로 감행했다. 그러함에도 국군은 우세함을 유지했기에 결국은 격퇴했다.

그런데 8월 7일 24:00 무렵 조명산(朝明山, 146.1m. 일명 蓮花峯, 해평면 신양리 산4의 1)에서 교전(交戰)이 있었다. 얼마 뒤 그 인근에 배치되었던 제6 중대 1소대 소대장이 다급하게 "북한군 1개 대대 규모의 병력이 강창(江倉, 오늘날 선산읍 원리)827 나루터를 도하(渡河)하여 산양동(山陽洞) 일대를 점령했으므로 현 진지를 지탱할 수 없게 되어 철수하겠다."라고 보고했다. 이 때문에 제2 대대는 48시간 동안 보급로(補給路)가 차단된 채 고립되었다.

불쑥~ 북한군 전차(戰車, Tank)가 출현했다

1950년 8월 8일 1시에 북한군(北韓軍)은 결국 해평동(海平洞)에 진출했다. 제12 연대 제1 대대는 부득이 오늘날 산동읍(山東邑) 적림동(積林洞)으로 철수할 수밖에 없었다. 날이 밝자 제12 연대에선 그 새 강창(江倉, 善山邑 院里) 나루터를 이용해 낙동강을 도하(渡河)하는 북한군의 병력이 2개 대대나 된다는 사실을 확인했다. 제2 대대는 현 진지를 더 이상 지킬 수 없다는 판단을 하고 작전계획(作戰計劃, operation plan)을 세웠다. 주요 내용은 1) 168고지에 배치된 제1 대대의 엄호(掩護) 아래 제2 대대를 철수시킨 뒤에 다음 제2 대대를 동쪽 고지(高地)에, 제1 및 제3 대대를 해평천변(海平川邊)에 각각 배치하고, 배속된 제12 연대 제1 대대를 금곡리(金谷里, 쇠실마을) 일대에 집결시켜 예비대(豫備隊)를 확보한다. 2) 산양동(山陽洞) ▷ 해평천(海平川) 사이에 살상지대(殺傷地帶, killing zone)828를 설치하고 야간에 연대 수색대를 투입하여 북한군을 유인한 후 방어진지 전방에서 이를 격멸(擊滅)한다. 3) 주간에는 파쇄 공격(破碎攻擊, spoiling attack)829을 해 북한군을 격퇴하고 어두워진 다음 주저항선(主抵抗線, main line of resistance, MLR)830에 복귀한다.

이에 따라 일단 제2 대대장에게 현 진지를 금일 22시까지 고수(固守)하라고 지시한 후 제2 대대에 화력의 우선권을 부여했다. 13시에 배속된 제12 연대 제1 대대는 미(美) 전폭기의 지원을 등에 업고 반격을 개시했다. 미군의 폭격으로 북한군(北韓軍)은 잠잠해졌고, 제2 대대는 2시간 만에 161고지와 반포동(反浦洞)831까지 다시 진출했다. 그러나 해평동(海平洞)에는 미 공군의 활약이 전혀 없었다. 14시경 북한군 전차(戰車, tank) 5대가 과수원에서 빠져나와 해평동(海平洞)의 제방하천(堤防河川)을 이용하여 남하(南下)했다. 갑작스럽게 불쑥~ 튀어나온 전차의 출현(出現)으로 제12 연대 연대장 김동식(金東植) 대령은 직접 대전차 부대를 지휘하여 57mm 대전차포 2대로 1호, 2호 전차의 무한궤도(Infinite track)를 명중했다. 나머지 3개 전차도 연달아 명중했다. 5번 전차만이 방향을 돌려 도망쳤다. 제2 대대는 전차에서 많은 무기를 노획했다.

며칠 후인 8월 12일에 UN 한국 위원단 인도 대표 나얄 대령(Colonel M.K. Unni Nayar)832과 런던의 『타임즈(The Times)』 기자 아이안 모리슨(Ian Morrison)833, 그리고 『런던 테일러 텔레 그래프 지(London Taylor Telegraph)』 기자 크리스토퍼 버클리(Christopher Buckley) 등 총 3명은 한국군이 북한군 전차를 격파했다는 보도를 듣고 이를 현장에서 직접 촬영하고자 제11 연대를 방문했다. 그들은 경계병(警戒兵)의 저지에도 불구하고 파괴된 전차를 직접 촬영하기 위해 파괴된 전차가 있는 곳으로 가다가 그만 인근에 매설(埋設)했던 대전차지뢰(對戰車地雷, M15 AT MINE)를 밟아 폭발했다. 취재기자 모두가 순직하는 안타까운 일이 발생했다.834

한편, 8월 8일부터 북한군은 국군을 향해 엄청난 포격을 퍼부었다. 제2 대대에서는 이를 근거로 야간(night time)에는 더 격렬한 포격을 할 거라고 판단했다. 각 중대를 보강하고 앞서 기술한 연대의 명령에 따라 22시까지 진지를 고수(固守)하다가 168고지로 철수하기 위해 그 경로를 미리 탐색했다. 그런데 대대가 예상한 바와 다르게 이날 21시까지도 북한군의 포격은 전혀 없었다. 대대장(大隊長)은 대대가 철수할 절호의 기회라고 판단하고 제1 대대가 엄호하면서 안전하게 고지(高地)로 철수했다. 이날 제11 연대의 증원 부대였던 제12 연대 제3 대대는 17:00에 다부동(多富洞)을 거쳐 제12 연대 지휘소(Command Post, 指揮所)가 있는 도개동(道開洞, 현재 구미시 道開里)으로 집결했다.

1950년 8월 9일 3시에 제2 대대 정면(正面)에 북한군 전차(戰車)가 다시 출현했다. 인근에 있던 제1 대대도 다가오는 전차 소리를 듣고 있었는데, 대대장 김재명(金在明, 1931~2006) 소령은 전차특공대(戰車特攻隊)를 편성하고 이를 지휘하여 제1 중대 구역으로 출동하였다. 4시에 북한군의 전차는 제방을 따라 남하하였는데, 이를 확인해 본 결과 총 5대였다.

이때 제1 중대장 손병준 중위는 대대장(大隊長)에게 "적이 아직도 전투대형(戰鬪隊形)으로 전개하지 않고 있는 것은 우리 대대의 방어진지(防禦陣地)를 파악하지 못한 증거다. 그러니 전차를 통과시키면 그들의 전술 종대(戰術 縱隊, tactical column)의 허리를 절단한다면 기습을 할 수 있고, 각대격파(各隊擊破, eacj-team defeated)도 가능하다."라고 공격을 건의했다. 대대장(大隊長)은 중대장의 건의를 받아들여 우선 사격을 중지하고 전차가 오는 것을 계속 관측했다. 중대에서 북한군 전차가 제1 중대 선을 돌파(突破)하기 직전에 대대

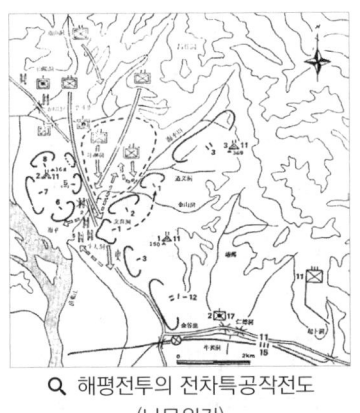
Q 해평전투의 전차특공작전도
(나무위키)

에 보고(報告)했다.

따라서 북한군 전차에 대한 공격을 뜻하는 예광탄(曳光彈)이 발사됨에 따라 모든 화력이 북한군에게 집중포화(集中砲火)되었다. 제2 대대는 북한군 전차를 향하여 사격을 맹렬하게 하였고, 또한 무척 많은 수류탄을 던져 북한군은 갑작스러운 국군의 포화(砲火)로 인해 대혼란(大混亂)이 야기되어 결국 서편으로 도망할 수밖에 없었으며, 제2 대대도 후속하는 북한군 부대에 공격을 개시해 당당히 승리(勝利)했다.

1950년 8월 9일, 북한군 탱크를 격퇴하다

상황전개(狀況展開)가 다급해지자 북한군이 제1 중대 방면에 출현해 그 부근 고지를 점령했다. 이때 소대장 박춘광 소위의 진두지휘(陣頭指揮) 하에 다시 반격을 개시하여 탈환했다. 북한군 진영에는 한 기관총 사수가 부상을 당했는데 쇠사슬로 다리가 묶여있었다(In the North Korean camp, a machine gunner was wounded and his legs were tied with chains). 같이 돌격했던 분대장 황운성 일등중사가 그를 치료하자, 기관총 사수는 권총 1자루를 던져주고는 쇠사슬로 묶인 자신의 다리를 가리키면서 "고맙소. 이것은 소대장이 자결용으로 준 것인데 당신을 쏠 수도 있었소."라고 말한 후 숨을 거두었다. 제12 연대 대전차 중대(對戰車中隊, anti-tank company)의 2개 소대는 제1, 제3 중대 방면으로 출현한 전차가 다가오는 것을 지켜보고 있었다. 이후 교전(交戰)이 시작되자, 북한군 전차는 돌연 90도 회전하더니 제3 중대 진지를 향해 점점 다가오고 있었다. 따라서 특공대원 20명이 전차에 달려들어 해치(hatch)를 열고 수류탄(手榴彈)을 안으로 던질 때쯤 하필이면 이때 연대장이 요청한 국군 전폭기 2대가 출현해 전차를 향해 폭격을 날리자, 국군 특공대원(Tank Commando) 과반수가 전사했다. 전차 2대(하나는 SU-76 자주포)는 창촌동(昌村洞) 뒷산으로 도망하다가 전차특공대(戰車特攻隊, Tank Commando)에게 발각되면서 파괴되었다.

이때 박덕원(朴德源) 중위는 국군 폭격기의 폭격이 끝나고 전차에 들어가 전차 포를 적진 방향으로 돌리고 쐈는데 화염이 분출되는 바람에 중화상을 입고 긴급후송(緊急後送)되었다. 한편 제1 대대는 전과를 올리기 위하여 패주(敗走)하는 나머지 북한군을 소탕(掃蕩)하기 위해 낙동강에서 북한군을 격멸(擊滅)하였다. 이때가 8월 9일 9시 이후 북한군은 움직임이 대폭 감소하였으며, 선산(善山)에 있던 북한군은 야음(夜陰)을 이용해 강창(江倉)으로 기동(起動)하는 것이 관측(觀測)되었다.

당시 제11 연대장 김동식(金東植) 대령의 당시 기억을 더듬어 보면, "해평전투(海平戰鬪)는 보병의 근접전(近接戰)과 포병의 적절한 화력의 통합운용(統合運用)으로 승리했다. 1950년 8월 9일 새벽의 전투는 북한군이 우리 연대의 주저항선(主抵抗線) 돌파를 위해 전투력을 집중한 결전이었다. 그러나 북한군은 국군의 배치상황(配置狀況)을 확인도 하지 않고, 조급하게 공격했기 때문에 실패했다. 그날 이후 그들은 매일 치열한 포격과 야간공격(夜間攻擊, night attack)을 반복했다. 이로 말미암아 우리 장병들은 심신이 견딜 수 있는 한계선(限界線)을 넘어선 번 아웃 상태(burn-out state)에 도달했다. 그러함에도 끝까지 맡은 바 임무를 모두

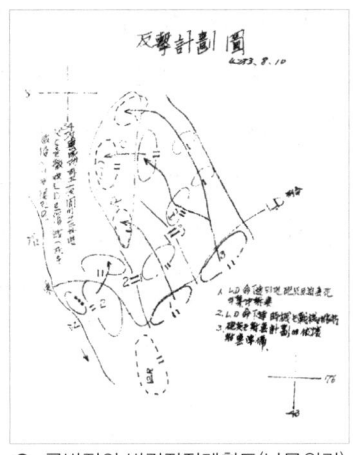

Q 공방전의 반격작전계획도(나무위키)

가 완수했다. 특히 불면(不眠)과 피로(疲勞)로 눈병 환자(患者)가 적지 않게 발생했다. 혹은 눈병이 걸려 그 후유증이 3~4개월 지속(持續)되었다. 비록 화력과 병력은 북한군보다 열세였지만 상하가 뜻을 같이하여 전심전력(全心全力)을 다 했다. 즉 정신력(精神力)은 우리가 우세했고, 그것이 전투력의 근원이 되어 승리한 것이다."라고 제12연대 연대장 김동식(金東植) 증언대로, "북한군(적)은 더 이상 주간공격(晝間攻擊)은 하지 않고 야간공격(夜間攻擊)을 주(主)로 했다. 연대의 작전계획으로 북한군이 고지(高地)를 점령하면 단련된 후속부대가 이를 격퇴하였으므로 북한군(적)은 쉽사리 덤벼들지 못하고 있었다."

그러던 와중(渦中)에 다행스럽게도 14시에 해평동(海平洞)에 이르는 제방을 따라 소련제 'T-34-85'835 전차 5대가 남하(南下)하다 국군의 대전차포 화망(火網)과 미군의 항공지원에 걸려 4대가 파괴되었고, 369고지 밑의 국민학교(國民學校)에 숨어있던 T-34 3대가 대전차 특별공격조(特別攻擊組)의 활약으로 파괴되어 대부분 전차를 상실했다. 또한 8월 9일 11시 30분에도 제11연대 쪽 남율동(南栗洞, 龜尾市)에 전차 4대가 침공해 왔는데, 이 급보를 들은 제2대대장은 특공대 1개 중대를 편성하여 남율동(南栗洞) 국민학교 약 50m 지점에서 행동을 시작했다. 개시 후 1개 분대가 육박공격(肉縛攻擊)하게 되자, 폭격하고 있는 전차에까지 달려들어서 파괴함으로써 북한군의 간담을 서늘하게 하였다. 1950년 8월 10일 작전명령서에 붙어있는 요도(反擊作戰計劃圖)에서 반격 개시선(LD, line of departure, 攻擊開始線)이 잘 표시되어 있었다.

젖먹은 힘을 다해 치고받기 싸움(攻防戰)을

    1950년 8월 10일 1시에 수색대(搜索隊)는 북한군 1개 대대가 밤나무밭에 집결해 있는 걸 목격했다. 북한군은 이미 포병사격(砲兵射擊) 준비를 끝냈기 때문에 수색대장은 국군(國軍)이 북한군의 포격 사정거리를 벗어나지 못할 거라고 판단해 재빨리 포병 지원 사격을 요청했다. 북한군(北韓軍)에게도 포격을 가할 준비를 했다. 이후 양측의 약 10여 분간의 포격이 이루어지고 포격이 끝나니 평

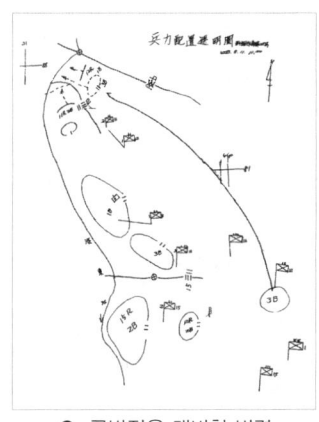

🔍 공방전을 대비한 병력 배치도(나무위키)

범했던 밤나무밭과 그 주변은 피비린내 나는 전장으로 탈바꿈한 후였다.

    이날 밤, 북한군 지역으로 침투한 수색대는 11일 새벽까지 용소동(龍沼洞)까지 진출하던 중 동이 텄다. 06시에 북한군은 약 2개 연대 병력으로 침공해 왔으므로 제1 대대를 161고지에서 168고지에, 제2 대대를 신기동(新基洞) 일대에, 제3 대대는 161고지에 각각 이동하게 하여 병력을 배치했다.

    8월 11일 12시에 북한군은 전차(戰車)를 선두로 한 2개 중대가 금호동(金湖洞)과 반포동(反浦洞)836을 연결하는 선으로 나타나 국군과 치열한 교전이 전개되었다. 교전이 계속되던 중 13:30에는 북한군 기관총 중대까지 합세하여 제3 대대를 향해 맹렬한 공격을 가하였다. 이후 북한군은 점차 연대(聯隊) 방면으로 화력을 집중하였다가 15시에 연대의 모든 화력을 동원하여 잠시 격퇴하는가 했다.

    그러나 북한군이 후속부대(後續部隊)로 손실병력(損失兵力)을 대체하는 이른바 '일렬종대(一列縱隊)'를 이용한 파상공격(波狀攻擊, Wave Attack)을

계속했기에 제1 대대는 막대한 손실을 강요받았다. 연대장은 위급한 상황을 보고받고 제1 대대를 대상동 우측으로 철수시키고 제2 대대로 하여금 반격을 개시하게 하여 다행히도 위기를 넘겼다. 제3 대대는 북한군의 침공에 대비하고자 금산동(金山洞)[837]에 배치되었다.

적진에 뛰어들어 육탄공격(肉彈攻擊, human bomb attack)[838]으로 산화하는 용사도

8월 12일, 4시에 북한군은 제11 연대 제3 대대의 후방을 교란함과 동시에 연대 정면에 전차를 선두로 한 대대적(大大的)인 병력을 투입했다. 국군 제11 연대는 이를 막고자 안간힘을 썼는데 이 과정에서 소위 '육탄공격(肉彈攻勢, human bomb attack)' 이루어졌다. 연대는 어젯밤 철수배치(撤收配置)를 마친 뒤 진지를 정비하고 있는 참에 4시 퇴각한 북한군은 다시 국군 제3 대대 전후로 위협을 가함과 동시에 송곡동(松谷洞)에 집결하고 있었다. 북한군은 상지동-도남동 간을 통하는 도로로 전차를 선두로 하여 맹렬한 지원 포하(砲下)에 압도적인 침공을 감행해 왔다. 이에 국군 연대는 모든 역량과 지능을 다 긁어모아 북한군 섬멸에 고군분투(孤軍奮鬪)했다. 용감무쌍한 국군 용사들은 수류탄과 지뢰를 안고 북한군 전차에 몸을 부딪쳐 폭파시키는 등 적에게 준 손실이 막대하였다. 14:00 현재 제3 대대 진지가 북한군에게 돌파당하여 후퇴함에 따라 전세(戰勢)는 점차 불리하게 펼쳐지고 있었다. 다식동(고아면 다식동) 도하장(渡河場)으로 도하(渡河)하는 북한군은 금곡(金谷)에 집결하고 있었다.[839]

이런 방식으로 폭탄을 안고 몸소 부딪쳐 전차나 자주포를 폭파하는 방식인 육탄공세(human bomb attack)[840]가 횡행했다. 이에 대한 당시 육해공군 총사령관이었던 정일권(丁一權) 회고록에 따르면 한국군이 10여 대의 전차를 폭파했다며 미군이 칭찬했는데, 정일권(丁一權)은 "그거 육탄공격으로 겨우 한 것임(That was barely done with a human bomb attack)."[841]이라고 하는 내용이 나오는데 이는 당시 전차도 무기도 부족했던 국군의 상황이었던지라 정말 궁여지책(窮餘之策)으로 할 수밖에 없던 상황이었다. 당시 미군은 본래 한국군에 있던 2.36인치 대전차포를 높게 평가하였다. 따라서 3.5인치 대전차포를 별도로 지급하지 않았는데, 7월 5일 죽미령 전투(竹美嶺戰鬪)에서 영혼마저 털리고 난 뒤에야 3.5인치 대전차포가 얼마나 중요한가를 실감했다.

이와 같은 현상에서, 1) 포탄의 수량이 부족한 데다가 2) 국군의 훈련숙련도가 저열했으며, 3) 포탄조차도 제대로 사용하지 못하였다. 그리고 이로 인하여 사병이든 장교이든 그나마 군 경험이 있는 자는 위에서 언급됨과 같이 일본제국의 일본군 출신들이었으니 결국 '자살특공대(自殺特攻隊)'라는 이름으로 생명을 경시하여 병사를 소모품으로만 사용하는 전술작전(戰術作戰)밖에 몰랐다. 일본제국의 천황이 내린 어주(御酒) 한잔을 마시고 몸을 폭탄으로 직진(直陣)하여 뛰어들어 산화(散華)하는 신풍특공대(神風特攻隊) 혹은 천황만세(天皇 萬歲)를 삼창(三唱)하고 할복자결(割腹自決) 하는 '만세 자결단(萬歲 自決團)'과 같은 구닥다리(舊態依然) 일본제국 군사문화(日本帝國 軍事文化)에서 과도(過度)한 애국(愛國)이 많았다. 소중한 목숨을 한낱 지푸라기(草芥)같이 저버리는 것이 안타까울 뿐이었다.

어쨌던 북한군(北韓軍)은 8월 12일 14시에 제3 대대 우측을 우회(迂迴)하여 진지를 돌파하면서 제3 대대는 부득이한 철수를 감행하였으며 금곡(金谷)에 정확한 숫자는 모르나 병력이 집결하여 국군을 위협하고 있었다. 그러했음에도 국군은 사단의 명령에 의거 신주막(新酒幕) 계곡 ▷ 다부동(多富洞) 일대로 철수했다.

V.
다부동 전투에서 판 뒤집기와 반격의 발판 마련을

1.
369고지 전투
(Battle of the 369 Hilltop. 1950.8.6.~8.12.)

동서고금 전투에 고지 선점(preemptive occupation of Hill)의 의미는?

6.25 전쟁의 전투 장면를 읽다가 보면 수많은 고지전(高地戰, highland battle)이 나온다. 2011년 7월 20일 개봉하여 133분의 상영시간으로 294만 명의 관객을 모았던 「고지전(高地戰, The Front Line)」이 있었다. 동서

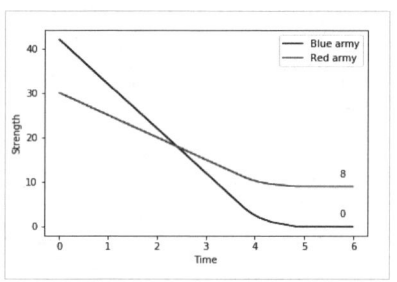

Lanchester's Square Law Curve

고금을 막론하고 고지 선점(高地先占)을 위해서는 결사적으로 달려든다. 그 이유는 그만큼 유리하기 때문이다. 평면적으로 전투에서 길목(逕項, street corner)을 지킨다는 의미는 『오자병법(吳子兵法) 여사편(厲士篇)』에서는 "한 병사가 길목을 지키고 있으면 적군 병사 천명이나 족히 두려움에 떨게 된다(一夫當逕, 足懼千夫)."842, 843라고 했다. 이 구절을 이순신 장군의 『난중일기(亂中日記)』 1597년 9월 15일 자에 적혀있었다.844 고지(高地, hill)란 입체적인 길목에 해당하는 전략적 승리 지점이다(the hill is a strategic victory point that corresponds to a three-dimensional crossroads in a battle field). 이것을 놀이판으로 만든 것은 동양에서는 바둑과 장기가 있고, 서양에선 체스(Chess)가 선과 선이 맞닿는 길목에다가 병졸 혹은 차상마포(車象馬包)를 배치한다.

「고지전(高地戰, The Front Line)」 영화에선 신일영(이제훈 역) 대위가 "우리가

가진 총포보다 그 새끼들 숫자가 더 많다는 걸 아세요?"라며 인해전술(人海戰術, human wave strategy)의 공포에 떨고 있었다. 보나파르트 나폴레옹(Napoleon Bonapart, 1769~1821)도 "대군(大軍)이면 병법이 필요 없다(Une grande armée n'a pas besoin de tactiques ni de stratégies)."라고 했을 만큼 오늘날도 신봉(信奉)하는 인해전술(人海戰術)이다. 인해전술(人海戰術)에서는 세칭 란체스터 제곱의 법칙(Lanchester's Square Law)[845]이 적용되고 있어 "원거리에 조건이 동일한 경우, 두 편이 붙었을 때 단위 시간별 피해자 수는 현 병력 비의 제곱에 반비례한다." 즉 병력 수가 100명과 50명이 맞붙어 전쟁(戰爭)을 한다면 병력의 비가 2:1이나 단위 시간별 피해자 수의 비례는 0.25:1이라, 50명 부대가 다 죽어도 100명의 부대는 1명도 죽지 않는다. 2017년 미국 육군(陸軍)에서 많은 시뮬레이션(Simulation)을 통해서 분석했으며, 2016년 미국 랜드연구소(RAND Corporation) 보고서는 이 법칙에 의거 러시아가 에스토니아, 라트비아, 리투아니아 등의 발트해 국가를 침공할 경우 예상결과를 분석했다.

그러나 6.25 전쟁 당시에 중공군(中共軍)이 이미 인해전술(人海戰術)을 사용했다는 사실을 모두가 알고 있다. 파상공세(波狀攻勢)를 펼치면서 분투했지만 졌다는 속칭 '졌잘싸(졌지만 잘 싸웠다.)' 자위(自慰)를 하기도 했다. 대표적으로 1950년 10월 19일 중공군 240만 명이 한국전쟁(韓國戰爭)에 참전하여 38만 명에서 40만 명의 사상자를 내었다. 펑더화이(彭德懷, Peng Dehuai, 1898~1974) 총사령관(總司令官)은 "조선 지형을 고려하여 신중히 작전을 펼친다면 충분히 승산이 있다(如果你仔細考慮朝鮮的地形來制定戰略, 那麼勝利的机會就很大)."라고 했다. 당시 마오쩌둥(毛擇東, 1893~1997)이 공산당에게 한국전쟁 참전의 설득논리는 '순망치한(脣亡齒寒)'이었다. 북한이 무너지면 다음은 중국이 넘어간다는 것이었다.

그러나 세상만사(世上萬事)는 그렇게 한 사람의 생각처럼 맞아떨어지지 않는다. 왜냐하면, 상대방의 대응전술(對應戰術) 혹은 상상을 초월하는 전략을 구상하기 때문이다. 우리의 선인들은 한반도에 자리 잡은 이후 유목민(遊牧民) 기마전사단(騎馬戰士團, Cavalry Division)의 전광석화(電光石火)와 같은 기습전(奇襲戰), 수십만 명의 중국 대군(中國大軍)을 상대로 줄곧 맞서서 싸워서 이겨왔다. 비결은 1) 일당백(一當百) 이상 적군을 죽여야 했다. 2) 다시 쳐들어올 적이라면 반드시 보복하기에, 절대로 살려서 보내지 않았다. 3) 적이 침입해도 현지 병참조달(現地 兵站調達)이 불가능하게 초토작전(焦土作戰)을 전개했다. 4) 접근전이 아닌 고지(高地, 山城)를 선점한 집단방어전을 했다. 이런 전쟁문화자산으로 우리나라엔 아직 3,000여 곳의 산성(山城)들이 현존하고 있다. 고조선부터 조선 시대까지 청야산성전(淸野山城戰)을 기본전략으로 했다. 이는 6.25 전쟁에서 백마고지(白馬高地) 전투, 755고지 전투, 314고지 전투 등 수많은 고지전(Hill Battles)을 했고 대부분 이겼다.

지난 1992년 3월 16일 미국 로스앤젤레스(Los Angeless) 흑인 빈민가 폭동으로 한인상가(韓人商家)를 대상으로 약탈을 하자 교민들이 자신들의 가게를 지키고자 자경단(自警團, vigilante corps)을 조직하고 총을 들고 지붕(고지)에서 방어를 했던 '루프탑 코리안(Rooftop Koreans)'[846]으로 고지전(高地전, high-ground battles)의 민족혼(民族魂)을 드러내었다. 2024년 파리 하계올림픽에서도 양궁, 사격에서 금메달을 싹쓸이하자 '사격하는 민족(shooting people)'임을 세계에 다시금 보여주었다.

우리 선인(先人)의 고지전(高地戰) 지혜는 독수리가 둥지 틀 때 반드시 '조망피신(眺望避身)'을 살펴서 높은 절벽에다가 마련한다는 데 착안했다. 즉 1) 적의 일거

Q Black's Riots, LA, USA, 1992

수일투족(一擧手一投足)을 다 볼 수 있고, 2) 적으로부터 자신은 숨기며, 동시에 최악의 경우 피신이 용이(容易)한 곳이 바로 고지(山城)이었다. 이를 이용했던 청야산성전(淸野山城戰)을 기본전략으로 중국 대군의 침략(侵掠)에도 멸망하지 않고 반만년(半萬年)의 역사를 이어왔다. 고지전(高地戰)은 1968년 베트남 전쟁 때 채명신(蔡命新, 1926~2013) 장군이 6.25 전쟁 때 유격대 백골병단(白骨兵團)을 지휘했던 경험을 살려서 '중대전술기지(company tactical base)'를 마련하여 상당한 전과를 얻어내었다. 오늘날 미 육군 '웨스트포인트(West Point)' 사관학교에서도 중대전술기지(中隊戰術基地, company tactical base)를 구축하는 전술을 가르치고 있다.

그러나 고지전(高地戰, Hill Battles)에도 장·단점은 분명히 있다. 단점(短點)부터 언급하면 1) 적이 접근하기에 높고 험악해 병참보급(兵站補給)에서도 어렵기 마련이다. 2) 높은 곳에 있어서 주변을 포위(包圍)당했을 경우 장기전(長期戰)에 버티기에는 어렵다. 3) 성내 전략촌(戰略村, walled city)에서 좁은 면적에 많은 병정과 백성들이 거주하기에 내분갈등(內分葛藤)으로 인해서 자멸(自滅)할 위험성이 높다. 물론 장점(長點)은 1) 고지(高地)에서는 계곡이나 평야보다 시야(視野)가 넓어 주변을 잘 조망할 수 있어 전황파악과 관측에 유리하다.847 2) 직선거리 사격(直線距離射擊)이나 공격으로 인해서 보다 정확한 타격이 용이하다. 3) 높은 곳에서 굴려 떨어지는 물리적 가속력(物理的加速力)을 이용한 투석전(投石戰), 포사격 등에 효과적이다.848 4) 적과 접근전(接近戰) 이전에 먼저 원거리 전투(과거는 활, 오늘날 총포 및 미사일)에서 선제적 제압(先制的制壓)을 할 수 있는 전술(戰術)과 전략(戰略)이 무수히 많다. 5) 고지(高地)를 이용해 피신(避身)의 통로(退路, 암문, 지하통로, 성벽 사다리 등)를 마련하여 최악의 경우를 대비할 수 있다.

낙동강 왜관교의 폭파 작전(Waegwan Railroad Bridge Blown-Up. 1950.8.3.)

다시 6·25 전쟁의 전투현장(戰鬪現場)으로 돌아가면, 1950년 7월 24일 함창지구(咸昌地區)에서 철수한 제2 군단 제1 사단, 제17 연대 그리고 제1 군단 정찰대(偵察隊)는 북한군 제15 사단의 주력부대가 전재(全載)했던 화령장 전투(化寧場 戰鬪)에서 기습공격(奇襲攻擊)으로 여지없이 섬멸했다. 오늘날도 우리가 보는 화령장 전적기념비(化寧場戰績記念碑)가 이를 말하고 있다. 8월 초 함창지구(咸昌地區)에서 철수한 제17 연대(聯隊)는 명령에 따라 다시 한번 철수해 8월 4일 8시에 하장동(下場洞)에 도착했다. 이때 북한군 제15 사단은 소규모 정찰부대(偵察部隊)를 이용해 국군의 배치지점(配置地點)을 탐지(探知)하고 있었다. 국군 제1 사단 제17 연대는 소복동(召福洞)에서 전투지휘소(戰鬪指揮所, Command Post)를 세워 방어진지(防禦陳地)를 구축했다. 다른 연대보다 배치가 늦은 이유는 배치지역까지 거리가 약 100km가량 멀리까지 행군해 철수했다.

한편, 제15 연대 인근 미군지역(美軍地域)에서는 북한군 공세(北韓軍 攻勢)로 대구가 위험한 처지에 처하자, 북한군을 저지하기 위한 한 가지 방법으로 낙동강 왜관교(倭館橋)

Q 왜관철교의 폭파(출처, 대구MBC, 1999.10.4.)

를 폭파해서 적군의 진입을 차단하는 작전을 구상했다. 즉 미군 제8 군사령관 월턴 해리스 워커(Walton Harrris Walker) 중장은 8월 3일 지역주민에게 소개령(疏開令, evacuation order)[849]을 내렸다. "8월 4일까지 낙동강 모든 교량을 폭파한다."라고 명령했다. 그리하여 미 제1 기병사단 게이(Hobart Raymond Gay, 1894~1983)[850] 소장은 8월 3일 20시경에 왜관교(鐵橋)를 폭파했다. 이때 낙동강을 도하(渡河)하던 피난민들을 향해 북한군에 섞여있을 수 있다는 가능성에 미군은 그들에게 사격을 가하였다. 많은 민간인이 미군 사격에 피격되어 희생되었다.

　왜관교를 폭파하기 위해 8월 3일 아침부터 지역 관할 경찰서(地域管轄警察署)에서는 주민들에게 소개령(疏開令, evacuation order)을 내렸다. 낙동강 다리 양측 6km 이내 오후 6시까지 전부 떠나라고 명령했다. 그러나 1) 당시는 평안한 낙동강이 아닌 도하작전(渡河作戰)이 개시되고 있는 격전지(激戰地)였다. 2) 왜관 주민들은 읍사무소로부터 피난민증(避難民證)을 발급받아 대구(大邱), 경산(慶山), 청도(淸道), 밀양(密陽) 등지로 피난을 떠나고 있었다. 아직도 군 당국에서는 국군이나 미군에 의한 민간인의 희생자는 한 명도 없다고 주장한다. 지역주민들의 제보는 왜관철교(倭館鐵橋) 폭파 이후에 낙동강에서 종종 시체가 떠 내려왔다는데 미군 사격에 의한 피해라고 했다. 왜관교 폭파 당시에 30여 명이 다리를 건너고 있었다는 증언이 있었다. 교량에 건너는 민간이 있어도 미군의 사격과 폭격이 이어졌다(US troops blew up Waegwan Bridge and opened fire on refugees). 미군은 피난민 속에 북한군이 잠복하여 도하(渡河)한다는 판단을 하고 사격을 가했다는 참전 미군의 증언까지 있었다. 물론 북한군은 북쪽에서 피난민을 향해 사격했는데, 남쪽에 있는 미군 부대에서도 사격했기에 이에 대응하고자 피난민을 향해 사격까지 서슴지 않고 했다.[851]

제15 연대의 철수와 피난민 지원 작전(支援作戰)

　사실 8월 3일 워커(W.H. Walker) 중장이 내린 "낙동강에 모든 철교를 폭파하라(Blow up all the bridges on the Nakdong River)."라는 지령(指令)에 따라 미 제1 기병사단장 게이(H.R. Gay) 소장이 왜관철교(倭館鐵橋) 현장에서

감독 명령하여 왜관철교가 내려앉게 했다. 이와 같은 군사작전(軍事作戰)은 국군 보병 제1 사단에도 연락이 왔다. 1950년 8월 3일 23시 보병 제1 사단 제15 연대의 작전명령 제22호(보병 제15 연대장 육군대령 최영희)은 1) 연대의 좌측은 미군 제1 기병여단 제25 연대,

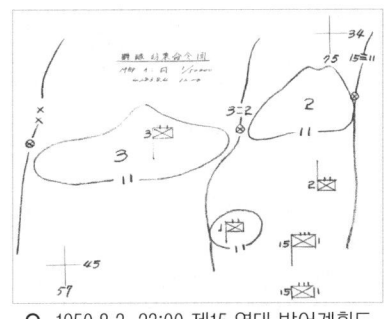

Q 1950.8.3. 23:00 제15 연대 방어계획도
(출처: 나무위키)

우측은 제11 연대가 방어(엄호)한다. 2) 사단의 포병은 주로 아군 연대 정면을 지원한다. 3) 연대는 982고지 성수동(星水洞) 사이에서 서방에 대해 방어하려 한다. 4) 각 대대장은 1950년 8월 4일 12시까지 배속된 대전차포(對戰車砲)도 종합 지휘한다(仁同 新場里 戰鬪指揮所). 5) 1950년 8월 4일 13시까지 각 관측소 위치를 보고한다. 6) 통신대장은 1950년 8월 4일 16시부터 각대 간의 유무선통신(有無線通信)을 개시하라.[852]라고 적혀있었다.

1950년 8월 4일 오후, 제15 연대는 인접 미 제1 기병여단과 협조하기로 하여 각각 1개 소대씩 교차배치(交叉配置)하고 서로 사이 통신만을 연결하기로 하였는데 언어소통(言語疏通)이 어렵기에 결국 철수했다. 제3 대대의 연락장교(連絡將校)로 하여금 미 제5 기병연대 제2 대대의 통신을 연결하게 했다. 피란민들은 제1 사단 제3 대대 정면인 관선리(灌船里, 나루터) 부근으로 모여들었다. 왜관철교가 폭파되는 모습을 보고 국군은 "아무런 손을 쓸 수도 없어 발만 동동 구를 수밖에 없었다(I couldn't do anything, so I could only stomp my feet)." 물론 사단에서는 "피난민의 도하(渡河)를 방지하라."라고 명령이 내려왔다. 제3 대대 위생병(衛生兵)의 도움으로 실신한 피난민(避難民)을 구했다. 제3 대대 대대장은 수색대를 낙동강 부분에 파견하여 피난민 900여 명을 구원해 대구로 가는 산간 오솔길(山間小路)까지 호송했다.

비산(緋山, 召福洞) 나루터에서 교전

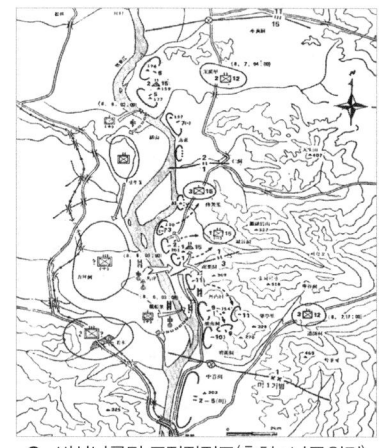

비산나루터 교전작전도(출처 : 나무위키)

1950년 6월 25일 북한군(人民軍)은 6월 28일 수도 서울을 점령하고, 7월 20일 대전(大田)을 장악, 7월 21일 수안보 전산사령부(戰線司令部)에서 김일성(金日成)은 8월 15일까지 낙동강 방어선(洛東江 防禦線)을 돌파해 부산에서 제5주년 광복행사를 추진할 수 있도록 점령하라고 지령(指令)을 내렸다. 이에 따라 7월 말 북한군 제15 사단 약 5,000명은 낙동강에 나타나서 상주(尙州) 정면을 공격했다.

당시 이에 대응병력(對應兵力)은 미 제1 기병여단과 미 제8군 제27 연대 및 국군 제15 연대가 주력했다. 당시 전황(戰況)은 매우 위급했다. 미 제8군 사령관 월턴 워커(Walton H. Walker) 중장은 미군 제27 연대장에게 낙동강 철수준비(洛東江 撤軍準備)를 명령했다. 워커(Walker) 중장은 도쿄(東京)에 주둔 중인 앨먼드(Edward M. Almond) 참모장에게 "대구가 언제까지 안전할 것이라고는 생각하지 않는다." 즉 "군사령부를 부산으로 옮기는 것이 어떠하겠느냐?" 하고 물었다.

이렇게 되자 7월 27일 태평양 총사령관 맥아더(Douglas MacArthur) 원수는 직접 대구에 와서 "미군 제8군은 현재의 전선을 어떤 수를 써서라도 확보해야 한다."라는 말만 남기고 도쿄(東京) 주일미군태평양사령부(駐日美軍太平洋司令部)로 되돌아갔다. 이때 미 제25 사단은 상주(尙州)를 포기했다. 미 제1 기병여단도 김천(金泉)으로 철수했다. 제5 기병연대 제2 대대까지도 작오산(鵲烏山: 303고지)853으로 철수했다. 그때 미국『뉴욕 타임즈(New York Times)』

는 "한국의 전황은 파국으로 치닫고 있다(The situation in Korea is heading towards catastrophe)."라고 전했다. 이때 비산진(緋山津) 전투는 '낙동강 방어선의 고수(固守)냐 죽음이냐(Nakdonggang-Line's Mastery or Death)'가 관건이었던 위기상황(危機狀況)에서 현황변경(status change)의 계기가 되었다.

북한군(北韓軍)은 낙동강 도하(洛東江 渡河)를 위해 많은 고민을 하고 있었다. 오늘날 구미시 비산(緋山) 나루터 혹은 동락(東洛) 나루터를 통해서 도하(渡河)할 뜻을 보이는 건 36계략 가운데 제6 계책인 성동격서(聲東擊西)였다. 북한군의 속셈은 홀소(沕沼) 나루터 혹은 북삼(北三)의 말나루터(馬津)로 도하하겠다는 속셈이었다. 북한군(北韓軍)은 기만책(欺瞞策)으로 비산진(緋山津)으로 접근했는데, 그만 비산진 전투(緋山津戰鬪)가 전개되었다. 8월 5일 야간과 8월 6일 새벽을 기해 홀소 나루터(沕沼津)와 비산 나루터(緋山津)에 1개 중대를 증강 투입하더니 도하(渡河)를 시도했다. 결과는 국군의 공격을 따돌리고 말나루터(馬津)을 통해서 도하작전(渡河作戰)에 성공했다.

국군의 처지에서는 이곳을 지키고 있었던 제15 연대 인근으로 제2 대대 방면인 비산 나루터(緋山津, 구미 비산동53-4)과 제3 연대의 방면의 홀소 나루터(沕沼津, 南浦里)을 이용(공격)할 공산(公算)이 크다고 짐작하고 있었다. 왜냐하면, 홀소 나루터(沕沼津)는 유속(流速)이 느리고 수심(水深)이 얕아 북한군 도하(北韓軍 渡河)에 최적 지점이었다. 제2 대대는 167고지 ▷ 동락(東洛) 나루터 사이에 3개 중대를 배치하고 각 중대로 전투정찰대(戰鬪偵察隊, War Scout Team)를 편성해 대안(對岸)을 수색하게 했다. 당시 대대 중앙선(中央線)에 배치되었던 제5 중대 정면인 비산 나루터(緋山津)는 강섶에서 70m 정도에 무명고지와 84고지가 있었다. 무엇보다 북한군이 떼를 지어 도섭(徒涉)이 가능했다. 중대장 정점봉(鄭點鳳) 대위는 이런 천혜의 도하여건(渡河與件)을 이용한 북한군의 급속도하(急速渡河)가 감행될 수 있음을 예단(豫斷)했다.

그런 판단에서 1950년 8월 5일 저녁에 전초진지(前哨陣地)에 다수의 병력과 화기(火器)를 전진 배치(前進配置)하고 침공에 대비를 철저히 했다. 이날 23시를 기해 북한군이 성동격서(聲東擊西) 계책으로 요란하게 사격을 퍼부었다. 중대장은 곧 도하작전(渡河作戰)이 임박했음을 짐작하고 안병길(安炳吉) 일등중사 및 10명의 전투정찰대(戰鬪偵察隊)를 맞은편 물섶(對岸)으로 보내 적정(敵情)을 탐지하도록 했다. 정찰대가 출발하고 곧바로 부(副)중대장인 채수익(蔡壽益) 중위가 강을 건넌 피난민 속으로 위장한 북한군 편의대(便衣隊, plainclothes team)854 2명을 생포(生捕)했다. 조금 뒤 중대 좌단 청음초(聽音哨, Musician)855에 침투한 북한국 1명을 사로잡았다.

한편, 맞은편 강섶(對岸)으로 침투한 전투정찰대(戰鬪偵察隊)는 무명고지(無名高地) 북쪽에서 84고지를 탐색하다가 북한군 1개 중대가 전투준비를 앞두고 집결하는 걸 보고, 상황이 매우 급함을 깨닫고 공격신호(攻擊信號)와 동시에 사격을 가했다. 갑작스러운 기습(奇襲)에 북한군은 대응사격(對應射擊)조차 못 할 정도로 당황했다. 정찰대원으로는 잘못하면 북한군에게 포위당할 위험이 있어 정찰대(偵察隊, reconnaissance team)는 급히 북한군과 접전을 끊고 복귀(復歸)했다. 겨우 경상자(輕傷者) 2명만 발생했다.

이런 상황보고(狀況報告)를 받은 중대장은 곧바로 대대에 보고했다. 대대는 중대의 화력을 통제하면서 공격준비(攻擊準備)에 더욱 박차를 가했다. 1시간이 지나도록 북한군의 아무런 행동이 없었다. 이를 수상히 여긴 중대장이 조명탄(照明彈, flare)을 발사하였더니, 20~30m 전면에 30~40개 토막의 대나무(대나무로 호흡을 하면서 도하)가 천천히 움직이고 있었다. 그 뒤에는 후속 부대 1개 중대 병력이 엄호접근(掩護接近)하고 있었다.

조명탄 발사(照明彈 發射)로 알 수 있었던 건, 북한군이 이미 낙동강을 건너고 있었다. 중대는 중대장의 신호탄을 시작으로 온 화력을 북한군 부대에다가 집중해 약 10여 분의 교전을 했다. 북한군을 격퇴하고 60mm 박격포로써 적의 퇴로(退路)를 차단했다. 날이 밝은 후 확인하니 낙동강 물 위에는 북한군 시체 49구가 떠다니고 있었다. 중대장은 김재렬(金再烈) 일등상사에게 전과확인(戰果確認)를 지시해 제3 소대의 증강된 1개 분대를 이끌고 대안(對岸)으로 기습해 들어가니, 쉬고 있는 부상병 10여 명을 발견하고, 그들 모두를 생포해 복귀했다. 이 교전(交戰)에서 국군은 겨우 부상자 대여섯 명이 있었을 뿐이나, 북한군의 손실은 매우 컸다. 대나무(水中呼吸器)를 입에 문 채 죽은 북한군의 시체와 약 60cm짜리 대나무(潛水呼吸用道具, underwater breathing apparatus.)[856] 20여 개가 교전 지점에서 남으로 약 1km 거리에 있는 제7 중대 인근에서도 발견되었다. 교전이 끝나고 대대는 이때의 교전을 교훈 삼아 적의 접근을 사전에 발견하고자 특공대(特攻隊, Task Force)를 조직하여 도하 정찰 임무(渡河偵察任務)를 부여했다.

홀소 나루터(緋山津南方)에서 피아교전(彼我交戰)

국군 제1 사단 제15 연대 제3 대대는 대대 CP(統制指揮所, Command Post)를 석적국민학교(石積國民學校, 석적읍 남율로 12길 76)에 두고 3개 중대를 하천선(河川線)에 설치해 북한군의 침공(侵攻)에 대비했다. 대대수색대(大隊搜索隊)를 제1 대대와의 전투 지경선(戰鬪地境線, Boundary)[857]에 투입하여 북한군으로부터 측방(側方)을 내어주지 않았다. 제9 중대는 제3 대대의 중앙에 배치되어 있으며 중대 정면에 홀소 나루터(忽沼津)가 있었다.

홀수 나루터(忽沼津) 건너편 강섶(對岸) 과수원이 이었는데 버드나무 숲에 우거져 있었다. 북한군은 어제(昨日) 8월 4일에는 피난민을 도하시킬 때까지는 조용하더니 8월 5일에 이르러 돌연 전차와 야포 및 120mm 박격포를 방렬(放列)하여 포격을 개시했다. 갑작스럽게 북한군의 활동이 증가(增加)되면서 대대장은 제9 중대장에게 적정(敵情)을 특히 전차의 배치상황(配置狀況)을 수색하라고 지시해 제3 소대장 대리 박선문(朴善文) 이등상사(二等上士)는 수색임무(搜索任務)를 부여받았다. 22시에 소대원 6명과 함께 대안(對岸)의 복숭아밭으로 침투하여 위장은폐(僞裝隱蔽)하고 있는 전차 4~5대를 발견했다. 제방 뒤에는 북한군 약 1개 중대 병력이 집결해 있음을 확인했다.

1950년 8월 6일 1시에 북한군은 도하작전(渡河作戰)을 개시했으나, 30여 분간 교전(交戰)해 제9 중대는 북한군을 격퇴(擊退)시켰다. 잠시 후 대대 수색대가 도착하면서 적정(敵情)에 대한 보고를 받았다. 곧 북한군의 공격이 개시됨을 판단해 준비태세(準備態勢)로 돌입(突入)했다. 보고 뒤, 약 1시간쯤, 8월 6일 3시에 녹색신호탄(green flare) 몇 번 번쩍거리더니, 북한군의 공격이 개시되었다. 제9 중대의 정면으로 다수의 북한군(北韓軍)이 몰려들었다.

그러나 제15 연대 제9 중대의 맹렬한 사격과 오른쪽 전선(右一線)에 제11 중대의 지원(지원)으로 탄막(彈幕, 彈丸煙幕)이 형성되면서 북한군은 끝내 견디지 못하고 철수(撤收)했다. 일부 북한군은 4시 단숨에 154고지까지 진출해 아군진영(我軍陣營)에 혼란을 주었다. 다행히 북한군은 오리동(梧里洞) 방면으로 도주(逃走)해 안정이 찾아왔다.

날이 밝고 보니 모래밭 일대에 북한군의 시체가 즐비했으며, 부상병을 포로로 잡고, 중기관총 몇 정을 노획했다. 그러나 대안(對岸)의 북한군이 계속해 포격하였음으로 구체적인 전과를 확인할 수는 없었다. 8월 6일 23시에 북한군(北韓軍)은 이번에는 제11 중대 방면에 출현하여 돌파(突破)를 시도했는데, 중대의 측방(側方)을 노려 중대를 돌파했다. 369고지까지 진출했기에 제9 중대 후방(後方)을 교란하고 큰 타격을 주어 제11 중대는 점차 분산(分散)되었다.

이때 제9 중대 제2 소대장 박종순(朴鍾淳) 소위는 침착하게 제3 분대가 노출한 측방투입(側方投入)에 북한군을 저지(沮止)하는 데에 사력(死力)을 다했다. 동이 트고 대대는 제11 중대의 잔여병력(殘餘兵力)을 수용하고 369고지를 탈환(奪還)하고자 공격을 시도하였으나 실패했다. 이때 제12 중대장은 석적국민학교(石績國民學校, 1936년 개교)858 뒤편에서 81mm 박격포 사격을 지휘하다가 북한군의 기관총탄(機關銃彈)으로 온몸이 벌집이 되다시피 하여 쓰러졌다. 그는 곧 다부동 전투에서의 첫 중대장 전사자(戰死者)였다. 다행히 대대수색대는 369고지를 재차 공격을 시도해 2회 만에 간신히 탈환(奪還)했다.

북한군은 3회의 걸친 공격에서 다수의 병력을 희생한 대가로써, 국군의 방어배치 상황과 더불어 취약점(脆弱點)을 파악해 결과적으로 국군의 정세를 살피는 데에 성공했다. 끝내 국군은 북한군을 저지했다지만 지탱(支撐)하지 못하고 말았다.

2.
제1 사단 지휘부의 판단과 북한군 전차의 낙동강 도하

탱크(Tank, 戰車)는 쇳덩이라서 강물에 가라앉는다고요?

보병 제1 사단(사단장, 白善燁 准將) 제15 연대장은 1950년 8월 6일 아침에 연대 대전차중대(對戰車中隊)의 1개 소대 57mm 대전차포 2문을 제1, 제2 대대에 배분하고 연대 전투지휘소를 465고지 북쪽 무명고지에 설치했다. 당시 제1 사단 사령부에서는 8월 4일에서 8월 6일까지 3일간의 전투 경과 상황과 첩보를 종합분석했다. 그리고 북한군의 차후 공격전략(future attack strategy)을 1) 왜관

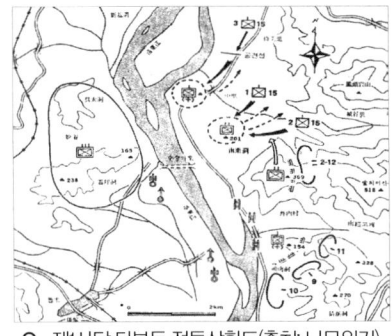

Q 제1사단 다부동 전투상황도(출처: 나무위키)

(倭館) ▷ 다부동(多富洞)선인 제15 연대 지역, 즉 369고지(369 Hill) ▷ 유학산(遊鶴山)을 점령하여 다부동(多富洞)까지 진출한다. 2) 이를 통해 인접 제12 연대와 제11 연대의 퇴로를 차단한다. 3) 이렇게 하여 북한군은 대구를 공격해 점령할 것으로 판단했다.

따라서 제1 사단 사단장 백선엽(白善燁) 준장은 우선 사단 예비대인 제12 연대를 방문하여 제12 연대 제2 대대를 제15 연대의 예비대로 배속화시키는 선조치(先措置)를 취했다.859 이에 제12 연대 제3 대대를 도개동(道開洞)에 이동시켜 제15 연대의 방어력에 후방지원력(後方支援力)을 배가(倍加)시키는 선제적 조치(先制的 措置)를 했다. 또한 제1 대대는 8월 3일 21시30분에 낙동강(洛東江)을 도하시켜 진지를 편성했다. 제3 중대는 제11 연대에 임시배속(臨時配屬) 후 8월 5일에는 8시부터 17시까지 박격포 화기교육을 시킬 정도로 전선(戰線)이 평온했다.

그러나 그것은 겉보기에 착각(錯覺)이었다. 북한군은 제1 대대와 제3 대대의 전투지경선(戰鬪地境線) 사이의 공백(死角地帶)을 활용해 그 사이에 위치한 말 나루터(馬津)에서 수중가도(水中假道, underwater road)를 건설하고 있었다. 1950년 8월 7일 밤 22시경에 말 나루터(馬津) 서편 무명고지

일대에서부터 북한군 전차 10여 대와 45mm 대전차포 6문이 나타나서 약 10여 분 간 공격준비(攻擊準備) 사격을 개시했다. 곧이어 트럭 20여 대에 분승(分乘)한 북한군이 나루터를 건너 제1 중대 방어진지를 박살(撲殺) 내었고, 온통 뒤집어엎었다(殺倒). 국군은 몇 차례 성동격서(聲東擊西)의 기만작전(欺瞞作戰)에 이렇게 크게 허를 찔렸다.860

대대(大隊)는 즉시 조명탄(照明彈)을 막 쏴 올리고, 배속된 57mm 대전차포로 집중사격했다. 박격포의 탄막(彈幕)으로 저지하는 데에 심혈을 기울였다. 국군은 결국 북한군 차량이 낙동강을 도하(渡河)하는 두 눈으로 보고, 아연실색(啞然失色)을 감추지 못했다. 정신을 차리고 북한군과의 백병전(白兵戰)을 전개하여 간신히 격퇴하기는 했다. 그러나 북한군 일부는 은밀히 강물 섶 혹은 모래밭에서 참호(塹壕)를 파고 잠복(潛伏)하고 말았다.

그로부터 약 2시간이 흐른 뒤, 8월 8일 00:20에 북한군의 포격이 시작되면서 00:25에는 수중가도(水中假道)를 이용하여 북한군 전차 15대의 무한궤도(無限軌道, tank's tracks)가 2/3만큼 잠긴 채 진지(陣地)를 향하여 다가오고 있었다. 이를 목격한 한 병사가 이제까지 "탱크는 물에 가라앉

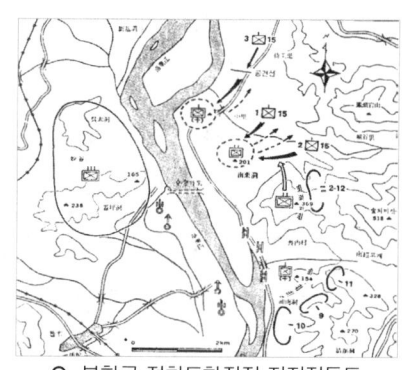

북한군 전차도하작전 저지전투도
(출처: 나무위키)

아서 도하작전(渡河作戰)은 불가능하다(The tank sinks in water, making river crossing impossible)."라고 들었던 바와 다르게 "전차가 온다." 하고 기겁하고 큰 목소리로 외쳤다. 대대는 비상사태에 들어가 57mm 대전차포(anti-tank gun)로 몰려오는 소련제 T-34-85를 향해 가격했으나 약간 꿈틀거리기만 했지 단단한 장갑(裝甲)을 결코 뚫지 못했다.

사단 포병대는 하필 이곳 말 나루터(馬津)로부터 12km 북방인 인덕동(仁德洞)에 있었다. 어떤 대포라도 당시 포사거리(砲射距離)가 6~8km 정도였기에 인덕동(仁德洞)에서 소리조차 들리지 않았다. 이렇게 하여 북한군은 1) 국군 포사격의 유효사거리(유효사거리 10km)를 벗어난 장거리가 확보된 마진 나루터(馬津)를 선택하고, 2) 비산 나루터(緋山津)와 홀소 나루터(渹沼津)에선 눈속임 미끼전투를 했으며, 3) 안심하고 있는 순간에 사각지대(blind spot)를 파고들어서 북한군 전차도하작전(戰車渡河作戰, tankraiding operation)은 보라는 듯이 크게 성공했다.

어떻게 해서 전차도하(戰車渡河)를 막지 못한 작전실패(作戰失敗, operation failure)를 했는지 바둑처럼 진 원인을 찾는 복기(復棋)한다면, 1) 전차(戰車)는 쇳덩어리라서 물에 가라앉기에 강을 건너는 작전은 불가능하고 판단했다. 그래서 강섶에다가 방어진지를 구축했다. 2) 북한군은 전차가 3분의 1 정도 강물에 잠기는 수중전차가도(水中戰車假道, water chariot tunnel)를 설치했기에 유유히 강을 건너 단숨에 제1 중대의 방어진지를 돌파했다. 3) 북한군 1개 사단 병력은 그 아래에 있었던 수암산(水巖山, 숲데미산)까지 점령하여 제15 연대의 방어선까지 돌파했다. 4) 제1 중대는 아예 중대본부가 기습을 당해 예하소대(隸下小隊)들에 통신조차 못 했다. 제1 소대장 이신국(李信國) 중위는 영문을 묻고자 참호(塹壕)에서 나와 함경도 사투리로 지껄이는 무슨 소리가 있었을 뿐이다. 5) 소대장은 병사들에게 낮은 목소리로 "숨어라."라고 지시한 뒤 연락병에게 후퇴 명령을 전달하고자 했다. 연락병은 사로잡혀 소대장 혼자만 살아 철수했다. 6) 3시에 북한군은 201고지까지 진출하고 제3 대대 방면에 154고지까지 공격하면서 제1 사단은 그제서야 비상상황에 돌입했다. 7) 연대장은 사단에 포병 지원 사격을 요청했고, 이에 사단장은 사단 포병대에 탄막공격(彈幕攻擊, bullet-hell attack)을 하라고 지시했다. 8) 사단장은 동시에 연대장에게 201고지를 탈환하라고 작전명령(作戰命令, operation order)을 내렸다. 연대장은 급히 지령에 따라 제1 대대에 전달했으나, 북한군은 이미 369고지까지 진출하여 연대를 역공(압박)하고 있었다. 9) 4시에 전차 9대가 또다시 수암산(水巖山, 숲데미산, 419.1m, 칠곡군 석적읍 성곡리)을 침투(진출)하자, 연대 행정요원들까지 일선에다가 보충하는 바람에 연대 행정까지 일시적으로 마비되었다.

북한군이 하의산(河依山)과 수암산(水巖山, 숲데미산)으로 진출하자, 6시에 배속된 제12 연대 제2 대대로 하여금 수암산을 탈환하란 임무를 부여받아 천만다행(千萬多幸)으로 성공했다. 제1 대대는 날이 밝고 낙오병(落伍兵)들을 다시 모아 부대를 재편성했다. 사실 당시 병력은 명단의 60%에 불과했다. 제1 대대는 연대 작전명령에 따라 다음 날 있을 역습준비(逆襲準備)에 착수했다. 작전지휘소(command post)는 성곡동 건너편 무명고지에 설치했다. 당시 대대에는 하의산(구미시 비산진) ▷ 130고지 일대에 북한군 약 1개 중대가 이미 배치되어 있었다. 적정(敵情)과 상황을 입수하였는데도 첩보상황이 사소하다고 아예 무시했던 데에 있었다. 실제로는 더 많은 병력이 집결해 있는 상태였으며, 북한군은 밤 사이 2개 연대나 되는 병력으로 거대한 공세를 취하려고 했다.

보병 제1 사단 제15 연대 제3 대대의 고전(苦戰)

1950년 8월 8일 새벽 전투 당시 제12 연대 제3 대대는 몰려오는 북한군 전차(戰車)를 인근에 배치된 미 제1 기병여단이라고 오해(誤解)하고, 방심한 채 경계에 임했다. 그런데 갑자기 대대 작전지휘소(CP)인 석적국민학교(石積國民

學校)로 북한군 전차 5대가 진입하자 대대는 눈 깜짝할 사이에 공중분해(空中分解)되고 말았다. 이때 제9 중대와 제11 중대도 북한군의 공격으로 인해 369고지와 154고지를 빼앗기면서 철수하였다. 그로 인해 대대는 통신마저 두절되어 어찌할 바를 몰랐고 속수무책(束手無策)이었다. 심지어 지휘관인 대대장이 어디에 있는지도 아는 병사들이 하나도 없었다. 찾을 방법이 없자, 상사인 연대장이 직접 328고지에서 제3 대대를 지휘하는 촌극(寸劇)도 발생했다. 나중에 알았던 사실은 당시 대대장은 신기동(新基洞)에서 국군 잔존부대를 재편성해서 혼자서 악전고투(惡戰苦鬪)하고 있었다. 설상가상(雪上加霜)으로 정보장교(情報將校)도 작전장교(作戰將校)의 행방까지 묘연해졌으며, 연락조차 취하지 못했다.

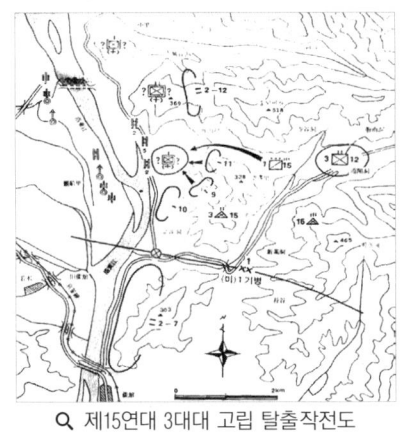
Q 제15연대 3대대 고립 탈출작전도
(출처: 나무위키)

그러던 가운데 우연히 수암산(水巖山, 숲데미산) 고지(高地)에서 연락장교 장영종(張永宗) 중위를 만나게 되었고, 드디어 교신(交信)이 되었다. 장영종(張永宗) 중위는 가장 먼저 미군에게 항공지원을 요청하였다. 대략 20분 후 154고지를 우회(迂迴), 제10 중대 진지를 돌파하려는 북한군 전차 2대에 국군 전투기 4대가 네이팜탄(napalm bomb, 油脂燒夷彈)을 투하하였다. 북한군 제1번 탱크는 소이탄(燒夷彈)에 피격되어 화염에 휩싸였고, 제1번 탱크는 도주하던 가운데 포남교(浦南橋)가 무너져 북한 군인들만이 도망하게 하는 성과를 내었다. 남아있는 탱크 4대는 국군에게 계속 피해를 입혔다.

이어 제3 대대의 대대장 소재가 파악되자, 제11 중대를 154고지의 주공격(主攻擊) 부대로 편성했다. 제9 중대는 이를 엄호(掩護)하면서 공격을 감행하도록 했다. 다행히도 북한군은 측면으로 침투한 국군을 파악하지 못하고 있었다. 제9 중대 제3 소대는 단순히 8부 능선(稜線)까지 진출했다. 이제야 뒤늦게 국군을 발견한 북한군은 수류탄전을 전개하였다. 이때 제3 소대장은 선두(先頭)에서 기관총 사격을 직접 벌였고, 승리의 기쁨에 흥분한 소대원들은 함성을 지르면서 정상 30m 앞까지 나아갔다. 바로 이때 수류탄 하나가 터지더니 소대장 대리인 박선문(朴善文) 이등중사가 오른쪽 복부(腹部)를 잡은 채 쓰러졌다. 소대원들은 일시공격을 멈추고, 박중사(朴中士)를 바라봤다. 박 중사는 "수류탄을 던져라! 돌격이다!"라고 외쳤다. 병사들이 다시 공격하여 정상(頂上)을 탈환하고 박 중사(朴中士)를 긴급 후송했다.

한편 연대 수색대(搜索隊)는 22시에 154고지 공격에 투입되어 대원 총 36명은 백병전(白兵戰)을 치르면서, 피비린내 나는 혈전(血戰)을 펼치고, 대원 15명만 남기고 제3 대대에 넘겼다. 이로부터 대략 30분 뒤 북한군은 다시 역습을 전개했다. 독수리가 병아리를 낚아채는 것처럼 북한군은 154고지를 순식간(瞬息間)에 자기들 손아귀 안으로 장악하고 말았다. 다음 날 1950년 8월 10일, 제11 연대는 제2 대대에 지령(指令)을 내려서 369고지를 미리 탈환(奪還)하라고 했다. 그리고 제3 대대는 좌측에서 엄호(掩護)하도록 했다.

북한군은 전날 154고지를 빼앗긴 뒤 도하교두보(渡河橋頭堡, river-crossing bridgehead)의 마지막 거점(據點)이었던 369고지를 사수(死守)하기로 마음먹고 배치된 병력에다가 증원시켰다. 이윽고 북한군과 제2 대대의 치열한 사격전(射擊戰)이 전개되었다. 목표 동쪽 정상 50m 앞까지 갔을 때는 이미 많은 사상자 속출(死傷者 續出)로 더 이상 공격은 아무런 의미가 없었다. 즉 전투에 이기고도 전쟁에 지는 결과를 초래할 뿐이었다.

그리고 제12 연대 제2 대대 정면 북동쪽에 있는 과수원(果樹園)에 북한군이 쏜 곡사포(曲射砲, howitzer)로 피해가 발생했다. 이 때문에 제5 중대는 중대원

15명으로 특공대를 편성하여 11일 11시에 찌는 듯한 무더위를 견디며, 3시간 동안 과수원에 도착해 보니 북한군 보초(步哨)가 졸고 있었다. 특공대(特攻隊)는 은밀히 접근해 칼로 목을 찔러 죽이고, 상황보고 후에 위장되어 있는 76.2m 곡사포 4문을 끌어내렸다. 어둑해지는 시점이라 4시간이나 애써 끌고 왔다. 한편, 전차전력(戰車戰力)을 잃은 북한군은 전력 대체작전(全力代替作戰)을 수립해서 금곡리(金谷里)를 돌아와서 보병 제1사단의 오른쪽을 위협하기 시작했다.

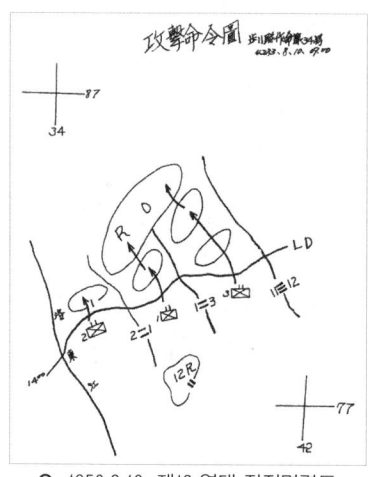
1950.8.10. 제12 연대 작전명령도
(출처: 나무위키)

이때 국군 제2 군단 단장 유재흥(劉載興) 준장이 1950년 8월 12일 사단은 'Y'선으로 철수해 방어하라는 명령을 내려 168고지 ▷ 해평천(海平川) 방어선에서 북한군 제13 사단과 제15 사단을 저지하던 제11 연대를 비롯한 제1 사단은 20시에 철수해 한국전쟁의 '6.25 전쟁의 아마겟돈 전투(The Battle of Armageddon in the 625 War)' 혹은 'OK 목장의 결투(Gunfight at the O.K. Corral)'[861]가 기다리고 있는 다부동(多富洞)으로 이동했다.

나중에 제11 연대 작전 주임을 보좌했던 한 용사의 증언은 "해평지구(海平地區)에 나타난 북한군 전차는 과수원 속에 숨어있다가 국군을 공격코자 길도 아닌 개울로 나타났는데, 대전차포 중대장 최금석(崔錦錫) 대위가 57mm 대전차포 2문으로 하여금 500m 거리에서 사격하여 4~5대를 파괴했다. 때마침 미군 제트 전폭기가 나타나서 또다시 파괴하였다. 이에 사기충천(士氣衝天)한 통신병들도 수류탄을 들고 가서 과수원에 남아있는 전차를 공격하여 모두 7~9대의 전차를 부순 것으로 알고 있다."라고 했다.

3.
똥 싸기 전 잦은 방귀,
다부동(多富洞) 인근 피아공방전(彼我攻防戰)

6.25 전쟁에서도 XY 고차방정식(高次方程式)이 등장하다니!

    6.25 전쟁(Korea War) 당시 칠곡(漆谷)에서 벌어졌던 55일간의 전투 기록을 요약하면, "12일 밤과 13일 새벽을 기점으로 국군 제1 사단은 최초 방어선인 X선에서 명령에 의하여 다부동(多富洞) 부근 Y선으로 철수하였다. 당시 군단 작전명령에 명시된 'Y'선이란 보병 제1 사단(나중에 국군 제1 사단으로 명명)의 좌측 방어선(左側防禦線)으로 제13 연대가 사수(死守)하고 있는 왜관 북쪽 6.5km를 기점으로 하여 제11 연대와 제12 연대를 5~10km가량 후퇴시켜 좌로부터 369고지 ▷ 수암산(水巖山의 한자를 水薷山으로 읽어 수약산) ▷ 족계산(午雞山의 한자를 잘못 읽어 牪鷄山) ▷ 신주막(新酒幕)을 잇는 작전 지역을 총칭했다."[862]

    좀 더 자세하게 타임 라인(time line)을 살펴보면, 1) 낙동강 방어선 X선 구축(1950.8.1.~8.4.) 2) 왜관철교 폭파(1950.8.3.) 3) 낙동강을 건너온 북한군과의 369고지 전투(1950.8.6.~8.12.) 4) 북한군 기습에 미군장병의 사상(死傷), 금무봉(錦舞峰, 倭館邑 錦南里) 전투(1950.8.9.~8.10) 5) 왜관-다부동 중심방어 낙동강 방어선 Y선 구축(1950.8.13.) 6) 북한군에 의해 미군 포로 40명이 자고산(鵲烏山)[863]에서 학살만행(1950.8.13.~8.17.) 7) 9회 백병전(白兵戰), 1천여 명 사상당한 유학산(遊鶴山) 전투(1950.8.13.~8.23.) 8) 12일간 고지 15회 교체한 뒤 국군이 최종 승전한 328고지 전투(950.8.13.~8.24.) 9) 피아(彼我)가 처절한 혈투 수암산 전투(1950.8.15.~8.30.) 10) 98대 폭격기 동원 왜관 북한군 집결지 960톤

투하한 유엔군 융단폭격(絨緞爆擊, 1950.8.16.) 11) 신주막계곡(泉坪 錦華溪谷)에서 최초 전차전 볼링장 전투(1950.8.18.~8.23.) 12) 가산산성(架山山城) 전략촌이 북한군 요새가 된 가산산성 전투(1950.8.18.~8.27.) 13) 가산에서 남진한 북한군(北韓軍) 방어의 가산전투(架山戰鬪, 1950.8.31.~9.4.) 14) 대구점령을 눈앞에 둔 북한군의 발악 팔공산(雉箕峰) 전투(1950.9.5.~9.14.) 15) 대구 12km까지 진출했던 북한군을 격퇴한 315고지 전투(1950.9.11.~9.12.)가 있었다.

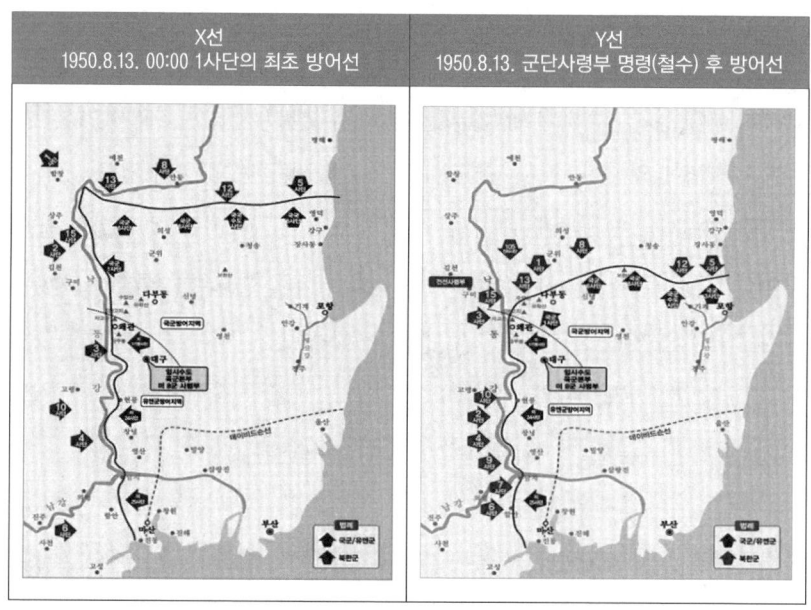

국군 제1 사단 사령관 백선엽 준장과 후퇴선(Yield Line)[864]

해평리(海平里)에서의 치열한 격전이 있던 8월 6일 국군 제1 사단 사령관 백선엽(白善燁) 준장은 제1 사단 사령본부였던 오상중학교(五常中學校, 오늘날 구미시 장천면 강동로 164, 1946년 3월 6일 개교)[865] 교실 벽에 걸린 지도(地圖)를 살펴보다가 한 지점에서 눈길이 멈추었다. 그곳은 다부동(多富洞)으로. 이후 백선엽(白善燁)은 다부동 지역을 정찰하면서 328고지 ▷ 숲데미산(水巖山) ▷ 유학산(遊鶴山) ▷ 741고지를 잇는 방어선(defence line)을 구상하고, 이 방어선을 최후 사수선(last line of defense)으로 마음속에 결정했다. 이를 제 2 군단에 건의(建議)했다. 이 무렵 제2 군단에서는 워커 라인(Walker Line)에 의해 방어선을 축소하는 계획을 검토하고 있었다. 이후 제1 사단에 주저항선(主抵抗線, main resistance line)으로 철수하라는 작전명령을 내렸다.[866]

백선엽(白善燁) 장군의 회고록(回顧錄)으로 당시를 보면 "낙동강의 하천 장애물을 최대로 이용하여 결정적인 방어를 실시하지 않을 수 없게 되었다. 당시 사단은 작전용 지도 한 장이 없었다. 그래서 오상중학교에 걸려있는 일반 지도로써 상황을 판단하기 위하여 자세히 살펴본즉 다부동(多富洞)이라는 지명이 인상적이기에 그 부락(部落)에 가본즉 이름하고는 달리 빈촌(貧村)이었다. 명불허전(名不虛傳), 다부동이라는 지명은 다복(多福)하고 풍요한 마을을 뜻하므로 자신도 모르게 직감적으로 '뭔가 이름값을 할 것'이라는 길조(吉兆)를 느끼게 되었다."

사실, 이 구간(區間)은 전투정면(戰鬪正面, battle front)이 20km에 달하여 매우 넓은 방어정면(防禦正面, defense front)이었다. 북한군을 감시할 수 있는 지리적 이점이 있었고, 또한 제1 사단과 인접해 있는 제6 사단 및 미군 제1 기병여단이 연결되는 협공방어(挾攻防禦, Couple Defense)에 유리했다. 8월 13일 백선엽 준장은 왼쪽(左翼)에 있는 제15 연대(나중에 제13 연대로 개칭함), 중앙에 제12 연대, 오른쪽(右翼)에 제11 연대를 각각 배치했다. 이때 제1 사단은 개전 이래 처음으로 편제상 90~100%, 병력은 70%나 추가되었다. 이뿐만 아니라 T-34 탱크를 격파할 수 있는 3.5인치 로켓포(rocket artillery)까지 배급받아 그때 군인들은 사기충천(士氣衝天)했다.[867]

제2 군단 사령부의 작전명령서(作戰命令書)에서도 24시에 철수하여 Y

선 탈취와 로켓 포(rocket artillery)을 쓰라는 명령이 보인다. 또한 8월 12일 제1 사단은 도로 접근로를 방어하게 된 제11 연대에 제15 연대의 2개 대대를 배속(配屬)했다. 이후 왼쪽 날개에 배치된 제15 연대는 2개 대대로 328고지에 진지(陣地)를 편성하였다.

328고지(328 Hill)의 전투에서 웬 신의주 독립연대가!

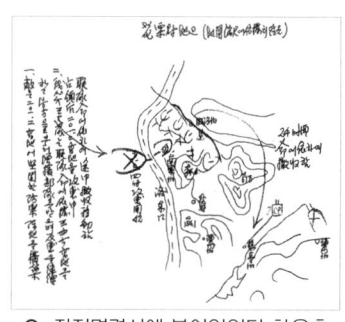

🔍 작전명령서에 붙어있었던 화율촌 지도(출처: 나무위키)

제1 연대는 사령부를 다부동(多富洞) 남쪽 9km 지점 동석동(東石洞)에 배치하고, 제15 연대는 그 북쪽 3km 부근에 배치하였다. 또 328고지를 중심으로 제1 대대를 좌측에 놓고 제3 대대로 하여금 점령케 하였으며, 제2 대대는 제11 연대에 배속하여 제11 연대의 철수(撤收)를 도왔다. 제15 연대 정면의 북한군은 8월 12일 밤 제3 대대가 270고지로 이동한 틈을 타 154고지를 확보했다. 국군에게 발각(發覺)되지 않을 만큼 은밀히 328고지까지 진출(進出)했다. 이때 국군 제1 대대도 망정동(望亭洞)으로 이동한 뒤 328고지에 북한군이 없다고 판단하고 그곳에 진출해 있었다. 그런데 당시 제3 중대 제1 소대장 이신국(李信國) 중위는 선두(先頭)로서 고개를 올라가다가 "야, 몇 연대냐?"라고 묻는 소리를 들었다. 평안남도(平安南道) 출신인 소대장은 평안도 사투리임을 알아차리고 "내레 신의주 독립연대(新義州獨立聯隊)다. 왜 그러디?"라고 답했다. 그들은 국군을 북한(아)군으로 오해하여 쏘지 않고 기다리는 것 같았다. 다행히 이날 따라 날씨가 매우 흐려 10여 m 앞의 물체가 겨우 식별될 지경(地境)이었다.

이신국(李信國) 중위, 소대장은 연락병으로 하여금 주력부대의 전진을 멈추고, 병사들의 철모(鐵帽)를 모두 벗게 한 후에 서서히 접근하여 7부 능선에 이르자 멍청하게 쳐다보고만 있던 북한군을 총으로 쏘아대며 쳐들어가 1개 소대 병력을 전멸(全滅)시켰다. 그리고 북한군의 무기들을 노

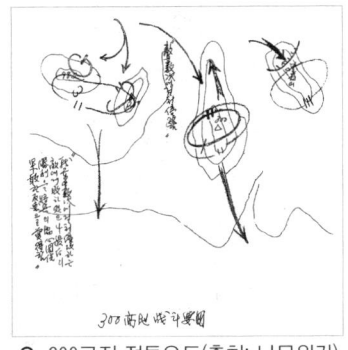

300고지 전투요도(출처: 나무위키)

획하고 정상으로 올라가 적의 역습(逆襲)에 대비했다. 6부 능선에서 다박솔(타박하게 자란 소나무, 일명 盤松)이 움직인다는 보고를 받고 중대장(中隊長)이 마침 정상에 도착하여 "어디냐?" 하고 묻자마자 위치가 노출되어 북한군 총소리가 울려 퍼지더니 중대장이 옆구리를 움켜쥔 채로 쓰러졌고 결국 사망했다. 후임으로 제1 소대장이 중대장(中隊長)이 되었다.

북한군의 침공에 대비하여

당시 전투상보(戰鬪詳報, detail report of battle)를 보면 북한군은 8월 15일까지 임시수도였던 대구를 침공할 계획이었다. 8월 14일 1시에 약목(若木, 칠곡군 약목면)에서 집결했던 북한군 제3사단의 증강된 1개 연대 병력이 이날 낙동강을 도하(渡河)하여 국군 제1 사단 제15 연대 쪽으로 공격을 감행했다. 3시에 제1 대대 및 제3 대대로 하여금 328고지(석적초등학교 건너편 야산)에

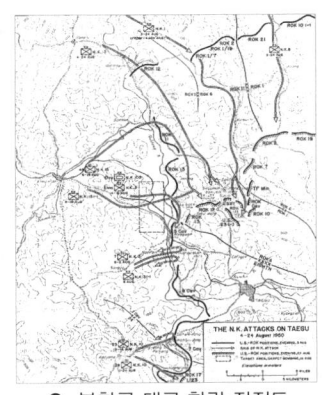

북한군 대구 함락 작전도
(출처: 나무위키)

침공한 북한군에 대한 사격을 집중시켜 이를 저지하게 했다(暴風前夜平溫作戰).

그러나 12시 40분에 북한군은 증강된 병력 4개 대대를 앞세워 다시 침공해 왔다. 결국 8부 능선까지 물러나 부대를 정비하고 일단 464고지로 철수하였다. 16시에 재편성을 끝마치고 특공대를 편성한 제1 대대, 제3 대대는 16시 30분에 미 공군의 전폭적인 지원을 받아가면서 총반격(總反擊)을 감행하여 20시에 328고지(300고지)를 완전탈환(完全奪還)했다.

그런데 23시에 북한군 1개 중대는 국군 제2 대대의 진지 좌표 DQ593917[868] 지점에 은밀히 침공하였으므로 제2 대대 제7 중대로 이를 격퇴하였다. 북한군은 좌표 DQ603930 지점을 이용하여 도주(逃走)하였으며, 특공대는 후방에 침입할 수 있는 북한군의 유격대(遊擊隊)를 대비하여 신주막(架山面 泉坪里 新酒幕) 진지로 철수하였다. 328고지를 탈환했을 때 즈음 제3 대대는 신주막(新酒幕) 일대에 고립되어 통신이 끊겼다.

이 때문에 연대장(聯隊長)은 연대수색소대를 파견하여 제3 대대의 지휘소(指揮所)를 찾아 제3 대대의 파견 경위 설명했는데 제3 대대장이 수색소대의 배속을 원하여 연대장의 승인을 받고 328고지의 좌측을 점령케 하여 새벽에 침공하던 북한군(北韓軍)과 교전을 벌여 결국 북한군을 격퇴시키고, 사상자(死傷者)를 확인하니 국군은 1개 분대의 사상자를 내고 북한군의 유기시체(遺棄屍體)는 20구(軀)가 넘었다.

북한군의 대대적 공세로 '시체 산과 피바다(屍山血河)'가 되었다

지난 7월 21일 수안보(水安堡, 오늘날 충청북도 충주시 수안보면)에 있었던 전선사령부(戰線司令部)에서 김일성이 "8.15 광복절 기념행사 이전에 부산을 점령하라."라고 했으나. 8월 초에는 "제5주년 광복절 기념행사를 대구에서 개최하자."라고 지령을 다시 내렸다고 한다.869 8월 15일, 이날은 남북한이 같이 광복

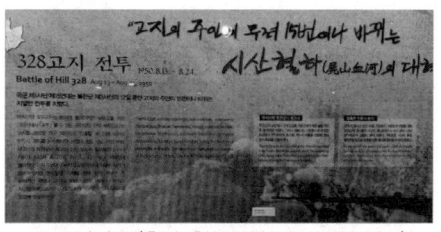

Q 屍山血河(출처: 칠곡평화호국기념관 벽보)

5주년 기념일이었다. 이날까지 대구를 점령하고자 했던 북한군(北韓軍)은 정면에서 대구를 향해 전력을 쏟아서 총공세를 감행했다.

 1950년 8월 15일 1시경에 북한군은 154고지에 병력을 증강하여 1시 30분에 98.2고지를 침공케 하여 국군에게 숨 쉴 틈도 주지 않고 단체로 '만세(萬歲)'를 부르면서 공격해 왔다. 그리하여 북한군은 다시 328고지를 공격하였고, 제1사단 제1 대대는 진전(陣前)에 이를 포착 후 알 수 없는 북한군 병력과 전투를 벌였지만 결국 328고지를 빼앗겼다. 제1 사단의 왼쪽 날개(左翼)에 인접한 미 제1 기병사단에서는 왜관(倭館) 북쪽 2km의 303고지가 피탈(被奪)되었다. 제1 사단 오른쪽 날개(右翼) 인접 국군 제6 사단은 4km나 물러나 대구의 운명은 '바람 앞의 등불처럼(風前燈火, like a light in the wind)' 촌각(寸刻)을 다투고 있었다.

뭐 때문에 유엔군이 융단폭격(UN Forces' Carpet Bombing. 1950.8.16.)?

 328고지를 점령한 북한군은 뭔가를 준비하고 있는 양 진지를 열심히 보강하고 있었다. 미 제5 기병연대가 맡고 있던 작오산(鵲烏山)과 전투지경선(戰鬪地境線, the frontier of battle) 부근까지 진출하여 국군의 보급을 차단코자 하였다. 여기다가 더해 837고지 ▷ 674고지 부근에도 병력을 증강하여 어디가 돌파구가 될지 예측조차 못 할 정도였다. 그러나 제1 사단

제3 대대는 미 제5 기병연대의 화력을 지원받아 16일 8시 30분에는 328 고지 좌측에 있던 원래 진지(元陣地)를 재탈환하여 북한군을 격퇴했다. 또한 제1 대대는 9시에 328고지를 재탈환하였으며 제11 연대에 배속 중이던 제2 대대는 진지를 개편하고 진목동(眞木洞, 많은 나무가 우거진 동네)에 북한군(北韓軍)에 대한 사격을 집중시키자 12시에 북한군은 금호동(金湖洞, 오늘날 해평면 금호리)으로 이동했다. 이때 유엔군은 적에게 융단폭격(絨緞爆擊, carpet bombing)을 개시하였고, 이로 인해 왼쪽 전선(左一線)은 안정될 기미가 보였다. 다부동으로 쏟아지는 공세가 심상치 않음을 판단한 유엔군 총사령관 더글러스 맥아더(Douglas MacArthur, 1880~1964) 원수(元帥)는 왜관 서북 낙동강변 일대 융단폭격(carpet bombing)870을 명령했다.

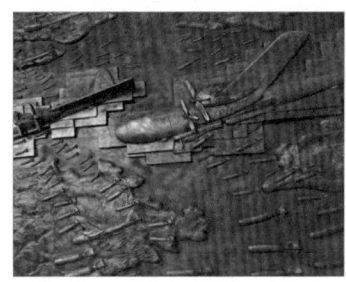

출처: 칠곡호국평화기념관 부조

1950년 8월 16일 오키나와(沖繩, おきなわ) 미 공군기지에서 출격한 B-29 98대는 폭탄 960톤을 26분에 걸쳐 목표(왜관 북쪽)에 투하(投下)하였으나 북한군의 포사격(砲射擊)이 다소 줄어든 것 이외에는 특별 성과(別成果)는 전혀 없었다. 다만 백선엽(白善燁) 장군의 회고록 『군(軍)과 나』871에 따르면 당시 포로를 심문한 결과 이날의 융단폭격(絨緞爆擊)을 기점으로 북한군의 기세가 결정적으로 꺾였다 증언했다. 이때 폭격의 성과를 확인하기 위해 공중정찰(空中偵察)을 수차례 실시했으나 연기(煙氣)에 가려 구체적인 전과를 확인할 수 없었다.872 이 때문에 8월 19일 실시 예정이었던 2차 폭격은 취소되었다. 사실 북한군은 이미 낙동강을 다 건너고 난 뒤(渡河後)여서 별다른 성과는 없었다. 그러나 심리적인 타격(psychological blow)은 컸던 것으로 판단했다. 이 당시 유학산(遊鶴山) 정상에서 유머가 넘치는 한 병사의 재치있는 와이담(猥談, わいたん)이 "막아더(Douglas

MacArthur) 장군은 '막아라!' 야단이고, 워커(W.H. Walker) 장군은 '워(Woo)~ 워~!' 소리만 지르며 화만 잔뜩 냈다. 대전(大田)에서 있던 딘(William Frishe Dean) 장군은 '띵(Ding)~!' 하면서 나가떨어졌는데 이제야 제대로 싸우는가 보다."873 라고 하자, 잠시라도 전투의 고통을 벗어던지고 한바탕 웃음꽃을 피웠다.

1950년 8월 17일 북한군은 전날 폭격의 후유증(後遺症) 때문인지 침묵(沈默)을 지키고 있었다. 하지만 국군의 사기(士氣)는 높아져 제1 중대, 제3 중대로 하여금 낙동강까지 진격(進擊)하게 하여 북한군을 섬멸했다. 또한 제5 중대는 좌표 DQ582908 지점 신기동(新基洞, 새터마을)를 목표로 일제히 공격을 개시하였다. 직사포(直射砲)로 북한군의 집결지인 금호동(金湖洞, 해평면 금호동, 칠곡 琴湖洞과는 한자가 다름)을 포격하였고, 야포(野砲)로도 신주막(新酒幕) 일대를 강타하여 막대한 피해를 주었다. 8월 18일에는 신기(新基)와 금호동(金湖洞)을 점령해 확보했다. 또 제2 대대를 이용해 356고지에 공격을 개시했다.

1950년 8월 19일 제1, 제3 대대는 200고지와 300고지(혹은 328고지)를 제2 대대는 356고지를 점령(占領) 확보하면서 방어에 임했다. 4시에 수암산(水巖山, 일명 숲데미산) 쪽 부근에서 북한군 약 1개 대대가 출현하여 제1 사단 제1 대대의 측면을 위협(威脅)해 왔다. 그러나 제1 대대는 역습(逆襲)을 감행하였고, 북한군은 374고지로 도주(逃走)하였다. 이때 점곡(點谷)을 점령한 국군은 미 기갑부대와 연합하여 천평리(泉坪里) 신주막(新酒幕)에 주둔하고 있었던 북한군에게 압력을 가했다. 북한군의 포격에도 맹렬했던 국군 때문에 북한군은 전차를 이끌고 오히려 북방으로 퇴각을 개시(開始)하였다. 이날에도 북한군은 미 공군 전폭기(戰爆機)의 활동 때문에 대체로 교착상태(交錯狀態)였으며, 따라서 제1 대대, 제3 대대는 낙동강 기슭에서 북한군의 침입에 대비하였다. 특히 제3 대대에 배속된 특공대(特攻隊)를 수암산(水巖山) 부근 북한군에 대하여 철벽방어(鐵壁防禦, Ironclad defense)를 했다.

4.
북한군의 재정비(再整備)와
국군의 굳히기 작전(固着作戰)

　1950년 8월 20일 3일 동안 북한군(北韓軍, North Korean Army)은 재정비(再整備)를 마치고, 이날 미 공군의 출격이 없는 것으로 파악한 북한군은 00:20에 국군 제1사단 제2 대대 정면 297고지에 1개 대대 병력을 비밀리 내려보냈다. 신주막(新酒幕) 일대에는 병력을 보강하는 한편 제2 대대의 진지에 포격을 가할 때 국군 제2 대대는 박격포(迫擊砲)로 좌표 DQ590937 지점에 포격을 가했다. 이렇게 함에는 북한군의 침입에 대비(對備)하고 있었다. 정찰대(偵察隊)로 하여금 적정(敵情)을 살피게 했다. 이러던 와중(渦中)에도 3시에 북한군 전차 2대가 남하해 제2 대대의 OP(作戰指揮所)에 포격을 가해 옴과 때를 같이하여 북한군(北韓軍) 2개 소대가 제7 중대의 진전(陣前)으로 침공(侵攻)을 시도했다. 이에 제7중대와 20분간 교전(交戰)에서 패배하고 신주막(新酒幕, 泉坪里) 방면으로 퇴각(退却)했다. 또한 좌표 DQ583948 지점에 배치된 제2 대대의 경계부대(警戒部隊)는 4시에 침입(侵入)해 오는 북한군(北韓軍) 1개소대와 10분간 교전을 전개했지만, 북한군을 격퇴(擊退)시켰다.

328고지 탈환(Battle of the 328 Hilltop. 1950.8.13.~8.24.)

　북한군(北韓軍)이 예상과 다르게 미 전폭기(戰爆機)는 11시 무렵 328고지 및 후방일대(後方一帶)에 맹렬한 폭격을 가해 200고지를 확보했고, 이때에 제3 대대를 적극 지원했다. 16:00 국군 제1 대대는 북한군의 저항(抵抗)을 받아가며 328고지에 육박한 결과 16시 30분에 목표를 완전탈환(完全奪還)하고 패주(敗走)하는 북한군에게 맹렬하게 사격을 가했다. 이러한 국군과 북한군 공방전(攻防戰) 끝에 328고지를 다시 확보해서 방어하고 있었다.

출처: 칠곡호국평화기념관 벽보

1950년 8월 21일 연대는 어제(昨日) 공방전(攻防戰)으로 인한 손실로 현재 진지(現在陣地)를 인근에 있던 미 제5 기병연대에 잠시 인계하고, 328고지 후방에서 잠시 재정비(再整備)를 마치는 동안 방어에 임했다. 9시에 정비를 마치고 진지를 미 제5 기병연대로부터 다시 인계받았다. 이때 북한군 2개 대대 규모의 북한군이 남하(南下)하여 공격을 시작해왔는데 백병전(白兵戰)을 여러 번해서 결국은 20시에 북한군을 거의 물리쳤다.[874] 328고지의 주인(主人)이 15번이나 바뀌는 치열한 피아공방전(彼我攻防戰)으로 '시체가 산을 이루고, 흘린 피가 강물(屍山血河, Mountain of Corpses and River of Blood)'을 이뤘다는 표현으로 부족한 격전지(激戰地)였다.

어렵게 328고지에 온 김에 「328고지의 한(The Sorrow of Hill 328)」이란 시를 지어 조심스럽게 호국영령(護國英靈)에게 바쳤다. "328고지에 피 냄새가 스며들고, 칠십오 해 지난 지금도, 이 언덕 위에 불타는 싸움, 밤낮으로 열다섯 번이나. 쓰러진 병사들의 몸은 산을 이루고, 흐르는 핏물은 강이 되었네. 바람도 구름도 숨죽였건만, 산새들마저 목놓아 울었구나. 세월은 강물처럼 흐르건만, 이 상처만은 아물지 못하네. 바람아 불어라, 구름아 흘러라. 이 슬픔을 씻어다오."[875]

당시 석적국민학교(石赤初等學校, 오늘날 초등학교)[876]까지 군용 헬기 및 수송기로 공수(空輸)한 병참 물자를 328고지까지 운반은 속칭 '지게 부대'가 맡았다.

1950년 7월 26일 발족해 대대별로 50여 명 내외로 배속(配屬)시켰던 민간노무단(民間勞務團, Korea Service Corp)을 속칭 지게 부대(A-Frame Army)라고 했다. 노무단 대원들은 하루에 40~50kg의 식량, 포탄 및 부상병(負傷兵) 등을 밤낮으로 328고지까지 몇 번이고 운반하고 연락까지 했다. 이곳 출신 배석운(裵錫雲, 1949년생)이라는 향토사학가(鄕土史學家)는 당시 전쟁의 아픔을 되새기자고 '산자락 지게 길(A-Frame Mountain Path)'을 마련했다. 몇 해 전부터 이에 걸맞은 각종 6.25 전쟁의 호국행사(護國行事)도 마련했다. 이렇게 칠곡군청과 같이 다크 투어리즘(dark tourism)으로 관광자원화(觀光資源化)를 하고 있다.[877]

1950년 8월 22일 1시에 북한군 1개 대대가 제1, 제3 대대의 전면에 침공하여 옴으로 국군은 전초병력(前哨兵力)을 철수시키는 반면, 3시에 전력투구(全力投球)하여 북한군을 격퇴했다. 한편 부대는 야음(夜陰)을 이용하여 북으로 진출하고 있었으며, 미군(美軍)의 지원을 받으면서 강(개울)섶까지 진출하였다. 18시에 미 전폭기(戰爆機)가 또다시 비행하더니 적진(敵陣)을 강타하면서 포진지(砲陣地)를 분쇄했다. 드디어 북한군은 369고지 쪽으로 퇴각(退却)함으로써 전선(戰線)은 평온을 되찾고, 부대는 다시 방어(防禦)에 임했다. 8월 23일에서 29일까지 그동안은 교착상태(交錯狀態)에 들어갔었다. 가벼운 정찰전(偵察戰)만 여러 번 일어났다. 제1, 제3 대대는 29일 사단명령에 따라 12시에 현진지를 미군에 인계했다. 곧바로 철수해 집결지(集結地) 동명원(東明院, 당시 東明國民學校)[878]을 향해 출발을 재촉했다.

다부동 방어전선에선 파리·모기떼까지도 피 터지게 공격

328고지 일대(一帶)엔 네이팜탄(naipam bomb)과 화염(火焰)으로 몸이 갈기갈기 찢어진 시체들이 난무(亂舞)했으며, 볼 때마다 소름 끼치는 광경이 펼쳐졌다. 악취(惡臭)가 풍겨 지나가는 것마저도 상당히 고통스러웠다. 이에 따라 피아(彼我)의 시체는 벌레들의 먹잇감이 되었다. 또 더 큰 문제는 민간노무자(Korean Service Corp, 소칭 지게 부대)들이 주먹밥을 분배할 때에도 주먹밥을 손에 드는 순간 시체에 달라붙어 있던 파리 떼가 벼락같이 옮겨붙었다. 따라서 장병(將兵)들은 '시체 진물과 피와 먼지로 범벅된 주먹밥(rice-ball covered in corpse juice, blood and dirt)'을 이렇게 항상 먹어야만 했다. 이런 현실이 병사들의 마음을 더 괴롭게 만들었다. 낮에 파리 떼로 온갖 고생을 했다면, 밤에는 모기떼들이 극성을 부렸는데 피부가 노출된 얼굴은 물론이고, 구멍이 난 전투복(戰鬪服)에 노출된 피부까지 달려들었다. 파리와 모기떼가 이렇게도 악착(齷齪)같이 물어뜯고자 함에는 처참한 죽음을 파리 떼와 모기떼들로써 먼저 직감(直感)하고 달려드는 것 같았다.

지구촌(地球村)에 인류는 지금부터(before present) 700만 년 전에 출현했으나, 지금부터 1억9천만 년 전에 지구촌에서 출현한 모기(mosquito)는 지구촌을 지배하여 왔다. 이제까지 520억 명의 인간의 생명을 앗아갔으며, 몇 차례 인류역사(人類歷史)까지 변화시켰다. 영국 런던대학교(London College University) 교수였던 아놀드 토인비(Arnold Joseph Toynbee, 1889~1975)는 1934년에 집필을 시작해 1964년까지 28년간 12권의 역작 『역사의 연구(A Study of History)』를 썼다. 그 책에서도 언급했다시피, BC 323년 2월에 알렉산더 대왕(Alexander the Great)은 바빌론(Babylon)에서 모기에 물려서 서(西) 나일 뇌염(West Nile encephalitis)에 걸려 세상(世上)을 떠났다.[879] 만약에 알렉산더 대왕(Alexandros the Great)의 동방원정(東方遠征, Eastern Expedition)이 성공했다면 동양대륙의 중국 역사는 많이 달라졌다.

직접(直接) 눈으로 확인할 수 있는 역사적 유적(歷史的 遺蹟)으로는 캄보디아 앙코르 와트(Angkor Wat, Cambodia)는 17세기 말부터 흔적도 없이 사라 사라졌다가 1860년 이후에 발견되었다. 사라진 이유로는 역사학자들은 200m 정도 넓은 해자(垓子)에 서식했던 모기로 인해 캄보디아 대제국이 사멸했다. 1882년 파나마 운하공사(Panama Canal work)도 모기가 전염시키는 말라리아로 근로자 1,200명이 사망해 한때 중단했다. 세계 제1차, 제2차 대전에서 가장 많은 생명을 앗아갔기에 "모기 보고 대포를 쏜다(Firing a cannon to kill a mosquito)."라는 유행어까지 생겨났다.

미국 전투역사 기록을 살펴보면, 제1차 세계전쟁에 4,746명의 말라리아 환자가 발생하여 사망자는 7명, 병가 일수는 68,373일이었다. 그러나 제2차 세계대전(the 2nd World War)엔 말라리아 환자가 112,256명, 병가일수가 3,310,800일에 사망자 90명이었다.[880] 1942년 일본군(日本軍)의 진격을 막고자 필사적으로 전투에 참여했던 필리핀 군인 75,000여 명 가운데 24,000명이나 모기가 전염한 말라리아(malaria)로 사망했다.[881] 1950년 한국전쟁(Korea War) 가운데 4,542명의 환자, 병가(病暇)를 50,924명이 신청했으나 사망자는 0명이었다. 그런데 1965년 베트남 전쟁(Vietnam War)에서는 250,000명의 참전군인(參戰軍人)이 뇌염(腦炎)과 말라리아(malaria)를 앓았다.[882]

다시 다부동 전투(多富洞 戰鬪)로 돌아와서, 당시 제1 사단 제15 연대 제1 대대 3중대에서 참전했던 황대형(黃大炯) 일등중사의 증언을 들어보면, "328고지 위에서 한참 싸움이 벌어졌는데 온전한 시신이 남아있지 않았다. 시신 조각들이 나뭇가지나 바위 등에 걸쳐있는 상태였다. 시신을 쌓는다는 말은 현장을 안 본 사람의 말이다. 조금만 시간이 지나면 썩어 문드러지는데 미끄러져 흘러 내린다."라고 말했다. "신참병(新參兵)과 고참병(古參兵)은 비상식(非常食) 건빵을 먹는 데도 다르다. 신참병(新參兵)은 한입 털어넣고 목이 말라 꽥~ 꽥~ 거리다가 물을 찾아 마구 뛰어 내려가다가 빵~ 빵~ 하고 총 맞아 죽는다. 그러나 고참병은 한 알씩 꺼내서 배가 고플 때만 먹는다."[883]

수암산 고지 전투(Battle of the Suamsan Mount. 1950.8.15.~ 8.30.)

당시 국군 제1 사단의 중앙에 배치되었던 제12 연대는 8월 13일 아침 제2 대대를 숲데미산(水巖山)에, 제3대대를 유학산(遊鶴山) 주봉(主峯)인 839고지에 각각 배치했다. 또한 Y선(최후 방어선)을 확보하기 위해 8월 12일 20시에 369고지 후방으로 이동했고, 13일 다부동(多富洞) 부근에서 재편성을 마쳤다.

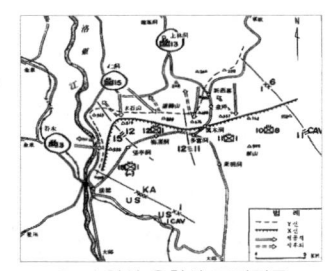
🔍 수암산 유학산 고지전투 개황도(출처: 나무위키)

북한군은 이때(8월 13일) 수암산(水巖山) 일대를 점령하여 보급로(補給路)를 차단하기 위한 목적으로 약 1개 사단 병력에게 낙동강을 건너서 수암산(水巖山) 공격을 위해 모든 화력을 집중(集中)시켰다. 당시 유학산(遊鶴山)은 국군이 점령하면 전시임시수도(戰時臨時首都)였던 대구를 방어하기에 유리해지고, 반대(反對)로 북한군이 점령하면 즉시 대구 공격의 발판이 되기에 때문에 피아가 선점 확보할 필요성(必要性)이 절실했다.

작전명령(作戰命令, operation order) 제12호로 Y선 철수를 명령한 국군 제2 군단 유재흥(劉載興) 군단장은 작전명령에서 제1 사단의 병력이동 동선(動線)을 생각하지도 않고 명령을 내리는 바람에 1) 제1 사단의 철수경로를 통제하면서 고지(高地) 점령 시간을 놓치게 만들었다. 제1 사단은 철수작전선(撤收作戰線) Y선까지 다부동으로 남하(南下)한 뒤에, 다시 이전의 고지(高地)를 점령하려고 북상(北上)을 했다. 2) 이렇게 헛발질하는 동안에 북한군은 곧바로 지름길을 이용해 남하해 선제적으로 목표했던 고지(高地)를 아무런 저항도 없이 차지할 수 있게 되었다. 3) 또한, 작전명령에 표시된 '강력한 엄호부대(powerful cover force)'는 제2 군단이 내려주던 게 아니라 사단

독자적으로 마련해야 했다. 국군 제1 사단 제15 연대 제2 대대를 잠시 운용했을 뿐, 북한군을 저지할 이렇다는 별다른 묘책(妙策)은 내놓지 못했다.

그러나 이와 같은 헛발질했던 작전실패(作戰失敗)는 제2 군단장 유재흥(劉載興) 준장의 실책만은 아니었다. 이런 작전명령(作戰命令)을 하달받았던 국군 제1 사단장인 백선엽(白善燁) 준장의 오판도 컸다. 이런 작전명령(作戰命令)을 받고도 군단에 어떠한 질의도 없었고, 불합리(不合理)함에 여하한 항의(抗議)도 하지 않았다. 속칭 권위주의적 군사문화(權威的 軍事文化)의 하나인 속된 말로 '까라면 까는 정신(까까정)'이었다. 이런 '까까정'은 2020년까지 군사적 유습(軍事的 遺習)으로 유지되어 왔다.

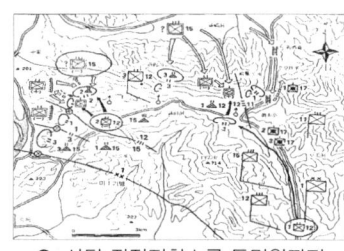
사단 작전지휘소를 동명원까지 굳이 빼는 이유는?(출처: 나무위키)

오히려 유학산(遊鶴山) 고지를 점령하기로 한 부대인 제12 연대 제1 대대를 재편성하기 위해 무려 사단 지휘소(command post)인 동명원(東明院, 1934년 東明國民學校 開校)까지 후방조치(後方措置)로 왔다가 갔던 사실이다. 이 같은 작전은 1944년 3월부터 7월까지 임팔 전투(インパール作戰, Battle of Imphal)에서 부하 장졸 3만 명을 굶겨 죽인 무다구찌 렌야(牟田口廉也, むたぐち れんや, 1889~1966) 장군이 아니고선 불가능했다.[884]

1950년 8월 12일 20시 철수 작전개시 후 이른 아침 제12 연대 제1 대대는 유학산(遊鶴山)을 바라보며, 하장동(下場洞) 부군 25번 국도를 따라 남하(南下)하고 있었다. 이때 대대장은 부대행군을 보러 나온 부연대장(副聯隊長)에게 유학산에 방어진지를 구축한 것이 좋겠다고 했다. 이에 부연대장은 "연대도 이점에 착안하여 사단에 건의했으나 사단에서 지시받은 대로 하라고 하니 난들 어떻게 하겠느냐?"라면서 어딘가 못마땅해했다.

이와 관련한 증언을 들어보면, 당시 제12 연대 부연대장 김점곤(金點坤,

1923~2014) 중령은 "Y 방어선이 설정되어 새로운 부대 배치를 할 때 나는 수암산(水巖山)과 유학산(遊鶴山)이 감제고지(瞰制高地)로서 중요하니 이곳에다 병력을 배치하자고 제1 사단에 건의했는데 사단에서 이를 반대했다. 그런데 북한군이 먼저 진출하여 이들 고지(高地)를 먼저 점령하는 바람에 우리가 근 10일간의 작전에서 많은 희생을 입게 되었다. 사단에서의 반대이유로서는 병력이 없는데 그 고지(高地)를 점령할 병력이 어디 있느냐는 것이었다."

또 하나의 대답(對答)은 "우리 대대는 금곡리(金谷里)에서 철수를 개시하여 유학산(遊鶴山)을 바라보며 하장동(下場洞) 부근의 25번 도로를 따라 행군했는데 이때 대대장께서 부연대장(副聯隊長)에게 곧장 유학산(遊鶴山)으로 올라가 방어진지를 구축하겠다고 건의했음에도 제1 사단에서는 대대를 사단사령부(師團司令部)가 있는 동석동(東石洞, 현재 東明國民學校, 1941년 4월 1일 개교, 다부동에서 9km 정도)까지 철수하라고 했는데 그 이유는 상세히 모르겠다."라는 이해 못 할 일이었다.[885]

이로써 국군 병력을 배치하기도 전에 유학산(遊鶴山)은 북한군의 수중에 떨어지고 말았다. 14시에 백선엽(白善燁) 준장이 참모들을 대동하여 정비 중이던 제1 대대가 있는 곳으로 와서야 뒤늦게 유학산(遊鶴山)에 있는 북한군을 공격하라 명령했다. 당시 대대장 한순화(韓淳華) 소령은 "행군시에는 못 올라가게 하고 이제야 공격을 명령하신다." 하며 울분을 터트렸다. 명령에 따라 수암산(水巖山) 부근에서는 제2 대대를 이용하여 미군의 지원을 받아 19시에야 점령했다. 또한 제1 대대도 15시에 673고지를 공격했으나 지형이 험준하여 결국 공격이 저지당했다.

이와 같은 작전에 대해 오늘날처럼 작전공학(operation engineering) 혹은 작전조사(operatiom research)라는 전문적 분석 틀이 없더라도 경험칙(經驗則)에 의해서도 뭔가 이상하게도 오판했다는 사실을 인지할 수 있다. 1) 작전은 분초를 다투는 사생결단(死生決斷)을 내는데, 2) 전투라는 촌각을 다투어 현장을 선점하는 것이 승리의 관건이다. 긴박한 전시상황에서 주저항선(主抵抗線, main resistance line)에 배치하지 않고, 일선 대대 병력을 주진지(主陣地) 후방 8~9km(다부동 삼거리 ▷ 동명국민학교)까지 행군을 시켜 시간을 낭비했다. 전체 병력을 개고생시키는 지치게 함은 전력소실이 분명했다. 전력손실과 사기저하는 이적행위가 될 뿐 국군에는 어떤 작전인지 진정한 속셈을 모를 수밖에 없었다.886, 887

후속 지원 없이 유학산(遊鶴山) 주봉(主峯)인 839고지에 있던 제3 대대는 유학산 제2 봉우리인 837고지가 제1 대대의 철수로 텅 비게 되었으므로 갑작스럽게 북한군의 공격을 받았다. 이로 인하여 인근 517고지까지 철수해야 했다. 8월 14일 수암산(水巖山)을 점령했던 제2 대대는 05시에 이어 369고지를 공격하였으나 북한군이 저항하여 결국 저지당했다. 그리고 03시에 북한군 유격대(遊擊隊)가 국군 복장을 한 채 공격해 왔으나 1개 소대로 방어했다. 한편 제1 대대는 2차례에 걸쳐 673고지를 공격했으나 특별한 성과를 거두지 못한 채 먼 과정(遠程)으로 다시 돌아와 재공격을 준비했어야 했다.888

837고지에서 소모전(消耗戰, Combat of Attrition)을!

🔍 837고지 공격작전도
(출처: 나무위키)

1950년 8월 15일, 이날 제1 대대로 837고지의 적정(敵情)을 정찰케 하였는데, 약 1개 대대의 북한군을 발견하였다. 유학산(遊鶴山, 839고지 혹은 837고지)은 우리나라의 산맥 특징인 북고남저(北高南低)의 현상이 뚜렷하며 거미줄 형태의 험준한 지형이 자리 잡고 있었다. 제1 대대 대대장은 유학산 고지(遊鶴山 高地)를 바라보며 일찍이 점령했더라면 하는 아쉬움을 품고 있었다. 이날 제1 대대는 837고지에 대한 공격을 개시했다. 한편 제3 대대는 소학산(巢鶴山)의 진지를 보강 중이었는데, 수암산(水巖山)을 사수할 목적이 있었다.889

1950년 8월 16일 14시 제3 중대를 정면으로 제1 중대에 인접해 있는 제11 연대 제3 중대와 협조하여 우측에서 협공하게 하는 계획을 세웠으나 중대장이 지형을 살핀 뒤 전투력(戰鬪力)을 힘껏 발휘하기 어렵다고 판단하고 일단 목표직전(目標直前)까지 진출한 다음 1개 분대로 돌격(突擊)하게 했다. 그러나 북한군의 수류탄(手榴彈)으로 인해 공격이 저지되었다. 북한군이 제11 연대 제3 대대에 정신을 팔고 있던 사이 우측으로 돌진하던 제1 중대가 17시 30분에 목표를 탈취(奪取)했다가 30분 뒤 적의 역습(逆襲)을 받고 원위치(原位置)로 빼앗기는 안타까운 일이 벌어졌다.

517고지 공격작전(Attack Operation of 517 Hilltop)

517고지는 유학산(遊鶴山)890 주봉 1km 남쪽에 있는 고지(高地)로, 점령하면 유학산 탈환전(奪還戰)이 보다 더 쉽게 될 수 있는 고지였다. 이런 점에서 국군이 먼저 반드시 점령해야 하는 언덕(高地)이었다. 한편 연대에서는 대대를 더 가까운 곳에서

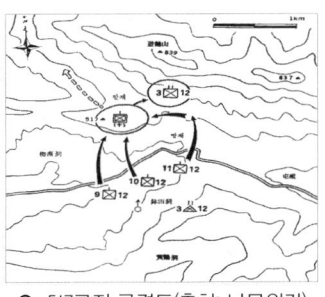

🔍 517고지 공격도(출처: 나무위키)

지휘하기 위해 전투지휘소(command post)를 송산동(松山洞)에서 다부동 남쪽 500m 거리로 추진했다. 8월 17일 아침 517고지를 장악한 북한군은

제15 연대와 제12 연대 제2 대대의 주보급로(主補給路)였던 997번 도로를 차단했다. 837고지 ▷ 674고지에서는 북한군의 병력이 더욱 증원되어 설상가상(雪上加霜)이었다.

1950년 8월 16일 B-29 폭격기의 위력(威力)을 맛본 국군장병(國軍將兵)들은 점점 방어태세(防禦態勢)를 느슨하게 근무하고 있었다. 그러나 그날 밤, 다음 날 새벽에 북한군은 야음(夜陰)을 이용하여 느슨해진 방어경계를 뚫고 517고지로 들어와 손쉽게 점령했다. 그리고 제15 연대와 제12 연대 제2 대대의 주보급로(主補給路)인 997번 도로가 차단되었고, 837 ▷ 674고지에 대한 병력을 더욱 증강(增强)시켰다.

이렇게 사면초가(四面楚歌)가 되자, 연대장은 제1 대대가 837고지를 하루바삐 점령하여 517고지의 북한군을 견제(牽制)하도록 명령했다. 이날 새벽 제1 대대는 제1, 제3 중대로서 북한군을 공격하게 하였으나 북한군의 수류탄(手榴彈)과 고지(高地, Hill)의 지형 때문에 13시 30분에는 제1, 제3 중대의 병력이 100명 남짓 남기고 모두가 전사자가 되었다. 병력이라고는 '바람 빠진 축구공처럼' 홀랑 쪼그라들었다. 고참병(古參兵)은 대략 스무 명밖에 안 남아 결국 다시 원위치(原位置)로 복귀했다. 한편 제2 대대는 16일(전날)과 금일(今日, today)에 걸쳐 369고지를 공격했으나 마찬가지로 고지(高地)의 덩굴 등 험준한 지형지물(地形地物)이 공격을 막아섰다.

북한군은 배꼽을 잡고 박장대소(拍掌大笑)!

1950년 8월 18일 제3 대대는 육참골단(肉斬骨斷) 끝에 517고지를 탈환했다. 제1 대대는 어제에 이어 유학산(遊鶴山)을 탈취할 계획으로 8시를 기해 제3차 공격에 들어갔다. 그러나 이번에도 북한군(北韓軍)의 완강한 저항으로 공격은 저지되었다. 재편성(再編成)에 들어간 뒤 13시 40분에 제4차 공격에 들어가 9부 능선까지 겨우 진출(進出)했다. 그러나 이때 우군비

미 전투기 국군진지 오폭에 북한군의 박장대소

행기(友軍 飛行機)가 나타나더니 북한군에게 퍼부어야 할 네이팜탄(napam bomb)을 국군 제1 대대에다가 마구 투하했다. 잠시 방심한 틈에 진지가 온통 불바다가 되었다. 이것은 작전이 아니라, 아군 학살행위였다. 이를 보고 있던 북한군은 무슨 위문공연을 위한 코믹한 한 편의 드라마였다(This was not an operation, but a comical drama for a performance to comfort the North Korean Military)고 연호하며, 대환영했다.

그 결과 제1 대대는 네이팜탄으로 쑥밭을 만들어 놓았는데, 북한군의 수류탄(手榴彈) 세례까지 받자 대대 진지는 풍비박산(風飛雹散)이었다. 독일 속담에 "남의 불행은 나의 행복이다(Das Unglück anderer Menschen ist mein Glück)."라는 말처럼 국군이 자폭하는 꼴을 두 눈으로 봤던 북한군은 박수 치고 낄낄대며 배꼽을 잡으면 웃어대었다(The North Korean soldiers held their stomaches and burst into laughter). 이렇게 상황이 전개되었음에도 분대장(分隊長)은 개죽음은 면했다. 겨우 20시에 다시 부대(部隊)로 복귀했다. 이때 피공부대(被攻部隊)의 손실은 무려 70%가 사라졌다. 이렇듯 우군 전폭기(友軍戰爆機)의 오폭(誤爆)으로 손실이 막대(莫大)하자 이날부터 대대 관측소에 미군 전방항공통제반(FACT, Forward Air Control Team)이 파견되었다.

VI.
아마겟돈 전투 현장은
이렇게 아비규환 지옥이었다

1.
아비규환(阿鼻叫喚)의 전장(戰場)과 비참한 민생 현실

고지전(高地戰)891이란 무슨 의미를 갖는지?

6.25 전쟁사(戰爭史)에서 가장 치열하게 공방전을 전개했던 전장(戰場, battle field)은 다부동(多富洞)으로, 55일간 피아공방전(彼我攻防戰)을 전개했던 치열한 싸움터였다. 성경 요한계시록(Apocalypse of St. John 16:16)에 표현을 빌리면 이곳이 바로 아마겟돈(Harmagedon, Hill of Megiddo) 고지였다.892 성경에서는 물론 선과 악(민주주의와 공산주의 국가)의 최후전쟁(最後戰爭)으로 팔레스타인의 '므깃도 언덕(Megiddo Hill)'을 지칭하기도 하나, 한국 전쟁사에서는 바로 이곳 다부동이 6.25 전쟁의 '아마겟돈 언덕(Hill of Megiddo)'이다.893

크리스트교에서는 아마겟돈((Harmagedon)이라고 하지만, 불교에서 바로 아비규환(阿鼻叫喚)894이다. 이곳 다부동 전투(多富洞 戰鬪) 현장에서는 가장 많은 소모품(消耗品)은 포탄이나 총탄이 아닌 신병(新兵)이었다. 솔직한 표현으로는 전우(戰友)의 시체(屍體)로895 참호를 쌓고 총알받이를 했다. 전투란 매일 260명의 전우(戰友)를 잡아먹는 거대한 괴물(怪物)처럼 느껴졌다(The battle felt

351 고지전 포스터(전쟁기념사업회)

like a giant monster that devoured 260 comrades every day). 특히 자세히 들여다보면 전투(戰鬪)는 신참만을 잡아먹는 것 같다(it seems like the battle only devours newcomers). 전투 때마다 손실이 크다 보니 신병(新兵)이 들어올 때마다 부대는 몇 번이고 재편성(再編成)한다. 신병(new recruit)들은 조금이나마 훈련하면 새벽 3시가 다 된다. 겨우 눈붙이고 조금이나마 자려고 하면 모기떼가 달라붙어 쏟아지는 잠마저 설치게 한다. 고참병(古參兵)도 말이 아니다. 밤새 북한군에게 목이 잘리지 않자면 고참병(veteran)이 경계를 서야 한다. 그래서 고참병(古參兵)에겐 야간경계(夜間警戒) 근무로 시달리게 된다. 그래도 "장병들을 거꾸로 달아 매어놓아도 국군 제1사단에 국방 시계는 돌아간다."896, 897 심하게 말해서 "땅에다가 껴묻어도 제1사단 국방 시계는 잘도 돌아간다."898라고 했다.

　동서고금을 막론하고 전투에서는 고지(高地, high ground, high land) 혹은 언덕(Hill)을 선점하고자 혈안이다. 왜 이렇게 전투에서만 높은 곳에 진영(陣營)을 설치하고, 언덕에 성벽 혹은 요새를 마련하는지? 동양(東洋) 병법상 승리방정식(兵法勝利方程式)으로 천시(天時), 지리(地利) 및 인화(人和)를 제시하고 있다. 이 가운데 고지 선점(高地先占, preemptive occupation of the high ground), 즉 지리적 이점(地理的 利點)을 극대화하고자 했던 방안이었다. 물론 『손자병법(孫子兵法)』에서 '9종의 고지(九地)'를 언급하고 있다. 고지 선점(高地先占)의 지혜는 독수리, 사자 등의 동물의 '조망피신(眺望避身, View and Refuge)'에서 배웠다. '상대방을 훤히 들여다보면서도 자신은 적에게 절대로 보이지 않아 최악의 경우에 피신까지 할 수 있는 곳'을 고지(요새)로 봤다. 서양에서는 아예 '조망과 피신이론((Prospect & Refuge Theory)'이 다방면에서 이용되고 있다. 우리나라에서는 나말려초(羅末麗初)에 '도선비기(道詵祕記)'를 기원으로, 풍수지리설(東洋 風水地理說)에서의

'배산임수(背山臨水)'까지 발전했다.

고지(高地, high land, hill)가 전투에 유리한 건 1) 조망권 확보되어 있어서 3~4배의 시야를 확보할 수 있다. 군사용어로 감제범위(瞰制範圍, over-view scope)가 넓어서 적정을 살피는 데 막히는 곳이 없다. 2) 탄환궤적공학(彈丸軌跡工學)에서는 높은 곳에서 아래로 떨어지는 물체에는 가속도가 가해진다. 같은 무게라도 가속력(加速力)이 가세해서 타격력이 3~4배가 된다. 3) 시계(視界)가 막힘이 없어서 사격이나 포격을 할 때에 보다 정확하면서 포물선(抛物線)이 아닌 직선가격(直線加擊)이 가능하다. 그래서 우리나라는 삼한시대(三韓時代)부터 한반도 3,000여 곳에 산성(山城)을 축조해 청야산성전(淸野山城戰)을 기본전략(基本戰略)으로 해왔다. 4) 그러함에도 분명하게 고지전(高地戰)에는 취약성이 있는데, 바로 험악한 언덕(고지 혹은 산)으로 보급로(補給路)가 순탄하지 않고, 차단(遮斷)되기 쉽다. 5) 고지(高地) 혹은 산성(山城)은 장기전(長期戰)을 펼칠 때는 포위당(包圍當)하기 쉽고, 아예 고지를 무시하고 다른 곳을 점령하고자 미군의 맥아더(MacAuther) 장군은 태평양 전쟁 당시에 '개구리 뜀뛰기 전술(frog jumping tactics)'[899]을 구사(驅使)해 일본제국군(日本帝國軍)을 아사(餓死)시켰던 전쟁역사가 있었다.

북한군의 보급로 차단(補給路 遮斷)

6.25 전쟁은 사전준비가 전무했기에 병참 혹은 보급계획은 하나도 없어서 보급은 언제나 적시적소(適時適所)에 제공되지 못했다. 대부분 민간노무단(Korean Service Corp, 속칭 지게 부대)로부터 주먹밥을 거의 받지도 못해 굶어야

했다. 이렇게 됨은 제1 사단 제12 연대 제1 대대의 유학산 붕괴와 동시에 3대 대의 유학산 주봉이 8월 16일날 무너지면서 북한군이 517고지를 점령했다. 이후 제12 연대와 제15 연대의 주요보급로(主要補給路)인 997번 도로마저도 막히고 말았다. 제1 사단 제15 연대 제2차 낙동강 전투 상보(1950.8.16.)에서도 "1950년 8월 16일 7시 북한군은 국군의 치열한 포화(砲火)와 완강한 저항을 물리치고 좌표 DQ501877(望亭里) 및 좌표 DQ487858(점미) 858지점 계곡까지 침투했다. 싸우지 않고 무력화하는 방안으로 국군의 후방을 교란하고는 반드시 보급로를 차단했다. 심지어는 왜관으로 침공을 시도하여 왔으나 좌표 DQ471849 지점에 위치한 제5 연대 일부 병력의 측방 지원과 미군 지원포(支援砲)의 지원으로 7시 30분 북한군(적)을 격퇴시키고 북한군의 압력을 배제하며 예비진지(豫備陣地)를 견제하고 있다."

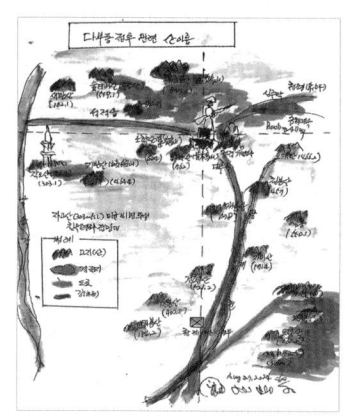

🔍 다부동 전투 격전지 산 이름(이대영 그림)

또한 "1950년 8월 16일에는 제12 연대 제3 대대는 이날 밤 북한군의 기습을 받아 황학동(黃鶴洞)으로 후퇴했다. 그다음 날(17일), 517고지(유학산 남쪽 1km)도 북한군에게 점령 당하고 말았다. 이리하여 한때 제12 연대 및 제15 연대 주보급로(主補給路)인 997번 도로가 차단되었다."900 이어 "1950년 8월 17일 아침 517고지를 점령한 북한군은 남측 사면(斜面)에 14.5mm 대전차총과 중기관총을 배치하여 997번 도로를 차단했다. 그러나 후속병력(後續兵力)이 증원되지 않았는지 도로변까지는 진출하지 않고 있었다. 이 때문에 제15 연대와 제12 연대 제2 대대에 대한 보급이 중단된 까닭으로 이 고지의 탈환여부(奪還與否)가 사단 방어작전(防禦作戰)에 결

정적인 영향을 미치게 되었다."⁹⁰¹

이때 보급 상황은 당시 제12 연대의 양곡소모현황(糧穀消耗現況)을 보면 알 수 있었다. 8월 18일에서 20일까지 3일 동안 제12 연대의 양곡 소모 실태는 아래 도표와 같았다. 원래 제12 연대(3,000명)는 보급로 차단 이전 양곡(糧穀)을 최대 5만 홉(3,000명×3끼니×5.5홉)이나 수령(受領)하여 다부동(多富洞) 전투를 치렀으나 보급로가 차단된 직후에는 수령량(受領量)이 반 토막이 나버려 분배량(分配量)이 수령량보다 많거나 아니면 거의 수치가 비슷한 상황이 되어버렸다. 게다가 식수보급(食水補給)도 추진되지 못했기에 전선병사(戰線兵士)들은 갈증을 바위에 고여있는 핏물을 마시거나 아니면 골짜기에 흐르는 핏물로 갈증(渴症)을 해소(解消)했다.

배급일자	배급수량	분배수량
8월 18일	21,216홉	31,777홉
8월 19일	19,136홉	-
8월 20일	19,136홉	16,398홉

군량미(軍糧米)에 대해 좀 더 언급을 하면, 임진왜란(壬辰倭亂) 당시는 1인당 하루 치의 식량으로 7.5홉을 준비했으나 5홉을 지급했다.⁹⁰² 『선조실록(宣祖實錄)』에서는 중국인 지원군에는 1일 1되 8홉(一升八勺)

🔍 6.25 전쟁 때 군인들은 뭘 먹었을까?
(이대영 그림)

으로 계산해서 준비했으나 현장에서는 1되가 지급될 정도였다. 당시는 1되 밥은 장정밥(세칭 고봉밥)으로 2 그릇이었으니 하루 한 되(升)는 3끼를 먹기에는 많이 부족했다. 6.25 전쟁 당시는 병사 1인당 하루 치는 쌀 4홉 콩 등 5작(반 홉)을 기준으로 했으나 현실은 2홉 정도 지급되었으니 3끼니를 먹는다는 게 사치였다.903 1926년 6월 6일부터 6월 7일까지 길림성(吉林 省) 도문시(圖門市) 봉오동(鳳梧洞)에서 홍범도(洪範圖) 장군이 지휘하던 대 항일전투(對抗日戰鬪)에서는 '삶은 감자 3개가 하루 치 식량이었고, 가랑 잎 이불'이 현실이었다. 1954년 국민방위군 예산서에는 1인당 양곡 4홉과 치사비(熾食費) 40원, 잡비 10원을 책정했다. 당시 기준은 5홉 5작이었으 나 4홉을 지급하여 50만 병사들의 3개월분 289억 원 830원이 책정되어 있었다. 2022년 7월 기준 국회예산서 산출근거에서도 사병 1인당 하루 치 급식비는 13,000원으로 끼니당 4,333원, 현실적으로는 전선사병(戰線士 兵)에게는 3,800원이고, 후방지역 사병에게는 3,300원이 지급되었다.904

쌀 1되는 1.6kg으로 고봉밥 2그릇이고, 오늘날 공기밥으로는 8 그릇 (200g/공기밥 그릇)이고 김밥으로 6.3줄(250g/줄)로 계산하면, 6.25 전쟁 때 에 지급되었던 전투 현장(戰鬪現場)에서는 넉넉하게 잡아도 김밥 2줄로 하 루 3끼를 때워야 했다. 주먹밥 2개로 3끼니를 먹었다는 셈이다. 오늘날 병 사들의 급식량은 1996년 이후에 1인당 1일 쌀 주식량을 745g으로 정해 현재까지 유지(維持)하고 있다.905

즉, 이러한 군량미 보급부족(軍糧米補給不足) 상황이 매일 반복되었으므 로 당연히 병사들의 사기(士氣)는 지속적으로 저하될 수밖에 없었다. 연대 (聯隊)나 사단(師團)에서는 '연인의 소야곡처럼' 목표 고지를 탈취하라고 명 령하기만 하기 때문에 정신적 고통(精神的苦痛)만 늘어갈 뿐이었다. 8월 17 일 국군 제11, 제12 연대는 유학산(遊鶴山)을 공격하여 북한군 1,500명을 사살했으나 제11 연대 제11 중대가 지키고 있던 673고지가 기습(奇襲)을 받아 뚫리는 바람에 유학산(遊鶴山) 탈환에 또다시 실패로 돌아갔다.

8월 19일 이날도 어김없이 대대는 가용 가능(可用可能)한 모든 병력을 동원하여 공격(攻擊)을 감행하였지만, 말이 대대공격(大隊攻擊)이지 실제로는 3개 분대 그것도 일렬종대(一列縱隊)로 돌격하면서 북한군이 던진 수류탄과 박격포탄에 의해 전멸하며, 또 다음 돌격제대(突擊諸隊)를 투입해 이를 반복하는 짓을 계속하였다. 시간이 흐르자 3개 중대병력(中隊兵力) 모두 합해도 병력이 100명도 채 되지도 않을 지경이 되었다. 이렇게 힘없는 공격은 완전히 실패하고 말았다. 이때 북한군의 피해는 전사 20명에 불과했다. 이 모든 것이 사단의 오판(誤判, mis-judgement)으로 유학산(遊鶴山)의 최초점령(最初占領)을 하지 못한 탓이니 아쉬울 뿐이다. 이런 경우에 나폴레옹이 "무능한 장군이 유능한 적장보다 더 무섭다."라고 했다지.

　8월 20일 6시에 드디어 국군의 지원포병(支援砲兵)들이 포문을 열었고, 837고지의 6~7부 능선까지 가볍게 진출(進出)하여 목표를 향해 전진했으나, 날아오는 건 북한군의 맹렬한 수류탄(手榴彈)뿐이었다. 국군은 분대를 순차적(順次的)으로 하나씩 보내어 전투를 진행하였기에 오는 족족 죽기만 해서 피해가 극심(極甚)했다. 한편 수암산(水巖山) 정면에서 북한군 제15사단이 영천(永川) 쪽으로 가고, 그곳에는 북한군 제13사단이 들어섰다. 한편, 이날 북한군은 수암산(水巖山) 방면에서 미(美) 제1 기병사단 소속의 미군 6명이 생포되었고, 나머지 포로병 150명을 학살(虐殺)되었다는 보도였다.906

2.
결사대(決死隊)의 '벼랑 끝 작전 (brinkmanship operation)'

제3 중대장의 사망 등으로 전쟁 히스테리가 생겨났다

　1950년 8월 20일, 전쟁(戰爭)은 많은 병사들을 전쟁 히스테리(war hysteria)로 몰아넣었다. 위로부터 내려오는 크고 작은 작전명령(作戰命令) 하나하나를 행동으로 해야 하는 병정들 가운데에서도 특히 샌드위치(sandwitch)에 놓인 제3 중대장은 이때 상황이 풀리지 않자 연락병(聯絡兵)에게 물을 가져오라고 버럭 소리를 질렀다. 물을 마시자마자 북한군(적)의 사격으로 머리가 관통(貫通)되어 그 자리에서 그대로 푹~석~ 내려앉았다. 그러자 제1 중대장은 제3 중대장의 시체를 끌어내곤 적개심(敵愾心)에 불타 시도 때도 없이 공격을 감행했다. 이 때문에 병력이 2, 3개 분대로 줄어들었다. 죽음을 각오하고 선두로 돌격하기 시작하자, 미쳐 날뛰는 국군을 봤던 북한군마저 놀라 진지(陣地)를 버리고 도망갔다. 중대장과 병사 10여 명이 정상(頂上)으로 올라왔으나, 북한군은 국군의 후속부대(後續部隊)가 없음을 확인하곤 역습(逆襲)하여 중대장이 수류탄을 맞았다. 연락병(聯絡兵)이 중대장을 데리고 다른 병사들과 더불어 도망쳤다. 중대장은 육군병원(陸軍病院)으로 이송되었다. 한동수(韓東秀) 중위로 하여금 제1 중대장을 맡게 하였다. 국군 3개 중대에서 생존한 병력은 겨우 80명뿐이었다. 마치 '미꾸라지 통에다가 소금을 담뿍 친 것처럼(Like putting a lot of salt in a loach tank)' 모두가 자폭(自爆)하는 순간이었고, 미쳐 날뛰었던 순간(瞬間)이었다.

결사대(決死隊)의 측방침투(側傍浸透)로 무너지는 북한군(北韓軍)

이러한 막대한 손실을 여러 차례 입음에도 사단과 연대에서는 새로운 전략과 전술을 모색하지 않고 '탁발승 염불처럼' 목표를 탈취(奪取)하라는 명령만을 내릴 뿐이었다. 그러나 이날 밤 보충된 병력은 고작 50명뿐이었다. 제2 대대가 숲데미산(일명 水巖山, 519.1m)에서 북한군의 급습(急襲)을 받아 분산되었으므로 이를 해결하고자 병력을 여럿 보충했다. 따라서 제1 대대장은 이날 살아남은 3개 중대 병력(中隊兵力)과 신병(新兵) 50명, 그리고 제4 중대의 기관총 소대 및 대대 탄약작업소대(彈藥作業小隊)의 병력 일부를 차출하여 3개 소총중대(小銃中隊)의 건재함을 보여주고자 '죽기 아니면 까무러치기'밖에 없기에 재편성했다. 그렇지만 그 병력은 고작 150명으로 많아야 중대급(中隊級) 인원에 불과했다.

앞서서 염불만 하기보다 서서 싸우다가 죽겠다는 결의를 했다. 하지만 당시 제2 대대가 가진 병력이라곤 이것이 전부였기에 대대장은 이 150명으로 결사대(決死隊, suicide squad)를 편성해 공격에 나섰다. 그리고 공격이 개시되는 8월 21일, 대대장은 이른 새벽에 결사대(決死隊, suicide squad)를 모아놓고 다음과 같은 연설을 했다. "내가 앞장선다. 절대로 물러서지 말라. 돌격하는 동안 엎드리면 그 장소가 우리들의 무덤이 될 것이다. 만약 내가 돌격을 주저하면 나를 쏘고 앞장서라 전우들이 흘린 피를 헛되게 하지 말자(I will lead. Never retreat. If you lie down while charging, that place will become our grave. If I hesitate to charge, shoot me and lead.

Let's not let the blood of our comrades be in vain)." 한편 이때 북한군이 유학산(遊鶴山) 일대에 배치된 제15 사단을 제13 사단과 교대했다. 그러나 국군은 이런 첩보(諜報)를 전혀 몰랐다.

이후, 제2 대대장은 이때까지의 전투를 교훈 삼아 790고지로 우회(迂迴)하여 목표 남쪽 경사면으로 돌파를 모색했다. 제2 대대장은 먼저 790고지를 탈취한 다음 837고지 및 820고지를 점령하는 계획을 세웠다. 이에 작전 암구호(作戰暗口號, secret battle slogan)로 '제1봉(790 고지)', '제2봉(837 고자)', '제3봉(820고지)'으로 부르게 했다. 결사대(決死隊)는 21일 새벽에 은밀히 '제3봉'으로 접근하여 가벼운 저항을 물리쳤다. 전쟁의 여신이 국군에게 승리의 손을 번쩍 들어주었는지, 10시 30분에 제3봉을 탈취한 다음 제2봉과 제1봉을 차례로 점령(占領)했다.

북한군은 강력한 정면과는 달리 측방의 공격을 받자 속수무책(束手無策)으로 무너져내렸다. 이와 같은 측면 허약성(側面 虛弱性)을 두고 익살스러운 대구 출신 한 고참병(a humorous veteran from Daegu)이 이를 두고 '대구 아가씨 전법(Daegu girl's strategy)'이라고 했다. 즉 주먹으로 얼굴을 강타해도 조금도 굴복하지 않던 대구 사나이들이라고 해도 아가씨가 손가락으로 옆구리 찌르면서 하는 "할랑교? 말랑교?" 말에는 녹아내린다고 농담을 다했다.

유학산(遊鶴山) 탈환전투(Battle of the Yuhaksan Mount. 1950.8.13.~8.23.)

그런데 1시간 뒤 북한군이 병력 정비(兵力整備)를 마치고 본격적(本格的)으로 역습해 오자 결사대(決死隊, suicide squad)는 일단 제3봉에서 철수했다. 제4 중대의 박격포로 제1봉과 제2봉 사이 지점을 차단(遮斷)해 제3봉으로 옮겨지지 않게 끝까지 사수(死守)했다. 이날 저녁 수색조(搜索組)를 파견해 적정(敵情)을 살핀 결과 더 이상 공격 의지(攻擊意志)가 없었음을 확인했다. 따라서 적진(敵陣)을 향하여 은밀히 접근했다. 이때 제2 중대 제1 소대장 이후희(李厚熙) 소위는 "내 고향은 내가 지킨다."라면서, 유학산(遊鶴山) 공격에 선두(先頭)로 나섰다. 이윽고 무려 9회

🔍 1959.8.23. 유학산 탈환의 만세 삼창(출처: 나무위키)

에 달한 백병전(白兵戰, hand-to-hand combat) 끝에 제2봉(837고지)을 경우 탈취했다. 다음 날 병사들은 탈환에서 얻었던 환희를 애국가(愛國歌, Korea Patriotic Song)로 표현하는 합창이 나왔다. 한편 좌측에 있던 제3 대대도 23일 06시에 드디어 유학산 주봉(遊鶴山 主峯)을 탈환했다. 이에 따라 제1 대대 제2 중대장은 제3 대대장을 만나 탈환의 환의를 나누는 악수(歡喜握手, joyful handshake)를 나눴다.

"8월 22일, 제1 대대는 목표인 유학산(遊鶴山) 우측고지(右側高地)를 점령하기 위하여 대대장을 선두로 돌격전을 알리는 수류탄 투척을 신호탄(信號彈)으로 목표지점 20미터 전방에서 맹렬히 격공(擊攻)하였다. 북한군은 유리한 지형으로 인한 일시적 저지는 가능했으나, 계속적으로 22시 이후 대대장 이하 전 전투대원이 결사적(決死的)으로 북한군의 수류탄을 엄호하였고, 세칭 육탄전(肉彈戰)이라는 육박공격(肉搏攻擊)까지 감행했다. 이윽고 익일(다음 날) 2시 악전고투(惡戰苦鬪)의 막은 서서히 내리더니, 이윽고 유학산(遊鶴山)을 완전 점령(完全占領)하였다."907

8월 23일 제1 대대 제10 중대는 유학산(遊鶴山) 주봉(主峯)을 공격(攻擊)

하고 있었다. 조식(朝食) 후 엄병길(嚴炳吉) 중대장은 척후병(斥候兵, scout)에게 앞장서서 가라고 하셨다. 경계(警戒)를 하면서 7~8부 능선까지 올라가서 점심은 주먹밥을 먹고 난 후 계속 올라갔더니, 사방(四方)이 어두워지자 북한군은 전일과 같이 총을 쏘고 난 후 수류탄을 던질 때, 그때 우리들은 일제히 집중사격(集中射擊)을 가했더니 북한군은 의외로 윗봉우리(上峯)로 도주(逃走)했다.

국군은 추격하여 험준한 절벽(絶壁)을 손발을 다 써 기어 올라갔다. 새벽에 천우신조(天佑神助)인지 안개가 자욱해졌고, 용기백배(勇氣百倍)하여 수류탄을 던지고 함성을 크게 지르면서 돌격해 올라가 남아있던 적병을 사살하고, 완전히 소탕해 점령했다. 동기생 10여 명과 함께 제20 연대가(聯隊歌, team song)를 힘차게 불렀다. 이때 부봉(副峰)을 점령한 제9 중대도 우리와 함께 불렀다. 이날 밤 곳곳에 위치하여 경계하고 있을 때 새벽에 북한군 장교와 병사 1명이 야음(夜陰)을 타서 접근해 왔다. 초병의 근무 원칙에 따라 암호(暗號)를 세 번 물었으나 대답이 없어서 조준해 사살해 버렸다.

당시 제1 사단 제12 연대 제10 중대 소속 최재인(崔載仁) 증언은 "날이 새고 보니 북한군 장교와 병사들이 죽어 널브러져 있었다. 나는 죽은 북한군의 몸을 수색(搜索)했으나 아무것도 없었다. 옆에 있던 소련제(蘇聯製) 권총을 노획하여 엄병길(嚴炳吉) 중대장에게 제출했다. 조식(朝食) 후 미군과 교대하여 하산(下山)을 하고 아래 산기슭(下麓)에서 신병(新兵)을 보충 받아 재편성을 하고서는 가산(架山, 902m) 옆으로 해서 대구외곽(大邱外廓)을 돌아 영천 근교(永川 近郊)의 간이역(簡易驛)이 보이는 야산에 배치되었다. 그곳에서 호(壕, trench)를 파고 경계근무(警戒勤務)에 들어갔다." 또한 제12 연대 분대원 박판동(朴判東) 이등병 증언은 "유학산 전투(遊鶴山

戰鬪) 시 마지막 고지를 점령하였을 때 보니까 북한군의 기관총 사수(機關銃 射手)가 나무에 홀로 묶여있었다[A North Korean (enemy) machine gunner was tied to a tree alone]. 이는 흔히 적진(敵陣)을 점령했을 때 자주 볼 수 있는 광경이었다. 공산주의자(共産主義者)들의 비인도적(非人道的)이며, 악독스러운 잔인성(殘忍性)을 보여주는 표본(標本)이었다."

아군끼리 서로 총질하는 울고픈 상황(Sad situation where allies are shooting each other)

한편 제2 대대에서는 8월 21일 아침 사곡동(沙谷洞, 오늘날 구미시 상모사곡동)으로 진출하였고, 역습 준비(逆襲準備)를 마쳤다. 8월 22일 제5 중대는 5시에 316고지를 점령하였으나, 제6, 제7 중대의 숲데미산(水巖山, 519.1m) 공격이 저지(沮止)되자 제5 중대도 북한군의 역습(逆襲)을 받았고, 중대장까지 사망하면서 철수(撤收)하게 되었다. 8월 23일 이날도 전날(前日)과 마찬가지로 공격을 감행하였으나 전투에선 아무런 성과(成果)도 거두지 못했다.

1950년 8월 24일 전날 제1 대대와 제3 대대가 유학산(遊鶴山)을 탈취한 것에 힘입어 제2 대대도 수암산(水巖山)을 탈취하기 위해 공격을 감행하여 9부 능선까지 접근했으나 북한군의 수류탄으로 공격이 저지되고 돌격할수록 피해만 늘어나는 셈이 되었다. 필사적(必死的)으로 싸웠지만 점점 전장(戰場)을 이탈하는 병사들이 생기기 시작했다. 하필 이때에 북한군은 반격(反擊)을 개시하여 상황에 패색(敗色)은 짙어졌다. 급기야 철수하는 병사들과 제지하는 헌병(憲兵)들은 최악의 수단으로 독전사격(督戰射擊)을 하자 아군까지 사격전이 펼쳐져 급속도로 모두가 무너져 내렸다. 국군과 헌병이 서로 총질하는 건 다 같이 죽어 망하자는 짓이었다(The friendly forces and the military police were shooting at each other with the intention of killing and destroying each other). 이때 제5 중대의 경우 모두가 다 죽고 15명만 살아남았다. 나중에 국군 제1 사단 제12 연대 전투상보(戰鬪詳報)에 따르면 295명이 실종될 만큼 참담(慘憺)한 결과였다.

숲데미산(水巖山. 519.1m)의 탈취전투(奪取戰鬪)

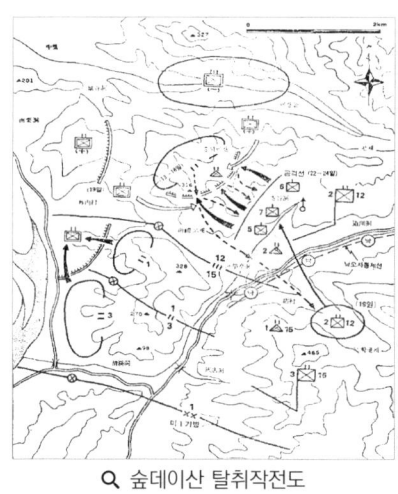

🔍 숲데이산 탈취작전도
(출처: 나무위키)

1950년 8월 25일 제2 대대 특공대(特攻隊)는 10시에 수암산(水巖山) 일대에 잠복하여 제8 중대가 야간사격을 하면 그에 맞춰 협공(挾攻)하는 전략을 짰다. 그러나 예고도 없이 우리 국군(友軍) 포격이 시작되어 20분가량 이어졌다. 특공대(特攻隊)는 130명 중 9명만이 건재할 뿐 모든 전투력을 상실했다. 그리하여 대대장에게 보고 후 316고지에서 밤을 새운 후 그대로 대대로 되돌아왔다. 그러나 대대장은 제8 중대 만큼은 꼭 야간사격(夜間射擊)을 강행하기로 했다.

설거지하다가 접시 깬 건 관용(寬容)한다고?

드디어 제5 중대는 고지(高地)에 대한 공격을 개시하여 육박전(肉薄戰, close combat) 끝에 겨우 고지를 점령하고 중대장은 대대장에게 수암산(水巖山)을 드디어 탈취(奪取)했다는 보고를 올렸다.

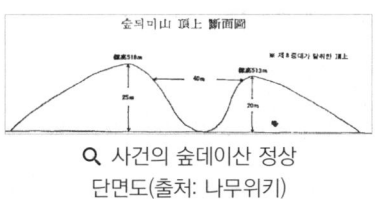

사건의 숲데이산 정상 단면도(출처: 나무위키)

그러자 대대장 이하 본부요원(本部要員)들은 이를 듣고 다 함께 '만세(萬歲)'를 외치며 기뻐하였다. 곧 연대에서 사단으로 보고했다. 그러나 아침이 되고 점령한 고지가 수암산(水巖山)이 아니라는 것이 밝혀졌다. 제8 중대장은 수암산 옆 고지(高地)가 수암산 고지(水巖山 高地)인 줄 잘못 알았고, 열심히 점령한 뒤 보고했지만 자기가 있는 곳이 수암산 고지가 아님을 알고는 곧바로 수정보고(修正報告)를 송출했다. 연대와 사단에서는 분노(憤怒)하여 제8 중대장을 군법회의(軍法會議)에 넘기려 했다. 제2 대대장이 직접 고지(高地)를 확인하니 수암산 고지(高地)와 그 우측 고지(高地)가 불과 40m밖에 떨어지지 않았기 때문에 충분히 오해할 수 있다고 옹호(擁護)했다. 이렇게 해명으로 허위보고 사태는 진정(鎭靜)되는 기미(機微)였다. 결국(結局) '설거지 하다 실수로 접시 1개 정도 깬 것(accidentally breaking a plate while washing the dishes)'이니 고의(故意)가 전혀 없으니 관용(寬容)하기로 했다.

실패(失敗)한 수암산 탈환(奪還)

제1 사단 제12 연대 제2 대대가 '기필코 점령하고 말겠다'는 의지(意志)

로 인하여 끈질긴 공격을 펼쳐 고지를 탈취하고자 했으나, 8월 29일 결국 수암산(水巖山, 숲데미산) 고지는 끝내 점령하지 못한 상태로 미군 제1 기병사단 제7 기병연대에게 넘겨졌다. 여담(餘談)으로 국방부 전사편찬위원회가 발행한 한국전쟁사(韓國戰爭史)에는 수암산(水巖山)을 점령 확보했다고 나와있으나, 잘못된 것으로서 당시 전투상보(戰鬪詳報)에도 수암산 우측 고지(水巖山右側高地, Right Hill of Suamsan Mountain)라고 나와있다. 제2 대대는 제8 중대와 같은 때 보충대(補充隊)를 수암산(水巖山) 우측 고지에, 특공대(特攻隊)를 우측 고지(右側高地)에 각각 배치시켜 진출했다. 제5, 제6 중대의 분산된 소수병력을 집결 예비대(集結豫備隊)로서 후방에 위치케 하고 일제히 수암산 일대를 공격했다. 518고지 동(東) 측 전방지점(前方地點)에선 육박전(肉薄戰)으로 돌입(突入)했다.908

3.
다부동(多富洞) 부근(附近)에서의
각종 전투(各種戰鬪)

제1 사단 제11 연대는 해평지구(海平地區)로부터 철수(撤收)한 후 8월 13일 03시 다부동(多富洞)에 도착했다. 6시엔 1) 제1 대대를 상곡(上谷, 505~68.1) ▷ 하곡(下谷, 510~68.1고지)에, 2) 제2 대대를 265.8고지 ▷ 51.1고지 ▷ 69.4고지에, 3) 대전차포(對戰車砲) 중대는 51.0고지 ▷ 66.5

고지 지점에 각각 배치했다. 이렇게 분담 배치함으로써 남하(南下)하는 북한군을 방어대비(防禦對備)하게 했다. 8월 14일 08시에 해평면(海平面)으로부터 북한군의 일부 병력이 집결하고 30분 뒤에 남하했다. 이후 국군 제1, 제3 대대와 3시간에 걸친 격전 끝에 격퇴했다. 이때 진지(陣地)를 고수하던 제2 대대와의 통신이 끊기면서 보급로가 끊긴 채 고립되었다.909 한편 제15 연대 제3 대대가 우측으로 기동(機動)하여 북한군을 격퇴하고 제15 연대 제6 중대는 북한군에게서 작전지도(作戰地圖)를 노획했는데, 그 내용은 다부동 서쪽 516고지를 제1 목표로 하고 있었다.

북한군의 맹렬한 공격과 466고지 전투

　1950년 8월 15일 북한군은 한밤중의 어둠을 이용해 이동했다. 국군 제1 대대 진지(陣地)를 지나 전차 6대와 자주포(自走砲, self-propelled gun) 7대를 이용해 맹공격(猛攻擊)을 개시했다. 8월 3일에 8월 15일까지 대구를 점령하라고(혹은 제5 주년 광복행사를 대구에서 거행하도록 하라고) 김일성(金日成)이 지시를 내렸기 때문이었다. 8시간 동안 북한군은 후속부대(後續部隊, follow-up unit)를 이용해 맹공격(猛攻擊)을 펼쳤고 국군은 이를 방어하기 위해 육탄공격(肉彈攻擊)까지 감행했다.
　당시 제1 사단 제11 연대 다부동 지구 전투상보(8월 15일)에 따르면 "국군의 맹렬한 공격에 북한군은 증원부대와 전차 및 각종 화기 사격으로 맞불공격(counter-attack)을 개시했다. 제11 연대 제3 대대의 정면엔 북한군 3개 중대는 지천면 신동(新洞)으로 남하하는, 한편 장천면 여남동(汝南洞, 군사지도상 좌표, 50.3~69.8)과 △ 좌표 26.5에 각각 침입하여 왔다." 또 하나의 다른 제1 사단 제11 연대 다부동 지구 전투상보(Battle report of the Dabudong District)에선 "이때 제3 대대는 감연(敢然: 목숨을 걸고 감연하게 싸움)이 북한군을 저지하는 한편 로켓 포반을 제2 대대에 배속하여 북한군 탱크(전차)에 대하여 치명탄(致命彈, 포탄을 안고 뛰어들어서 폭발해 산화됨)을 감행하여 전차를 파괴 악전고투(惡戰苦鬪)를 8시간이나 지속했다. 이렇게 함으로 신주막(新酒幕, 오늘날 泉坪里 웃마을)910 일대는 전사자(戰死者)의 피로 물들이고 있었다. 속속 후속부대(後續部隊)로서 침공하는 북한군은 시체를 넘고 넘어 침공함으로 부대는 전략상 부득기 진목정(眞木齋)911 ▷ 금좌선(錦座線; 일제 강점기 만들 대구역 앞으로 지나는 도로 연장선)까지 철수했다. 제15 연대 제3 중대는 천평동(泉坪洞, 군사지도상 좌표, 53.0~65.0)일대에 위치에서 국군부대가 무사히 철군(撤軍)할 수 있도록 엄호(掩護)했다."

북한군 진지에서 흘러나온 기이한 심리전 방송(心理戰放送)

한편 제15 연대는 466고지까지 진출하고 저녁 전투를 벌일 때 즈음 북한군 진지에서 방송이 흘러나왔는데 내용인즉 이렇다. "나는 한성여고생이다. 국방군(國防軍)들아, 총부리를 돌려라. 대구가 보인다(I am a student at Hansung Girls' High School. National Defense Forces, turn your guns. I can see Daegu)."라고 했으나 국군은 꿈쩍도 하지 않았다. 일종의 사마천(司馬遷)의 『사기(史記)』에 나오는 '사면초가(四面楚歌)'912와 같은 심리전 방송(psychological warfare broadcast)이었다.

고대 이집트 전사(戰士)들은 전투에 앞서 코카인잎(cocaine leaf)을, 아프리카 전사(戰士)들도 환각성 버섯을 먹었다. 물론 일본제국 관동군(關東

軍)에겐 전투에 앞서 승전주사(勝戰注射, 히로뽕)를, 그리고 신풍특별공격대(神風特別攻擊隊, かみかぜとくべつこうげきたい)에겐 일본천왕(日本天王)이 하사했다는 감복(感服)의 어사주(御賜酒)을 마시게 했다. 이와 같이 북한군들도 전투에 앞서 병사들에게 술을 마시게 했다. 그리고선 급히 돌격해 와 백병전(白兵戰)이 펼쳐졌다. 466고지 일대의 국군 제1 사단 제15 연대는 이 고지를 기필코 사수하겠다는 한마음으로 전력을 다해 싸웠다. 특히 금번 전투에 투입된 학도병(學徒兵)들이 큰 힘을 보냈고, 그 빛을 발휘했다. 이어지는 북한군의 기습을 대비해서 전투 직후 제15 연대는 빠르게 재편성했다.

북한군의 광복절 대공세(光復節 大攻勢)

우리나라 육군본부가 편찬한 『육군전사(陸軍戰史)』에서는 당시 1950년 8월 15일의 정황을 이렇게 설명하고 있다. "북한군은 해방 기념일인 금일을 기하여 모든 전선(戰線)에서 총공세(總攻勢, all-out offensive)를 취할 기운을 보였다. 서부전선(西部戰線) 제13 연대 정면의 북한군은 어젯밤(昨夜) 패배(敗北)하여 154고지에 집결하여 증원부대(增員部隊)를 득(得)한 다음 합세(合勢)로서 오늘 새벽(今未明)을 기하여 재차 침공해 왔으나, 아군(我軍)의 각 군부대는 강력한 방어전(防禦戰)을 전개하여 현진지(現陣地)를 고수하고 있는 중이며, 가운데 있는 군부대(中央隊)인 국군 제1 사단 제12 연대는 어제(昨日)의 요소(要所)에서 의연(依然)하게 국부(局部) 접적(接敵)으로써 대전 중(對戰中)이며, 동부(東部) 제11 연대는 7시에 전차 7대 장갑차 5대를 선두로 상림동(上林洞) 방면으로부터 남하 신주막(新酒幕) 소이리

(所伊里, 천평리의 5번 국도까지 맞은편 마을)913까지 침투할 작일(昨日)의 북한군 약 1개 연대 병력과 격전을 지속하던바, 우세한 북한군에 압도되어 8시경 부득이 다부동(多富洞) 북방 약 3킬로미터 지점에서 356고지 일대로 지연전(遲延戰)을 계속하면서 후퇴(後退)했다. 이때 좌측 제3 대대도 674고지를 약간 철수(撤收)하였다. 15시 제2 군단 작명 제14호에 의거 예비대(豫備隊)로 있는 제13 연대 제2 대대는 인접 제6 사단에 배속케 되었으나 제11 연대 정면의 상황이 불리하였으므로 제2 대대는 제11 연대를 지원코저 다부동(多富洞)으로 이동(移動)하였다."914

국군(國軍)의 대반격(大反擊)

1950년 8월 16일, 국군 제1 사단 제11 연대 다부동 지구 전투상보에 따르면 "국군의 저항선(抵抗線)을 돌파한 북한군은 전차를 선두로 유학산(遊鶴山) 산맥 3면으로부터 약 1개 연대 금곡(金谷) 등 산맥으로부터 약 1개 연대 신주막(新酒幕) 3면으로부터 약 2개 연대 병력이 각각 침공해 옴으로써, 제1 사단 제11 연대는 이들 북한군을 공격하여 피아간(彼我間) 맹렬한 포격전(砲擊戰)을 벌이고 장시간 동안 교전을 한 끝에 많은 살상자(殺傷者)를 내었다."

광복절 다음 날인 8월 16일 야간을 틈타서 침입해 오는 북한군의 제파공세(諸波攻勢) 혹은 파상공격(波狀攻擊, human wave attack)을 견디어내었다. 이날 제3 중대의 방어진지(防禦陣地)를 탈환했다. 14시에 전차를 선두로 1개 연대의 병력을 유학산(遊鶴山) 산맥 방면(山脈方面)으로, 금곡사(金谷寺, 경상북도 칠곡군 가산면 금화리 274) 방면으로부터 1개 연대, 그리고 천평리(泉坪里) 신주막(新酒幕) 방면으로부터 2개 연대를 침투시켰으나 국군의 강렬한 포격으로 북한군은 1개 중대에 달하는 사상자(死傷者)를 내고 후퇴하고 말았다.

8월 17일, 제15 연대는 제11 연대와 협공하여 제6, 제7 중대를 주공격 부대(主攻擊部隊)로 금호동(金湖洞, 海平面)915에 일제공격(一齊攻擊, attack together)을 개시하여 북한군의 저항을 물리치고 금호동(金湖洞)에 육박하여 9시에 완전점령(完全占領)하였다. 356고지로 도주하는 북한군에 대한 맹렬한 사격을 가했다. 한편 제15 연대 제2 대대의 제5 중대는 신기동(新基洞, 왜관읍)을 완전점령하고 북한군의 측방을 위협했다.

미군의 병력 증원(US military reinforcements)

백선엽(白善燁) 제1 사단 사령관(准將)은 사단 작전고문관(Division Operations Advisor) 메이 중위(U.S. Army Lieutenant May, ROKF 1st Division Operations Advisor)를 미 8군 사령부에 보내 증원(增員)을

Q 유학산으로 탄약 운반 지게 부대(칠곡호국평화기념관)

건의하도록 했다. 미 제8군 총사령관 월튼 워커(Walton Walker) 중장은 다부동(多富洞) 일대의 국군 제1 사단의 전세(戰勢)가 불리하다고 판단했다. 백선엽(白善燁) 사령관의 요청으로, 경산(慶山)에 있던 미 제25 사단 제27 연대, 제37 야포대대, 제8 야포대대를 진목정(眞木亭)으로, 제23 연대를 두

모동(豆毛洞, 동명면 豆毛마을)으로 투입하여 종심(縱心, depth)을 강화했다. 그리하여 부대는 20시에 다부동 부근(多富洞 附近)으로 전진하여 북한군의 공격에 대비했다.

1950년 8월 17일 및 8월 18일 제1 사단 제11 연대 다부동 지구 전투상보(戰鬪詳報)에서는 "연대는 미군부대와 협동하여 9시 30분을 기해 우측방은 제6 사단 제10 연대와 좌측방은 제12 연대와 연결하여 제2 대대는 예비대로서 진목정(眞木亭, 해발고도 513m~616m/sl)에 위치하여 부대와 부대와의 빈틈을 타서 침공(侵攻)하는 북한군에 대비했다. 좌측으로 제3 대대는 해발고도 673.8(군사지도상 좌표 49.6/62.0) 무명고지(좌표 49.0/62.4) ▷ (좌표 49.4/62.4)을 올라 점령하고 있었다." 그러나 이때 상황의 이면(裡面)을 들어볼 수 있는 국방부(國防部) 전사편찬위원회(戰史編纂委員會)가 편찬한 『다부동 전투(多富洞 戰鬪, The Battle of Dabu-dong District)』에서는 "야간(夜間)에 운반(運搬)하다가 도중에 민간노무자(民間勞務者, 속칭 지게 부대, A-frame Army)의 희생이 속출하자 다음 날 정오(正午)가 되기도 전에 실탄이 떨어지기 일쑤였다. 굶주림과 불볕더위에 시달리는 장병(將兵)들은 피와 시체가 썩는 물이 뒤섞인 개울물을 마시며 갈증(渴症)을 풀었고, 솔잎을 씹으면서 허기(배고픔, 虛氣)를 달리기도 했다."라고 기록하고 있다.

특히 유학산(遊鶴山, 839m/sl) 고지 전투에서는 병참부대에 의한 보급로를 피아(彼我)가 차단하고 있었기에 민간노무단(民間勞務團)을 동원하여 밤낮으로 운반하도록 했다. 민간노무단은 대부분 장병(將兵)들보다 고령자(高齡者)들로 구성되어 있었다. 심야에도 40~50kg의 포탄과 식량을 운반하기에 하루 평균 밤길 40리 혹은 50리는 걷곤 했다. 낮에는 야간전투의 부상장병을 칡덩굴과 나뭇가지로 얽어 만든 들것(stretcher, 日本語 担架)으로 후송했다. 그들은 주로 흰옷을 입었고 있었기에 야간에도 북한군의 공격대상이 되어 많이 희생되었다. 유학산 고지전투에서 승리의 절반은 노무자들의 희생으로 이뤄졌다고 해도 과언은 아니었다(It is no exaggeration to say that half of the victory in the Battle of Yuhaksan was achieved through the sacrifice of laborers). '군번 없는 전사'라는 표현을 넘어서 미군에서는 특공대처럼 아예 '지게 부대(A-Frame Army)'라고 불렸다.

한편, 8월 17일, 전투병력의 재편성(再編成)을 실시한 제11 연대는 학도병(學徒兵)을 포함한 300여 명을 제1 대대에다가 보충(補充)했다. 18일 9시 30분에 제11 연대 제1 대대는 증원된 미 제27 연대의 좌측(左側)을, 제2 대대는 우측(右側)을 엄호(掩護)하였다. 또한 전차(戰車, Tank)와 포병사격(砲兵射擊)을 지원받아 반격(反擊, counter-attack)을 실시했다. 제2 대대는 우측(右側) 355고지 부근의 예비대(豫備隊)로서 북한군의 침공을 대비하였고, 제3 대대는 673고지를 공략(攻落)했다.

8월 17일 19시를 기해 356고지까지 진출하는 동안 북한군은 조금밖에 저항하지 못했다. 이는 미군이 갑작스레 합류했을 뿐만 아니라 전차(戰車)가 나타났기에 전투 의욕(戰鬪意欲)을 상실한 모양이었다. 그러나 제3 대대는 북한군이 지형적 요새(地形的 要塞)를 잘 활용했기 때문에 목표 고지를 점령하지 못했다. 그러나 제3 대대장은 제10 중대장에게 야간공격(夜間攻擊, night attack)을 실시하라고 지시했다.

그러자 제10 중대장은 "후포지원(後砲支援)을 받으면서 주간공격(晝間攻擊, dayime attack)을 하여도 매번 실패하였는데도 전투훈련과 경험이 없는 신병(新兵)을 지휘하여 야간공격(夜間攻擊)하라는 것은 소모품처리(消耗品處理)에 해당한다(성공도 못 하면서 희생만 강요하는 어려운 일이다)."라고 제안과 수정을 요청했다. 제안했던 묘책은 "1) 전투경험이 많은 노련한 다른 중대로 하여금 2일간 주야간(晝夜間)에 걸쳐서 계속적으로 기만공격(欺瞞攻擊, deception attack)을 가격(加擊)한다면 2) 북한군도 극도로 피로해질 때 적기(適期)를 노려서 낮에 특공대(特攻隊)를 편성해 협공작전(挾攻作戰, joint operation)을 전개한다면 성공할 가능성이 높다. 그렇게 하여 주시면 그때의 공격은 저의 중대가 담당하겠습니다."라고 건의했다.

이에 제3 대대장은 제10 중대장의 건의를 받아들여 제9, 제11 중대로 하여금 기만공격(欺瞞攻擊, deception attack)을 펼치게 했고, 20시에 북한군이 전차 2대와 보병으로 미군 진지를 습격해 전차를 격파하고도, 보병 사상자(步兵死傷者) 100여 명을 내었다. 이로 인해 더 이상 전투는 어려웠는지 북한군은 물러났다. 이때 국군에서는 제15 연대 제2 대대는 재편성을 마치고 병사들에게 휴식시간을 주면서 연대장이 355고지를 방문해 대대 병사들을 격려했다.

1950년 8월 19일 북한군은 어제(昨日)의 막대한 피해로 오늘(今日)에는 공격행동(攻擊行動)을 보이지 않았다. 이날 제2 군단에서는 육본작명 139호에 의거하여 제8 사단 제10 연대가 제2 군단에 배속되자 제1 사단 사단장 백선엽(白善燁) 준장에게 지휘토록 하였다.916 8월 20일을 전후하여 전선이 잠시 소강상태(小康狀態)에 접어들자 제2군 군단장 유재흥은 19일 'Y'선을 견고하게 하기 위해 제8 보병사단 제10 연대를 제2 군단 제1 사단에 배속시켰다. 그러나 유학산(遊鶴山, 837m/sl)을 방어하고 있던 북한군 제15 사단과 제8 사단이 20일 영천(永川)과 신녕(新寧)으로 향하면서 영천·신녕전투(永川新寧戰鬪)가 시작되었다.

한편 제15 연대 제2 대대는 08시에 행군(行軍)을 시작해 제11 사단과 미군의 지원 아래 356고지를 공격하였다. 8시 35분에 북한군과의 치열한 백병전(白兵戰)으로 8시 40분에 356고지를 완전탈환(完全奪還)했다.

북한군은 신주막(新酒幕) 방면으로 도주(逃走)했다. 또 23시에 특공대(特攻隊) 1개 중대를 파견하여 야간을 이용하여 좌표 DQ468893 지점[917]의 포진지(砲陣地)를 기습(奇襲)하여 야포 3문, 직사포 1문을 노획(鹵獲)했다.

국군 제1 사단 지휘본부가 북한군 유격대에 빈집털이 당했다

1950년 8월 20일 이날 국군(我軍)의 전투기(友軍機)가 뜨지 않았으므로, 북한군은 야음(夜陰)을 이용해서 2시 무렵 소수의 병력으로, 동명원(東明院, 東明國民學校, 1934년 개교)을 징발해 군사시설로 사용하고 있던 제1 사단 작전지휘소(CP, Command Post)가 북한군 유격대의 심야 기습(奇襲. 촉칭 빈집털이)을 당했다. 천만다행(千萬多幸)으로 제1 사단 사령관 백선엽(白善燁) 준장 등 주요인물은 작전에 나가고 없어 한 사람도 사살하지 못했다. 북한군의 심야(새벽 2시) 기습작전은 실패했다. 그때 마침 제10 연대 제2 대대가 이들을 집중사격하고 기습대원을 격퇴했다. 그리고 제10 연대 제2 대대는 제11 연대 제2 대대와 협공(挾攻)하여 13시에 741고지 부근의 북한군에게 공격을 개시했다. 북한군은 갑작스러운 국군의 기습으로 혼란에 빠져 도주하였고, 제10 연대 제2 대대는 이들을 일부 쫓아 섬멸(殲滅)했다.

정봉욱(鄭鳳旭, Jeong Bonguk, 1924~2018)을 중좌에 편입

1950년 8월 21일 백선엽(白善燁) 준장은 증원 병력을 받자 'Y'선 회복을 결심하고, 제12 연대와 제10 연대로 하여금 수암산(水巖山) 및 유학산

(遊鶴山)을 공격하게 했다. 한편 제11 연대로 신주막(新酒幕)을 공락(攻落)하도록 작전을 기획(作戰企劃)했다. 그러나 이번 공격도 수암산(水巖山)과 유학산(遊鶴山)을 점령하는 데 그치고 제11 연대는 공격 초반부터 반격에 부딪혀 점차 후퇴(後退)하고 말았다. 이에 격분한 백선엽은 직접 권총을 들고 선두지휘(先頭指揮)했음에도 힘겹게 원위치(元位置)를 확보했을 뿐이었다.

이날 북한군(北韓軍) 포병대대장 정봉욱(鄭鳳旭) 중좌(中佐)는 '상관이 내린 명령에 따르면 부하장병들의 의미 없는 죽음(the meaningless deaths of subordinates according to the orders of their superiors) 만 발생할 뿐'이라는 생각에서 보좌관(補佐官)과 둘이 국군에 투항(投降)하여 북한군 포병대 배치도면(作戰地圖)을 국군에 넘겨줌으로써 반격에 큰 도움이 되었다. 정봉욱(鄭鳳旭) 중좌(中佐)는 그대로 국군 중령(中領)으로 편입되었다.

이후 그는 대한민국 육군소장(陸軍小將)으로 제7 사단장, 제3 사관학교장 및 마지막 보직은 1970년 육군 제2 훈련소(一名 論山訓練所) 소장으로 군 내 비리척결(軍內非理剔抉)과 훈련중심 부대로 변화를 몸소 실천했다. 1973년에 예편하였고, 2018년 3월 9일에 별세하여 대전현충원(大田顯忠園)에 호국영령(護國英靈)으로 영면에 들어있다. 아직도 논산훈련소에서 70년 초에 신병교육을 받았던 많은 '역전용사(逆轉勇士)'들은 오늘날도 '참다운 군인 정봉욱(鄭鳳旭)'이란 존함만은 기억하고 있다.

볼링918장 전투(Battle of the Bowling Alley919, 1950.8.18.~8.23.)

　미 제27 연대가 오늘날 칠곡군 가산면 다부동(多富洞) 북쪽에 진출한 1950년 8월 18일, 북한군은 본격적인 보병협동(步兵協同)으로 야간공격을 시작하였다. 그래서 개전 이래(開戰以來) 처음으로 이 골짜기에서 미군과 북괴군 간에 전차전(戰車戰, tank battle)이 전개되었다.

　전차전(戰車戰) 이후 참전했던 북한군 포로병(參戰捕虜兵)의 진술에 의하면, 이 무렵 정면(正面)의 북한군은 대구를 점령하기 위해 전차 21대를 보충 보급받았다. 이 수량(數量)은 북한군의 전선부대(前線部隊)

Q 대전차 포탄은 불덩이 볼링공(이대영 그림)

가 단번에 보급받은 최대의 전차 보급량(上限線)이었다. 한편 미 제27 연대는 북한군의 전차 접근로인 진목정(眞木亭) 북쪽에 배치되어 8월 18일 저녁 남하하는 T-34 2대와 SU-76M 자주포를 파괴했다. 100여 명을 사살한 데 이어, 21일에는 모든 화포(火砲)와 전차(戰車)를 총동원(總動員)한 끝에 강력한 북한군 보전협동부대(補塡協同部隊)의 야간침투 시도(夜間浸透試圖)를 5시간 만에 격퇴(擊退)했다.

　당시 미군은 북한군이 오리라 추정되는 길목에 지뢰를 깊이 묻지 않고 보란 듯이 땅 위에 올려두었다. 예측대로 이곳으로 온 북한군 전차 행렬 중 선두 전차가 지뢰 제거를 위해 정지한 틈을 타 3.5인치 바주카(bazooka) 및 전차포(戰車砲)로 총공격(總攻擊)을 가했다. 특히 전날 이곳의 좌표를 미리 깔아 놓아 둔 덕에 더욱 효과적인 공격이 가능했다. 이날 제8 포병대대는 포탄 약 1,600

발과 박격포탄 2,500발을 쏘아대었다. 날이 밝은 후 확인된 전과만 전차 7대와 자주포 3대, 다수의 기타 차량과 유기된 시체 1,300구(柩)나 되었다.

이날 밤 목숨 걸고 도로 양쪽의 참호에서 저지전(沮止戰)을 편 채 전차전의 참전자들은 북한군 T-34/85 및 SU-76M과 미군 제27 연대를 지원하던 제73 전차대대 C 중대의 M26 퍼싱(M26 Pershing, 美軍 重形戰車)이 야간에 맞교환한 포탄들과 불타는 탱크들이 마치 볼링장 구덩이를 향해 굴려 떨어지는 볼링공(bowling ball)을 연상시켰다. 그래서 '볼링장 전투(Battle of the Bowling Alley)'920라고 불렀는데, 이는 한국전쟁(韓國戰爭) 초반에 일어난 가장 유명한 전차전으로 알려졌다. 오늘날 게임으로 봐서 당시는 이만한 킹핀스트라이킹 전략(king-pin striking strategy)은 없었다. 당시 전차전은 미군과 북한군 서로가 정신없이 볼링 볼만 주고받는 슈팅 볼 게임(shooting ball game)에만 열중했다.

'Y' 방어선을 성공적으로 탈취(Successful takeover of 'Y' line)

당시 제2 군단 단장 유재흥(劉載興) 준장의 최후 저항선(最後抵抗線, last line of resistance)으로 제시했던 'Y'선의 의미는 전투가 치열해질수록 피아간에는 1) 국군과 유엔군은 최후의 방어선으로, 2) 북한군은 넘지 못하면 항복해야 한다는 항복선(敵降伏線, enemy's surrenders line)으로 굳어졌다. 즉 Y의 의미가 누군가는 항복(降伏, Yield)하고 말아야 하는 항복선(降伏線)으로 굳어졌다. 따라서 국군과 미군의 입장에서는 낙동강 방어선을 견지(大邱死守)시키고자 Y선으로 지정된 유학산(遊鶴山)과 수암산(水巖山)을 반드시 확보해야만 했다.

이렇게 수학 방정식에 나오는 X 혹은 Y라는 방어선을 작전개념에 도입한 건, 당시 우리나라에선 낯선 용어였다. 그러나 서양에서는 르네 데카르트(René Descartes, 1596~1650)가 1637년 『방법서설(方法序說, Discours de la méthode)』 출판 이후에 X·Y 좌표가 생활화되었다. 따라서 군사지도상의 경위도(經緯度)를 작전좌표(位

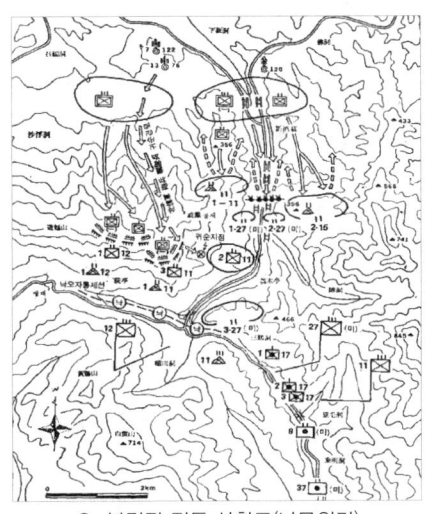

🔍 볼링장 전투 상황도(나무위키)

相幾何學) X 좌표, Y 좌표엔 너무나 익숙한 용어였다. 오늘날은 GPS 좌표를 사용했지만 당시는 MGRS(Military Grid Reference System) 좌표를 사용했다. 여기서 낙동강 방어선은 초기 제2 군단의 방어선인 'X'선과 최후의 제1 사단장의 방어선인 'Y'선으로 불려졌다. 이 Y선 확보가 전제되어야 진정한 의미에 '낙동강 방어선(洛東江防禦線)'을 기대할 수 있었다.

이곳(Y 방어선 지역)이 중요함은 북한군 역시 잘 알았기 때문에 필사적(必死的)으로 넘어오려고 했다. 이 때문에 자연스레 전선(戰線)이 혼란스러워졌고, 전투양상(戰鬪樣相)도 더욱 치열하게 전개되었다. 참전용사(參戰勇士)들의 증언에 따르면 백병전(白兵戰)은 기본이었고, 소총을 쏘기도 어려워 상호 간에 수류탄을 주고받는 수류탄전(手榴彈戰)도 치러졌다. 나중엔 대인수류탄(對人手榴彈)이 모자라서 대전차용(對戰車用)까지 던져댔다. 이러니 당연히 병력손실이 상상을 초월하도록 많아졌다.

백선엽(白善燁) 장군 회고록 『내가 물러서면 나를 쏴라(If I back off, shoot me)』921에서 야간참호전(夜間塹壕戰) 당시 피아구분(彼我區分)이 불가능해 북한군이 가까이 접근하면 그대로 잡아당겨 참호(塹壕) 안으로 집어넣는 방식으로 움직임을 봉쇄(封鎖)시킨 뒤에 국군(國軍)은 밖으로 뛰쳐 나와 자기들이 있던 참호(塹壕)에다가 총을 난사하는 방식으로 북한군(北韓軍)을 제압했다. 날이 밝고 보니 아군 참호(塹壕) 안에는 북한군 시신이 참호밖에는 국군의 시신(屍身)이 많았을 정도로 치열한 전투였다. 과거 농촌에서 모기와 싸움에서 마치 모기장을 쳐놓고 자다가 모기들이 모기장으로 다 들어오면 모기장 밖에서 잔다는 전략과 같았다(It's like the joke about sleeping under a mosquito net and then sleeping outside the net when all the mosquitoes get inside).

 Y선에서 전개되었던 전투가 끝난 후 피해상황(被害狀況)을 집계하니 국군 전사자는 2,300명, 북한군 전사자는 5,690명이었다. 얼마나 시체가 많았는지 국군 제1 사단이 미군에 다부동(多富洞) 지역을 인계하고, 이동하게 되었을 때 미군 병사들이 "저 위에 있는 시체들을 모두 파묻기 전엔 지역을 인수하지 않겠다(We will not take over the area until all the corpses up there are buried)."라고 했을 정도였다. 이 어려운 상황을 제1 사단은 잘 버텨내고 최종적(最終的)으로 미군의 증원을 받아 Y선 탈취에 성공하면서 추후반격(追後反擊)인 인천상륙작전(仁川上陸作戰)과 북진반격계기(北進反擊契機)를 마련할 수 있었다.

가산산성 전투(架山山城戰鬪, 1950.8.18.~8.27.)[922]

 먼저, 가산산성(架山山城)이란 조선 시대 인조 18(1640)년에서 1648년까지 병자호란 당시 유효하게 사용했던 남한산성(南漢山城)의 전시행궁이었던 인화원(人和院)을 모델로 한, 인화원 객사까지 마련한 전략적 요새지였다. 설립취지는 제2의 임진왜란과 같은 외침을 대비하는 차원에서 축조된 가산산성(架山山城)이었다. 칠곡군에서 가장 높은 가산준령(架山峻嶺)에 설치한 천혜요새(天惠要塞)였다. 가산(架山, 902m, 가산면 가산리)은 일명 칠봉산(七峰山)이라고도 했다. 팔공산(八公山)의 끝자락에 위치한 산이라 갓산(邊山)이라고 일컫다가 가산(갓산을 음역 架山)으로 표기하고 있다. 산성 내에는 전략촌(戰略村)을 형성하였기 마치 서양의 성벽도시(城壁都市, walled city)처럼 장기적 항전(長期的 抗戰)을 할 수 있게 전략촌의 시설을 모두 갖췄다.

1950년 8월 18일 가산산성(架山山城)이란 천혜요새를 먼저 진출한 북한군(北韓軍) 유격대(遊擊隊)가 동명(東明)에 주둔한 국군 제1 사단 제11 연대 본부와 미군 포병부대를 습격했다. 국군 제11 연대 본부 중대는 곧바로 북한군 유격대를 격퇴하였으나 현지에 갓 도착한 미군 야전포병대대는 한때 혼란이 생겼다. 북한군 유격대가 금호강변까지 침투하여 발사한 박격포(포 사거리 6~8km) 포탄이 대구역(大邱驛)에 떨

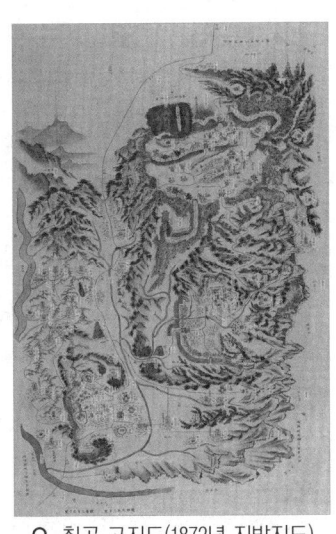

Q 칠곡 고지도(1872년 지방지도)

어져 역무원(驛務員)과 민간인(民間人) 여러 명이 사상자를 발생시켰다. 이로 인해 대구전시임시정부와 미군부대에서는 초비상으로 결국 전시임시정부(대구에서 한 달 하루, 31일만)가 부산으로 이전하게 되었다.

1950년 8월 20일 새벽 1시 무렵 북한군 유격대(遊擊隊, guerrillas)가 동명국민학교(東明國民學校)에 주둔한 제1사단 사령부까지 기습해 왔다. 그

때 마침 면사무소에 배치된 공병대대(工兵大隊)가 기관총 사격을 가했다. 이에 제10 연대 병력이 반격해 북한군 유격대(北韓軍 遊擊隊)를 물리쳤다. 그날 아침에 제1 사단은 전날 배속된 제10 연대 제2 대대를 741고지에 투입시켰고, 제3 대대는 가산산성의 북한군을 공략(攻落)하도록 했다. 이날 제3 대대는 570고지에 진출하여 두모(豆毛) ▷ 원당(元堂, 오늘날 남원2리)으로 이어진 오솔길로부터 공격을 감행했다. 공군의 폭격과 한미(韓美) 야포의 포격 후, 뒤이어 제10 연대 제2 대대는 성벽을 타 넘어 성안의 북한군을 공격하여 산성을 점령했다. 제2 대대도 금화계곡(錦華溪谷)923을 경유해 741고지를 탈환했다. 다음 날 568고지까지 진출했다.

1950년 8월 20일 오후 4시 기계(杞溪) ▷ 안강(安康) 전투를 끝내고 동명(東明)에 도착한 제1사단 제10 연대 제1 대대는 북한군 침투 보급로와 퇴로를 봉쇄하기 위해 대둔(大屯) ▷ 가산 2리의 윗산당(山堂)에 투입되었다. 이때 제1 대대는 송림(九德里, 松林寺 所在地) ▷ 원당(남원 2리)을 경유하여 가산 1리의 북창(北倉)에서 숙영(宿營)했다. 8월 22일 새벽 5시에 제1 대대는 윗산당(上山堂)으로 진출하여 북한군 중간보급소 1개 중대를 타격하고 진지를 구축(構築)했다.

이날(1950년 8월 20일) 밤 다부동 정면(多富洞 正面)에서 북한군 제13 사단이 견제공격(牽制攻擊)을 펴고 있는 사이, 군위군 효령면에서 은밀히 가산산성 일대로 침투 대기하던 북한군 제1 사단 제14 연대가 후방으로 내려와 주보급로(主補給路)인 국도(國道)를 차단했다. 자정 무렵에는 미 제23 연대와 포병진지를 기습해와 치열한 교전이 벌어졌다.

1950년 8월 23일 날이 밝아지자 미군 제23 연대는 모든 화력을 총동원하는 한편 긴급히 공중지원(空中支援)을 요청했다. 이에 포병부대의 집중포격(集中砲擊)이 가해졌다. 미 제5군의 전투기와 B-26 경폭격기(輕爆擊機)가 대거 출격하여 약 40톤의 폭탄을 투하(投下)했다. 5번 도로 동편 일대 고지를 맹폭(猛爆)했다. 남쪽 도로를 차단하고 있던 북한군은 미군 제1 기병사단의 사단장이 직접 지휘하는 M-24경 전차부대(戰車部隊)에 의해 격퇴되었다.

1950년 8월 24일에 국군 제1 사단은 가산산성(架山山城)을 완전히 탈환하기 위해, 1) 제3 연대 제1 대대는 남문 쪽을, 2) 제10 연대 제3 대대는 서문 쪽을 공격하게 하고, 3) 제10 연대과 제12 연대는 동·북문 쪽 퇴로를 차단토록 작전계획(作戰計劃)을 세웠다. 이에 제3 연대 제1 대대는 기성리(箕聖里)924로 진출하였다. 8월 25일에 제3 연대 제1 대대는 757고지를 점령하고, 이틀 동안 가산산성을 공격하였음에도 천혜요새를 이용한 북한군의 저항에 부딪혀 난공불락(難攻不落)임을 새삼 인식하게 되었다.

포기하고 있는 척하면서(기만책으로) 2일간 조용히 지내다가 1950년 8월 27일 새벽에 제3 연대 제1 대대는 4개 중대 병력으로 2개 중대가 횡대(橫隊)로 집중사격(集中射擊)하는 동안 나머지 2개 중대가 '20보씩 교대로 전진하는 전법'인 속칭 보조 행진 전법(步調行進戰法, pace-march tactics)으로 성벽을 뛰어넘고, 남문으로 돌입(突入)했다. 두 시간의 교전 끝에 국군은 북한군을 북쪽으로 퇴각(退却)시켰다. 서문 쪽의 가산바위(架山巖)까지 진출한 제10 연대 제3 대대가 제1 대대와 함께 협공(挾攻)으로 북한군을 공격해 북한군을 가산리 산당(架山里 山堂)에서 대둔(大屯, 한뜸마을)925 방면으로 몰아냈다.

이러한 과정에서 북한군 제1 사단 제14 연대는 궤멸(潰滅)되었다. 포위망(包圍網)을 벗어난 북한군 병력도 432고지 골짜기에서 완전히 궤멸(潰滅)되었다. 가산산성 전투에서 국군 제10 연대 제1 대대의 경우도 제4 중대의 병력 180명이 장교 1명과 병사 10여 명이 남게 되었다. 제1, 제2 그리고 제3 중대도 각 40명에서 70명으로 감소되었을 정도로 막대한 사상자(死傷者)를 내었다.

가산전투(架山戰鬪, Battle of Ka-san, 1950.8.31.~9.4.)

가산전투(架山戰鬪)는 1950년 9월 1일부터 9월 15일까지 대한민국 가산 인근(架山隣近)에서 일어난 한국전쟁 초기 유엔군(7월 27일 참전, 최초 참전전투)과 북한군 사이의 교전(交戰)이다. 같은 가산전투를 칠곡호국평화기념관에서는 1950년 8월 31일부터 9월 4일까지로 보고 있다. 이 전투는 부산 교두보 전투(釜山橋頭堡戰鬪, Battle of Busan Bridge-head)의 일부였다. 다른 전투들과 동시에 일어난 여러 대규모 교전 중 하나였다. 전투는 다수의 미(유엔)군과 국군이 북한군의 공격을 방어하였다. 역공(counter-attack)을 취하여 승리는 국군과 유엔군이 챙기는 결과를 만들었다.

가산(架山, 1006.17m/sl)에서 유엔군(UN Forces)과 북한군 부대는 다부동 전투에서도 가까운 거리에서 교착상태에 빠졌다. 1950년 9월 1일 북한군(朝鮮人民軍) 제13 사단의 김송준 소령(Major Kim Song-Jun)은 미(유엔)군에 귀순(歸順)했다. 그가 제공한 군사작전첩보(military operations intelligence)는 1) 북한군이 그날 해 질 녘에 본격적인 공격을 시작할 것이다. 2) 북한군 제13 사단이 무기가 없는 2,000명을 포함한 4,000명의 병력을 교체했다. 3) 현재 시점에서 약 9,000명의 병력으로 늘어났다. 이런 군사적 첩보(軍事的 諜報)를 제공받은 미군 제1 기병 사단장 호바트 게이(Hobart Raymond Gay, 1894~1983) 소장은 사단의 모든 최전방 부대에게 공격에 대비하라고 경고했다. 국군 제1 사단장 백선엽 준장(白善燁 准將)도

공격을 위해 부하들을 대기시켰다.

　북한군의 공격이 9월 2일 밤에 일어날 것이라는 김송준(Kim Song-Jun)의 경고 이후(警告 以後) 볼링앨리(Bowling Alley) 일대(泉坪里 錦華溪谷)가 공격받았다. 북한군은 9월 2일부터 3일까지 볼링장(Bowling Alley, 泉坪里 錦華溪谷)에서 서쪽으로 448고지와 다부동(多富洞)에서 북쪽으로 3.2km 떨어진 언덕에서 제8 기병대(8th Cavalry Regiment) 소속 2개의 대대를 공격하여 점령했다. 오른쪽 대대는 공격을 받지는 않았지만 미 제8 사단의 보급이 끊겨 철수해야 했다. 제3 대대의 지휘관은 제1 중대를 다부동 바로 북쪽에 있는 봉쇄 위치에 배치했다. 9월 3일 오전 2시에 북한군(北韓軍) T-34 전차 2대와 보병 일부가 공격했다. 이 전투에서 제1 중대에서 많은 사상자가 나왔으나 공격(攻擊)해 격퇴했다. 전투로 지친 제2 대대는 다부동 남쪽의 방어진지에 급조된 제3 대대를 통해 철수했다. 낮 동안 북한군(北韓軍) 제1 사단은 제8 기병 정보수색(Information and Research) 소대와 다부동에서 동쪽으로 6.4km 떨어진 902고지 언덕의 성벽도시(城壁都市) 가산에서 정찰분견대(偵察分遣隊)를 보냈다. 9월 3일, 미군 제8 사단은 대구에서 북쪽으로 16km 떨어진 산꼭대기에 위치한 다부동과 902고지를 모두 북한군에게 내주고 말았다.

　미군 제8 사단은 제1 기병 사단(1st Cavalry Division)에게 902고지를 탈환하고 방어하라고 명령함으로써 북한군의 다부동 진격(進擊)에 맞섰다. 대구에서 북쪽으로 16km 떨어진 이 지역에서 미군 제8 사단(8th US Division)이 남쪽의 시내로 들어오는 것을 북한군은 관찰(觀察)할 수 있었다. 북한군은 일반적인 정보를 전달하거나 포격 및 박격포 사격을 지휘하는 데 사용했다. 902고지는 다부동 도로에서 너무 멀리 떨어져 있어서 차지하기 어려웠다. 가까이 있었다면 이곳을 중심통제도로(中心統

制道路, central control road)로 사용했을 것이었다. 북한군 입장에서 포병(砲兵)과 박격포 탄약(迫擊砲 彈藥)이 부족했던 상황에서 관측소(觀測所)로써 멀리 떨어진 이곳까지 굳이 점거해서 얻을 이익(利益)이라고는 아주 적어졌다.

북한군 제13 사단과 제1 사단은 전투에서 괴멸(壞滅)에 가까운 피해를 이미 입고 있었다. 당시 첩보(諜報)에 따르면 제1 사단은 9월 1일 공세 당시 5,000명의 병력을 보유, 제13 사단에는 9,000명이 있었다. 하지만 10월까지 제1 사단의 병력 중 2,000명만이 북한으로 후퇴(後退)할 수 있었다. 이들 사단소속 군인들의 70% 정도는 포로(捕虜) 혹은 사상자(死傷者)가 되었다. 북한군 제13 사단 병력은 완전히 전멸했다. 나중에 알고 보니 소수 고군분투했단 부대들만이 북한으로 귀국했다. 귀국한 병력으로는 포병사령관, 사단 외과의사, 참모장, 3개 연대 사령관 가운데 2명만이고, 이외 대부분 사단 장교들이었다. 북한군 제19 연대가 충북 단양(丹陽)에서 항복했을 때 남은 병력은 167명에 불과했다. 결국 처음 제13 사단의 9,000명 병력 가운데 수백 명만이 북한으로 돌아갈 수 있었다. 북한군 제2 군단도 비슷한 상황이었다. 한마디로 북한군은 패전(敗戰) 직전상태(直前狀態)에까지 도달했다.

1950년 9월 1일 이때까지 미 제1 기병사단(1st Cavalry Division)은 부산 수비대(釜山守備隊)에서 전사 770명, 부상 2,613명, 포로 62명의 피해를 입었다. 여기에는 약 600명의 사상자(死傷者)가 있었다. 이들 중 200명이 지난 8월 대구전투(大邱戰鬪)에서 이미 사망했다. 미군은 계속해서 격퇴함으로써 북한군이 부산 방어선(Busan Defence Line)을 돌파하려는 걸 막아내었다. 국군 제1 사단은 9월 1일에는 14,703명까지 줄었지만, 많은 사상자(死傷者)에도 불구하고 공격하기에 좋은 위치에 있었다. 가산전투에서 국군 사상자도 상당했다. 국군 제1 사단은 9월 1일 10,482명으로 집계(집계)되었다.

팔공산 전투(Battle of the Palgong Mount. 1950.9.5.~9.14.)

팔공산 전투(八公山 戰鬪)라고 해서 팔공산 산정(동봉)을 고지로 해서 전투를 한 것이 아니라, 팔공산 북쪽에 있는 755고지(치키봉, 雉箕峰)926에서 전투를 했기에 많은 기록은 '755고지 전투(Battle of&55 Hill)로 표기하고 있다. 북한군과 유엔군이 참전했으

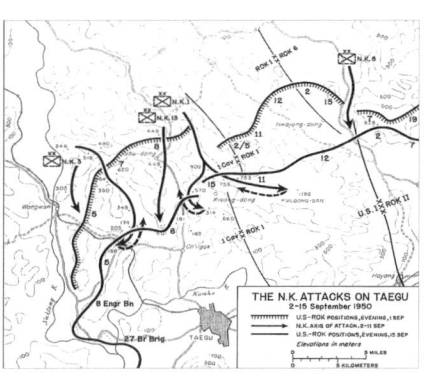

🔍 대구 방어작전도
(9.2.~9.15.: 미 전사연구소)

며, 전투 기간은 9월 5일에서 9월 14일까지로 보고 있다. 그러나 사실은 가산(架山) 아래 도덕산(660.2m/sl) 기슭 대구시와 최접근 거리 12kn에 있는 315고지(314m/sl 혹은 316.1m/sl)927에서 9월 11일과 9월 12일간 대구시 점령과 방어에 사활전(死活戰)을 걸었다. 이 지역을 방어하는 주력부대는 국군 제1 사단과 유엔(미)군 제8 사단의 병력으로 방어했다.

팔공산 전투에 도덕산(660고지)은 오늘날 대구 북구 도남동의 뒷산으로, 1950년 9월 11일 아래 315고지(혹은 314고지)에서 치열한 유엔군과 국군 제1 사단의 병력과 북한군의 대구점령(大邱占領) 총력전(總力戰)이 펼쳐졌다. 당시 미군 제8군 제1 기병사단은 제7 기병연대 예하 제3 대대의 봉쇄진지(封鎖陣地)가 북한군에게 뚫렸다. 소총중대의 병력 부족으로 돌파

당했다. 이때에 미 제8군에서 인적, 물적 면에 위기상황(危機狀況)에 있었음에도 전력투구(全力投軀)했다.

  이때에 참전했던 이상철(李相哲) 중령의 경험담을 적어보면, 대구 중앙훈련소(大邱 中央訓練所)에서 신병교육을 담당(擔當)하고 있었다. 1개 대대병력으로 교육대대에 편성되었음에 제8 기병연대에 배속되어 제2 전선인 도덕산(道德山) 전투에 참전했다. 당시는 대대병력이라고 하나 장비나 훈련 면에서는 제 기능을 다하기는 힘들었다. 그럼에도 약 20일간 진지방어(陣地防禦) 임무를 수행했다. 국군이 다시 반격을 시작한 9월 20일쯤 다시 교육대대(敎育大隊)로 복귀했다.

  1950년 9월 11일 제8 기병대대 제3 대대가 570고지를 재차 공격(攻擊)하는 동안 북한군은 314고지에서 남동쪽으로 2마일이나 떨어진 대구가 12km 내외로 포사거리 안에 있는 것 같았다. 314고지와 북한군 점령고지는 인접해 있었고, 아래쪽 경사지(傾斜地)는 서로 소총 사정거리(M1 유효사거리 453m) 내에 있었다. 북한군은 제16 정찰중대를 언덕으로 몰아내었다. 국군 제6 훈련 대대만이 북한군이 이 지역을 장악하는 걸 막았다. 314고지의 역경사(逆傾斜) 일부를 여전히 지키고 있었다. 제8 기병대 제3 대대가 570고지에 대한 무익한 공격에서 벗어나 이곳에 와서 탈환(奪還)을 시도했다. 국군은 2번이나 314고지 탈환을 시도했으나 정상에 도달했어도 버티지 못했다. 1950년 9월 12일 공격명령에 따라 제7 기병대 제3 대개는 제8 기병대대를 통과해 314고지 공략준비(攻落準備)와 침투하는 북한군을 격퇴했다. 9월 14일 570고지를 공격하던 미 8 기병연대 제2 대대는 314고지의 지원사격(支援射擊, support fire)을 하면서 북한군 제13 사단 제19 연대를 격파하고 570고지를 점령했다. 오른쪽 측방에는 국군 제1 사단이 계속 공격을 감행하고 있어 제11 연대는 14일 어둠이 깔리는 무렵에 756고지를 점령(占領)

했다. 또한 제11 연대 제1 대대는 15일에 가산산성(架山山城) 점령에 성공(成功)했다.

315고지 전투 (Battle of the 315 Hilltop. 1950.9.11.~9.12.)

315고지(315 Hill)는 가산(架山, 902m/sl)928 혹은 가산산성(架山山城) 전투의 연장선상(延長線上)에서 아래 도덕산(道德山, 660.2m/sl)의 한 봉우리 315고지에서 격전이 벌어졌다. 대구시를 점령하려는 북한군의 침공에서 철책방어(鐵柵防禦)를 했던 국군 제1 사단과 유엔(미)군 제8 사단 병력이 주력이었다. 당시 포사거리를 알아보기 위해서 다부동 전적기념관(多富洞戰績紀念館)에 전시된 박격포, 자주포, 탱크 등의 사거리를 조사한 결과는 당시 직사포(자주포 155mm)는 10km까지, 곡사포(105mm) 5~6km, 박격포는 5~8km가 사거리였다. 315고지에서 대구시 경계선 금호강까지는 직선거리 12km이었다. 여기서 더 밀렸다면 대구시가 포사거리 안에 들어가는 최대위기상황(最大危機狀況)이었다.

물론 지난 1950년 8월 16일 가산산성(架山山城) 전투 시기에도 대구역(大邱汽車驛)에 박격포탄이 떨어져 역무원(驛務員)과 민간인이 살상당했던 사건(事件)이 발생했다. 이 사건으로 대구에 있던 전시임시정부(戰時臨時政府)는 8월 17일에 1개월 1일이라는 단기간 경북도청사(慶北道廳舍) 내 임시정부청사 더부살이를 마치고 부산으로 떠났다. 오늘날 남구 봉덕동 주한미군 주둔지 캠프 워커(Camp Walker)에선 미군 제8 사단 월턴 해리스 워커(Walton Harris Walker) 중장이 사령관으로 있었다. 오늘날 동명초등학교(동명초등학교)는 조선 시대 역원의 동명원(東明院)에서 1934년에 동명국민학교(東明國民學校)로 개교하였다가 1950년 7월 26일 이후 전시시설물 징발로 국군 제1 사단 사령부 진영이 설치되었다. 이곳에서 백선엽(白善燁) 준장은 제1 사단을 작전지휘하고 있었다. 이곳도 제1 사단 사령부도 2차례 북한군 유격대의 야간기습(夜間奇襲, night raid)과 백주기습(白晝奇襲)을 당했으나 전투현장에 요인들이 출장 간 바람에 사령부에선 아무도 피살되지 않아 속칭 빈집털이당했다.

야간 산행 민간노무단
(다부동전투기념관)

315(혹은 314)고지 전투의 기간을 칠곡호국평화기념관에서는 1) 팔공산 전투 기간을 1950년 9월 5일부터 9월 14일까지 10일간으로, 315고지 전투를 9월 10일과 9월 11일 2일간으로 보고 있다. 2) 다른 기록에서는 팔공산 전투를 755고지(八公山雉箕峰) 전투(Battle of 755 Hill)로 보고, 315고지 전투를 9월 5일부터 9월 14일까지 10일간을 보고 있다. 315고지 전투는 대구방어선 최후사수전투(最後死守戰鬪)으로 치열할 수밖에 없었다. 눈코 뜰 없이 쏟아지는 폭연 속에서 아비규환 지옥(阿鼻叫喚地獄)에서 10일 혹은 2일이었다. 미군의 표현은 "10일 주야 콩 볶기 작전(Operation Stir-Fry for 10 Days)"이라고 했다. 피아간(彼我間) 있는 모든 물자를 총동원해 온통 쏟아부은 바람에 병참보급이 315고지의 승패를 갈라놓았다.

1950년 9월 12일 북한군 제13 사단과 제1 사단을 저지(沮止)하기 위해 제7 기병대 제2 대대는 314고지 동쪽 660고지(道德山)에서 국군을 지원했다. 314고지를 확보하고자 국군 제1 사단은 동쪽 진출하여 팔공산(八公

山) 902고지의 공격임무를 맡았다. 대구에서 가장 가까운 지점이 314고지였기에 미군들은 '대구로 들어가는 대문의 열쇠(Key of Taegu Gate)'라고 했다. 이곳은 다른 고지와도 연결고리처럼 서로 연계되어 있는 중요한 작전이었다. 북한 제13 사단에는 314고지 점령을 위해 700명 이상 집결했다. 314고지는 남쪽 지점은 해발 314m, 북쪽 380m, 마지막으로는 500m까지 길쭉한 눈물(teardrop) 모양이었다. 314고지와 500고지의 능선 길이는 1마일 정도, 모든 면이 급경사(急傾斜)를 이르고 있었다.929

미 제7 기병연대 제3 대대장 제임스 린치 대령(Lt. Col. James H. Lynch's 3d Battalion, 7th Cavalry)은 314고지를 공격하기 전날 대대원(大隊員) 535명에게 작전을 설명했다. 요약하면, 9일 전 518고지에서 제7 기병대는 불운(不運)한 작전이었다. 이번은 2번째 작전이다. 518고지 실패를 반면교사(反面敎師)해서 작전계획은 근본적으로 달리했다. 1) 314고지의 핵심 측면은 능선에 따라 2개 중대를 병렬배치(parallel arrangement)해, 2) 가능한 소총병을 많이 배치해 좁은 능선에서 집중사격(concentrated fire)하며, 3) 북한군 저항에 소대 혹은 분대 화력만으로도 저항한다. 이렇게 하여 518고지의 실패를 뒤집고 승리를 챙긴다. 그런데 실제 전투에서는 포탄 부족으로 314고지 작전에 포병지원 준비가 안 되었다. 9월 12일 오전 11시에 엘(L) 중대는 좌측, 아이(I) 중대는 우측에 배치한 뒤에 린치(James H. Lynch) 대령의 제3 대대의 공격이 있기 전에 북한군의 공습(攻襲)이 있었다. 출발 전 언덕 아래 경사면에는 제8 기병대 제3대가 최전선(最前線)이 되었다.930

민간노무단(Korea Service Corp)의 병참 보급(兵站補給)

🔍 315고지의 지게 부대(이대영 그림)

이때 포탄, 식량 및 사상자 호송을 담당했던 민간인 노무단(Korea Service Corp)을 미군들은 육군 지게 부대(A-Frame Army)라고 했다. 미군 헬기 및 트럭으로 소송한 포탄, 군용비상식량 등을 315고지까지 운반을 담당했던 부대가 바로 지게 부대였다. 당시는 대대당 50~60명을 배속시켰으나 그들은 무기가 없고, 흰옷을 입었기에 적군에게 그대로 노출되고 있었다. 포탄이 소나기처럼 쏟아지는 전장(battle field)을 겁 없이 누비고 다녔다. 이들은 학도병과 같이 '군번 없는 용사(warrior without a military number)'들이었다. 경험담에선 주먹밥 100인분, 대인지뢰 10발 등 평균 30~50kg의 짐을 하루에 20km 이상 밤길을 오르내렸다고 한다.

이때 도덕산(道德山) 아래 기슭에 있었던 도남동 유화당(有華堂)[93]은 전시시설물로 징발되었고, 군사지원시설로 활용되었다. 유화당(有華堂)은 현재 대구시 북구 도남동 362번지에 인천이씨 쌍명재공파(雙明齋公派)의 하나인 국동파(菊洞派)의 유적시설이다. 국중파 선인들은 1600년대 중·후반에 이곳에 세거지(世居地)를 마련해 유화당(有華堂)을 세워 문중서사(門中書舍)로 사용해 왔다. 현존 건물을 1864(고종 1)년에 건립했고, 1916년에 보수했던 국동서실(菊洞書室)이었다. 1950년 다부동 전투 당시에는 군사시설로 징발해 병영으로 이용했으며, 특히 남한경찰(祖國守護)대의 배속인 상주경찰서 경찰대원의 숙영지로 사용되었다. 또한 315고지 전투에 참전했던 민간노무단(속칭 지게 부대) 50여 명이 이곳에서 포탄, 식량 및 부상자를 수송했던 곳이었다. 바로 옆 인천이씨 종택(宗宅)과 도남국민학교(1949년 9월 2일 개교) 시설도 국군 병영시설로 징발되었다.

민간노무단 속칭 육군 지게 부대(A-Frame Army, 혹은 forklift unit)는 전시임시정부가 오늘날 경상감영공원(당시 경북도청 옆 건물)에 옮겨와서 있을 때 1950년 7월 24일 미 제8 군사령관 워커(W,H, Walker) 중장이 직접 이승만(李承晩, 1875~1965) 대통령을 찾아와서, 병참보급을 지원할 인력이 필요하니 군예속하 민간노무자(Civic Service Corp)를 보내달라고 요청했다. 이승만 대통령은 7월 26일 자로 긴급명령 제6호 '징발에 관한 특별조치령'을 발령했다. 따라서 전시임시정부(경상북도 도청)에서 가장 가까운 수창초등학교(1907년 개교) 교실을 빌려서 민간노무단(民間勞務團)에게 1~2일 참전 위험 주지 교육(參戰危險周知敎育)을 시킨 뒤에 대대당 50~60명을 배속(配屬)시켰다. 당시 근무 기간은 6개월이었으나 고무줄 기간으로, 부대에 따라 전쟁 끝날 때까지 혹은 죽을 때까지 근무하기도 했다. 대략 30여만 명의 민간노무단의 30% 이상이 전사당해서 귀향을 못 했다. 그들은 '군번 없는 호국영령(無番의 護國英靈)'으로 산화되었다. 이에 대해 미 제8 군사단 사령관 워커(Walker) 중장의 후임으로 온 제임스 밴플리트(James Alward VanFleet, 1892~1992) 대장은 지게 부대(forklift unit)의 활용상을 보고 "작은 체구에 무거운 보급품을 지고, 고지를 오가며 지원업무를 용감하게 수행했다. 만일 이들이 없었다면 최소한 10만 명 정도의 미군 병력을 더 파병했을 것

🔍 신라 토우, 지게 진 인형(국립중앙박물관)

이다."932라고 평가했다.

지게(背狹子, A-Frame. forklift)에 대해 말하면, 서진(西晉)의 역사학자 진수(陳壽, AD 233~AD 297)가 저술한『삼국지 위지동이전(三國志魏志東夷傳)』의 '삼한조(三韓條)'에서 "나라 안에 토목공사가 있거나 관(官)에서 축성(築城)을 할 때는 백성들은 용감하고 건장한 젊은이들이 모두 등에 멜빵으로 한발이나 되는 지게를 마련해(皆鑿脊皮, 以大繩貫之, 又以丈許木鍤之) 온종일 노래를 하면서 아픔도 잊고 일 잘하고 건장한 모습을 보였다."933라는 기록을 봐서 삼한시대(三韓時代)부터 우리의 선인들은 지게를 사용했다는 것을 알 수 있다. 또한『한서괴통전(漢書蒯通傳)』에서 그들의 모습은 마치 "이래도 저래도 죽을 상황이라면 이판사판으로 성(城)을 사수하기에 성마다 모두가 금성탕지였다(邊地之城, 必將盈城固守, 皆爲金城湯池, 不可攻也)."라고도 기록하고 있다. 6.25 전쟁 때에도 지게 부대는 이판사판으로 전투물자를 보급조달했다.

좀 더 가서 문화인류학(cultural anthropology)에서는 우리 선조(先祖)들이 고안했던 1) 양다리 디들방아(兩脚輾機)와 2) 등지게(背狹子)는 극동아시아에서 우수한 생활도구였다. 지게에 대해 현존한 1) 고고학적 유물로는 신라 고분에 발굴된 지게를 진 인물상(土偶)이 있고, 2) 고서지학적인 기록으로 정찰(鄭澈, 1536~1593)의『장진주사(將進酒辭)』에 '지게'를 처음으로 '지게'로, '지게'라는 단어는 숙종 16(1690)년에『역어유해(譯語類解)』에서 처음 나왔다. 이를 한문으로 '배협자(背狹子)'로, 표기는 청나라 말기에 등장했다. 영조 24(1748)년『동문유해(同文類解)』에도, 1766년 간행한『증보산림경제(增補山林經濟)』에서는 '부지기(負持機)'라고 적었다. 1801(순조 1)년에 발간한『화성성역의궤(華城城役儀軌)』에서도 지게를 진 모습이 그려져 있다. 조선 시대 민속화가 김홍도(金弘道), 김득신(金得臣), 오명현(吳

命顯), 권용정(權用正), 김준근(金俊根) 등의 민속화(그림) 속에서도 지게가 등장하고 있다. 여기서 '지개', '지게' 혹은 '지기'라는 명사는 동사 '지다[負]'가 명사로 변천했다. 조선제국 대에 외국인들의 눈에서는 신기하게 보였고, 영어 알파벳 A를 닮았다고 'A-Frame'이라고도 했다.

4.
한국전쟁사에서 다부동 전투의 의미와 시사점(示唆點)

다부동 전투(多富洞 戰鬪)의 의미(意味)

　북한군은 미 제8 군사령관 워커(W.H. Walker) 중장(中將)의 낙동강 방어선(洛東江 防禦線)을 제시했다. 북한군은 이 방어선을 돌파하여 대구를 함락하고, 곧바로 부산까지 진격하고자 했다. 이에 가장 큰 장애가 바로 다부동 전투(多富洞 戰鬪)였다. 이를 돌파하고자 북한군 주력군(主力軍)을 총동원했던 총공세(總攻勢)에서도 다부동에서 25일간 발목이 잡혔다. 이렇게 북한군에게 족쇄를 채우는 게 가능했던 것은 국군 제1 사단장 백선엽(白善燁) 준장, 미 제8 군사령관 월턴 워카 중장, 그리고 참모총장(丁一權, 1917~1994)934 소장(少將)의 삼합이 있었기 때문이다. 밤낮없이 이어지는 전투 끝에 낙동강 방어선을 사수함으로써 북한군에게 이곳에 주저앉혀

기절시키는 데 성공했다.

다부동(多富洞, Dabudong)을 포함한 대구 북쪽 지역은 북한군 8월 공세에서 '주공(主攻) 가운데 주공(key attack points among key attack targets)'이 집중된 정면대결(正面對決)이었다. 북한군 3개 사단이 당연히 미군에 비해 상대적으로 취약했던 국군 제1 사단을 정면대결(正面對決)의 상대방으로 선택했다. 오늘날 용어로 치킨게임(chicken game)을 걸었다. 그러나 국군 제1사단은 배수진(背水陣)으로 사활을 걸고 승부를 내자는 다짐했다(In today's terms, it is a chicken game, but it was a pledge to compete with life or death by forming a back-to-back-to-water formation).

요컨대 대구 주공축선(主攻軸線, main axis of attack)이야말로 북한군이 결전을 기도한 작전적 중심(Center of Gravity, Schwerpunkt)이었다. 그러나 이 지역을 방어하던 국군 제1 사단은 초기 한·미연합군(韓美聯合軍)을 통틀어 가장 넓은 정면을 담당했음에도 불구하고 침착하게 지연전(遲延戰, delay war)을 벌이면서 퇴각한 후, '수암산(水巖山, 숲데미산) ▷ 유학산(遊鶴山) ▷ 다부동(多富洞)'을 잇는 선(Y line)으로 담당정면을 좁혀나갔다. 북한군 제3, 제13, 제15 사단의 집중공격(集中攻擊)에 맞서 엄청난 손실을 입으면서도 방어선만은 주야로 사수했다. 이런 교착상태를 벗어나고자 고육지책(苦肉之策)으로 북한군은 '8월 대공세(August Great Offensive)'를 전개했으나 다부동 전투에서 발목이 잡혀 실패의 쓴맛을 봤다. 다부동(多富洞)에서의 엄청난 손실과 지속적인 유엔군(UN Forces)[935] 전력 증강으로, 북한군의 8월 대공세의 실패 시점은 보급과 병력 측면(兵力側面)에서는 이미 작전한계점(作戰限界點, operation limits)에 도달해 있었다. 이로써 "8월 15일 전에 전쟁을 끝내고 한반도 전체를 장악한다(End the war and take control of the entire Korean Peninsula before August 15th)"는 김일성의 호언장담(豪言壯談)은 메아리 없는 외침이 되고 말았다.

미 제8 군사령부 입장(立場)에서 북한군의 허(虛)를 찌를 전투작전으로는 1) 북한군이 마산 함락(馬山 陷落), 2) 다부동 전투의 출구전략으로 영천 전투(永川 戰鬪), 그리고 3) 깊숙이 찔렸다는 사실을 오해했다가 아님을 깨닫고 권토중래(捲土重來)한 다부동 전투(多富洞 戰鬪)였다. 북한군의 입장에서는 치밀하게 작전을 기획해 총병력 집중했던 주공예봉(主攻銳鋒)을 격퇴한 유일한 전투가 다부동 전투였다. 4) 6.25 전쟁 초기 포천(蒲川) ▷ 동두천(東豆川) ▷ 의정부(議政府) 전투 이래 실패만 거듭했다. 반대로 북한군 입장에서는 작전상 주공(作戰上主攻, operational main attack)이 쓰라린 좌절을 처음을 맛본 전투가 다부동 전투였다.

소설을 쓴다면, 즉 만약 다부동에서 국군 제1 사단이 밀려났다면 1) 교통요지(交通要地)에다가 병참기지(兵站基地)였던 대구가 탈취당했을 것이다. 2) 국군과 미군의 전선이 양분(兩分)되었고, 3) 낙동강 방어선이 연쇄적으로 도미노 게임(Domino Game)처럼 무너졌을 것이다. 왜냐하면, 1950년 8월은 북한군 혹은 한미군(韓美軍)의 전력비(全力比)에 북한군이 가장 유리한 시점이었다. 즉 시쳇말로 당시는 북한군에게 기울어진 운동장(the playground tilted toward the North Korean Military)이었다.

🔍 피란민 행렬(다부동전투기념관)

한국전쟁사(韓國戰爭史)에서 던져주는 시사점(示唆點)

첫째, 전투 병참보급(combat logistics)에서, 당시 제1 사단 11연대 다부동 지구 전투상보를 살펴보면, 험준한 산악지역으로 여러 차례 백병전(白兵戰)도 전개되었다. 육탄공격도 간간이 있었다. "금번 전투는 상당히 어려운 치열한 전투이었다. 특히 673.8고지 서북 약 700미터에 위치하는 무명고지(소위 700고지)를 7일간 13회에 물고 늘어지는 공격이 있었다. 제3 대대 제9 중대는 반복적으로서 공격하여 탈환(奪還)했다. 이 고지 탈환에 성공했을 때는 적개심(敵愾心)이 충천(沖天)했던 장병들은 맨손(空手)으로 적을 추격하여 희생자의 원한을 갚고자 박치기 혹은 권투까지 총동원(總動員)했다." 당시 다부동에서는 총기부족(銃器不足) 현상으로 이를 해결하고자 북한군으로 총기를 노획해서 채웠다.

둘째, 전투 사상자의 통계(statistics of combat casualties) 있어, 당시 국군 제1 사단은 전황이 너무도 급박하여 대대급(大隊級) 이하 부대의 행정요원(行政要員)까지 모두 전투원(戰鬪員)으로 일선에 투입하는 바람에 정확한 보충인력 및 사상자(死傷者) 통계를 작성할 여유조차 없었다. 이 때문에 1950년 8월에 국군 제1 사단이 정확히 사망자를 몇 명 냈는지는 알 수 없다. 다만 전후에 피해(被害) 및 보충병력(補充兵力) 수효 등에 관한 증언을 취합해 대략적(大略的)으로 추산한 결과, 1개 사단 병력인 약 1만여 명이 손실(損失)되었다. 국군 제1 사단장 백선엽 준장도 후일 "매일 주저앉아 울고 싶을 정도의 피해를 입었다(I suffered enough damage to want to sit down and cry every day)." 하고 회고했다. 대공세(大攻勢)에 실패한 북한군의 손실은 더 처참해서, 북한군 제3, 제13, 제15 사단은 다부동 전투 기간 도합 약 3만여 명을 사상자(死傷者)를 내었던 거로 추계

(推計)된다.

셋째로, 군사작전(military operation)에서 있어서, 급박한 상황 때문에 지도(地圖, map) 한 장도 제대로 못 구해 국민학생용 '대한민국전도(大韓民國全圖)'를 보면서 작전(作戰)을 세웠다고 한다. 그때는 국민학교에서 사용했던 지도(地圖)조차도 없었다. 국군 제1 사단 사령부에서는 국민학교에서 구해 온 대한민국전도를 보면서 다부동 전투작전(戰鬪作戰)을 세웠다. 전투 현장(戰鬪現場)에 나가있던 병사들은 조그만 수첩에 실린 지도(地圖)를 보면서 작전도(作戰圖)를 대신해야 하는 상황이었다. 때로는 읍·면(邑面) 소재지에 가서 현지 지형(現地地形)을 스케치한 향토화도(鄕土畫圖)를 구해 가지고 와서 작전(作戰)을 펼쳐야 하는 경우도 많았다. 당시 실정을 제15 연대 작전참모 최대명(崔大明) 소령의 증언은 "다부동 전투는 북한군 입장에서도 눈앞을 캄캄하게 막았던 거대한 공포감 그 체험이었다(The Battle of Tabudong was a huge, terrifying experience that blinded the North Korean military)."

당시 북한군 소대장이었다가 전후 한국에 남은 참전자의 증언에 따르면, 먼저 작전에 나갔다고 알려진 다른 소대의 인원 중 단 2명만이 진중에 보이길래 나머지는 어딨냐고 물었더니 "작전 나갔다 다 죽었습니다(We went out on a mission and everyone died)."라는 답을 들었다고 했다. 이는 북한군 부대들도 대동소이(大同小異)했다. 국군 내에서도 비밀

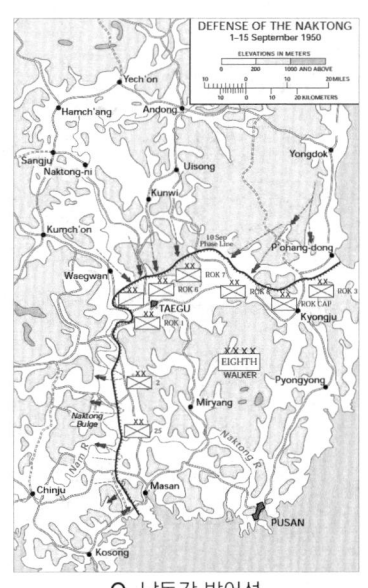

🔍 낙동강 방어선
(Defence of the Nakdong)

로 떠돌았던 풍문이 "작전에 따르다가 낙동강 오리 알(following the operation, only one person is sacrificed)된다"는 유행어였다. 여담으로 칠곡군 호국평화기념관에 벽에서도 전시된, EBS 교재 모의고사에 출제되었던, 종군문인(從軍文人) 조동탁(趙東卓, 號芝薰, 1920~1968)이 쓴 「다부원에서」[936]라는 시가 있다.

넷째로, 다부동 전투 승리라는 변곡점(turning point of the victory in the Battle of Dabudong)에서, 다부동 전투 직전 낙동강 전선 서남부에서는 작은 규모였고, 덜 알려졌지만 낙동강 방어선(洛東江防禦線)이 무너질 수도 있는 위기인 마산함락이 벌어졌다. 다부동 전투 이후의 영천 전투는 6.25 전쟁의 전환점을 이룬 의미 있는 전투였다. 다부동 전투(多富洞 戰鬪)의 패배로 작전계획의 골간이 와해된 북한군은 전략의 근본방침을 바꿔 전면적인 철수로 전환할 수밖에 없었다.

다섯째, 조국은 호국영령(護國英靈)을 잊지 않는다(The fatherland does not forget its fallen heroes)는 관점에서, 6.25 전쟁 전사자 유해발굴사업으로 매년 봄에 국방부 유해발굴 감식단(國防部 遺骸發掘鑑識團)의 주도 하에 칠곡대대와 성주대대, 구미대대, 왜관읍에 위치한 미군부대인 캠프 캐롤(Camp Carroll)에서 유해발굴을 하여 왔다. 반세기를 훌쩍 넘은 오래된 유해와 유품이 많이 나왔다. 한 달간 35~60구 정도를 발굴하며 치열했던 이 전투를 기념하기 위해 칠곡군은 '호국의 고장'으로 거듭나고 있다.

낙동강 오리 알 이야기는 전투 중 미군 수뇌부에 백선엽(白善燁) 장군을 위시로 한 국군이 싸우지도 않고 달아나고 있다는 보고가 올라간 적이 있었다. 미군이 낙동강 오리 알 신세였다고. 백선엽 장군의 수기에 따르면 실제로 국군 제1 사단 제11 연대 제1 대대가 보급을 제대로 받지 못해 2

일간 물 한 모금 마시지 못했다면서 후퇴 중이었다고 한다. 미 27연대 전투단은 계곡 아래의 평탄한 회랑에서 북한군을 방어하고, 제11 연대 제1 대대는 회랑 측방의 고지를 사수하며 이를 엄호하고 있었는데 측면의 고지가 북한군에게 점령당하면 제27연대 전투단은 방어는 고사하고 퇴로마저도 사라져 정말로 '낙동강 오리알'937 신세가 되는 상황이었다. 이에 흥분한 미군은 "한국놈들이 자기네 땅을 지키는 전투에서 싸우지 않는데 우리가 싸워야 할 이유가 뭐냐(Why should we fight when the Koreans don't fight to defend their own land)?" 하면서 분통(憤痛)을 터트렸고, 백선엽(白善燁) 사단장에게 "이딴 식으로 싸우면 우린 철수해 버리겠다(If you fight like this, we will withdraw)."라고 항의하러 갔는데, 정작 항의하러 간 사람들은 사단장이 "내가 물러서면 나를 쏴라(If I back off, shoot me)." 하며 최전선(最前線)에서 선두지휘하는 모습을 목격하고, 그와 같은 반대 사실을 보고했으며, 곧바로 조사하러 왔던 자문단(諮問團) 장교들이 백선엽(白善燁) 장군에게 사과를 했다.

끝으로, 기록상 이승만(李承晩, 1875~1965) 대통령과 더글라스 맥아더(Douglas MacArthur, 1880~1964) 장군 사이에 일본 군자위대(日本 自衛隊, Japanese Self-Defense Forces)를 6.25 전쟁에 참전시키는 문제로 알력이 있었다. 맥아더 장군은 일본 자위대 전투력(自衛隊 戰鬪力)을 증강시켜 공산진영에 대항력을 강화하려고 6.25 전쟁에 참전시키고자 했다. 이에 이승만 대통령은 "일본자위대가 한국전에 참전한다면 총부리를 북한군이 아닌 일본자위대로 돌리겠다(日本自衛隊가 韓國戰에 參戰하라 總帆을 北朝鮮軍ではなく日本自衛隊に回す)."938라고 완강히 반대했다. 그럼에도 암암리 일본 자위대 소수병력은 미군 병사로 위장하여 참전시켰다. 즉 2019년 NHK에서 방영한 숨겨진 전쟁협력 혹은 한국전쟁과 일본인

다큐멘터리, 해당 다큐를 바탕으로 출간된 『한국전쟁에서 싸운 일본인 (韓國戰爭で戰った日本人, 藤原和樹)』[939]에 따르면, 일본인 약 70여 명이 미군 소속으로 한국으로 파병(派兵)되었다. 그중 18명이 지상전(地上戰)에 투입되었고, 4명이 전사했다고 한다. 그중 1명이 다부동 전투에서 전사했는데, 그의 이름은 '히라츠카 시게하루(平塚重治)'다.[940] 그의 동생 히라츠카 데루마사(平塚昭正)가 직접 다부동 전투의 격전지 중 하나인 경상북도 칠곡 가산(架山)으로 찾아오기도 했다.[941, 942] 공식 기록(회의록)인 일본 참의원회 1987년 2월 21일 한국전쟁(韓國戰爭)으로 일본인의 피해에 대한 질의서에 대답한 사항을 봐서도 일본 자위대(日本 自衛隊)가 한국전쟁에 참전했다.[943]

참고 자료(인용 문헌)

1) 중앙일보(joongang.co.kr), 2025.3.19.: "육군이 12·3 비상계엄을 앞두고 시신을 임시 보관하는 '영현백'을 3,000개가량 구매했다는 언론 보도에 대해 "전시 대비 정상적인 군수 물품 확보를…" / [단독] '종이관 1천 개'·'영현백 3천 개'··군의 수상한 '시신 대비' MBC 뉴스(imnews.imbc.com) / 육군, 시체 비닐백 12월에 3천 개 더 구입… "극단 시나리오 암시" 오마이뉴스(ohmynews.com): "그런데 지난해 1월 1,883개였던 육군의 '영현백' 보유량은 1년 내내 비슷한 수준을 유지하다 12월에 갑자기 4,940개로 크게 늘어났다." 野 '킬링필드' 주장에… 軍 "시신 담는 백은 전시용, 계엄과 무관" 조선일보(chosun.com), 2025.3.19.

2) Civilian casualty ratio, Wikipedia(en.wikipedia.org), 2024.2,12.: "Global estimates. Globally, the civilian casualty ratio often hovers around 50%. It is sometimes stated that 90% of victims of modern wars are civilians, but that is a myth." / "The IDF claims the civilian casualty ratio is 1.4:1, without providing any evidence, though some observer say the IDF counts all military-age male fatalities …" / "What is the average casualty ratio in war? The average civilian casualty ratio in modern warfare is around 9:1 - that is, nine civilians killed for every combatant."

3) 6.25 전쟁 70주년 기념특집, "끝나지 않은 이야기(Unfinished Tales)" 속에서 잊지 말아야 할 숫자, 전쟁기념관(warmemo.or.kr, 서울특별시 용산구 이태원로 29 Tel : 02-709-3114)

4) 한강 작가의 예언 "죽은 자가 산 자를 살렸다. 윤석열 내란을…", 이슈카톡, 유튜브, 2024.12.24. / 살아라, 그리고 기억하라…"죽은 자가 산 자를 구한다", 서울신문, 2024.12.21.

5) 팔거현(八莒縣), 한국학중앙연구원, 향토문화전자대전(grandculture.net) 2024.11.16.: "팔거현(八居縣, 八莒縣)은 현재의 대구광역시 북구 일부, 경상북도 칠곡군 왜관읍, 지천면, 동명면을 관할한 고려 시대, 조선 전기의 지방 행정구역명이다. 『삼국사기(三國史記)』 관련 항목 보기 지리지 양주(良州) 수창군(壽昌郡) 조에 팔리현(八里縣)은 본래 팔거리현(八居里縣)인데 경덕왕이 이름을 고쳤으며, 지금(고려 때)의 팔거현(八居縣)이라고 되어 있다. 또 『고려사(高麗史)』 지리지 경상도 경산부 팔거현(八莒縣) 조에는 고려 초에 '팔거(八居)'로 바꾸었고[후에 거(居)가 거(莒)로 바뀌었

다], 1018년(현종 9)에 [경산(현 성주)에] 내속(來屬)하였으며, 별호는 칠곡(七谷)이라고 하였다."

6) 世宗實錄地理志, 慶尙道, 星州牧, 八莒縣 : "星州牧, 本本彼縣, 景德王改名新安, 爲星山郡領縣. 新羅之季, 改爲碧珍郡, 高麗太祖二十三年庚子, 改爲京山府, 景宗六年辛巳, 〈卽宋太宗太平興國六年. 降爲廣平郡, 成宗十四年乙未, 改岱州都團練使, 顯宗三年壬子, 廢團練使, 戊午, 改爲知京山府事. 忠烈王二十一年乙酉, 〈卽元至元二十二年.〉陞爲興安都護府, 三十四年戊申, 陞爲星州牧. 忠宣王二年庚戌, 汰新牧, 降爲京山府, 本朝因之. 太宗元年辛巳, 安御胎於府南三十里祖谷山, 陞爲星州牧, 屬縣三. 加利縣, 本一利郡, 景德王改爲星山郡, 高麗改今名, 別號岐城. 花園縣, 本舌火縣, 景德王改今名, 別號錦城. 八莒縣, 本八居里縣, 景德王改名. 八里與花園, 皆爲壽昌郡領縣. 高麗改爲八居, 別號七谷, 厥後居音轉而爲莒."

7) 漆谷府邑誌 形勝編, 七峯山 : "在架山七峯山, 作谷爲邑基址. 故號曰漆谷云"

8) 칠곡군 향토사료 제6집 칠곡마을지, 칠곡문화원, 2006.12.30.

9) 조규덕, 칠곡문화원 '칠곡마을지' 발간 칠곡군의 역사를 쉽게 이해, 칠곡인터넷뉴스(cginews.net), 2006.12.30. : "칠곡마을지(誌)는 수년 전 한글학회, 경상북도, 경상북도교육위원회 등에서 발간되었으나 단편적이고 구체적이지 못한 점을 보완하고 최근 변화된 역사도 보완해 군민들이 쉽게 접할 수 있도록 발간 한 것이다. (칠곡문화원: 39896 경북 칠곡군 왜관읍 2번도로길 23 TEL : 054-974-0450 FAX : 054-974-5035)"

10) 송은석, [동네뉴스] '대구 칠곡'의 역사에 진심인 팔거역사문화연구회, 영남일보, 2023.8.9.: "대구 북구에는 '대구 칠곡'의 역사와 문화를 연구하는 모임이 있다. 2014년 발족한 '팔거역사문화연구회'다. ... 팔거역사문화연구회의 활동은 지역 사회를 놀라게 했다. '대구 칠곡의 역사와 문화유산(2015)'을 시작으로 지역 토박이 10인의 생애를 구술 채록한 '함지산 자락의 사람들(2016)', '대구 북구의 문화유산(2017)', '금호강 선유 및 누정문학(2017)', '칠곡도호부사행록집(2018)', '가남시집번역집(2018)', '칠곡 1000년 이야기(2018)', '금호강과 함지산의 문화유산(도록, 2019)', '대구 북구 마을지(2019)' 등 지역의 역사와 문화를 다룬 책을 무려 9권이나 발간했다."

11) 옛 팔거현 오늘날 대구 북구 칠곡(읍내동, 동호동 등)에는 여제단(厲祭壇)으로 발굴된 곳이 두 곳(2개소)이 있다. 가장 먼저 발굴된 상지(霜池 서리못) 옆 동호동(東湖洞) 산 37-1에 여제단(조선 초기 팔거현 여제단)으로 영남문화재연구원에서 2000년 초에 표지판(안내판)을 세웠다. 2023년에 읍내동 구수산(龜首山)에서 병자호란 이후 칠곡도호부의 여제단이 대동문화재연구원에서 발굴되었다. 많은 문화해설사께서는 상지(霜池) 여제단을 발굴 당시에 감옥집(獄舍)으로 본다는 발굴 현장 설명을 그대로 알고 있다. 이후에 관리적 위치상 옥사가 아니라고 판단했다.

12) 대구국토관리사무소 정원의 조경석을 고인돌이라는 주장이 있어, 2025년 1월에 2차례(이정웅, 이대영, 김형일이 현장조사)에 걸쳐서 현장조사를 하였으며, 지질학상 퇴적암층에 해당하는 암석이 아닌 연석은 화강암, 조경석은 사문암. 현무암 등으로 외지에서 2010년 전후로 반입 설치했다.

13) 김상선, 5분 자유발언(문화재 지정 확대에 대하여), 제8대 제250회 임시회 회의록, 2019.9.4.: "네 번째, 칠곡향교의 하마비는 칠곡향교의 건립 연도를 알 수 있으며, 바닥의 귀부가 고인돌이라는 점에서 ... 다섯 번째, 검단동의 압로정은 17세기 대구지역 선비들의 사교장이라는 점에서 문화재의 가치가 충분하다고 생각됩니다."

14) [사회] 칠곡 함지산서 별자리 성혈 발견 '학계 관심', 매일신문, 2006.8.21.: "대구 칠곡지역(북구 함지산 기슭)에서 발견된 북두칠성 별자리 성혈(性穴) 고인돌(본지 5월 23일 자 9면 보도) 인근에 목동 별자리 성혈이 새겨진 바윗돌이 추가로 확인돼 학계의 비상한 관심을 모으고 있다. 특히 이번에 발견된 목동 별자리 성혈은 국내(남한)에서는 처음..." / [문화] 칠곡 함지산서 고인돌 별자리 암각화 발견, 매일신문, 2006.5.23.: "대구 칠곡지역에 별자리 성혈이 새겨진 고인돌이 발견돼 학계의 관심을 모으고 있다. 대구시 북구 함지산 기슭에 위치한 이 고인돌을 처음 발견한 임동철 약목중 교감(역사학 전공)은 "길가에 위치한 흔한 바윗돌로 보이기도 했지만, 표면에 새겨진 선명한 별자리 구멍에..."

15) 張保皐, ウィキペディア(ja.wikipedia.org): "張保皐(ちょう ほこう, 790~841)は,統一新羅時期に新羅, 唐, 日本にまたがる海上勢力を築いた人物. 張宝高とも記される. 朝鮮語でもどちらもチャン ボゴ(장보고)と讀む. 張保皐とは漢名であり, 本名は弓福(又は弓巴)だった. 淸海鎭大使から感義軍使を經て,鎭海將軍..."

16) 北斗注死, 南斗注生, 百度百科 : "俗語, 意思是道教認爲北斗星掌管人的死亡, 南斗星掌管人的生壽. 北斗 : 北斗星; 南斗 : 南斗星; 道教認爲北斗星掌管人的死亡, 南斗星掌管人的生壽.《三國演義》六九 : 北斗注死, 南斗注生. 今已添注壽算, 子復何憂?"

17) 카노푸스, 나무위키(namu.wiki), 2025.2.18.: "고대 시절부터 적도에 가까운 지역에서 카노푸스는 항법 용도로 중요한 기준점이 되었으며, 현대에도 카노푸스는 심우주 탐사 시 우주선의 현재 위치와 추정..."/ 카노푸스, 위키백과(ko.wikipedia.org): "적위(赤緯)가 -52° 42'이기 때문에 이 별을 관측하기 위해서는 위도가 북위 37°18'(=90°- 52°42') 이하이어야 한다. 서울은 북위 37° 30'에 위치하여 카노푸스는 전몰성..."

18) Precession, Wikipedia : "Precession is a change in the orientation of the rotational axis of a rotating body. In an appropriate reference frame it can be defined as a change in the first Euler angle, whereas the third Euler angle defines the rotation itself. In other words, if the axis of rotation of a body is itself rotating about a second axis, that body is said to be precessing about the second axis. A motion in which the second Euler angle changes is called nutation. In physics, there are two types of precession: torque-free and torque-induced. In astronomy, precession refers to any of several slow changes in an astronomical body's rotational or orbital parameters. An important example is the steady change in the orientation of the axis of rotation of the Earth, known as the precession of the equinoxes."

19) 이기환의 흔적의 역사, 고구려 고분과 아라가야 왕릉의 남두육성…그 깊은 뜻은?, 경향신문, 2019. 1. 4. "… 5~6세기 아라가야인들은 왜 남두육성을 무덤방 덮개돌에 새겨 넣었을까. 지난해 12월 18일 아라가야 왕릉급 고분인 함안 말이산 13호분(사적 제515호)에서는 전갈자리와 궁수(사수)자리 등의 별자리 125개가 새겨진 덮개돌이 확인됐다. 더욱 특이한 것은 별자리가 새겨진 구덩식 돌덧널 무덤방의 벽면이 붉게 채색되어 있었다는 것이다."

20) 2024.11.17. 16:20경 칠곡 KT 분사 1층 핸즈커피점에서 이정웅 팔거역사문화연구회 초대회장께서 칠곡에는 고인돌은 동명 금암리(禽巖里)에 있는 것 외에는 없다고 가야역사(토기분야)로 박사학위를 받으신 박승규(朴升圭) 청림문화재 연구소 소장께서 강의 중에 말했다. 칠곡디지털문화대전에서 금암리 고인돌군이 소개되고 있으나 2024년 11월 18일 13:00 현장답사를 한 결과는 금암리 835번지는 유등지 못 앞에서는 고인돌이 보이지 않았고, 978번지는 비닐하우스 농장과 건축자재를 생산하고 있으나 고인돌은 찾을 수 없었고, 인근에 거주민에게 문의했으나 없었다고 함.

21) 금암리(錦巖里) : 동명면의 소재지이며, 본래는 칠곡군 서북면 지역이나 1914년 행정구역 개편 때 동명면에 편입되었고 錦山(금산)과 龜岩(구암)의 이름을 따서 錦岩洞(금암동)이라 하였다.

22) 김약수, 칠곡군 금암리 고인돌군(Dolmens in Geumam-ri), 디지털문화대전(grandculture.net/chilgok)

23) 한중권의 역사·생태체험, 아이들 상상 보물 주머니 고인돌, 단디 뉴스, 2022.10.24.

24) 박준언, 문화재청 '고인돌 훼손' 김해시장 고발, 경남신문, 2022.8.18.: "문화재청이 김해시장을 상대로 세계 최대 크기인 구산동 지석묘(고인돌·경남도 기념물)를 훼손했다며 18일 경찰에 고발장을 접수했다. 이날 문화재청은 전자문서로 고발장을 김해중부경찰서로 보내면서 피고발인을 김해시장으로 명시했다. '매장문화재 보호 및 조사에 관한 법률'에 따르면 허가 또는 변경 허가 없이 매장문화재를 발굴한 자나 이미 확인되었거나 발굴 중인 매장문화재 유존지역의 현상을 변경한 자 등은 10년 이하의 징역이나 1억 원 이하의 벌금에 처한다. … 문화재청은 최근 구산동 지석묘 정비과정에서 형질변경 행위가 있다는 민원을 제보받고 직원과 전문가, 국립가야문화재연구소를 긴급 투입해 조사를 벌였다. 조사 결과 상석 주변부 문화층 20cm 전후가 유실됐고, 저수조, 관로시설, 경계벽 설치부지에는 조성 과정에서 굴착으로 문화층 대부분이 파괴된 것으로 확인됐다."

25) 세계고인돌협회 총회, 매일경제, 1998.12.3.: "고인돌을 세계문화유산에 등록시키기 위해 설립한 한국고인돌협회(회장 유인학)는 7일 롯데호텔에서 세계 고인돌·선돌 협회 창립총회와 세계 고인돌 학술토론회를 개최한다. 이날 행사에는 유네스코 특사와 대사를 비롯해 미국 영국 아일랜드 포르투갈 프랑스일본 호주 등 14개국 관계자들과 신낙균 문화관광부 장관, 홍순영 외교통상부 장관, 진념기획예산위원장 등이 참석한다."

26) 한국경제신문 1998년 12월 7일, 유인학 <한국고인돌협회장>: "유인학(한양대교수) 한국고인돌협회장은 7일 오전 10시 서울 호텔롯데 2층 에머랄드 룸에서 '세계고인돌협회 창립총회 및 국제학술회의'를 연다." 유인학 한양대 명예교수, '한국인문학과 실학' 특강, 유인학 한양대 명예교수가 오는 13

일 오전 7시 서울 광화문역사 내 베세토갤러리에서 '한국인문학과 실학'을 주제로 특별강연을 한다. 유 교수는 한양대 법학과 교수와 제13대·14대 국회의원, 한국조폐공사 사장을 지냈으며, 현재 사단법인 세계거석문화협회 총재와 광주국제영화제 조직위원장으로 왕성한 활동을 하고 있다.

27) 류인학(柳寅鶴, 1939년 12월 3일~)은 대한민국의 정치인이다. 제13·14대 국회의원을 지냈다. 광주고등학교 졸업, 전남대학교법과대학 졸업, 동대학원 졸업, 미조리대 정치학박사과정 수료. 4.19혁명시 전남대학생 대표, 총학생회장, 광주신보 논설위원, 사법·행정고시 위원 11회 합격, 평민당정책위부의장, 예산결산위원, 재무위 간사, 대한민국헌정회 이사.

28) 고인돌, 대구역사문화대전(grandculture.net): "불과 100여 년 전까지만 해도 대구광역시는 '고인돌의 도시'로 불렸을 만큼 청동기시대 지배자의 무덤인 고인돌 수백여 기가 있었다고 한다. 『대구시사(大邱市史)』에는 '지석묘군(고인돌)은 1920년대 초기만 하더라도 옛 대구읍성 바깥에 분포해서 장관을 이루었다'라고 한다. 1927년 코야미 아키오[小泉顯夫]에 의해 대구지역에서 이루어진 최초의 발굴 조사인 대구시 이천동 고인돌(구 대봉동 고인돌)에 대한 발굴 조사 이후 상당수의 고인돌 덮개돌이 일본인들의 정원석으로 이용되어 원위치에서 이동하게 되었다. 대구광역시의 청동기시대 고인돌 유적들은 대부분 금호강을 수계로 하는 하천변에 집중되어 있다. 수계를 중심으로 대구광역시 수성구 상동에서 대구광역시 북구 칠성동에 이르는 신천 유역, 진천천과 그 주변의 월배 선상지 일대, 팔거천과 동화천 유역, 욱수천과 매호천 유역의 시지 지역으로 나눌 수 있다. 특히 신천 유역과 월배 선상지 일대에는 고인돌을 비롯한 청동기시대 무덤이 많이 확인되었다."

29) 박진관, 대구의 고인돌 유적지, 영남일보(yeongnam.com), 2009.12.17.: "청동기 시대 지배자 무덤인 고인돌은 불과 100여 년 전까지만 해도 대구 전역에 수백여 기(3천여 기라는 설도 있다)가 자리하고 있었다. 대구시사(大邱市史)는 '지석묘(고인돌)군은 1920년대 초기만 하더라도 대구읍성 바깥에 분포해서 장관을 이루었다'고 전한다. 대구역과 달성공원 인근 등 도심지역은 물론 신천과 진천천, 욱수천, 율하천 주변에서도 다수의 고인돌이 발견됐다. 광복 전까지만 해도 대구는 '고인돌의 도시'로 불렸을 만큼 엄청난 수의 고인돌이 산재한 고장이었던 것이다. … 도심 개발과 확장으로 100개 남짓 남아 있다. 대구시 달성군 가창면 냉천리 가창제일교회 뒤편 고인돌공원. 하늘 위에 떠 있는 뭉게구름이 고인돌을 닮은 듯하다. 신천 상류 냉천리에는 수십기의 고인돌이 있었던 것으로 추정되나 현재 8기(대구시 지정 기념물 제14호)만이 교회 뒤편에 잘 보존돼 있다."

30) 냉천리 고인돌, 대구역사문화대전: "냉천리 고인돌은 대구광역시 달성군 가창면 냉천리 33번지 관련 항목 보기의 신천 변에 위치한다. 냉천리지석묘군(冷泉里支石墓群) III (대구광역시 기념물 제14호)에서 신천을 따라 북쪽으로 800m 가면 행정리 밑끝 마을로 들어가는 행정교 입구의 버스 정류장이 있는데, 버스 정류장 옆 밭둑에 고인돌 1기가 있다."

31) 김영식, 달서구, 선사시대로…초대형 원시인 등장, 경상매일신문, 2018.3.15.: "20미터 거대 석상 설치 '눈길' 광고천재 이제석 초대형 작품 지역 정체성 의미 랜드마크 조성. '2만 년의 역사가 잠든 곳'인 대구달서구 선사시대로에 거대 석상이 등장해 주민들의 눈길을 사로잡고 있다. 총 길이 20미터, 높이

6미터에 달하는 이 작품은 깊은 잠에 든 원시인을 형상화하고 있다. 작품은 사적 제411호 진천동 입석이 자리한 달서구의 선사유적공원을 중심으로 조성된 선사시대로 테마 거리의 일부로써 이 지역 일대를 선사시대 콘셉트를 입힌 랜드마크로 조성하고자 추진하는 달서구의 관광콘텐츠 사업이다."

32) 2024년 11월 5일 그리고 이전에 몇 차례, 김도상(金道相) 행정학 박사께서는 세계사를 전공한 분도 생각하지 못했던 "고인돌을 영어에서 돌멘(dolmen)이라고 하는데 이는 분명히 고대 한국어(우리말) 돌멩이(石孟伊)에서 유래된 것으로 보이는 데…" 한 발언을 듣고 뒤통수를 한 대 맞은 기분이었다고 곧바로 관련성을 분석했다.

33) Dolmen, Wikipedia : "A dolmen (/ˈdɒlmɛn/) or portal tomb is a type of single-chamber megalithic tomb, usually consisting of two or more upright megaliths supporting a large flat horizontal capstone or "table". Most date from the Late Neolithic period (4000–3000 BCE) and were sometimes covered with earth or smaller stones to form a tumulus (burial mound). Small pad-stones may be wedged between the cap and supporting stones to achieve a level appearance.[1] In many instances, the covering has eroded away, leaving only the stone 'skeleton'."

34) 이동형, "고인돌 속엔 선조의 지혜가 들어있어요" 경향신문, 2001.10.14.: "세계거석문화협회(총재 유인학, 한국고인돌선돌협회장)가 마련한 제1회 세계거석문화축제 및 제4차 국제학술대회(12~15일)가 강화도 고인돌 광장, 전북 고창 고인돌유적지 등에서 열리고 있다. 학술대회 참가차 12일 내한한 스웨덴의 고인돌 전문가 라스 라손 스웨덴 룬드대 교수(54). 그는 "한국의 고인돌은 영국 스톤헨지 등과 함께 세계문화유산으로 지정돼 있는 만큼 그 규모와 수량 면에서 세계적으로 연구가치가 높은 것으로 알고 있다"고 말했다.

35) Jeunesse, Christian; Bec-Drelon, Noisette; Boulestin, Bruno; Denaire, Anthony (2021). "Aspects de la gestion des dolmens et des tombes collectives actuels dans les sociétés de l'île de Sumba (Indonésie)" [Ethnoarchaeology of funeral practices: aspects of the management of current dolmens and collective tombs in the tribal societies of Sumba Island (Indonesia)]. Préhistoires méditerranéennes (in French). 9 (2): 165–179 (see § 8). Retrieved 2024-06-15.

36) Brittany (/ˈbrɪtəni/ BRIT-ən-ee; French: Bretagne, pronounced [bʁətaɲ]; Breton: Breizh, pronounced [bʁɛjs, bʁɛx]; [dubious – discuss] Gallo: Bertaèyn or Bertègn, pronounced [bəʁtaɛɲ]) is a peninsula, historical country and cultural area in the north-west of modern France, covering the western part of what was known as Armorica in Roman Gaul. It became an independent kingdom and then a duchy before being united with the Kingdom of France in 1532 as a province governed as a separate nation under the crown. Brittany is the traditional homeland of the Breton people and is one of the six Celtic nations, retaining a distinct cultural identity that reflects its history.

37) 메리언 웹스터 사전(merriam-webster.com)에 의하면, quoit: "a flattened ring of iron or circle of rope used in a throwing game."이다.

38) Dolmen, Wikipedia : "The word dolmen entered archaeology when Théophile Corret de la Tour d'Auvergne used it to describe megalithic tombs in his Origines gauloises (1796) using the spelling dolmin (the current spelling was introduced about a decade later and had become standard in French by about 1885).[3][4] The Oxford English Dictionary (OED) does not mention dolmin in English and gives its first citation for dolmen from a book on Brittany in 1859, describing the word as "The French term, used by some English authors, for a cromlech …". The name was supposedly derived from a Breton language term meaning 'stone table' but doubt has been cast on this,[citation needed] and the OED describes its origin as "Modern French". A book on Cornish antiquities from 1754 said that the current term in the Cornish language for a cromlech was tolmen ('hole of stone') and the OED says that "There is reason to think that this was the term inexactly reproduced by Latour d'Auvergne [sic] as dolmen, and misapplied by him and succeeding French archaeologists to the cromlech".[5] Nonetheless it has now replaced cromlech as the usual English term in archaeology, when the more technical and descriptive alternatives are not used. The later Cornish term was quoit – an English-language word for an object with a hole through the middle preserving the original Cornish language term of tolmen – the name of another dolmen-like monument is in fact Mên-an-Tol 'stone with hole' (Standard Written Form: Men An Toll."

39) 스페인 카탈루냐 지방선거…분리주의·중앙정부 모두 시험대, 연합뉴스(yna.co.kr), 2024.5.12.: "인구 약 800만 명의 카탈루냐 자치주는 스페인 국내총생산(GDP)의 19%를 차지해 마드리드에 이어 스페인에서 두 번째로 부유한 지역으로, 바르셀로나를…"

40) 이장훈, 地球村에 확산되는 분리독립(바스크) 움직임, 월간조선, 2014년 5월호: "유럽에서 가장 오랜 기간 독립 운동을 해 온 민족의 하나는 스페인 북부와 프랑스 남서부 피레네산맥과 대서양이 만나는 지역에 살고 있는 바스크족(族)이다. 200만여 명의 바스크족은 1936년 스페인 내전 이후 독재자 프랑코에 의해 혹독한 탄압을 받아 왔다. 프랑코 독재정권은 언어와 문화를 말살하는 등 바스크족에 대한 탄압 정책을 폈었다. 이 때문에 바스크족 과격파는 독립운동을 위해 1959년 7월 31일 ETA(바스크 조국과 자유)라는 단체를 조직, 독립 투쟁을 벌여 왔다. 특히 ETA는 그동안 무차별 테러 공격으로 825명을 살해했다. ETA는 1995년과 2004년 두 차례에 걸쳐 후안 카를로스 국왕 암살을 시도하기도 했다. 스페인 정부는 그동안 ETA 조직원 750여 명을 체포했다. 스페인 정부의 강력한 소탕작전이 계속되자 ETA는 2011년 10월 무장 투쟁의 영구 종식을 선언했지만, 여전히 지하에서 활동하고 있다…"

41) 신용하(愼鏞廈, 1937년생), 서울대 사회학과 명예교수. 대한민국학술원 회원. 서울대 교수(1965~2003) 정년퇴임. 한양대·이화여대·울산대 석좌교수(2003~2018) 역임. 저서 『독립협회 연구』,

『한국독립운동사 연구』, 『3·1운동과 독립운동의 사회사』, 『한국 민족의 기원과 형성』, 『고조선 문명의 사회사』 등 다수

42) 신용하, 고조선 문명의 사회사, 지식산업사, 2018.8.1. 728면 정가 38,000원

43) 스페인 바스크족, 고조선 후예 '아발족'의 한 갈래, 중앙일보(joongang.co.kr), 2021.1.8.: "고인돌 무덤이 현재도 남아 있다. 이 고인돌은 고대 고인돌이 아니라 입구 문 돌판에 석공(石工)을 가한 불가리아 고인돌과 같은 중세 초기의 고인돌이다."

44) 고대사자료 17. 신용하 교수의 고조선 후예들에 의한 유럽진출, 월간개벽(greatopen.net), 2023.2.10.: "'고인돌 무덤이 현재도 남아있다.'라고 하여 한 때 스페인에서 큰 세력을 떨쳤던 바스크족이 고조선의 후예임을 지적하고 있다. 유럽으로 간 고조선 문명 〈4〉-스페인 바스크족, 고조선 후예 '아발족'의 한 갈래−라는 글에서는 ... 나바르 왕국은 바스크족의 호걸 산초 3세(Antso III, 재위 1004~1035) 때에 가장 강성하였다. 산초 3세는 동시에 카스티아(Castile) 왕국, 아라곤(Aragon) 왕국, 바르셀로나(Barcelona) 백작령의 군주를 겸하여 오늘날의 스페인 지역을 사실상 통일하고, 1034년 스페인 황제로 호칭하였다. 이것이 스페인 왕국과 오늘날 스페인 성립의 기초가 되었다. 나바르 왕국을 세운 바스크족의 거주 지역에 유연(아발족)이 속했던 고조선 문명의 흔적이 있는지 찾아보면, 잘 변하지 않는 무덤 양식으로 피레네산맥 기슭에 고인돌 무덤이 현재도 남아있다고 하여 한 때 스페인에서 큰 세력을 떨쳤던 바스크족이 고조선의 후예임을 지적하고 있다."

45) What is a dolmen in Spain? Dolmens – GALICIA Turismo de Galicia(turismo.gal) :"Fabulous treasures are buried underneath Galicia's dolmens… That is what the legends say and there must be some truth to it, because what we do know is that they are related to important funeral rites. Dolmens are Neolithic Age constructions formed by large stone slabs."

46) 바스크어(Basque language)의 어휘는 프랑스 말과 스페인 말과의 차용이 많다. 한국어 역시 한자어 차용이 많듯이, 현대에는 유사한 것이 드물지만, 오늘날 한국어와 바스크가 인연을 이어가고 있다. 사례를 들면, aita(아이타): 아버지, anchova(안초바): 건어물, aran(아란): 자두, arpoi(알포이): 빨리 죽이다, 뾰족한 돌끝, 작살, asto(아스토): 당나귀, baloia(발로이아): 축구공, bihar(비하르): 내일, cuadrilla(쿠아드리야): 평생 함께 하는 친구들, durango(두랑고)(듀랑고): 물의 땅, enara(에나라): 제비, eroski(에로스키): 구매+장소 , eskerrik asko(에스케리카스코): 감사합니다, gogoeta(고괴타): 매우 사랑하다, gurpil(구르필): 바퀴, hiriko(히리코): 도시, 도시형, 대중, ikastola(이카스톨라): 학교, irekita(이레키타): 열다, iritsi(이리치): 이르다(도달하다), izarra(이자라): 별, jai(하이): 잔치, 축제, joaldunak(요알두나크): 종을 치는 사람(종치기), kokotxas(코코차스): 대구 턱살, lore(로레): 꽃, min(민): 고통, nari(나리): 주인, neska(네스카): 소녀, on(온): 좋다, otsoa(오초아): 늑대, sagarra(사가라): 사과, sagu(사구): 쥐, sein(세인): 소년, seme(세메): 아들, sokat(소캣): 결전, sutegi: 화덕, tupina(투피나): 난로 위에 놓는 오래된 솥, tximitxurri(치미추리): 잡다한 재료를 딱히 정해진 순서 없이, txitxarro(치차로): 등푸른생선, txoko(초코): 작고 아늑한 구석, 음식을 나누는

공간, 모임, 공동주방, txokolate: 초콜릿, txuleton(출레톤): 왕갈비, txuri-urdin(추리-우딘, 주리-우딘): 파란색, 흰색, tzbz: 왜 안돼?, ume(우메): 어린이, zaku zaharrak(자쿠 자하라크): 낡은 자루, zilharr(시야르): 매력적인 등이 있다.

47) The Dolmen of Guadalperal, Wikipedia(en.wikipedia): "The Dolmen of Guadalperal, also known as the Treasure of Guadalperal and as the Spanish Stonehenge for its resemblance to the English Stonehenge, is a megalithic monument dating from between 2000 and 3000 BC in Peraleda de la Mata, a town in the region of Campo Arañuelo in eastern Extremadura, Spain."

48) Sanjay Kumar, Spain lauds stronger ties with S. Korea on National Day, The Korea Herald, Oct.11, 2024 : "Spanish Ambassador to Korea Guillermo Kirkpatrick speaks at an event commemorating National Day of Spain at Four Seasons Hotel in Jongno-gu, Seoul on Thursday. (Sanjay Kumar/The Korea Herald) Spain lauded strengthening ties with South Korea, marking its National Day on Thursday."

49) 김종현, [신가유문화와 달구벌] 한반도는 '하늘 별나라'…달구벌은 '동쪽 별나라' 대구신문, 2022.7.19.: "오늘날 달성 현풍의 서쪽 산성에다가 진흥왕 5(544)년에 지역방어병력으로 십정(十停, 三千幢) 가운데 제4번째 '흑금효정(黑衿驍停)'을 설립해, 1만8천여 명 병정으로 흑색깃발(黑驍: 검정말) 군단(黑衿幢)을 주둔시켜 '삼량법정(參良火停)'이라고 했다. 현풍을 고유어로 '삼량벌(參良火)'이라고 했다. 10정(十停) 가운데 제2 고량부리정(古良夫里停)이란 불교가 도입되면서 범어(산스크리트어)의 요새지(要塞地)에 해당하는 '부리(夫里, puri)'로 표기한 것이다."

50) 도인(陶人) 이숭인(李崇仁)의 '배열부전(裵烈婦傳)'의 기록이 세종 때 '삼강행실도(三綱行實圖)'에 그대로 실렸는데, 배 씨는 진사 배중선(裵中善)의 딸로 15세가 넘어 사족 이동교(李東郊)에게 출가하여 가사를 잘 돋보고 있었다. 홍무 경신년에 왜적이 성주목 팔거현(八莒縣)에 침입하여 경내가 소요하며 감히 막을 자가 없었다. 그때 남편 이동교는 함포 원수(元帥)의 막에서 가서 돌아오지 않았다. 왜구는 배 씨가 사는 동네(소야마을)에 돌입하자. 배 씨는 젖먹이 아들을 안고 달아났다. 왜구들이 쫓아서 이르렀는데 감물은 바야흐로 창일(漲溢)하였다. 배 씨가 벗어나 못할 것을 알고 어린 아들을 언덕 위에 놓고 강물로 뛰어들었다. 왜구들이 활을 겨누며, 말하기를 "나오면 죽이지 않겠다." 배 씨는 그들에게 꾸짖기를 "왜 나를 속이 죽이지 않는가? 내가 어찌 적에게 더럽혀 지리랴?" 왜구들이 두 번이나 활을 쏘아 두 번을 명중시켰다. 강 가운데에서 죽었다. 이런 미담사례를 체복사(體覆使) 조준이 이를 국왕에게 상신해 열부로 정려를 내렸다.

51) 신증동국여지승람 제28권, 경상도(慶尙道): "소야강(所耶江) 경산부(주) 동쪽 20리에 있고, 인동현(仁同縣) 칠진(漆津)의 하류다. 이름은 고도암진(高道巖津)이고, 배 열부(裵烈婦)가 순절(殉節)한 곳이다." 오늘날 돌 밭나루터 혹은 왜관 나루터라고도 함.

52) 漆谷邑誌, 所也江 : "在府西四十里, 東自太白山黃池發源,而洛東江下流一名孔巖津, 一名孫棹津, 高麗褒烈婦死節處也."

53) 西川孝雄, 高麗時代の「烈女伝」と「方技伝」研究——立伝人物の分析——愛知學院大學文學部紀要 第39号: "李東郊の妻裴はい氏しは京山府八莒縣人で三司左尹仲善の娘である. 郎將（正6品の武官）の李東郊にとついだ. 辛禑六年（1380）倭賊が京山にせまり, 國境がさわぎみだれており, 防禦する者がいなかった. 夫の東郊は合浦の幕舍におもむいて歸っていなかった. 賊騎は村里に突入してきた. 妻の裴は子供を背負い所耶江に至った. 江水深く, 脱出できないと考え入水した. 賊は岸に至り矢をいって云った. 「お前がもどらば死を免がれる」と. 妻の裴は賊をののしって云った. 「どうして私を早く殺さないのか. 私は書生の女で烈女は二夫につかえないと. 私はどうして賊に汚される者となるでしょうか」と. 賊の矢が子供にあたった. また, 矢をいって前の樣にくりかえした. ついに出てゆかず殺害されるにいたった. その伝記には大凡, 次の樣にある."

54) 별장(別將), 실크위키, 한국학중앙연구원(dh.aks.ac.kr): "조선 초기 중앙군 조직인 십위(十衛)와 도부외(都府外)에 설치된 7품 무관직. 조선 후기 훈련도감 등의 군영에 설치된 종1품이나 정3품의 무관직. 지방 산성 등의 방위를 맡았던 종9품 무관직."

55) 朝鮮王朝實錄(純祖實錄)22卷: "純祖 19년 5월 25일 을유 1819년 청 가경(嘉慶) 24년 칠곡부(漆谷府)를 구읍(舊邑)의 팔거창(八莒倉)으로 옮기라고 명하였으니, 도신의 장문으로 인하여 대신이 말했기 때문이다(命移漆谷府於舊邑八莒倉, 因道臣狀聞, 大臣言之也)."

56) 毋忘在莒, 維基百科: "毋忘在莒是中文成語, 源自中國春秋戰國時期, 意指「不忘昔日之苦難」, 比喩收復國土、不忘前事. 春秋時期, 齊國齊襄公末期, 前685年齊大夫連稱, 管至父弒君而立襄公堂弟公孫無知；其南部的小國莒國(都城今日山東省莒縣)在春秋時期政治穩定而多外國貴族, 齊大夫鮑叔牙遂攜公子小白流亡至此. 齊國再發政變後, 小白返臨淄卽位, 是爲齊桓公, 後成春秋五霸之首.《管子·小稱》載：「桓公, 管仲, 鮑叔牙, 甯戚四人飲, 飲酣, 桓公謂鮑叔牙曰『闔不起爲寡人壽乎？』 鮑叔牙奉杯而起曰『使公毋忘出如莒時也, 使管子毋忘束縛在魯也. 使甯戚毋忘飯牛車下也. (請主公不要忘記逃亡莒國的那時, 請管仲不要忘記在魯國被綁起來那時, 也請甯戚不要忘記餵牛、睡在車子下的那時.) 桓公辟席再拜曰『寡人與二大夫能無忘夫子之言, 則國之社稷必不危矣..』」鮑叔牙卽提醒齊桓公勿忘當年之苦難. 由於戰國時期齊人在濟西之戰到田單復國之間死守莒城和卽墨, 「毋忘在莒」逐漸被訛傳爲田單等人堅強復國的故事."

57) 成宗實錄, 成宗十七年一月十六日 : "江陵大都護府使曺淑沂臨行上書曰:《易》曰: "王公設險, 以守其國." 《春秋傳》曰: "莒城惡, 不浹辰, 楚克三都." 然則守國不可以無城郭, 而亦不可以卑惡也. 我國南隣島夷, 北接靺鞨, 腹背受敵, 禦暴保民之所, 其可不汲汲措置以備陰雨之戒乎? 肆我列聖相承, 於要害之處, 或築長城. 或築邑城以備之, 其守國長慮, 無以加矣. 然而長城則卑惡, 不可以禦敵; 邑城則狹小, 不足以容衆. 反不如前朝廢棄之城郭, 言之可爲寒心. 況南方昇平日久, 山巓水涯, 民居遍焉, 卒有倭變, 則雖欲疊入, 城不容焉, 民安所恃而避其賊鋒乎?《詩》云: "肅肅謝功, 召伯營之." 古者役民大事, 必使大臣臨之. 在世宗朝, 如築新城, 亦必遣大臣監之. 近年以來, 以大臣之行爲有弊也, 凡城池之役, 專付觀察使, 觀察使復委守令. 守令視爲例事, 謾不致意, 隨築隨毀, 徒爲邑人之勞苦. 臣愚以爲不爲則已, 等是勞民, 當不計小..."

58) 2018년도 문화재위원회 사적분과 제4차 회의록 회의록, 국가유산청(search.khs.go.kr), 보존정책과, 2018.4.18.

59) 朝鮮寶物古蹟調査資料, 朝鮮總督府編, 朝鮮總督府, 昭和17(1942), 600 pages, 22cm

60) 쇠(철제) 투겁창, 경희대중앙박물관(museum.khu.ac.kr): 장대 자루 끝에 뾰족한 촉이 달려 적을 향해 던지거나 찌르는 데 사용되는 무기. 창은 중요한 근거리 공격용 무기의 하나이다. 창을 부르는 명칭은 창(槍)·모(矛)·과(戈) 등 다양하나 일반적으로 창날을 자루에 끼울 때 창날 아래의 슴베를 장대에 꽂으면 창이라 한다. 과는 긴 대나무나 보통 나무로 된 손잡이에 청동제 날을 수직으로 부착한 병기로 전차전에서 많이 사용되었다. 모(矛)는 긴 대나무나 나무 손잡이에 뾰족하고 폭이 넓은 양날의 창날을 부착한 병기이다. 극(戟)은 창의 중앙에 옆가지 날이 달려있는 형태의 무기이다. 1~3세기대의 창은 길이가 짧고 폭이 넓은 편이었으나, 4세기 이후 뾰족한 창이 출현한다. 이는 창의 관통성을 높여 공격용 무기로서의 기능을 강화시킨 것이다. 그러나 폭이 넓은 창도 출토되는데 이는 신분을 상징하거나 매장의례에 사용되었던 것으로, 소위 의기성 유물이라 할 수 있다. 이 쇠투겁창은 1969년 경북 경주시 인왕동 19·20호분을 발굴조사 하는 과정에서 출토되었다(출토 곽은 미상). 철을 주조하여 만든 모로, 전체 길이는 22.8cm이다. 긴 자루의 끝에 찌르는 양날의 날끝을 붙인 무기를 '모'라고 하는데, 이 철모의 경우 인부(刃部)가 병부(柄部)에 비해 약간 더 긴 편이다. 인부의 단면은 대체로 납작한 볼록렌즈형이고, 병부의 단면은 원방형이며 크기는 3.2×2.9cm이다. 관부(關部)는 2단으로 단이 져 있다.

61) 신라 초기에는 초승달을 복식에 디자인하기 위하여 채전감(彩典監)이란 전담부서를 설치했으며, 이를 통해서 국왕의 복식으로 초승달 소매깃, 초승달 목깃, 가슴 문양은 물론이고, 군기에서 초승달을 색채와 디자인했다. 여기기 보름달(滿月)은 곧 기울어지는 국운을 상징하지만 이와 반대로 초승달(新月) 기울어짐이 없이 성장하는 국을 기원했다. 톨일 이후에는 복식도감을 설치하였고, 고려 시대에서도 복식도감을 유지하였다. 이로 인하여 오늘날 한복이 세계적으로 디자인 면에서 손색이 없는 데는 오랜 역사적 연구가 있었다.

62) Wand, Wikipedia : "A wand is a thin, light-weight rod that is held with one hand, and is traditionally made of wood, but may also be made of other materials, such as metal, plastic or stone. Long versions of wands are often styled in forms of staves or sceptres, which could have large ornamentation on the top. In modern times, wands are usually associated with stage magic or supernatural magic, but there have been other uses, all stemming from the original meaning as a synonym of rod and virge. A stick that is used for reaching, pointing, drawing in the dirt, and directing other people, is one of the earliest

and simplest of tools. Ancient Egyptian apotropaic wand carved from a hippopotamus tusk. It is possible that wands were used by pre-historic peoples. It is mentioned that 'rods' (as well as rings) were found with Red Lady of Paviland in Britain. It is mentioned by the author in Gower - A Guide to Ancient and Historic Monuments on the Gower Peninsula that these might have been wands and are depicted as such in a reconstruction drawing of the burial of the 'Red Lady'."

63) Richard Linklater, Before Sunrise: "'You are both stars, don't forget. When the stars exploded billions of years ago, they formed everything that is this world. The moon, the trees, everything we know is stardust. So don't forget. You are stardust."

64) Pale Blue Dot, Wikipedia(en.wikipedia.org) : "Pale Blue Dot is a photograph of Earth taken on February 14,1990, by the Voyager 1 space probe from an unprecedented distance of over 6 billion kilometers..."

65) 老子, 第四十一章 : "上士聞道, 勤而行之 ; 中士聞道, 若存若亡 ; 下士聞道, 大笑之。弗笑, 不足以爲道。是以建言有之, 曰 : 明道若昧, 進道若退, 夷道若纇 ; 上德若谷, 广德若不足, 建德若偷, 質眞若渝 ; 大白若辱, 大方无隅, 大器免成, 大音希聲, 大象无形。道隱无名。夫唯道, 善貸且善成."

66) 소한(小漢), 위키백과, : 전국시대의 한(漢)을 다른 명칭으로는 소한(小韓)이라고 칭하기도 한다. 춘추오패의 하나인 진(晉)에서 분리된 나라이며, 위나라, 조나라와 더불어 삼진(三晉)이라고 일컬어진다.

67) 徐福, ウィキペディア(Wikipedia) : "徐福(じょ ふく、拼音: Xú Fú、生沒年不詳) は、秦の方士. 齊國の琅邪郡(現在の山東省臨沂市周辺)の出身.本來の表記は徐巿(じょふつ) .。日本に渡來したという伝說がある。『史記』卷百十八「淮南衡山列傳」によると、秦の始皇帝に「東方の三神山に長生不老の靈藥がある」と具申し、始皇帝の命を受け、3,000人の童男童女(若い男女)と百工(多くの技術者)を從え、財宝と財産、五穀の種を持って東方に船出したものの三神山には到らず[1]、「平原廣澤(廣い平野と濕地)」を得て王となり、秦には戾らなかったとの記述がある. 不死の妙藥を求めて航海に出る徐福(歌川國芳畵)東方の三神山とは、渤海の先にある神仙が住むとされた島で、蓬萊・方丈・瀛州(東瀛とも)のことであり、蓬壺・方壺(ほうこ)・瀛壺とも称し, あわせて「三壺」という. のち日本でも廣く知られ, 『竹取物語』でも「東の海に蓬萊という山あるなり」と記されている.蓬萊や瀛州はのちに日本の呼称となった。魏晉南北朝時代の487年、瀛州は行政區分として制定されている. 同じく『史記』卷六「秦始皇本紀」に登場する徐氏は, 始皇帝に不死の藥を獻上すると持ちかけ, 援助を得たものの, その後始皇帝が現地に巡行したところ, 實際には出港していなかった. そのため, 改めて出立を命じたものの, その歸路で始皇帝は崩御したという記述となっており、「不死の藥を名目に實際には出立せず,皇帝から金品をせしめた詐欺師」として描かれている."

68) 司馬遷 「淮南衡山列伝」『史記』卷百十八 : "又使徐福入海求神異物. 還爲僞辭曰:『臣見海中大神、言曰:「汝西皇之使邪?」臣答曰:「然。」「汝何求?」曰:「願請延年益壽藥。」神曰:「汝秦王之禮薄、得觀而不得取。」卽從臣東南至蓬萊山、見芝成宮闕、有使者銅色而龍形、光上照天。於是臣再拜問曰:「宜何資以獻?」海神曰:「以令名男子若振女與百工之事、卽得之矣。」』秦皇帝大說、遣振男女三千人、資之五穀種種百工而行。徐福得平原廣澤、止王不來."

69) 申叔舟, 海東諸国記(日本国記) : "孝霊天皇七十二年, 泰始皇遣徐福入海求仙, 福遂至紀伊州居焉。崇神天皇十七年, 是時熊野権現神始現, 徐福死而為神, 国人至今祭之."

70) 九折坂, 나무위키: "팔각형의 찬합에 9가지의 요리를 넣은 음식으로 한국요리 중 제법 고급스럽다는 인식이 있는 음식이다. 전채요리나 술안주로 자주 쓰인다." 구절판을 제작할 때의 "9번 꺾이더라도 10번째는 형통하라(九折十通)."라는 철학을 담았다.

71) Sibling Star or Message Star, The Garden of Eden Flower Shop(gardenofedenflowershop.com) : "Scorpio constellation with the legend of the sibling stars that became the sun and the moon. This Sibling Star or Message Star sign is a fun way to show a sibling's recognition of their new brother or sister! The sign can also be used to display a personalized message, such as: Stephen is promoted to Big Brother. Sarah is a proud Big Sister."

72) 백종오(충주대학교), 韓國古代瓦當의 毀棄樣相 檢討(A Study of Aspects of Intentionally Damaged Ancient Roof-end Tiles), 고려사학회, 한국사확보 학술저널, 韓國史學報 제43호 2011.5. 7. 36(30page)

73) 礼記, 檀弓下 : "孔子謂:「爲明器者, 知喪道矣, 備物而不可用也.」 哀哉!死者而用生者之器也. 不殆於用殉乎哉? 「其曰明器, 神明之也.」 顯示整段…" / 太平御覽, 明器편 : "孔子謂「爲明器者, 知喪道矣」. 備物而不可用也. 哀哉, 死者而用生者之器, 不殆於用殉乎哉?其曰明器, 神明之也. 顯示整段…"

74) 황보 경, 경기도 신라 고분에 부장된 토기 훼기 습속,경기문화재단(ggc.ggcf.kr), 경기학광장 Vol.3, 2019 겨울호, 2019.12.18.: "훼기습속(毀棄習俗)은 중국(中國) 동북지방이나 중앙아시아, 일본(日本) 등 동북아시아지역에서 확인되고 있으며, 제의(祭儀)와 관련된 것으로 밝혀지고 있다. 특히 몽골지역의 흉노(匈奴) 무덤에서는 청동 거울을 비롯한 청동 용기류, 토기 등을 훼기한 유물이 출토되고 있는데, 부장된 대부분의 유물 일부분이 훼기된 상태로 출토되고 있다. 이러한 훼기 행위는 한반도에서도 신석기시대(新石器時代)부터 이루어진 것으로 여겨지는데, 청동기시대(靑銅器時代)~초기철기시대(初期鐵器時代) 제의유적이나 고인돌〔支石墓〕 등에서 의도적으로 깨뜨린 토기편과 석기편 등이 출토되고 있기 때문이다. 삼국시대로 접어들면서 신라는 물론 고구려와 백제, 가야지역에서도 토기를 훼기해 왔고, 고려 시대에도 부장된 토기를 훼기하였지만 자기류와 청동제 용기로 대체되면서 점차 사라져 가는 양상을 보인다. 고려 시대에는 병을 중심으로 완, 발, 접시 등이 부장

되었는데, 병의 구연부가 훼기된 경우가 많고, 조선 시대에도 자기류의 구연 일부를 깨뜨리거나 작은 명기(明器)가 대신 부장되기도 한다. 작은 명기는 실생활에서 사용하기 어려운 크기로 만들어졌으며, 훼기 습속이 거의 확인되지 않고 있다. 또한 불교의 확산에 따른 화장(火葬)문화가 유행하면서 부장품의 매장 비율이 감소하는 한편, 훼기 습속도 약화되는 측면이 있다."

75) What is the meaning of Pagpag in funeral? 10 Superstitious Beliefs About Filipino Funerals - RJ Scribbles – RareJob, 2024.8.29. : "Pagpag literally means "to shake off the dust or dirt"; it is also a superstition that says you should not go straight home from a wake. Instead, spend some time somewhere else to confuse the spirits so that they would not follow you home."

76) Many Americans are mourning the loss of loved ones to COVID-19, San Diego Union Tribune(sandiegouniontribune.com), 2021.3.5. : "As Catholics, we partake in another very special and meaningful tradition — the cutting of the rosary. We place a rosary in the hands of the deceased before burial. Usually a family member or close friend cuts the rosary held by the deceased in the belief that another death in the family will not follow."

77) 조기원, 동생 품은 9살 소녀의 죽음...이탈리아 울렸다, 한겨레신문, 2019.10.19.: "언니 밑에 있던 4살 동생 지진에도 목숨 구해, 소방관은 언니에게 '못 구해줘 미안' 편지. 이탈리아 강진 발생 뒤 첫 장례식이 열린 27일 중부 마르케주 아스콜리피체노에서 9살 소녀 줄리아 리날도의 관을 사람들이 옮기고 있다. 줄리아는 24일 지진 발생 16시간 만에 페스카라델트론토 무너진 집에서 발견됐으며. 이탈리아 강진 발생 뒤 첫 장례식이 열린 27일 중부 마르케주 아스콜리피체노에서 9살 소녀 줄리아 리날도의 관을 사람들이 옮기고 있다. ... 지진 발생 16시간 만에 구조대는 자매를 무너진 건물 잔해 속에서 꺼냈으나, 언니와 동생은 생사를 달리했다. 언니는 숨진 채 발견됐지만, 언니 밑에 있었던 동생은 언니가 만들어준 공간 덕분에 목숨을 구했다."

78) 徐德言(生歿未詳), 維基百科: "南朝陳詩人, 徐德言在陳朝擔任太子舍人. 尙陳後主之妹樂昌公主. 陳朝衰落, 徐德言料定國破家亡, 於是破鏡爲二. 夫妻各持一半. 陳亡於隋朝, 其妻爲楊素所得. 徐德言持半鏡尋找到公主, 終得破鏡重合. 在楊素同意後, 徐德言與妻重聚, 偕歸江南終老. 《先秦漢魏晉南北朝詩》存其詩《破鏡詩》 一首, 有「無復姮娥影, 空留明月輝」之句. 生平事跡見《古今詩話》."

79) 破鏡重圓(ㄆㄛˋ ㄐㄧㄥˋ ㄔㄨㄥˊ ㄩㄢˊ) : "破成兩半的鏡子再次復合。指南朝陳徐德言與妻樂昌公主於戰亂離散時各執半鏡, 作爲他日相見的信物, 後果因此得以相聚。典出唐. 孟棨《本事詩. 情感》.後用「破鏡重圓」比喩夫妻離散或感情決裂後重新團圓合好. 南北朝末年, 北周丞相楊堅殺了靜帝自立爲皇帝, 建立隋朝. 接著隋朝擧兵南下, 攻打南朝陳..."

80) 홍인국 (Hong, In Gook), 중국 중원일대 파경(破鏡) 풍습과 한반도 수용, 한국유라시아연구원, 유라시아문화. 2023년2월8일, pp. 261-288,

81) 宋. 周文謨〈念奴嬌. 棋聲特地〉詞:「破鏡重圓, 玉環猶在, 鸚鵡言如昨。秦箏別後, 知他幾換絃索」/ 宋. 李致遠〈碧牡丹. 破鏡重圓〉詞:「破鏡重圓, 分釵合鈿, 重尋繡戶珠箔。」/ 元. 施惠《幽閨記》第三六齣:「破鏡重圓從古有, 何須疑慮反生愁?」/《初刻拍案驚奇》卷二七:「破鏡重圓, 離而復合, 固是好事, 這美中有不足處, 那王夫人雖是所遭不幸, 卻與人爲妾, 已失了身。」/《二刻拍案驚奇》卷九:「若果如此, 眞是姻緣不斷。古來破鏡重圓, 釵分再合, 信有其事了。」

82) 道詵祕記, 위키백과: "《도선비기》(道詵祕記)는 통일신라 후기의 승려 도선(道詵, 827~898)이 지었다고 전하는 풍수서로 현재 원본은 전해지지 않고 《고려사》에 언급된 것이 있을 뿐이다. 풍수지리설(風水地理說)과 음양도참설(陰陽圖議說)을 기초로 하여 쓰여진 『도선비기(道詵祕記)』는 고려의 정치·사회에 많은 영향을 주었다."

83) 수구초심(首丘初心), 낱말사전: "여우가 죽음을 맞을 때 자신이 살던 굴을 향해 머리를 둔다"는 의미로, 초심을 잊지 않거나 고향을 잊지 않겠다는 마음을 뜻한다.

84) 禮記,檀弓上:"「古之人有言曰:『狐死正丘首, 仁也。』」" / 晉書,卷八六. 張軌傳:"「狐死首丘, 心不忘本;鍾儀在晉, 楚弁南音。」/ 醒世恆言. 卷一九. 白玉孃忍苦成夫:"「但聞越鳥南棲, 狐死首丘, 萬里親戚墳墓, 俱在南朝, 早暮思想, 食不甘味。"

85) 양민지, 손영훈, 미용수, 괵투르크 석인상과 발발(balbal)의 의미와 기능에 대한 고찰 -투르크 영혼관을 중심으로-(Meaning and of Function of Göktürks Stone Statues and Balbal -Focusing on the Old Turks peoples's View of Soul-), 한국외국어대학교 외국학 종합연구센터 중동연구소, 중동연구 학술저널, 중동연구 제35권 제3호 2017.1, 75~102(28page): "괵투르크의 석인상 및 발발의 전통은 조상령 숭배와 물신숭배를 바탕으로 조성된 투르크 민족의 매장례 풍습 가운데 하나로 ... 묘주가 생전에 죽인 적을 형상화한 발발은 희생당한 이의 영혼이 저승에서도 묘주를 모실 것이라고 믿는 튀르크인의 영혼관에서 비롯된 것으로, 하나 이상이 무리 지어 혹은 줄을 이룬 형태로 발견되었다. 발발은 몽골·투르크 문화권에서 나타나는 독특한 장례풍습 중 하나로 업적 과시뿐만 아니라, 고인에 대한 존경과 명예를 높이는 역할을 했다. 석상에 제사를 올리는 것은 투르크인이 믿었던 돌의 신성함과 조상령 숭배가 결합 되어 나타난 풍습이다."

86) 狐死首丘, 學硏四字熟語辭典 : 狐死首丘 とは? こししゅきゅう【狐死首丘】 故鄉を忘れないことのたとえ。また、物事の根本を忘れないことのたとえ。

87) Seven Hills of Rome,- Britannica(britannica.com), 2024.7.23. : "The original city of Romulus was built upon Palatine Hill (Latin: Mons Palatinus). The other hills are the Capitoline, Quirinal, Viminal, Esquiline, Caelian, and Aventine (known respectively in Latin as the Mons Capitolinus, Mons Quirinalis, Mons Viminalis, Mons Esquilinus, Mons Caelius, and Mons Aventinus)."

88) 成宗實錄 125卷: "成宗12年1月22日丁酉,御經筵。 講訖, 掌令李堪、正言申經, 請遞申澣觀察使之職, 不聽。李堪又啓曰:崔濕, 强奸妻之三寸姪女, 而今蒙宥...昌臣曰:術家之言, 果若有理, 臣觀門閥之家, 皆葬一圖局之內, 塚土壘壘. 臣疑其地理之不全, 問諸術家, 則曰: 本是一族, 地氣相通. 以此觀之, 都邑所居之民, 皆殿下赤子. 使之雜居, 有何不可? 昔者秦及西漢、西晋, 都于長安, 東漢、魏、隋, 都于洛陽, 晋、宋、齊、梁、陳, 都于建康. 然而運祚不一. 然則吉凶禍福, 不在地理也. 上曰: 地理之說, 予亦不識. 然國家用之已久. 其陰陽書之最要者, 予將覽焉. 昌臣曰: 方今聖明在上, 國家昇平, 非有倭寇焚蕩廬室, 殺掠人民之慘. 而都城之內, 輦轂之下, 數百餘人, 以術家之言, 見毀安居之室廬, 號哭之聲, 相聞於道, 此豈聖明之世, 所宜有也? 上曰: 予亦知民之愁怨. 徐當商量焉."

89) 신천, 한국학중앙연구원: ... 『조선왕조실록』 '성종 편' 기록에 의하면 1481년(성종 12)에 "대구부사 최호원(崔灝元)이 풍수의 학설을 믿고서 하천의 근원을 막고 백성들의 농경지에다 수로를 만들어 그 수로로 물이 흐르게 하여, 백성들이 모두 원망하고 한탄하므로 이명숭(李命崇)이 어사로서 최호원을 파직시켰다."라는 내용이 기록되어 있다(성종 12년 1월 22일).

90) 김병연(金炳淵, 1807~1863)이 '김삿갓'이 된 직접적 원인은 그의 할아버지인 무신 김익순(1764~1812)에 있다. 그가 고작 5~6살이던 1811년 신미년부터 다음 해 임신년 봄까지 일어난 홍경래의 난 때, 당시 선천도호부의 수령이던 종3품 선천도호부사(宣川都護府使) 김익순이 홍경래에게 붙잡힌다. 그는 홍경래에게 구걸하며 항복해 가족들은 모두 목숨을 부지했으며, 김삿갓의 삶은 이런 파란만장한 배경에서 전개된다.

91) 花花柳柳[huā huā liǔ liǔ], 百度百科: "花花柳柳, 拼音是huā huā liǔ liǔ, 形容艷麗輕盈的樣子, 出自于茅盾《鍛煉》二十两个打扮得花花柳柳的年輕女子站在這灯匣下嬌聲嬌气和几个男人調笑."

92) 채수정, 교보문고 홈페이지: 1942년 함남 풍산 출생, 경남 진해 성장. 진해초중고등학교 졸업 후, 1965년 고려대학교 국문학과 졸업, ROTC(3기) 장교 임관, 1975년 국군보안사령부 소령 예편, 1978년 (주)광신기전 방위산업체 회사를 설립, 대표이사 사장에 취임. 2009년6월 월간 『문학세계』에서 단편소설 '召命'으로 등단, 그 해 '신인문학상'을 수상 등.

93) 채수정(1942년생), 하늘의 별이 되어, 백선엽 장군 실록 장편소설, 2022년 7월 15일, 출판사 한생명: "재미있는 소설로 쓰여진 이 작품이 6.25을 잊고 살아가는 이 땅의 많은 국민들에게 새로운 경각심을 심어주며, 이순신 장군 이래, 6.25전쟁에서 망해가는 나라를 목숨 걸고 지켜 낸 구국(救國)의 영웅(英雄), 백선엽 장군을 재인식하고 스스로 애국심을 기르는 좋은 기회가 되었으면 하는 간절한 바람이 있습니다."

94) [숫자로 보는 세계] 평균 수명 높은 나라 통계, 한국통계청(voakorea.com), 2010.2.6.: "인류의 평균 수명은 신석기 시대 29세, 청동기시대 38세, 그리스 시대 36세, 14세기 영국인 38세, 17세기 유럽인 51세, 18세기 유럽인 45세, 19세기 유럽인 65세, 20세기 유럽인 76세입니다."

95) 메멘토 모리(Memento mori), 나무위키: "'죽는다는 것을 기억하라', '죽음을 잊지 마라' 등으로 번역되는 라틴어 문구이다. 어휘 'memento'는 'remember'에, 'mori'는 '(to) die'에 대응한다. 동양권에는 비슷한 말로 화무십일홍(花無十日紅)이 있다."

96) CIA Memorial Wall, Wikipedia(en.wikipedia.org): "There are 140 stars carved into the white Alabama marble wall, each one representing an employee who died in the line of service."

97) 국정원 '이름 없는 별' 왜 52개서 18개로 줄었나, 중앙선데이(joongang.co.kr), 2018.7.28.: "… 실제 이날 '소리 없이 별로 남은 그대들의 길을 좇아/조국을 지키는데 헌신하리라.'란 글귀와 함께 검은 돌 위에 별이 새겨진 조형물이 공개됐다. 별만 18개였다. 이는 1961년 원 창설 이후 대북·해외 정보활동 과정에서 희생된 요원들이 18명이란 의미였다."

98) 채성준, 국가정보원 바로 서 '이름 없는 별'들 명예 지켜져야, 동아일보, 2024.7.30.: "국가정보원 청사에는 순직한 요원들을 기리는 '이름 없는 별' 조형물이 있다. 2018년 7월 문재인 전 대통령의 취임 후 첫 국정원 방문을 계기로 조성됐다. 당시엔 별이 18개였으나 지금은 19개로 늘었다. 조형물 밑에는 '소리 없이 별로 남은 그대들의 길을 좇아 조국을 지키는 데 헌신하리라'는 직원들의 각오가 새겨져 있다. 문 전 대통령은 국정원 방문 시마다 그 앞에서 묵념했고, 윤석열 대통령도 그 전통을 이어갔다."

99) 박성현, 구암동 고분군 발굴 조사 현장 공개…"공동체 의식 뚜렷한 무덤 축조 모습", 매일신문, 2023년 11월 15: "구암동 고분군 최초 '日'자형 구조 발견, 유물 250여 점 출토. 15일 북구청에 따르면 구암동 고분군 304호분은 단독분이 아닌 주변 고분과 서로 연접해 축조된 것으로 밝혀졌다. 4기의 주 고분에 6기의 고분이 연접된 방식이다. 이곳에서는 모두 11기의 묘곽이 확인됐다. … 발굴 조사단 측은 출토유물의 특징과 속성을 볼 때 고분의 조성 시기는 6세기 전반~중반으로 추정되고, 기존에 조사된 구암동 고분군 중에서는 가장 늦은 단계로 파악된다고 설명했다."

100) 묘, 나무위키: "… 廟(사당 묘) 신이나 죽은 사람의 영혼을 모시고 제사를 지내는 시설. 종묘(宗廟), 문묘(文廟) 등이 있다. 무덤을 의미하는 '묘(墓)'와 헷갈리지 말자. 쉽게 말해 육신을 묻은 곳은 墓, 영혼을 모신 곳은 廟다. 동아시아 군주의 칭호 중 하나인 묘호의 '묘' 또한 이 묘 자를 쓴다."

101) 禮記, 王制篇: "… 天子七日而殯, 七月而葬, 諸侯五日而殯, 五月而葬, 大夫, 士, 庶人, 三日而殯, 三月而葬, 三年之喪, 自天子達, 庶人縣封, 葬不爲雨止, 不封不樹, 喪不貳事, 自天子達於庶人. 喪從死者, 祭從生者支子不祭 天子七廟, 三昭三穆, 與太祖之廟而七 諸侯五廟, 二昭二穆, 與太祖之廟而五. 大夫三廟, 一昭一穆, 與太祖之廟而三. 士一廟 庶人祭於寢 天子, 諸侯宗廟之祭: 春曰礿, 夏曰禘, 秋曰嘗, 冬曰烝"

102) 박광열, 상주 신흥리 고분(尙州 新興里 古墳), 한국민족문화대백과사전(encykorea.aks.ac.kr): "… 목곽묘는 격벽에 연해 'ㄷ'자상의 내부 주체를 시설한 Ⅰ형식, 상자형의 내부 주체 한쪽에 부장한 Ⅱ형식, 양 장벽판 사이에 단벽판을 끼워 'ㅍ'자형으로 결구하고 한쪽 단벽 측에 부장한 Ⅲ형식, 'ㅂ'자형으로 내부 주체를 만들고 위의 공간에 부장한 Ⅳ형식, 묘광에 자갈을 깔아 시상을 마련한 Ⅴ형식, 한쪽 단벽 측에 부장하고 할석으로 뒷채움한 Ⅵ형식, 목곽과 목관을 구비하고 나머지 공간에 부장한 Ⅶ형식, 평면비 1:2 이하의 넓은 장방형을 한 Ⅷ형식으로 나누어진다."

103) 미량동 효과: 구리와 같은 금속의 이온이 미생물의 세포막에 침입하여 대사 작용을 교란시키고, 이를 통해 미생물을 제거하는 효과

104) 태복산(胎服山), 향토문화전자대전: "대구광역시 북구 매천동과 태전동에 걸쳐 있는 산. 태복산(胎服山)은 대구광역시 북구 매천동과 태전동에 걸쳐 있는 산이다. 태복산의 해발 고도는 194.2m이다. 태복산은 중앙고속도로가 통과하고 있다."

105) 목도질(목도꾼), 서라벌신문(m.srbsm.co.kr), 2011.1.14.: "돌덩이나 목재 등 무거운 물건 따위를 밧줄로 얽어서 목도채를 꿰어 두 사람, 또는 네 사람이 한 끝씩 뒷덜미에 대고 메어 나르는 일을 목도, 또는 목도질이라고 한다. 예전에는 이러한 목도가 무거운 물건을 나르는 대표적인 운반 방법이었다."

106) 모랭이(隅)는 대구 경북 지역에 사용하는 말로, 모통이, 모퉁이, 모래이, 모랭, 모랑이 등으로 부르고 있어, 까치 모랭이, 까치 모퉁이, 까치 모래이 등으로 부르고 있다. 한자로는 작원(鵲院) 혹은 까지(鵲)역원이라고 했다.

107) 선본사, 위키백과: "선본사(禪本寺)는 팔공산의 대표 사찰이다. 대한민국 경상북도 경산시 와촌면 대한리에 위치하고 있다. 대한불교 조계종 제10교구 본사인 은해사의 말사이다. 삼국시대 491년(소지왕 3년)에 극달화상(極達和尙)이 창건하였고, 638년(선덕여왕 7년)에 의현 스님이 관봉의 약사여래좌상을 조성하였다. 일명 팔공산 갓바위로 불린다."/冠峰石佛起源記: "... 善本寺事跡記...天無明不足以民...凡經千有餘載, 而石像依然, 端雅慈容..觀感興起祈祝獲興者多矣. 此卽義玄和尙之功..."

108) 선본사, 위키백과: "1970년 9월 22일: 대법원에서 갓바위 불상은 선본사 소유라는 최종 판결이 내려졌다. 이때, 결정적인 증거가 된 것은 '선본사 사적기'였다. 장마로 극락전이 물에 잠기기 시작하자, 도수스님이 불상을 옮기다가 '선본사 사적기'를 발견하였다."

109) 오늘날 갓바위의 주소는 1) 대구시 동구청에서 동구 갓바위로 229이고, 2) 경산시 와촌면 갓바위로 81길 176-64(대한리 산33번지)로 되어 있음.

110) 이기환, (46)신라공주의 무덤에서 쏟아져 나온 바둑돌, 주간경향 1491호 2022.8.22.: "... 쪽샘 제44호의 봉분 규모는 중형급(지름 30m)입니다. 돌무지의 규모(16~19m)는 금관총(20~22m)·서봉총(16~20m) 등 비슷한 시기의 왕릉급 고분과 엇비슷합니다. 쌓인 돌무지의 무게가 5t 트럭 200대분(1000t)에 이릅니다..."

111) 왕릉, 죽음의 궁전– 우리역사넷(contents.history.go.kr): "높이 20m 이상에 달하는 남분을 만들기 위해서는 모든 자재가 현장에서 마련되어 있다는 가정하에 대략 하루 300명의 인력이 121일 정도 동원되는 노동력이 필요했을 ... 왕릉을 만드는 일은 오랜 시간이 걸리고 많은 사람들이 동원되는 대형 공사였어요. 태조 이성계의 무덤인 건원릉은 4개월 동안 6천여 명이 왕릉을 만드는 일에 매달렸다고 해요. 왕릉을 만드는 일에는 경기도, 충청도, 황해도 등 전국 각지에서 온 군인, 농민, 상인, 승려, 노비 등 다양한 사람들이 동원되었어요. 이들은 이름난 건축가들의 지시에 따라 각자 주어진 일을 했어요. 왕릉을 만드는 데는 비용도 많이 들었어요. 세종의 시신을 담은 관을 원래 있던 헌릉 서쪽에서 경기도 여주에 있는 무덤(영릉)으로 옮길 때 상여꾼 1,500여 명이 동원되었다고 해요. 이들은 3교대로 서울에서 여주까지 상여를 메고 가야 했어요. 또한 석공을 비롯한 건축가 150명, 부역에 동원된 사람들이 5,000명이었어요. 이런 것을 보면 왕릉을 만드는 일은 정말 어마어마한 사업이라고 할 수 있겠죠?"

112) 동아줄 혹은 방아줄은 여러 갈래의 끈을 꼬아서 끊어지지 않도록 굵게 만들 끈(줄)이다. 여기서 동아(冬瓜, 박과 식물)로 굵기가 그 정도라서 튼실함을 강조하고 있다. "동아방아"라는 음률에서 방아줄이라고 한 것이며, 방아잎(풀)은 식용채소 혹은 약초로도 사용하고 있고, 동남아에서는 향신 채소(한약명 藿香) 많이 사용하고 있다. 별순달순 이야기에서 동아줄은 동화책에 많이 나와서 하늘에서 내려오는 동아줄로 알고 있다.

113) 고인돌, 디지털함안문화대전, 한국향토문화전자대전(grandculture.net): "고인돌의 운반과 축조는 적게는 50여 명 많게는 수백 명의 인력이 동원되어야 하는 대규모 사업이다. 축조를 위해서는 인력을 동원할 수 있는 사회적 협력 체계나…"

114) 지산동 산정 고분을 택한 사유는 1) 부다가야에서 해안선을 따라서 항해해 이곳에 도착했기에 수구초심에서 수평선이 보이는 산정에서 유택을 택했는데, 2) 바다가 없는 내륙이라고 못 혹은 강물을 수평선을 대신했다고 볼 수 있다. 지산동(池山洞)이라는 지명으로 옛날 저수지(蓮塘) 혹은 유수지(堰堤)가 있었을 것이다. 지산동(池山洞)은 천지신명에게 제사(祭祀)를 지내던 산(祭山)에서 연유했다고도 주장하는 학자도 있다. 따라서 지산동(池山洞)이 아니라 제산동(祭山洞)이라고도 한다.

115) 이기환, 연 3만 6000여 명 동원된 신라 고분…'타원형' 작도법으로 설계됐다, 경향신문(khan.co.kr), 2024.9.12.: "… 국립 경주 문화유산 연구소는 2020년 경주 쪽샘 44호분을 쌓는 데 필요한 돌무지의 양을 계산한 바 있다. 쪽샘 44호분의 봉분 규모는 중형급(지름 30m)이었다. 그러나 돌무지의 규모(16~19m)가 금관총(20~22m)·서봉총(16~20m) 등 왕릉급 고분과 맞먹었기에 한번 추산해 본 것이다. (발굴 당시 돌무지는 3/4 정도 남아있었다.) 돌의 표본(1㎥=수량 298개, 무게 1814.1kg)으로 계산해 보니 전체 쌓인 돌의 수는 16만4198개(부피 551.34㎥) 정도였다. 그것을 무게로 잴 경우 992.41t(5t 트럭 198대)에 이르렀다. 돌 한 개당 무게는 7~8kg에 달했다. 그러나 이미 깎여나간 봉분(흙)은 측정하기 어려웠다. 그렇다면 대형 고분은 어떨까. 1973~75년 사이에 발굴된 황남대총(남·북분)을 살펴보자. 계산해보니 봉분(흙)의 경우 10만8000t(남분 6만3822t+북분 4만4271t) 가량 쌓여 있었다. 돌무지의 규모는 4377t(남분 2340t+북분 2037t)에 달했다. 만약 5t 트럭 기준으로 흙은 2만1600대, 돌은 875대가 실어날아야 할 천문학적인 분량이다. 그렇다면 인력은 얼마나 투입되었을까. 황남대총 남북분 가운데 먼저 조성된 남분의 경우를 살펴보자. 황남대총 발굴단(국립경주문화유산연구소)의 계산 결과 남분의 경우 6만6162t(흙 6만3822t+돌무지 2340t)을 실어나르는 데 필요한 인원은 2만7141명으로 추산됐다. 여기에 오늘날의 토목공사 시공에 연결지을 경우 고르기, 다지기, 쌓기 등에 필요한 인원은 운반 인원의 약 3분의 1정도인 9,144명 정도인 것으로 파악된다. 따라서 황남대총 남분을 쌓는 데 필요한 연인원은 약 3만6285명 정도였을 것이라는 게 발굴단의 추산이었다. 그렇다면 작업일수는 어떻게 되었을까. 1인당 작업 면적(보통 16㎡)을 남분의 평면적(5625㎡)으로 계산하면 전체 면적에 352명 정도가 들어가 일할 수 있었다. 이를 근거로 대략 하루 300명 정도가 작업했다면 어떨까. 연인원 3만6000여 명이 동원된 것을 감안한다면 전체 작업일수는 약 121일 정도(3만6285÷300)가 된다."

116) 禮記, 王制篇: "...天子七日而殯, 七月而葬. 諸侯五日而殯, 五月而葬. 大夫, 士, 庶人, 三日而殯, 三月而葬. 三年之喪, 自天子達, 庶人縣封, 葬不爲雨止..."

117) Kazakh 'Golden Man' to be reburied, BBC, 4 January 2019 : "The 'Golden Man' is believed to have been a Scythian noble Kazakhstan will rebury an iconic ancient warrior in a time capsule this year, in the hope that future generations will be able to establish who he really was, Kazakh TV reports. Archaeologists uncovered the remains along with magnificent gold-embroidered armour and other precious funerary artefacts during a dig at the Issyk burial mound in the south of the country in 1969, and quickly dubbed him the 'Golden Man'."

118) 강인욱, 황금이 최초 발견된 나라는? 무덤에 출토된 경악할 황금 인간, 유튜브, 2020.

119) Kazakh 'Golden Man' to be reburied, BBC, 4 January 2019 : "'Rest in Peace' The bones were only rediscovered recently at a forensic institute, stored in a cardboard ox with a scribbled note reading "The Golden Man, May He Rest in Peace". "We know his age and social status, while DNA tests could provide us with exhaustive data," researcher Dosym Zikiriya told Kazakh TV. But Yermek Zhasybayev of the Issyk Museum held out little hope of this. "The bones are in a bad state. They have been kept in a cardboard box for 50 years and been exposed to all sorts of bacteria and viruses, including modern ones. It is now impossible to get a full DNA transcription - if only we had the skull, or just one tooth," he told the TV channel."

120) 國朝五禮序例』卷之五, 凶禮 斂襲·殯殿 圖說 氷槃, 朝鮮時代 法令資料集(db.history.go.kr)

121) Who made the first ice in the world? History of Ice | First Commercial Ice Production, Reddy Ice(reddyice.com): "Around 500 BC, the Egyptian and Indian cultures had discovered rapid evaporation as a means to cool water placed in clay pots, on straw beds. Evaporation, combined with the decrease in night temperatures, froze the water."

122) History of Ice | First Commercial Ice Production - Reddy Ice(reddyice.com/the-chilling-history-of-ice): "By 400 BC, the Persian society had become proficient in the art of storing ice during peak summer in an underground area of the desert. Their engineers developed an evaporative cooler structure called Yakhchāl (Persian for "ice pit"), which was a dome-shaped building up to two stories tall, with an equal amount of space underground. The underground area kept ice, as well as any other food, cool through the use of air flow. Its wall was made out of a special mortar called Sārooj – composed of sand, clay, egg whites, lime, goat hair, and ash in specific proportions – which was resistant to heat transfer and completely water resistant."

123) Yakhchāl, Wikipedia :"A yakhchāl (Persian: یخچال 'ice pit'; yakh meaning 'ice' and chāl meaning 'pit') is an ancient type of ice house, which also made ice. They are primarily found in the Dasht-e Lut and Dasht-e-Kavir deserts, whose climates range from cold (BWk) to hot (BWh) desert regions. In present-day Iran, Afghanistan, and Tajikistan, the term yakhchāl is also used to refer to modern refrigerators…Records indicate that these structures were built as far back as 400 BC, and many that were built hundreds of years ago remain standing, where Persian engineers built yakhchāls in the desert to store ice, usually made nearby. The ice created nearby and stored in yakhchāls is used throughout the year especially during hot summer days, for various purposes, including preservation of food, to chill treats, or making traditional Persian desserts like faloodeh and sorbets."

124) 삼국사(三國史)를 일반적 삼국사기(三國史記)라고 하는데, 사실은 김부식이 저술한 책의 원명은 삼국사(三國史)인데 일제때 일본서기(日本書紀)는 "사(史)는 천자의 역사이고, 기(記)는 제후의 역사"라는 춘추의 구절에 다라 일본서기(日本書紀)라고 하는 반면 삼국사(三國史)라는 신민의 조선에서는 천자의 역사(史)를 못 쓰게 1909년 일본학자의 "삼국사기" 명칭과 조선총독부의 목록에서 "삼국사기(三國史記)"로 표기함에 따라 아직도 감국사기에 표준명으로 인식되어 왔다. 우리나라는 아직도 심지어 국가유산청(전 문화재청)에서도 책명은 삼국사(三國史)인데 설명문에는 삼국사기(三國史記)로 적고 있는 현실이다. 그러나 여기서는 원책명인 삼국사로 적고자 한다.

125) 신라 최초 석빙고. 위키백과, 2014.3.15.: "삼국유사에는 신라초기 노례왕(24~57)년 때에 이미 석빙고를 만들었다는 기록이 있고, 삼국사기에도 지증왕6(505)에 석빙고를 만들었다는 기록이 나왔다. 신라의 빙소전은 석빙고를 관리하는 부서였으며, 전문적으로 얼음을 잘라내 운방하고 수급하는 빙부도 있었다."

126) 放下著 (五家正宗贊,ほうげじゃく) 『白馬蘆花に入る―禅語に學ぶ生き方―』(細川景一 著・1987.7.禪文化研究所刊) より :「ほうげじゃく」と讀みます。間違っても「下着したぎを放はなつ」と讀まないでください。寒い冬の間は厚着をします。春になってだんだん暖かくなると、一枚脱ぎまた一枚脱いで薄着になっていく様子を下着を放つ…と説明した人がいたそうです。笑えない話です。「放下ほうげ」とは、投げ捨てる、放り出す、捨て切るの意です。「著じゃく」は命令の助辭じょじで、放下の意を強めるために用います。「放下著」、すなわち煩惱妄想はいうに及ばず、仏や悟りまでも捨て去る、すべての執着を捨て去れ、すべてを放下せよ！というわけです。『五家正宗贊ごけしょうじゅうさん』の趙州じょうしゅう和尚の章にある話です。"

127) Matthew 11:28-30: "Come to me, all you who are weary and burdened, and I will give you rest. Take my yoke upon you and learn from me, for I am gentle and humble in heart, and you will find rest for your souls. For my yoke is easy and my burden is light."

128) 매장주체부(埋葬主體部): 지하매장시설을 보호하거나 표시하는 지상 시설물인 봉분, 봉분을 보호

하는 호석이나 주구, 그리고 제사 유구 등 외부시설에 대응되는 내부시설인 매장주체부는 시신이나 관을 비롯하여 부장품을 직접 보호하는 시설이다.

129) 아라비아 숫자로 11자 모양이며, 로마숫자로 2(Ⅱ)자 모양이고, 한자로는 등뼈 여(呂)자를 하고 있다.

130) 박세진, 대구 북구 구암동 고분군 제5호분서 다량의 유물 발견, 연합뉴스, 2022.4.12.: "대구 북구는 대동문화재연구원 발굴 중인 구암동 고분군 제5호분에서 다량의 유물이 출토됐다. 이번에 발견된 유물은 제5호분 매장주체부(주검안치시설)인 주곽과 부곽에서 발견됐다. … 주곽은 내부 길이 5.85m, 너비 1.1m, 높이 1.5m 정도다. 벽석은 큰 할석을 사용했고 바닥에는 천석(川石, 강돌)을 깔았다. 바닥 중앙에는 인골의 가장자리를 따라 소형 할석들이 놓여 있다."

131) 현장답사, 2024.12.2. 14:00~15:00 답사팀 2명, 현장 GPS 측정 북위 35도 16분 45.732초, 동경 128도 24분 50.4882초, 자기강도 36hT, 고도 16m/sl, 방향 217SW(남두육성의 방향), 덮개돌 14개 가운데 남쪽에서 5번째에 개석에 134내의 별자리구멍이 드러났다. 별자리 개석의 규모는 2.3m, 0.53~0.78m. 두께 0.25m(중량 0.781톤), 새겨진 별자리는 동양고대천문 28숙 가운데 방수(房宿), 심수(心宿), 미수(尾宿), 기수(箕宿), 두수(斗宿)가 암각되어 있으며, 고려 및 조선 시대의 천상열차분야지도(天上列次分野之圖)와도 유사함이 많음.

132) 南斗六星, 維基百科: "南斗六星是人馬座的一部分恒星, 六顆亮星在南天排列成斗(或勺)形. 南斗六顆星名由斗宿一, 斗宿二, 斗宿三, 斗宿四, 斗宿五, 斗宿六, 排列成像斗杓形狀. 古代中國稱之爲南斗六星, 因其外形而素負盛名, 這個區域在二十八宿屬於斗宿. 黃道在斗宿二和斗宿三之間穿過."

133) 125개 별자리 덮개돌…1500년 前 가야 왕국은 우주를 품었다, 서울신문(seoul.co.kr), 2018.12.18.: "경남 함안 말이산 제13호 고분(사적 515호)서 첫 발견, 함안군과 동아세아문화재연구원이 발급한 함안군 가야읍 도항리 936번지 말이산에 지름 40m 아라가야 최대급 네 벽면을 붉게 채색한 '붉은 벽 고분' 돌 덧 널 덮개돌 아래 궁수자리 등 그려져 크기·깊이 다르게 표시… 밝기 나타낸 듯 아라가야(가야 6국 가운데 한 나라)의 왕 무덤으로 추정되는 경남 함안 말이산 고분에서 '별자리' 125개의 별그림이 처음으로 발견됐다. 궁수자리, 전갈자리 등…"

134) 《易》之數, 陰變於六, 正於八. 從入從八. 凡六之屬皆從六.

135) 人們祈禱的星星,相信它是天之源(鬥,在這種情況下,是劍柄),掌管墳地(卯地,南), 並擁有生死殺戮的力量(六,意思是屠殺).

136) 古越國別稱: "印天之兆, 牽牛南斗. 《越絶外傳計倪第十一》; 越故治, 今大越山陰, 南斗也. 《越絶外傳記軍气第十五》.越, 南斗也. 吳, 牛、須女也. (清兪樾《〈越絶書〉札記》。《史記·天官書》: "南斗爲廟, 其北建星, 建星者, 旗也." 張守節 正義: "南斗六星, 在南也."《文選·左思<吳都賦>》: "仰南斗以斟酌, 兼二儀之优偓." 劉逵 注引《天官星占》: "南斗之爵祿, 其宿六星." 清 袁枚 《新齊諧·飛星入南斗》: "君輩不知天文者, 雖見飛星入南斗亦无害."

《隋書·高帝紀上》:"尉迥猖狂, 称兵邺邑, 欲長戟而指北關, 强弩而圍南斗." 張際亮 《送云麓督粮粵東》詩:"便使儲胥富 五羊, 要持節鉞指南斗."星名南斗 : 星名, 潯陽郡屬南斗分野, 廬山在晋当陽郡星子縣西北, 故稱南斗傍.

137) 우리 조상들은 북쪽의 북두칠성, 남쪽의 남두육성, 동쪽의 동두오성, 서쪽의 서두사성의 중앙에 삼태성이 자리 잡아 각 방위의 신장역할을 하여 사람을 탄생시키고 생육한다고 믿었다. 북두칠성 못지않게 삼태성을 중시했다. 겨레를 구하는 영웅은 태어나기 전에 그를 지켜주는 별자리가 현몽하고...고구려 고분벽화에는 삼태성이 많이 표현되어 있다.

138) 清代陳昌治刻本【說文解字】斗【卷十四】【斗部】斗 十升也. 象形, 有柄.凡斗之屬皆從斗. 當口切〔注〕, 古文. 清代段玉裁【說文解字注】十升也. 賈昌朝作升十之也. 此篆叚借爲斗阶之斗.因斗形方直也. 俗乃製徒争. 象形. 有柄. 上象斗形. 下象其柄也. 斗有柄者, 蓋象北斗. 當口切. 四部. 許說俗字人持十爲斗. 魏晋以後作升. 似升非升. 似斤非斤. 所謂人持十也. 凡斗之屬皆從斗.

139) 北斗注死, 南斗注生, 百度百科:"北斗 : 北斗星;南斗 : 南斗星;注 : 登記, 管理. 道敎認爲北斗星掌管人的死亡, 南斗星掌管人的生壽. 《三國演義》六九 : 北斗注死, 南斗注生. 今已添注壽算, 子复何憂?"

140) U자 모양은 신라의 상징성을 닭과 초승달에 두고 있어, 중앙군은 물론 지방군 십정에서도 초승달 상징의 깃발, 군장(안장, 마구) 등에서 초승달을 디자인했으며, 색채와 디자인을 담당하던 채전감(彩典監)에서 국왕의 복식(옷 소매깃, 목동전 섶, 어깨 선 등에 초승달 디자인) 물론, 반월성, 명월성, 월궁 등의 도시계획에서도 초승달을 디자인했다. 오늘날 초승달(crescent moon)은 영어로는 U자, D자 혹은 C자 모양이고, 한자로는 '오목할 요(凹)'자 모양을 하고 있다.

141) 채전(彩典), 한민족문화백과사전: "채칠(彩漆)에 관한 사무를 맡던 관청으로 후대의 도화서(圖畫署)에 해당한다. 651년(진덕여왕 5) 처음 설치되었다가, 682년(신문왕 2) 확대 개편되었다. 759년(경덕왕 18)에 전채서(典彩署)로 고쳤다가, 776년(혜공왕 12) 다시 본래대로 바뀌었다. 소속 관원으로는 682년에 장관인 감(監) 1인을 두었으며 관등은 나마(奈麻)에서 대나마까지로 하였다. 그 밖에 651년 주서(主書) 2인을 두었는데 관등은 사지(舍知)에서 나마까지로 하였고, 또 사(史) 3인(혹은 4인)을 두었다. 한편, 조선 시대에도 도화서의 별칭이 채전이었는데 이는 신라의 채전으로부터 계승, 발전된 것이라는 의미가 있다."

142) 三國史, 雜志第九, 武官:"衿盖書傳, 所謂徽織, 詩云, 織文鳥章箋云, 織徽織也. 鳥章鳥隼之文章, 將帥以下衣皆著焉. 史記·漢書謂之旗幟, 幟與織字異音同. 周禮司常, 九旗所畫異物者, 徽織所以相別. 在國以表朝位, 在軍又象其制, 而爲之桉校勘 045之, 以備死事. 羅人徽織, 以靑赤等色爲別者, 其形象半月. 闕亦著於衣上, 其長短之制, 未詳."

143) 三国史, 百済本紀義慈王条:"有一鬼入宮中, 大呼. 百済亡, 百済亡, 即入地, 王怪之, 使人掘地. 深三尺許, 有一龟. 其背有文曰, 百済同月輪. 新羅如月新, 王問之巫者. 曰, 同月輪者満也. 満則虧, 如月新者未満也. 未満則渐盈, 王怒殺之. 或曰, 同月輪者盛也. 如月新者微也. 意者国家盛, 而新羅浸微者乎王喜."

144) CHRISTINE DELL'AMORE, Dung Beetles Navigate Via the Milky Way, First Known in Animal Kingdom, The dung beetle is the first known species to navigate using the Milky Way. National Geographic (nationalgeographic.com), JANUARY 24, 2013: "Talk about star power—a new study shows that dung beetles navigate via the Milky Way, the first known species to do so in the animal kingdom. The tiny insects can orient themselves to the bright stripe of light generated by our galaxy, and move in a line relative to it, according to recent experiments in South Africa…"

145) 步天歌, 維基百科: "步天歌爲一部以詩歌形式介紹中國古代全天星官的著作,現有多个版本傳世；最早版本始于唐代, 最广爲人熟知的是鄭樵《通志·天文略》版本, 此版本称爲《丹元子步天歌》. 關于作者一說在宋代起有兩种說法, 北宋歐陽修等人認爲著作唐代開元年間曾任右拾遺內供奉一職之王希明所撰, 但鄭樵《通志·天文略》中提到此歌乃爲隋朝一位不知姓名的, 号曰丹元子的隱者所著. 而原歌附有星圖與文字匹配并對照, 但鄭樵引述時却把圖削去. 而有學者指《通志》中引述的非步天歌最早版本, 因民間有傳更貼近早期之版本, 而最早版本至今還不見, 故原始作者嚴格來說還不可考."

146) Muhammad: The Messenger of God – Harvard Education(hypl.harvard.edu):"Muhammad performed devotions each year on Mount Hira, outside of Mecca. One night during the month of Ramadan, Muhammad reported having a strange encounter while half-asleep in a cave. An angel commanded him, 'Recite!' Twice Muhammad asked, 'Recite what?' The third time the angel replied: 'Read! In the name of your Lord who created: He created man from a clinging form. Read! Your Lord is the Most Bountiful One who taught by [means of] the pen, who taught man what he did not know.' (Qur'an, 96:1-5). Muhammad recited this and then awoke, feeling 'as though the words were written on [his] heart.' He ran down the mountain, but he heard a voice from the sky: 'Muhammad, you are the Messenger of God, and I am Gabriel.' Looking up, Muhammad saw an angelic form standing astride the horizon, repeating the message…"

147) Britannica(britannica.com), Why is Ramadan on the 9th month? : "Because the Muslim calendar year is shorter than the Gregorian calendar year, Ramadan begins 10–12 days earlier each year, allowing it to fall in every season throughout a 33-year cycle."

148) Wikipedia, Sheikh Edebali: "İmâdüddin Mustafa bin İbrâhim bin İnac al-Kırşehrî(1206-1326), often known as Sheikh Edebali (Turkish: Şeyh Edebali), was an Arab Sunni Muslim Sheikh of the Ahi brotherhood, who helped shape and develop the policies of the growing Ottoman State. He became first Qadi of the Ottoman Empire. He was the father of Rabia Bala Hatun (wife of Osman Gazi, the founder of the Ottoman Empire)."

149) Wikipedia, Flag of Turkey: "…In accounting for the crescent and star symbol, the Ottomans sometimes referred to a legendary dream of the eponymous founder of the Ottoman house, , in which he is reported to have seen a moon rising from the breast of Sheikh Edebali whose daughter he sought to marry. When full, it descended into his own breast. Then from his loins there sprang a tree, which as it grew came to cover the whole world with the shadow of its green and beautiful branches. Beneath it Osman saw the world spread out before him, surmounted by the crescent."

150) 김정아, 헷갈리지 마세요! '초승달', '그믐달' 차이점, 조선일보, 2017.10.20.: "북반구와 남반구의 초승달 혹은 그믐달의 모양은 정반대로 보인다. …세계를 정복했던 로마인들은 '달은 거짓말쟁이다.'라는 격언까지 말했다. 라틴어 '점점 작게(Decrescendo)'의 머리글자 D자를 닮은 달은 점차적으로 커지는 초승달이고, '점점 크게(Crescendo)'의 머리글자 C자를 닮은 달은 점차 작아지는 그믐달이다. 북반구에 살았던 로마인들도 초승달과 그믐달을 구분할 때는 오늘날 우리처럼 손톱을 이용해 구분했다. 왼손 엄지손가락의 흰색 부분은 초승달, 오른손 그믐달이라고 생각했다."

151) 金富軾, 三國史記, 新羅本紀第八: "神文王(682年6月)…又置工匠府監一人, 彩典監一人…"

152) 김정환, 삼국시대 국기와 초승달기의 이동 이슬람은 신라국기를 쓰고 있다. 2023.1.23.: "… 현재도 쓰이고 있는 국기는 신라국기로 주로 이슬람권에서 쓰이고 있다. 초승달 영화도 있다. 신라의 달밤도 있지 않은가? 즉 신라 멸망 이후 초승달 표식을 쓰는 세력이 이슬람세력을 이루었음을 알 수 있다." / 개천절, 초승달 그리고 금성, 온라인 독서, 2022.10.15.: "달의 모양과 위치 변화 2022년 음력 10월 3일(양력 10월 27일 달 모양) 일식과 금성 몽골 국기의 초승달과 금성 대문구문화 유적 아사달… 즉, 초승달이 뜬 음력 10월 3일에 단군은 나라를 세우신 것이다. 삼국사기(백제본기 의자왕 20년 6월)에 의하면, '백제는 보름달이요, 신라는 초승달…'" / 민초는 사랑이다. 국기에 달과 별이 있는 이유, 2023.4.26.: "신라는 불교 국가입니다. 그런데 국기에 초승달이 그려져 있습니다. 그리고 소말리아의 국기에도 별이 그려져 있지만 소말리아는 이슬람 국가가 아닙니다. 저도 똑같은 의미입니다…"

153) 金富軾, 三國史記, 百濟本紀, 義慈王二十年六月: "…有一鬼入宮中, 大呼. 百濟亡. 百濟亡. 卽入地, 王怪之. 使人掘地, 深三尺許. 有一龜, 其背有文曰. 百濟同月輪, 新羅如月新. 王問之巫者曰. 同月輪者滿也. 滿則虧, 如月新者未滿也. 未滿則漸盈. 王怒殺之. 或曰, 同月輪者盛也. 如月新者微也. 意者國家盛, 而新羅? 微者乎王喜."

154) 中國人民也絕不允許任何外來勢力欺負、壓迫、奴役我們, 誰妄想這樣干, 必將在14億多中國人民用血肉筑成的鋼鐵長城面前碰得頭破血流！

155) 論語, 第五爲政篇: "…乃是天中央 安樞處. 天動而樞不動, 不動者, 正樞星位. 樞有五星. 其前一明者太子. 其二 最明者曰帝座, 乃太一之常居也. 其後一个分外開得些子而不甚明者, 極星也, 惟此一處不動. 衆星於北辰, 亦是自然环向, 非有意於共之也. 北辰, 北極也. 不言'極', 而言'辰', 何義？ 曰: 辰是 大星. 又云: 星之界分, 亦謂之辰, 如十二辰是十二個界分.

极星亦微轉, 只是不离其所, 不是星全不動, 是个傘腦上一位子不离其所. 因擧晋志云：北极五星. 天運无窮, 三光迭耀, 而极星不移. 故曰：'居其所而衆星共 之. 銖 論北辰."

156) Jacob's Ladder – Wikipedia : Jacob's Ladder (Biblical Hebrew: סֻלָּם יַעֲקֹב, romanized: Sūllām Ya'ăqōḇ) is a ladder leading to heaven that was featured in a dream the biblical Patriarch Jacob had during his flight from his brother Esau in the Book of Genesis (chapter 28).

157) Genesis 28:16: "When Jacob awoke from his sleep, he thought, "Surely the Lord is in this place, and I was not aware of it." 17 He was afraid and said, "How awesome is this place! This is none other than the house of God; this is the gate of heaven."

158) 천문학으로 푸는 또 다른 한국사, 중앙일보, 2002.11.23.: "현재 서울대학교 천문학과 교수 박창범 교수 저서 - 동아시아 일식도 (한/중/일 삼국 일식실현율 비교) 삼국사기가 제일… 이 책은 서울대 천문학과 박창범(42) 교수가 1993년부터 10년 동안 전통시대 천문학 연구에 정력을 바친 결과물이다."

159) 오종홍, '삼국사기 불신론' 한 방에 날린 박창범(서울대 천문학과) 교수, Korea History Times, 2020.12.24.

160) 유향, 위키백과: 유향(乳香, frankincense 또는 olibanum)은 감람나무과 유향나무속에 속하는 나무에서 추출하는 수지로 중동과 지중해 연안에서 주로 생산된다. 인도(B.oswellia serrata serrata, 이명 B thurifera)와 오만(Boswellia serrata. sacra, 이명 B. carterii), 동아프리카(Boswellia serrata. socotrana) 등에서도 생산되며 향이나 향수의 원료로 쓴다. 마태복음 2장 11절에 따르면 동방박사가 아기 예수에게 준 세 가지 선물이 황금, 유향, 몰약이었다고 한다.

161) 베들레헴, 위비백과: 베들레헴(히브리어: בֵּית לֶחֶם 베틀레헴, 아랍어: بيت لحم 베틀라흠[*])은 요르단강 서안 지구에 있는 예루살렘에서 약 10여 킬로미터 떨어져 있는 작은 도시로서 팔레스타인 베들레헴주의 주도이기도 하다. 베들레헴이라는 이름은 집을 의미하는 'Beth' 혹은 'Beit'와 고기, 빵을 의미하는 'Lehem'이 합쳐진 말로서, 그대로 풀이하면 '빵집'이 된다.

162) Annals of Joseon Dynasty provide more detailed accounts of Kepler's Supernova, Hankyare, 2018.2.16.: When a star like the sun reaches the end of its life, it explodes in a burst of light, which is called a nova when it is observed. Stars that are much bigger than the sun have much bigger explosions as well, and these are the extremely bright stars known as supernovas. But supernovas are so rare that the last time one was observed with the naked eye in our galaxy was the 17th century. This was the star that suddenly appeared in the night sky in Oct. 1604, shining almost as bright as Venus for around 50 days. Because this supernova was carefully observed and studied by the well-known German astronomer Johannes Kepler, it is known in global astronomical circles as Kepler's Supernova. But the most detailed observations about Kepler's Supernova that survive to-

day are actually in Korea, found in the Annals of the Joseon Dynasty. The annals of King Seonjo contain a meticulous record of observations of this supernova over the course of more than seven months in 1604, the 37th year of Seonjo's reign. Because the records found in the annals begin four days before Kepler's and because of their great level of detail, they are currently regarded as the primary research source for Kepler's Supernova by the world's astronomers. In China and South Korea, stars that appeared suddenly rather than being permanent features of the night sky were known as gaekseong, literally meaning "visiting or wandering stars." In contemporary terms, these gaekseong correspond to cosmic entities such as comets, novas, supernovas, and variable stars.

163) 宣祖實錄 178卷, 宣祖 37(1604)年9月 21日戊辰: "戊辰, 夜(有)一更, 客星在尾宿十度, 去極一百一十度, 形體小於歲星, 色黃赤, 動搖. 五更有霧."

164) 五傷: "1. 가톨릭 예수가 십자가에 못 박혀 죽을 때에 양손, 양발, 옆구리에 입은 다섯 군데의 상처"

165) Psalm 147:1~4: "Praise the Lord. How good it is to sing praises to our God, how pleasant and fitting to praise him! The Lord builds up Jerusalem; he gathers the exiles of Israel. He heals the brokenhearted and binds up their wounds. He determines the number of the stars and calls them each by name."

166) 김양재, 상처가 별이 되어, 출판사QTM, 2020: "어떤 고난도 뜻 없는 것이 있을까요? 견디고 이기면 반드시 상처가 별이 됩니다."

167) 홍순의, 상처가 별이 될 수 있을까요?, 출판사 성서와 함께, 2023, 316페이지

168) 대구 구암동 고분군 이야기, 대구광역시 북구, 해설 따라 길 따라, 대구 구암동 고분군, 문화탐방 Go! Go!, 2024년판 리플릿에서 인용

169) The history of iron casting part 1 - The C.A. Lawton Co.(calawton.com), 2019.4.17: "When did the Hittites start using iron? Archeologists believe that iron was discovered by the Hittites of ancient Egypt somewhere between 5000 and 3000 BCE. During this time, they hammered or pounded the metal to create tools and weapons."

170) The Hittites and Ancient Anatolia (article) - Khan Academy(khanacademy.org): "The Hittites were an ancient Anatolian (modern-day Turkey) people who formed an empire between 1600-1180 BCE. The Hittites manufactured advanced iron goods, ruled over their kingdom through government officials with independent authority over various branches of government, and worshipped storm gods."

171) Iron Age, Wikipedia(en.wikipedia.org): Earliest evidence, Souckova-Siegolová (2001)

shows that iron implements were made in Central Anatolia in very limited quantities about 1800 BC and were in general use by elites, though not by commoners, during the New Hittite Empire (≈1400–1200 BC).

172) 오운홍, 한국사 미스터리5: 가야인, 나라 세우러 온 것이 아니다. 시간의 물레, 2023.8.31. p.47

173) Genesis 23:16~18: " And Abraham hearkened unto Ephron; and Abraham weighed to Ephron the silver, which he had named in the audience of the sons of Heth, four hundred shekels of silver, current money with the merchant. And the field of Ephron which was in Machpelah, which was before Mamre, the field, and the cave which was therein, and all the trees that were in the field, that were in all the borders round about, were made sure. Unto Abraham for a possession in the presence of the children of Heth, before all that went in at the gate of his city."

174) Genesis 10:15: Canaan was the father of Sidon his firstborn, and of the Hittites, Jebusites, Amorites, Girgashites, Hivites, Arkites, Sinites, Arvadites, Zemarites and Hamathites.

175) Hattusa: The Ancient Capital of The Hittites(goturkiye.com): Hattusa, located in Türkiye's Anatolian heartland province of Corum, is definitely worth visiting. The remnants of the Hittite Capital date back to the Bronze Age, around 2000 BC. The site was added to the UNESCO World Heritage list in 1986. The Hittites were a remarkable civilization. The kingdom stretched from the Aegean across Anatolia, northern Syria and to the Euphrates river or in Türkiye.

176) 이진아, BC 350년 "철기문명은 바닷길을 통해 확산됐다" 주간조선(weekly.chosun.com), 2022.2.10.: "기원전 350년, 한반도에 남방으로부터 철기문화가 도착했다. 그때부터 어느 정도 동질적인 하나의 사회집단을 말하여 '가야'라는 말이 통용되기 시작했다. ... 철기문명이 발상지인 터키에서 인도 아대륙에 처음 전해진 것이 기원전 2500년이다. 철기문명은 거기서 2000년 이상 머물러 있었다. 그랬다가 처음 동쪽으로 진출한 흔적이 기원전 500년 캄보디아에서 발견된다. 단 150년 후인 기원전 350년엔 인도네시아, 필리핀, 대만, 그리고 한반도까지 거의 동시에 철기문명의 흔적이 나타난다."

177) 나는 가야 해 / 하남석(2010): 오늘은 어디든지 떠나가 보자. 꽃바람 풀잎 내음과 나무 하나에도 감사하겠어. 난 그동안 연습장에 낙서처럼 의미 없이 살아왔어. 많은 세월 내가 나를 가두고 습관처럼 살아왔어. 바람 같은 세월인데 한 번뿐인 인생인데. 그냥 이렇게 살 순 없어. 꿈을 꾸는 세상만큼 그만큼만 다가오네. 나는 가야 해. 나는 가야 해. 꿈을 찾아. 빈 하늘로 날아가는 새처럼. 희망의 나래를 펴네 하늘 높이. 부서지는 꿈들은 밤하늘에 별이 될 거야. 난 그동안 연습장에 낙서처럼 의미 없이 살아왔어. 많은 세월 내가 나를 가두고 습관처럼 살아왔어. 바람 같은 세월인데 한 번뿐인 인생인데. 그냥 이렇게 살 순 없어. 꿈을 꾸는 세상만큼 그만큼만 다가오네. 나는 가야 해 나는 가야 해. 꿈을 찾아. 빈 하늘로 날아가는 새처럼. 희망의 나래를 펴네 하늘 높이. 부서지는 꿈들은 밤하늘에 별이 될 거야...

178) 오운홍, 전게서, 2023.8.31. p.66~67

179) 상게서, p.64: "동남아시아지역에 '가야(Gaya)' 지명을 검색하여 요약하면, 1) 동남아시아 철기 문명 시작은 인도에서 동남아시아 방향으로 인도화(Indianlization) 과정, 2) 미얀마와 한반도까지 그 넓은 공간이 거의 같은 시기인 BC 4세기에 출현, 즉 한반도 낙동강 유역에서도 BC 350년 철기 유적이 발견, 3) 철기 문명 전파에 중국본토나 일본 규슈로 간 흔적은 거의 없었다."

180) 상게서, p.60

181) "易曰 差以毫釐 謬以千里": 《礼記·經解》: "《易》曰: '君子愼始, 差若毫厘, 繆以千里'." / 《史記·太史公自序》: "故《易》曰: '失之豪釐, 差以千里'."

182) こししゅきゅう【狐死首丘】 故鄕を忘れないことのたとえ。また、物事の根本を忘れないことのたとえ。注記「首」は、頭を向けること。狐は死ぬとき、自分のすんでいた穴のある丘の方角に頭を向けるという意から。「狐きつね死しして丘おかに首かしらす」と読み下す。出典『礼記らいき』檀弓だんぐう・上.

183) 《礼記注疏》卷六《檀弓上》: "大公封于營丘, 比及五世, 皆反葬于周. 君子曰: 樂樂其所自生, 礼不忘其本. 古之人有言曰: 狐死正丘首. 仁也." / 《楚辭補注》卷四《九章·哀郢》: "亂曰: 曼余目以流觀兮, 冀壹反之何時? 鳥飛反故鄕兮, 狐死必首丘. 信非吾罪而弃逐兮, 何日夜而忘之?"

184) 干闌(かんらん, gān lán): "中國で高床構造の建物をいう。炭素14法による測定で, 今から6000～7000年前とされる浙江省の河姆渡(かぼと)遺跡から各種の枘(ほぞ), 枘穴を加工した木造部材が出土したのをはじめ, 同種の遺跡は新石器時代から歷史時代まで, 浙江, 江蘇, 湖北, 雲南省などでも發見されている。長江(揚子江)中·下流域から華南·西南地方にかけて, 先秦時代には華北·中原地方の木と土·日乾煉瓦と混合の構造とは別の木造建築の伝統が先行していたと考えられる。今日でも華南·西南地方の少數民族の住宅には干闌式が多い." / 干欄式建筑, 維基百科: "台湾平埔族干欄屋, 干欄式建筑, 又称干欄屋, 高脚樓, 吊脚樓, 棚屋, 是一种特色民居建筑, 其特点是 編竹苫茅爲兩重, 上以自處, 下居鶏豚, 謂之麻欄, 盛行于東南亞, 馬達加斯加, 台湾, 中國南部, 海南, 日本等的地區. 其种類雖有高架式, 高床式, 椿上屋等類型, 通常是木頭, 竹子所构屋梁, 幷用茅草盖頂遮蔽的住屋, 也有柱椿頂端設枘木, 較牢固的干欄式建筑. 其主要特色是將其樓板墊高, 以樓梯上下住所. 日本の神社と谷倉是建在陸上的這類型建筑物的著名例子, 而香港大嶼山大澳的大澳棚屋是建在岸邊的這類型的建筑物的著名例子."

185) 박종화, [게놈과 인류사] "한국인 주류, 남중국-동남아인의 복잡한 혼혈", 동아사이언스, 2020,6.30.: "박종화 UNIST 교수팀이 한국인이 형성된 유전적 과정을 현대인 및 고대인 게놈 연구를 통해 새롭게 제시했다. 이에 따르면 수만 년 전부터 북아시아에 널리 퍼져 있던 동남아시아 유래 인류(선남방계)의 일부인 악마문동굴 신석기인이, 약 5000~4000년 전 남중국에서 동남아시아 및 동아시아 등지로 퍼져 나간 새로운 인류(후남방계)와 만나 한국인의 조상을 형성한 것으로 나타났다. 다만 구체적인 인구집단의 이동 및 혼합 과정은 추가 연구가 필요할 것으로 보인다."

186) Jungeun Kim, Sungwon Jeon, Jae-Pil Choi, Asta Blazyte, The Origin and Composition of Korean Ethnicity Analyzed by Ancient and Present-Day Genome Sequences, Genome research foundation, Ulsan National Institute of Science and Technology, March 2020Genome Biology and Evolution 12(5) (researchgate.net): " Koreans are thought to be an ethnic group of admixed northern and southern subgroups. However, the exact genetic origins of these two remain unclear. Also, the past admixture is presumed to have taken place on the Korean peninsula, but there is no genomic scale analysis exploring the origin, composition, admixture, or the past migration of Koreans. Here, 88 Korean genomes compared with 91 other present-day populations showed two major genetic components of East Siberia and Southeast Asia. Additional paleogenomic analysis with 115 ancient genomes from Pleistocene hunter-gatherers to Iron Age farmers showed a gradual admixture of Tianyuan (40Kya) and Devil's gate (8Kya) ancestries throughout East Asia and East Siberia up until the Neolithic era. Afterward, the current genetic foundation of Koreans may have been established through a rapid admixture with ancient Southern Chinese populations associated with Iron Age Cambodians. We speculate that this admixing trend initially occurred mostly outside the Korean peninsula followed by continuous spread and localization in Korea, corresponding to the general admixture trend of East Asia. Over 70% of extant Korean genetic diversity is explained to be derived from such a recent population expansion and admixture from the South."

187) 심재훈, "타밀어·한국어 유사단어 400~500개… 가야 - 인도 교류 가능성 뒷받침", 2017.11.1.: "인도 일정의 마지막 날 첸나이의 주정부 박물관을 찾았다. 19세기 영국 식민당국이 대영박물관 같은 시설을 염두에 두고 만들었다고 한다. 직원들이 한국인 기자를 보고 처음 건넨 말은 '엄마', '아빠'였다. 타밀어로 엄마는 '음마', 아빠는 '아빠'로 발음된다..."

188) 상게서, p.70: "(金官伽倻란 의미) 한반도의 경우 6가야 가운데 김해(金海, 철의 바다) 지역의 금관가야를 빼놓고 다른 가야를 왕국, 특히 국가로 볼 수 있는지에 대해 학계는 논의해야 한다. 김해 금관가야는 철생산기지(鐵生産基地)라기보다 1) 6 가야의 덩이쇠 집산지(鐵釘集産地)로써 중계무역기지(中繼貿易基地)로 볼 수 있다. 이와 달리 금관가야(金官伽倻)를 제외한 다섯 가야를 철 생산 재련기지로 볼 수 있다. 이와 같은 생산기지의 중심체를 지키는 성곽 등 안보체계를 놓고, 행정체계를 갖춘 국가의 통치체계로 볼 수 있느냐 하는 문제에 대해 선뜻 답할 수 없는 일이다."

189) 상게서, p.229: "김관가야(金官伽倻)란 1) 김해(金海, 철의 바다)의 지리적 위치(地理的 位置)로 보아 낙동강과 남해가 이어지는 길목이라 철 생산물의 집합소가 되었고, 해상교역의 항구도시가 되었다. 또 하나 이곳에 철(鐵) 시장이 형성되어 국제시장(國際市場)뿐만 아니라 내수시장(內需市場)도 형성되었다. 2) 제철 공정상(製鐵 工程上)에 있어, 철광석에서 철을 뽑아내는 제련(製鍊)과 시우쇠(低炭素鋼)를 강철로 만들기 위한 제강(製鋼)과정과 대장간에서 강철을 두들겨 벼르며 철기를 만드는

단야공정(鍛冶工程)을 거치게 된다. 고대에는 제강(製鋼)과 단야(鍛冶)를 합해 단야(鍛冶)라고 했다. 가야 시대는 제련(製鍊)은 철 생산기지에서, 단야(鍛冶)는 철수집상(鐵蒐集商)이 모여있던 김해지역 금관가야에서 했다. 3) 물류과정(物流過程)에서 경쟁에서 선택되는 우수한 제품만 생존했던 당시는 김해의 철 유통관련 집단은 우수한 철 제품을 수출하기 위해 철 상품을 규격화하고 품질을 개선하는 작업을 했다. 이렇게 국내외시장과의 연결, 제철생산기지에서 수집해 단야공정(鍛冶工程)을 통해 품질개선을 하여 중계교역을 하는 게 금관가야(金官伽倻)의 몫이었다."

190) 상게서, 한국사 미스터리5: 가야인, 나라 세우러 온 것이 아니다. 시간의 물레, 2023.8.31. p.70

191) 에스코트(escort), 나무위키 2024.3.12.: "호위(護衛)와 매춘(賣春)을 겸하고 있다. … 콜걸(call girl)이나 여성 에스코트로 불리는 사람들을 뜻하는 말로, 보통의 매춘업 종사자처럼 자신이 하는 일을 공공연하게 드러내거나 매춘업소에 소속되어 일하지 않는다. 대신 일종의 대행사 같은 업체에 소속되어 있다."

192) 오운홍, 한국사 미스터리5: 가야인, 나라 세우러 온 것이 아니다. 시간의 물레, 2023.8.31. p.268: "대성동 57호 고분의 여전사는 철제품 수집상의 원팀이었다."

193) 창원 다호리 고분군(昌原 茶戶里 古墳群) - 한국민족문화대백과사전(encykorea.aks.ac.kr):"개설 ; 1988년 9월 3일 사적으로 지정되었다. 면적은 101,802㎡이다. 1988년부터 1991년까지 국립중앙박물관에 의해 6차에 걸쳐 발굴조사되어 널무덤〔木棺墓〕 총 44기가 조사되었다. 이 고분군이 위치한 지역은 해발 433m의 구룡산 북서줄기와 이어지는 해발 20m 정도의 야산에서 북쪽으로 뻗어내린 야트막한 구릉이다…"

194) 茶戶里遺蹟出土五銖錢(Osujeon Money Excavated from the Archeological Site in Daho-ri) 경상남도 창원시의 오수전은 진시황 때 주조된 반량전(半兩錢)의 형태를 본받아, 한(漢) 무제(武帝) 원수(元狩) 5년(서기전 118년)에 각지의 군(郡)과 국(國)에서 주조되었다. 이로 인해 무게가 일정하지 않고 불량인 동전이 많아짐에 따라, 원정(元鼎) 3년(서기전 114년)에는 관영 공방에서 적측오수전(赤仄五銖錢)을 주조하였으며, 후원(后元) 2년(서기전 87년)까지 상림삼관(上林三官)을 설치하여 오수전을 전문적으로 주조하였다. 이후 위진남북조 시기 양(梁) 무제(武帝)가 보통(普通) 4년(523년)에 쇠로 주조한 철제오수전을 발행하여 사용하기도 하였다. 이후, 당(唐) 고조(高祖) 무덕(武德) 4년(621년)에 개원통보(開元通寶)가 발행되면서 공식적으로 폐지될 때까지 약 730여 년 동안 유통되었다.

195) 五銖錢, 百度百科: "五銖錢是中國古代的一种銅制通貨. 錢上有'五銖'二篆字, 故名. 漢武帝于元鼎四年(前113年)下令禁止郡國鑄錢, 把各地私鑄的錢幣運到京師銷毀, 將鑄幣大權收歸中央. 中央政府成立專門的鑄幣机构, 卽由水衡都尉的屬官(鐘官,辨銅,技巧三官)負責鑄錢. 鐘官負責鑄造, 辨銅負責審査銅的質量成色, 技巧負責刻范. 面文'五銖'二字的錢最初鑄於漢武帝元狩五年(公元前118年), 重如其文, 被称爲五銖錢, 約3.5克一枚. 發展史 : 武帝五銖, 東漢前期五銖, 剪邊五銖, 董卓五銖, 直百五銖, 蜀五銖, 魏五銖, 沈充五銖, 太和五銖, 永平五銖, 永安五銖, 梁鐵五銖, 常平五銖, 隋五銖…"

196) 後漢書 東夷傳 韓條: "... 土地肥美, 宜五穀. 知蠶桑, 作 布. 乘駕牛馬. 嫁娶以禮. 行者讓路. 國出鐵, <濊>·<倭>·<馬韓> 從市之. 凡諸(貨)[貿]易, 皆以鐵爲貨..."

197) 三國志 魏志東夷傳 弁辰條: ".... 爲之, 有似牢獄也. 國出鐵, <韓>·<濊>·<倭>皆從取之. 諸市買皆用鐵, 如中國用錢, 又以供給二郡. 俗喜歌舞飮酒. 有瑟, 其形似筑, 彈之亦有音曲..."

198) 양민지, 손영훈, 미용수, 괵투르크 석인상과 발발(balbal)의 의미와 기능에 대한 고찰 -투르크 영혼관을 중심으로-(Meaning and of Function of Göktürks Stone Statues and Balbal -Focusing on the Old Turks peoples's View of Soul-), 한국외국어대학교 외국학 종합연구센터 중동연구소, 중동연구 학술저널, 중동연구 제35권 제3호 2017.1, 75~102 (28page): "괵투르크의 석인상 및 발발의 전통은 조상령 숭배와 물신숭배를 바탕으로 조성된 투르크 민족의 상장례 풍습 가운데 하나로... 묘주가 생전에 죽인 적을 형상화한 발발은 희생당한 이의 영혼이 저승에서도 묘주를 모실 것이라고 믿는 튀르크인의 영혼관에서 비롯된 것으로, 하나 이상이 무리 지어 혹은 줄을 이룬 형태로 발견되었다. 발발은 몽골·투르크 문화권에서 나타나는 독특한 장례풍습 중 하나로 업적 과시뿐만 아니라, 고인에 대한 존경과 명예를 높이는 역할을 했다. 석상에 제사를 올리는 것은 투르크인이 믿었던 돌의 신성함과 조상령 숭배가 결합되어 나타난 풍습이다."

199) 신라고분편, 국가유산 지식 이음, 국립문화유산연구원(portal.nrich.go.kr): "신라와 가야의 묘제는 함께 덧널무덤(木槨墓)으로부터 출발하여 발전되어 갔다. ... 이것은 지금까지 말한 분묘의 구조나 그 밖의 장례절차에 따라서도 차이점이 생긴다."

200) 가야문화(伽耶文化), 국가유산 지식 이음, 국립문화유산연구원(portal.nrich.go.kr), 2024.10.6.: "가야의 묘제도 돌덧널무덤이라는 점은 잘 알려져 있는데, 신라와 가야는 덧널의 형태와 그 배치 방법에서 뚜렷한 차이가 있다. 가야문화의 전반적인 특성은 토기의..."

201) 옹관은 토기 단계(노천 굽기, 섭씨 800 이하)를 넘어선 도기단계(가마 굽기 섭씨 1,000~1,200도)에서 시신에 물이 스며들지 않도록 하고자 마련된 유리화 처리했던 것으로 반지하 가마 혹은 오름형 가마를 마련하고 불 조정작업을 통해서 섭씨 1,000도 이상으로 고온의 제철기술을 원용했다. 가야 시대는 제철기술의 연장선에서 옹관을 사용했다.

202) 신라의 고분, 신라문화진흥원(shilla.or.kr), 2024.10.6.: "초기의 지석묘(고인돌), 굴안에 매장 또는 유기하는 굴장, 옹기를 관(棺) 대신 사용한 옹관묘, 청동기시대 후기부터 초기 철기시대에 걸쳐 발달한 토광묘 등으로 구분이 된다. ..."

203) 김구, 백범일지: "유명 한글학자 김두봉 선생이 쓴 묘비에는 'ㄹㄴㄴㄴ해 ㄷ달 ㅊㅈ날 남 대한민국 ㅂ해 ㄱ달 ㄱ날 죽음 최준례 묻엄 남편 김구 세움'이라고 적혀 있다."

204) '백기완 묻엄' 새긴돌 세워지다, 한겨레, 2021.6.16.: "[현장] 고 백기완 소장 49재, '새긴돌 세우던 날' 함께 모인 사람들..."

참고 자료(인용 문헌) | 565

205) 大易習貞, 風水經典, 葬書4, 乘風則散界水則止, 2020.3.4.: "陰陽之气, 噫而爲風, 升而爲云, 降而爲雨, 行乎地中爲生气. 丘壟之骨, 岡阜之支, 气之所隨. 靑囊經曰 : 气乘風則散, 界水則止. 故謂之風水."

206) 六觀 손석우 옹이 점지한 천하명당터, 함양신문,2016.7.4.: "육관은 생전에 경남도청 터를 다음과 같이 품했다. '지리산의 정기를 이어받은 낙남정맥을 주산으로 하고 있으매, 그 산의 정기가 예사롭지가 않네. 지리산 정기가 남쪽으로 크게 뻗어 낙남정맥에 머무는 바, 여기서 정기가 마지막 용틀임을 하고 남은 기운을 불끈 주어 대궐 용마루 형상의 대암산으로 우뚝 솟아 어병산을 두른 듯 그 위용과 풍모를 사방으로 한껏 떨치니 그 산자락에 위치한 경남도청, 그 자태도 웅장하거니와 주위 사방을 아우르는 형상이 여간 비범 장쾌하지 않네. 그 앞으로 광활하고 거대한, 수천만 평의 분지형 대국세를 만드니 경남을 호령하는 메카로 안성맞춤이네.'"

207) 박관(朴冠) 지관에 대해서는 한영기(1949년) 님께서 자세하게 제공(2024.10.9. 관음동 자택에서)

208) 송관수(宋寬洙, 1907~사망 미상): 경북 봉화 출생, 제6대 국회의원(대구중) 민주공화당, 대구공립상업학교수업, 안성, 파주, 개성, 인천, 안동경찰서장, 충남 충북 전남 경남 경북도경찰국장, 감찰관. 경북경찰학교장, 경북도지사 등 역임

209) 1950년대 시골 초등학교 때 자연 실습실에서 실험할 때 자석을 하나로 여러 개의 바늘을 문질러 자성을 띠게 한 뒤에 그 좌석 바늘(磁針)을 물 위에 뜨게 하고자 1) 보리 짚, 밀짚 혹은 풀 줄기 등에 끼우거나, 2) 머릿기름 혹은 크림 등으로 표면장력을 이용했다. 물 위에 띄워 지자기의 자기력으로 남북을 가리키게 만들었음. 오늘날 나침반은 기름(오일)을 이용해서 부력을 크게 해 생산하고 있음

210) 三國史記, 文武王 9年: "春正月, 以信惠法師爲政官大書省.唐僧法安來, 傳天子命,求磁石. 二月二十一日 大王會羣臣"

211) 古今注, 卷上輿服第一原文:「大駕指南車, 起黃帝與蚩尤戰於涿鹿之野. 蚩尤作大霧, 兵士皆迷, 於是作指南車, 以示四方, 遂擒蚩尤, 而卽帝位. 故後常建焉.舊說周公所作也.周公治致太平, 越裳氏重譯來貢白雉一, 黑雉二, 象牙一, 使者迷其歸路, 周公錫以文錦二匹, 軿車五乘, 皆爲司南之制, 使越裳氏載之以南. 緣扶南林邑海際, 期年而至其國.使大夫宴將送至國而還, 亦乘司南而背其所指, 亦期年而還至. 始製車轄轄皆以鐵, 還至, 鐵亦銷盡, 以屬巾車氏收而載之, 常爲先導, 示服遠人而正四. 方車法具在《尙方故事》. 漢末喪亂, 其法中絶, 馬先生紹而作焉. 今指南車, 馬先生之遺法也.」《太平御覽》卷十五引《志林》:「黃帝與蚩尤戰於涿鹿之野. 蚩尤作大霧彌三日, 軍人皆惑. 黃帝乃令風后法斗機, 作指南車, 以別四方, 遂擒蚩尤.」

212) The First Compass for Travelers and Road Warriors, Haldeman Ford(haldemanfordhamilton.com), 2017.2.21.: "The first magnetic compass was invented by the Chinese during the Han dynasty back in 206 BC. It was later adopted for navigational purposes by the Song dynasty during the 11th century and later in Western Europe and Persia in the 13th century."

213) Herodotus, Wikipedia : Herodotus (Ancient Greek: Ἡρόδοτος, romanized: Hēródotos; c.484 – c.425 BC) was a Greek historian and geographer from the Greek city of Halicarnassus, part of the Persian Empire (now Bodrum, Turkey) and a later citizen of Thurii in modern Calabria, Italy. He is known for having written the Histories – a detailed account of the Greco-Persian Wars. Herodotus was the first writer to perform systematic investigation of historical events. He has been described as "The Father of History", a title conferred on him by the ancient Roman orator Cicero.

214) 425 B.C. Herodotus: Histories & Greco-Persian Wars(History.com), 2010.2.4.: "Sometime around the year 425 B.C., Herodotus published his magnum opus: a long account of the Greco-Persian Wars that he called 'The Histories.' (The Greek word historie means inquiry.) Before Herodotus, no writer had ever made such a systematic, thorough study of the past or tried to explain the cause-and-effect."

215) Comitatus, Wikipedia: "In ancient times, comitatus was an armed escort or retinue, especially in the context of Germanic warrior culture for a warband tied to a leader by an oath of fealty. The concept describes the relations between a lord and his retainers, or thanes (OE þegn); scholars generally consider it more of a literary trope rather than one of historical accuracy."

216) Heroditus, History Vol.6, English translation by A.D.Godley. Cambridge. Harvard University Press. 1920. p.46: "The great problem they have solved is that no one who pursues can escape them, and no one can catch up with them if they do not want to be caught. They are good at riding horses and shooting arrows, and they do not farm but live by raising livestock, so how can they not be an invincible tribe that is difficult to deal with?"

217) Doulos, Wikipedia(en.wikipedia.org): Doulos (Ancient Greek: δοῦλος, Greek: δούλος, Linear B: do-e-ro) is a Greek masculine noun meaning "slave".

218) What does Colossians 3:11 mean? BibleRef(bibleref.com): "Scythians were those who lived along the Black Sea and Caspian Sea. In the first century, Scythians were considered the worst of barbarians by the Greeks. Slaves, literally "bondservants" from the Greek doulos, were common in Paul's time."

219) 초승달 신발은 2023년도 몽골리아 여행에서

220) 칭기즈칸(千基思干, Chingiz Khan, 1162~1227)은 1206년부터 1227년까지 재위를 하면서 몽골 제국을 세워 세계대제국을 만들었다. 1206년 몽골리아 통일을 기념하여 800주년인 2006년에 칭기즈칸이 '황금 채찍'을 얻었던 천진 벌덕(천진 언덕)에다가 9m 높이의 거대한 동상은 고향을 바라다

보는 모습으로 건립했다. 그가 신은 전통신발 디자인은 초승달(新月) 모양인 '고틀(gotl, Готл)'로 소 120마리의 가죽으로 만들어 세계최대로 기네스북에 올렸다. 그 '고틀(Готл)' 신발은 경주(慶州) 단석산(斷石山) 신선사 마애불상군의 마애불상에서 공양하는 화랑도(長尾鷄羽 2개씩 冠飾을 한 화랑도 3인)의 신발이 초승달신발(新月鞋)로 닮아있었다.

221) 옷의 기본형은 스키타이계 복식: 한복 스키타이, 우리역사넷(contents.history.go.kr): "우리의 '한복'은 스키타이계 복식 문화에 속하는 대표적인 옷으로, 이와 같은 유고 복장은 당시 스키타이 족의 주 활동 무대였던 흑해 주변과 유럽 동북쪽을 비롯하여..."/ [팩트체크] 우리 한복이 중국 명나라에서 유래했다?, 한국경제(hankyung.com), 2020.11.5.: "고대 한반도는 스키타이 문화의 영향을 받았으며, 한복의 가장 기본이라 할 수 있는 바지저고리, 치마저고리와 같은 이부식(二部式·투피스) 차림새가 이때..." / 한복(韓服), 한국민족문화대백과사전(/encykorea.aks.ac.kr): "기본복(基本服)의 원류는 스키타이계이며 북방민족의 복식이다. 고대 한국의 복식문화는 주변국가보다 매우 발달하여 선도적인 역할을 하였다. 그 예 중의 하나가 우리..."

222) 바지·저고리 차림, 나무위키(namu.wiki), 2023.8.17.: "'바지·저고리차림' 한복 원류는 스키타이 문화 학계에 따르면 한복의 원류는 중국이 아니다. 그 뿌리를 찾기 위해서는 기원전 7~3세기 중앙아시아 ... 학계에서는 초기 한복이 스키타이 복식에서 강한 영향을 받았거나, 또는 스키타이 복식 그 자체가 전래하여 고대 한민족(예맥족) 문화에 맞게 발전한 ... 스키타이족들이 쓰던 스키타이어는 인도유럽어족 이란어군에 속했다. 오세트어가 이 언어의 후손 중 하나다. 오늘날 러시아 남부, 캅카스 동부, 우크라이나와 중앙아시아의 스텝 ... 헤로도토스에 따르면 이들 스스로는 스콜로트라고 불렀으며 스키타이는 그리스인들이 부른 말로 고대 그리스어로 '궁수(Skuthēs)'에서 유래했다. 페르시아에선 사카(Sakā)라고 불렀는데 뜻은..."

223) 史記, ウィキペディア(Wikipedia): "概ね、『史記』の西周以前の部分については『書経』、春秋時代については『春秋』経伝(特に『春秋左氏伝』)を最大の取材源としており、現存する先行文献から重なる部分を確認できる場合が多い. 例えば「周本紀」の場合であれば、古くから伝えられた系譜資料のほか、『書経』『尚書大伝』『詩経』『大戴礼記』『礼記』『國語』『孟子』『韓非子』『呂氏春秋』『淮南子』などを利用したと考えられる. 各國の戰國時代の記述については『史記』にのみ見える情報が多く、樣々な資料を組み合わせて相当な勞力のもと作られたと考えられる...司馬遷は、宮廷に秘藏されていた文獻のほかに、自ら廣く周遊して收集した各種資料に基づいて『史記』を編纂した. この周遊は、關中から江陵(楚の故都の郢)、長江流域、齊魯地域、さらに大梁の廢墟(魏の故都)、洛陽を回ったもの.『史記』では、これらの旅行の際の見聞が紹介されることがある上に、更にその知見をもとに文獻伝承の眞僞検証をしている場合もある."

224) Does the U.S. still have cavalry divisions?1st Cavalry Division, U.S. Army(www.army.mil): "With the Army's finest Soldiers and best equipment, the hard-riding spirit of the United States Cavalry is alive and well in the 1st Cavalry Division. Our more than 24,000 Soldiers combine the spirit of the Cav's heritage with challenges facing an alert, combat-ready division."

225) 宣祖實錄82卷, 宣祖29年11月7日: "己亥/朝, 上御別殿, 講《周易》. 讀前受畢, 侍讀官韓浚謙進講, 自《臨》序卦, 有事而後...成龍曰: "李元翼, 今九日欲南下, 卽請召入, 與之磨勘. 上曰: 講罷後宜卽引見. 且曰: 自前日久欲淸野, 而必須軍糧儲峙, 然後可矣. 爲我莫如儲糧, 爲賊莫如淸野, 但恐有司之不能耳. 果能淸野, 則賊雖來, 只可儲糧於釜山, 其可深入乎? 且沈遊擊, 五年辛苦, 畢竟歸虛矣."

226) 배기찬, 코리아 생존전략: 패권 경쟁과 전쟁위기 속에서 '새우'가 아닌 '돌고래'가 되기 위한 전략. Jan 2017. 위즈덤 하우스, p.670면: "그리고 일본군이 재침할 경우, 전쟁 초기 행주산성 등에서 성공 사례와 고구려 안시성 승리 경험 등을 들어 산성을 거점으로 청야전(淸野戰)을 전개하여야 한다고 주장했다. 이것은 조선국이 일본군의 진력로를 요지에서 산업을 지켜 적군의 예봉을 꺾고, 그들의 군량 보급로를 끊어서 전진하여도 싸울 곳이 없고 후퇴하여도 약탈할 곳이 없도록 해. 스스로 물러가도록 하는 방어전략이라고 할 수 있다. 그리고 유성룡은 선조와 서인의 대명 외교 실패를 비판하고 대명외교를 중시했다."

227) 정명가도(征明假道), 국사편찬위원회(thesaurus.history.go.kr): "조선 시대 일본이 명나라를 정복하기 위해 길을 빌려달라는 요구를 하며 전쟁의 구실을 만든 사건." 임진왜란 때에 일본군이 조선 정벌을 합리화한 전쟁의 대의명분으로 내세웠던 설득 논리의 핵심이었다.

228) 春秋左伝, 僖公二年: "仮道于虞以伐虢."

229) 文禄·慶長の役, 國史大辭典, ジャパンナレッジ(japanknowledge.com) : "...日本戰略家 (日本戰略家) らは, 同じように朝鮮半島の淸野山城殿を備えなければならないという主張に2年間, 朝鮮を秘密情探した. その情欲者たちは異口同聲で, i)朝鮮國王先祖の信任は民から地底に落ちたため, 家屋と食糧を燃やすと民の民亂が必ず發生する. ii) したがって, 淸野作戰はできないと斷定した. iii) 狹い酸性で避難していても, 身分差がひどく, 必ず四色党派または下剋上の自重之亂が起きる. したがって, 絶對に淸野山城殿を使わないだろうし, 成功することもできないと言った."

230) 文禄·慶長の役, ウィキペディア(Wikipedia): "文禄·慶長の役(ぶんろく·けいちょうのえき)は, 天正20年／万暦20年／宣祖25年(1592年)に始まって翌文禄2年(1593年)に休戰した文禄の役と, 慶長2年(1597年)の講和交涉決裂によって再開されて慶長3年／万暦26年/宣祖31年(1598年)の太閤豊臣秀吉の死をもって日本軍の撤退で終結した慶長の役とを, 合わせた戰役の總稱である. 全兵船の3分の1以上を動員して, 對馬を侵略した朝鮮による應永の外寇以來の朝鮮半島國家との戰爭であった."

231) 光海君日記, 五十卷 光海四年四月6日條: "... 鄭曄曰: "望見則軍容甚盛, 有難犯之勢, 迫城底則一聞砲聲, 辟易而退, 此乃無擔之賊也. 若守城則或可得力, 而長驅則極難抵當, 能禦長驅之策, 預爲之講究, 庶可無虞矣."

232) Three All plicy, Wikipedia(en.wikipedia.org): "The Three Alls policy was a Japanese scorched earth policy adopted in China during World War II, the three 'alls' being 'kill all, burn all, loot al'…" / What is the burn to ash strategy? Three Alls Policy - Google Books(books.google.com): "The Three Alls Policy was a Japanese scorched earth policy adopted in China during World War II, the three alls being: Kill All, Burn All and Loot All. In Japanese documents, the policy was originally referred to as The Burn to Ash Strategy."

233) 신라 수창군 호국성 팔각 등루기(新羅 壽昌郡 護國城 八角 燈樓記), 한국민족문화대백과사전(encykorea.aks.ac.kr): "『동문선(東文選)』에 의하면 909년 6월 26일 이후에 팔각등루(八角燈樓)를 지었고 11월 4일 이곳에서 처음 법회를 열었다고 하므로, 신라수창군호국성팔각 등…"

234) 강예술, 6.25 전쟁 현충원·야전병원 역할…범어사와 통도사, KBS 뉴스, 2024.6.24.: "6.25 전쟁 당시 낙동강 전선에서 6주 동안의 치열한 전투가 벌어지며 수많은 사상자가 발생했습니다. 정전 직후, 미 8군 사령관 밴 플리트 장군 일행이 부산 범어사를 찾았습니다. 범어사 스님들은 6.25 전쟁 당시 낙동강 전투에서 산화한 수많은 장병들의 유해를 화장하고 안장하는 일을 도맡았습니다. 밴 플리트 장군은 전사자들의 넋을 위로하고, 범어사 스님들에게 감사를 표했습니다. 일미스님: (화장한) 그 가루 흩으이느라고 앞으로 다녔고 우리는 뒤를 따라가면서 염불하고 다녔고, 그런 비참한 역사가 범어사에서…범어사에서 이승만 대통령도 참석해 숨진 국군과 유엔군의 넋을 기리는 추모제도 열렸습니다. 정대 스님: '통도사야, 잘 있거라. 정든 통도사를 떠나려고 하려마는 세상이 하도 수상하니 갈 수밖에 더 있느냐.'"

235) 배문규, 팔거산성에서 대구 지역 최초로 목간 11점 출토…7세기 초 전략적 거점으로 확인. 경향신문, 2021.4.28.: "문화재청은 대구 팔거 산성에서 7세기 초 제작된 것으로 추정되는 신라 목간 11점이 대구 지역에서는 처음 출토됐다고 28일 밝혔다. 문자를 기록한 나무 조각인 목간은 문헌이 적은 고대사 연구에 결정적 도움이 되는 기록 유산이다…체 11점 중 7점에서 글자 또는 글자의 흔적이 보이고, 그중에는 제작 시점을 추정할 수 있는 간지(干支)와 곡식 이름도 등장한다. 4점의 목간에서 크게 3종류의 간지가 발견됐으며, 임술년(壬戌年)과 병인년(丙寅年) 그리고 글자 부분이 파손된 간지 가운데 글자 일부와 세 번째 글자 년(年)만 보이는 사례가 확인했다. 여기서 임술년과 병인년은 각각 602년과 606년으로 추정되며, 목간을 작성한 시점으로 여겨진다."

236) 팔거 산성의 현장조사 계측은 해발고도 214m/sl, 방향 189S(정남향), GPS 좌표는 북위 35도 55분 32초, 동경 128도 34.4분 4.7128초, 소재지의 주소는 대구광역시 북구 노곡동 산-2번지로 계측되고 있음. 칠곡 구암동으로 인식하는 사람들이 많으나 실측하면 다른 결과를 낳고 있다.

237) 초조대장경, 우리 역사넷(contents.history.go.kr): "초조대장경의 소실에 대한 기록은 『동국이상국집(東國李相國集)』의 「대장각판 군신 기고문」과 『고려사』에 전한다. 이규보는 「대장각판 군신 기고문」에서 '부인사(符仁寺)에 소장된 대장경 판본 역시 없어졌습니다. 아아! 여러 해의 공이 하루아침에 재가 되었습니다.'라고 통탄하였으며 『고려사』에는 '현종 때의 판본은 임진년(1232) 몽골 병사가 불태웠다'고 기록하고 있다. 초조대장경을 새긴 판목은 개경에 보관하다가 이느 시기엔가 부인사로 옮겨 보관하고 있었는

데 1232년 몽골의 침입 당시 몽골군이 불태워버렸다는 것이다. 고려는 초조대장경이 소실되자 곧바로 이를 다시 새겨 재조대장경을 조성하였다. 이것이 현재 합천 해인사 장경각에 보관되어있는 고려대장경이다."

238) 이동현, 대구 팔공산 부인사, '고려 초조대장경' 봉안처로 밝혀져, 영남일보, 2024.7.19.

239) 김유진, 기와 조각에 부인사 명문..."고려 초조 대장경 봉안 근거" 매일신문, 2024.7.21.: "동구는 이를 근거로 부인사가 1232년 몽골 침입 시 화재로 소실된 초조 대장경판 봉안처이며, 문헌상 기록을 뒷받침할 기와가 이번에 발굴됐다는 입장이다. … 앞서 발굴조사에서 확인된 부인사 명문 기와의 사명에는 符仁寺가 없고 夫人寺, 夫仁寺뿐이었는데, 이런 점은 이곳이 시 지정 문화유산에서 국가 지정 사적으로 승격에 걸림돌이 됐다."

240) 世宗實錄地理志, 安東都護府, 義興県条: "義興県: 三国時称号未詳, 高麗時, 属安東任内. 恭譲王庚午, 始置監務, 以善州任内缶渓県属之, 本朝因之, 別号亀山. 属県一. 缶渓, 三国時称号, 亦未詳. 高麗 顕宗戊午, 属尚州任内, 後移属善州, 別号缶林. 鎮山, 竜頭公山.【在缶渓南.】…公山石城.【在缶渓県南十里, 距本県四十里, 周回一千三百五十三歩, 高険, 内有泉二、小渓三. 又有軍倉, 新寧星州任内八莒、大丘任内解顔軍倉, 并入置.】駅一, 牛谷. 烽火二処, 吐峴在缶渓県東,【東準新寧 余音村, 北準本県縄木山】. 縄木山.【北準義城 盈尼山.】風穴.【在県東十六里麟角寺洞山麓, 広三尺二寸, 長二尺八寸.】

241) 대구팔거산성, 대구광역시 북구, 해설 따라 길 따라, 대구 구암동 고분군, 문화탐방 Go!Go!(리플릿), 2024년 10월

242) 新羅壽昌郡護國城八角燈樓記: "… 盖符天意. 是堡兌位有塘號佛佐者. 巽隅有池號佛體者. 其東又有別池. 號天王者. 坤維有古城. 稱爲達佛. 城南有山. 亦號爲佛. 名非虛設. 理必有因. 勝處所與…"

243) 新羅壽昌郡護國城八角燈樓記(全文): "天祐五年戊辰冬十月. 護國義營都將重閼粲異才. 建八角燈樓于南嶺. 所以資國慶而攘兵釁也. 俚語曰. 人有善願. 天必從之. 則知願苟善焉. 事無違者. 觀夫今昔交質. 有無相生. 凡列地名. 盖符天意. 是堡兌位有塘號佛佐者. 巽隅有池號佛體者. 其東又有別池. 號天王者. 坤維有古城. 稱爲達佛. 城南有山. 亦號爲佛. 名非虛設. 理必有因. 勝處所與. 良時斯應. 粤有重閼粲者. 偉大夫也. 乘機奮志. 嘗逞儁於風雲. 易操修身. 冀償恩於水土. 豹變而併除三害. 蛇盤而益愼九思. 既能除剗荊榛. 爰必復歸桑梓. 所居則化. 何往不諧. 遂乃銓択崇丘. 築成義堡. 臨流而屹若斷岸. 負険而矗如長雲. 於是乎静守西畿. 対従南畝. 按撫安土. 祇迓賓朋. 来者如雲. 納之似海. 使憧憧有託. 能榾榾無辞. 加以志切三帰. 躬行六度. 頓悟而朝凡暮聖. 漸修而小往大来. 皆由貶己若讎. 敬僧如仏. 常営法事. 靡导他縁. 実綻火中之蓮. 独標霜下之桂. 況乎令室. 素自宜家. 四徳有余. 一言無失. 風聞玉偈. 必託于心. 日誦金経. 不離於手. 是乃用慈悲為鉛粉. 開智慧為鏡輪. 嘉声孔彰. 衆善普会. 古所謂不有此婦. 焉有此夫者. 閼粲真是在家大士. 蔚為奉国忠臣. 以盤若為干戈. 以菩提為甲冑. 能安一境僅渉十秋. 気高者志望俞高. 心正者神交必正. 乃以竜年羊月庚申夜. 夢於達仏城北摩頂渓寺都一大像. 坐蓮花座. 峻極于天. 左面有補処菩薩. 高亦如之. 南行於

渓澘。見一女子。因訊眸容所以然。優婆夷答曰。是処是聖地也。又見城南仏山上。有七弥勒像。累体蹈肩。面北而立。其高柱空。後踰数夕。復夢於城東獐山。見羅漢僧披毳衣。以玄雲為座。抱膝面称可其山口云。伊処道 殉命興法之列土也。由此地領軍来時矣。泊覚乃念言曰。天未悔禍。地猶容奸。時危而生命皆危。世乱而物情亦乱。而我偶諧先覚。勉慎後図。今得魂交異徴。目撃奇相。輒覬裨山益海。寧慭撮壌導涓。決報君恩。盖隆仏事。所願不生冥処。遍悟迷群。唯宜顕挙法灯。亟銷兵火。爰憑勝槩。高挏麗譙。爇以銀釭。鎮於鉄甕。永使燭竜開口。無令燧象焚躯。其年孟冬。建灯楼已。至十一月四日。邀請公山桐寺弘順大徳為座主。設斎慶讃。有若泰然大徳、霊達禅大徳、景寂禅大徳、持念縁善大徳。興輪寺融善呪師等。竜象軍集。荘厳法筵。妙矣是功徳也。八軛之九光。五夜之中。四焰無幽不燭。有感必通則乃阿那律正炷之縁。維摩詰伝灯之説。宛成双美。広示孤標者。関粲之謂矣。錠光如来。忉利天女。前功不弃。後世能超者。賢耦之謂矣。愚也尋蒙遥徴拙文。俾述弘願。遂敢直書其事。用警将来。且道叶忘家。功斯永立。城題護国。名亦不誣。徳既可誇。詞無所媿者爾。"

244) 金富軾, 三國史, 新羅本紀, 慈悲麻立干條: "九年二月...三月 始置四方郵驛. 命所司修理官道, 秋七月 葺月城..."

245) 墨子破云梯, 百度百科: "...楚恵王听了墨子一番話, 又親自看到墨子守城的本領, 知道要打胜宋国没有希望, 只好説: '先生的話説得対, 我決定不進攻宋国了.'"

246) 墨子: "...以斷水脈, 城下鑿掘, 假山 等 攻城..."

247) 1인당 생활용 평균 수량, 국가지표체계 지표누리(www.index.go.kr): "1인당 물 사용량은 물 사용의 효율성을 진단할 수 있게 해주는 지표이다. 한국의 1인당 일평균 물 사용량은 2000년대 중반 이후 270-310L(2006-2022년 평균 285L) 수준을 유지하고 있다."

248) Dowsing, Wikipedia: "Dowsing is a type of divination employed in attempts to locate ground water, buried metals or ores, gemstones, oil, claimed radiations (radiesthesia), gravesites, malign earth vibrations and many other objects and materials without the use of a scientific apparatus. It is also known as divining (especially in water divining),[4] doodlebugging[5] (particularly in the United States, in searching for petroleum or treasure)[6] or water finding, or water witching (in the United States)."

249) Water Dowsing, U.S. Geological Survey – USGS.gov(usgs.gov): "Water dowsing" refers in general to the practice of using a forked stick, rod, pendulum, or similar device to locate underground water, minerals, or other hidden or lost substances, and has been a subject of discussion and controversy for hundreds, if not thousands, of years."

250) ダウジング・鉱脈占いの杖ーひま話(lapisps.sakura.ne.jp), 2001.9.4.: "ダウジングは紀元前4~5000年頃, エジプトに始まり, 以來鉱脈や水脈の發見に大きな効果をあげてきたといわれます.

しかし, この技術のもっとも古い形は, おそらく人々が住む場所を選定するために行った占いであり, 從って, その歴史はさらに遠く遡れるはずだと私は思います. 古代の人々は, 家を建て村を作るのに, 「世界の中心」からなるべく近い場所, いいかえれば, 神々の祝福がいまだ濃厚に殘存し, 豊穣と庇護の氣に滿ちている「ホット·スポット」を求めていました. それは, 天地創造の神が最初の土地を創ったと伝えられる場所であったり, 大昔に天と地をつないでいた世界樹が生えていた場所であったり, その昔神々が降り立って預言を授けた場所であったりしますが, いずれにしても, 地味豊かで農耕すれば收穫多く, 狩りに行けば獲物に惠まれ, 美味しい水が湧き, 生まれてくる子供は健康でよく太り, 人々は病氣にならず長生き出來る, そんな土地でありました..."

251) 占卜杖, 百度百科, 風水占卜杖(Dowsing Rod)是什么？: "占卜杖 又称爲 地灵尺, 英文名爲 "Dowsing Rod, 中西方有5000年的歷史, 劍橋百科詞典譯爲, 用卜棒探尋水源或礦脉, 一种探測地下水源等地下物藏的傳統方法. 探察者手持分叉棒或擺鐘等器具走過所測地段, 幷觀察所用器具的擺動. 此法非常流行, 但對其有效性的實証研究結果幷无定論. "

252) Genesis 21:33: "Abraham planted a tamarisk tree in Beersheba, and there he called on the name of the Lord, the Eternal God."

253) 성경 속 에셀 나무가 사막에서 물을 얻는 방법 [와우! 과학], 서울신문(nownews.seoul.co.kr), 2023.11.11.: "에셀나무(학명 Tamarix aphylla)는 성경에도 언급될 정도로 오래전부터 중동 사막에서 존재했던 식물이다. 타마릭스 속에서 가장 큰 나무로 나뭇잎으로 염분을 내뿜는 것으로 잘 알려져 있다. 사막과 주변 건조 지대에는 단순히 건조할 뿐만 아니라 염분이 많은 토양도 적지 않은데, 이런 환경에서도 살아갈 수 있게 염분 배출 능력을 지닌 것이다. 하지만 에셀나무의 신기한 점은 그것만이 아니다. 과학자들은 상대적으로 습도가 높은 바닷가 인근의 에셀나무가 잎으로 배출한 염분을 이용해 물을 끌어들인다는 점을 발견했다. 비는 내리지 않더라도 바다에서 증발하는 수증기는 적지 않기 때문에 이를 이용해 물을 얻는 셈이다..."

254) 왕검성(王儉城), 위만조선과 왕검성, 우리역사넷, 국사편찬위원회(contents.history.go.kr): "기원전 109~108년에 있었던 고조선과 한(漢)의 전쟁이다. 한의 대군이 고조선의 왕도인 왕검성(王儉城)을 포위하고 양국 간에 치열한 교전이 이루어졌으나 오래도록 승부를 내지 못했다. 결국 왕검성 내부에서 분열이 일어나 성이 함락되었고, 고조선은 멸망하였다. 고조선은 위만(衛滿) 시기부터 한의 외신(外臣) 지위를 획득하였다. 한은 건국 이후 황제를 정점으로 하는 강력한 집권 체제를 갖추는 한편, 자국의 영향력 밖에 있는 이민족들 또한 일원적 천하의 구성원으로 포섭하고자 하였다. 이를 위한 수단이 외신제(外臣制)였다. 위만이 정변을 통해 고조선의 왕이 되고 눈에 띄는 실력자로 부상하자 한은 요동태수(遼東太守)를 통해 위만을 외신으로 삼았다. 위만(衛滿)에겐 이민족들이 한의 국경을 침입하는 것을 제어하는 역할을 맡기는 한편, 이민족의 군장(君長)들이 한과 교섭할 때의 중개자 역할을 부여하였다. 그 결과 위만이 이끄는 고조선은 강력한 위세와 부를 얻을 수 있었다. 위만은 형식적으로 한에 신하의 예를 갖추었지만 내부 정치에 대해서는 일절 간섭을 받지 않았고 독자성을 보장받았다.

255) 책구루(幘溝婁, 혹은 三國志에서 幘沟漊), 국사편찬위원회(thesaurus.history.go.kr): "책구루(幘溝婁). 고구려의 작은 성을 지칭하는 용어. 고구려는 영토확장과 함께 책구루를 설치하여 한(漢)의 정치적 간섭을 차단하고자 함." 구루를 신라에선 '거랑 혹은 거렁'이라고도 했다.

256) 王綿厚, 「西漢時期的玄菟郡 "幘溝婁" 城與高句麗早期 "南北二道" 的形成- 關于高句麗早期歷史文化的若干問題之六」『東北史地』 2008-5, 2008.

257) 三國志. 魏志第三十一, 高句麗傳: "高句麗在遼東之東千里, 南与朝鮮, 濊貊, 東与沃沮, 北与夫餘接. 都于丸都之下, 方可二千里, 戶三萬, 多大山深谷, 无原澤. 隨山谷以爲居, 食澗水. 无良田, 雖力佃作, 不足以實口腹. 其俗節食, 好治宮室, 于所居之左右立大屋, 祭鬼神, 又祠灵星...于東界筑小城, 置朝服衣幘其中, 歲時來取之, 今胡犹名此城爲幘沟漊. 溝漊者, 句麗名城也. 其置官, 有對盧則不置沛者, 有沛者則不置對盧. 王之宗族, 其大加皆称古雛加. 涓奴部本國主, 今雖不爲王, 适統大人, 得称古雛加, 亦得立宗廟, 祠灵星, 社稷."

258) 三國志 魏志東夷傳, 東沃沮條: "東沃沮在高句麗盖馬大山之東...漢初, 燕亡人衛滿王朝鮮, 時沃沮皆屬焉. 漢武帝元封二年, 伐朝鮮, 殺滿孫右渠, 分其地爲四郡, 以沃沮城爲玄菟郡. 后爲夷貊所侵, 徙郡句麗西北, 今所謂玄菟故府是也. 沃沮還屬樂浪. 漢以土地广遠, 在單單大領之東, 分置東部都尉, 治不耐城, 別主領東七縣, 時沃沮亦皆爲縣. 漢光武六年, 省邊郡, 都尉由此罷."

259) 만주말을 한자음으로 차음(借音)하였음. 역사학계의 일반적인 관행은 홍타이지이지만 원래는 홍 타이지라고 표기함. 한자의 표기는 황태극(皇太極), 홍대시(紅歹是), 홍대시(洪大時), 홍태극(洪太極), 홍태주(洪太主), 홍태시(洪佗始), 홍태시(洪台時), 홍타실(洪他失) 등이 있음.

260) 김종현, [신가유문화와 달구벌] 한반도는 '하늘 별나라'... 달구벌은 '동쪽 별나라' 대구신문, 2022.7.19.: "오늘날 달성 현풍의 서쪽 산성에다가 진흥왕 5(544)년에 지역방어병력으로 십정(十停, 三千幢) 가운데 제4번째 '흑금효정(黑衿驍停)'을 설립해, 1만8천여 명 병정으로 흑색깃발(黑驍 : 검정말) 군단(黑衿幢)을 주둔시켜 '삼량법정(參良火停)'이라고 했다. 현풍을 고유어로 '삼량벌(參良火)'이라고 했다. 10정(十停) 가운데 제2 고량부리정(古良夫里停)이란 불교가 도입되면서 범어(산스크리트어)의 요새지(要塞地)에 해당하는 '부리(夫里, puri)'로 표기한 것이다."

261) 『동문선(東文選)』에 의하면 909년 6월 26일 이후에 팔각등루(八角燈樓)를 지었고 11월 4일 이곳에서 처음 법회를 열었다고 하므로, 「신라수창군호국성팔각등루기(新羅壽昌郡護國城八角燈樓記)」는 이 사이에 쓰였을 개연성이 있다. 894년(진성왕 8년) 시무(時務) 10여 조를 올린 뒤 신라의 국운이 기울자 최치원은 관직을 그만두고 방랑하다가 해인사(海印寺)에 들어가 은거했다. 이 사이에 중알찬(重閼粲) 이재(異才) 등 수창군 호족(豪族)의 청에 응해 지었다. 이후 「신라수창군호국성팔각등루기」는 수창군(壽昌郡: 대구)의 호국성(護國城) 팔각등루(八角燈樓)에 계속 걸려 있었다고 한다.

262) 割石(わりいし) 石材を任意に割った,一定の形をしていない石のことで, 基礎工事などに使われる.

263) 曲輪, ウィキペディア (Wikipedia): "曖昧さ回避この項目では, 城郭の區域について説明しています. 木曾三川流域の堤防で囲また地域については「輪中」をご覧ください. 多數の曲輪で構成された中世山城(千早城)中世城郭の各部名称①竪堀②土塁③連續竪堀④堀切⑤畝堀⑥障子堀⑦枡形虎口⑧平虎口⑨馬出⑩土橋, 木橋⑪曲輪⑫櫓台.曲輪（くるわ）とは、城の內外を土塁、石垣、堀などで區画した區域の名称である.郭（くるわ）とも書.主要な曲輪內には、曲輪の出入り口である虎口を封鎖する門を始め、最前線の塀、見見や攻撃を与える櫓が建てられる. 主郭では司令本部となる城主の居所のほか, 兵糧を備蓄する藏, 兵たちの食事を仕込む台所などの建造物が建てられていた. 戰時, それぞれの曲輪には守備を担当する兵たちが駐屯した. 曲輪とは, 軍事的·政治的な意図を持って、削平·盛土された平面空間と定義でき, 15世紀後半に曲輪を連ねる構造が發達し始めたとされ, 例えば千葉縣橫芝光町の篠本城は主從の關係が明確でない空間で構成されており、また青森縣八戶市の根城は一族橫並びの構造と考えられ, 当初の連郭式城郭では曲輪間に主從の關係はなかったといわれている. その後戰國時代以降の城郭では, 複數の曲輪を意図的に配置し, 一郭を主とし二郭以降を從とする構成が一般的となった. 江戶時代には中心的な曲輪に, 本丸(ほんまる)·二の丸(にのまる)·三の丸(さんのまる)などの名前が付く.”

264) 尙静, 張秉堅, 胡瑜蘭, 明代長城修築中是否使用了伝統糯米灰漿技術？ 中國建材報社 (m.thepaper.cn), 2022.4.15.: "長城在我国修築的歷史悠久, 早在東周時期就開始修建長城以抵御北方少數民族的侵扰,后代又継續加以拡建和修築,明代便是秦代之后又一大規模修建時期,并且明長城至今仍有大量比較完整的建築遺迹存世.明長城能在崎嶇的山巒溝壑間經歷數百年風雨,地質沉降,大小地震和戰争侵襲仍屹立不倒,究竟使用了哪些建築技術呢？這是今天人們研究和保護它必然要提及的問題. 而是否使用了中國伝統糯米灰漿技術就是其中最主要的問題之一. 糯米, 古代又称作 '秫米', '黃米', 通常和石灰混合制成糯米灰漿用糯米灰漿黏結, 填充磚 石等构件, 可以使建築物更加穩定堅固, 不易毀坏…"

265) 동물의 가죽·힘줄·창자·뼈 등을 고아 그 액체를 고형화한 점착성 물질

266) 詩経, 大雅文王之什縣: "… 捄之陾陾, 度之薨薨, 築之登登, 削屢馮馮, 百堵皆興, 鼛鼓弗勝, 廼立皋門, 皋門有伉. 廼立應門, 應門将将. 廼立冢土, 戎醜攸行, 肆不殄厥慍, 亦不隕厥問. 柞棫拔矣, 行道兌矣. 混夷駾矣, 維其喙矣. 虞芮質厥成, 文王蹶厥生. 予曰有疏附、予曰…"

267) 영조법식(營造法式), 한민족문화대백과사전: 중국 북송 시기 이계가 편찬한 건축 관련 서적. 영조법식은 하나의 건축물을 짓는 방법과 양식을 지칭하는 동시에 중국 북송 시대(北宋時代) 이계(李誡)에 의해 편찬된 건축설계, 시공에 관련된 서적의 이름이다.

268) 한성부의 도심을 에워싼 사적 제10호 한양도성(漢陽都城), 국가유산청(cha.go.kr), 2016.7.29.: "한성부의 도심을 에워싼 사적 제10호 한양도성(漢陽都城) 현재 수도로서 기능하는 세계 도시 중에 한양도성 규모의 도시성곽이 보호하고 있는 사례는 서울이 유일하다. 자연지형, 역사, 기억으로 이어진 성곽이 인구 천만의 거대도시를 에워싸고 있다는 점에서 한양도성은 참으로 탁월한 가치를 가진 도시유산이다. 한양도성의 축성 시기와 공사 인원, 태조 - 1차 49일 11만 8,070명 / 2차 55일 7만 9,400명, 세종 - 30일 32만 2,400명…"

269) 땅속 금덩어리, 지진이 만들었다, 비즈 조선일보, 2024.9.3.: "압전 효과로 석영에서 나온 전기가 금 입자 모아, 금 함유 액체가 수영장 5개 정도면 금 10kg 생성. 땅속에서 나오는 거대한 금덩어리는 지금까지 구체적인 형성 과정이 알려지지 않고 있었다. 지각에 있는 열수(熱水) 유체에 함유된 금이 어떤 계기로 덩어리를 이룰 것이라는 추측만 할 뿐, 금 덩어리가 만들어지는 도화선이 무엇인지는 밝혀지지 않았다. 금덩어리를 만드는 지구의 연금술 비밀을 풀어줄 만한 연구 결과가 나왔다. 호주 모나쉬대, 라트로브대, 연방 과학산업 연구기구(CSIRO), 시드니 국립중성자 산란 연구센터 공동 연구팀은 3일 국제 학술지 '네이처 지구과학'에 지각에 널리 분포하는 광물인 석영에서 나오는 전기가 그 해답이라는 연구 결과를 발표했다. 석영은 규소나 이산화규소로 주로 구성된 광물로 지각에 널리 분포해 있다. 석영은 광물로는 유일하게 결정의 중심이 대칭을 이루지 않는다는 특이한 성질을 가지고 있다. 이런 결정이 지진 활동으로 압력을 받으면 내부의 전자기 구성이 바뀌면서 전기를 만든다. 압력 변화로 전기가 만들어지는 압전(壓電) 현상이다. 지각 내부에는 금을 함유한 뜨거운 액체인 열수 유체가 흐르고 있는데, 지진 활동으로 이 열수 유체가 지각 가까이 올라올 때가 있다. 이때 석영에서 압전 현상이 발생하면 유체 속 금 입자가 전기에 반응해 석영에 달라붙는다. 한 번 순금 덩어리가 만들어지면 순금 자체가 전도체 역할을 해서 더 많은 금 입자를 끌어당기는 식으로 덩어리가 커진다."

270) Shake, rattle, and gold: Earthquakes may spark gold formation, Science | AAAS(science.org), 2024.9.3.: "For decades, scientists have known that gold-rich hydrothermal fluids accumulate in these quartz veins, seeping in through cracks caused by thousands of earthquakes. These earthquake-related deposits account for up to 75% of all gold ever mined."

271) 三國史記(玉山書院本), 卷第一新羅本紀: "婆娑尼師今 二十一年, 秋七月, 雨雹. 飛鳥死, 冬十月 京都地震, 倒民屋有死者. 二十二年 春二月, 築城名月城. 秋七月, 王移居月城. 二十三年, 秋八月, 音汁伐國與悉直谷國爭疆. 詣王請決, 王難之謂, 金官國首露王, 年老多智識, 召問之. 首露立議, 以所爭之地 屬音汁伐國. 於是, 王命六部, 會饗首露王. 五部皆以伊飡爲主, 唯漢祇部, 以位卑者主之, 首露怒, 命奴耽下."

272) 덤벙주초(柱礎): 자연스럽게 생긴 주춧돌에 맞물리게 기둥 끝을 맞춰 깎아서 기둥을 세움을 말한다. 덤벙이란 덤벙덤벙 '준비도 없이'라는 의미로 막돌을 그대로 사용하지만 그 대신에 기둥 끝을 맞춰서 깎아 가둥을 세우는 작업(질)을 옛 토목쟁이들은 그랭이질이라고 했다.

273) 詩經, 國風豳風: "七月流火, 九月授衣. 一之日觱發, 二之日栗烈. 無衣無褐, 何以卒歲. 三之日 于耜, 四之日擧趾. 同我婦子, 饁彼南畝, 田畯至喜. 七月流火, 九月授衣. 春日載陽, 有鳴倉庚. 女執懿筐, 遵彼微行, 爰求柔桑. 春日遲遲, 采蘩祁祁. 女心傷悲, 殆及公子同歸. 七月流火, 八月萑葦. 蠶月條桑, 取彼斧斨, 以伐遠揚, 猗彼女桑. 七月鳴鵙, 八月載績. 載玄載黃, 我朱孔陽, 爲公子裳. 四月秀葽, 五月鳴蜩. 八月其穫, 十月隕蘀. 一之日于貉, 取彼狐狸, 爲公子裘..."

274) 書經, 无逸篇: "周公曰: "嗚呼！君子所, 其无逸. 先知稼穡之艱難, 乃逸, 則知小人之依. 相小人, 厥父母勤勞稼穡, 厥子乃不知稼穡之艱難, 乃逸, 乃諺, 旣誕, 否則侮厥父母, 曰: 昔之人无聞知. 周公曰: 嗚呼! 我聞曰: 昔在殷王中宗, 嚴恭! 寅畏天命. 自度治民. 祗懼, 不敢荒寧. 肆中宗之享國, 七十有五年. 其在高宗, 時旧勞于外, 爰曁小人. 作其卽位, 乃或亮陰, 三年弗言....”

275) 世宗實錄, 世宗六年十一月十五日: "召大提學卞季良曰: 故老漸稀, 不可無文籍, 本國地志及州府郡縣, 古今沿革, 俾撰以觀. 然今春秋館事劇, 地志則不可爲也, 姑撰州府郡縣沿革而觀之. 且周公《豳風》之詩, 《無逸》之書, 亦可以鑑, 然本土之俗, 異於中國, 欲民間稼穡艱難, 徭役疾苦, 逐月作圖, 仍述警戒之語, 以便觀覽, 庶傳不朽. 季良啓曰: 地志及州郡沿革, 一體事也, 使兼春秋館一人掌之. 臣與卓愼, 尹淮共議撰之, 月令之文, 臣當任之. 上曰:"月令之文, 姑徐之, 地志及州郡沿革, 卿今撰進."

276) 朝鮮王朝實錄, 【太白山史庫本】 五十四冊 百五十卷: "慶尙道: 在三韓時, 爲辰韓, 至三國爲新羅, 及高麗 太祖幷新羅, 百濟, 置東南道都部署使, 置司慶州. 成宗十四年乙未, 分境內爲十道, 以尙州所管爲領南道; 慶州, 金州所管爲領東道; 晋州所管爲山南道, 其後不知何時合爲慶尙道."

277) 上揭書: "今考國史, 睿宗元年丙戌, 稱慶尙晋州道, 明宗元年辛酉, 分爲慶尙州道, 晋陝州道. 至十六年丙午, 以秘書丞李桂長爲東南海都部署使, 兼慶尙州道按察使, 疑尙道之名, 始於此. 神宗十四年甲子, 改爲尙晋安東道, 其後又改爲慶尙晋安道. 忠肅王元年甲寅, 【元 仁宗 延祐元年】 復爲慶尙道, 本朝因之, 都觀察使, 置司尙州..."

278) 上揭書: "... 其地東南負大海, 西界智異山, 至減陰縣, 六十峴, 北界竹嶺, 至聞慶縣, 草岾, 而大丘郡在道中央. 東西三百七十六里, 南北四百四十八里. 所管留守府一, 大都護府一, 牧三, 都護府六, 郡十五, 縣令六, 縣監三十四...."

279) 上揭書: "名山五, 主屹, 【在聞慶】 太伯, 【在奉化】 智異, 【在晋州】 四佛, 【在尙州】 伽倻. 【在星州】 大川三.."

280) 上揭書: "一曰洛東江, 其源有三, 一出奉化縣北太伯山 黃池, 一出聞慶縣 北草岾, 一出順興 小白山, 合流至尙州爲洛東江, 善山爲餘次尼津, 仁同爲漆津, 星州爲東安津, 加利縣爲茂溪津, 至草溪, 合陝川 南江之流爲甘勿倉津, 至靈山, 又合晋州 南江之流, 爲歧音江, 漆原爲亏叱浦, 昌原爲主勿淵津, 至金海過密陽 凝川爲磊津, 【一曰海陽江】 梁山爲伽倻津, 爲黃山江, 南入于海."

281) 上揭書: "二曰晋州 南江, 其源有二, 一出智異山北, 一出智異山南, 合流州西, 爲廣灘, 至宜寧爲定巖津, 東流入于歧音江. 三曰草溪 黃芚津, 其源有二, 一出全羅道 茂朱 草峴, 一出減陰縣 黃石山, 合流于居昌, 過陝川, 東流入于甘勿滄津."

282) 鄭道傳 經濟文鑑下 縣令 「夫民者 國之本也......古者 方制四海 而天子列爵頒祿 非爲臣下 皆以爲民也 故聖人一動作 一施設 一命令 一法制 必本於民 故擇 其人以牧養之 重其任以付責之 假其權以安固之 厚其祿以寵利之 上之責史 一本於民 吏之報上 一本於民 則民重矣」 / 鄭道傳 朝鮮經國典 上 版籍 「...民者 國之本而君之天......爲人君者知此義則其所 以愛民者 不可不至矣」 / 鄭道傳 朝鮮經國典 上 官制 「人君 代天工治天民 不可以獨力爲之也 於是設官 分職 布于中外 博求賢能之士以共之」 / 鄭道傳 朝鮮經國典 版籍 「...民者 國之本而君之天」.

283) 결(結): 양전척(量田尺)에 따르면, 1평방척(平方尺: 사방 1척)을 1파(把, 줌), 10파를 1속(束, 뭇), 10속을 1부(負, 짐), 10부를 1총(總, 동), 10총 또는 1백 부를 1결(結, 목)이라 한다. 고려 문종 때는 삼등전 제도를 사용하여 토지를 상등전, 중등전, 하등전으로 나누었는데 중등전 1결은 하등전 1결의 25/36의 면적에 해당하였으며, 상등전 1결은 하등전 1결의 4/9에 해당하였다. 이 삼등전 제도는 조선 세종 26년(1444)에 다시 6등급으로 세분화되는데, 1등에서 6등의 토지로 갈수록 1결에 해당하는 면적이 증가하였다. 이때 1등전 1결의 넓이는 고려 하등전 1결의 넓이의 2/3으로, 주척 477.5척 사방의 정방형(9,859.7m2)으로 하였다. 이는 임진왜란 이후 다시 변하여 인조 12년(1634)부터 1등전 1결의 넓이가 10,809㎡가 되었고, 대한제국 광무 6년(1902) 다시 1ha(1만㎡)로 바뀌었다.

284) 上揭書(朝鮮王朝實錄): "戶四萬二千二百二十七, 口十七萬三千七百五十九. 軍丁, 侍衛軍二千六百三十單一, 營鎭軍三千八百七十六, 船軍一萬五千九百三十四, 墾田三十萬一千一百四十七結. 厥賦, 稻米, 【有白米, 糙米, 糯米, 粟米】. 豆, 【有大豆, 菉豆】 小麥, 芝麻, 香油, 蘇子油, 蜂蜜, 黃蠟, 綿紬, 苧布, 綿布, 正布, 雪綿子, 【最好, 他道所無, 又有常綿子】 綿花."

285) 종이의 종류와 공납, 우리 역사넷: "먼저 제조국가 또는 시대에 따른 명칭으로는 고려지, 조선지, 華紙(중국종이), 왜지·純倭紙(일본종이) 등이 있다. 제지원료에 따른 명칭으로 보이는 것은 楮紙(닥), 藁紙·藁精紙·蒿節紙(짚), 蒲節紙(부들), 麩節紙(보리 짚), 柳木紙(버드나무), 柳葉紙(버드나무 잎), 麻骨紙(심대), 桑木紙(뽕나무), 竹葉紙(대 잎), 松葉紙(솔 잎), 水苔紙(이끼), 薏苡紙(율무), 蘆花紙(갈대), 眼紙(안자지), 雜草紙·草紙(풀), 蔘花紙(마름) 등이 있다. 종이의 용도에 따른 명칭으로는 表紙·表箋紙·常表紙·咨文紙·進獻紙·書契紙·奏紙·奏本紙·常奏紙·啓本紙·副本紙·副本單字紙·批判紙·狀紙·書狀紙·楮注紙 등 사대교린과 국가의 각종 문서에 사용되는 종이가 있다. 그리고 저화를 만드는 데 쓰이는 楮貨紙, 과거 시험용의 名紙 혹은 試紙, 이미 과거 시험에 사용된 落幅紙, 제사 및 각종 의식에 쓰이는 祝文紙, 갑옷 제조에 사용되는 甲衣紙, 관리들이 전임할 때 예물로 바치는 堂參紙, 불경 인쇄용 經紙, 초상시 사용하는 賻紙, 비 올 때 쓰기 위해 두꺼운 油紙를 이어 붙인 油芚紙, 神機箭 등 각종 統筒의 放火에 사용되는 大小藥線紙·火藥紙, 폐지나 고문서 등을 재생시킨 還紙, 군적을 기록한 軍籍紙, 병풍 제조에 사용되는 屛風紙, 새해를 축하하는 뜻으로 궐내에서 그림을 그려 나누어 주었는데 이때 사용되는 歲畵紙, 방목 또는 방문에 사용되는 榜紙, 겉 봉투에 사용되는 皮封紙 등이 있다. 복합된 명칭이지만 품질의 고하를 나타내는 것으로는 상품 표지·중품 표지·하품 표지·상품 白厚紙·중품 白厚紙·상품 擣鍊紙 등이 있다. 제조 공정에 따른 명칭으로는 다듬잇돌에 넣고 방망이로 두드려 반드럽게 만든 擣鍊紙가 있다. 색깔을 나타내고 있는 것으로는 白紙·純白紙·紅紙·白厚紙·紅厚紙·白奏紙·白色常奏紙·靑薄紙·黃色薄紙·白蔘花紙·白注紙·黃藁紙·染色紙 등이 있으며, 또한 서리와 같이 희다는 뜻의 霜花紙가 있다. 그리고 고문서 등과 같이 더 이상 사용할 수 없는 休紙, 기름을 먹인 油紙, 면죄의 대가로 납부하는 贖紙, 楮紙이나 비단과 같이 단단하고 두꺼우며 윤택이 난다 하여 붙여진 繭紙, 두꺼운 종이인 厚紙, 밀·백랍 등을 올려 방습용 또는 장식용으로 사용하는 蠟紙 등이 있다. 이외에도 常紙·常用紙·金鷺紙·緱紙·燈心紙 등이 있다.

286) 上揭書(朝鮮王朝實錄): "厥貢, 虎皮, 豹皮, 熊皮, 鹿皮, 獐皮, 狐皮, 狸皮, 山水獺皮, 馬皮, 牛猪皮, 占察皮, 魚皮, 皮絃, 豹尾, 狐皮, 黃猪毛肋, 雜羽, 牛角, 乾鹿, 乾猪, 乾獐, 鹿脯, 鹿尾, 大口魚, 文魚, 沙魚, 乾水魚, 白鮡, 全鮑, 紅蛤, 魚膠, 藿海, 毛牛, 毛細, 毛吾, 海曹, 漆, 松煙, 松脂, 栗, 棗, 紅柿子, 乾柿子, 木瓜, 石榴, 梨, 榛子, 松子, 松花, 橘, 胡桃, 梔子, 雀舌茶, 石茸, 眞茸, 蕨藿, 芥子, 乾竹笋, 芝草, 紅花, 槐花, 磊碌, 苧麻, 繩索, 馬衣, 紙箚, 【有進獻表紙, 國用表紙, 擣鍊紙, 眼紙, 白奏紙, 常奏紙, 狀紙】 油芚, 柳器, 木器, 磁器, 哨麚, 船席, 【有進獻黃花席, 彩花席, 滿花寢席. 滿花席, 簾席, 方席, 他道所無. 又貢國用滿花, 各色席, 別文上席, 踏席, 常文踏席, 白文席, 草席.】 竹皮, 方席篠, 【有烏竹, 箭竹】 蕩, 【全竹, 片竹.】 笠, 草紫, 檀香, 白檀香, 正鐵."

287) 上揭書: "藥材, 牛膽, 熊膽, 麝香, 酥油, 猪膽, 獺膽, 猬膽, 猬皮, 牛黃, 阿膠, 臘免頭, 鹿角, 鹿茸, 鹿角膠, 【又有霜】 臘狐肝, 羚羊角, 虎脛骨, 島阿烏油, 露蜂房, 元蠶蛾, 【又有脫蠶蛾】 馬鳴退, 烏魚骨, 班狁, 鼈甲, 蟬脫皮, 龜甲, 桑螵蛸, 鯉膽, 牡蠣, 䗪蟲, 白花蛇, 蛇脫皮, 五加皮, 蓽薢, 筎, 黃蘗皮, 桑白皮, 楡白皮, 小柿, 枳殼, 蕪荑, 郁李仁, 桃仁, 杏仁, 槐角, 川椒, 桑寄生, 牧丹皮, 五倍子, 酸棗仁, 皂莢, 栗, 楔.."

288) 上揭書: "五味子, 厚朴, 烏梅, 鹽梅, 白梅實, 靑皮, 陳陂, 杜沖, 榧子, 八角, 海東皮, 磁石, 柿蔕, 淡竹葉, 椒目, 蜀隨子, 赤茯苓, 白茯苓, 茯神, 安息香, 自然銅, 兎絲子, 覆盆子, 金銀花, 旋覆花, 蛇床子, 蒺藜子, 白附子, 決明子, 天仙子, 人蔘, 白合, 白鮮皮, 防風, 天南星, 菖蒲末, 馬夔零, 馬齒莧, 京三稜, 薺苨, 蒲黃, 澤瀉, 虎杖根, 鶴蝨, 紫莞, 大小薊草, 天麻, 赤箭, 獨活, 白斂, 續斷, 漏蘆, 細辛, 藁香, 地楡, 當歸, 大戟, 滑石, 蓮花蘂, 蓮房, 【又有子.】 芡仁, 林下夫人, 冬草, 獨走根, 破古紙, 芍藥, 【有白赤.】 藜蘆, 枸杞子, 地骨皮, 石葦, 天門冬, 蔓荊子, 香附子, 苓陵香, 玄胡索, 澤蘭, 蔘心, 麥門冬, 牛膝, (紫胡) 前胡, 升麻, 藁本, 白芷, 半夏, 白芨, 玄蔘, 苦蔘, 茵蔯, 秦艽, 黃芩, 黃耆, 木通, 知母, 貫衆, 葳靈仙, 草烏頭, 藍漆, 楮實, 豆豉, 草蘚, 狼牙, 【又有子.】 忍冬草, 瞿麥, 砧, 葶藶, 靑蒿, 水萍, 海藻, 龍膽, 徐長卿, 芫蔚子, 木賊, 射干, 遠志, 石斛, 水泡石, 何首烏, 紫荷藥. 【已上, 雜貢及藥材. 今將土産稀貴者, 錄于各邑之下. 其每邑所産, 但存其凡于此, 不復錄云.】"

289) 上揭書: "栽種藥材, 赤小豆, 豆花, 大麥, 白萹豆, 黑萹豆, 鶯粟, 紫蘇, 薄荷, 香薷, 茴香, 惡實, 生地黃, 【又有乾熟.】 大黃, 靑木香, 荊芥, 葵子, 鷄冠花, 甘菊, 黑大豆, 芎藭, 薏苡, 靑黛, 胡荽, 胡蘆, 蔓菁子, 薑, 深黃, 牽牛子, 【有黑白二種.】商陸."

290) 上揭書: "兵馬都節制使, 置司昌原. 【軍官五百, 守城軍四百三十八.】 兵馬僉節制使守禦處五, 蔚山鎭, 【軍官三百九十九, 守城軍四十】 迎日鎭, 【軍官三百一, 守城軍八十】 東萊鎭, 【軍官三百, 守城軍八十.】 寧海鎭, 【軍官三百, 守城軍八十.】 泗川鎭. 【軍官三百, 守城軍四十九.】"

291) 上揭書: "左道水軍都按撫處置使, 泊東萊,富山浦. 【兵船三十三艘, 軍一千七百七十九.】 水軍萬戶守禦處十一, 鹽浦在蔚山, 【都萬戶守禦, 兵船七艘, 軍五百二.】 西生浦在蔚山, 【三品則稱萬戶,四品則稱副萬戶, 五品則稱千戶, 六品則稱副千戶. 下倣此. 兵船二十艘, 軍七百六十七.】 丑山浦在寧海, 【兵船十二艘, 軍四百二十九.】 烏浦在盈德, 【兵船八艘, 軍三百五十三.】 通洋浦在興海,【今泊豆毛赤浦, 兵船八艘, 軍二百十八.】 包伊浦在長鬐,【今泊加嚴浦兵船八艘, 軍五百八十九,】 甘浦在慶州,【兵船六艘, 軍三百八十七.】 開雲浦在蔚山,【兵船十二艘, 軍四百二十.】 豆毛浦在機張,【兵船十六艘, 軍八百四十三.】 海雲浦在東萊,【兵船七艘, 軍五百八十九,】 多大浦在東萊.【兵船九艘, 軍七百二十三.】"

292) 上揭書: " 右道水軍都按撫處置使泊巨濟 吾兒浦,【兵船二十八艘, 軍二千六百一. 舊泊薺浦, 今上元年己亥, 攻破對馬島, 命處置使移泊于此, 又令加背梁, 見乃梁等處萬戶移守玉浦, 所謂扼其咽喉也.】 水軍萬戶守禦處八. 加背梁在固城,【今泊巨濟 玉浦, 都萬戶守禦. 兵船二十二艘, 軍一千一百二十二】 薺浦在金海,【兵船九艘, 軍八百八十二.】 永登浦在巨濟,【兵船八艘, 軍七百】 見乃梁在固城,【今泊巨濟 玉浦, 兵船二十艘, 軍九百四十.】 樊溪在固城,【今泊唐浦, 兵船十五艘, 軍七百二十二】 仇良梁在晋州,【今泊固城 蛇浦, 兵船十六艘, 軍七百四十八.】 赤梁在晋州,【今泊加乙串, 兵船十三艘, 軍七百二十】 露梁在晋州,【今泊平山浦, 兵船八艘, 軍五百六十八.】"

293) 上揭書: " 監牧官一人, 鹽場官三人, 驛丞十人, 沙近道丞所官驛十五,【金陽, 勸賓, 有隣, 三嘉新驛, 茂村, 星奇, 省草, 草溪新驛, 咸陽新驛, 安陰新驛, 新安, 丹溪新驛, 戱穀, 新繁新驛, 召南.】"

294) 上揭書:"省峴道丞所管驛十四,【龍駕, 水安守山新驛, 無訖伊, 多音新驛, 豊角新驛, 溫井, 內也, 一門, 雙山, 西之, 淸道新驛, 買田, 楡川】 金泉道丞所管驛十六,【踏溪, 安偃, 茂溪, 舌化, 八莒新驛, 安林, 秋豊, 扶雙, 金山新驛, 楊川, 凡於, 河濱新驛, 仁同新驛, 若木新驛, 作乃, 長谷】"

295) 上揭書:"昌樂道丞所管驛七,【昌保, 平恩, 幽洞, 安郊, 通明, 道深, 順興新驛】 長水道丞所管驛十六,【淸通, 永川新驛, 阿大, 毛良, 沙里, 鏡驛, 朝驛, 仁庇, 義谷, 六驛, 押梁, 興海新驛, 大松, 松羅, 長鬐新驛, 河陽新驛】 黃山道丞所管驛十三,【仍甫, 奴谷, 仇於, 富平, 屈火, 肝谷, 輪山, 渭川, 德川, 阿月, 省山, 機張新驛, 東萊新驛】"

296) 上揭書: "幽谷道丞所管驛二十,【聊城, 德通, 洛東, 洛源, 洛西, 長林, 靑里新驛, 功城新驛, 常平, 仇於, 迎香, 安谷, 上林, 雙溪, 安溪, 守山, 龍宮新驛, 知保, 召溪】 召村道丞所管驛二十二,【晋州新驛, 末文新驛, 平居, 富多, 正守, 平沙, 金良新驛, 永善新驛, 常令, 春谷, 咸安新驛, 知南, 松道, 背屯, 春原, 橫浦, 栗原, 馬田, 官栗, 泗川新驛, 浣沙, 烏壤】"

297) 上揭書: "安奇道丞所管驛十六,【瓮泉, 一直新驛, 琴召, 松蹄, 牛谷, 靑路, 鐵破, 柄谷, 石保新驛, 盈德, 南驛, 酒登, 禮安新驛, 龍安, 文居, 和睦, 眞寶新驛】 自如道丞所管驛十二.【近珠, 新豊, 安民, 昌仁, 靈ំ, 金海新驛, 大山新驛, 南驛, 金谷, 德山, 省法, 赤頂】"

298) 上揭書: "道內貢賦, 各 以附近, 分輸于金海 佛巖倉, 昌原 馬山倉, 泗川 通洋倉, 沿于海, 歷全羅, 忠淸海路, 達于京. 水路險惡, 每致敗沒, 太宗三年甲申, 廢漕船, 各令田夫直納于忠淸道 忠州 慶源倉. 其中洛東江之下流沿江各官,【金海, 昌原, 密陽, 梁山, 咸安, 草溪, 昌寧, 漆原, 鎭海, 宜寧】 立三價之稅,【謂船價, 人價, 馬價】 募人載船,【給船價, 人價】 泝至尙州, 陸

輸過聞慶 草岾, 【給人馬價】 納慶源倉, 以站船達于京.”

299) 上揭書: "星州牧: 本本彼縣, 景德王改名新安, 爲星山郡領縣. 新羅之季, 改爲碧珍郡, 高麗太祖二十三年庚子, 改爲京山府, 景宗六年辛巳【卽宋 太宗 太平興國六年】 降爲廣平郡, 成宗十四年乙未, 改岱州都團練使, 顯宗三年壬子, 廢團練使, 戊午, 改爲知京山府事. 忠烈王二十一年乙酉, 【卽元 至元二十二年】 陞爲興安都護府, 三十四年戊申, 陞爲星州牧. 忠宣王二年庚戌, 汰新牧, 降爲京山府, 本朝因之. 太宗元年辛巳, 安御胎于府南三十里祖谷山, 陞爲星州牧,屬縣三.”

300) 漆谷千年紀念碑, 1018(고려 현종 9)년 성주목 속현 칠곡의 별호로 시작되었음. "建立沿革 : 本新羅八居里縣 一云 北耻長里一云仁里, 景德王改名八里, 爲壽昌郡領縣. 高麗初改爲八居, 後居音轉而爲莒, 顯宗九年屬星州號七谷. 本朝仁祖庚辰莒城於架山以山城距居治稍遠遂治漆谷都護府鎭...”

301) 上揭書: "加利縣, 本一利郡, 景德王改爲星山郡, 高麗改今名, 別號歧城. 花園縣, 本舌火縣, 景德王改今名, 別號錦城. 八莒縣, 本八居里縣, 景德王改名. 八里與花園, 皆爲壽昌郡領縣. 高麗改爲八居, 別號七谷, 厥後居音轉而爲莒【右三縣, 顯宗戊午, 皆屬京山府任內】”

302) 上揭書: "名山, 伽倻山【在州西南, 一名牛頭山】 大川, 洛東江下流過府東爲東安津【有渡船】 南流至加利縣東爲茂溪津【有渡船】 四境, 東距玄風四十里, 西距知禮五十里, 南距高靈四十二里, 北距開寧二十七里.”

303) 上揭書: "本州戶一千四百七十九, 口五千八百七. 加利戶二百九十九, 口九百二十四. 花園戶三百二十單一, 口一千三百六十單一. 八莒戶三百四十七, 口一千四百八十單一. 軍丁, 侍衛軍一百九十七, 營軍六十三, 鎭軍一百二十八, 船軍七百六十八. 本州土姓七, 李, 裵, 呂, 白, 全, 朴, 車 ; 來姓一, 林 ; 【京來】 續姓四, 姜, 【晉州來】 孫【密陽來】 金【金海來】 趙【本未詳, 皆爲鄕吏】 加利姓五, 尹, 趙, 李, 洪, 鄭 ; 續姓一, 金【今爲鄕吏】 花園姓五, 徐, 葛, 石, 曺, 丁 ; 來姓三, 韓, 李, 白. 八莒姓三, 都, 玄, 任. 百姓姓二, 田, 卞. 來姓二, 裵, 林. 人物, 門下侍郞平章事李承慶, 判三司事興安府院君 文忠公 李仁復, 【皆恭愍王時人】 簽書密直司事李崇仁 【恭愍王時人】”

304) 史記·貨殖列傳:"于是太公勸具女功.” / 管子. 山國軌:"田中有木者, 謂之谷賊. 宮中四榮樹, 其余曰害女功.” / 史記. 卷一二九. 貨殖傳: "太公望封于營丘, 地潟鹵, 人民寡, 于是太公勸其女功, 极技巧, 通魚鹽, 則人物歸之, ?至而輻湊. 也作 女紅.”

305) 世宗実録地理志, 上揭書: "厥土肥, 風氣暖. 俗尚華麗, 善女功. 墾田一萬五千五百五十五結.【水田八分之三】 土宜, 稻, 粟, 黍, 稷, 麥, 桑, 麻, 楮, 木綿. 加利縣, 又宜山稻, 靑苔, 靑苧. 土貢, 蜂蜜, 黃蠟, 芝草, 梨, 棗, 松子, 紙, 漆, 簟, 狐皮, 狸皮, 獐皮. 藥材, 當歸, 白附子. 土産, 銀口魚, 松茸. 磁器所一, 在州東黑水里【中品】 陶器所一, 在州東豆衣谷里【中品】”

306) 上揭書 : "邑土城【周回四百七十四步, 內有井七池一】 伽倻山石城在州西南四十里【夷險牟之, 周回二千七百三十步, 內有六谷, 溪水常流, 又有泉六】 夢松樓在州北. 驛五, 踏溪, 安偃【在州界】 茂溪【在加利縣】 舌化【在花園縣】 新驛【在八莒縣】. 烽火五處, 星山在州東, 【南準加利縣伊夫老山, 北準本州角山】 角山【北準若木朴執山】. 末應德山在加利縣東【東準花園, 北準城山, 南準玄風所山】 城山【北準河濱 馬川峴】 伊夫老山在加利縣北【東準末應 德山, 南準高靈望山】 大堤六, 東亭子堤, 所非谷堤, 極只堤, 竹堤【皆在州東】 所怪堤, 沙羅堤,【皆在八莒】"

307) 新唐書, 卷二百二十, 東夷列傳新羅條: "其俗呼城曰健牟羅, 其邑在內曰啄校勘, 在外曰邑勒, 亦中國之言郡縣也. 國有六校勘. 啄評五十二校勘. 土地肥美, 宜植五穀, 多桑麻, 作縑布, 服牛乘馬, 男女有別."

308) 일제강점기 한국문학전집(Literary Collections), 37권 신채호, 2016(google.co.kr): "여래비리(如來卑離), 초산비리(楚山卑離) 등 54국을 통솔했다. 비리의 여러 나라는 삼국사기 백제본기(三國史記新羅本紀)의 부여와 백제지리지(百濟地理志)의 부리(夫里)이니, 비리는 부여비리는 지금의 부여이고, 감해비리는 고막부리(古莫夫離)로 지금의 공주(公州)다. 벽비리는 파부리(派夫里)로 지금은 능주(綾州, 和順)이다…"

309) 金富軾, 三國史記, 百濟本紀: "… 盧國, 素謂乾國. 古爰國, 莫盧國, 卑離國, 占離卑國, 臣釁國, 支侵國, 狗盧國, 卑彌. 國,監奚卑離國."; 三國史記, 地理志: "莫盧國, 古臘國,臨素半國, 臣雲新國, 如來卑離國,楚山塗卑離國…"

310) Wiktionary日本語版(日本語カテゴリ): "比較的少數の民家が集まり構成する地域の共同体で、地緣団体として形成される市町村の單位となっている地區."

311) Wikipedia, In Buri District: "It's a formal word for City, derived from the Sanskrit "Puri" meaning "fortified city" 2. bilboalaska. 6 years ago. Buri is a town, muang is a city, ban is a village."

312) 漆谷邑誌(1899) 形勝, 七峯山: "在架山七峯山作谷為邑基地故号曰漆谷云."

313) 칠곡지명 유래, 칠곡군청 누리집(chilgok.go.kr): "칠곡(七谷)이란 이름은 팔거현의 명산 가산이 일명 칠봉산(七峰山)으로도 불리는데, 산정(山頂)에는 나직한 7개의 봉(峰)으로 둘러싸인 평정(平頂)을 이루고 골짜기도 사방 7개로 형성하고 있다. 여기서 명칭을 따서 「七谷」이라고 했는데 그후 일곱 칠(七) 자를 칠(柒) 자로 바뀌어 「柒谷」으로 사용하다가 칠(柒)과 같은 자인 칠(漆)로 고쳐 「漆谷」으로 다시 바뀌어 오늘에 이르고 있다. 한편 옻나무가 많아서 옻칠(漆) 자로 바뀌었다는 설이 있으나 확실한 기록은 찾아볼 수 없다."

314) Seven Hills of Rome: What are they and how to explore each, Tripadvisor(tripadvisor.com), 2022.7.11.: "The seven hills of Rome are Palatine Hill, Aventine Hill, Capitoline Hill, Caelian Hill, Esquiline Hill, Viminal Hill and Quirinal Hill. Each of these hills was a separate settlement that eventually came together to form the early Roman Kingdom."

315) 달구벌 천도 계획, 대구역사문화대전(grandculture.net): "대구가 천도지로 선정된 이유는 우선, 주요 교통로에 위치한 물류 상의 이점 때문이었을 것이다. 대구에서는 금호강 수운을 이용하여 영남 대부분 지역의 물자를 끌어들일 수 있다. 그리고 농경지인 달구벌 지역은 경주보다 넓은 분지 지역이어서 방어에 유리하기도 하였다. 또 하나 지적할 수 있는 것은 신천 좌우로 넓은 평지가 있어 당 장안성과 같은 도시계획이 가능하다는 것이다. 그렇다면 천도 계획은 어느 정도 시행되었을까? 지적원도(地籍原圖)를 보았을 때 수창군치(壽昌郡治)로 추정되는 수성초등학교 주변에서 약간의 정방향 도로와 토지 구획을 확인할 수 있다는 연구가 있다."

316) 삼국사기에 689년 신문왕 9년에 달구벌로 천도를 구상하고 장산(오늘날 경산)까지 국왕이 직접 왕림하여 천도잡업을 했으나 경주 귀족들의 저항으로 접었다는 기록이 있었다. 이를 두고, 최근에 한국사 논문에서는 수성초등학교 주변에 도시계획을 착수했다는 주장이 있었으나, 이에 반해 오늘날 북구 읍내동 신문왕 당시 팔거리현에 해당하는 이곳을 천도 대상지로 삼았다는 전 경북대 사학과 교수 주보돈 그리고 팔거 역사문화연구회 초대회장 이정웅은 주장하고 있다. 통일신라는 국격에 맞는 100리 벌판에 거대한 달구벌 도읍지를 구상했다는 것은 사리에 맞다. 그러나 사방 20리도 안 되는 팔거들에 다가 천도한다는 건, 사방 40리 정도 경주들에 비하면 좁은데 통일신라의 천도 대상지로 설득력을 얻기는 어렵다. 그러나 주보돈 교수 등은 국방상 위상으로 팔거현 천도 대상지를 주장하고 있다.

317) 거(莒) 자는 일반적으로 '감자 거(莒)'라고 하나, 남미 안데스 산악지역이 원산지인 감자가 한반도에 들어온 연대는 1600년대이고, 뚱딴지 혹은 돼지감자는 1800년 이후였다. 따라서 이전에는 '토란 거' 자 혹은 '알토란 거'라고 고대 의학서적에서 확인할 수 있다.

318) 許慎, 説文解字 : "【說文】齊謂芋爲莒, 又國名."

319) 增補文獻備考 제15권 여지고 3 군현연혁 1: "고려 경상도에서는 경산(京山)의 속군은 1인데, 고령군(高靈郡)이고, 현이 14인데, 약목현(若木縣), 인동현(仁同縣), 지례현(知禮縣), 가리현(加利縣), 팔거현(八莒縣), 금산현(金山縣), 황간현(黃澗縣), 관성현(管城縣), 안읍현(安邑縣), 양산현(陽山縣), 이산현(利山縣), 대구현(大丘縣), 화원현(花園縣), 하빈현(河濱縣)이다."

320) 高麗史 제57권 지 제11 지리 2 상주목 경산부(京山府): "팔거현은 원래 신라의 팔거리현(八居里縣)[북치장리(北恥長里) 또는 인리(仁里)라고도 한다]인데 경덕왕은 팔리(八里)로 고쳐서 수창군(壽昌郡)의 관할하에 현으로 만들었다. 고려 초에 팔거(八居)[후에 거(居)자는 발음이 같은 거(莒)자로 되었다.]로 고쳤으며 현종 9년에 본부에 소속시켰다. 칠곡(七谷)이라고도 부른다."

321) 戚繼光(1528~1588), 字元敬, 號南塘, 孟諸, 山東登州人, 明朝將領. 戚繼光出身軍戶, 奉命戍守浙江和福建十多年, 招募士兵組成戚家軍, 練兵嚴厲, 軍法嚴厲, 創立新戰術, 注重武藝訓練, 多次擊敗倭寇, 肅清閩浙的倭亂, 戰蹟彪炳, 從參將多番轉遷, 升任福建總兵.後來戚繼光受命鎭守北方邊境防範蒙古, 得到首輔張居正和兵部尙書譚綸的信任, 擔任薊州總兵十四年, 重修長城, 建造塔樓加強防務, 官拜左都督, 加封少保兼太子太保, 地位顯赫. 張居正過世後, 戚繼光屢次被參劾, 退休回鄉, 晚境凄涼.

322) 明戚繼光撰. 是書乃其官浙江參將時前後分防寧波, 紹興, 台州, 金華, 嚴州諸處練兵備倭時作. 首爲申請訓練公移三篇.所謂提督阮者, 阮一鶚; 所謂總督軍門胡者, 胡宗憲也. 次爲或問, 題下有繼光自注雲, 束伍旣有成法, 信於衆則令可申, 苟一字之種疑, 則百法之是廢, 故爲或問以明之. 蓋明人積習, 惟務自便其私, 而置國事於不問. 故已在事中, 則攘功避過, 以身之利害爲可否, 以心之愛憎爲是非; 已在事外, 則嫉忌成功, 惡人勝, 已吠聲結黨, 倡浮議以掣其肘. 繼光恐局外阻撓, 敗其成績, 故反覆論辨, 冠之簡端, 蓋爲當時文臣發也. 其下十八篇, 曰束伍, 曰操令, 曰陣令, 曰諭兵, 曰法禁, 曰比較, 曰行營, 曰操練, 曰出征, 曰長兵, 曰牌筅, 曰短兵, 曰射法, 曰拳經, 曰諸器, 曰旌旗, 曰守哨, 曰水兵. 各系以圖而爲之說, 皆閱歷有驗之言, 故曰《紀效》其詞率如口語, 不復潤飾. 蓋宣諭軍罰, 非如是則不曉耳. 或問第一條云: 開大陣, 對大敵, 比場中較藝, 擒捕小賊不同. 千百人列陣而前, 勇者不得先, 怯者不得後, 只是一齊擁進. 轉手皆難, 焉能容得左右動跳; 一人回頭, 大衆同疑, 焉能容得或進或退! 可謂深明形勢, 不爲韜略之陳言. 第四篇中一條云, 若犯軍令, 便是我的親子侄也要依法施行. 厥後竟以臨陣回顧, 斬其長子. 可謂不愧所言矣, 宜其所向有功也.

323) 增補文獻備考) 제17권 여지고 5 군현 연혁 3 경상도: "중종(中宗) 14년(1519)에 본도(本道)의 일이 번다(煩多)하다 하여 좌도 감사(左道監司)와 우도 감사(右道監司)로 나누어, 낙동강(洛東江) 이동을 좌도(左道)에 속하게 하고, 그 이서를 우도(右道)에 속하게 하였으나 동년(同年)에 폐단이 많으므로 파(罷)하고 1도(道)로 삼았다. 선조(宣祖) 25년(1592)에 왜구(倭寇)가 쳐들어와 도로가 통하지 아니하므로, 또 좌감사(左監司)·우감사(右監司)로 나누어 좌감영(左監營)은 경주(慶州)에 설치하고, 우감영(右監營)은 상주(尙州)에 설치하여 병사(兵使)·수사(水使)를 절제(節制)하다가, 26년(1593)에 다시 합하여 하나로 하고, 감영(監營)을 성주(星州) 팔거현(八莒縣)에 두었으니, 곧 〈명(明)나라〉 총병(摠兵) 유정(劉綎)이 주둔하던 곳이다."

324) 2022년 11월 20일경 "이태원 객사 길을 가다"라는 자료를 수합하고자 토론 때에 '살 거(居)'에서 '감자 거(莒)'로 변경한 사유에 대한 다양한 주장을 간추려보면, 1) 팔거역사문화연구회 이사인 한영기(韓永基, 1949년생) 님은 이곳에 돼지감자 속칭 뚱딴지(唐芋)가 팔거천 섶에 많아서 팔거(八莒)라고 했다고, 2) 팔거역사문화연구회 초대 회장인 이정웅(李貞雄, 1945년생) 님은 춘추시대 산동성의 거국(莒國) 혹은 거성(莒城), 즉 "평온하고, 윤리강령이 확립된 향리(莒人入向)"라는 춘추(春秋隱二年)의 고사에서 유래했다고 했다. 오늘날 감자(potato)는 남미 안데스산맥을 원산지로 1620년에 일본이 네덜란드로 도입했기에 한국은 이후이고, 돼지감자 혹은 뚱딴지는 1920년 중국으로부터 도입되어 귀화식물로 정착되었기에 고려 시대로 소급하기는 타임라인(time line)상 문제가 있다.

325) 김민철, [김민철의 꽃이야기] 뚱딴지의 유래를 아시나요? 조선일보. 2020.10.6.: "고향 가면 언제나 반겨주는 꽃, 뚱딴지... girasole라고도 함. 국화과(菊花科 Asteraceae)에 속하는 해바라기의 한 종류. 남아메리카가 원산지로 먹을 수 있는 덩이줄기 때문에 잘 알려져 있다. 식물체의 지상부는 거칠고 보통 가지가 많이 갈라지며, 서리에 약한 다년생식물로 키가 2~3m 자란다. 엉뚱하게 생각하지 못한 결과가 나오는 경우를 뚱딴지라고 한다. 그만큼 생명력이 강력하여 뿌리 깊이 내리기에 다른 농작

물을 심었는데도 뚱딴지가 나온다...”

326) 莒縣人民政府, 莒縣是中國山東省日照市所轄的一個縣, 總面積爲1952平方公里. 爲春秋時代莒國都城所在地, 戰國時屬齊國. 公元前284, 燕昭王派樂毅攻齊, 連下七十餘城, 僅剩莒, 卽墨頑强抵抗, 之後齊將田單發動反攻而復國. 南燕(398年—410年)時, 徐州治所設在東莞, 卽今莒縣東莞鎭. 縣人民政府駐城陽街道振興東路489號.

327) 王的游歷, 詩經 莒城 詩經, 莒子入向, 2020.5.9.: "三. 莒城孝事 : 莒人重孝。歷史上的莒國位于山東省莒縣一帶, 是東夷諸部中的一个重要方國, 深受東夷文化的影響, 幷在一定程度上傳承和發展了東夷文化的特色, 是東夷文化發展歷程的一个生動寫照. (一) 舜的孝行: 在莒地, 說到行孝的典范, 首數舜帝. 關于舜行孝的故事, 据《孟子·离婁篇》記載 : 舜生于諸馮, 遷于負夏, 卒于鳴條, 東夷之人也. 舜是傳說中的遠古帝王, 五帝之一. 据記載 : 舜的父親瞽叟眼睛失明, 継母性情不善, 同父异母的弟弟象也非常不懂事, 他們曾多次想害死舜. 有一次, 瞽叟讓舜修補谷倉倉頂, 却在下面縱火焚燒倉房. 舜靠着兩个斗笠作翼, 從房上跳下, 幸免于難....”

328) 감자의 동양에 전래 대해서, 1630년 네덜란드인이 일본에 전달했기에 임진왜란 때 감자는 우리나라에 들어왔다는 거짓이다. 한국에서는 하지감자, 지슬, 북감저(北甘藷), 마령서(馬鈴薯)라고도 한다. 한반도에는 1824년에 처음 전래되었으며 본격적으로 재배를 한 시기는 한국전쟁 이후부터다.

329) When were potatoes introduced in Korea? Gamja-jeon, Wikipedia: "Potatoes may have been introduced in Korea either through the China–North Korea border at Tumen in 1824, or by the German missionary Karl Gützlaff via sea in 1832. The tubers have been cultivated mainly in the hills and mountain ranges of Gangwon Province, with gamjajeon becoming a specialty of that region."

330) 莒: "【唐韻】【正韻】居許切,【集韻】苟許切, (=竝=幷)音擧. 草名.【說文】齊謂芌爲莒. 又國名.【春秋·隱二年】莒人入向.【註】莒國, 今城陽莒縣. 又莒父, 魯下邑.【論語】子夏爲莒父宰. 又姓.【史記·秦本紀】秦之先爲嬴姓, 其後分封, 以國爲姓, 有莒氏."

331) 『說文解字注』(莒)齊謂芌爲莒. 所謂別國方言也. 借爲國名. 從艸. 呂聲. 居許切. 五部. 顏氏家訓云. 北人之音多以擧莒爲矩. 唯李季節云. 齊桓公與管仲於臺上謀伐莒. 東郭牙望桓公口開而不閉. 故知所言者莒也. 然則莒, 矩必不同呼. 此爲知音矣. 按廣韻莒, 矩雖分語.麌. 然雙聲同呼, 顏氏云. 北人讀擧莒同矩者. 唐韻矩其呂切. 北人讀擧莒同之也. 李季節音諟讀擧莒居許切. 則與矩之其呂不同呼. 合於管子所云口開而不閉. 廣韻莒俱雨切. 非唐韻之舊矣 又按孟子以遏徂莒. 毛詩作徂旅. 知莒從呂聲. 本讀如呂. 是所以口開不閉. 不第如李季節所云也.

332) 200억 대납 밝힌 이순자 씨 "알토란 같은 내 돈" 중앙일보(joongang.co.kr), 2004.5.12.: "패물을 팔고 땅을 사서 불린 알토란 같은 돈이다. 전두환 전 대통령의 부인 이순자 씨는 11일 남편의 비자금을 관리한 의혹 때문에 검찰에 소환돼." / 이순자 여사 "모두가 알토란 같은 내 돈" 동아일보(donga.

com), 2004.5.12.: "전두환(全斗煥) 전 대통령의 부인 이순자(李順子) 씨는 11일 검찰에서 130억 원대의 거액을 비밀관리해온 사실을 실토하면서 "이 돈은 남편 것이 아니라…""

333) 《管子·小稱》載:「桓公,管仲,鮑叔牙,甯戚四人飲,飲酣,桓公謂鮑叔牙曰『闔不起爲寡人壽乎?』鮑叔牙奉杯而起曰『使公毋忘出如莒時也,使管子毋忘束縛在魯也,使甯戚毋忘飯牛車下也.

334) 毋忘在莒是中文成語,源自中國春秋戰國時期,意指「不忘昔日之苦難」,比喻收復國土,不忘前事.

335) 成宗實錄,成宗十七年一月十六日: "江陵大都護府使曺淑沂臨行上書曰: 《易》曰: 王公設險, 以守其國. 《春秋傳》曰: 莒城惡, 不浹辰, 楚克三都. 然則守國不可以無城郭, 而亦不可以卑惡也. 我國南隣島夷, 北接靺鞨, 腹背受敵, 禦暴保民之所, 其可不汲汲措置以備陰雨之戒乎? 肆我列聖相承, 於要害之處, 或築長城. 或築邑城以備之, 其守國長慮, 無以加矣. 然而長城則卑惡, 不可以禦敵; 邑城則狹小, 不足以容衆. 反不如前朝廢棄之城郭, 言之可爲寒心. 況南方昇平日久, 山巓水涯, 民居遍焉, 卒有倭變, 則雖欲疊入, 城不容焉, 民安所恃而避其賊鋒乎?"

336) When did armies begin? Military history, Wikipedia: "Early historians, The documentation of military history begins with the confrontation between Sumer (current Iraq) and Elam (current Iran) c. 2700 BC near the modern Basra."

337) The oldest strategy book in history? "Art of War" as compulsory. LinkedIn(linkedin.com), 2022.11.15.: "The Art of War : The Chinese general, military strategist and philosopher Sunzi wrote the first known written treatise on strategy around 2,500 years ago. "The Art of War" and the rules it contains are said to have made commanders unbeatable."

338) Who invented military science? Military science, Wikipedia: "It studies the specifics of planning for, and engaging in combat, and attempts to reduce the many factors to a set of principles that govern all interactions of the field of battle. In Europe these principles were first defined by Clausewitz in his Principles of War."

339) Geopolitics (from Ancient Greek γῆ (gê) 'earth, land' and πολιτική (politikḗ) 'politics') is the study of the effects of Earth's geography on politics and international relations.[1][2] Geopolitics usually refers to countries and relations between them, it may also focus on two other kinds of states: de facto independent states with limited international recognition and relations between sub-national geopolitical entities, such as the federated states that make up a federation, confederation, or a quasi-federal system.

340) When did geopolitics start? Geopolitics, ScienceDirect.com: "The history of the term 'geopolitics' can date back to 1899 when the term was first coined by the Swedish political scientist Rudolf Kjellen."

341) Who is the founding father of geopolitics? Halford Mackinder, Wikipedia: "Sir Halford John Mackinder(15 February 1861~ 6 March 1947) was a British geographer, academic and politician, who is regarded as one of the founding fathers of both geopolitics and geostrategy."

342) 한국은 4마리 코끼리에 낀 작은동물, 매일경제(mk.co.kr), 2004.10.13.: "중국, 러시아, 일본 및 미국 등 4대 강대국(코끼리)에 둘러싸인 작은 동물에 비유했다." / South Korea and Japan's Response to the U.S.–China, KCI(kci.go.kr), 2017.: " Living among the Elephants: South Korea and Japan's Response to the U.S.–China Maritime Rivalry in the Asia–Pacific…" / South Korea and Japan's Response to the U.S.-China.. KISS(kiss.kstudy.com), 2017.9.: "Living among the Elephants: South Korea and Japan's Response to the U.S.-China Maritime Rivalry in the Asia-Pacific…" / Russia's top diplomat accuses US, South Korea and Japan… AP News(apnews.com), 2024.1.24.: "Russia's top diplomat accused the United States, South Korea and Japan on Wednesday of preparing for war with North Korea…"

343) Could South Korea play the role of knight on US great chessboard, KoreaTimes(koreatimes.co.kr), 2023.7.3.: "Since its establishment, the Republic of Korea has also been portrayed as a small chess piece in regional geopolitics. One prominent explanation…"

344) 上揭書, 宣祖實錄, 宣祖三十年四月二十一日: "兵部爲朝鮮危在朝夕, 事難再延, 謹直陳防禦急着, 懇乞聖明, 嚴勅當事諸員, 作速擧行, 以保屬國, 以保藩籬事....又自梁山, 至密陽鳳山, 以抵大丘, 此又一通要路也. 大丘往爲完城, 壬辰秋, 已被殘敗. 自大丘迤北, 有八莒古縣, 此總兵劉綎先日所駐, 險頗可恃. 過八莒, 又分兩路, 一路直由星州, 其城不甚高堅, 仍當再加修葺, 該國見今定將防守. 再進則尙州, 謂其城亦堪守. 過尙州則抵鳥嶺, 上亦有山城, 高峯峻嶺, 又一大險隘也, 該國亦有將防守. 一路由八莒…"

345) 上揭書, 宣祖實錄 卷二十五, 宣祖二十四年三月一日丁酉: "柳成龍謂誠一曰 君言故黃異, 萬一有兵禍, 將奈何? 誠一曰吾亦豈能必倭不來? 但恐中外驚惑, 故解之耳.

346) 沈惟敬, 百度百科: 沈惟敬(1537~1599) 字宇愚, 浙江嘉興府嘉興縣人. 明朝使臣,將領. 沈惟敬起初是商人, 在朝鮮戰事爆發后, 沈惟敬以辯才應募參戰, 最初以間諜深入倭營, 後來負責對日交涉活動. 万歷二十三年(1595年). 明廷定案冊封丰臣秀吉后, 沈惟敬被任命爲宣諭使赴朝鮮和日本宣諭冊封事宜. 万歷二十四年(1596年). 被改任爲冊封副使, 与正使楊方亨一道在大坂城冊封丰臣秀吉爲日本國王. 丰臣秀吉雖接受了明朝的冊封,但拒不退還釜山留兵, 致使封事最終告敗. 沈惟敬在事后繼續留在朝鮮与日方交涉, 但未獲成功. 万歷二十五年(1597年0, 日本再次出兵侵略朝鮮后. 沈惟敬被逮捕下獄, 判爲監候處決.后于万歷二十七年（1599年）, 被下令處決.

347) 上揭書, 世祖二年八月十三日: "傳旨戶曹曰: 慶尙道 慶州, 永川, 新寧, 河陽, 慶山, 大丘, 玄風, 昌寧, 靈山, 星州任內, 八莒,花園等邑, 今年失農, 其減田租之半, 貢賦雜徭, 一皆蠲免."

348) 上揭書, 明宗二年 七月十六日: "乙丑/傳曰: 今見慶尙監司 【任虎臣.】 狀啓, 【咸昌大雨, 宰岳山土石崩頹, 覆壓者五家, 居民三十四名, 牛九頭, 馬二匹壓死, 水邊人家十九區漂流. 眞寶大雨, 山底人一名壓死, 水邊人家七區漂流, 五區頹壓. 星州大雨, 洛東江邊東村及八莒, 花園, 加利等處, 田畓泥沙塡積, 花園二十七家, 加利十五家漂流. 聞慶大雨水漲, 民家二十一區, 覆壓死者十二名, 溺死者二名. 昌寧大雨, 民家八區沈墊, 二十一區漂流. 草溪大水漲溢, 人家四十餘區漂流; 靑松大漲, 人家覆壓, 人物致死; 密陽民家一百九區漂流, 八十五家頹落.】 此前古所無之災也. 慶尙於國家爲巨道, 而災變若此, 罔知攸措."

349) 上揭書, 宣祖實錄, 宣祖 二十一年 四月二十二日: "乙亥/日本國客人別運, 回到星州 八莒縣, 接待埋沒, 至於闕役, 只差使員. 欲推色吏, 則盡爲逃散不現, 宣慰使因差使員所報, 移文監司, 推考星州官吏. 上以韓孝純不能拿致嚴鞫啓聞, 而泛然移牒, 備忘記曰: 接待隣國使命, 其任非輕, 所當刻勵嚴勅, 勿致有一毫之未盡, 以副國家柔遠之道, 而星州官吏所犯, 極爲駭愕. 此由號令不嚴, 慢忽接待之致, 大負委寄之意. 且其色吏不爲捉致窮問, 其緩劣可想, 尤爲無謂, 推考."

350) 宣祖實錄, 宣祖二十六年五月一日: "皇朝繼遣四川総兵劉綎, 率福建、西蜀、南蛮等処召募兵五千, 来屯星州。 浙将呉惟忠屯善山、鳳渓, 李寧、祖承訓、葛逢夏屯居昌, 駱尚志、王必迪屯慶州, 環四面, 相持不進, 糧餉取之両湖, 踰越険阻, 散給諸陣, 民力益困."

351) 유정부대(劉綎部隊)의 주둔지에 대해서 1) 현재 칠곡향교(漆谷鄕校) 김정립(金楨立) 전교(典校)께서는 오늘날 매천초등학교(梅川初等學校)가 있는 곳 당시 금호강에 유입되는 팔계천의 송천변(松川邊)이라고 하고, 2) 팔거역사문화연구소(八莒歷史文化硏究所) 초대 회장 이정웅(李貞雄)님은 동천동(東川洞) 선사시대유적지(先史時代遺蹟地)에서 주둔했다는 물증으로 그곳에 중국 도자기 등이 발굴됨에 따라 과거 병영지였다는 주장을 하고 있음.

352) 김종탁(金鐘卓, 010-6502-2540), 황강변 권률 장군의 병영진지 설치, 초계운석구 안내소. 2025.2.12. 14:00, 김형일, 이대영 및 김종탁(초계항교 전교): "임진왜란 당시 권율 장군의 수부(首府)는 초계군 관아 인근에 있었으며, 조선군 병영은 황강 천변에다가 설치했다. 전초에는 단기적으로 봐서 청야 산성전략(淸野山城戰)으로 전략을 추진했다가, 1년이 넘어서고 장기전으로 들어가면서, 1) 수운을 이용한 왜군의 대량적인 병참보급선을 차단하고, 2) 왜군이 침입 시에 생명수를 선점하여 병정과 병마의 마실 물(飮用水)로 곤경에 처하도록 하며, 3) 평시에 필요한 병정과 병마의 음용수와 생활용수를 자유롭게 마련한다는 취지에서 천변진영(川邊陣營)을 마련했다."

353) 劉綎, 維基百科: "劉綎(1552~1619.4.18.), 字省吾, 江西南昌人. 明朝後期大將, 遼陽總兵. 軍紀嚴明, 據說其使用重達120斤的鑌鐵大刀, 且舞動如風, 故綽號「劉大刀」. 都督劉顯之子, 因父蔭任指揮使. 萬曆初年, 父討伐九絲蠻(今四川省敘永境), 衝鋒在前, 率先登城抓獲蠻人首領阿大. 被提升爲雲南以東守備, 改任南京小敎場坐營. 劉綎所用刀一百二十斤, 軍中號爲「劉大刀」. 有姬妾二十餘人, 都是燕. 趙一時之選, 皆善走馬彈械. 綎每出巡, 諸姬戎裝穿小皮靴, 跨善馬, 爲前導. 四力士共擧刀架繼之, 綎在其後. 萬曆十一年 (1583年), 劉綎因征討緬甸王南達勃因(莽應里)而成名, 與鄧子龍大破緬軍於姚關以南, 並招撫孟養, 木邦, 孟密, 隴川各土司. 曾參與播州之役, 萬曆援朝戰爭, 打敗小西行長等率領的日本軍隊, 屢立戰功. 他給加藤清正寫過勸降書. 萬曆四十七年(1619年), 明與後金薩爾滸之戰, 楊鎬分兵四路進兵, 由四個總兵官率領, 進攻赫圖阿拉. 四路軍爲山海關總兵杜松, 遼東總兵李如柏, 開原總兵馬林和遼陽總兵劉綎, 以杜松部爲主力. 劉綎驍勇善戰, 但與楊鎬素不和, 被派往東路, 孤軍深入. 西路主力山海關總兵杜松遇伏慘敗, 全軍覆沒, 繼而北路馬林敗逃開原. 楊鎬得知兩路敗報, 急檄收回李如柏, 劉綎兩軍. 此時劉綎已進軍深入三百里至深河, 連下三寨, 直入棟鄂路. 努爾哈赤更派人假扮杜松軍使者, 說杜松已到赫圖阿拉城, 催促劉綎前進, 劉綎不知是計, 輕兵冒進至阿布達里岡, 改爲單列進軍. 代善指揮八旗鐵騎勁旅, 與東路軍一戰, 劉綎雙臂受傷, 被削去半個面頰, 猶手刃數十人, 最後戰死, 東路明軍幾乎全軍覆沒."

354) 上揭書, 宣祖實錄, 宣祖二十六年 閏十一月二十二日: "領議政柳成龍, 左議政尹斗壽, 兵曹參判沈忠謙啓曰: '臣等拜見劉揚兵曰: ˙國王昨日, 陪老爺不得從容, 今日令臣等到老爺(根) 前, 再討示下.' 摠兵曰: '多謝.' 臣等曰: '小的七月間, 陪老爺在陝川, 略知賊情, 上來以後, 未知賊情如何?' 摠兵曰: '賊之情形, 前日一樣..."

355) 上揭書, 宣祖實錄, 宣祖二十六年 十二月一日: "備邊司啓曰: 伏見戶曹參議鄭光績狀啓, 天兵糧一月支給之數, 至於一萬一千六十餘(名), 數外濫受之數, 至於如此. 大槪天朝留兵之數, 雖云一萬六千, 而此乃都合京中及平壤等處, 凡在我境者, 盡在其中. 若劉總兵所率留屯嶺南之軍, 則總兵自言一萬三千六百名, 其軍數多少, 擧此可知. 何至於一月放糧, 如此之多乎? 況總兵大軍, 留陣八莒, 其數甚多, 慶州則只有駱參將軍人六百名, 吳遊擊·王遊擊所率各數千餘名, 其多寡懸殊, 而八莒站一朔所用之米, 五千二百三十七石..."

356) 《論語講記》,明倫月刊(minlun.org.tw):"... 動目貌,眼睛可以傳神,所謂「傾城傾國」,眼一看傾城,再看傾國,再看傾天下... 國必自伐而後人伐之. 日本不亡國,因爲日本人不拆廟,不打倒孔老二,還有天理在..."

357) 이덕일, [이덕일의 칼날 위의 歷史] #5. 임란 때 왜군 절반이 조선 백성이었다, 시사저널, 2014.9.24.: "양반은 세금 안 내고 백성만 부과... 민심 이반 자초. 당시 의병장이 남긴 '쇄미록'을 보면 이런 기록이 있다. "왜군이 쳐들어 왔는데, 아랫것들은 하나도 안 보이고 오히려 일본군을 환영해줘서 걱정이다." 아예 대놓고 일본군에 가담한 조선 백성들도 적지 않았으니 당시 선조는 윤두수(尹斗壽)에게 이렇게 물었다. "지금 왜군의 절반이 조선 백성이라고 하는데 그게 사실인가? (선조실록 25년 5월4일)"

358) 宣祖實錄, 宣祖二十五年五月四日: "引見承旨及備邊司堂上. 尹斗壽曰: 中路則申硈、黃允容, 海州牧使等, 皆率千兵以往, 不必更遣大將矣. 今日大駕若次寶山館, 則甚便矣....上曰: 使之不來矣. 卿等未聞京城消息乎? 忠元曰: 聞賊兵入自東大門. 斗壽曰: 驛路斷絶, 宜差人探聽. 上曰: 賊兵幾何? 半是我國人云, 然耶? 斗壽曰: 此言, 不知虛實矣. 內侍衛司僕, 專管牽馬, 而皆逃去, 只有理馬四人. 令京畿監司捕送. 上曰: 黃海監司趙仁得加資, 理馬金應壽, 吳致雲, 東班敍用. 忠元曰: 豈可使雜人, 混於東班? 雖在搶攘, 不可先汚名器. 上曰: 承旨言是矣. 然不可守常規."

359) 上揭書, 宣祖實錄, 宣祖二十六年十二月三日: "壬子/上御便殿, 引見左議政尹斗壽. 同副承旨尹承吉,注書洪遵,奉敎金涌,待敎沈忻入侍...上曰: "慶尙道人相食云, 然乎?" 對曰: "然. 臣往八莒時, 聞有屠人而食者, 卽遣軍官斬之. 入兩湖則, 不聞此事矣."

360) 上揭書, 宣祖實錄, 宣祖二十六年十二月二十九日: "兵曹判書李德馨啓曰: "...以南兵久戌勞苦, 曾有撤兵文書.各兵徑動歸思, 散還八莒, 不獨劉總爺爲悶..."

361) 上揭書, 宣祖實錄, 宣祖二十七年一月六日: "上御便殿, 引見柳成龍. 上曰: "予有悶迫之志, 領相不肯從之, 反爲未安之言, 欲求辭退, 予深悶焉. 【悶迫之志, 乃上內禪之志也. 上屢下傳禪之敎, 故成龍以當國首相, 不知所爲, 只自涕泣而已, 上箚乞退, 以試上意.】...成龍曰: '海外醜類, 擧國來寇, 尙且屯據, 頓無歸志者, 明春必犯全羅道. 臣意則淸野據險, 以待賊退, 伏兵追擊, 庶幾可矣. 都元帥權慄, 當此天兵撤回之後, 輒自捲兵, 已踰全羅, 劉綎豈能獨留八莒乎? 劉若入全羅, 則自釜山至京城, 無防守者, 賊必長驅, 誰能禦之.' 兵曹判書李德馨(曰)亦入侍曰: "今聞吳遊擊革職云. 此將於平壤之戰, 多有功勞, 今乃革免, 則亦甚冤枉也."

362) 上揭書, 宣祖實錄, 宣祖二十七년一月二十一日: "備邊司啓曰: 天兵皆撤回, 只有劉總兵一枝之軍, 而近將移陣南原, 或來京城云. 嶺南防截, 一時蕩然, 賊必生心, 將來之憂, 不可勝言. 京城儲峙不敷, 經費日煩, 今將垂乏. 若劉兵遽爾入來, 不足以供數日之食. 此意急速下諭于金瓚, 極力周旋. 雖離八莒, 移住南原, 以爲我軍聲援, 且陳京城糧乏之意. 撫軍司宰臣一員, 亦以東宮之意, 馳往陳懇何如? 上從之."

363) 上揭書, 宣祖實錄, 宣祖二十七年一月二十七日: "兵曹(判) 李德馨啓曰: "譚遊擊 【宗仁.】 家丁賈儒, 卽刻入來求見, 臣招問賊中形勢, 則答曰: '譚爺當(物) 要討降表, 進入賊中, 則言:「沈惟敬, 在平壤講和時, 許割朝鮮 漢江以南四道以與之, 今不割地, 吾無退去之期.」 云.' 及惟敬入來, 譚爺大言折之, 惟敬無所答. 老奸賊壞事乃如此. 又云 '吾出來後, 一日沈遊擊得降表, 帶倭小將已向八莒', 仍附耳語曰 '倭賊不退之說, 貴國須勿輕言. 宋·李兩爺, 俱不免罪' 云..."

364) 上揭書, 宣祖實錄, 宣祖 二十八年二月二日: "接待都監啓曰: "臣李德馨見戚總兵, 則總兵出文書一通, 與石尙書,宋經略往復文書. 大要, 宋專委戚, 句當講和一事也. 沈惟敬許割四道之說, 因譚宗仁家人得聞, 意謂專出於自中猜忌, 而戚總兵有經略前稟帖亦云: '在八莒, 聞沈惟敬有此說, 而未知眞假'云. 與臣答問時, 又云: '細人, 喜功生事', 蓋指沈惟敬也. 又云: '待(比) 封貢準下, 沈惟敬充正使入日本計. 此事完了, 在今秋間.'臣極陳賊勢, 順搶全羅之狀, 則總兵又云: '顧軍門添兵以來, 欲戰則戰矣'云." 傳曰: "到今觀之, 戚與宋一體. 其在京時所爲, 乃一細詐人, 其言不足信也."

365) 上揭書, 宣祖實錄, 宣祖二十七年二月十日: "傳曰: "沈惟敬, 奸謀極譎, 倭表渠應自爲持去. 今所謂已送云者, 乃老賊知我國之不與好, 或懲八莒燒火之變, 慮其有意外之事, 托言先送明矣. 設使先送, 朝廷應待此賊入去, 詳問倭情而定之. 此賊若疾驅而去, 許筏之行, 應不及, 而失其機會. 今直以事挽留, 處處留滯, 此上策也. 彼不得輸軍卜物, 則必不得發行, 宜托辭, 勿爲輸給可也. 黃海,平安等處監司, 亦秘密下諭, 勿趁時輸給, 使之姑爲稽留事議處, 密言于領相及兵判."

366) 上揭書, 宣祖實錄, 宣祖二十七年二月十九日: "備邊司啓曰: '張相公侍臣, 自劉總兵軍中, 來言: '總兵欲撤兵, 回往京城, 以待顧侍郎牌文' 云. 嶺南防截, 蕩無可恃, 而京城糧餉, 亦爲缺乏, 雖未仍駐八莒, 移住湖南之意, 今日內具咨, 星火馳送金瓚處, 極力周旋之意, 亦爲下諭.'上從之."

367) 上揭書, 宣祖實錄, 宣祖二十七年三月四日: "備邊司啓曰: "淸正往來書信, 乃是大段機關, 應之不可不審. 伏見劉摠兵所答之辭, 則雖曲折未詳, 而所謂康玉湖者, 似是中原之人, 而被擄於倭中, 言淸正不見信於關白之事. 賊情所有, 固難測度, 果若有是, 玆乃可乘之機. 昔回訖與吐番, 相結入寇, 而郭子儀諜知二虜爭長不睦, 使之離間, 而竝擊吐番. 軍機所係, 甚不可忽, 而權慄諸人, 撫機縮蓄, 不能與劉摠兵極意相謀, 以爲策應行計之圖, 而但曰: '何忍與此賊相通?' 此實守株之見, 非通變之論也. 至於其間往來情情, 亦當登時連續馳啓, 或遣從事官來啓, 而視同尋常之事, 狀啓之言, 全不仔細. 以臣等愚見, 皆未知其可也. 夫行長之與淸正, 相爭不和, 自前已有其說, 沈惟敬亦言之. 今之投書於劉摠兵, 安知不出於自中爭狠而然耶? 今其計不施, 而劉摠兵又離八莒, 撤回全羅, 淸正必畏其言之漏洩, 而圖爲自明之計, 則反欲以戰鬪立功, 自蓋其迹, 爲免罪之地, 慶州之事, 益危矣. 今在我之勢, 兵少食盡, 天兵盡撤, 已無可爲, 而如此機會, 又復差過, 臣等之意, 徐渻不可不送. 雖不以監軍下去, 而急與劉摠兵相見, 細問其意, 而爲從長善處之策, 且觀賊情如何? 元帥處置疎密, 而十分論議, 停當計畫, 便宜施行, 則庶有二分之益矣. 答曰: 今此淸正之事, 予意則有不然. 且不可與此賊相通, 然朝議如此, 則依啓爲之可矣."

368) 上揭書, 宣祖實錄, 宣祖二十九年四月三日: "上御別殿, 引見領議政柳成龍,海原府院君 尹斗壽,左議政金應南,知中樞府事鄭琢, 大司憲李曁,同知中樞府事尹先覺·盧稷,參贊官鄭淑夏,校理權悏,修撰趙正立等…成龍曰: "當初大兵駐開城之時, 軍無見在之糧, 大提督發怒, 招臣跪于庭而責之, 臣號泣而訴悶迫之狀, 提督亦爲之流涕, 罵其將官曰: '汝們往征西夏之時, 無一月之糧, 尙不回軍. 今者無食纔數日, 奈何發怒耶?' 諸將官, 皆下庭叩頭, 臣亦號泣拜謝而退矣. 劉總兵住八莒, 民弊不貲. 至今無一毫補益, 可謂虛事也." 上曰: "以天朝兵力, 勦滅釜山 倭賊, 非如元 世祖征日本之比. 豈至於甚難乎?" 斗壽曰: "軍糧極難, 必不能行師矣." 上曰: "若欲擊之, 則堂堂天朝, 豈不易乎? 陸路出兵, 而一邊水路, 搬運糧米, 與我國協力而討之, 則似乎可矣." 成龍曰: "倭旣爲主, 而天朝則經數千里之地來戰, 兵疲糧竭, 主客之勢異矣. 勢有所難也. 非徒倭賊爲可慮也, 老乙可赤, 伺釁欲動者, 非日月矣. 幸若乘虛闌入, 則亦何能禦乎?" 上曰: "咨文,奏文事, 議于備邊司, 速爲之."

369) 上揭書, 宣祖實錄, 宣祖二十九年五月一日: " 備邊司啓曰: "伏見遼東咨文, 【見上】 因給事中戴士衡題本, 欲選智廉謀士, 隨帶敎師五百名, 前去朝鮮, 代伊練兵, 不知該國有無四萬强兵, 願否設官代練, 所用糧餉, 該國可否足用云云. 此事機關重大, 修答之辭, 當詳盡委曲, 然後可無後悔. 大抵我國, 今日之所以百計難處者, 唯糧餉一事而已. 糧餉若足, 則雖非 上國敎師, 亦當自爲聚兵操練也. 往日胡大受, 只領百餘名, 留住不久, 而四方之民, 齒皆生酸, 幾於不支. 今得五百敎師, 所謂知廉謀士者, 亦如胡大受之類, 則雖竭盡膏血, 更無支吾之理. 且劉綎, 在往來將官中, 最似簡約, 能於檢下, 而住兵八莒, 二年訓鍊, 三道軍兵, 徒爲煩費, 而一無實效. 今何爲獨不然?"

370) 上揭書, 宣祖實錄, 宣祖二十九年五月三日 :"上以遼東咨 【略曰: "朝鮮偵探各委官報稱, 倭情已變, 合行撥兵拯援. 木院部, 已發兵十萬, 刻期渡江. 其朝鮮各道, 與倭隣近地方, 凡險要所處, 俱要選鍊官兵, 預行設備. 如倭衆猝至, 只一意嚴防堅守, 以待天兵至日, 協力決戰, 務圖全勝. 如有緊急賊情, 發撥馳報云云."】...臣號泣而訴悶迫之狀, 提督亦爲之流涕, 罵其將官曰: '汝們往征西夏之時, 無一月糧, 尙不回軍. 今者無食纔數日, 奈何發怒耶?' 諸將官皆下庭叩頭, 臣亦號泣拜謝而退矣. 劉總兵屯駐八莒, 民弊不貲, 至今無一毫補益, 可謂虛事也. 上曰: 以天朝兵力, 勦滅釜山 倭賊, 非如元 世祖征日本之比, 豈至於甚難乎?" 斗壽曰: "軍糧極難, 必不能行師矣. 稷曰: 非徒中和之人, 願爲納粟也, 都城人民, 亦皆相議聚(采) 曰: '賊若不來則已, 若來則吾等所食之外, 皆虛也云云.' 民情大可見也."

371) 柳成龍, 懲毖錄 p.163.: "査摠兵, 於馬山路中, 見小兒匍匐, 飲死母乳, 哀而受之, 育於軍中, 謂余曰, 倭賊未退, 而人民如此, 將奈何, 乃歎息曰, 天愁地慘矣..."

372) 柳成龍, 懲毖錄. pp.172~173: "余隨入城, 見城中遺民, 百不一存, 其存者, 皆飢瘰疲因, 面色如鬼, 時日氣烘熱, 人死及馬死者, 處處暴露, 臭穢滿城, 行者拿鼻方過, 公私廬舍一空...."

373) 유정(劉綎): 명나라 신종(神宗)조 장수, 자는 성오(省吾), 용감하여 적군을 만나면 대도를 휘둘러 적진을 참락(慘落) 시키며 군중에서 '유대도(劉大刀)'라고 별명을 불렀다. 전공으로 사천총병이 되었는데 임진왜란 때 사천, 귀주의 군사를 이끌고 우리나라에 와서 전투를 하고 귀국한 뒤, '명사열전(明史列傳)'에 따르면 신종 47(1619)년 요동 융이호(隆爾滸)에서 후금군(後金軍)과 싸워 전사하였다.

374) 上揭書, 懲毖錄, p.175: "天朝又使泗川摠兵劉綎, 率福建西蜀南蠻等處召集兵五千繼出, 屯星州八莒..."

375) 上揭書, p.179: "劉摠兵綎, 聞晉陷 自八莒馳至陜川, 吳惟忠自鳳溪至草溪, 以護右道, 賊亦旣破晉州, 還釜山..."

376) 上揭書, p.181: "是提督及諸將, 皆還去, 惟劉綎吳惟忠王必迪等 萬餘兵, 駐箚八莒, 而中外飢甚, 且困於饋運, 老弱顚溝壑, 壯者爲盜賊, 重以厲疫, 死亡殆盡 至父子夫婦相食, 暴骨如莽..."

377) 上揭書, p.193~194: "天朝以兵部尙書邢玠, 爲總督軍門, 遼東布政司楊鎬, 爲經理朝鮮軍務 麻貴爲大將, 楊元劉綎董一元等 相繼而出. 丁酉五月 楊元領三千兵先至..."

378) 上揭書, p. 214~215: "九月, 邢玠又分調, 麻貴主蔚山, 董一元主泗川, 劉綎主順天, 陳璘主水路, 同時進攻 皆不利董軍爲賊所敗, 死者尤多."

379) 上揭書, p.215: "劉提督再攻順天賊營, 摠制使李舜臣, 以舟師大敗其救兵於海中. 舜臣死之, 賊將平行長, 棄城而遁, 釜山蔚山河東沿海賊屯悉退時行長, 築城于順天曳橋堅守, 劉綎以大兵, 進攻不利, 還順天, 旣而復進攻之..."

380) 悠然堂先生文集卷之一: <上唐将劉綎(1)> 将軍提師遠臨. 涉暑而寒. 良苦良苦. 夫東方子遺

之民. 獲保今日. 以偃仰食息于覆載間者. 秋毫皆, 圣天子及将帥諸公之德也. 凡有血气者. 孰不愿以箪壺迎于路左. 以效其微誠哉. 然其欽艶之无已. 嘆服之不止. 信之如父母. 仰之如泰山. 咸欲感戴而不能自裁其情者. 独于将軍為至. 焉其意豈无以也. 盖天子命将出師之時. 小邦之人. 莫不歡欣踊躍. 咸曰徯我王師. 王師渡江之日. 即我再生之秋. 相与喜賀之余. 又不能無憂惧焉. 于是君子小人. 各有議矣. 小人者曰天子明見賊情. 不在小邦. 而小邦之民. 先為魚肉. 以為待賊于門庭之內. 孰若扞御于藩籬之外. 且彼氓亦朕赤子. 是以遠労王師而不憚. 然将帥之仗鉞而東也. 亦复有知天下之大計而能体 圣意者乎. 古之為将者. 或以小成沮大謀. 或以講和誤大計. 能无此二患者. 周有吉甫. 漢有衛霍. 唐之李郭. 宋之寇准, 李綱数人焉而止耳. 今之專梱外者. 出于上計則天下幸矣. 小邦蘇矣. 如其不然. 中道而帰. 誇以為功. 誤于求成. 重貽后患. 則今日之王師. 不如早来也. 君子者曰天下事. 不患無臣. 患無君. 既有圣君則豈可无良将哉. 方今中国治道無闕. 固非外夷侵侮之時. 而翹楚之将. 魚鱗雜襲. 其間必有奉天命致天討者矣. 既于平壤之賊才見汎掃. 而漢陽之幕. 已為烏集. 波既涸之鮒. 肉已寒之骨. 薄伐之功. 迄亦可休. 而天下之憂則犹在也. 盖賊勢甚熾. 非一戰可却. 賊情甚譎. 非一和可平. 而諸将或有以為賊尽而返者矣. 或有從其請成而退者矣. 不幸中于小人之所料. 誠可痛也. 将軍以天下大計為己任. 而不以小成為幸. 深知講和之非不為邪說所撓. 屹然独立狂瀾之中. 尽力式遏滔天之勢. 知進而不知退. 屢危而无所沮. 所謂奉天命致天討者. 非将軍而誰也. 至于勒卒以律. 不為侵暴平民. 奉己以約. 要与最下同苦者. 特其余事耳. 此人心之所以不謀而同為仰戴者也. 雖然師難聚而易老. 机難值而易失. 反此凶徒凍縮之時. 粮餉乏匱之日. 克期殲滅. 以樹大功. 以毋負吉甫以下数公之為者. 豈非計乎. 嗚呼. 書生技短. 雖未效于先登. 有筆如杠. 請大賛于勒石. 敢呈不腆之資. 用寓无窮之祝. < 上劉綎(2) > 狂賊倔強海島之中. 睥睨天下之大. 不知天日不可射. 而乃敢彎弓擬之. 其凶悪之状. 蚩尤以后所未有也. 天子明見万里之外. 以為其志不在小国. 而其勢非小国所敢当. 于是発周王膺徵之怒. 恢唐宗独斷之智. 選良将揀銳卒. 器械在前. 粮餉在后. 毋安于却退之小成. 不陷于講和之邪議. 其睿圣神武亦何愧于湯武哉. 将軍胸藏万甲. 智出千人. 吉甫之文武為憲于万邦. 韓范之威名素懾于夷虜. 允合長子之称. 毋負帥師之責. 夫貫盈之罪. 上天所殛. 无名之師. 一戰可服. 以圣天子臨一独夫. 而二三賢将. 相与協力攻取于其間. 則迅掃廓清. 当不煩再挙矣. 然淹留至今者. 豈非養力蓄智. 待其机而発也. 天日已寒. 雨雪已霏. 旌節欲凍. 米菽或匱. 雖是子遺之民. 気疲力竭之致. 忍聞王師庚癸之呼. 而百里之間牛酒不至者. 其可不惕然憫郁于心乎. 生腐儒也. 技短拔蜇弧. 雖有愧先登之勇. 誠深獻箪食. 窃愿效迎師之礼. 敢以薄資. 用展深悰."

381) 고대일록(孤臺日錄): "필사본 4권 4책 총 257장으로 되어 있는 고대일록은 고대 정경운이 선조 25년(1592) 4월 23일부터 광해군 원년(1609) 10월 7일까지 약 18년간에 걸쳐 쓴 일기이다. 그리고 이 책은 광곽의 크기가 가로 19.6cm, 세로 25.7cm이며, 한 면이 12줄로 되어있다. 한 줄의 글자 수는 24자에서부터 30자까지 글씨의 크기가 고르지 않게 되어있으며, 판심(版心)도 표시되어 있지 않고 행과 행 사이의 계선(界線)도 없다. 그중에서 권1은 1592년 4월 23일부터 1593년 12월 말까지 2년간

의 일기이고, 권2는 1594년 정월부터 1597년 12월까지 4년간, 권3은 1598년 정월부터 1602년 12월까지 5년간, 권4는 1603년 정월부터 1609년 10월 7일까지 약 7년간에 걸친 분량을 각각 수록하고 있다. 그런데 권3의 경우 1599년 6월 11일부터 1600년 5월 6일까지 약 11개월에 걸친 일기는 원인을 알 수 없는 채로 결락되어 있다."

382) 柳成龍, 記壬辰以後請兵事 p.274: "是時 劉綎摠兵屯大丘, 吳惟忠屯善山鳳溪..劉綎率軍五千, 竝吳惟忠駱尙志王必迪之軍, 合萬餘, 駐箚星州八莒之野, 與賊相持久, 我國困於饋運, 老弱塡溝壑, 壯者爲盜賊, 重以癘疫饑饉, 死亡殆盡, 至父子夫婦相食, 未幾 劉軍移駐南原, 又自南原還都城西去, 南方民心益懼."

383) 鄭慶雲, 孤臺日錄: "吳判校澐 郭草溪栗 金山陰洛 趙丹城宗道 金學瑞廷龍 成正字安義 共會于郡 以議天兵支待之事"

384) 上揭書: "劉摠兵到郡 郡之士人 備牛二首酒十盆雉六首大盤果一盤各色果實七八盤 設于庭面進呈文陳弊禮, 單于軒前 一鄕士子 立庭下 再拜."

385) 上揭書: "天兵四出搜探 人空家 民不勝其苦矣."

386) 上揭書: "天兵滿郡 居民一空 搜括之害 無異於倭奴矣."

387) 上揭書: "余下家 省觀家廟 窓戶及門戶屛風冊子等物 盡爲天兵所取去 巨竹千挺 無一介遺者."

388) 上揭書: "毆打志夫 破面流血 身亦重傷云."

389) 上揭書: "見鄭士淵 聞開寧金山經亂等 官人相食云 不勝驚愕 竊歎時世之至於此極者 伊誰之過歟 噫."

390) 上揭書: "遙雨一月 百穀皆傷 而木花尤傷 盡爲反耕 來冬則飢寒兼極 不占而知矣."

391) 上揭書: "聞火賊焚掠崔別監籬下云 極爲痛慮 嗟呼 歲饑人窮 盜賊幷起 或相聚于山中 或禦人于白晝 成害人民 無有紀極 人生斯世 何其不幸."

392) 上揭書: "尙牧令公出捕北面之賊 兩班朴弘翎與焉 人心之惡 至於此哉."

393) 경상도선생안(慶尙道先生案): 1) 상주박물관: 1997년 경상도선생안 출판, 사벌면 경천로 684, 054-536-6160, 2) 상주문화원: 1997년 경상도선생안 출판, 상주시 상산로 235번지. 054-535-2339, 8395, 547-8229, 3) 경북북부권문화정보센터: 증보경상도선생안, 2005.2.1. 간행, 054-843-6231(안동시 웅정골길 119(정상동) 2층, 4) 한국학진흥원: 경상도영주제명기, 2005.2.1. 054-851-0700(안동시 퇴계로), 국립경주박물관: 경주시 일정로 186, 054-740-7500, 및 상주향교: 상주시 신봉동 203-1 054-535-0451, 경주 향교: 경북 경주시 교촌안길 27-20, 054-775-3624 등에 소장하고 있음. 증보경상도선생안, 홍익문화인쇄사 출판, 2005. 서울 중구 갈매로 388, 02-2274-8110

394) 경상감영 대구 설치, 향토문화전자대전(grandculture.net): "경상감영은 임진왜란이 종결된 후

1601년(선조 34)에 대구에 설치되었다. 대구에 감영이 설치되는 과정을 살펴보면, 1599년(선조 32)에 체찰사(體察使) 이덕형(李德馨, 1561~1613)이 대구에 내려와 관찰사(觀察使) 한준겸(韓浚謙, 1557~1627)과 함께 감영을 대구에 설치할 것을 건의하였다. 2년 후 1601년 2월 4일에 체찰사 이덕형이 대구에 내려와 6일까지 달성(達城)에 머물렀는데, 이때 감영을 다시 대구에 설치할 계획을 하고 조정에 장계(狀啓)를 올렸다. 그래서 동년 음력 5월 24일에 정식으로 감영을 설치하였다. 대구에 설치된 감영은 이전(巡營 혹은 行營)과는 달리 유영(留營)이었다. 다시 말하면 관찰사가 감영(監營)에 머물면서 소속된 71 고을(邑)을 다스리는 것이다. 이후 경상감영은 조선 후기에 이르기까지 지속되었다."

395) 朝鮮王朝實錄, 宣祖實錄, 宣祖三十年七月二十二日: "以趙濈爲司諫院正言, 李舜臣爲全羅左道水軍節度使兼慶尙、全羅、忠淸三道統制使, 權俊爲忠淸道水軍節度使."

396) 조선에서 '임진왜란(壬辰倭亂)'으로 명나라에서는 '만열조선지역(萬曆朝鮮之役)'이라고 표기하며, 일본에서는 "문록경장의역(文祿慶長の役, ぶんろく・けいちょうのえき)"으로 표현하고 있다.

397) 萬曆朝鮮之役, 維基百科, 日本語 文祿の役 或 慶長の役, 朝鮮征伐: "萬曆朝鮮之役是1592年至1598年(大明萬曆二十年至二十六年；日本文祿元年至慶長三年)間, 大明, 朝鮮國與日本(豐臣政權)之間爆發的兩次戰爭, 也是明朝萬曆三大征之一. 明朝爲抗倭援朝, 先後兩次派遣軍隊進入朝鮮半島, 與日軍作戰. 朝鮮王朝方面稱壬辰倭亂(韓語：임진왜란)以及丁酉再亂(韓語 정유재란), 日本方面稱文祿慶長之役(日語：文祿・慶長の役). 1592年(壬辰)，日本太閤(卸任關白)豐臣秀吉以「假道入唐」(唐, 代指中國)爲名義, 致函朝鮮國王宣祖李昖, 表示欲於次年春借道朝鮮轉進攻明朝之託詞, 要求請予協助. 在久未獲答覆, 豐臣秀吉於1592年突然派兵入侵, 致朝鮮節節敗退, 並促其轉向宗主國明朝求援. 明朝隨後派兵入朝支援. 此場戰役禍及朝鮮半島全境, 其間曾於1593年議和並休戰, 但1597年(丁酉年)再度爆發戰事. 後期戰役雙方陷入膠著, 最後由於豐臣秀吉的病逝, 日軍於1598年從朝鮮全面撤退, 這場日本占領朝鮮並以之爲跳板進攻明朝的行動最終失敗."

398) 慶尙道先生案(尙州牧治本), 增補慶尙道先生案(上), 韓國學振興院, 弘益文化印刷社, 2005. p. 561: "本道, 倭賊瀰滿, 道路不通, 壬辰八月 分爲左右道, 觀察使兼巡察使 癸巳十月, 還合爲一, 乙未月二十七日, 以地廣難治, 還分左右 丙申六月 復合爲一."

399) 朝鮮王朝實錄, 宣祖實錄, 宣祖二十六年十月六日: "慶尙道觀察使金玏【十九日。】馳啓曰: 臣近聞人議, 皆以爲此道左右, 更合爲一, 事勢至當云. 執衆人之議, 而揣今日之勢, 則人之所論, 果合事宜. 右道, 自星州以上八邑, 蒿荻之外, 更無餘牧; 咸安以上九邑, 方爲賊窟. 其餘各邑, 又被賊患, 蕩敗塗地, 將不可更爲郡縣. 官事有先潰之勢, 人心無可定之時, 周匝千里, 烟火斷絶. 凡百荒廢, 無可奈何. 其不能收拾餘燼, 以成一道模樣者, 據此可知. 今者中分一道, 判而二之. 其地則境界雖接, 其事則彼此相隔. 由是之故, 事多不理, 勢或難處. 若使左右, 更合爲一, 通融彼此, 拯濟緩急, 則號令出一, 無所阻礙. 不然則左、右相爲掣肘, 而終必有害於國事. 方伯只是剩官, 而不過貽弊於郡邑. 臣議諸都元帥權慄, 則慄之意, 亦如此矣."

400) 천병(天兵): 천자가 제후국에 보낸 지원군(天子國軍) 혹은 새롭게 나라를 세우도록 성은을 베푼 하늘이 보낸 군(再造之恩之天遣之軍) 등으로 사대사상을 담아서 표현은 명나라 지원군을 칭했음

401) 慶尙道先生案(尙州牧置): 金睟 : 兼觀察使 都巡察使 資憲大夫 知中樞府事 兵馬水軍節度使 金睟. 辛卯七月日 以弘文館副大提學來. 壬辰八月 分爲右監司, 九月 以漢城府判尹去. 都事 通政大夫 金穎南, 壬辰四月變後, 吏曹正郞來 九月 爲右道事 癸巳十月 以韶練左都事 爲合道都事 甲午正月去. 營吏 河自溶 李先民 李擢英 鄭遵禮 李光秬 卞懷寶 李鳳壽 裵贇 鄭終涵 李廷蘭 河景蘭 權大中 李東秀 張希凱 白如壁 李允成 李湖 李賀 河孟龍 河景深 李景祐 金就衡 文自深 金就永 唯姜敬毅 復差 本道 倭賊瀰滿 道路不通 壬辰八月 分爲左右 觀察使兼巡察使 癸巳十月 還合爲一 乙未二月二十七日 以地廣難治 還分左右 丙申六月復合爲一.

402) 上揭書: "韓孝純: 左道觀察使兼巡察使, 嘉善大夫, 兵馬水軍節度使, 韓孝純. 壬辰九月以通政學海府使兼招討使來. 癸巳十月 特加嘉善合道監司. 以變亂方請韻練事情仍任. 甲午八月 遞去. 都事 金弘微 壬辰十月 前吏曹佐郞來 爲左道事 癸巳五月遭喪. 都事 朴而章 癸巳五月 禮曹佐郞來. 爲左道事 癸巳十月合道時 吏曹佐郞去. 營吏 河自溶 李擢英 鄭俊禮 李光秬 卞懷寶 李廷蘭 權大中 李東秀 河景深 金就英 河孟龍 唯金大鵬 復差 張就一 金振鳴 權澤 李安民 金鈴 李九垁 李榮蘭 尹士輝 朴宋豪 申應濂 權壽麟 新差."

403) 上揭書: "金誠一: 右道觀察使兼巡察使, 嘉善大夫, 兵馬水軍節度使 金誠一. 壬辰八月, 以招諭使 拜左監司. 到界三日 移拜右監司, 九月到任, 癸巳特加嘉善 四月病逝..."

404) 上揭書: "金玏: 右道觀察使兼巡察使, 嘉善大夫, 兵馬水軍節度使, 金玏, 癸未五月, 以安集使來. 十月合道時 以都承旨去..."

405) 上揭書: "洪履祥: 觀察使兼巡察使, 兵馬水軍節度使 洪履祥. 甲午八月二十四日, 左承旨來, 乙未二月二十七日, 分爲左監司. 以韻緣事情仍任, 丙申四月初七日, 同知去. 都事 鄭士信 甲午二月 以前正言來, 爲合道都事 乙未正月罷去. 都事 李埈 乙未正月十五日 以散來. 乙未二月二十七日, 分爲左道事, 丙申六月初七日, 環爲合道 都事 以韻練事情仍任 丁酉十二月 以校書書館校理去. 營吏 河自溶 李擢英 李先民 卞懷寶 李鵬壽 鄭遵禮 李光秬 裵贇 白如圭 李廷蘭 李東秀 鄭徽凱 權大中 李湖 河景深 張就一 金振鳴 金就英 權澤 李安民 金鈴 白雲翰 河孟龍 李九垁 申應濂 唯權克秀 尹先傑 新差."

406) 上揭書: "徐渻 : 右道觀察使兼巡察使, 嘉善大夫, 兵馬水軍節度使 徐渻. 以巡撫御史特加來. 丙申六月初七日, 護軍去..."

407) 上揭書: "李用淳: 觀察使兼巡察使 嘉善大夫, 兵馬水軍節度使 李用淳, 丙申四月日, 以通政羅牧拜左監司來. 六月初七日 爲合道監司, 以韻練事情仍任, 特加嘉善, 戊戌二月二十六日 同知去. 都事 朝散大夫 李魯 丁酉正月 以散來 三月日去. 都事 中訓大夫 金九鼎 丁酉三月 以宗廟令來 戊戌二月日去. 營吏 河自溶 李擢英 金大鵬 李光秬 李廷蘭 李東秀 權希凱 權大中 金就

衡 河景深 張就一 金振鳴 金就英 權澤 李九岭 閔彦恭 尹賢傑 李允成 李安民 裵守義 廉應河 甘景仁 吳一變 權克秀 陣士秀 陳承源 李春英 唯 權翊 金就成 白慶龍新差."

408) 宣祖修正実録 二十七卷, 宣祖 二十六年五月一日甲寅: "朔甲寅/提督李如松追賊, 至聞慶而回. 経略聞倭棄京城...皇朝継遣四川総兵劉綎, 率福建、西蜀、南蛮等処召募兵五千, 来屯星州. 浙将呉惟忠屯善山、鳳渓、李寧、祖承訓、葛逢夏屯居昌, 駱尚志、王必迪屯慶州, 環四面, 相持不進, 糧餉取之両湖, 踰越険阻, 散給諸陣, 民力益困."

409) 이용순(李用淳), 한국민족문화대백과: "1592년(선조 25) 임진왜란이 일어났을 때 호남의 요충지 나주목사에 임명되었다. 이듬해 담략이 뛰어나다 하여 도원수 권율(權慄)이 충청감사로 전임시킬 것을 천거하였으나 당시 왜군이 제주도로 침입한다는 풍문이 있었고, 나주목사의 적당한 후임이 없다 하여 그 자리에 머물러 있다가 1596년 경상감사로 전임되었다. 이때 왜군의 선봉장 가토(加藤淸正)가 진격하여오자 권율 장군이 비안까지 추격하였으나 미치지 못하였으며, 순찰사였던 이용순은 의성군 북산(北山)에서 왜군의 급습을 받아 물러섰다. 그 뒤 자헌대부(資憲大夫)로 승임되었는데 조신간(朝臣間, 조정 신하들 사이)에 그 불가함을 들어 탄핵하는 자가 그치지 않았다. 1598년 윤두수(尹斗壽)가 강화무사 2,000여 명을 이용순으로 하여금 훈련시켜 입위(入衛)하게 하면 갑자기 일어나는 우환을 막을 수 있다고 선조에게 아뢰었으니, 임진왜란 중에 전공이 있었음을 알 수 있다. 1599년 충청감사로 전임되고, 그해 지중추부사에 제수되었다."

410) 上揭書, 宣祖實錄, 宣祖二十五年八月七日: "以金誠一爲慶尙左道觀察使, 韓孝純爲慶尙右道觀察使, 金睟爲漢城府判尹."

411) 상피제(相避制), 한국민족문화대백과사전(encykorea.aks.ac.kr): "고려·조선 시대 일정한 범위 내의 친족간에 동일관사(同一官司)나 또는 통속관계(統屬關係)에 있는 관사(官司)에 취임하지 못하도록 하거나 혹은 청송관(聽訟官)·시관(試官) 등이 될 수 없도록 하는 제도(制度)."

412) 上揭書, 宣祖實錄, 宣祖二十六年四月十七日: "上敎曰: 慶尙道軍糧, 極爲可慮. 空名告身, 送于金誠一及韓孝純處."

413) 上揭書, 宣祖實錄, 宣祖二十六年六月七日: "戶曹啓曰: "慶尙左道觀察使韓孝純狀啓以爲. 提督每以糧草不足爲言, 前頭憂念, 有不可勝言. 收取本道餘在之穀; 催倂兩湖搬移之粟, 庶幾接濟, 無匱竭之患. 慶尙左右道觀察使處, 竝爲移文何如? 上從之."

414) 上揭書, 宣祖實錄, 宣祖二十六年七月十一日: "備邊司啓曰: 伏見昨日來到慶尙道諸將官狀啓: 本道之勢, 極爲危迫. 招出其中要緊之語, 作爲稟帖, 送呈經略, 而提督處, 亦爲送呈爲當. 且韓孝純狀啓: 本道糧餉, 左道之力, 可以當之. 況右道及全羅道運米, 晝夜來集, 保無難繼之患. 所憂者天兵終不下耳.' 經略前示以書狀本文, 尤似取信, 此書狀亦送尹根壽處, 使之呈進."

415) 上揭書, 宣祖實錄, 宣祖二十七年六月十八日: "... 忠謙曰: 兩南監司, 臣未見能. 韓孝純, 今方重病云. 當今之時, 得一人可以濟事, 而如此拔擢之事, 自下未敢議也. 上曰: 大臣之意如何?"

416) 上揭書, 宣祖實錄, 宣祖二十七年八月二十七日: "...慶尙道觀察使韓孝純馳啓曰: 平義智 平調信, 皆有請和之書, 自防禦使金應瑞處來到. 臣見其文字, 爲倭書無疑. 平義智書一封, 平調信書一封, 同封上送. 其答書, 則臣不敢以己意爲之云."

417) 上揭書, 宣祖實錄, 宣祖二十七年八月二十七日: "備邊司秘密啓曰: 今觀慶尙道前監司韓孝純狀啓, 及所上平義智,平調信兩賊請和之書, 係關軍機, 處置不容不盡, 故其回答辭緣, 令備邊司, 大槪起草以送. 卿其更爲參商, 因往來人, 還報賊營, 以爲行間之計可也, 但此事, 所當極致愼密, 不可使賊知其行間之意..."

418) 이정웅 외 3, 이태원의 객사 길을 가다. 생각나눔 출판사, 2023. pp.93~94

419) 대구 북구 마을지, 팔거역사문화연구회, 2019년, 295면

420) 上揭書, 宣祖實錄, 宣祖二十七年八月三日: "以李德溫爲承政院注書, 李廷立爲廣林君, 洪履祥爲慶尙道監司, 宋贊爲僉知中樞府事, 任國老爲同知中樞府事, 李聖任爲黃海道監司, 吳億齡爲承政院右承旨."

421) 上揭書, 宣祖實錄, 宣祖二十七年九月六日: "備邊司秘密啓曰: 今觀慶尙道前監司韓孝純狀啓, 及所上平義智,平調信兩賊請和之書, 係關軍機, 處置不容不盡, 故其回答辭緣, 令備邊司, 大槪起草以送. 卿其更爲參商, 因往來人, 還報賊營, 以爲行間之計可也, 但此事, 所當極致愼密, 不可使賊知其行間之意...使之毋令敗事之意, 下書于慶尙道巡察使洪履祥及都元帥處. 上從之."

422) 上揭書, 宣祖實錄, 宣祖二十八年一月二十二日: "卯正, 上御別殿, 講《周易》. 領事柳成龍進啓曰: 哨官鄭禮, 自南中來言: 將帥無軍, 結幕山中, 只帶牙兵, 結袵待變, 賊至則勢將遁避. 朝廷則恃其有將, 而其實如此, 思之極爲寒心. 前日, 韓孝純時, 殆似紊亂, 然連續繼餉, 洪履祥下去之後, 限十月分定, 故其數不多. 云矣." 上曰: "分定之言何謂也?" 成龍曰: "軍數幾名, 則食糧幾何之謂也. 我國之軍, 非獨其身, 奴馬又從而食之, 此所以爲尤難也. 賊中被擄人出來者, 皆以無食, 還入賊中. 入防出身, 亦不能饋餉, 分送各邑, 賊至則固難聚集..."

423) 上揭書, 宣祖實錄, 宣祖二十七年八月十五日: "庚申上引見慶尙道觀察使洪履祥.上曰: 如有欲言之事, 言之. 履祥曰: 彼處之事, 甚爲悶迫, 決難堪任. 軍中節制之事, 自有元帥, 而體察使亦往, 小臣只當聽其節制, 而第聞糧餉甚難, 雖多般思量, 了無措辦之路. 上曰: 備邊司, 何以指授?...上曰: 慶尙一道, 習俗之誤蓋久. 雖親兄弟, 若挾《千字》爲高談, 則上座而禮貌之; 持弓矢, 習武藝, 則下庭而賤惡之. 聞事變之前, 尙州射夫, 只有三人云. 習俗如此, 何以禦敵乎? 且, 辛卯年間, 朝倭連二年不來, 而嶺南之人, 諉之於自中之變, 以爲賊必不來. 如是玩侮可乎? 百戰之餘, 必有良將. 卿往本道, 有將才者, 訪問以啓. 中原, 則雖盜賊或猱子皆用之, 如李平胡, 亦爲都督矣. 我國之人, 爲將帥者, 恒爲將帥; 在部伍, 則長在部伍..."

424) 上揭書, 宣祖實錄, 宣祖二十七年八月十五日: "慶尙監司洪履祥啓曰: 降倭諸正處置事, 若或盡領其衆來投, 則極爲難處. 雖開諭不從, 闌出, 或有不恭之狀, 則何以處之? 敢禀. 傳曰: 此事, 似不須深慮. 若預爲通書約束, 則彼何敢率衆闌入? 若或不從, 當以兵戈相待. 然議於備邊司以去可矣. 備邊司回啓曰: 倭書中旣云 先送徒衆後出來. 今當先爲約束, 使之漸次出來, 而與諸將嚴兵以待, 如或不依所約, 合衆而來, 形迹可疑, 則當以兵戈相待. 此意言送何如? 答曰: 依啓."

425) 上揭書, 宣祖實錄, 宣祖二十七年八月十五日: 備邊司啓曰: 降倭 諸正處置事, 洪履祥已承傳敎矣. 但嘉善官敎, 不可輕許, 姑以堂上官敎, 安御寶以送, 其答書, 則令慶尙監司裁送, 而密使東萊等處出入賊中可信者, 潛入賊營, 察其誠否, 然後許之爲當. 五十人出來, 則處置極難, 姑令語之曰: 爾輩投順之誠, 我將已知之. 朝廷, 亦以高爵、厚祿, 相待矣. 但一時出來, 則不無漏洩之疑, 入我境, 亦恐人民驚惑. 須定日期, 漸次出送, 而汝則從後出來. 如此密議, 若賊將從其所言, 或五六人, 或十餘人, 前後來降, 則卽分處諸陣或內邑, 誘以好語, 豊其飮食, 使無怨叛之心, 而急速馳啓, 以竢朝廷處置. 第各官蕩敗, 供億爲難. 今秋穀旣成, 別爲措備大米百餘石, 以爲撫綏之用. 受降之際, 會合諸陣軍兵, 倍加戒嚴, 勿致疎虞之意, 馳諭于都元帥及慶尙監司, 何如? 上從之.

426) 上揭書, 宣祖實錄, 宣祖二十七年十一月十七日: "慶尙道觀察使洪履祥 【十一月初五日成貼.】啓曰: "降倭處置一事, 最不可忽, 近見道內各將處置, 則極爲可慮. 當初誘來時, 極其優厚, 奪奸村婦, 歐打人物, 惟意自恣, 以致驕逸, 而及其毒害難堪之後, 則或於本陣, 或於列邑, 任意除去, 而不爲嚴密, 或遣愚劣一軍官, 使之處置..."

427) 上揭書, 宣祖實錄, 宣祖二十七年九月六日: "備邊司秘密啓曰: "'今觀慶尙道前監司韓孝純狀啓, 及所上平義智、平調信兩賊請和之書, 係關軍機, 處置不容不盡, 故其回答辭緣, 令備邊司, 大槪起草以送...而又答宋昌世書中, 其辭亦以此意爲言...凡賊情一一馳啓, 而出入往來人, 亦審其誠僞、工拙, 使之毋令敗事之意, 下書于慶尙道巡察使洪履祥及都元帥處. 上從之."

428) 기각지세(掎角之勢): 사슴을 잡을 때 사슴의 뒷발을 잡고 뿔을 잡는다는 뜻으로, 앞뒤에서 적(敵)을 몰아침을 비유적(比喩的)으로 이르는 말.

429) 上揭書, 宣祖實錄, 宣祖二十七年九月十四日: "慶尙道觀察使洪履祥狀啓: 屯兵扼守處, 必須前後互援, 左右挾勢, 使賊却顧, 不敢專攻, 在我亦有進退, 掎角之勢, 然後倉卒警急, 可無一敗塗地之患, 而竊見本道形勢, 則惟慶州諸鎭外, 內地列郡, 一無控扼遮遏之處. 慶若蹉跌, 則竹嶺以南, 無復可恃, 勢必長驅..."

430) 上揭書, 宣祖實錄, 宣祖二十七年十月十三日: "備邊司回啓曰: 臨陣節制機會, 變於斯須, 千里之外, 固難遙度...統論諸將用兵, 大槪如此, 故因一事而竝論之, 以爲後戒矣. 舟師旣爲無功, 且以慶尙監司洪履祥所據元均牒報之辭觀之, 則非但無功, 其示弱取侮亦甚, 而陸軍, 水軍, 艱難收合, 未得一利而還, 軍心無不動搖."

431) 上揭書, 宣祖實錄, 宣祖二十八年一月二十四日: "備邊司啓曰: 今見左兵使書狀, 則有被擄出來人, 還入賊中, 言於淸正以慶州諸將, 軍孤糧絶之狀, 極爲駭愕. 軍機漏通, 事多類此, 不覺寒心事, 傳敎矣...洪履祥狀啓, 欲撙節裁損, 以爲繼餉之計, 意非不可, 但在平時, 則猶之可也,今則賊勢如此, 而衝突之變, 又未知在於何日. 假使冬月防戍稍歇, 而陣中之軍, 皆是團聚召募之兵也. 一散之後, 强者投入於賊中, 弱者顚死於丘壑, 不然則散爲土賊. 後日防急之時, 雖有食而更欲召募, 其可得乎? 履祥之計, 亦有見於糧餉之難繼, 而未見於散軍之難集也. 此等之事, 皆係大叚成敗之數, 臣等亦罔知所措..."

432) 上揭書, 宣祖實錄, 宣祖二十八年二月四日: "備邊司啓曰: 頃日慶尙監司洪履祥, 以本道左右道形勢, 道里閒遠, 勢難策應, 欲更分爲兩道, 別置監司, 而分掌道內之事, 吏曹以沿革事重, 已爲防啓矣. 臣等近觀本道之事, 日益難處. 若賊勢從左道而動, 則巡察使當專力於左道之事, 而右道則無暇相救. 其於右道亦然. 假使賊不遽動, 而中間數百里, 蕩然爲空虛之地, 文移報稟, 動經數十日, 軍機策應及招集遺民, 勸課耕種, 檢飭守令. 邊將等事, 一監司不能照管, 仍致失其機會者甚多. 當初朝廷, 深斟此弊, 分爲左、右監司, 事變之初, 頗賴其力. 其後賊兵退去, 而天兵支待等事, 左、右道相推不擧, 以此還爲合道...答曰: 慶尙分道事, 依啓."

433) 이수환, 경상도의 연혁과 경상감영의 변천, 문화체육관광부 유교 지원 국고보조사업, 2024년 성균관 유교 아카데미, 칠곡향교. 2024.6. pp.35~46: "...1314년 고려 충숙왕 원년, 경상도 도명 확정, 1413년 조선 태종 13년 팔도체계가 확립. 경상감영의 변천 : 조선 개국 초에 경주 ▷ 태종8(1408)년에 상주로 이전, 임진왜란 직전(1592년)까지 존속 ▷ 1593(선조 26)년 9월 통합감영으로 성주목 속현 팔거현에 설치 ▷ 1595(선조 28)년 통합 6월 대구 달성(토성)으로 ▷ 정유재란으로 행영 폐지(선조 30년) ▷ 1599(선조32)년 안동부 감영 설치 ▷ 1601(선조 34)년 대구부 최종감영 설치 후 정착, 경상도 분도와 통합: 중종 14년 분도 ▷ 통합, 선조 25년 임진왜란으로 분도, 선조 26년 통합, 선조 28년 지대난치(地大難治) 좌우도 분도, 선조 28년 좌우도 통합, 선조 30년 유영(留營)폐지 등, 경상감영이 대구로 옮겨온 이유 : 군사적 중요성(임란의 군사적 작전상 중요성), 지리적 위치(경상도 정중앙, 통합적 입지, 경주/상주는 극좌우), 경제적 측면엔 물산 집결과 풍부, 감영 경비 조달 용이 등"

434) 上揭書, 宣祖實錄, 宣祖二十九年二月十九日: "以李用淳爲慶尙道觀察使, 姜燦爲海州牧使, 金浩爲朔寧郡守."

435) 上揭書, 宣祖實錄, 宣祖二十九年二月二十一日: "戊午/司憲府啓曰: 嶺南方伯, 爲任極重, 雖在平時, 尙難其人. 況今與賊對壘? 凡百施措策應之方, 一蹉足之間, 而事機立變, 成敗隨之. 苟非才略兼備, 威望素著者, 決難承當. 左監司李用淳, 爲人凡庸, 名望又輕, 人器之不稱甚矣. 請命遞差. 上命問于備邊司. 備邊司回啓曰: 嶺南方伯之可合者, 臣等反覆思之, 未得其人, 乃薦用淳, 今被物論, 似當遞差. 但此外可合之人, 未易得之. 敢啓. 傳曰: 方伯, 巡察之任, 雖推轂而遣之, 猶懼號令之不行. 今旣被論, 勢難仍任. 其可當之人, 則備邊司自當擬差."

436) 上揭書, 宣祖實錄, 宣祖二十九年三月七日: "備邊司啓曰: "近來銓曹, 於尋常注擬之際, 猶患乏人。 況此監司之任, 非小官閑職之比, 而遞易之數, 未有甚於此時...故以單望啓請. 今亦依前差送何如? 上命李用淳爲監司, 李福男爲羅州牧."

437) 上揭書, 宣祖實錄, 宣祖二十九年四月二十七日: "慶尙左道觀察使李用淳馳啓曰: 兵使高彦伯報云: 左水營路介叱致【自賊中脫來者】進告.「關白, 只有稚子一人, 而關白年則六十二三歲, 體殘而別無勇健之態, 而以犯中原爲言, 抄精兵, 造軍器, 新船火藥, 日日以馳騁放砲, 用劍槍.射弓爲事云云.」..."

438) 上揭書, 宣祖實錄, 宣祖二十九年十一月十九日: "掌令李鐵【疎迂望輕, 白首乾沒, 不無郞潛之歎】來啓曰: 李時發, 韓孝純, 李用淳等加資, 不可不改正.【前啓】答曰: 不可改."

439) 上揭書, 宣祖實錄, 宣祖二十九年十一月二十日: "掌令李鐵來啓曰: 李時發【年少有才, 然輕儇辯給, 淸議不許】韓孝純, 李用淳等, 不可不改正.【前啓】答曰: 不允."

440) 上揭書, 宣祖實錄, 宣祖三十年四月二十日: "獻納金藎國【大司諫申湜, 司諫韓浚謙】啓曰: "海州, 乃營門所在, 古稱難爲。近因監司挈眷, 留在城中, 將士群聚, 侵擾多門, 供億之煩, 有不可勝言, 而官庫之蕩竭, 比來尤甚, 將不得支持...請慶尙監司李用淳推考, 都與國等還收起復之命."

441) 上揭書. 宣祖實錄, 宣祖三十年五月十七日: "慶尙道觀察使李用淳馳啓曰: "嶺南焚蕩最甚, 又當賊路初程. 爲守令者, 如無防範, 誰肯居焚蕩之地, 禦方張之賊乎? 星州牧使許潛, 身躋崇秩, 棄官而歸, 略不顧念, 以啓其路. 臣恐自此而效尤者, 有不可禁也. 大賊壓境, 邊事孔棘, 其誰與共事乎? 臣請自今以後, 嚴棄官之律, 以重邊上之任."

442) 上揭書, 宣祖實錄, 宣祖三十一年十二月九日: "正言權縉【大司諫鄭光績, 正言文弘道】來啓曰...新監司李用淳, 名論素輕, 性且弛緩, 曾爲慶尙監司時, 凡所施措, 無一可觀, 頗失一道人心. 況今再造之日, 豈可復委方面之任, 以貽僨事之悔乎? 無功而濫授資憲重加, 物情尤以爲駭怪. 請命遞改...答曰: 依啓 李用淳, 可用之人, 然如是被論, 依啓."

443) 朝鮮王朝実録, 宣祖實錄, 宣祖三十四年二月十五日: "星州八莒縣, 有地動, 聲如雷, 殷殷起自東南, 轉向西北, 墻屋掀動, 人馬辟易, 良久乃定."

444) 정유재란 때인 1597년 12월 22일부터 1598년(선조 31) 1월 4일까지 권율(權慄)·마귀(麻貴) 등이 울산에 있는 도산성(島山城)에서 왜군과 싸운 전투

445) 上揭書, 宣祖實錄, 宣祖三十五年二月三日: "備邊司啓曰: "馬島遣人時, 以惟政之名, 爲書齎送事, 已爲磨鍊啓下矣, 我國之事, 雖十分秘密處之, 例見透露. 惟政上年在釜山築城...其書曰: "老釋, 本五臺山人, 稚少出家, 便求祖印, 轉入中國, 得靈元大師衣鉢, 而還栖于妙香山. 往在庚寅秋, 夜觀天象, 東方有兵氣甚酷, 避之西歸, 雲遊無定, 私念東南衆生塗炭, 悶然有濟俗之意. 適於天台山中, 得『玉笈秘書』, 語頗奇異, 忻然振錫東來, 抵遼陽, 被經略顧老爺禮招, 因住其幕中. 會劉揚府住兵八莒, 揭請軍門, 令我往諭淸正. 老釋謂, 脫人苦海, 解忿息爭, 乃爲美事, 奉令前去, 則淸正不解聽老釋之言, 竟致島山之厄."

446) 上揭書, 光海君日記, 光海七年十一月十二日: "申時, 王御宣政殿, 世子亦入侍. 引見左議政鄭仁弘...夫星州, 江右之一大都護也. 其屬縣, 遠跨洛江. 而爲花原, 八莒等地小民之往來於高靈,遠者數三百里, 一訴牒之頃, 動經旬日, 以儒生爲惡之故, 小民先受其苦矣. 今若改其州號, 依惟新例, 別爲一縣監, 而不使屬於高靈則如何?...王曰: “當初以爲, 不如是則不可以懲惡, 故如是耳.” 仁弘曰: “晉之爲州, 素號文華之地. 自古稱之曰: ‘東方人才, 半在嶺南; 嶺南人才, 半在晉陽.’ 此乃人才之府庫也. 近來久委於武弁之手, 人心愁怨, 莫可收拾. 若以文官爲牧使, 而不使兵使兼察, 則庶得蘇殘復舊之方矣.”

447) 李道長, 洛村文集卷之一, 八莒縣. 請勿屬大丘府疏, 爲縣民作: “...伏願殿下.特垂 哀憐 如不得因屬星山. 卽許設別邑於山城, 以順民情以重關防公私幸甚.”

448) 上揭書, 仁祖實錄, 仁祖十七年七月十三日: “慶尙監司李命雄請發本道兩鎭管束伍軍, 加築善山 金烏山城, 上許之.”

449) 上揭書, 仁祖實錄, 仁祖十八年五月二十五日: “定架山城邑名爲漆谷, 以尹瀁爲府使”

450) 上揭書, 仁祖實錄, 仁祖二十年六月十一日: “己酉/慶尙監司鄭太和辭朝, 上召見之. 太和進曰: 近日群議皆以倭情爲憂, 臣受此重任, 臣竊悶焉. 上曰: ‘於卿意, 亦以爲可憂乎? 太和曰: 臣之愚意, 則未知其至於動兵, 而但倭人已知我國與淸國連和, 以此憂之. 上曰: 彼知我國物力之凋弊, 而欲加所索之物, 此可憂也. 且鑄鍾, 詩筆之求, 亦甚可怪. 此時爲方伯者, 不可不善爲料理也. 太和曰: 誠得僧人之解事者, 領其鍾以去, 則可以探得彼中氣色. 崔鳴吉亦嘗言之矣. 上曰: 言于廟堂. 上又曰: 恭谷山城形勢何如? 太和曰: 李命雄以此城之役, 取怨雖多, 而形勢則甚好云矣.”

451) 上揭書, 仁祖實錄, 仁祖二十一年三月三日 : “上命贈故監司李命雄之職. 先是, 慶尙監司林墰馳啓曰: 本道爲倭路之門戶, 而自釜山抵鳥嶺, 無一處設險, 己卯年本道監司李命雄, 請築架山山城, 多有是非. 臣今巡審, 則本城距本營五十里, 而自東萊趨京之左路, 則由城東公山外四十里, 中路則由城西山底十餘里, 洛江橫帶於西南四十里之間. 又與善山之金烏, 隔江對峙, 勢成掎角, 南藩防備之所, 實是天作. 又以漆谷府入設於城中, 出於萬全之計, 而本府新設, 不成貌樣. 請割城底傍近地方, 移屬本府, 以爲壯固鎖鑰之地. 上命廟堂議處, 仍念李命雄之功, 遂命追贈.”

452) 上揭書, 仁祖實錄, 仁祖二十一年十一月一日: “辛卯朔/命送兵曹綿布五百匹于架山城, 因府使崔後憲之陳疏, 有是命.”

453) 上揭書, 仁祖實錄, 仁祖二十七年二月十四日: “諫院啓曰: 漆谷新設殘邑, 保障重地, 府使李枝馨年少驕妄, 不謹職事, 抛棄軍餉, 侵虐殘民. 請罷職.上從之.”

454) 上揭書, 仁祖實錄, 仁祖二十七年三月十五日: “持平洪命夏啓曰: 漆谷府使李枝馨, 處事顚倒, 大失人心, 惟事侵虐, 闔境嗷嗷, 臣曾忝諫院時, 與同僚相議論啓矣. 頃在試所, 伏見還除本任之敎, 臣取考監司狀本, 則不擧枝馨治民實蹟, 惟以城堡一事, 直請印信之行用. 爲道臣者, 豈不知朝家體面之至重, 軍官行印之無據, 而有此馳啓乎? 臣之所論, 爲其不治, 而發於風聞矣. 同參之官, 皆以失實被遞, 臣何敢苟冒? 請遞斥. 答曰: 勿辭.”

455) 上揭書, 孝宗實錄, 孝宗八年四月九日: "辛巳/慶尙道 靈山,軍威等邑, 大雨雹, 豆麥皆損, 漆谷府山裂."

456) 上揭書, 孝宗實錄, 孝宗八年四月十八日: "庚寅/上御晝講, 講《詩傳》,《北山章》. 講訖, 檢討官李萬雄曰: "近來災異, 式月斯生, 而漆谷府地拆之變, 尤極驚慘. 上曰: 此是罕聞, 可勝驚駭. 萬雄曰: 如此之變, 每在衰亂之世, 而不幸又出於今日, 可不懼哉. 上曰: 前史亦有諸. 萬雄曰: 其在胡元時最多, 而漢·晉末亦有之. 上變色. 萬雄曰: 申濡之極邊遠竄, 群情皆以爲過重, 而至有大司諫遷客遞兒之說, 恐有乖於大聖人優容臺諫之道矣..."

457) 上揭書, 顯宗改修實錄 五卷, 顯宗二年六月五日: "林川郡守李憕, 禮山縣監白弘祐, 石城縣監蔡以恒, 稷山縣監丁時傑, 連山縣監李晛, 新昌縣監朴隆阜, 德山縣監黃奉祖, 結城縣監宋協, 沔川郡守李善基, 務安縣監曺挺宇, 海南縣監鄭好禮, 長城府使崔逸, 靈光郡守安縝, 靈巖郡守金益廉, 金堤郡守蘇東〈道〉, 礪山郡守李徽祚, 泰仁縣監徐必成, 漆谷府使金時高, 善山府使申嵩耉, 巨濟縣令權鬻, 三嘉縣監崔自海, 草溪郡守趙鉉, 漆原縣監李時培, 醴泉郡守安應昌, 河陽縣監許遲, 淸道郡守李燦漢, 寧海府使朴日省, 永川郡守成震丙, 長鬐縣監孫欽, 或罷或拿問..."

458) 上揭書, 顯宗實錄, 顯宗五年十月二十八日: "丙戌 正言張鍵啓: 漆谷府使李璞居官處事, 無一可觀. 今春賑捄之日, 終不給糶, 及其覆審時, 稱以被災, 瞞報災結. 請罷職. 再啓乃從."

459) 上揭書, 肅宗實錄, 肅宗二十二年四月十二日: "以平安道暗行御史柳鳳瑞, 慶尙道暗行御史朴權書啓, 吏曹回啓: 安州牧使梁重廈, 碧潼郡守柳海, 德川郡守徐宗望, 漆谷府使權詢, 蔚山府使成瑢, 昌原府使申光洓, 咸昌縣監全克泰, 理山郡守申命任, 星州牧使南尙熏, 巨濟縣令尹沅, 河東縣監李秀英, 俱有貪汚不治之罪, 竝拿問. 平壤判官柳以復, 嘉山郡守李奎成, 治績表著, 請褒賞, 以復加資, 奎成準職除授."

460) 上揭書, 肅宗實錄 四十三卷, 肅宗三十二年五月十三日: "御史李台佐, 柳泰明等復命. 大丘判官李徵海, 尙州牧使李光佐, 以善治加資, 蔚山府使朴斗世, 漆谷府使鄭翔周, 慶州府尹許玧, 開寧縣監李命相, 草溪郡守李弘哲, 以貪汚不治, 被罪."

461) 上揭書, 英祖實錄 四十一卷, 英祖十二年三月十一月日: "乙巳 獻納金廷潤上疏, 請晉州死節人, 依東萊死節人贈職, 南江陳田, 降等減稅, 漕船故敗人梟示, 竝令廟堂稟處. 漆谷府使李震煥, 鎭海縣監高處亮, 新寧縣監金相寧不治, 請譴罷. 又訟柳觀鉉, 柳正源, 韓德孚見汰於槐院, 只允守令事."

462) 上揭書, 英祖實錄, 英祖三十五年八月七日: "...嶺南御史李潭, 歸奏蔚山 梁女之引其舅與夫, 出於誣罔, 而其時府使, 昏謬成獄, 萊府潛商復行, 而府使不能禁斷, 故有是命. 潭又奏, 機張縣監李匡垕, 有不法之事, 又爲眷待逆獄干連人被配者, 上命配巨濟. 命蔚山府使安允行, 善山府使徐仁修, 慶州府尹尹學東, 永川郡守沈鈗, 先罷後拿, 梁山郡守李賢伋, 以最治, 特賜璽書表裏, 漆谷府使張天用, 命右職調用, 因李潭奏也."

463) 上揭書, 正祖實錄, 正祖二年十一月二十九日: "癸丑/召見濟州牧使金永綬... 永綬又曰: "臣待罪慶尙中軍時, 見架山山城, 在於大丘四十里許, 而外險內夷, 實合於守城之地. 而漆谷府使之處於山城, 非徒無益於關防, 糶糴輸納之際, 亦多民弊. 臣意則移設漆谷於平地, 置監營中軍於是城. 而器械, 餉穀, 量其移儲.一, 以爲重關防之地. 一, 以爲除民弊之道, 恐爲合宜..."

464) 上揭書, 正祖實錄, 正祖七年六月九日: "己巳次對. 上命吏, 兵曹堂上, 覆奏嶺南御史書啓. 左道水軍節度使李喆運, 以倉逋未察. 東萊府使李養鼎, 以邊門不嚴, 昌原府使趙升鉉, 漆谷府使金衡柱, 寧海府使金鎭復, 咸安府守鄭義誠, 草溪郡守曹憂彬, 淸道郡守李宜者, 比安縣監金翼均, 眞寶縣監李琇, 俱以不治, 勘罪有差..."

465) 上揭書, 正祖實錄, 正祖十一年四月二十九日: "嶺南左道暗行御史鄭大容復命, 進書啓論梁山郡守李進膺, 密陽府使沈鋊, 比安縣監南麟耉, 淸道郡守鄭昌期, 漆谷府使宋益休, 軍威縣監任希游等不治違法罪..."

466) 上揭書, 正祖實錄, 正祖十八年十二月八日: "嶺南慰諭使李益運狀啓曰: 漆谷府使柳鎭嚇官舍修繕, 意在要賞, 而梵宇俗寮, 皆稱公廨, 農節役民, 一丁三朝. 南倉錢八百兩勒分富民, 四朔之間, 什伍生殖, 京營作錢, 瞞報取利..."

467) 上揭書, 正祖實錄, 正祖二十二年四月二十七日: "...慶尙道觀察使李亨元, 永川郡守沈公著, 密陽府使尹曠, 大邱判官洪履簡, 柒谷前府使尹養儉, 義城縣令金喆淳, 新寧縣監南正和, 前縣監李龜錫, 俱以不治, 勘罪有差."

468) 上揭書, 純祖實錄 二十二卷 純祖十九年五月二十五日: "命移漆谷府於舊邑八莒倉, 因道臣狀聞, 大臣言之也."

469) 上揭書, 純祖實錄, 純祖二十二年十月三日: "慶尙左道暗行御史金鼎均書啓: "論東萊前府使李德鉉, 永川前郡守李德彬, 豊基前郡守李龜星, 盈德前縣令朴齊尙, 靈山前縣監李海存, 龍宮縣監尹復誼, 漆谷府使柳得源, 奉化縣監韓鍾運, 昌寧縣監李俊秀, 眞寶縣監嚴著, 淸道郡守鄭東勉, 醴泉郡守尹景儀, 軍威縣監李正幹, 梁山前郡守辛碩林, 英陽前縣監朴彛鉉, 左兵使李民秀不治之狀, 竝令從輕重勘處. 論仁同府使具載哲有治績, 施以陞敍之典."

470) 上揭書, 純祖實錄, 純祖三十年閏四月六日: "癸巳/慶尙左道暗行御史趙然春, 書達論仁同前府使柳浩源, 梁山前郡守黃贊熙, 河陽前縣監金秉淵, 機張前縣監崔成範, 英陽前縣監權曦, 漆谷府使徐良輔, 新寧縣監朴秉球, 比安縣監沈毅鎭, 義興縣監尹行德, 松羅察訪全彛煥, 蔚山前府使宋宗洙, 密陽前府使李和淵, 東萊前府使金鐠, 彥陽前縣監崔弘德, 龍宮前縣監李憲英, 禮安前縣監李曒, 慈仁前縣監李秉溫, 黃山前察訪金洛駿等不台狀, 竝令分輕重勘處..."

471) 高宗實錄, 高宗三年一月七日: "命楊州牧使林翰洙, 漆谷府使呂殷燮, 加資. 因各該道襃啓也."

472) 高宗實錄, 高宗四年七月十八日: "召見慶尙道暗行御史朴瑄壽. 進書啓: "...漆谷府使朴周雲,醴泉前郡守林勝洙, 慶山前縣監趙秉瑋, 高靈前縣監李時翼, 比安前前縣監鄭在周, 慈仁前前縣監趙翼增, 昌樂察訪金鼎燮...泗川縣監朴愼永, 施璽書,表裏之典."

473) 芥川竜之介, 山鴨, 出版社筑摩書房, 1987.1.

474) 上揭書, 仁祖實錄, 仁祖十六年二月六日: "慶尙監司李景曾辭朝, 上召見之, 謂曰: 卿以倭情爲何如? 景曾對曰: 臣頃見金世濂, 亦不爲深慮矣. 上曰: 予獨疑之, 而滿朝皆不疑, 必有明見. 予亦信之矣. 景曾曰: 嶺外無山城, 而仁同 天生山城險阻爲最. 但地勢傾倒, 民不堪居. 御留山城, 則故相臣柳成龍亦言其地利, 而民窮財竭, 恐難始役矣. 上曰: 觀勢處之."

475) 上揭書, 仁祖實錄, 仁祖十六年三月五日: "同知李敬輿上疏曰: 聞慶之北, 鳥嶺之東, 有一山城, 名曰御留. 未知何時之事, 而或云麗祖駐駕之所, 亦未得其詳也. 其中閣狹, 比南漢十分之九, 形勢險固, 卽非南漢之比. 東, 南絶壁萬丈, 鳥獸難越, 北則比東, 南稍低, 而又非人跡可通, 略設城堞, 可以高枕. 其西號爲防緊之處, 亦有可通之路, 而視南漢之最險處, 不啻倍蓰, 而小大巖石, 積如築土, 功役甚省, 而亦可成難犯之勢. 城中井泉川溪, 百道爭流, 樹木森列, 取之不盡, 可作千間大廈...糧餉難辦, 此最可慮. 嶺外十一官稅米, 踰嶺涉險, 遠輸江倉, 牛顚馬斃, 民力已盡. 如使歲運於此, 春散秋收, 則除民弊, 裕軍食, 而慰民心. 但國儲未裕, 酬應日煩, 若非大變通, 大省役, 奮會稽,曹丘之志, 則難以議此. 此聖明所宜自勵處也...如欲大興城役, 非聞慶小縣所可辦, 而分割之擧, 亦甚重大. 待城役完定後, 量處未晚. 上從之."

476) 上揭書, 仁祖實錄, 仁祖十七年二月十一日: "己亥, 以李禬爲正言, 金振爲修撰, 鄭知和爲司書, 李命雄爲慶尙監司."

477) 上揭書, 仁祖實錄, 仁祖十七年六月十九日: "乙巳/備局啓曰: 慶尙道只有金烏, 天生兩山城, 而天生形勢雖險, 城基太狹, 且無井泉, 實非可守之地. 一道內所恃者, 金烏一城而已. 上年前監司李敬輿言御留形勢, 至於圖上. 朝廷始有修築之議, 業已創一小刹, 以爲往來人容接之所, 而監司李命雄辭朝時, 自上亦有下敎, 則已爲今日定計矣. 第聞本城內外俱險, 難於着足, 而四面百餘里間, 巖石崎嶇, 絶無人居, 糧運旣難, 而春秋斂散, 尤極難便. 未設之前, 須加十分詳審, 故已令本道監司, 於秋高葉落後, 親自看審, 儲糧一事, 更加熟講以啓矣. 今聞大丘之公山山城, 星山之禿音山城, 形勢最好, 本道之人亦多願築者云. 此兩城, 亦令本道監司, 竝皆看審, 擇其可城者, 而先築之爲當. 上從之."

478) 上揭書, 仁祖實錄, 仁祖十七年七月十三日: "慶尙監司李命雄請發本道兩鎭管束伍軍, 加築善山 金烏山城, 上許之."

479) 上揭書, 仁祖實錄, 仁祖十七年八月十九日: "甲辰/慶尙監司李命雄馳啓曰: 臣往審山城形勢, 則大槪公山, 禿音兩城, 民情亦皆願築, 其意有在. 此兩城及如御留城等處, 期以數年, 次第修築, 則不害爲他日掎角之勢, 而當今急務, 莫如築城, 山城蚤寒, 始役尤急. 某城先築與否, 令廟堂從速指揮. 且架山, 公山, 禿音山, 竝圖其形以上云."

480) 上揭書, 仁祖實錄, 仁祖十八年五月二十五日: "定架山城邑名爲漆谷, 以尹瀁爲府使."

481) 上揭書, 仁祖實錄, 仁祖十八年四月四日: "乙卯/憲府啓曰: "慶尙監司李命雄莅任之後, 身當築城之役, 所當十分謹愼, 以副委寄之意, 而措置失宜, 刑杖太濫....答曰: 不待長官之言, 輕論任事之人, 以予揆之, 不知其可也. 然處置如此, 依啓."

482) 上揭書, 仁祖實錄, 仁祖十八年七月十一日: "以李行遇爲應敎, 李尙馨爲執義, 洪茂績爲掌令, 金鏅爲持平, 金應祖爲獻納, 李命雄爲左副承旨."

483) 上揭書, 仁祖實錄, 仁祖二十一年三月三日: "上命贈故監司李命雄之職. 先是, 慶尙監司林墰馳啓曰: 本道爲倭路之門戶, 而自金山抵鳥嶺, 無一處設險, 己卯年本道監司李命雄, 請築架山山城, 多有是非. 臣今巡審, 則本城距本營五十里, 而東萊趨京之左路, 則由城東公山外四十里, 中路則由城西山底十餘里, 洛江橫帶於西南四十里之間. 又與善山之金烏, 隔江對峙, 勢成掎角, 南藩防備之所, 實是天作. 又以漆谷府入設於城中, 出於萬全之計, 而本府新設, 不成貌樣. 請割城底傍近地方, 移屬本府, 以爲壯固鎖鑰之地. 上命廟堂議處, 仍念李命雄之功, 遂命追贈."

484) 허목(許穆, 1595~1682), 한민족문화대백과사전: "허목은 조선 후기 성균관 제조, 이조 판서, 우의정 등을 역임한 문신이다. 1595년(선조 28)에 태어나 1682년(숙종 8)에 사망했다. 과거를 보지 않고 학문과 글씨에 전념해 독특한 전서를 완성했다. 예론에 뛰어나 두 차례 예송 논쟁에서 서인의 영수 송시열을 대상으로 남인의 주장을 대변했다. 현종 대에는 서인의 주장이 관철되면서 좌천되었으나 숙종 대에 남인의 주장이 채택되어 대사헌을 거쳐 우의정에 올랐다. 경신대출척(庚申大黜陟)으로 서인이 집권하자 파직되어 저술과 후진 양성에 전념했다. 학문적으로는 주자학 일존주의에서 벗어나 원시유학(元始儒學)을 중시했다."

485) 許穆, 架山築城石記: "許穆上之十有七年. 李公命雄以副提學. 出爲嶺南觀察使. 於是國家新去亂. 內外板蕩. 朝不謀夕. 唯南方粗完. 當今興復之圖. 實在南. 先有金是樞者上疏. 言山城要害. 上用其策. 公旣受命. 因以此屬公. 公旣至. 審察地利阨塞. 大作南藩扞蔽. 莫如架山. 山星州東境八莒鎭. 山當嶺海要衝. 通邑大郡. 棋布四列. 物力易聚. 控引長江. 轉漕四通. 乃以便宜驛聞. 以其年九月. 大發男丁. 因阻險築城. 至明年四月. 功告成. 凡役民十餘萬人. 城周三千八百三十步千七百五十二堞.城門樓, 堡樓, 軍營, 列臺, 水門. 其他大小公廨寺院. 共三十餘所.鑿泉池大小三十二. 器械如之. 募民給復. 以實城中. 因割地分界. 置漆谷都護府. 旣而不悅者多謗之. 李公去矣. 自此言山城事. 爲世所忌. 未久. 李公卒. 觀察使歷二人. 而皆莫肯顧力. 以故追詆李公. 爭言城不便者滋益多. 今使相林公墰受命出嶺. 卽巡行海邊. 仍觀列郡地利.至此. 周覽營壘. 嘆曰. 關防之壯. 莫過於此. 啓上極言李公賢能方略. 其築城諸將士. 請皆追行爵賞. 又地界小. 徙民耕農不足. 請增割地益之. 東據公山. 西盡大江. 都護府使崔侯後憲.備述建置都護終始事.屬余爲記.刻之山石云."

486) 칠곡부읍지(漆谷府邑誌), 한국학중앙연구원: "1899년 간행된 경상북도 칠곡군의 읍지. [편찬/간행

경위)『칠곡부읍지(漆谷府邑誌)』는 전국 읍지상송령에 의하여 1899년(광무 3) 1책으로 간행된 칠곡군의 읍지로 규장각한국학연구원에 소장되어 있다. 선생안에는 1898년에 이종표(李鍾杓)가 도임한 기록은 있지만 체임된 내용은 없기 때문에 이종표 재임 당시에 제작된 것으로 보인다."

487) 천주사지(天柱寺址), 한국향토문화전자대전: "경상북도 칠곡군 동명면 남원리 일대 가산산성 외성 안에 있는 절터. 천주사는 『칠곡지(漆谷誌)』에 "天柱寺 在外城中寮 寺五 降生院尋劒堂含月堂桂月堂望月堂 又有僧倉米三百八石三斗八道六合七夕..."라고 적고 있어 가산산성의 외성 내에 있으며, 강생원(降生院), 계월당(桂月堂), 망월당(望月堂) 등의 요사(寮舍)와 승창(僧倉)이 있었음을 알 수 있다. 기록에 의하면 1701년(숙종 27) 경상감영의 영으로 가산산성 외성 안에 천주사를 건립하고 승창미를 보관하였다고 전한다. 그러나 1960년대 사라호 태풍으로 피해를 입게 되어 지금은 주위에 석축과 와편만이 산재할 뿐 정확한 사역 및 기존의 건물터는 찾을 수 없다.

488) 承政院日記, 肅宗八年一月六日: "巳時, 正月初六日 上御熙政堂, 下直守令, 還下去察訪引見. 入侍, 右副承旨李濡, 記事官崔錫恒·徐宗泰·朴泰維, 柒谷府使南聚星, 靑陽縣監金光烈, 橫城縣監裵璃, 靑丹察訪閔純, 連源察訪尹世喜. 上曰, 下直守令進前.南聚星進伏曰, 小臣柒谷府使南聚星也.上曰, 誦七事.聚星, 口誦戶口增·農桑盛·賦役均·詞訟簡·奸猾息·軍政修·學校興.上曰, 非徒口誦, 着心爲之..."

489) 承政院日記, 肅宗三年七月二十五日: "巳時, 上御熙政堂, 下直守令·邊將, 引見. 見上 假注書崔恒齊, 記事官尹義濟·安如岳, 入侍. 有鉉進伏曰, 小臣, 卽高陽郡守金有鉉也.上曰, 別無可問之履歷, 須盡心擧職. 有鉉退伏. 萬直進伏曰, 小臣, 卽陽川縣令金萬直也. 上曰, 已諭於有鉉處矣. 萬直退伏. 儁進伏曰, 小臣, 卽永興府使權儁也. 上問履歷. 儁曰, 臣登辛卯武科, 自武兼宣傳官, 陞義盈庫主簿, 爲延日縣監, 刑曹正郞, 監察, 漆谷府使, 尙州營將, 轉爲晉州兵使, 爲會寧府使, 遷爲摠戎中軍, 今爲此倅矣.上曰, 曾前履歷如此, 至於治民, 手必熟矣, 須盡心爲之.儁退伏, 燦進伏曰, 小臣, 卽珍山郡守安燦也.上問履歷, 燦對畢.上問七事, 誦訖.上曰, 七事者, 非但誦之而已, 勿思塞責之計, 須往而盡心於恤民之政, 勿爲善事要譽, 可也. 行夏進伏曰, 小臣, 卽歙谷縣令李行夏也.上問履歷, 對畢.上問七事, 誦訖..."

490) 유화당 정효각(有華堂旌孝閣), 디지털대구문화대전: "대구광역시 북구 도남길 193-14(도남동 362). 대구광역시 북구 도남동에 있는 이희성, 이희효 형제의 효자 정려각. 유화당 정효각(有華堂旌孝閣)은 유화당의 솟을대문을 말하는 것으로 솟을대문 안쪽 상부에 정려 편액과 정려기문이 걸려 있다. '유화당'이란 '국화가 가득한 집'이라는 뜻으로 현재도 국화를 가꾸고 있다. 솟을대문에 정려편액이 설치된 형태의 정려각(旌閭閣)을 일명 '솟을대문형 정려각'이라고 한다. 매국(梅菊) 이희성(李希聖)과 용호(龍湖) 이희효(李希孝) 형제는 1878년(고종 15)과 1880년(고종 17) 각각 조정으로부터 효자로 정려(旌閭)받았다. 형제의 효성을 기리기 위하여 1916년 유화당 정효각을 세웠다. 현재 대구광역시 내에서 솟을대문형 정려각은 유화당 정효각이 유일하다. 이희성과 이희효 형제는 천성이 순수하고 효성스러웠다. 집이 가난하였으나 어버이를 봉양에 정성을 다하였다. 어머니가 중병

을 얻게 되어 생명을 구할 수 없는 지경에 이르자 손가락을 끊어 피를 마시게 하여 소생시켜 수명을 5년이나 늘렸다. 그 후 부자(父子)가 함께 돌림병을 만났는데 아버지의 병환이 위태로워 또 손가락을 끊어 피를 마시게 하였는데, 이 때문에 상(傷)을 더하여 이희효는 세상을 떠나니 듣는 사람이 감탄하지 않는 사람이 없었다. 이희성과 이희효는 수의어사(繡衣御史)의 장계로 포상되어 형 이희성은 가선대부 참판에 증직되었고, 동생 이희효는 동몽교관에 증직되었다."

491) 관천재(觀川齋, Gwancheonjae), 대구문화역사대전: "대구광역시 북구 관음로 179-35(관음동 135). 독립운동가 배석하의 강학당. 관천재(觀川齋)는 관천(觀川) 배석하(裵錫夏, 1857~1936)가 만년에 강학하던 건물이다. 배석하는 1905년 을사늑약이 체결되자 을사오적 박제순(朴齊純)·이지용(李址鎔)·이근택(李根澤)·이완용(李完用)·권중현(權重顯)을 처단하라는 상소를 올렸다. 1910년에 일제가 한일병합조약을 강제로 체결하자 의병을 일으켜 일본군과 싸웠으며, 1919년에는 심산(心山) 김창숙(金昌淑) 등과 함께 한국 독립을 위한 「독립청원서」를 파리에 보낸 파리장서 사건에 참여하였다."

492) 이도장(李道長, 1603~1644) 위키실록사전: 조선 시대 문신, 자는 태시, 호는 낙촌, 본관은 광주. 참의 윤우의 차자로서 영우에게 출계하였다. 정한강 장여헌의 문인으로 1630년(인조 8) 식년 문과에 급제하여 승문원의 권지정자에 등용되고 이어 주서, 검열, 사근도찰방, 지평 등을 거쳐 인조 16년에는 홍문록에 피선되고, 그 후 부수찬, 지평, 정언, 부교리, 이조좌랑 등을 역임했다. 공은 학문이 뛰어나 인조 16년 12월, 지제교에 초선된 후 교리, 헌납, 이조정랑, 사간, 부응교 등을 거쳐 합천군수에 이르렀다. 1636년(인조 14), 병자호란이 일어나 적병이 파죽지세로 쳐들어오니 왕후 비빈과 대신 가족들은 이미 강화도로, 피난 가고 적의 군사가 서울에 가까이 진격하여 옴에 당시 도제찰사 김유가 아무 방비도 없이 국왕을 강화로 파천(播遷)할 것을 주청함에 공이 이를 반대하여 말하기를 「한편으로는 병력을 보내어 적병의 진격을 늦추게 하면서 또 한편으로는, 파천하게 하되 혹시 도중에 어떤 실수가 있을지 모르니 인군지(隣軍地)인 남한산성으로 들어가 강화의 안위를 확인한 후 결정하는 것이 옳다」고 진언한 바 있다.

493) 百朋: 《詩·小雅·菁菁者莪》: "既見君子, 錫我百朋" 高亨 注: "朋, 古代以貝殼爲貨幣, 五貝爲一串, 兩串爲一朋" 즉 많은 돈이나 재물을 뜻하는 말이다. 옛날에는 패각(貝殼)을 화폐로 사용했는데, 5패를 1관(串)이라 하고 2관을 1붕(朋)이라 했음. 『시경』 <소아(小雅) 청청자아(菁菁者莪)>에 "군자를 만나 뵌 이 기쁨이여, 마치 보화(寶貨)를 나에게 내려주신 듯하도다."라는 말이 나옴.

494) 도성탁, 칠곡도호부사 행록집, 팔거역사문화연구회, 2018. p.271 혹은 p.41.

495) 칠곡도호부사 행록집, 팔거역사문화연구회, 2018. p.42.

496) 柒谷府先生案序: 往在庚辰巡察使李命雄奉命創築架山山城. 星州八莒縣爲之邑邑號柒谷 盖因麗代舊號也. 府城中雖爲府使者爲臨亂控制屬官之意也. 八莒之屬於星州千有餘年. 雖事跡茫無可稽而鄕吏及奴婢後裔猶有諺傳云云者. 巡察使與沈從事太孚云商確講究. 鄕吏

四人奴婢三口聽本府刷還. 又請于朝傍邑各寺奴婢各十口許令本府揀擇移? 爲官奴婢詳在
狀啓.集中噫設邑五年之間邑宰. 代者三無先生案則後之人將無可徵者. 故取其遞代年月及
創設便槪以記之耳. 歲出甲申十月 日. 通訓大夫柒谷都護府使 崔後憲 記.

497) 慶尙道先生案: "通政大夫, 觀察使兼兵馬水軍節度使 巡察使 李命雄. 己卯四月來, 以架山山
城監葉瓜滿後 庚辰七月疏遞 寺內設漆谷都護府 建築架山山城.

498) 上揭書, 仁祖實錄, 仁祖二十七年三月七日 : "丙寅 慶尙監司李曼馳啓曰: 漆谷山城修補之役,
專委於府使李枝馨, 伐材燔瓦, 撤毁營堡之際, 被論罷職. 今若付之生手, 功役頭緖, 未能熟
諳, 收拾料理, 必多踈漏. 請李枝馨軍官自望, 仍用印信, 以爲號令之地. 上下敎曰: 觀此狀啓,
則其無罪過可知. 還授本任, 俾無虛踈之弊. 正言李正英, 李廷夔以李枝馨論啓失實引避. 諫
院處置遞差, 上從之."

499) 許積, 維基百科: "許積(韓語: 허적／許積; 1610年—1680年5月11日), 本貫陽川許氏(韓語: 양
천 허씨). 是韓國朝鮮王朝的文臣及政治人, 詩人. 陽川 字汝車, 號默齋, 休翁, 諡號肅憲. 1664
年, 1671年, 1674年 任議政府領議政及他的禮訟論爭時南人, 穩健派的領導人物."

500) 肅宗實錄, 肅宗四年八月十三日: "…積又言: "慶尙監司李端錫以漆谷邑居, 從民願, 移設八莒
縣事啓聞. 漆谷山城乃仁祖朝所創, 其地最得形勝, 今不可輕許移居. 而議者或謂: '漆谷山城
半據星州, 半據義興. 以義興陞都護府, 移就山城, 摠理關防之務, 而以漆谷東四面合屬, 以舊
六面還屬星州, 則事勢便好…。 請以此問便否於本道監司, 使之相勢回啓.上許之…"

501) 純祖實錄, 純祖十九年五月二十五日: "命移漆谷府於舊邑八莒倉, 因道臣狀聞, 大臣言之也."

502) 칠곡부사 행록집, 찰거역사문화연구회, 2018. p.171.

503) 칠곡군 연혁, 칠곡군청 누리집(chilgok.go.kr/): "대한 고종 32년 06. 23. 漆谷郡으로 칭함.
1914.03.01. 인동군을 병합하여 9개 면을 관할하면서 군청을 왜관에 둠…"

504) Roy E. Appleman, SOUTH TO THE NAKTONG, NORTH TO THE YALU(June-November
1950), CENTER OF MILITARY HISTORY, UNITED STATES ARMY, WASHINGTON, D.C., 1992,
Pages 858.

505) 한국전 참전 용사 기념비, 위키백과: "한국전 참전 용사 기념비(韓國戰參戰勇士紀念碑, 영어:
Korean War Veterans Memorial)는 한국전쟁에 참전한 미국군을 기리기 위하여 세운 현충시설이
다. 미국 워싱턴D.C.에 있는 내셔널 몰의 서쪽에 있는 링컨 기념관에서 가까운 동남쪽에 있다. 3각형
모양으로 둘러싼 화강암 벽에 모래분사(Sandblast)로 한국전쟁 당시 기록된 2,500개의 사진 영상
을 새겨놓았고 추운 겨울 전쟁터에서 정찰 중인 군인병사의 모습을 스테인레스 강(鋼)으로 만든 19
개의 조각상으로 보여 주고 있다. 이곳에는 검은 화강암 벽으로 둘러싼 지름 30피트(9m)의 얕은 풀
이 있다. 화강암 비문에는 한국전쟁에서 전사, 부상, 실종, 전쟁 포로의 숫자가 기록되어 있으며 기념

비 남쪽에는 한국의 나라꽃인 무궁화가 3그루 심겨져 있다. 또 다른 화강암 벽에는 은색으로 '평화는 거저 주어지는 것이 아니다(Freedom is Not Free).'라는 간단한 메시지가 새겨 있다."

506) Liberty vs. Freedom: What's the difference? - United We Pledge : "Liberty emphasizes the importance of individual rights and the limitations of government power, while freedom is more focused on the ability of individuals to pursue their own interests."

507) Paul Slovic, Numbed by Numbers, Foreign Policy(foreignpolicy.com), March 13, 2007 : "People don't ignore mass killings because they lack compassion. Psychological research suggests it's grim statistics themselves that paralyze us into inaction…"

508) Eoin O'Carroll, "The death of one man is a tragedy. The death of millions…", The Christian Science Monitor(csmonitor.com), 2011.6.3. : "There's no proof that Stalin ever said this, but even if he did, he would likely have been quoting a 1932 essay on French humor by the German journalist, satirist, and pacifist Kurt Tucholsky. Much like Rousseau did with his great princess, Tucholsky quotes a fictional diplomat from the French Ministry of Foreign affairs, speaking on the horrors of war. The war? says Tucholsky's diplomat, "I cannot find it to be so bad! The death of one man: this is a catastrophe. Hundreds of thousands of deaths: that is a statistic!"

509) Leah Hall, 54 Mother Teresa Quotes That Inspire Love, Faith, and Hope, Country Living(countryliving.com), Apr 1, 2022. : "I'm a little pencil in the hand of a writing God, who is sending a love letter to the world," Mother Teresa once wrote. Let her words of love and faith inspire you every day.…"

510) Ukraine-Russia Peace Is as Elusive as Ever. But in 2022…, The New York Times(nytimes.com), 2024.6.15.: "They are treaty drafts dated March 17 and April 15, 2022, showing the two sides' competing proposals and points of agreement; and a private…" / Fresh evidence suggests that the April 2022 Istanbul peace. bne IntelliNews(intellinews.com), 2024.4.17. : " The deal was ultimately rejected in April 2022. The public mood in Ukraine hardened with the discovery of Russian atrocities at Irpin and Bucha…"

511) 터키 이스탄불에서 러시아와 우크라이나 간에 5번째 대면 협상에서 나온 결과, 저널 인 뉴스, 2024.6.23.: "2023년 3월 29일 터키 이스탄불에서 러시아와 우크라이나 간에 5번째 대면 협상이 열렸다. 여기에서 '평화 협정(Peace treaty)'이란 단어가 처음으로 등장했다…"

512) What weapon has killed the most humans? Grant Piper, The Deadliest Weapon In History Was a Simple Short Sword, Grand Piper(grantpiperwriting.medium.com), 2024.2.4.: "The gladius was present at all of Rome's bloodiest battles and was used to cut down hundreds

of thousands of people. No other single weapon likely killed more people in history than the gladius."

513) All in a Day's Work: The Single Well-Aimed Shot, Excerpt from Inside the Crosshairs, Penguin Random House Canada(penguinrandomhouse.ca): "Army and Marine snipers, on the other hand, produced a dead enemy for nearly every round fired. U.S. snipers in Vietnam averaged one kill for every 1.3 to 1.7 rounds expended."

514) How many rounds were fired in Vietnam? Killer Instinct; How Many Soldiers Actually Fired. January 28, 2018.: "During World War II it was estimated that 45,000 rounds of small arms ammunition was fired to kill one enemy soldier. In Vietnam the American military establishment consumed an estimated 50,000 rounds of ammunition for every enemy killed."

515) All in a Day's Work: The Single Well-Aimed Shot, Excerpt from Inside the Crosshairs, Penguin Random House Canada(penguinrandomhouse.ca): "In terms of economics, the innovative use of snipers in Vietnam meant that virtually every bullet produced a body count—a statistic drastically different from bullet-to-body ratios for other wars and other infantrymen in Vietnam. Studies of frontline combat during World War II reveal that U.S. troops expended 25,000 small arms rounds for every enemy soldier they killed. In the Korean War the number doubled to 50,000 rounds per enemy death. By the time the United States went to war in Southeast Asia, technological advances in weapons had made it possible to place a fully automatic rifle in the hands of every American infantryman, and the firepower of fully automatic 'rock and roll' resulted in the expenditure of 200,000 rounds of ammunition for every enemy body."

516) How many bullets hit their target in war? 2023.9.22.: "Under a more controlled and specific scenario, it is estimated that in a civilian firefight, about 18% of the bullets will find a mark, and about 0.1% will under military conditions."

517) How many bullets were fired during World War II?, Quora(quora.com) 2015.2.27.: "43 billion rounds of small arms ammunition, and 11 million tons of artillery shells."

518) How did World War 2 affect the Korean War? Did the Korean War have more casualties than ww2? Korean War, Wikipedia(en.wikipedia.org).: "Combat ended on 27 July 1953 when the Korean Armistice Agreement was signed, allowing the exchange of prisoners and creating the Korean Demilitarized Zone (DMZ). The conflict displaced millions of people, inflicting 3 million fatalities and a larger proportion of civilian deaths than World War II or the Vietnam War."

519) What is unique about the Korean War?, The Korean War was the first war in which the military was desegregated. On July 26, 1948 : "Truman signed an executive order, desegregating the armed forces. African Americans in the United States military served in integrated units for the first time during the Korean War."

520) What were the differences between the Korean War and World War II, in regards to tactics and technology? Qura(quora.com), Aug. 18, 2024 : "The Korean War (1950-1953) and World War II (1939-1945) were two significant conflicts that showcased different military tactics and technologies. Here are some key differences: (Tactics) Nature of Warfare…"

521) 孫子兵法, 始計編(全文) : "孫子曰：兵者, 國之大事, 死生之地, 存亡之道, 不可不察也. 故經之以五事, 校之以計, 而索其情, 一曰道, 二曰天, 三曰地, 四曰將, 五曰法. 道者, 令民與上同意也, 可與之死, 可與之生, 而不畏危. 天者, 陰陽, 寒暑, 時制也. 地者, 遠近, 險易, 廣狹, 死生也. 將者, 智, 信, 仁, 勇, 嚴也. 法者, 曲制, 官道, 主用也. 凡此五者, 將莫不聞, 知之者勝, 不知者不勝. 故校之以計, 而索其情. 曰：主孰有道, 將孰有能, 天地孰得, 法令孰行, 兵衆孰強, 士卒孰練, 賞罰孰明, 吾以此知勝負矣. 將聽吾計, 用之必勝, 留之；將不聽吾計, 用之必敗, 去之. 計利以聽, 乃爲之勢, 以佐其外；勢者, 因利而制權也. 兵者, 詭道也. 故能而示之不能, 用而示之不用, 近而示之遠, 遠而示之近. 利而誘之, 亂而取之, 實而備之, 強而避之, 怒而撓之, 卑而驕之, 佚而勞之, 親而離之. 攻其無備, 出其不意, 此兵家之勝, 不可先傳也. 夫未戰而廟算勝者, 得算多也；未戰而廟算不勝者, 得算少也；多算勝, 少算不勝, 而況於無算乎？吾以此觀之, 勝負見矣."

522) Who is the father of operations research? Morse, Philip M., INFORMS.org : "Considered the founder of operations research in the United States, Phillip M. Morse was born in Shreveport, Louisiana. Morse followed in his father's footsteps and attended Case Institute of Technology (now Case Western), earning a bachelor's degree in 1926."

523) What is operation research in mathematics? Operations Research (OR), Applied Mathematics & Statistics, Stony Brook University(stonybrook.edu) : "Operations Research is the branch of applied mathematics concerned with applying analytical methods to help make better management decisions. Operations research is also known as management science and industrial engineering."

524) Толстой, несколько слов о «Войне и мире» : "Сразу после боя или на следующий день, до того, как будет написан отчет, совершите экскурсию по армии и расскажите солдатам, старшим офицерам и младшим офицерам, как идут дела. Спросите. Все эти люди расскажут вам о том, что они пережили и видели, образуя впечатление величественное, сложное, бесконечно разнообразное, меланхоличное и дву

смысленное. И никто, особенно Главнокомандующий, не узнает, как все это было."

525) Roy E. Appleman, SOUTH TO THE NAKTONG, NORTH TO THE YALU(June-November 1950), CENTER OF MILITARY HISTORY, UNITED STATES ARMY, WASHINGTON, D.C., 1992, p.334 : "General Walker's primary objective in August was to retain a foothold in Korea. From this he intended to launch an attack later when his forces were of sufficient strength. Walker kept saying to his key staff officers and to his principal commanders substantially the following: "You keep your mind on the fact that we will win this thing by attacking. Never let an opportunity to attack pass. I want the capability and opportunity to pass to the offensive. Until that time comes I want all commanders to attack—to raid—to capture prisoners and thus keep the enemy off balance. If that is done, more and more opportunities to hurt the enemy will arise and our troops will be better prepared to pass to a general offensive when things are ripe.""

526) Ibidem, p.334 : "General Walker wanted the foothold in Korea to include the rail route from Pusan north through Miryang to Taegu, eastward to Kyongju, and back to Pusan. (See Map IV.) This would make possible the logistical support necessary for a breakout offensive later. To retain this circumferential communication net, General Walker had to combine a fine sense of timing with a judicious use of the small reserves he was able to assemble at any given time. He had to know just when to move his limited reserves and where. They had to be at the right place and not too late. A study of the defensive fighting of the Pusan Perimeter by Eighth Army and the ROK Army will reveal that Walker proved himself a master in it."

527) What does tag mean in the military? Marine Corps Identification Tags, Marine Corps University() : "Identification tags, more commonly known as dog tags, have been used by the Marine Corps since 1916. They serve to identify Marines who fall in battle and secure a suitable burial for them. Identification tags were probably first authorized in Marine Corps Order Number 32 of 6 October 1916."

528) Ibidem, p.334 : "The difficulty of forming a small reserve was one of the principal problems that confronted the Eighth Army staff during August and September 1950. It was a daily concern to the Eighth Army commander. Colonel Landrum, Eighth Army's chief of staff during August, considered it one of his most important daily tasks to find any unit that could be "tagged" as an army reserve. This search included both Eighth Army and ROK troops. It was considered a certainty that any troops so designated would be committed somewhere on the Perimeter within twenty-four to forty-eight hours. One of

General Walker's daily greetings to his chief of staff was, "Landrum, how many reserves have you dug up for me today?"

529) Ibidem, p.335 : "General Walker left most of the headquarters work to his staff. He spent the greater part of each day on visits to his combat units. It fell to Colonel Landrum to keep him fully informed of what had happened around the Perimeter front during his absence from headquarters. Landrum did this every day when Walker returned to Taegu. In addition to keeping in close touch with the army G-2, G-3, and G-3, Air, Colonel Landrum made it a practice to telephone each major combat unit sometime between 2200 and midnight each night and talk with the unit commander or the chief of staff about the situation on that part of the front. This provided fresh information and reflected the state of mind of the various commanders at that moment. On the basis of these nightly telephone calls, General Walker often planned his trips the next day. He went where he felt a serious situation was or might be developing."

530) Ibidem, p.335 : "The central, or Taegu, front was to present its full measure of problems involving the use of limited reserves hastily assembled from another part of the perimeter. It was a sector where the Eighth Army commander needed to make a reasonably correct appraisal of the situation day by day. For here several corridors of approach southward converged on the valley of the Naktong, and the enemy forces advancing down these corridors were assembling in relatively great strength in close supporting distance of each other. The enemy frontal pressure against Taegu developed concurrently with that on both flanks already described."

531) 星山面(Seongsan-myeon) : 固城郡八面之一, 過去新羅時期叫做一利縣, 新羅第35大景德王統治時期, 改爲星山郡, 高麗初期又改爲加利縣, 第8大顯宗執政時期, 屬于星州牧, 朝鮮中期以后, 成爲加顯面(가현면), 管理茂溪, 栗利, 朴谷, 大興, 新村, 陽動, 龍沼, 月山, 上龍, 大龍, 江亭, 兄谷等13个洞里, 到高宗光武10年(1906年)編入到高灵郡, 1914年改組合幷郡面, 隨之, 整合星州郡所也面的期足, 得谷, 高谷, 鳳谷, 三大, 班庄, 德山, 牛谷, 津頭, 龍谷等11个的3个洞里和道長面的箕山、只境、旗足等3个洞里和高灵郡九音面的沙鳧, 道岭, 風谷, 新村等4个洞里, 新羅時期, 用星山郡命名爲星山面, 改組管理期足, 得成(득성), 魚谷(어곡), 高呑(고탄), 三大, 午谷(오곡), 茂溪, 朴谷, 大興, 龍沼, 上龍, 江亭, 沙鳧, 箕山等14个洞. 經過洛東江, 東邊有達城郡論工面, 南邊有開津面, 西邊有高灵邑和云水面, 北邊与茶山面和星州郡龍岩面相接. 1988年5月1日, 將洞改爲里后使用至今.

532) Ibidem, pp. 335 : "The North Koreans Cross the Naktong for the Attack on Taegu : "The enemy forces assembled in an arc around Taegu, from south to north, were the N.K.

10th, 3d, 15th, 13th, and 1st Divisions, and elements of the 105th Armored Division. They reached from Tuksong-dong on the south northward around Waegwan to Kunwi. This concentration north and west of Taegu indicated that the North Koreans expected to use the natural corridor of the Naktong valley from Sangju to Taegu as a principal axis of attack in the next phase of their drive south. Across the Naktong opposite the five North Korean divisions, in early August, were, from south to north, the U.S. 1st Cavalry Division and the ROK 1st and 6th Divisions of the ROK II Corps. The boundary between the 1st Cavalry Division and the ROK 1st Division lay about two miles north of Waegwan and ten air miles northwest of Taegu."

533) Ibidem, pp. 336 : "The 10th Division and part of the 3d Division were opposite the 1st Cavalry Division. Opposite the ROK 1st and 6th Divisions were part of the 3d, and the 15th, 13th, and 1st Divisions, together with supporting units of the 105th Armored Division. Like the 24th Infantry Division just south of it, the 1st Cavalry Division had a long front. From south to north, the 7th, 8th, and 5th Cavalry Regiments were on line in that order. The two battalions of the 8th Cavalry Regiment west of Taegu each had a front of about 10,000 yards. The 5th Cavalry Regiment at Waegwan had a front of 14,000 yards."

534) Ibidem, p. 337 : "In order to provide artillery fire support for such great frontages, the artillery firing batteries were placed about 7,000 yards behind the front lines and about 6,000 to 7,000 yards apart. Each battery laid its guns on two different deflections. By shifting trails it was possible to mass the battery fire. In some instances, two batteries could mass their fire, but an entire artillery battalion could not do so because of the great flank distance within a regimental sector. The artillery tried to achieve volume of fire by rapidity of firing. In one instance, ten 105-mm. howitzers fired 120 rounds in seventy seconds, an average of one round every six seconds for each gun. In the north, the N.K. 1st Division between 6 and 8 August crossed the Naktong River between Hamch'ang and Sangju in the zone of the ROK 6th Division. On 6 August, American planes observed ten barges engaged in ferrying troops across the river. The enemy division, although reinforced by 2,500 green replacement troops—partly at Hamch'ang and partly after crossing the river as still only at half-strength."

535) Ibidem, p. 338 : "Many of the replacements did not have weapons and were used in rear areas in miscellaneous duties. This division, upon attacking toward Kunwi, met stubborn resistance from the ROK 6th Division and did not reach that town, twenty-five air miles due north of Taegu, until about 17 August. In battle there with the ROK 6th Division, it suffered further losses before it was able to advance south to the Tabu-dong area and

the approaches to Taegu. South of the N.K. 1st Division, the 13th Division had started crossing the Naktong during the night of 4-5 August. On the 5th the main part of its 21st Regiment crossed at Naktong-ni, forty air miles northwest of Taegu on the Sangju road. After the crossing was discovered, some of the enemy soldiers came under aerial strafing attacks while they were still in the water and ROK artillery and mortar fire was directed at the crossing site."

536) Ibidem, p. 338 : "On the south bank the regiment came under continuing aerial and artillery fire, but with unknown casualties. That night the 19th Regiment crossed the river in the path of the 21st, the men holding their weapons over their heads and wading in neck deep water. They left behind their heavy weapons and vehicles. Then the following night, 6-7 August, the third regiment of the division, the 23d, together with two battalions of artillery, crossed below Naktong-ni on rafts. These crossings of the N.K. 13th Division were in the zone of the ROK 1st Division, but were several miles from that division's prepared positions."

537) Ibidem, p.338 : "ROK troops attacked the 13th Division immediately after it crossed, forcing it into the mountains. There, the N.K. 13th Division, its elements uniting on the east side, launched a concerted night attack, broke the ROK defenses, and began an advance that carried it twenty miles southeast of Naktong-ni on the main road to Taegu. A week after crossing the Naktong, the 3th Division and the 1st Division were converging on the Tabu-dong area, about fifteen miles due north of Taegu. There lay the critical terrain for the northern defense of the city."

538) Ibidem, p.338 : "The N.K. 15th Division, next of the enemy divisions in line southward, received approximately 1,500 replacements at Kumch'on on 5 August, which brought its strength to about 6,500 men. The next day its 45th Regiment marched northeast toward the Naktong. The regiment passed through Sonsan on 7 August and crossed the river southeast of that town. United Nations planes strafed part of it in the crossing. Once across the river, the regiment headed into the mountains, encountering no opposition at first. The other two regiments, the 48th and 50th, departed Kumch'on later and began crossing the Naktong between Indong and Waegwan before dawn of 8 August. The men waded the river in four feet of water at two ferry sites, four and six miles north of Waegwan. Tanks and vehicles crossed on an underwater bridge at the upper ferry site. The major initial crossing occurred at the upper ferry site six miles from Waegwan where an estimated two battalions and at least two tanks had crossed by 08 :10."

539) Ibidem, p.338 : "The North Koreans supported this crossing by direct tank fire from the west side of the river. The Air Force estimated seven tanks were in firing position there. These tanks evidently succeeded in crossing the river during the day. The N.K. 15th Division seized Hills 201 and 346 on the east side of the river at the crossing site, before advancing eastward into the mountains toward Tabu-dong, seven air miles distant. Considering these enemy crossings the most serious threat yet to appear against Taegu, Eighth Army made plans to support the ROK Army with American troops in the event of an enemy penetration. The Air Force, in the meantime, discovered the underwater bridge six miles north of Waegwan and dropped 1,000-pound bombs on it with undetermined results."

540) Ibidem, p.229 : "The ROK 1st Division the next day reported it had regained the high ground at the crossing sites. The enemy force, however, had not been destroyed or driven back across the river. It had simply moved on eastward deeper into the mountains. Between 12 and 16 August the three regiments of the N.K. 15th Division united on the east side of the Naktong in the vicinity of Yuhak-san, a towering 2,800-foot peak, five miles east of the crossing site and three miles northwest of Tabu-dong. The N.K. 13th Division was already locked in combat on Yuhak-san with the ROK 1st Division."

541) Ibidem p.339 : "Opposite, and south of, Waegwan, two enemy divisions stood ready to cross the Naktong in a co-ordinated attack with the divisions to the north. The first of these, the N.K. 3d Division, was concentrated in the vicinity of Songju, four miles southwest of Waegwan. Ten miles below the 3d, the N.K. 10th Division was concentrated in the Koryong area. Both these divisions were opposite the 1st Cavalry Division."

542) Ibidem, p.339 : "The 7th Regiment of the 3d Division started crossing the Naktong about 0300 9 August at a ferry site near the village of Noch'on, two miles south of the Waegwan bridge. The river at this point had a firm sandy bottom and a depth of five feet. The troops waded across holding their weapons above the water. Discovering the crossing, elements of the 5th Cavalry Regiment directed automatic weapons fire against the enemy force and called in pre-registered artillery fire on the crossing site. Although the enemy regiment suffered some casualties, the bulk of it reached the east bank safely and moved inland into the hills.15 One of the soldiers wrote in his diary of the crossing:"

543) Ibidem, p. 339 : "Gradually advanced toward the river. Enemy shelling is fierce. Arrived at the shores of the river. The terrible enemy has sent up flares. The Naktong River is flowing quietly and evenly. Entered the river. After advancing 200 meters, shooting began

with the firing of an enemy flare. The noise is ringing in my ears. Have already crossed the river. Occupied a hill. A new day is already breaking."

544) Ibidem, p.339 : "Half an hour after the 7th Regiment had crossed, the 8th and 9th Regiments started crossing the river south of it. By this time, the 5th Cavalry Regiment and all its supporting mortars and artillery were fully alerted. Flares and star shells brightly illuminated these two North Korean regiments in midstream. American fire from all supporting weapons, with the artillery playing the dominant role, decimated the enemy troops and turned them back to the west side. Only a small number reached the east side. There, either they were captured or they hid until the next night when they recrossed the river."

545) Ibidem, p. 340 : "At daylight, 9 August, General Gay at 1st Cavalry Division headquarters in Taegu learned of the enemy crossing in his division sector south of Waegwan. As first reports were vague, he decided to withhold action until he learned more about the situation. A report informed him that 1st Lt. Harry A. Buckley, Acting S-2, 5th Cavalry Regiment, had personal knowledge of the enemy crossing. General Gay sent for the lieutenant and, while awaiting his arrival, placed the 1st Battalion, 7th Cavalry Regiment, in reserve on one-hour alert. Upon reporting to General Gay at the division headquarters, Lieutenant Buckley stated:"

546) Ibidem, p. 340 : "Just prior to daylight this morning, I, with a small group of men from the I&R Platoon, was on reconnaissance. Approximately 45 minutes prior to daylight, I observed enemy forces moving up the ridge line just northwest of Hill 268. The enemy were moving at a dog trot in groups of four. Every fourth man carried an automatic weapon, either a light machine gun or a burp gun. I watched them until they had all disappeared into the brush on Hill 268. In my opinion, and I counted them carefully, the enemy was in strength of a reinforced battalion, approximately 750 men. General, I am not a very excitable person and I know what I saw, when I saw it, where I was when I saw it, and where the enemy was going."

547) Ibidem, p. 340 : "A few minutes later, General Walker arrived at the division headquarters. He asked General Gay what his plans were. The latter replied that at least an enemy battalion had crossed the Naktong and was on Hill 268, that another enemy regiment was at that moment trying to cross the river under heavy fire from the 5th Cavalry Regiment, and that as soon as he was sure of his ground he was going to attack the enemy on Hill 268 and drive them back across the river. Walker commented, 'Fine, be sure you are right

before you move because this enemy battalion might be a feint and the real attack could well be coming farther to the left.' Events were later to prove this possibility correct."

548) 금무산(錦舞山, Geummusan), 한국지명유래집 경상편 지명, 2011.12.: "경상북도 칠곡군의 왜관읍 금산리와 지천면 금호리에 걸쳐있는 산이다(268m). 북쪽으로 파산과 마주 보고 있으며, 동북쪽으로 장원봉과 연결된다. 금무산(錦舞山)은 중생대 쥐라기 말엽에서 백악기 초엽에 서식하던 나무고사리 화석의 산지이기 때문에 산 일대가 천연기념물 제146호로 지정되어 있다. 금무산에서는 한때 석탄을 채굴하였으나, 지금은 폐광되었다. 금무산 북쪽에는 왜관 지방산업단지가 조성되어 있으며, 서쪽에는 왜관지방공단이 들어서 있다. 금무산이 처음 등장하는 사료는 『해동지도』이다. 이 지도에는 금무산이 아닌 거무산(巨武山)이라고 표기되어 있다. 『1872년지방지도』에는 검무산(劍舞山)으로 기재되어 있다. 한편 『조선지지자료』에는 거무산(巨武山)이 노곡면(蘆谷面) 대곡리(大谷里)에 있다고 기록되어 있다. 대곡리는 금산리에 속하는 마을이다. 금무산은 검은 산이라는 뜻으로 거무산이라 부르다가 금무산이 되었다고 전해진다. 한편 산의 모양이 학이 춤추는 모습을 닮았을 뿐 아니라, 산의 색깔이 비단과 비슷하다고 금무산이라 하였다는 설도 있다."

549) Ibidem, p.340 : "At 09:30, 9 August, General Gay ordered Lt. Col. Peter D. Clainos, commanding the 1st Battalion, 7th Cavalry Regiment, to eliminate the enemy penetration. The battalion moved at once from its bivouac area just outside of Taegu, accompanied by five tanks of A Company, 71st Heavy Tank Battalion. This motorized force proceeded to the foot of Hill 268, also known as Triangulation Hill, three miles southeast of Waegwan and ten air miles northwest of Taegu. The 61st Field Artillery Battalion meanwhile heavily shelled the hill. The hill was doubly important because of its proximity to lines of communication. The main Korean north-south highway from time immemorial, and the main double-track Pusan-Seoul-Harbin, Manchuria, railroad skirted its base."

550) Ibidem, pp.340~341 : "At noon the artillery fired a preparation on Hill 268, and the 1st Battalion then attacked it under orders to continue on southwest to Hill 154. Hill 268 was covered with thick brush about four feet high and some trees eight to ten feet high. The day was very hot. Many 1st Battalion soldiers collapsed from heat exhaustion during the attack, which was not well co-ordinated with artillery fire. The enemy repulsed the attack."

551) Ibidem, p.341 : "The next morning, 10 August, air strikes and artillery preparations blasted Hill 268. According to prisoners, these fires caused extremely heavy losses and created chaos in the enemy regiment."

552) Ibidem, p. 342 : "During the morning, the assistant division commander, the chief of staff, the G-2, and several military police were ambushed and nearly all wounded on the

Waegwan road at Hill 268. That afternoon, General Gay and his aide stopped near Hill 268 to talk with the 1st Battalion executive officer and a small group of men. An enemy mortar shell made a direct hit on the group, killing or wounding everyone there except Gay and his aide. Gay ordered five tanks to proceed along the Waegwan road until they could fire from the northwest into the reverse slope of the enemy-held hill. This tank fire caught the enemy soldiers there as they were seeking refuge from the artillery fire. Trapped between the two fires they started to vacate their positions. An infantry attack then reached the top of the hill without trouble and the battle was over by 1600. American artillery and mortar fire now shifted westward and cut off the enemy retreat. One time-on-target mission of white phosphorus fired by the 61st Field Artillery Battalion at this time caught a large number of enemy soldiers in a village where American ground troops later found 200 enemy dead. That evening the 1st Battalion, 7th Cavalry, reverted to division reserve, and elements of the 5th Cavalry finished mopping up on Hill 268 and vicinity."

553) Ibidem, p.342 : "When Hill 268 was examined carefully on 13 August, the enemy dead, equipment, and documents found there indicated that the 7th Regiment of the N.K. 3d Division had been largely destroyed. The 1st Battalion, 7th Cavalry, counted between 300 and 400 enemy dead in the battle area. The battalion itself suffered 14 men killed, and 48 wounded in the 2-day battle."

554) Ibidem, p.342 : "Prisoners taken in the final action which cleared Hill 268 agreed substantially that about 1,000 men of the 7th Regiment had crossed the Naktong to Hill 268, and that about 700 of them became casualties. The prisoners also agreed that artillery and mortars had inflicted most of the crippling casualties on the regiment. After crossing to the east side of the Naktong, the enemy regiment had received no food or ammunition supply. An estimated 300 survivors recrossed the river to the west side the night of 10-11 August."

555) Ibidem, p.343 : "The N.K. 3d Division's attempted crossing of the Naktong south of Waegwan had ended in catastrophe. When the survivors of the 7th Regiment rejoined the division on or about 12 August, the once mighty 3d Division was reduced to a disorganized unit of some 2,500 men. The North Korean Army placed the division in reserve to be rebuilt by replacements. This division, which had been the first to enter Seoul at the beginning of the war, fought the battle of Choch'iwon, crossed the Kum River before Taejon and defeated the 19th Infantry there, joined subsequently with the 4th Division in the capture of Taejon, and drove the 1st Cavalry Division from Yongdong, was now

temporarily out of the fight for Taegu."

556) 용포고개(龍浦峴, 대원리), 향토문화구미전자대전: "1447년(세종 29)에 개척하였으며 예부터 대나무가 많았으며, 마을 앞에 큰 내가 흐르고 있었다고 하여 죽계라 하였다. 지금의 용포고개도 죽현(竹峴)이라 불렀다. 당초에는 죽원리에 속하였으나, 어감상 죽원리가 좋지 않다는 주민들의 진정에 따라 1990년 1월 6일 선산군 조례 1247호에 의거하여 대원리로 명칭을 변경하였다."

557) Ibidem, p.342 : "The Enemy 10th Division's Crossing at Yongp'o The North Korean plan for the attack against Taegu from the west and southwest had called for the N.K. 10th Division to make a co-ordinated attack with the N.K. 3d Division. The 10th Division so far had not been in combat. It had started from Sukch'on for the front by rail about 25 July. At Ch'onan it left the trains and continued southward on foot, passing through Taejon and arriving at the Naktong opposite Waegwan on or about 8 August. There it received its combat orders two days later. Its mission was to cross the Naktong River in the vicinity of Tuksongdong, penetrate east, and cut the Taegu Pusan main supply road. The division assembled in the Koryong area the next day, 11 August. There it was astride the main highway running northeast to Taegu over a partially destroyed Naktong bridge."

558) Ibidem. p.343 : "Eighth Army purposely had not completely destroyed this bridge; it was passable for foot soldiers but not for vehicles. In its partially destroyed condition it provided something of a trap if used by an enemy crossing force, because the bridge and its approaches channeled any enemy movement over it and were completely covered by preregistered mortar and artillery fire. To this was to be added the fire of infantry weapons located in good defensive positions on the hills near the river."

559) Ibidem. p.343 : "Two regiments of the N.K. 10th Division, the 29th on the south and the 25th on the north, were to make the assault crossing with the 27th Regiment in reserve. The commander of the 25th Regiment issued an order on the eve of the crossing, stating that the objective was to "destroy the enemy in Taegu City in coordination with the 3d Infantry Division."

560) Ibidem, p. 343 : "The 2d Battalion, 29th Regiment, was the first unit of the division to cross the river. Its troops waded unopposed to the east side, during the night of 11-12 August, at three ferry sites 3 to 5 miles due west of Hyongp'ung. This battalion climbed Hill 265, a northern spur of Hill 409, 2 miles southwest of Hyongp'ung, and set up machine gun positions. The other two battalions then crossed and occupied Hill 409. About twenty to thirty men of the 1st Battalion reportedly drowned in the 5-foot-deep swift current in this crossing. It will be recalled that this enemy force in the Hill 409 area ambushed

an I&R patrol from the 21st Infantry Regiment of the 24th Division, on the morning of 12 August, when it moved north along the river road trying to establish contact with the 7th Cavalry Regiment during the battle of the Naktong Bulge."

561) Ibidem, p. 343 : "On the north flank, the 25th Regiment started crossing the Naktong about 0300, 12 August, in the vicinity of the partially blown highway bridge at Tuksong-dong, on the Koryong-Taegu road. The 2d Battalion, 7th Cavalry Regiment, covered this crossing site fourteen miles southwest of Taegu. By daylight, an enemy force of 300 to 400 men had penetrated to Wich'on-dong. There, H Company, 7th Cavalry Regiment, engaged it in close combat. In a grenade and automatic weapons attack, the North Koreans overran the advance positions of the company, the mortar observation post, and the heavy machine gun positions. The initial enemy objective seemed to be to gain possession of the high ground east of Yongp'o in order to provide protection for the main crossing that was to follow. By 0900, however, the 2d Battalion, with the powerful help of the 77th Field Artillery Battalion and of air strikes, drove the enemy troops back through Yongp'o toward the bridge and dispersed them."

562) Ibidem, p. 343 : "It could not be assumed that this failure would end the efforts of the N.K. 10th Division west of Taegu. In the three days from 10 to 12 August the Naktong River had dropped three feet and was only shoulder-deep at many places. The opportunity for large-scale enemy crossings was at hand."

563) Ibidem, p.344 : "A more determined enemy crossing of the Naktong in the vicinity of the blown bridge between Tuksong-dong and Yongp'o began about dawn, 14 August. Men in the outposts of the 2d Battalion, 7th Cavalry Regiment, at 0520 heard voices in the pea patches and rice paddies to their front. By 0620, an estimated 500 enemy soldiers had penetrated as far as Yongp'o. Fifteen minutes later, close combat was in progress in the 2d Battalion positions near Wich'on-dong, a mile east of the crossing site."

564) Ibidem, p. 344 : "When word of the enemy crossing reached the 1st Cavalry Division command post before daylight, General Gay alerted his division reserve, Colonel Clainos' 1st Battalion, 7th Cavalry, to move on an hour's notice. More North Koreans crossed the river in the hours after daylight, and at 0800 General Gay ordered Colonel Clainos' battalion, already loaded into trucks, to move to the Yongp'o area to support the 2d Battalion."

565) Ibidem, p.344 : "Enemy artillery and tank fire from the west side of the river was supporting the crossing. At midmorning, large additional enemy forces just west of the river

at Tuksong-dong and Panjang apparently were about ready to attempt a crossing in support of the units already heavily engaged on the east side. Some enemy troops were crossing in barges near the bridge. Air strikes bombed the North Koreans on the west side and artillery then took them under heavy fire. The 77th Field Artillery Battalion fired approximately 1,860 rounds into the enemy concentration. In delivering this heavy, rapid fire it damaged its gun tubes."

566) Ibidem, p.345 : "In this attack the deepest North Korean penetration reached Samuni-dong, about a mile and a half beyond the blown bridge. There the combined fire of all infantry weapons, mortars, and artillery drove the enemy back toward the river. By noon, large groups of North Koreans were trying to recross the river to the west side. Forward observers adjusted artillery and mortar fire on the retreating enemy, causing heavy casualties. By dusk, the 7th Cavalry had eliminated the enemy bridgehead at Yongp'o. In this battle, as in the one fought two days before, the 2d Battalion distinguished itself. This was the same battalion that only three weeks earlier had performed in a highly unsatisfactory manner east of Yongdong."

567) Ibidem, pp.344~345 : "In this river-crossing battle, the only major one to take place along the Naktong actually at a crossing site, the 25th and 27th Regiments of the N.K. 10th Division suffered crippling losses. The 7th Cavalry Regiment estimated that of 1,700 enemy who had succeeded in crossing the river, 1,500 were killed. Two days after the battle, H Company reported it had buried 267 enemy dead behind its lines, while those in the rice paddies to its front were not counted. In front of its position, G Company counted 150 enemy dead. In contrast, G Company lost only 2 men killed and 3 wounded during the battle. One of its members, Pfc. Robert D. Robertson, a machine gunner, twice had bullets pierce his helmet in the half-inch space above his scalp and tear through several letters and photographs he carried there, but leave him unhurt."

568) Ibidem, p.345 : "Among the enemy dead were found the bodies of two colonels. Found, also, were many enemy documents. One of these documents, dated 13 August, said in part: Kim Il Sung has directed that the war be carried out so that its final victory can be realized by 15 August, fifth anniversary of the liberation of Korea. Our victory lies before our eyes. Young soldiers! You are fortunate in that you are able to participate in the battle for our final victory. Young soldiers, the capture of Taegu lies in the crossing of the Naktong River. The eyes of 30,000,000 people are fixed on the Naktong River crossing operation . Pledge of all fighting men: We pledge with our life, no matter what hardships and sacrifice lies before us, to bear it and put forth our full effort to conclude the crossing of

the Naktong River. Young Men! Let us protect our glorious pride by completely annihilating the enemy!"

569) Ibidem, p.345 : "These words may have stirred the young soldiers of the N.K. 10th Division but their promise was not fulfilled. Instead, the Naktong valley and surrounding hills were to hold countless North Korean graves. In its first combat mission, the crossing of the Naktong on 12-14 August, the 10th Division, according to prisoners, suffered 2,500 casualties, some units losing as much as 50 percent of their troops."

570) Ibidem, p.345 : "Almost simultaneously with the major enemy crossing effort in the southern part of the 1st Cavalry Division sector at Tuksong-dong and Yongp'o, another was taking place northward above Waegwan near the boundary between the division and the ROK 1st Division. The northernmost unit of the 1st Cavalry Division was G Company of the 5th Cavalry Regiment. It held Hill 303, the right-flank anchor of the U.S. Eighth Army."

571) Ibidem, p. 345 : "Hill 303 is an elongated oval more than two miles long on a northeast-southwest axis with an extreme elevation of about 1,000 feet. It is the first hill mass north of Waegwan. Its southern slope comes down to the edge of the town; its crest, a little more than a mile to the northeast, towers nearly 950 feet above the river. It gives observation of Waegwan, the road net running out of the town, the railroad and highway bridges across the river at that point, and of long stretches of the river valley to the north and to the south. Its western slope terminates at the east bank of the Naktong. From Waegwan a road ran north and south along the east bank of the Naktong, another northeast through the mountains toward Tabudong, and still another southeast toward Taegu. Hill 303 was a critical terrain feature in control of the main Pusan-Seoul railroad and highway crossing of the Naktong, as well as of Waegwan itself."

572) Ibidem, p. 346 : "For several days intelligence sources had reported heavy enemy concentrations across the Naktong opposite the ROK 1st Division. In the first hours of 14 August, an enemy regiment crossed the Naktong six miles north of Waegwan into the ROK 1st Division sector, over the second underwater bridge there. Shortly after midnight, ROK forces on the high ground just north of the U.S.-ROK Army boundary were under attack. After daylight an air strike partially destroyed the underwater bridge. The North Korean attack spread south and by noon enemy small arms fire fell on G Company, 5th Cavalry Regiment, on Hill 303. This crossing differed from earlier ones near the same place in that the enemy force instead of moving east into the mountains turned

south and headed for Waegwan."

573) Ibidem, p. 346 : "Before dawn, 15 August, G Company men on Hill 303 could make out about fifty enemy troops accompanied by two tanks moving boldly south along the river road at the base of the hill. They also saw another column moving to their rear and soon heard it engage F Company with small arms fire. In order to escape the enemy encirclement, F Company withdrew southward. By 08:30, North Koreans had completely surrounded G Company and a supporting platoon of H Company mortar men on Hill 303. A relief column, composed of B Company, 5th Cavalry, and a platoon of tanks tried to reach G Company, but enemy fire drove it back."

574) Ibidem, p. 347 : "Again on 16 August, B Company and the tanks tried unsuccessfully to drive the enemy, now estimated to be a battalion of about 700 men, from Hill 303. The 61st Field Artillery Battalion and three howitzers of B Battery, 82d Field Artillery Battalion, fired on the enemyheld hill during the day. Waegwan was a no man's land. For the most part, the town was deserted. Col. Marcel B. Crombez, the regimental commander, relieved the 2d Battalion commander because he had lost control of his units and did not know where they were. A new commander prepared to resume the attack. During the night, G Company succeeded in escaping from Hill 303."

575) Ibidem, p.347 : "Before dawn of the 17th, troops from both the 1st and 2d Battalions of the 5th Cavalry Regiment, supported by A Company, 7oth Tank Battalion, attacked Hill 303, but heavy enemy mortar fire stopped them at the edge of Waegwan. During the morning, heavy artillery preparations pounded the enemy positions on Hill 303, the 61st Field Artillery Battalion alone firing 1,159 rounds. The 5th Cavalry at 1130 asked the division for assistance and learned that the Air Force would deliver a strike on the hill at 14:00."

576) Ibidem, p. 347 : "The air strike came in as scheduled, the planes dropping napalm and bombs, firing rockets, and strafing. The strike was on target and, together with an artillery preparation, was dramatically successful. After the strike, the infantry at 15:30 attacked up the hill unopposed and secured it by 16:30. The combined strength of E and F Companies on top of the hill was about sixty men. The artillery preparations and the air strike killed and wounded an estimated 500 enemy troops on Hill 303. Approximately 200 enemy bodies littered the hill. Survivors had fled in complete rout after the air strike."

577) Ibidem, p. 347 : "In regaining Hill 303 on 17 August the 5th Cavalry Regiment came upon

a pitiful scene—the bodies of twenty-six mortarmen of H Company, hands tied in back, sprayed with burp gun bullets. First knowledge of the tragedy came in the afternoon when scouts brought in a man from Hill 303, Pvt. Roy Manring of the Heavy Mortar Platoon, who had been wounded in both legs and one arm by burp gun slugs. Manring had crawled down the hill until he saw scouts of the attacking force. After he told his story, some men of the I&R Platoon of the 5th Cavalry Regiment under Lt. Paul Kelly went forward, following Manring's directions, to the scene of the tragedy. One of those present has described what they saw:"

578) Ibidem, pp.347~348 : "The boys lay packed tightly, shoulder to shoulder, lying on their sides, curled like babies sleeping in the sun. Their feet, bloodied and bare, from walking on the rocks, stuck out stiffly ... All had hands tied behind their backs, some with cord, others with regular issue army communication wire. Only a few of the hands were clenched."

579) Ibidem, p. 348 : "The rest of the I&R Platoon circled the hill and captured two North Korean soldiers. They proved to be members of the group that had captured and held the mortarmen prisoners. From them and a third captured later, as well as five survivors among the mortarmen, have come the following details of what happened to the ill-fated group on Hill 303."

580) Ibidem, p. 348 : "Before dawn on Tuesday morning, 15 August, the mortar platoon became aware of enemy activity near Hill 303. The platoon leader telephoned the Commanding Officer, G Company, 5th Cavalry, who informed him that a platoon of some sixty ROK's would come to reinforce the mortar platoon. About breakfast time the men heard tank motors and saw two enemy tanks followed by 200 or more enemy soldiers on the road below them. A little later a group of Koreans appeared on the slope. A patrol going to meet the climbing Koreans called out and received in reply a blast of automatic weapons fire. The mortar platoon leader, in spite of this, believed they were friendly. The watching Americans were not convinced that they were enemy soldiers until the red stars became visible on their caps. They were then close upon the Americans. The North Koreans came right up to the foxholes without either side firing a shot. Some pushed burp guns into the sides of the mortarmen with one hand and held out the other as though to shake hands. One of the enemy soldiers remarked later that 'the American soldiers looked dazed.'"

581) Ibidem, p. 348 : "The 4th Company, 2d Battalion, 206th Mechanized Infantry Regiment of

the 105th Armored Division, apparently were the captors, although some members of Headquarters Company of the 45-mm. Artillery Battalion, 105th Armored Division, were present. The North Koreans marched the prisoners down the hill after taking their weapons and valuables. In an orchard they tied the prisoners' hands behind their backs, took some of their clothing, and removed their shoes. They told the Americans they would send them to the Seoul prisoner of war camp if they behaved well."

582) Ibidem, pp.348~349 : "Apparently the original captors did not retain possession of the prisoners throughout the next two days. There is some evidence that a company of the N.K. 3d Division guarded them after capture. It appears that the enemy force that crossed the Naktong above Waegwan on the 14th and turned south to Hill 303 and Waegwan was part of the 3d Division and supporting elements of the 105th Armored Division. In any event, the first night the North Koreans gave their prisoners water, fruit, and cigarettes. They intended to move them across the Naktong that night, but American fire prevented it. During the night two of the Americans loosened the shoe laces binding their wrists. This caused a commotion. At least one of the survivors thought that a North Korean officer shot one of his men who threatened to shoot the men who had tried to free their hands."

583) Ibidem, p.349: "The next day, 16 August, the prisoners were moved around a great deal with their guards. One of the mortar men, Cpl. Roy L. Day, Jr., spoke Japanese and could converse with some of the North Koreans. That afternoon he overheard a North Korean lieutenant say that they would kill the prisoners if American soldiers came too close. That night guards took away five of the Americans; the others did not know what became of them."

584) Ibidem, p. 349 : "On the morning of 17 August, the guards exchanged fire with U.S. soldiers. Toward noon the North Korean unit holding the Americans placed them in a gulley with a few guards. Then came the intense American artillery preparations and the air strike on the hill. At this time a North Korean officer said that American soldiers were closing in on them, that they could not continue to hold the prisoners, and that they must be shot. The officer gave the order and, according to one of those who participated, the entire company of fifty men fired into the kneeling Americans as they rested in the gulley. Some of the survivors said, however, that a group of 14 to 20 enemy soldiers ran up when 2 of their guards yelled a signal and fired into them with burp guns. Before all the enemy soldiers left the area, some of them came back to the ravine and shot again those who were groaning. Cpl. James M. Rudd escaped death from the blazing

burp guns when the man at his side fell dead on top of him. Rudd, hit three times in the legs and arms, burrowed under the bodies of his fallen comrades for more protection. Four others escaped in a similar way. Two of them in making their way down the hill later were fired upon, but fortunately not hit, by 5th Cavalry soldiers attacking up the hill, before they could establish their identity."

585) Ibidem, p. 349 : "That night additional atrocities occurred near Hill 303. Near Waegwan, enemy antitank fire hit and knocked out two tanks of the 70th Tank Battalion. The next day, 18 August, American troops found the bodies of six members of the tank crews showing indications that they had been captured and executed."

586) Ibidem, p. 349 : "These incidents on Hill 303 and vicinity caused General MacArthur on 20 August to broadcast an announcement to the North Korean Army and address a leaflet to the Commander-in-chief Armed Forces of North Korea, denouncing the atrocities. The Air Force dropped the leaflets over North Korea in large numbers. General MacArthur closed his message by saying:"

587) Ibidem, p. 350 : "Inertia on your part and on the part of your senior field commanders in the discharge of this grave and universally recognized command responsibility may only be construed as a condonation and encouragement of such outrage, for which if not promptly corrected I shall hold you and your commanders criminally accountable under the rules and precedents of war."

588) Personal support workers (PSWs) care for people who are ill, elderly or need help with daily tasks. You make sure your clients are comfortable, safe and enjoy emotional and physical well-being. You may work for a long-term care facility or in your clients' homes as an employee of a home care agency.

589) Ibidem, p. 350 : "There is no evidence that the North Korean High Command sanctioned the shooting of prisoners during this phase of the war. What took place on Hill 303 and elsewhere in the first months of the war appears to have been perpetrated by uncontrolled small units, by vindictive individuals, or because of unfavorable and increasingly desperate situations confronting the captors. On 28 July 1950, General Lee Yong Ho, commanding the N.K. 3d Division, transmitted an order pertaining to the treatment of prisoners of war, signed by Kim Chaek, Commander-in-chief, and Kang Kon, Commanding General Staff, Advanced General Headquarters of the North Korean Army, which stated: 1. The unnecessary killing of enemy personnel when they could be taken as PsW shall be strictly prohibited as of now. Those who surrender will be taken as PsW, and all

efforts will be made to destroy the en- emy in thought and politically. 2. Treatment of PsW shall be according to the regulations issued by the Su- preme Hq, as attached herein, pertaining to the regulation and order of PW camps. 3. This directive will be explained to and understood by all military personnel immediately, and staff members of the Cultural Section will be responsible for seeing that this is carried out."

590) Ibidem, p. 350 : "Another document captured in September shows that the North Korean Army was aware of the conduct of some of its soldiers and was somewhat concerned about it. An order issued by the Cultural Section of the N.K. 2d Division, 16 August 1950, said in part, 'Some of us are still slaughtering enemy troops that come to surrender. Therefore, the responsibility of teaching the soldiers to take prisoners of war and to treat them kindly rests on the Political Section of each unit.'"

591) Ibidem, p. 351 : "In the stretch of mountain country northeast of Waegwan and Hill 303, the ROK 1st Division daily absorbed North Korean attacks during the middle of August. Enemy pressure against this ROK division never ceased for long. Under the strong leadership of Maj. Gen. Paik Sun Yup, this division fought a valiant and bloody defense of the mountain approaches to Taegu. American artillery fire from the 1st Cavalry Division sector supported the division in part of its sector. The ROK 13th Regiment still held some positions along the river, while the 11th and 12th Regiments engaged the enemy in the high mountain masses of Suam-san and Yuhak-san, west and northwest of Tabudong and 4 to 6 miles east of the Naktong River. The North Koreans kept in repair their underwater bridge across the Naktong 6 miles north of Waegwan in front of Hills 201 and 346. Even direct hits on this bridge by 155-mm. howitzers did not seem to damage it seriously."

592) Ibidem, p.351 : "The enemy penetration at the middle of August in the ROK 13th Regiment sector and along the boundary in the 5th Cavalry sector at Waegwan and Hill 303, together with increasingly heavy pressure against the main force of the ROK 1st Division in the Tabu-dong area, began to jeopardize the safety of Taegu. On 16 August, 750 Korean police were stationed on the outskirts of the city as an added precaution. Refugees had swollen Taegu's normal population of 300,000 to 700,000. A crisis seemed to be developing among the people on 18 August when early in the morning seven rounds of enemy artillery shells landed in Taegu. The shells, falling near the railroad station, damaged the roundhouse, destroyed one yard engine, killed one Korean civilian, and wounded eight others. The Korean Provincial Government during the day ordered the evacuation of Taegu, and President Syngman Rhee moved his capital to Pusan."

593) Ibidem, p. 351 : "This action by the South Korean authorities created a most dangerous situation. Swarms of panicked Koreans began to pour out on the roads leading from the city, threatening to stop all military traffic. At the same time, the evacuation of the city by the native population tended to undermine the morale of the troops defending it. Strong action by the Co-ordinator for Protection of Lines of Communication, Eighth Army, halted the evacuation. Twice more the enemy gun shelled Taegu, the third and last time on Sunday night, 20 August. At this time, six battalions of Korean police moved to important rail and highway tunnels within the Pusan Perimeter to reinforce their security."

594) Ibidem, p. 352: "Just as the enemy attack on Waegwan and Hill 303 began, mounting concern for the safety of Taegu and reports of continued enemy concentrations across the river opposite the ROK 1st and the U.S. 1st Cavalry Divisions in the Waegwan are ing mission. On 14 August, General MacArthur summoned to his Tokyo office General Stratemeyer, commanding general of the Far East Air Forces, and told him he wanted a carpet bombing of the North Korean concentrations threatening the Pusan Perimeter. General Stratemeyer talked with Maj. Gen. Emmett (Rosie) O'Donnell, Jr., commanding general of the Far East Bomber Command, who said a relatively good job of bombing could be done on a 3-by-5 mile area. General MacArthur's headquarters selected a 27-square-mile rectangular area 3½ miles east to west by 7½ miles north to south on the west side of the Naktong River opposite the ROK 1st Division. The southeast corner of this rectangle was just north of Waegwan. Intelligence estimates placed the greatest concentrations of enemy troops in this area, some estimates being as high as four enemy divisions and several armored regiments, totaling approximately 40,000 men."

595) Ibidem, p. 352 : "General Gay, commanding the 1st Cavalry Division, repeatedly requested that the bombing include the area northeast of Waegwan, between the Naktong River and the Waegwan-Tabu-dong road. This request was denied because of fear that bombing there might cause casualties among the 1st Cavalry and ROK 1st Division troops, even though General Gay pointed out that terrain features sharply defined the area he recommended. General Gay also offered to have 1st Cavalry Division L-19 planes lead the bombers to this target."

596) Ibidem, p. 352 : "FEAF(Far Eastern Air Force) ordered a five-group mission of B-29's from Japan and Okinawa for 16 August. Since there was no indication of enemy groupings in the target area, the bomber command divided it into twelve equal squares with an aiming point in the center of each square. One squadron of B-29's was to attack each square."

597) Ibidem, p. 352 : "At 11:58, 16 August, the first of the 98 B-29's of the 19th, 22d, 92d, 98th, and 307th Bomber Groups arrived over the target area; the last cleared it at 1224. The bombers from 10,000 feet dropped approximately 960 tons of 500-and 1,000-pound general purpose bombs. The bomber crews reported only that the bombs were on target. General O'Donnell was in the air over the target area for more than two hours, but he saw no sign of enemy activity below."

598) Ibidem, pp.352~353 : "General Walker reported to General MacArthur the next day that the damage done to the enemy by the "carpet bombing of 16 August could not be evaluated." Because of smoke and dust, observation, he said, was difficult from the air and the impact area was too far to the west to be observed by U.S. and ROK ground troops. Ground patrols sent out to investigate the bombed area never reached it. One 1st Cavalry Division patrol did not even get across the river, and enemy fire stopped another just after it crossed. The U.N. Command could not show by specific, concrete evidence that this massive bombing attack had killed a single North Korean soldier. Information obtained later from prisoners made clear that the enemy divisions the Far East Command thought to be still west of the Naktong had, in fact, already crossed to the east side and were not in the bombed area. The only benefit that seemingly resulted from the bombing was a sharp decrease in the amount of enemy artillery fire that, for a period after the bombing, fell in the 1st Cavalry and ROK 1st Division sectors."

599) Ibidem, p.353 : "Generals Walker, Partridge, and O'Donnell reportedly opposed future massive carpet bombing attacks against enemy tactical troops unless there was precise information on an enemy concentration and the situation should be extremely critical. The personal intercession of General Stratemeyer with General MacArthur caused the cancellation of a second pattern bombing of an area east of the Naktong scheduled for 19 August."

600) Ibidem, p.353 : "The 27th Infantry Regiment of the 25th Division had just completed its mission of clearing the North Koreans from the southern part of the Naktong Bulge area in the 24th Division sector when the enemy pressure north of Taegu caused new alarm in Eighth Army headquarters. Acting on the threat from this quarter, Eighth Army on 14 August relieved the regiment from attachment to the 24th Division and the next day ordered it northward to Kyongsan in army reserve. Upon arrival at Kyongsan on 16 August, Colonel Michaelis received orders to reconnoiter routes east, north, northwest, and west of Kyongsan and be prepared on army orders to counter any enemy thrusts from these directions. During the day, two enemy tanks came through the ROK 1st Division lines

twelve miles north of Taegu at Tabu-dong, but ROK 3.5-inch bazooka teams knocked out both of them."

601) Ibidem, p.353 : "At noon the next day, 17 August, Eighth Army ordered the 27th Infantry to move its headquarters and a reinforced battalion 'without delay' to a point across the Kumho River three miles north of Taegu on the Tabu-dong Sangju road 'to secure Taegu from enemy penetration' from that direction. ROK sources reported that a North Korean regiment, led by six tanks, had entered the little village of Kumhwa, two miles north of Tabu-dong."

602) First Battle of Naktong Bulge, Wikipedia(wikipedia.org) : "The 1st Marine Provisional Brigade, in conjunction with Task Force Hill, mounted a massive attack on Cloverleaf Hill and Obong-ni on August 17." / First Battle of the Naktong Bulge, Warfare History Network(warfarehistorynetwork.com) : "The North Korean assault threatened two key positions, Cloverleaf Hill and Obong-ni Ridge, in the center of the Naktong Bulge. Most of the Americans reached the.."

603) Ibidem, pp. 363~354 : "The 1st Battalion, 27th Infantry; a platoon of the Heavy Mortar Company; and the 8th Field Artillery Battalion, less B Battery, moved north of Taegu at noon. Later in the day this force moved two miles farther north to Ch'ilgok where the ROK 1st Division command post was located. By dark, the entire 27th Regiment was north of Taegu on the Tabu-dong road, reinforced by C Company, 73d Tank Battalion. Alarm spread in Taegu where artillery fire to the north could be heard. Eighth Army ordered the 37th Field Artillery Battalion, less A Battery, to move from the Kyongju-P'ohang-dong area, where a heavy battle had been in progress for days, for attachment to the 27th Infantry Regiment in order to reinforce the fires of the 8th Field Artillery Battalion above Taegu. It arrived there the next day. To the south at this same time the critical battle at Obong-ni Ridge and Cloverleaf Hill was still undecided."

604) Ibidem, p. 354 : "In its part of the Perimeter battle, the N.K. 13th Division had broken through into the Tabu-dong corridor and had started driving on Taegu. This division had battled the ROK 11th and 12th Regiments in the high Yuhak-san area for a week before it broke through to the corridor on 17 August. A regimental commander of the division said later it suffered 1,500 casualties in achieving that victory. On 18 August the 13th Division was concentrated mostly west of the road just north of Tabu-dong."

605) Ibidem, p. 354 : "To the west of the 13th, the N.K. 15th Division also was now deployed on Yuhak-san. It, too, had begun battling the ROK 1st Division, but thus far only in minor

engagements. At this critical point, the North Korean High Command ordered the 15th Division to move from its position northwest of Tabu-dong eastward to the Yongch'on front, where the N.K. 8th Division had failed to advance toward the Taegu lateral corridor. The 15th left the Yuhak-san area on or about 20 August. Meanwhile, the N.K. 1st Division on the left, or east, of the 13th advanced to the Kunwi area, twenty-five miles north of Taegu. The North Korean command now ordered it to proceed to the Tabu-dong area and come up abreast of the 13th Division for the attack on Taegu down the Tabudong corridor."

606) Ibidem, p. 354 : "At this juncture, the North Koreans received their only large tank reinforcements during the Pusan Perimeter fighting. On or about 15 August, the 105th Armored Division received 21 new T34 tanks and 200 troop replacements, which it distributed to the divisions attacking Taegu. The tank regiment with the N.K. 13th Division reportedly had 14 tanks."

607) Ibisdem, p. 354~356 : "This was the enemy situation, with the 13th Division astride the Sangju Taegu road just above Tabu-dong and only thirteen miles from Taegu, when Eighth Army on 18 August ordered the 27th Infantry Regiment to attack north along the road. At the same time, two regiments of the ROK 1st Division were to attack along high ground on either side of the road. The plan called for a limited objective attack to restore the ROK 1st Division lines in the vicinity of Sokchok, a village four miles north of Tabu-dong. The line of departure was just north of Tabu-dong. Pershing M26 tanks of C Company, 73d Tank Battalion, and two batteries of the 37th Field Artillery Battalion were to support the 27th Infantry."

608) Idem, p. 356 : "As the trucks rolled northward from Tabu-dong and approached the line of departure, the men inside could see the North Koreans and ROK's fighting on the high hills overlooking the road. The infantry dismounted and deployed, Colonel Check's 1st Battalion on the left of the road and Colonel Murch's 2d Battalion on the right of it. With tanks leading on the road, the two battalions crossed the line of departure at 1300. The tanks opened fire against the mountain escarpments, and the rumble of their cannonade echoed through the narrow valley. The infantry on either side of the road swept the lower hills, the tanks on the road pacing their advance to the infantry's. An enemy outpost line in the valley withdrew and there was almost no opposition during the first hour. This enemy outpost line proved to be about two and a half miles in front of the main positions. The 27th Infantry had reached a point about two miles north of Tabu-dong when Colonel Michaelis received a message stating that neither of the ROK regiments on the

high ground flanking the valley road had been able to advance. He was ordered to halt and form a perimeter defense with both battalions astride the road."

609) Ibidem, p. 355 : "The two battalions of the 27th Infantry went into a perimeter defense just north of the little mud-thatched village of Soi-ri. The 1st Battalion, on the left of the road, took a position with C Company on high ground somewhat in advance of any other infantry unit, and with A Company on a ridge behind it. On their right, B Company, somewhat in advance of A Company, carried the line across the stream and the narrow valley to the road. There the 2d Battalion took up the defense line with E Company on the road and east of it and F Company on its right, while G Company held a ridge behind F Company. Thus, the two battalions presented a four-company front, with one company holding a refused flank position on either side. A platoon of tanks took positions on the front line, two tanks on the road and two in the stream bed; four more tanks were back of the line in reserve. The artillery went into firing positions back of the infantry. Six bazooka teams took up positions in front of the infantry positions along the road and in the stream bed. The ROK 1st Division held the high ground on either side of the 27th Infantry positions."

610) Ibidem, pp. 355~ 356 : "In front of the 27th Infantry position, the poplar-lined Taegu-Sangju road ran northward on a level course in the narrow mountain valley. A stream on the west closely paralleled it. The road was nearly straight on a north-south axis through the 27th Infantry position and for some distance northward. Then it veered slightly westward. This stretch of the road later became known as the 'Bowling Alley'."

611) Ibidem, p. 356 : "A little more than a mile in front of the 27th Infantry position the road forked at a small cluster of houses called Ch'onp'yong-dong; the lefthand prong was the main Sangju road, the righthand one the road to Kunwi. At the road fork, the Sangju road bends northwestward in a long curve. The village of Sinjumak lay on this curve a short distance north of the fork. Hills protected it against direct fire from the 27th Infantry position. It was there, apparently, that the enemy tanks remained hidden during the daytime."

612) Ibidem, p. 356 : "Rising abruptly from the valley on the west side was the Yuhak-san mountain mass which swept up to a height of 2,700 feet. On the east, a similar mountain mass rose to a height of 2,400 feet, culminating two and a half miles southward in towering Ka-san, more than 2,900 feet high at its walled summit. This high ground looks down southward into the Taegu bowl and gives observation of the surrounding country."

613) Ibidem, p. 356 : "The Kunwi and Sangju roads from the northeast and northwest entered at Ch'onp'yong-dong the natural and easy corridor between Yuhak-san and Ka-san leading into the Taegu basin. The battles of the Bowling Alley took place just south of this road junction."

614) Ibidem, pp. 356~357 : "The first of seven successive enemy night attacks struck against the 27th Infantry defense perimeter shortly after dark that night, 18 August. Enemy mortars and artillery fired a heavy preparation for the attack. Two enemy tanks and a self-propelled gun moved out of the village of Sinjumak two miles in front of the 27th Infantry lines. Infantry followed them, some in trucks and others on foot. The lead tank moved slowly and without firing, apparently observing, while the second one and the self-propelled gun fired repeatedly into F Company's position. The tank machine gun fire seemed indiscriminate, as if the enemy did not know the exact location of the American positions. As the tanks drew near, a 3.5-inch bazooka team from F Company destroyed the second one in line. Bazooka teams also hit the lead tank twice but the rockets failed to explode. The crew, however, abandoned the tank. Fire from the 8th Field Artillery Battalion knocked out the self-propelled gun, destroyed two trucks, and killed or wounded an estimated hundred. Lt. Lewis Millett, an artillery forward observer, and later a Medal of Honor winner after he transferred to the infantry, directed this artillery fire on the enemy with a T34 tank within fifty yards of his foxhole. Three more enemy tanks had come down the road, but now they switched on their running lights, turned around, and went back north. Half an hour after midnight the entire action was over and all was quiet. Enemy troops made a second effort, much weaker than the first, about two hours later but artillery and mortar fire dispersed them."

615) Ibidem, p. 357 : "Certain characteristics were common to all the night battles in the Bowling Alley. The North Koreans used a system of flares to signal various actions and to co-ordinate them. It became quickly apparent to the defending Americans that green flares were used to signal an attack on a given area. So the 27th Infantry obtained its own green flares and then, after the enemy attack had begun, fired them over its main defensive positions. This confused the attacking North Koreans and often drew them to the points of greatest strength where they suffered heavy casualties. The use of mines in front of the defensive positions in the narrow valley became a nightly feature of the battles. The mines would stop the tanks and the infantry would try to remove them. At such times flares illuminated the scene and preregistered artillery and mortar fire came down on the immobilized enemy with fatal results."

616) Ibidem, p. 358 : "On the morning of 19 August, the ROK 11th and 13th Regiments launched counterattacks along the ridges with some gains. General Walker ordered another reserve unit, a battalion of the ROK 10th Regiment, to the Taegu front to close a gap that had developed between the ROK 1st and 6th Divisions. In the afternoon he ordered still another unit, the U.S. 23d Infantry, to move up and establish a defense perimeter around the 8th and 37th Field Artillery Battalions eight miles north of Taegu. The 3d Battalion took up a defensive position around the artillery while the 2d Battalion occupied a defensive position astride the road behind the 27th Infantry. The next day the two battalions exchanged places."

617) A foxhole is a small hole which soldiers dig as a shelter from the enemy and from which they can shoot. Collins COBUILD Advanced Learner's Dictionary.

618) A foxhole is one type of defensive strategic position. It is a "small pit used for cover, usually for one or two personnel, and so constructed that the occupants can effectively fire from it". It is known more commonly within United States Army slang as a "fighting position" or as a "ranger grave".

619) Ibidem, p. 358 : "Sunday, 20 August, was a day of relative quiet on the Taegu front. Even so, United States aircraft attacked North Korean positions there repeatedly during the day. The planes began their strafing runs so close in front of the American infantry that their machine gun fire dotted the identification panels, and expended .50-caliber cartridges fell into friendly foxholes. General Walker visited the Taegu front during the day, and later made the statement that enemy fire had decreased and that Taegu 'certainly is saved.'"

620) Ibidem, p. 358 : "By contrast, that night was not quiet. At 1700, a barrage of enemy 120-mm. mortar shells fell in the Heavy Weapons Company area. A bright moon silhouetted enemy tanks against the dark flanking mountains as they rumbled down the narrow, green valley, leading another attack. Artillery and mortar fire fell among them and the advancing enemy infantry. Waiting Americans held their small arms and machine gun fire until the North Koreans were within 150-200 yards' range. The combined fire of all weapons repulsed this attack."

621) Ibidem, pp. 358~ 359 : " The next morning, 21 August, a patrol of two platoons of infantry and three tanks went up the road toward the enemy positions. White flags had appeared in front of the American line, and rumors received from natives alleged that many North Koreans wanted to surrender. The patrol's mission was to investigate this situation and

to form an estimate of enemy losses. The patrol advanced about a mile, engaging small enemy groups and receiving some artillery fire. On its way it completed the destruction with thermite grenades of five enemy tanks disabled in the night action. The patrol also found 1 37-mm. antitank gun, 2 self-propelled guns, and 1 120-mm. mortar among the destroyed enemy equipment, and saw numerous enemy dead. At the point of farthest advance, the patrol found and destroyed an abandoned enemy tank in a village schoolhouse courtyard."

622) Ibidem, p. 359 : "That evening at dusk the 27th Infantry placed an antitank mine field, antipersonnel mines, and trip flares across the road and stream bed 150 yards in front of the infantry line. A second belt of mines, laid on top of the ground, was placed about 100 yards in front of the buried mine field."

623) Ibidem, p. 359 : "Later that evening, 21 August, the North Koreans shelled the general area of the 27th Infantry positions until just before midnight. Then the NK. 13th Division launched a major attack against the ROK units on the high ground and the Americans in the valley. Nine tanks and several SP guns supported the enemy troops in the valley. Because it was on higher ground and more advanced than any other American unit, C Company on the left of the road usually was the first to detect an approaching attack. That evening the C Company commander telephoned that he could hear tanks out front. When the artillery fired an illuminating shell he was able to count nineteen vehicles in the attacking column on the road. The tanks and self-propelled guns, firing rapidly, approached the American positions. Most of their shells landed in the rear areas. Enemy infantry moved forward on both sides of the road. Simultaneously, other units attacked the ROK's on the high ridges flanking the valley."

624) Ibidem, pp. 359~ 360 : "American artillery and mortar fire bombarded the enemy, trying to separate the tanks from the infantry. Machine gun fire opened on the N.K. infantry only after they had entered the mine field and were at close range. The Pershing tanks in the front line held their fire until the enemy tanks came very close. One of the American tanks knocked out the lead enemy tank at a range of 125 yards. A 3.5-inch bazooka team from F Company knocked out a SP gun, the third vehicle in column. The trapped second tank was disabled by bazooka fire and abandoned by its crew. Artillery and 90-mm. tank fire destroyed seven more enemy tanks, three more SP guns, and several trucks and personnel carriers. This night battle lasted about five hours. The fire from both sides was intense. On the American side, a partial tabulation shows that in support of the 2d Battalion, 27th Infantry, B Battery, 8th Field Artillery Battalion (105-mm. howitzers), fired

1,661 rounds, the 4.2-inch mortar platoon fired 902 rounds, the 81-mm. mortar platoon fired 1,200 rounds, and F Company itself fired 3856o-mm. mortar rounds. The enemy column was destroyed. Patrols after daylight counted enemy dead in front of the perimeter position, and on that basis, they estimated the North Koreans had suffered 1,300 casualties in the night battle. Eleven prisoners captured by the patrol said the action had decimated their units and that only about onefourth of their number remained."

625) Ibidem, p. 360 :"The men of F Company, 27th Infantry apparently coined the name Bowling Alley during the night battle of 21-22 August. The enemy T34 tanks fired armor-piercing shells straight up the road toward the American positions, hoping to knock out the American tanks. The balls of fire hurtling through the night and the reverberations of the gun reports appeared to the men witnessing and listening to the wild scene like bowling balls streaking down an alley toward targets at the other end."

626) Ibidem, p. 360 : "During the night battle, enemy forces infiltrated along the high ridge line around the east flank of the 27th Infantry and appeared the next day about noon 6 miles in the rear of that regiment and only 9 miles from Taegu. This enemy force was the 1st Regiment of the N.K. 1st Division which had just arrived from the Kunwi area to join in the battle for Taegu. It brought the main supply road of the 27th Infantry under small arms fire along a 5-mile stretch, beginning at a point 9 miles above Taegu and extending northward."

627) Ibidem, p. 360 :"About this time, Colonel Michaelis sent an urgent message to Eighth Army saying that the ROK troops on his left had given way and that 'those people are not fighting.' Prisoners told him, he said, that about 1,000 North Koreans were on his west flank. He asked for an air strike."

628) Ibidem, p. 360 : "It must not go unnoticed that all the time the 27th Infantry and supporting units were fighting along the road, the ROK 1st Division was fighting in the mountains on either side. Had these ROK troops been driven from this high ground, the perimeter position of the 27th Infantry Regiment would have been untenable. Several times the ROK troops came off the mountains in daytime looking for food in the valley and a bath in the stream. But then, supported by the American artillery, they always climbed back up the heights and reoccupied the high ground. The ROK 1st Division must receive a generous share of the credit for holding the front north of Taegu at this time."

629) Ibidem, pp.360~361 : "General Paik bitterly resented Colonel Michaelis' charge that his men were not fighting. He said he would like to hold the valley position with all the tank

and artillery support given the 27th Regiment while that regiment went up on the hills and fought the night battles with small arms. The Eighth Army G-3 staff investigated Colonel Michaelis' charge that the ROK troops had left their positions. KMAG officers visited all the ROK 1st Division units. The Assistant G-3 went to the ROK front personally to inquire into the situation. All reports agreed that the ROK units were where General Paik said they were."

630) Ibidem, p. 361 :"The afternoon of 22 August, Lt. Col. James W. Edwards' 2d Battalion, 23d Infantry, guarding the support artillery behind the 27th Infantry, came under attack by the N.K. 1st Division troops that had passed around the forward positions. The regimental commander, Col. Paul L. Freeman, Jr., reported to Eighth Army at 1640 that the enemy had shelled the rear battery of the 37th Field Artillery Battalion, that enemy riflemen were between the 27th and 23d Regiments on the road, and that other enemy groups had passed around the east side of his forward battalion. An intense barrage began falling on the headquarters area of the 8th Field Artillery Battalion at 1605, and 25 minutes later two direct hits on the fire direction center utterly destroyed it, killing four officers and two noncommissioned officers. The individual batteries quickly took over control of the battalion fires and continued to support the infantry, while battalion headquarters displaced under fire."

631) Ibidem, p. 361 : "Air Force, Navy, and Australian planes delivered strikes on the enemy-held ridge east of the road and on the valley beyond. These strikes included one by B-26's employing 44,000 pounds of bombs. That night, General Walker released control of the 23d Infantry, less the 1st Battalion, to the 1st Cavalry Division with orders for it to clear the enemy from the road and the commanding ground overlooking the main supply road."

632) Ibidem, p. 361 : "A bit of drama of a kind unusual in the Korean War occurred north of Tabudong on the 22d. About 1000, Lt. Col. Chong Pong Uk, commanding the artillery regiment supporting the N.K. 13th Division, walked up alone to a ROK 1st Division position three miles north of Tabu-dong. In one hand he carried a white flag; over his shoulder hung a leather map case. The commanding general of the 13th Division had reprimanded him, he said, for his failure to shell Tabu-dong. Believing that terrain obstacles made it impossible for his artillery fire to reach Tabu-dong and smarting under the reprimand, Chong had deserted."

633) 정봉욱, 6.25 당시 투항하는 정봉욱 중좌, 나무위키: 1950년 다부동 전투에서 국군에 투항하면서,

좋은 의미로 뒤바뀌게 되었다. 정봉욱은 다부동 전투 때, 상관의 명령에 따르게 되면 자신의 부대원들이 의미 없는 죽음을 맞이하게 될 것을 예상하고 항명하였다. 이때 정봉욱에게 남은 선택은 투항하거나 항명죄로 사형당하는 것이었다. 그는 당시 자신의 보좌관과 둘이서 투항하고 작전 지도를 대한민국 육군에 넘겨주어 전투에서 승리하는 데 큰 기여를 하였다. 투항 후 특별임관을 하여, 대한민국 육군 중령으로 군인생활을 이어가게 되었다. 인민군에 대해 상세히 알고 있던 정봉욱은 여러 가지 전공을 세우며 승승장구하였고, 1961년 5.16 군사정변에 참여하면서 1965년 대한민국 육군 사단장의 위치에 오르게 된다.

634) Ibidem, p.361~362 : "Colonel Chong, the highest ranking prisoner thus far in the war, gave precise information on the location of his artillery. According to him, there were still seven operable 122-mm. howitzers and thirteen 76-mm. guns emplaced and camouflaged in an orchard four and a half miles north of Tabu-dong, in a little valley on the north side of Yuhak-san. Upon receiving this information, Eighth Army immediately prepared to destroy the enemy weapons. Fighter-bombers attacked the orchard site with napalm, and U.S. artillery took the location under fire."

635) Ibidem, p. 362 : "During the night of 22-23 August, the enemy made his usual attack against the 27th Infantry, but not in great force, and was easily repulsed. Just before noon on the 23d, however, a violent action occurred some distance behind the front line when about 100 enemy soldiers, undetected, succeeded in reaching the positions of K Company, 27th Infantry and of the 1st Platoon, C Company, 65th Engineer Combat Battalion. They overran part of these positions before being driven off with fifty killed."

636) Ibidem, p. 362 : "Meanwhile, as ordered by General Walker, the 2d Battalion, 23 Infantry, after repelling several enemy night attacks, counterattacked at dawn, 23 August, and seized the high ground overlooking the road at the artillery positions. At the same time the 3d Battalion started an all-day attack that swept a 3-mile stretch of high ground east of the road. This action largely cleared the enemy from the area behind and on the flanks of the 27th Infantry. At 1335 in the afternoon, Colonel Michael is reported from the Bowling Alley to Eighth Army that the N.K. 13th Division had blown the road to his front, had mined it, and was withdrawing."

637) Ibidem, p. 362 : "The next day, 24 August, the 23d Infantry continued clearing the rear areas and by night it estimated that there were not more than 200 of the enemy behind the forward positions. The Bowling Alley front was quiet on the 24th except for an unfortunate accident. An Eighth Army tank recovery team came up to retrieve a T34 tank that had stopped just in front of the forward American mine field. As the retriever began

to pull the T34 forward, an American mine unseen and pushed along in some loose dirt underneath the tank, exploded, badly damaging the tank and wounding twelve men standing nearby."

638) Ibidem, p. 362 : "Shortly after midnight of 24 August the North Koreans launched what had by now become their regular nightly attack down the Bowling Alley. This attack was in an estimated two-company strength supported by a few tanks. The 27th Infantry broke up this fruitless attempt and two more enemy tanks were destroyed by the supporting artillery fire. This was the last night the 27th Infantry Regiment spent in the Bowling Alley. The confirmed enemy loss from 18 to 25 August included 13 T34 tanks, 5 self-propelled guns, and 23 vehicles."

639) Ibidem, pp. 362~363 : "With the enemy turned back north of Taegu, General Walker on 24 August issued orders for the 27th Infantry to leave the Bowling Alley and return to the 25th Division in the Masan area. The ROK 1st Division was to assume responsibility for the Bowling Alley, but the U.S. 23d Regiment was to remain north of Taegu in its support. ROK relief of the 27th Infantry began at 1800, 25 August, and continued throughout the night until completed at 0345, 26 August. On 30 August the regiment received orders to move from near Taegu to Masan, and it started at 0800 the next morning, personnel going by train, vehicles by road. The Wolfhound Regiment completed the move by 2030 that night, 31 August. And a very fortunate move it proved to be, for it arrived in the nick of time."

640) 배성섭(裵聖攝, 1930년생) 특무상사 : 국군 제1사단 제12연대(부연대장 김점곤 중령) 배속 배성섭(20세, 1930년생) 특무상사에게 부연대장 김점곤 중령이, 1950년 8월 20일에 "인민군 제13 사단이 5일 전에 제1 사단 정면에 투입되었다는 첩보가 있는데 확인하고 오라"는 특명을 받았다. 4일간 침투작전을 구상하고, 인민군 복장으로 변장, 비상식량 및 무기를 챙기고, 11명의 특공대원을 데리고 야간에 인민군 제13사단 사령부가 있는 유학산으로 6km를 야간 돌진하여 1) 북한군 제13사단 사령부 지휘소를 급습해 많은 적병을 사살, 2) 눈에 보이는 군용차량을 폭파했으며, 3) 장교 2명과 사병 1명을 포로로 잡아 데리고 돌아왔다. 후상으로 국군 제1사단 사령관 백선엽 준장으로부터 김일봉을 받았는데 5만 원(본인의 증언에서는 10만 원을 포로수용소에 기증하고, 부연대장이 주었던 2만 원으로 송아지를 샀다고 했음)이었다. 참여했던 전 대원에게 2계급씩 특진하였다.

641) Ibidem, p. 363 : "As if to signalize the successful defense of the northern approach to Taegu in this week of fighting, a 20-year-old master sergeant of the ROK 1st Division executed a dangerous and colorful exploit. MSgt. Pea Sung Sub led a 9-man patrol 6,000 yards behind the North Korean lines to the N.K. 13th Division command post. There his

642. Ibidem, p. 363 : "Colonel Murch's 2d Battalion and Colonel Check's 1st Battalion, 27th Infantry, had gained something of a reputation for themselves in the Bowling Alley north of Taegu. The defense in depth behind their front line by the 2d and 3d Battalions, 23d Infantry, had frustrated all enemy efforts to gain control of the gateway to Taegu. The supporting tanks and the artillery had performed magnificently. During the daytime, Air Force attacks had inflicted destruction and disorganization on the enemy. And on the mountain ridges walling in the Bowling Alley, the ROK 1st Division had done its full share in fighting off the enemy thrust."

641. patrol killed several enemy soldiers and captured three prisoners whom they brought back with no loss to themselves. General Paik gave the daring sergeant 50,000 won ($25.00) for his exploit."

643. Ibidem, p. 363 : "Survivors of the 1st Regiment, N.K. 1st Division, joined the rest of that division in the mountains east of the Taegu Sangju road near the walled summit of Ka-san. Prisoners reported that the 1st Regiment was down to about 400 men and had lost all its 120-mm. mortars, 76-mm. howitzers, and antitank guns as a result of its action on the east flank of the N.K. 13th Division at the Bowling Alley."

644. 국가보훈부, 2024.7.26. 보훈부 공식블로그(blog.naver.com/m): "7월 27일, KBS홀에서 유엔군 참전의 날 기념식 개최, 22개 유엔 참전국과 198만 유엔 참전용사들의 희생과 공헌 위에 오늘의 대한민국이 서 있습니다..."

645. United Nations Security Council Resolution 82, Wikipedia(en.wikipedia.org) : "It condemned the "armed attack on the Republic of Korea by forces from North Korea", while calling for "the immediate cessation of hostilities" and for "the authorities in North Korea to withdraw forthwith their armed forces to the 38th parallel".

646. United Nations Security Council Resolution 83, Wikipedia(en.wikipedia.org) : "United Nations Security Council Resolution 83, adopted on June 27, 1950, determined that the attack on the Republic of Korea by forces from North Korea constituted a breach of the peace."

647. Resolution 84 (1950) / [adopted by the Security Council at its 476th meeting], of 7 July 1950. UN. Security Council (5th year : 1950)

648. Johannes Nordin, Taking Back Control : South Korea and the Politics of OPCON Transfer, Issue & Policy Briefs January, Institute of Security and Decelopment Policy(isdp.eu), Jan. 2020. pp.9 : "In 1950, at the onset of the Korean War, South Korean President Syngman

Rhee transferred operational control of all ROK forces to the United States. Operational control refers to the "authority to perform functions of command over subordinate forces." After the war, this institutional arrangement was formalized through a treaty with the underlying logic that South Korea still couldn't properly defend itself against the North. However, it also served the dual purpose of reassuring U.S. policymakers that their ally would be unable to drag them into a conflict against their will…"

649) South to the Naktong, North to the Yalu, U.S. Army Center of Military History(history. army.mil) : "Here is the story of how U.S. Army combat units, thrown piecemeal into the battle to slow Communist advances, fought a desperate and heroic delaying action, …"

650) 조선 시대 정조가 부왕인 사도세자가 묻힌 현융원(顯隆園)에 행차할 때 이곳 죽미령(竹美嶺)을 바라보면서 '삼미'라 했다고 하여 이 마을 이름이 삼미(三美)가 되었다는 것이요, 내삼미(內三美)라는 마을은 삼미실(三美谷) 안쪽에 있다고 하여 '안삼미실'이라 부르게 되었다 한다. 죽밑마을이란 죽미령 밑에 있는 마을 이라하여 '죽밑'이라 부르게 되었다는 것이다.

651) Dunkirk(51°02'18"N 2°22'39"E), Wikipedia : "During the Second World War 1940 Battle of France, the British Expeditionary Force (BEF), while aiding the French and Belgian armies, were forced to retreat in the face of overpowering German Panzer attacks. Fighting in Belgium and France, the BEF and a portion of the French Army became outflanked by the Germans and retreated to the area around the port of Dunkirk. More than 400,000 soldiers were trapped in the pocket as the German Army closed in for the kill. Unexpectedly, the German Panzer attack halted for several days at a critical juncture. For years, it was assumed that Adolf Hitler ordered the German Army to suspend the attack, favouring bombardment by the Luftwaffe. However, according to the Official War Diary of Army Group A, its commander, Generaloberst Gerd von Rundstedt, ordered the halt to allow maintenance on his tanks, half of which were out of service, and to protect his flanks which were exposed and, he thought, vulnerable. Hitler merely validated the order several hours later. This lull gave the British and French a few days to fortify their defences. The Allied position was complicated by Belgian King Leopold III's surrender on 27 May, which was postponed until 28 May. The gap left by the Belgian Army stretched from Ypres to Dixmude. Nevertheless, a collapse was prevented, making it possible to launch an evacuation by sea, across the English Channel, code-named Operation Dynamo. British Prime Minister Winston Churchill ordered any ship or boat available, large or small, to collect the stranded soldiers. 338,226 men (including 123,000 French soldiers) were evacuated – the miracle of Dunkirk, as Churchill called it. It took over 900 vessels to evacuate the BEF, with two-thirds of those rescued embarking via the harbour, and over

100,000 taken off the beaches. More than 40,000 vehicles as well as massive amounts of other military equipment and supplies were left behind. Forty thousand Allied soldiers (some who carried on fighting after the official evacuation) were captured or forced to make their own way home through a variety of routes including via neutral Spain. Many wounded who were unable to walk were abandoned."

652) Roy E. Appleman, SOUTH TO THE NAKTONG, NORTH TO THE YALU(June-November 1950), CENTER OF MILITARY HISTORY, UNITED STATES ARMY, WASHINGTON, D.C., 1992, pp.412~413 : "Back on Taegu : While four divisions of the N.K. II Corps attacked south in the P'ohang-dong, Kyongju, and Yongch'on sectors, the remaining three divisions of the corps-the 3d, 13th, and 1st, in that order from west to east-were to execute their converging attack on Taegu from the north and northwest. The 3d Division was to attack in the Waegwan area northwest of Taegu, the 13th Division down the mountain ridges north of Taegu along and west of the Sangju-Taegu road, and the 1st Division along the high mountain ridges just east of the road.(Map 15)"

653) 한국전쟁에 대해 UN 안전보장이사회에 이사회는 소련의 반대 불참으로 7월 26일에 참전하기로 결정되어 7월 27일을 유엔의 참전일로 우리나라 보훈처에서 정했으며, 이전에 일본 오키나와에 주둔했던 미 제8사단 워커 중장이 최초 대구에 급파되었다. 9월 5일에 영국군이 참전했고, UN군의 참전은 9월 16일에 비로소 전투에 참전했다.

654) Roy E. Appleman, ibidem, p. 413 : "Defending Taegu, the U.S. 1st Cavalry Division had a front of about thirty-five miles. General Gay outposted the main avenues of entry into his zone and kept his three regiments concentrated behind the outposts. At the southwestern end of his line General Gay initially controlled the 3d Battalion, 23d Infantry, 2d Division, which had been attached to the 1st Cavalry Division. On 5 September the British 27th Brigade, in its first commitment in the Korean War, replaced that battalion. Next in line northward, the 5th Cavalry Regiment defended the sector along the Naktong around Waegwan and the main Seoul highway southeast from there to Taegu. Eastward, the 7th Cavalry Regiment was responsible for the mountainous area between that highway and the hills bordering the Sangju road. The 8th Cavalry Regiment, responsible for the latter road, was astride it and on the bordering hills."

655) Battle of Ka-san, Hill 518, Wikipedia(en.wikipedia.org) : "From the outbreak of the Korean War and the invasion of South Korea by the…US Troops observe North Korean-held Hill 518 during the Battle of Tabu-dong."

656) 6.25 전쟁사에서 Hill 518(518고지)는 수암산(水巖山) 혹은 숲데미산(519.1m 혹은 518.1m/sl)이

라고 한다. 이는 팔공지맥(八公之脈)이 가산(架山)에서 황학지맥(黃鶴之脈)으로 이어져 '다부동(多富洞)'에서 유학산(遊鶴山), 남쪽 팥재에서 서릉(西陵)을 타면 낙동강에 가라앉기 전 숲데미산에 이른다. '조선지형도(朝鮮地形圖)'에는 숲데미산의 위치에 수암산(水岩山)이라고 기재했다. 네이버 맵(Naver Map)과 카카오 맵(Kakao Map)에도 수암산(水巖山)으로 나와있다. '한국지명총람(韓國地名總覽)'에는 수암산이 '숫덤·숫되미산·수둔산'이라고도 한다. 숲데미산(518.7m)은 '숲이 깊은 산'이라는 의미에다 바위가 쌓아져 있어 '석적산(石積山)'으로도 불린다. '숲데미'는 '숲'과 '데미(더미)'가 합성된 지명으로 '데미'는 '더미(덤이)'로서 '바위더미'를 의미한다.

657) Ibidem, p.413 : "Greatly concerned at the beginning of September over the North Korean attack and penetration of the southern sector of the Pusan Perimeter in the 2d and 25th Divisions' zone, General Walker on 1 September ordered the 1st Cavalry Division to attack north or northwest in an effort to divert to that quarter some of the enemy strength in the south. General Gay's initial decision upon receipt of this order was to attack north up the Sangju road, but his staff and regimental commanders all joined in urging that the attack instead be against Hill 518 in the 7th Cavalry zone, and they talked him out of his original intent. Only two days before, Hill 518 had been in the ROK 1st Division zone and had been considered an enemy assembly point. The 1st Cavalry Division, accordingly, prepared for an attack in the 7th Cavalry sector and for diversionary attacks by two companies of the 3d Battalion, 8th Cavalry, on the 7th Cavalry's right flank. This left the 8th Cavalry only one rifle company in reserve. The regiment's 1st Battalion was on the hill mass to the west of the Bowling Alley and north of Tabu-dong; its 2d Battalion was astride the road."

658) Ibidem, p. 413 : "This planned attack against Hill 518 chanced to coincide with the defection and surrender on 2 September of Maj. Kim Song Jun, the S-3 of the N.K. 19th Regiment, 13th Division. He reported that a full-scale North Korean attack was to begin at dusk that day. The N.K. 13th Division, he said, had just taken in 4,000 replacements, 2,000 of them without weapons, and was now back to a strength of approximately 9,000 men. Upon receiving this intelligence, General Gay alerted all front-line units to be prepared for the enemy attack."

659) Ibidem, p.414 : "Complying with Eighth Army's order for what was in effect a spoiling attack against the North Koreans northwest of Taegu, General Gay on 1 September ordered the 7th Cavalry to attack the next day and seize enemy-held Hill 518. Hill 518 (Suam-san) is a large mountain mass five miles northeast of Waegwan and two miles east of the Naktong River. It curves westward from its peak to its westernmost height, Hill 346, from which the ground drops abruptly to the Naktong River. Situated north of

the lateral Waegwan-Tabu-dong road, and about midway between the two towns, it was a critical terrain feature dominating the road between the two places. After securing Hill 518, the 7th Cavalry attack was to continue on to Hill 314. Air strikes and artillery preparations were to precede the infantry attack on 2 September. Forty pieces of artillery, four-fifths of that available to the 1st Cavalry Division, were to support the attack."

660) Ibidem, p. 414 : "On the morning of 2 September the Air Force delivered a 37-minute strike against Hills 518 and 346. The artillery then laid down its concentrations on the hills, and after that the planes came over again napalming and leaving the heights ablaze. Just after 1000, and immediately after the final napalm strike, the 1st Battalion, 7th Cavalry, attacked up Hill 518. The plan of regimental attack unfortunately brought a minimum of force against the objective. While the 1st Battalion made the attack, the 2d Battalion was in a blocking position on its left (west) and the newly arrived 3d Battalion, in its first Korean operation, was(p.414) to be behind the 2d Battalion and in an open gap between that battalion and Hill 518. The 1st Battalion moved up through ROK forces and, from high ground, was committed along a narrow ridge line, attacking from the southeast in a column of companies. This in turn resolved itself in a column of platoons, and finally in a column of squads. The final effect, therefore, was that of a regimental attack amounting to a one-squad attack against a strongly held position."

661) Ibidem, p. 414 : "The attack was doomed to failure from the start. The heavy air strikes and the artillery preparations had failed to dislodge the North Koreans. From their positions they delivered mortar and machine gun fire on the climbing infantry, stopping the weak, advanced force short of the crest. In the afternoon the battalion withdrew from Hill 518 and attacked northeast against Hill 490, from which other enemy troops had fired in support of the North Koreans on Hill 518."

662) Ibidem, p.414 : "The next day at noon, the newly arrived 3d Battalion resumed the attack against Hill 518 from the south, over unreconnoitered ground, and, as did the 1st Battalion the day before, in a column of companies that resolved itself in the end into a column of squads. Again the attack failed. Other attacks failed on 4 September. An enemy forward observer captured on Hill 518 said that 1,200 North Koreans were dug in on the hill and that they had 120-mm. and 82-mm. mortars with ammunition."

663) Ibidem, p.414 : "While these actions were in progress on its right, the 2d Battalion, 5th Cavalry Regiment, on 4 September attacked and captured Hill 303. The next day it had the utmost difficulty in holding the hill against enemy counterattacks. By 4 September it

had become quite clear that the N.K. 3d Division in front of the 5th and 7th Cavalry Regiments was itself attacking, and that, despite continued air strikes, artillery preparations, and infantry efforts on Hill 518, it was infiltrating large numbers of its troops to the rear of the attacking United States forces. That day the I&R Platoon reported that enemy soldiers held Hill 464, a high hill mass opposite Hill 518 on the south side of the Waegwan-Tabudong road, and that it had to destroy its radio and machine gun to keep them from falling into enemy hands. That night large enemy forces came through the gap between the 3d Battalion on the southern slope of Hill 518 and the 2d Battalion westward."

664) Ibidem, p.415 : "For a time those in the 3d Battalion command post thought the attack was going to turn east and overrun them but, instead, the North Koreans turned west and occupied Hill 464 in force. By 5 September, although it was not yet known by the 7th Cavalry, Hill 464 to its rear probably had more North Koreans on it than Hill 518 to its front. North Koreans cut the Waegwan-Tabudong road east of the regiment so that its communications with friendly units now were only to the west. During the day the 7th Cavalry made a limited withdrawal on Hill 518. Any hope that the regiment could capture the hill vanished. One American officer described the situation north of Taegu at this time with the comment, "I'll be damned if I know who's got who surrounde." On the division right, Tabud-dong was in enemy hands, on the left Waegwan was a no-man's land, and in the center strong enemy forces were infiltrating southward from Hill 518."

665) Ibidem, p.415 :"The 7th Cavalry Regiment in the center could no longer use the Waegwan-Tabu-dong lateral supply road behind it, and was in danger of being surrounded. After discussing a withdrawal plan with General Walker and Coel Collierlon, General Gay on 5 September issued an order for a general withdrawal of the 1st Cavalry Division during the night to shorten the lines and to occupy a better defensive position. The movement was to progress from right to left beginning with the 8th Cavalry Regiment, then the 7th Cavalry in the Hill 518 area, and finally the 5th Cavalry in the Waegwan area. This withdrawal caused the 3d Battalion, 8th Cavalry, to give up a hill it had just attacked and captured near the Tabudong road on the approaches of the Walled City of Ka-san. In the 7th Cavalry sector the 1st, 3d, and 2d Battalions were to withdraw in that order, after the withdrawal of the 1st Battalion, 8th Cavalry, on their right. The 2d Battalion, 5th Cavalry, on Hill 303 north of Waegwan was to cover the withdrawal of the 7th Cavalry and hold open the escape road."

666) Garrison H. Davidson, Wikipedia : "Garrison Holt Davidson (April 24, 1904 – December 25, 1992) was a United States Army officer, combat engineer, commander, and military

educator from the 1920s through World War II and into the Cold War-era. Commissioned as one of the youngest generals during World War II, he achieved the rank of lieutenant general before his mandatory retirement from the army in 1964. Davidson served as the Superintendent of the United States Military Academy from 1956 to 1960. He also played and coached football at West Point, helming the cadet squad as head coach from 1933 to 1937, compiling a record of 35–11–1..."

667) 향토사학자 곡촌 이수헌, 625 마지막 전선 '데이비슨 라인' 칠곡방송 사마트 뉴스(ismartnews.com), 2016년 2월16일(화): "...낙동강 전선이 무너지고 한때 다부동 유학산이 점령당해 장사포가 대구 시내에 떨어지자 임시정부가 부산으로 대피하고 피난민과 시민들은 극도의 혼란과 공포에 미군 또한 위기에 부닥치자 울산과 밀양 마산을 연결 '데이비슨 라인'을 다급하게 신설하고 미군과 유엔군을 일본으로 철수는 물론 대한민국 망명정부 해외 이전계획을 주권국 이승만 대통령도 모르게 구상했다."

668) James F. Schnabel, Robert J. Watson, Hisory the Joint Chiefs of Staff, The Korean War, The Joint Chiefs of Staff and National Policy, 1950-1951, Joint Chiefs of Staff(https://www.jcs.mi) , Chairman of the Joint Chiefs, Washington, DC, 1998. : "Volume III, 1950-1951 The Korean War, Part One....Davis, respectively Chief of the Histori cal Division and Chief of the ... line that would place the capital, Seoul, and at least one other major port."

669) 데이비슨 라인(Davision Line): 워커 라인에 따라 국군 5개 사단은 왜관에서 동족으로 1, 6, 8, 수도, 3사단이 배치되었다. 그러나 당시 미군 내에 극비로, 우리 국군을 제치고 다른 방어선이 검토했다. 미 8군 공병참모 데이비슨 준장이 제안한 포항(경주) 아래 - 밀양 위쪽 – 진해 – 미신- 울산 – 부산을 방어라는 축소된 최후 방어선을 데이비슨 방어선이라고 했다. 이를 제안하면서 동시에 미군과 유엔군은 일본, 하와이 및 괌도 등으로 철수랄 시간을 확보하고, 이승만 대통령까지 비밀로 속칭 전시 망명 임시정부를 일본 야마구치와 서 사모아(뉴질랜드 신탁통치)에 6만 명의 정부 요인 등을 이주시켜 망명정부를 계획했다고 한다. 이를 Q,H, Walker의 New Kore plan에서도 등장하고 있다.

670) 庄司 潤一郎, 朝鮮戦争と日本の対応 —山口県を事例として—, 山口県文書館編, 山口県政史 下. pp. 532-533 : "(2)朝鮮戦争の勃発と亡命政権構想 : それからほぼ１週間後の 1950(昭和 25)年 6月25日、田中知事の予想通り北朝鮮軍の南進によって,朝鮮戦争が勃発した. 直後に 吉田首相の方から、田中知事に至急上京を願うとの連絡が入り、田中知事は, 閣僚懇談会の 席上において, 朝鮮半島情勢、すなわち 勃発までの経緯, 今後の戦局の見通しなどについて 報告したのである. 一知事としては, 極めて異例のことであった. さらに, 朝鮮半島の非常事態 に鑑み、西日本の治安その他統合政策のため万全を期するよう, 政府に要望したのである. 他 方、県内に駐留していた米軍の主力部隊も逐次戦線に投入され、少数の留守部隊を残すの みとなった. 戦局の方は, 国連軍の劣勢が続き、北朝鮮軍は, 6月28 日にはソウルに入城、韓国政府は首都を大田、大邱さらに釜山に移転、8月下旬には洛東江を渡河した北朝鮮軍は、韓国の大半を制圧し、釜山の前面にまで達したのである。その頃、外務省から、「韓国政府は、6万人の亡命政権を山口県に作るということを希望している」との電報が入り、それらの施設、宿舎等遺漏なきようにということであった。当時山口県は、県民分の米の配給も、半月以上欠配し、さらに軍人の復員、下関などからの引揚げ者が増えつつあり、6万人分の食料を確保するのは困難であった。そのため、田中知事は、再度久原を通して、GHQに山口県の実状を伝えさせたりした。しかし、9月16日国連軍が仁川に敵前上陸を敢行したことにより、戦局は大きく逆転することになり、亡命政権構想も消えたのであった。田中知事は当時を回想して、「とんでもない話だ。もう、そうしたらもう、山口県人なんかどこかへ出てくれなければね。なんぼなんでも、どこかに行けやしないしね、そういう問題で」、「いま顧みれば一つの物語に過ぎないが、そのときのことを思うとゾッとする」述べ"

671) 6.25 전쟁 중 망명 정부(government in exile) 나무위키(namu.wiki): "2015.6.25. KBS 9시 뉴스에 이승만이 6.25 전쟁 발발 2일(1950.6.27.)에 일본에 망영 요청을 했다는 근거를 공식으로 보도했다. 이는 나중에 밝혀진 바는 '야마구치 현사(山中縣史)'에 기록된 것이나 다른 자료와 교차 검증한 결과 조작한 셈이었다. 담당자 보도자는 문책으로 평기자로 강등 조치되었다. 일본 장위성방위연구소의 전사기록은 "6만 명의 망명 정권을 아야구치현에 만드는 것을 외무부에서는 쌀 배급도 반 개월 이상 부족..GHQ에게 실상을 전했다." 하고 있다.

672) 낙동강 돌출부(Battle of Naktong Bulge, 昌寧·靈山): 제1차 낙동강 돌출부 전투는 한국전쟁 초기인 1950년 8월 5일부터 19일까지 유엔사령부(UNC)와 조선인민군(KPA)이 영산(靈山, 현재 창녕군 영산면)과 낙동강 일대에서 벌어진 교전을 일컫는 말이다. 부산 교두보 전투에서 이루어진 전투 중 하나이며, 마산 전투나 포항 전투, 대구 전투와 같이 동시에 시작되었던 전투 중 하나이기도 하다. 이 전투는 미군에서 온 증원군이 북한의 사단을 파괴하면서 UN의 승리로 끝나게 되었다. 제2차 낙동강 돌출부 전투(Second Battle of Naktong Bulge)는 한국전쟁 당시, 1950년 9월 1일부터 15일까지 낙동강에서 치른 전투이다.

673) Ibidem, p.416 : "At this time, about 5 September, as the 7th Cavalry Regiment was forced into a withdrawal, and enemy penetrations in the south had opened the way to Pusan, a crisis developed in appraisals and decisions called for in the Eighth Army command. Everywhere around the Perimeter the North Koreans were penetrating the defense positions and in some places making spectacular gains. It was a question whether the Eighth Army and the ROK's could hold anything like the Pusan Perimeter based on the line of the Naktong. The ROK Army and most of the American divisions appeared to be near the breaking point. Should the United Nations line be withdrawn to the Davidson Line? That question was under debate in Eighth Army headquarters. The decision to withdraw to that line seemed near as the North Koreans captured P'ohang-dong and drove to the

edge of Kyongju in the east, reached Yongch'on in the Taegu lateral corridor, captured Waegwan, Tabu-dong, and Ka-san north of Taegu, drove through the old Naktong Bulge area to Yongsan, and in the south split the U.S. 25th Division and poured into its rear areas almost to the edge of Masan. (The Naktong Bulge and Masan penetrations have not yet been described, but they had already taken place as part of the North Korean co-ordinated attack.)

674) Ibidem, p.416 : "General Walker discussed the issue of withdrawing to the Davidson Line one night with his principal staff officers, most of the division commanders, and General Coulter, his deputy commander in the east. Colonel Dabney, Eighth Army G-3, told General Walker that(p.416) for once he did not know what to recommend, that the decision was a hard one to make, but that he hoped the Army could stay. He pointed out that North Korean penetrations in the past had waned after a few days and that they might do so again. Upon orders from Colonel Landrum, Dabney started the G-3 Section that evening working on preparing withdrawal orders for Eighth Army. The staff section worked all night long on them. They were published and ready for issuing at 0500 in the morning, but they were held in the G-3 Section pending General Walker's personal order to put them into effect. The order was not given. At some time during the night Walker reached the decision that Eighth Army would not withdraw."

675) Ibidem, p.417 : "But at this time Eighth Army headquarters did leave Taegu. The tactical situation had deteriorated so much on the afternoon of 4 September that the 1st Cavalry Division ammunition supply point in Taegu loaded nearly all its ammunition on rail cars on Eighth Army' orders and prepared for a hasty evacuation southward. The Army transportation officer placed an embargo on all rail shipments north of Samnangjin on the main line, and north and east of Kyongju on the east line. The next morning, 5 September, General Walker reached the decision to move the main army headquarters back to the old Fisheries College between Pusan and Tongnae, north of Pusan, and it made the move during the day. The ROK Army headquarters moved to Pusan. The ROK Army headquarters opened at Pusan at 0800 and Eighth Army headquarters at 1600, 6 September. Walker himself and a few staff officers remained in Taegu as an advanced echelon of the army command post, constituting a tactical headquarters. The principal reason General Walker moved Eighth Army headquarters to Pusan was for the greater protection of the army signal communication equipment. Had the Eighth Army teletype equipment been destroyed or captured by the enemy there was no other similar heavy equipment in the Far East to replace it. The Army's operations would have been seriously

676) James Maurice Gavin, Wokipedia : "James Maurice Gavin (March 22, 1907 – February 23, 1990), sometimes called 'Jumpin' Jim' and 'the jumping general', was a senior United States Army officer, with the rank of lieutenant general, who was the third Commanding General (CG) of the 82nd Airborne Division during World War II. During the war, he was often referred to as 'The Jumping General' because of his practice of taking part in combat jumps with the paratroopers under his command; he was the only American general officer to make four combat jumps in the war. Gavin was the youngest major general to command an American division in World War II, being only 37 upon promotion, and the youngest lieutenant general after the war, in March 1955. He was awarded two Distinguished Service Crosses and several other decorations for his service in the war. During combat, he was known for his habit of carrying an M1 rifle, typically carried by enlisted U.S. infantry soldiers, instead of the M1 carbine, which officers customarily carried."

677) 별칭은 포모사(영어) 혹은 포르모사(Formosa)는 '아름다운 섬'이라는 뜻인 美麗島라는 대만(Taiwan)의 별칭이다. 포르모사(Formosa)는 포르투갈어로 아름다운 섬이란 뜻의 '일랴 포르모자(Ilha Formosa)'에서 나왔다고 하며, 메이리다오(美麗島)는 이를 한자어로 의역한 별칭이다. 20세기 중반까지만 해도 서구에서는 Taiwan보다 Formosa를 더 많이 썼다. 대만에서 '포르모사'를 한자 음차해 표기하고자 할 때는 '福爾摩沙', 즉 福爾摩莎(ㄈㄨˊㄦˇㄇㄛˊㄕㄚ¯) 등을 쓴다.

678) Ibidem, p.417 : "At this time, General Garvin issued verbal orders to service troops in the 2d Logistical Command at Pusan to take Communication between Eighth Army and the Far East Command would have defensive positions on the hills bordering the port city and within the city itself if and when the tactical situation required it. What the South Korean civilian estimate of the situation was at this time can be surmised from the fact that about 5 September prominent Koreans started to leave Pusan for the island of Tsushima, midway in the Korean Strait between Korea and Japan. Operators of small 10- to 20-ton vessels smuggled them across to the island. Wealthy and influential Chinese residing in the Pusan area were planning to leave for Formosa, the first group expecting to depart about 8 September. They, too, were to be smuggled away in small vessels."

679) Ibidem, p.417 : "This period in early September 1950 tested General Walker as perhaps no other did. Walker was generally an undemonstrative man in public, he was not popular with the press, and he was not always popular with his troops. He could be hard and demanding. He was so at this time. When many of his commanders were losing confidence in the ability of Eighth Army to stop the North Koreans he remained determined

that it would. On one occasion in early September he told one of his division commanders in effect,'If the enemy gets into Taegu you will find me resisting him in the streets and I'll have some of my trusted people with me and you had better be prepared to do the same. Now get back to your division and fight it.' He told one general he did not want to see him back from the front again unless it was in a coffin."

680) Ibidem, p.417 : "By day, General Walker moved around the Perimeter defense positions either by liaison plane or in his armored jeep. The jeep was equipped with a special iron handrail permitting him to stand up so that he could observe better while the vehicle was in motion, and generally it was in rapid motion. In addition to his 0.45 automatic pistol, he customarily carried a repeating shotgun with him, because, as he told a fellow officer, "I don't mind being shot at, but ---- these are not going to ambush me." Walker was at his best in Korea in the Pusan Perimeter battles. Famous previously as being an exponent of armored offensive warfare, he demonstrated in August and September 1950 that he was also skilled in defensive warfare. His pugnacious temperament fitted him for directing the fighting of a bitter holding action. He was a stout-hearted soldier."

681) OL Cecil Ward "Sus" Nist(1900~1978) Sr. VVeteran, Find a Grave(findagrave.com) : "He was the son of Charles W. Nist and Florence Welch Nist. On February 12, 1925, he married Ellen Mary Swan, the daughter of Chaplain Thomas E. Swan. They were the parents of three children. Cecil Ward Nist was born on August 10, 1900 in Fillmore, Ohio, the son of Charles Wesley Nist and Florence Jane Welch Nist...On May 25, 1950, he assumed command of the 7th Cavalry Regiment at Camp Drake in Japan. He took the Regiment, Garry Owen, into the Korean conflict, through the defense of Taegu and break-out of Pusan Perimeter. He spoke of the Battle of Ttik-song Bridge where the 2d Battalion destroyed two-thirds of an enemy division. He was cited for defending Taegu and inflicting damage on a larger enemy force..."

682) Ibidem, p.417 : "It was in this crisis that the 7th Cavalry began its withdrawal northwest of Taegu. In his withdrawal instructions for the 7th Cavalry, Col. Cecil Nist, the regimental commander, orde,red "The 2d Battalion must clear Hill 464 of enemy tonight." meant This that the 2d Battalion must disengage from the enemy to its front and attack to its rear to gain possession of Hills 464 and 380 on the new main line of resistance to be occupied by the regiment. Since efforts to gain possession of Hill 464 by other elements had failed in the past two or three days this did not promise to be an easy mission."

683) Ibidem, p.417 : "Heavy rains fell during the night of 5-6 September and mud slowed all

wheeled and tracked vehicles in the withdrawal. The 1st Battalion completed its withdrawal without opposition. During its night march west, the 3d Battalion column was joined several times by groups of North Korean soldiers who apparently thought it was one of their own columns moving south. They were made prisoners and taken along in the withdrawal. Nearing Waegwan at dawn, the battalion column was taken under enemy tank and mortar fire after daybreak and sustained about eighteen casualties."

684) Omar T. Hitchner, American Battle Monuments Commission(abmc.gov) : "Major Hitchner was a member of Headquarters Company, 2nd Battalion, 7th Cavalry Regiment, 1st Cavalry Division. He was seriously wounded by the enemy in South …"/ Omar Hitchner – Recipient, Military Times Hall of Valor(valor.militarytimes.com) : "…Major (Infantry) Omar T. Hitchner (ASN: 0-291851), United States Army, for extraordinary heroism in connection with military operations against an armed …" / Korean Honor Roll Certificate, American Battle Monuments Commission(abmc.gov) : "Omar T. Hitchner. Rank. Major, U.S. Army. Date of Death. September 6, 1950. Major Hitchner was a member of Headquarters Company, 2nd Battalion, 7th Cavalry ."

685) James Thomas Milam, American Battle Monuments Commission(abmc.gov) : "For his leadership and valor, Captain Milam was awarded the Silver Star, the Purple Heart, the Combat Infantryman Badge, the Korean Service Medal, …"

686) Ibidem, p.417 : "The 2d Battalion disengaged from the enemy and began its withdrawal at 0300, 6 September. The battalion abandoned two tanks, one because of mechanical failure and the other because it was stuck in the mud. The battalion moved to the rear in two main groups: G Company to attack Hill 464 and the rest of the battalion to seize Hill 380, half a mile farther south. The North Koreans quickly discovered that the 2d Battalion was withdrawing and attacked it. The battalion commander, Maj. Omar T. Hitchner, and his S-3, Capt. James T. Milam, were killed. In the vicinity of Hills 464 and 380 the battalion discovered at daybreak that it was virtually surrounded by enemy soldiers. Colonel Nist thought that the entire battalion was lost."

687) Ibidem, p.418 : "Moving by itself and completely cut off from all other units, G Company, numbering only about eighty men, was hardest hit. At 0800, nearing the top of Hill 464, it surprised and killed three enemy soldiers. Suddenly, enemy automatic weapons and small arms fire struck the company. All day G Company maneuvered around the hill but never gained its crest. At mid-afternoon it received radio orders to withdraw that night. The company left six dead on the hill and, carrying its wounded on improvised litters

of ponchos and tree branches, it started down the shale slopes of the mountain in rain and darkness. Halfway down, a friendly artillery barrage killed one of the noncommissioned officers, and a rock thrown by one of the exploding shells hit Capt. Herman L. West, G Company commander, inflicting a painful back injury. The company scattered but Captain West reassembled it. Cautioning his men to move quietly and not to fire in any circumstances, so that surrounding enemy troops might think them one of their own columns, West led his men to the eastern base of Hill 464 where he went into a defensive position for the rest of the night."

688) Ibidem, p.418 : "On the division left, meanwhile, the 2d Battalion, 5th Cavalry, on Hill 303 came under heavy attack and the battalion commander wanted to withdraw. Colonel Crombez, the regimental commander, told him he could not do so until the 7th Cavalry had cleared on its withdrawal road. This battalion suffered heavy casualties before it abandoned Hill 303 on the 6th to the enemy."

689) Ibidem, p.420 : "While G Company was trying to escape from Hill 464, the rest of the 2d Battalion was cut off at the eastern base of Hill 380, half a mile southward. Colonel Nist organized all the South Korean carriers he could find before dark and loaded them with water, food, and ammunition for the 2d Battalion, but the carrier party was unable to find the battalion. At dawn on 7 September the men in G Company's perimeter at the eastern base of Hill 464 saw in the dim light four figures coming down a trail toward them. Soon recognizing them as North Koreans, the men killed them. This rifle fire brought answering fire from enemy troops in nearby positions. At this time, Captain West heard what he recognized as fire from American weapons on a knob to his west. Thinking that it might be from the Weapons Platoon which had become separated from him during the night, he led his company in that direction. He was right; soon the company was reunited."

690) Ibidem, p.420 : "The Weapons Platoon, led by Lt. Harold R. Anderegg, had undergone a strange experience. After becoming separated from the rest of the company, three times during the night it encountered North Koreans on the trail it was following but in each instance neither side fired, each going on its way. At dawn, the platoon came upon a group of foxholes on a knoll. Enemy soldiers were occupying some of them. In a swift action which apparently surprised and paralyzed the North Koreans, the platoon killed approximately thirteen and captured three enemy soldiers. From the body of an officer the men took a brief case containing important documents and maps. These showed that Hill 464 was an assembly point for part of the N.K. 3d Division in its advance from Hill 518 toward Taegu."

691) Ibidem, p.420 : "Later in the day (7 September), Capt. Melbourne C. Chandler, acting commander of the 2d Battalion, received word of G Company's location on Hill 464 from an aerial observer and sent a patrol which guided the company safely to the battalion at the eastern base of Hill 380. The battalion, meanwhile, had received radio orders to withdraw by any route as soon as possible. It moved southwest into the 5th Cavalry sector. At one point it escaped ambush by turning aside when North Koreans dressed in American uniforms waved helmets and shouted, "Hey, this way, G.I.!"

692) Ibidem, p.421 : "East of the td Battalion, the enemy attacked the 1st Battalion in its new position on 7 September and overran the battalion aid station, killing four and wounding seven men. That night the 1st Battalion on division order was attached to the 5th Cavalry Regiment. The rest of the 7th Cavalry Regiment moved to a point near Taegu in division reserve. During the night of 7-8 September the 5th Cavalry Regiment on division orders withdrew still farther below Waegwan to new defensive positions astride the main Seoul-Taegu highway. The enemy 3d Division was still moving reinforcements across the Naktong. Observers sighted fifteen barges loaded with troops and artillery pieces crossing the river two miles north of Waegwan on the evening of the 7th. On the 8th the North Korean communiqué claimed the capture of Waegwan."

693) Ibidem, p.421 : "The next day the situation grew worse for the 1st Cavalry Division. On its left flank, the N.K. 3d Division forced the 1st Battalion, 5th Cavalry, to withdraw from Hill 345, three miles east of Waegwan. The enemy pressed forward and the 5th Cavalry was immediately locked in hard, seesaw fighting on Hills 203 and 174. The 1st Battalion, 7th Cavalry, before it left that sector to rejoin its regiment, finally captured the latter hill after four attacks."

694) Ibidem, p.421 : "Only with the greatest difficulty did the 5th Cavalry Regiment hold Hill 203 on 12 September. Between midnight and 0400, 13 September, the North Koreans attacked again and took Hill 203 from E Company, Hill 174 from L Company, and Hill 188 from B and F Companies. In an afternoon counterattack."

695) Air Miles Vs Statute Miles, 100 Air Mile Radius(schoolbusing.org) : "There are 6,076 feet in an air mile and 5,280 feet in a statute mile. One-hundred air miles is equal to 115.08 statute miles."/ What are air miles in distance? How many statute miles are equivalent to 100-air-miles?(fmcsa.dot.gov) L : Guidance: The term air mile is internationally defined as a "nautical mile" which is equivalent to 6,076 feet or 1,852 meters. Thus, the 100 air miles are equivalent to 115.08 statute miles or 185.2 kilometers."

696) Ibidem, p.421 : "After noon counter-attack, the regiment regained Hill 188 on the south side of the highway, but failed against Hills 203 and 174 on the north side. On the 14th, I Company again attacked Hill 174, which had by now changed hands seven times. In this action the company suffered 82 casualties. Its 2d Platoon with 27 Americans and 15 ROK's at the start had only 11 Americans and 5 ROK's when it reached its objective. Even so, the company held only one side of the hill, the enemy held the other, and grenade battles between the two continued for another week. The battalions of the 5th Cavalry Regiment were so low in strength at this time as to be scarcely combat effective. This seesaw battle continued in full swing only eight air miles northwest of Taegu."

697) What are military elements? Military Elements in a Comprehensive Plan(militarycompatibility. maryland.gov) : "A military element should briefly describe the founding of an installation, its growth and development in relation to that of the community, previous coordination efforts, and any conflicts or issues and how they were addressed."

698) Ibidem, p.422 : "Hard on the heels of Major Kim's warning that the North Korean attack would strike the night of 2 September, the blow hit with full force in the Bowling Alley area north of Taegu. It caught the 8th Cavalry Regiment defending the Sangju road badly deployed in that it lacked an adequate reserve. The North Koreans struck the 2d Battalion, 8th Cavalry, the night of 2-3 September on Hill 448 west of the Bowling Alley and two miles north of Tabudong, and overran it. On the right, E Company, although not under attack, was cut off and had to withdraw by a roundabout way. Lt. Col. Harold K. Johnson, commanding officer of the 3d Battalion, placed I Company in a blocking position just north of Tabu-dong astride the road. There, two enemy tanks and some enemy infantry struck it at 0200 in the morning of 3 September. In this action, I Company suffered many casualties but repelled the enemy attack. The overrun 2d Battalion withdrew through the 3d Battalion which had assembled hastily in a defensive position south of Tabudong. During the day, elements of the N.K. 1st Division forced the 8th Cavalry I&R Platoon and a detachment of South Korean police from the Walled City of Kasan on the crest of Hill 902, four miles east of Tabudong. On 3 September, therefore, Eighth Army lost to the enemy both Tabu-dong and Hill 902, locally called Ka-san, the dominant mountain-top ten miles north of Taegu."

699) Lowe, Frank E., 1885-1968 : North Korean anti-aircraft guns, General Frank Lowe looks over anti-aircraft guns placed by the enemy in Pyongyang, North Korea. These weapons were near a monument commemorating the North Korean liberation by the Soviet Union in 1945. / General Lowe in Pyongyang, General Frank Lowe (standing, right) wait-

ing for a ferry to carry him across the Taedong River in Pyongyang, North Korea. Other soldiers are unidentified. / General Lowe Congratulates Soldiers, General Frank Lowe congratulates General Paik and other while in Pyongyang, North Korea. General Allen and Colonel Marcel Crombez are looking on. Others are unidentified./ General Frank E. Lowe and other officers during Korean War, Left to right: Colonel Jeter, G-3 Officer; an unidentified officer; Brigadier General Van Brunt, of I Corps and Major General Frank E. Lowe, Advisor to the President, confer somewhere in Korea.

700) Ibidem, p.422 : "The North Koreans now concentrated artillery north of Hill 902 and, although its fire was light and sporadic, it did cause minor damage in the 99th Field Artillery positions. This sudden surge of the enemy southward toward Taegu caused concern in Eighth Army headquarters. The Army ordered a ROK battalion from the Taegu Replacement Training Center to a position in the rear of the 8th Cavalry, and the 1st Cavalry Division organized Task Force Allen, to be commanded by Assistant Division Commander Brig. Gen. Frank."

701) Ibidem, p.423 : "A. Allen, Jr. This task force comprised two provisional battalions formed of division headquarters and technical service troops, the division band, the replacement company, and other miscellaneous troops. It was to be used in combat should the North Koreans break through to the edge of the city."

702) Ibidem, p.423 : "Eighth Army countered the North Korean advance down the Tabu-dong road by ordering the 1st Cavalry Division to recapture and defend Hill 902. This hill, ten miles north of Taegu, gave observation all the way south through Eighth Army positions into the city, and, in enemy hands, could be used for general intelligence purposes and to direct artillery and mortar fire. Hill 902 was too far distant from the Tabu-dong road to dominate it; otherwise it would have controlled this main communication route. The shortage of North Korean artillery and mortar ammunition nullified in large part the advantages the peak held as an observation point."

703) 가산산성 안내문 : "가산산성은 가산 해발 901m에서 600m에 이르는 계곡을 이용하여 쌓은 방어성곽이다. 내성·중성·외성으로 이루어져 있다. 내성은 조선 인조 18년(1640년)에 경상도 관찰사 이명웅이 가산의 지리적 중요성을 인식하고 축성을 조정에 건의하여 축조되기 시작했다. 중성은 영조 17년(1741년)에 관찰사 정익하의 장계에 의해 왕명으로 완성되었고, 외성은 숙종 26년(1700년)에 관찰사 이세재가 왕명을 받아 축조했다. 성내에 별장을 두어 성을 수호케 하고, 인근 경산, 하양, 신령, 의흥, 의성, 군위 지역의 군영 및 군량이 이 성에 속하도록 했으며 칠곡도호부를 산성 내에 두었다. 내성은 그 길이가 1,710보(약 4km)이며, 동서북의 분지 및 8개의 암문이 있다. 중성은 602보(약

460m)이며, 성문루, 위려각이 설치되었다. 외성은 3,754보(약 3km)이며, 남문 및 암문 3곳이 설치 되었다. 이 성의 주 출입구는 외성의 남문이다. 성내의 건물 들은 남아 있지 않고 건물터만 남아 있으 나 대부분 성벽 및 암문은 원형을 남기고 있다."

704) Ibidem, pp.423~424 : "Actually, there was no walled city on the crest of Kasan. Kasan, or Hill 902, the 3,000-foot-high mountain which differs from most high peaks in this part of Korea in having an oval-shaped semi-level area on its summit. This oval is a part of a mile-long ridgelike crest, varying from 200 to 800 yards in width, which slopes down from the peak at 902 meters to approximately 755 meters at its southeastern end. On all sides of this ridge crest the mountain slopes drop precipitously. In bygone ages Koreans had built a thirty-foot-high stone wall around the crest and had converted the summit into a fortress. One man who fought in the shadow of the wall commented later, "It looked to me like they built that wall just to keep the land from sliding down." Most of the summit in 1950 was covered with a dense growth of scrub brush and small pine trees. There were a few small terraced fields. Koreans knew Kasan as the Sacred Mountain. Near the northern end of the crest still stood the Buddhist Poguk Temple."

705) Ibidem, p.424 : "When the 1st Cavalry Division on 29 August assumed responsibility for the old ROK 1st Division sector north of Taegu it sent a patrol from the I&R Platoon to the top of Kasan. There the patrol found 156 South Korean police. There was some discussion between General Gay and Eighth Army about whether the 1st Cavalry Division or the ROK 1st Division should have the responsibility for the mountain. General Gay maintained that his understrength division with a 35-mile front was already overextended and could not extend eastward beyond the hills immediately adjacent to the Tabudong road. Uncertainty as to final responsibility for Ka-san ended on the afternoon of 3 September after North Koreans had seized the mountain."

706) Ibidem, p.424 : " The Eighth Army G-3 Section telephoned Col. Ernest V. Holmes, Chief of Staff, 1st Cavalry Division, and told him that the 1st Cavalry Division had responsibility for the Walled City. Holmes replied he believed that General Gay, who was then absent from the headquarters, would not like the decision, but that pending his return he would send a company of engineers to Kasan. When General Gay returned to his command post he said that if the army had ordered the responsibility it had to be complied with, and he approved Holmes' decision to send a company to the mountain."

707) Ibidem, p.424 : "After his telephone conversation with Eighth Army, Colonel Holmes ordered Lt. Col. William C. Holley, commanding officer of the 8th Engineer Combat Bat-

talion, to report to Col. Raymond D. Palmer, commanding the 8th Cavalry Regiment. That afternoon Colonel Palmer in his command post on the Tabu-dong road outlined to Holley and the commanding officers of D Company, 8th Engineer Combat Battalion, and E Company, 8th Cavalry, his attack plan to regain control of Kasan. The Engineer company, commanded by 1st Lt. John T. Kennedy, was to lead the attack, E Company following. Once the force had gained the crest and E Company had established itself in defensive positions, the Engineer company was to come off the mountain. Luckily, many of the men in D Company had been infantrymen in World War II."

708) Ibidem, p.425 : "That evening, D Company loaded into trucks and in a driving rain traveled north, eventually turning off the main road to the designated assembly area. On the way they met two truckloads of South Korean police going south, some of them wounded. These were the police who, together with the detachment of the I&R Platoon, had been driven off Kasan that afternoon. After waiting in the rain awhile for orders, the Engineer company turned around and went back to camp."

709) Ibidem, p.425 : "The next morning (4 September) at breakfast, D Company received orders to move immediately as infantry to Kasan. One platoon had to forego its breakfast. The company carried no rations since E Company, 8th Cavalry, was to bring food and water later. The Engineer troops arrived at their assembly area near the village of Kisong-dong two miles east of the Tabudong road, where Colonel Holley set up a communications command post. Sniper fire came in on the men as they moved up the trail half a mile to the base of Ka-san's steep slope. Word was given to the company that there were about seventy-five disorganized enemy troops on Kasan. But actually, during the afternoon and evening of 3 September, the N.K. 2d Battalion, 2d Regiment, 1st Division, had occupied the summit of Kasan."

710) Ibidem, p.425 : "The Engineer company started its attack up the mountain about noon, 4 September, following a trail up a southern spur. The 1st Platoon was in the lead, single file, followed by the 2d and 3d Platoons. Colonel Palmer considered the mission so important that he and his G-2, Capt. Rene J. Guiraud, accompanied the engineers. Platoon Sgt. James N. Vandygriff, 2d Platoon, D Company, in a brief conversation with Colonel Holley as he went ahead of the latter on his way up the trail, said he thought it was a suicide mission."

711) Ibidem, p.426 : "Less than a mile up the trail, D Company came under machine gun fire from its right front, which inflicted several casualties. Lieutenant Kennedy rejected

712) Vandygriff's request to take a squad and knock out the gun, so the file got past the line of fire as best it could until BAR fire from the 3d Platoon silenced the weapon. Farther up the trail another enemy machine gun fired from the right along the trail and held up the advance until radio-adjusted artillery fire silenced it."

712) 치키봉(雉箕峰, 761m/sl)은 인근이 치이봉(雉離峰, 710m/sl)이 있고, 가산산등성과 한티재(大峙) 사이에 있는 산봉우리로 고도에 대해서는 756m/sl, 761m/sl, 767m/sl, 781m/sl 등으로 기록하고 있으며, 산 모양이 벼를 까부는 키(箕)와 같아서 붙여진 이름이다. 산 아래 동네를 기성동(箕聖洞)이 다. GPS 좌표는 북위 36도46.4분, 동경 128도 36분 16.1초에 해당하고 있음

713) Ibidem, p.426 : "The file of men, with Lt. Robert Peterson of the I&R Platoon as guide, left the trail-like road, which dead-ended, dropped over into a ravine on the left, and continued the climb. Enemy mortar fire killed two men and wounded eight or ten others in this phase of the ascent. At this time the 2d Platoon leader collapsed from a kidney ailment and command passed to Sergeant Vandygriff. Vandygriff led his platoon, now at the head of the company, on up the gully and finally, about 1700, came through a tunnel under a small ridge and the stone wall into the bowl-shaped summit of Hill 755, the southern arm of the Hill 902 crest. The 2d and 3d Platoons soon arrived, in that order. When he was within fifty feet of the top, Colonel Palmer received radio orders from General Gay to come off the mountain; Gay had not known that Palmer had accompanied the attack until he telephoned Holley trying to locate him."

714) Ibidem, p.426 : "Lieutenant Kennedy quickly placed the approximately ninety men of his company in position facing in an arc from west to northeast; the 2d Platoon took the left flank near the stone wall, the 1st Platoon took the center position on a wooded knoll, and the 3d Platoon the right flank at the edge of a woods. Just as he reached the top, 2d Lt. Thomas T. Jones, commanding the 3d Platoon, saw and heard three North Korean mortars fire, approximately 1,000 yards away on a grassy ridge to the right (east). He suggested to Lieutenant Kennedy several times that he request artillery fire on these mortars, but Kennedy did not act on the suggestion. Kennedy established his command post inside the tunnel behind the 2d Platoon position. The D Company position was entirely within the area enclosed by the stone wall, which was nearly intact except on the northeast near the 3d Platoon position where it had crumbled and was covered with brush and trees. Lieutenant Jones pointed out to his platoon sergeant and squad leaders where he wanted them to take position at the edge of the woods facing the enemy mortars he had seen on the grassy ridge beyond. He then remained a few minutes in conversation with Lieutenant Kennedy."

715) Ibidem, p.427 : "A few minutes later Jones joined his 3d Squad men at the edge of the woods. They told him that the platoon sergeant and the rest had continued on toward the narrow grassy ridge. Just then one of the squad called Jones to the edge of the woods and pointed out ten or twelve well-camouflaged North Korean soldiers, one of them carrying a machine gun, coming down the narrow ridge toward them from the mortar position. Apparently this group was a security force for the mortars because they dropped to the ground about one-third of the way down the ridge."

716) Ibidem, p.427 : "Jones decided he had better bring back his other two squads to form a solid line and, expecting to be gone only a few minutes, he left his SCR-300 radio behind. That, as he said later, was his big mistake. Jones found one squad but the other had gone on farther and was not visible. While he studied the terrain and waited for a messenger he had sent to bring back that last squad, North Koreans attacked the main company position behind him. Judging by the firing and yelling, Jones thought North Koreans were all over the wooded bowl between him and the rest of the company. When the firing ended, all he could hear was North Korean voices. Jones never got back to his 3d Squad. He and the rest of the platoon dropped down off the ridge into a gully on the left, the two squads separated but for a time within sight of each other."

717) Ibidem, p.427 : "That night Jones and the eight men with him stayed in the ravine just under the crest. Without his radio he could not communicate with the rest of the company which he thought had been destroyed or driven off the hill. The next day when American fighter planes strafed the hilltop it confirmed his belief that no D Company men were there. Some of the men in the advanced squad made their way to safety, but North Koreans captured Jones and the eight men with him near the bottom of Kasan on 10 September as they were trying to make their way through the enemy lines. This account of the 3d Platoon explains why-except for the 3d Squad which rejoined D Company that evening-it was out of the action and off the crest almost as soon as it arrived on top, all unknown to Lieutenant Kennedy and the rest of the company at the time."

718) Ibidem, p.427 : "Half an hour after D Company had reached Hill 755, an estimated enemy battalion launched an attack down the slope running south to Hill 755 from the crest of Hill 902. The main attack hit Vandygriff's 2d Platoon just after Vandygriff had set up and loaded his two machine guns. These machine guns and the protection of the 15-foot wall on its left enabled D Company to turn back this attack, which left one dead and three wounded in the 2d Platoon. That night, enemy mortar and small arms fire harassed the company and there were several small probing attacks."

719) Ibidem, p.427 : "Having no communication with the 3d Platoon, Kennedy sent a patrol to its supposed position. The patrol reported back that it could find no one there but had found the rocket launchers and two light machine guns."

720) Ibidem, p.427 : "It rained most of the night, and 5 September dawned wet and foggy on top of Hill 755. Just after daylight in a cold drizzle the North Koreans attacked. The engineers repulsed this attack but suffered some casualties. Enemy fire destroyed Vandygriff's radio, forcing him to use runners to communicate with Kennedy's command post. Ammunition was running low and three C-47 planes came over to make an airdrop. Kennedy put out orange identification panels, then watched the enemy put out similarly colored one. The planes circled, and finally dropped their bundles of ammunition and food-to the enemy. Immediately after the airdrops, two F-51 fighter planes came over and attacked D Company. It was obvious that the enemy panels had misled both the cargo and fighter planes. The fighters dropped two napalm tanks within D Company's perimeter, one of which fortunately failed to ignite; the other injured no one. The planes then strafed right through the 2d Platoon position, but miraculously caused no casualties. Soon after this aerial attack, enemy burp gun fire wounded Kennedy in the leg and ankle."

721) Ibidem, p.428 : "Sometime between 1000 and 1100 the advanced platoon of E Company, 8th Cavalry Regiment, arrived on top of Hill 755 and came into D Company's perimeter. Some of the engineers fired on the E Company men before the latter identified themselves. The E Company platoon went into position on the right of Vandygriff, and Kennedy turned over command of the combined force to the E Company commander. Kennedy then assembled twelve wounded men and started down the mountain with them. The party was under small arms fire most of the way. A carrying party of Korean A-frame porters led by an American officer had started up the mountain during the morning with supplies. Enemy fire, killing several of the porters, turned it back."

722) Ibidem, p.428 : "The day before, E Company had been delayed in following D Company to Hill 755. Soon after the Engineer company had started up the trail on the 4th, E Company arrived at Colonel Holley's command post at the base of the mountain. Enemy mortar fire was falling on the trail at the time and the company commander said he could not advance because of it. Holley radioed this information to Colonel Palmer who designated another company commander and said, "Tell him to come on through." This second officer broke his glasses on a rock and informed Holley that he could not go on. Holley put him on the radio to Palmer who ordered him to continue up the hill. Soon thereafter

this officer was wounded in the leg. Holley then designated a third officer, who started up the mountain with E Company that evening about 2000."

723) Ibidem, p.428 : "Enemy fire stopped the company 500 yards short of the crest before dawn. It was this same company that the N.K. 13th Division had cut off when it launched its attack the evening of 2 September and overran the 2d Battalion north of Tabu-dong. Tired and dispirited from this experience and their roundabout journey to rejoin the regiment, E Company men were not enjoying the best of morale."

724) Ibidem, p.428 : "Shortly after the E Company platoon joined Vandygriff, the North Koreans attacked again. The E Company infantrymen had brought no mortars with them-only small arms. In this situation, Vandygriff took a 3.5-inch rocket launcher and fired into the North Koreans. They must have thought that it was mortar or 75-mm. recoilless rifle fire for they broke off the attack. Vandygriff checked his platoon and found it was nearly out of ammunition. He then instructed his men to gather up all the weapons and ammunition from enemy dead they could reach, and in this manner they obtained for emergency use about 30 to 40 rifles, 5 burp guns, and some hand grenades."

725) Ibidem, p.428 : "In the course of gathering up these enemy weapons, Vandygriff passed the dug-in position of Pfc. Melvin L. Brown, a BAR man in the 3d Squad. Brown was next to the wall on the extreme left of the platoon position at a point where the wall was only about six or seven feet high. At the bottom of the wall around Brown's position lay about fifteen or twenty enemy dead. Vandygriff asked Brown what had happened. The latter replied, "Every time they came up I knocked them off the wall." Earlier in the day, about 0800, Kennedy had visited Brown and had seen five enemy dead that Brown had killed with BAR fire. Subsequently Brown exhausted his automatic rifle ammunition, then his few grenades, and finally he used his entrenching tool to knock the North Koreans in the head when they tried to climb over the wall. Brown had received a flesh wound in the shoulder early in the morning, but had bandaged it himself and refused to leave his position."

726) 아래 등산 도면의 출처는 '재희다', 2023년 팔공기맥 6차(한티재~효령재): 가산에서 보는 팔공산 주능선, 골미의 세계여행(https://golmi.tistory.com), 2024.2.4. 등산안내도

727) Ibidem, p.428 : "At 1330 General Gay ordered the 8th Cavalry Regiment to withdraw its men off Ka-san. Gay decided to give up the mountain because he believed he had insufficient forces to secure and hold it and that the enemy had insufficient ammunition to exploit its possession as an observation point for directing artillery and mortar fire. It is

not certain that this order actually reached anyone on the hill. Colonel Holley could not reach anyone in D Company, 8th Engineer Combat Battalion."

728) Ibidem, p.429 : "Rain started falling again and heavy fog closed in on the mountain top so that it was impossible to see more than a few yards. Again the enemy attacked the 2d Platoon and the adjacent E Company infantrymen. One of the engineers was shot through the neck and Vandygriff sent him to the company command post. In about thirty minutes he returned. 'What's wrong?' asked Vandygriff."

729) Ibidem, p.429 : "Barely able to talk from his wound and shock, the man replied that there was no longer a command post, that he could not find anyone and had seen only enemy dead. Vandygriff now went to the infantry sergeant who was in command of the E Company platoon and asked him what he intended to do. The latter replied, in effect, that he was going to take his platoon and go over the wall."

730) Ibidem, p.429 : "Vandygriff went back to his own platoon, got his squad leaders together and told them the platoon was going out the way it came in and that he would give the wounded a 30-minute start. Enemy fire was falling in the platoon area now from nearly all directions and the situation looked hopeless. Sgt. John J. Philip, leader of the 3d Squad, started to break up the weapons that the platoon could not take out with them. Vandygriff, noticing that Brown was not among the assembled men, asked Philip where he was. The latter replied that he didn't know but that he would try to find out. Philip returned to the squad's position and came back fifteen minutes later, reporting to Vandygriff that Brown was dead. Asked by Philip if he should take the identification tags off the dead, Vandygriff said, "No," that he should leave them on because they would be the only means of identification later. Vandygriff put his platoon in a V formation and led them off the hill the same way they had come up, picking up four wounded men on the way down."

731) Ibidem, p.429 : "At the base of the mountain, Colonel Holley and others in the afternoon saw E Company men come down from the top and, later, men from the engineer company. Each group thought it was the last of the survivors and told confused, conflicting stories. When all remaining members of D Company had been assembled, Colonel Holley found that the company had suffered 50 percent casualties; eighteen men were wounded and thirty were missing in action."

732) Ibidem, p.430 : "Among the wounded carried off the mountain was an officer of D Company, 8th Engineer Combat Battalion. Enemy machine gun fire struck him in the leg just

before he jumped off a high ledge. Two men carried him to the bottom and at his request left him in a Korean house, expecting to come back in a jeep for him. A little later, other members escaping off the mountain heard his screams. Two weeks passed before the 1st Cavalry Division recaptured the area. They found the officer's body in the house. The hands and feet were tied, the eyes gouged, a thumb pulled off, and the body had been partly burned. Apparently he had been tied, tortured, and a fire built under him."

733) Ibidem, p.430 : "Soldiers of the ROK 1st Division captured a North Korean near Ka-san on 4 September who said that about 800 of his fellow soldiers were in the Walled City area with three more battalions following them from the north. The Engineer company had succeeded only in establishing a perimeter briefly within the enemy-held area."

734) Ibidem, p.430 : "By evening of 5 September, Ka-san was securely in enemy hands with an estimated five battalions, totaling about 1,500 enemy soldiers, on the mountain and its forward slope. A North Korean oxtrain carrying 82-mm. mortar shells and rice reportedly reached the top of Ka-san during the day. The ROK 1st Division captured this oxtrain a few days later south of Ka-san."

735) Ibidem, p.430 : "When Lieutenant Jones went back up the mountain as a prisoner on 10 September he saw at least 400-500 enemy soldiers on the ridge. A Mosquito spotter plane flew over and he felt sure it would sight the large number of enemy troops and call in fighter planes for strafing attacks. But, he said, 'The pilot of the plane took one look and went away which amazed me, except that the minute they heard the plane the North Koreans all either hit the ground or squatted and ducked their heads, which attested to the effectiveness of the leaves, branches, etc., that almost every man had stuck in the string netting on the back of his shirt and the top of his cloth hat.'Now, with Ka-san firmly in their possession, the N.K. 13th and 1st Divisions made ready to press on downhill into Taegu."

736) Ibidem, p.431 : "On the 6th, the day after the American troops were driven off Kasan, an enemy force established a roadblock three miles below Tabudong and other units occupied Hill 570, two miles southwest of the Walled City and overlooking the Taegu road from the east side. The next morning five tanks of the 16th Reconnaissance Company prepared to lead an attack against the roadblock. The enemy troops were in a rice field west and on the hills east of the road. General Gay was at the scene to watch the action. He ordered the reconnaissance company commander to launch the attack into the rice fields at maximum speed, saying, "I don't want a damn tank moving under 25 miles per

hour until you are on top of those men." [70] The tank attack speedily disposed of the enemy in the rice field, but the infantry spent several hours clearing the hills on the east side of the road."

737) Ibidem, p.431 : "Enemy artillery during 7 September shelled batteries of the 9th and 99th Field Artillery Battalions, forcing displacement of two batteries during the day. U.S. air strikes and artillery kept both Hills 902 and 570 under heavy attack. Even though the 1st Cavalry Division fell back nearly everywhere that day, General Walker ordered it and the ROK II Corps to attack and seize Hill 902 and the Walled City, the time of the attack to be agreed upon by the commanders concerned. He directed the ROK 1st Division and the 1st Cavalry Division to select a boundary between them and to maintain physical contact during the attack. On the morning of the 8th, Lt. Col. Harold K. Johnson's 3d Battalion, 8th Cavalry, after executing a withdrawal during the night from its former position, tried to drive the enemy from Hill 570."

738) Ibidem, p.432 : "The three peaks of this mountain mass were under clouds, making it impossible to support the infantry attack with air strikes or artillery and mortar fire. Johnson placed all three of his rifle companies in the assault against the three peaks; two of them reached their objectives, one with little opposition, the other catching enemy soldiers asleep on the ground. But enemy counterattacks regained this second peak. The main enemy force on Hill 570 was on the third and highest of the three peaks and held it firmly against the L Company attack. The I Company commander and the L Company executive officer were killed, as were several noncommissioned officers. The Eighth Army Intelligence Section estimated that 1,000 enemy soldiers were on Hill 570, only eight air miles north of Taegu, and on 8 September it stated that the continued pressure against the eastern flank of the 1st Cavalry Division sector 'represents what is probably the most immediate threat to the U.N. Forces.' That same day, 8 September, the 1st Cavalry Division canceled a planned continuation of the attack against Hill 570 by the 3d Battalion, 7th Cavalry Regiment, when enemy forces threatened Hills 314 and 660, south and east of 570."

739) Ibidem, p.432 : "In the midst of this enemy drive on Taegu, an ammunition shortage became critical for the U.N. forces. The situation was such that General MacArthur on 9 September sent messages urging that two ammunition ships then en route to Yokohama and Pusan carrying 172,790 rounds of 105-mm. shells, with estimated arrival time 11 September, proceed at maximum speed consistent with the safety of the vessels. Eighth Army on 10 September reduced the ration of 105-mm. howitzer ammunition from fifty

to twenty-five rounds per howitzer per day, except in cases of emergency. Carbine ammunition was also in critical short supply. The 17th Field Artillery Battalion, with the first 8-inch howitzers to arrive in Korea, could not engage in the battle for lack of ammunition."

740) Ibidem, p.432 : "The N.K. 1st Division now began moving in the zone of the ROK 1st Division around the right flank of the 1st Cavalry Division. Its 2d Regiment, about 1,200 strong, advanced six air miles eastward from the vicinity of the Walled City on Hill 902 to the towering 4,000-foot-high mountain of P'algong-san. It reached the top of P'algong-san about daylight on 10 September, and a little later new replacements, prodded by burp guns from behind, made a wild charge toward the ROK positions. The ROK's turned back the charge, killing or wounding about two-thirds of the attacking force."

741) Ibidem, p.432 : "The 1st Cavalry Division now had most of its combat units concentrated on its right flank north of Taegu. The 3d Battalion, 7th Cavalry, attached to the 8th Cavalry Regiment, was behind that regiment on Hills 181 and 182 astride the Tabudong road only 6 air miles north of Taegu. The rest of the 7th Cavalry Regiment (the 1st Battalion rejoined the regiment during the day) was in the valley of the Kumho River to the right rear between the enemy and the Taegu Airfield, which was situated 3 miles northeast of the city. The 5th Cavalry was disposed on the hills astride the Waegwan road 8 air miles northwest of Taegu. On its left the entire 8th Engineer Combat Battalion was in line as infantry, with the mission of holding a bridge across the Kumho River near its juncture with the Naktong east of Taegu."

742) Ibidem, p.432 : "The fighting north of Taegu on 11 September in the vicinity of Hills 660 and 314 was heavy and confused. For a time, the 1st Cavalry Division feared a breakthrough to the blocking position of the 3d Battalion, 7th Cavalry. The rifle companies of the division were now very low in strength. On 11 September, for instance, E Company, 5th Cavalry, in attacking Hill 203 on the division left toward Waegwan had only 3 officers and 63 men. The day before, C Company, 7th Cavalry, had only 50 men. Colonel Johnson stated later that any company of the 3d Battalion, 8th Cavalry, that had 100 men during this period was his assault company for the day."

743) Normandy Hill 314, War Traveller(wartraveller.com) : "Hill 314 was defended by US 2nd Battalion of 120th Infantry Division from the German counter-offensive 2nd SS-Panzer Division in "Operation Lüttich". Attack ended on the night of August 12, 1944. Of the 700 American soldiers who defended their positions, 300 were killed."

744) Roy E. Appleman, SOUTH TO THE NAKTONG, NORTH TO THE YALU(June-November 1950), CENTER OF MILITARY HISTORY, UNITED STATES ARMY, WASHINGTON, D.C., 1992, p.432 :"While the 3d Battalion, 8th Cavalry, again vainly attacked Hill 570 on 11 September, enemy soldiers seized the crest of Hill 314 two miles southeast of it and that much closer to Taegu. Actually, the two hill masses are adjacent and their lower slopes within small arms range of each other. The North Koreans drove the 16th Reconnaissance Company from the hill and only the ROK 5th Training Battalion, previously hurried into the line from Taegu in a supporting position, prevented the enemy from gaining complete control of this terrain feature. This ROK battalion still held part of the reverse slope of Hill 314 when the 3d Battalion, 8th Cavalry, hurried to the scene from its fruitless attacks on Hill 570 and tried to retake the position. The ROK battalion twice had attacked and reached the crest but could not hold it, and had dug in on the lower southern slopes. The 3d Battalion, 7th Cavalry, command post had to fight off infiltrating enemy on 12 September as it issued its attack order and prepared to attack through the 8th Cavalry lines against Hill 314."

745) Ibidem, 432 : "This attack on the 12th was to be part of a larger American and ROK counterattack against the N.K. 13th and 1st Divisions in an effort to halt them north of Taegu. The 2d Battalion, 7th Cavalry, relieved the ROK units on Hill 660, east of Hill 314, and had the mission of securing that hill. Farther east the ROK 1st Division had the mission of attacking from P'algong-san toward the Walled City on Hill 902. The point nearest Taegu occupied by enemy forces at this time was Hill 314. Some called it the "key to Taegu." Although this may be an exaggeration, since other hills, like links in a chain, were possibly equally important, the enemy 13th Division valued its possession and had concentrated about 700 soldiers on it."

746) Ibidem, 432 : "The North Koreans meant to use it, no doubt, in making the next advance on Taegu. From it, observation reached to Taegu and it commanded the lesser hills southward rimming the Taegu bowl."

747) Ibidem, 432 : "Hill 314 is actually the southern knob of a 500-meter hill mass which lies close to the east side of Hill 570 and is separated from that hill mass only by a deep gulch. The hill mass is shaped like an elongated teardrop, its broad end at the north. The southern point rises to 314 meters and the ridge line climbs northward from it in a series of knobs to 380 and, finally, to 500 meters. The ridge line from the 314-meter to the 500-meter point is a mile in length. All sides of the hill mass are very steep."

748) Ibidem, 433 : "Lt. Col. James H. Lynch's 3d Battalion, 7th Cavalry, on the eve of its attack against Hill 314 numbered 535 men, less its rear echelons. The battalion, which had been organized at Fort Benning, Ga., from the 30th Infantry Regiment of the 3d Division, had arrived in Korea at the end of August. The ill-fated action of the 7th Cavalry at Hill 518, begun nine days earlier, had been its first action. This was to be its second. The battalion attack plan this time differed radically from that employed against Hill 518 and was a direct development of that failure. The key aspect of the Hill 314 attack plan was to mass as many riflemen as possible on top of the narrow ridge line, by attacking with two companies abreast along the ridge, and not to repeat the mistakes of Hill 518 where the fire power of only a platoon, and at times of only a squad, could be brought to bear against the enemy. Because of the ammunition shortage there was no artillery preparation on Hill 314, but there was an air strike before Colonel Lynch's battalion, with L Company on the left and I Company on the right, at 1100, 12 September, started its attack. The point of departure was the front lines of the 3d Battalion, 8th Cavalry, on the lower slope of the hill."

749) Ibidem, 434 : "Enemy 120-mm. mortar fire was falling on and behind the line of departure as the battalion moved out. For 500 yards it encountered only sporadic small arms and machine gun fire; then enemy rifle fire became intense and pre-registered mortar fire came down on the troops, pinning them to the ground. On the left, men in L Company could see approximately 400 North Koreans preparing to counterattack. They radioed for an air strike but the planes were on the ground refueling. Fortunately, they were able to repulse the counterattack with combined artillery, mortar, and small arms fire. The air strike came in at 1400, blanketing the top and the north slope of the ridge."

750) Ibidem, 434 : "By this time enemy mortar fire had caused many casualties, and elements of L and I Companies became intermingled. But, in contrast to the action on Hill 518, the men continued the attack largely of their own volition after many of the officers had become casualties."

751) Ibidem, 434 : "The example of certain officers, however, pointed the way. The commanding officer of I Company, 1st Lt. Joseph A. Fields, reorganized his company under mortar fire without regard to his own safety after the company had suffered 25 percent casualties; 1st Lt. Marvin H. Haynes led a small group which killed or drove off enemy troops that had overrun part of L Company; and Capt. Robert W. Walker, commanding officer of L Company, continued his superb personal leadership. Fields was wounded, Haynes killed. MSgt. Roy E. McCullom, the weapons platoon leader of I Company, organized his

men as riflemen, and though wounded three times, in shoulders and right arm, he led them on until he received a fourth wound in the head. Wounded by mortar fragments, 2d Lt. Marshall G. Engle, I Company, refused evacuation twice, telling litter teams to go farther forward and get the more critically injured. Engle lay on the hill for twelve hours, far into the night, receiving another mortar wound during that time before a litter team finally evacuated him."

752) United Nations Memorial Cemetery, Wikipedia(en.wikipedia.org) : "It contains 2,300 graves and is the only United Nations cemetery in the world. Laid out over 14 hectares (35 acres), the graves are set out in 22 sites ....The Korean military cemetery contains the graves of private soldiers, but the American military cemetery contains the graves of company commanders..."

753) Ibidem, 434 : "Fifteen minutes after the air strike, the 3d Battalion resumed its attack toward the crest. As it neared it the North Koreans came out of their positions in a violent counterattack and engaged at close quarters. Some men gained the crest but enemy mortar and machine gun fire drove them off. They reached it a second time but could not hold it. Another air strike hit the enemy. Then, a third time, Captain Walker led a group of men of L and I Companies to the top. When Walker reached the crest he shouted back, "Come on up here where you can see them! There are lots of them and you can kill them." The men scrambled up a 60-degree slope for the last 150 yards to the top, where they closed with the North Koreans and overran their positions. Walker and the remaining men of the two companies secured the hill at 1r30 and then Walker reorganized the two companies jointly under his command. There were fewer than forty effectives left in L Company and about forty in I Company; the latter had lost all its officers."

754) Ibidem, 434 : "General Gay caused a special study to be made of this action, so outstanding did he consider it to be. He found that the 3d Battalion suffered 229 battle casualties in the first two hours, most of them incurred during the second hour of the attack. Of these, 38 Americans were killed and 167 wounded, the remainder were attached South Koreans. The battalion aid station reported treating 130 casualties. Other wounded were treated at the 8th Cavalry aid station. Many men with minor wounds did not ask for medical attention until the battle had ended, and there were only five cases of combat shock in contrast to the eighteen on Hill 518. Enemy mortar fire caused 80 percent of the casualties."

755) Ibidem, 435 : "Colonel Lynch's battalion held Hill 314 for the next six days and gathered

up a large amount of enemy equipment and ammunition. The enemy soldiers on Hill 314 wore American uniforms, helmets, and combat boots. Many of them had M1 rifles and carbines. Two hundred of their number lay dead on the hill. Of the other 500 estimated to have been there, prisoners said most of them had been wounded or were missing."

756) Ibidem, 435 : "Several atrocity cases came to light during the action on Hill 314. Capt. James B. Webel found the first one on the afternoon of the 12th while the final action on the hill was taking place. He came upon an American officer who had been bound hand and foot, gasoline poured over him, and burned. A 5-gallon can lay close to the body. Two days later members of the battalion found on the hill the bodies of four other American soldiers with their hands tied. The bodies bore evidence that the men had been bayoneted and shot while bound."

757) Ibidem, 435 : "After the capture of Hill 314 on 12 September, the situation north of Taegu improved. On 14 September the 2d Battalion, 8th Cavalry, attacked and, supported by fire from Hill 314, gained part of Hill 570 from the N.K. 19th Regiment, 13th Division."

758) 패전계(敗戰計): 제31계. 미인계(美人計), 제32계. 공성계(空城計), 제33계. 반간계(反間計), 제34계. 고육계(苦肉計), 제35계. 연환계(連環計), 제36계. 주위상(走爲上) 등이 있다.

759) Ibidem, 435 : "Across the army boundary on the right, the ROK 1st Division continued its attack northwest and advanced to the edge of the Walled City. The ROK 11th Regiment seized Hill 755 about dark on 14 September, and small elements of the ROK 15th Regiment reached the stone ramparts of the Walled City area at the same time. The ROK's and North Koreans fought during the night and on into the 15th at many points along the high mountain backbone that extends southeast from the Walled City to Hills 755 and 783 and on to P'algong-san. Prisoners taken by the ROK's estimated that there were about 800 North Koreans on this high ridge. The ROK 1st Division later estimated that approximately 3,000 enemy were inside the Walled City perimeter and about 1,500 or 2,000 outside it near the crest. It appears that at this time the bulk of the N.K. 1st Division was gradually withdrawing into the Walled City and its vicinity. Indications were that the N.K. 13th Division also was withdrawing northward. Aerial observers on the afternoon of 14 September reported that an estimated 500 enemy troops were moving north from Tabu-dong. But, while these signs were hopeful, General Walker continued to make every possible preparation for a final close-in defense of Taegu. As part of this, fourteen battalions of South Korean police dug in around the city."

760) Ibidem, 436 : "The fighting continued unabated north of Taegu on the 15th. The 2d Bat-

talion, 8th Cavalry, still fought to gain control of Hill 570 on the east side of the Tabudong highway. On the other side, the 2d Battalion, 8th Cavalry, attacked Hill 401 where an enemy force had penetrated in a gap between the 8th and 5th Cavalry Regiments. The fighting on Hill 401 was particularly severe. Both sides had troops on the mountain when night fell. In this action, SFC Earl R. Baxter, at the sacrifice of his life, covered the forced withdrawal of his platoon (2d Platoon, L Company), killing at least ten enemy soldiers in close combat before he himself was killed by an enemy grenade."

761) General Erwin Romme, Infantry Attacks, February 6, 2014, Bnpublishing.com, English, 280 pages.

762) The Monte Matajur was Austro-Hungarian territory until the First World War and was strategically very important in the Battle of Caporetto in 1917. with this action, the alliance of Austria-Hungary and Germany succeeded in winning the Battle of Italy's Caporetto.

763) 현우, 전우야 잘 자거라: "전우의 시체를 넘고, 넘어 앞으로. 앞으로, 낙동강아, 잘 있거라 우리는 전진한다. 원한이야 피에 맺힌 적군을 무찌르고서, 꽃잎처럼 사라져 간 전우야 잘 자라. 전우의 시체를 넘고, 넘어 앞으로, 앞으로. 낙동강아, 잘 있거라 우리는 전진한다. 원한이야 피에 맺힌 적군을 무찌르고서. 꽃잎처럼 사라져 간 전우야 잘자라."

764) 육군군사연구소, 1,229일간의 전쟁, 625, 발간등록번호 36-1580800-000537-01, 내용을 소제목을 붙여서 재구성함.

765) 육군군사연구소, 충남 계룡시 산도안면 계룡대로 사서함 501-22, 전화번호 0642-550-3660

766) Korean War, Wikipedia : "The Korean War was fought between North Korea and South Korea; it began on 25 June 1950 when North Korea invaded South Korea and ceased upon an armistice on 27 July 1953. North Korea was supported by the Soviet Union and China (PRC) while South Korea was supported by the United Nations Command (UNC) led by the United States (US)."

767) 폭풍 224(적전 명칭)의 의미 요약: 핵심내용을 요약하면, 1) 대의명분: 남조선 해방, 2) 전쟁 기간: 1950년 6월 25일 04:00부터 6월 30일 자정까지(5일간), 3) 방법론: 폭풍처럼 남조선을 6월 30일까지 휩쓸고, 제5주년 광복행사는 부산에서 평화롭게 거행함. 4) 세부 점령 작전: 1) 개성과 의정부로 서울 진입점령(6월 28일) ▷ 2) 춘천 제603 모터사이클 연대 – 수원 야간침공으로 후방 퇴로 봉쇄(6월 29) ▷ 3) 한국군 주력 부대 서울에 포위와 격파섬멸(6월 30일), 4) 강릉 ▷ 포항(6월 29일) ▷ 부산(6월 30일) ▷ 한반도를 한방에 휩쓸어 버림(6월 30일 자정)

768) Statement by the President on the Situation in Korea, General Assembley(trumanlibrary.

gov), June 27, 1950 : "... The attack upon Korea makes it plain beyond all doubt that communism has passed beyond the use of subversion to conquer independent nations and will now use armed invasion and war. It has defied the orders of the Security Council of the United Nations issued to preserve international peace and security. In these circumstances the occupation of Formosa by Communist forces would be a direct threat to the security of the Pacific area and to United States forces performing their lawful and necessary functions in that area. / Accordingly I have ordered the 7th Fleet to prevent any attack on Formosa. As a corollary of this action I am calling upon the Chinese Government on Formosa to cease all air and sea operations against the mainland. The 7th Fleet will see that this is done. The determination of the future status of Formosa must await the restoration of security in the Pacific, a peace settlement with Japan, or consideration by the United Nations. / I have also directed that United States Forces in the Philippines be strengthened and that military assistance to the Philippine Government be accelerated. / I have similarly directed acceleration in the furnishing of military assistance to the forces of France and the Associated States in Indochina and the dispatch of a military mission to provide close working relations with those forces..."

769) Roy E. Appleman, SOUTH TO THE NAK-TONG, NORTH TO THE YALU(June-November 1950), CENTER OF MILITARY HISTORY, UNITED STATES ARMY, WASHINGTON, D.C. 1992, p.135.

770) 평안북도(平安北道) 초산군(楚山郡)의 군청(郡廳) 소재지(所在地). 군의 북부(北部), 압록강(鴨綠江) 안(岸)에 거슬러 올라간 곳에 있음. 부근(附近)의 임산물(林産物), 작곡, 작잠사(作蠶絲), 인삼(人蔘)을 비롯한 약재(藥材), 수피(獸皮) 등(等)을 집산(集散)함.

771) 楚山郡, 維基百科 : "楚山郡(朝鮮語 : 초산군／楚山郡 Chosan gun)是朝鮮民主主義人民共和國慈江道的一个郡, 位于該道北部. 本郡位于朝鮮半島北部,鴨綠江上流南岸和江南山脉以北的位置, 北鄰中華人民共和國吉林省通化市. 1950年爆發朝鮮戰爭后, 韓國陸軍第6師第7團(團長林富澤上校)曾進駐楚山,成爲聯合國軍陣營在戰爭中抵達的极北点之一, 直到中國人民志愿軍入朝后,該部隊才因爲溫井戰斗的爆發而緊急撤出."

772) 군사정전위원회 판문점 공동경비구역(軍事停戰委員會板門店共同警備區域, Military Armistice Commission Joint Security Area), 통칭 판문점(Panmunjom)은 비무장지대의 군사분계선 상에 있는 구역이다.

773) 휴전협정에 서명 반대한 이유, 행정안전부 국가기록원(archives.go.kr), 2024.8.28.: "한국 정부는 최초 협상이 제기될 때부터 휴전협상에 반대하는 입장을 고수해왔으며, 한국의 요구사항을 충족시키지 못하면 휴전협정에 동의하지 않겠다고 입장을 분명히 하고 있었다. 그러므로 유엔군은 공산군

과의 휴전협상을 마무리할 무렵 한국 정부와 관계는 도리어 악화되고 있었다. 이승만 대통령이 휴전에 반대한 근본적인 이유는 통일에 대한 강한 열망이나 북한의 남침에 의한 막대한 피해 사실, 중국과 소련의 군사력에 대한 두려움, 그리고 장차 다시 북한으로부터 침략을 받을 수도 있다는 생각 등 때문이었다."

774) 육군본부, 육군군사연구소, 1,129일간의 전쟁, 6.25, 2024.6. p.2.

775) 경상북도 칠곡군 동명면 금암리 302-4에 있는 공립초등학교(6.25 당시 동명초등학교), 전화번호: 054-976-6385, 창립: 1934년 5월, 6.25 전쟁 당시에는 공공기관 및 시설을 전시징발하여 국군(육군) 제1사단 사령부로 사용했다. 1973년 11월 14일 백선엽 전승비를 교정에 제막, 1996년 3월 1일 동명초등학교로 개칭

776) 박곡 종택(매원마을), 한국학중앙연구원(dh.aks.ac.kr), 2023.10.18.: "박곡 종택은 중매(가운데 매원마을)에 있는 이원록(李元祿, 1514~1574)의 종택이었다. 원래 본채 38칸, 사랑채 및 행랑채, 별채, 대문채, 곳간 등 86칸으로 된 'ㅁ'자형 가옥이었으나 6.25 전쟁 당시 북한군이 이곳을 북한군 제3사단 사령부 등으로 사용됨으로써 유엔군의 폭격을 받아 가옥 대부분이 불에 타고 파괴되었다."

777) 方虎山, 維基百科 : "… 1949年 7月, 以朝鮮族組成的第166師返回朝鮮改編爲朝鮮人民軍第6師, 方虎山任師長、少將. 朝鮮戰爭爆發後, 第6師從三八線進攻開城, 一直打到釜山外圍, 擊斃了韓國陸軍參謀總長蔡秉德少將, 洛東江戰役中与美軍第24師第29團, 美軍第25師第27團, 海軍陸戰旅作戰. 仁川登陸后, 第6師從敵后北撤, 1950年10月底与中國人民志願軍王淮湘、茹夫一率領的兩支中朝聯合敵后游擊支隊會師. 返回戰線后方之後, 方虎山指揮的第6師榮獲近衛師稱号, 方虎山晋升中將, 担任新設的第5軍軍長(轄第3,4,7,9,42師), 幷兩次榮獲朝鮮民主主義人民共和國英雄稱号, 一級國旗勛章. 1950年12月, 方虎山任前線司令官指揮朝鮮人民軍的第2、5師在東線參加了第三次戰役, 由楊口、麟蹄之間突破, 向洪川方向攻擊韓國第2、第3軍結合部. 參与指揮了1951年2月11日開始的第四次戰役東線作戰. 1951年4月的第五次戰役, 第5軍參加了東線進攻作戰, 縣里殲滅戰圍殲韓國第3軍 (轄第3師、第9師), 幷与美國第10軍作戰. 在1951年8月18日開始的美韓軍夏季攻勢, 9月的秋季攻勢作戰中頑強抗擊, 打出了著名的983高地'血染岭' (Bloody Ridge) 作戰, 931高地'傷心岭' (Heartbreak Ridge) 作戰. 第5軍也因傷亡消耗, 于1951年10月由中國人民志願軍第68軍接防. 1952年12月, 方虎山任西海岸聯合指揮部副司令 (司令員兼政委鄧華, 副司令還有梁興初, 吳信泉, 副政委兼政治部主任杜平, 參謀長王政柱) …"

778) 6.25 전쟁 낙동강을 방어하는 특수임무부대(Task Force Kean), 우리가 알아야 할 8월의 6.25 전투, 국가보훈처, 2015.8.14. 보도자료: "… 킨 특수임무부대(미 제25사단, 미 제5 연대전투단, 국군 민부대, 국군 해병대, 미 제87 전차대대)를 편성하여 진주 탈환 작전을 전개하였다. … 킨 특수임무부대의 작전은 625전쟁 초기 계속된 지연 작전에서 최초의 사단급 역습 작전이라는 큰 의의가 있다. 하지만 23,000여 명에 이르는 강력한 전투력을 갖추었음에도 약 7,500명의 북한군을 상대로 한 역습 작

전에서 목적을 달성하지 못했다."

779) 육군본부 직할 결사대 '백골병단', 위키: "육군본부 직할 결사대 '백골병단(陸軍本部直轄決死隊 白骨兵團)'은 한국전쟁 중에 1951년 1월부터 3월 30일까지 활약했던 대한민국 육군의 유격대였다. 제11, 제12, 제13 연대, 700여 명 병력으로 구성된 백골병단은 조선 인민군으로 위장하여 후방에 침투, 적진을 교란하는 임무를 수행했다. 1951년 1·4 후퇴에서의 경험으로 육군본부는 조선인민군에 대한 정보 수집을 위한 부대의 필요성을 인지하였다. 보충대에 수용되어 있던 애국자, 학도병, 경찰관, 부대에서 낙오된 장병 700명을 정보학교에서 훈련시켜 제11, 제12, 제13 보병연대로 편성하였다."

780) "대통령 지키자" 2030 '백골단' 수십 명 관저 앞 등장, 조선일보(chosun.com), 2025.1.9.: "백골단은 1980~1990년대 시위대를 진압하고 체포했던 경찰부대를 일컫는 별칭이다. 일반 전투경찰과 구분되는 하얀 헬멧 때문에 백골단이란 별명이 붙은...", '국가 폭력 상징' 백골단, 2025년 부활?...'역사 시곗바늘' ..., KBS 뉴스(news.kbs.co.kr), 2025.1.11.: "백골단은 과거 이승만 정부 시절 자유당이 원외에서 조직한 '정치깡패' 집단이었습니다. 그러다 1985년 만들어진 서울시 경찰국 산하 사복기동대를 부르는 ..."

781) 육군본부, 육군군사연구소, 1,129일간의 전쟁, 6.25, 2024.6. p.4.

782) 백선엽, 내가 물러서면 나를 쏴라: 1,128일의 기억 : 백선엽 장군의 6.25 전쟁 이야기(3권), 중앙일보사, 2010.6.25.

783) 육군본부, 전게서, 2024.6. p.4.

784) 이병락, 전적지를 찾아서 – 영천지구전투, 한문화타임즈(m.hmhtimes.com), 2020.9.4.: "이 전투에 투입된 병력은 북한군은 5개 연대에 약 1만 2천여 명, 한국군은 7개 연대에 약 1만 5천여 명의 병력이 투입됐으며 화력은 아군이 60m 포 26문과 57m 대전차포 6문에 비해 적은 76m 포 38문과 12m 포 12문, 전차 12대로 맞섰다. 영천지구 전투에서 국군은 북한군 사살 3,799명, 포로 309명, 전차 5대, 장갑차 2대, 각종 화포 14문, 소화기 2,327정, 차량 85대를 노획하는 전과를 거두었다. 반면 국군은 전사 29명, 부상 148명, 실종 48명의 인명 피해가 발생하였다. ... 한편 1950년 12월 4일 김일성은 별오리 회의에서 한국전쟁의 패인을 분석하면서 '우리는 영천을 점령했을 때 승리할 수 있었고, 영천을 상실함으로써 패배하였다.'라고 자기비판을 했다고 한다. 영천전투의 승리가 얼마나 큰 의미를 가졌는지를 알 수 있는 대목이다."

785) 육군본부, 육군 군사연구소, 1,129일간의 전쟁, 6.25, 2024.6. p.5.(배부처, 다부동 전투기념관)

786) 큰 금정골(大錦井谷), 대구 북구 마을지, 팔거역사문화연구회, 2019, p.256: "... 지금 남아있는 길은 칠곡IC 지하통로를 넘어가면 대구-김천 간의 국도가 있다. 이곳을 경계로 칠곡면과 지천면의 경계지점인 돌고개가 있다. ... 1950년 중반까지 대구교도소의 사형수들을 이곳에서 총살형을 시켰다. 자유당 정권 때 보안사령관 김창룡 암살사건에 가담했던 허태영 대령도 이곳에서 형을 받았다고 전해

진다."

787) 아시골(哦詩圪) 사형장, 대구 북구 마을지, 팔거역사문화연구회, 2019, p.298: "한국동란 초기에 서울, 대전 등지에 수감했던 사상범들을 후방으로 이송해와 총살형을 시켰다고 한다. 형장 두 곳을 아시골에서 안양동으로 들어가는 동현 길섶 둔덕에 있었으며, 두 곳 사형장의 거리 40~50m 거리에 있었고, 사형수의 시신은 처형장 인근에 임시 매장했고, 한국전쟁 초기에 서너 차례 사형을 집행했다고 한다."

788) 한호석, 이름 없는 전쟁의 기억. 자주시보, 2020.6.8..: "이 사진은 1950년 4월 군경토벌대에게 체포된 남조선인민유격대원 38명이 총살형을 당하는 장면이다. 서울 근교 수색에 있었던 총살형 집행장인 것으로 보인다. 헌병들이 일렬로 세워놓은 나무기둥에 유격대원들을 묶고 있고, 건너편에는 총살형을 집행할 경찰관들이 총을 들고 서 있다."

789) 허태영, 위키백과(ko.wikipedia.org): "... 대한민국 경상북도 대구시 소재 옛 육군정보학교 야외 사격 훈련장 장내에서 사형(총살형)이 집행됨."

790) 구국경찰충혼비(救國警察忠魂碑), 두산백과사전: "경상북도 칠곡군 가산면 다부리 다부동전적기념관에 있는 비석, 경상북도 칠곡군 가산면 다부리 292번지 다부동전적기념관(多富洞戰跡記念館) 내에 있다. 6.25전쟁 때 낙동강전투에 참전했다가 순직한 경찰 197명을 추모하기 위하여 2001년 6월 24일 경북지방경찰청에서 건립하였다. 정사각형에 가까운 형태로, 높이 4.35m, 폭 3.95m이다. 가운데 네모난 공간에 촛불 모양의 조각이 놓여 있고, 왼쪽에 당시 전사한 경찰들의 명단이, 오른쪽에는 건립문이 새겨져 있다. 자유총연맹 경상북도 지회에서 관리한다."

791) Journal du lieutenant d'infanterie de l'armée française Alfred Joubert, 23 mai 1916 : "L'humanité est folle. L'enfer ne pourrait pas être plus cruel que ça. On ne peut pas faire quelque chose comme ça sans devenir fou. Regardez ce massacre! Regardez ces horreurs et ces cadavres! Je ne peux pas exprimer avec des mots l'impression que j'ai reçue. L'humanité est folle!"

792) 漆谷邑誌, 所也江 : "在府西四十里, 東自太白山黃池發源, 而洛東江下流一名孔巖津, 一名孫棹津, 高麗裵烈婦死節處也."

793) 배중선(裵中善) : 경산부(京山府) 팔거현(八莒縣) 사람으로 삼사 좌윤(三司左尹)의 벼슬을 하였다. 전(錢), 곡(穀)을 출납하는 종삼품의 벼슬이다. 그러나 생애는 잘 알 수가 없다.

794) 이동교(李東郊) : 배씨의 남편으로 왜구가 침입하고, 합포의 군막으로 가 돌아오지 못함.

795) 三綱行實圖(1431), 烈婦入江之圖, 世宗大王記念事業編, "烈婦入江【高麗】裵氏, 京山人進士裵中善女也. 旣幷, 適郞將李東郊, 善治內事. 洪武庚申倭賊逼京山. 闔境擾攘, 無敢禦者. 東郊時赴合浦帥幕未還. 賊騎突入烈婦所居里, 裵抱乳子走, 賊追之及江. 江水方漲, 度不能脫. 置乳子岸上, 走入江, 賊持滿注矢擬之曰. 而來免而死, 裹顧罵賊曰, 何不速殺我. 我豈汚賊者邪 賊射之中肩, 再發再中, 遂沒於江中, 體覆使趙浚上其事 旌表里門'島夷來逼孰能當, 闔境蒼皇走且僵, 忍見乳兒呱岸上, 自知難脫赴滄浪, 倭寇由來性不仁. 那知烈婦行眞純, 灘聲千載猶悲咽, 到此無人不愴神.'"

796) Is The Art of War required reading at West Point? The Art of War, Wikipedia(en.wikipedia.org) : "It is recommended reading for all United States Military Intelligence personnel. The Art of War is also used as instructional material at the United States Military Academy (commonly known as West Point), in the course Military Strategy."

797) 司馬遷, 史記, 漢高祖本紀 : "高祖曰:公知其一, 未知其二. 夫運籌策帷帳之中, 決勝於千里之外, 吾不如子房. 鎭國家, 撫百姓, 給餽饟, 不絶糧道, 吾不如蕭何. 連百萬之軍, 戰必勝, 攻必取, 吾不如韓信. 此三者, 皆人傑也. 吾能用之, 此吾所以取天下也, 項羽有一范增而不能用, 此其所以爲我擒也."

798) 先賢과의 산책, 운주유악(運籌帷幄), 경기헤럴드, 2016년 7월 8일:"이때 유방이 말하기를 군막 안에서 계책을 짜서 천리 밖에서 싸울 때 이기게 하는 데는 비책을 잘 세워 천리 바깥의 전투를 이기게 했다(運籌策邪帳之中 決勝子 千里之外)고 칭찬하면서 군사계책은 짐이 자방(子房)을 따르지 못하며, 또 나라를 안정시키고 백성을 무마하며 군량을 공급하고 식량이 끊어지지 않게 하는 데는 짐이 소하(蕭何)를 따르지 못하며, 또 백만 대군이 숲을 이룬 가운데 싸워서 이기고 쳐서 빼앗고 하는 데는 짐이 한신(韓信)을 따르지 못한다고 말했다."

799) 원광과 세속오계, 우리역사넷(contents.history.go.kr) : "今有世俗五戒, 一曰, 事君以忠, 二曰, 事親以孝, 三曰, 交友有信, 四曰, 臨戰無退...(三國史, 卷四)"

800) 동명원(東明院)은 조선시대 역원제도에서 다부원(多富院)-동명원(東明院)-작원(鵲院)-대로원(大櫓院)으로 이어졌던 곳에서 1934년 5월 1일 초등학교로 개교했으며, 625전쟁 당시는 학교시설을 군사시설로 징발되어서 해평면 오상중학교(해평면 오상리, GPS 좌표 북위 35도 11분 54.9초, 동경 128도 23분 4.16초)에 있던 국군 제1사단 사령부(백선엽 준장)가 이곳으로 이전했다. 군사작전을 나간 틈을 따서 유격대원이 2번이나 빈집털이 작전을 당했다. 오늘날 GPS 좌표로는 북위 36도 59분 12.7초, 동경 128도 33분 21.3초에 위치하고 있다.

801) Hammer and anvil, Wikipedia(en.wikipedia.org) : "The hammer and anvil is a military tactic involving the use of two primary forces, one to pin down an enemy, and the other to smash or defeat the opponent with an encirclement maneuver. It may involve a frontal assault by one part of the force, playing a slower-moving or more static role."

802) 日本軍の戦死の6割が餓死?, 日本共産党(jcp.or.jp), 2005. 9. 24. : "東ニューギニアでは9割、インパール作戦では8割, 日本軍が最も多い50万の死者を出したフィリピンでは40万人,中国本土では半数が餓死でした. 日本軍の戦闘地域を平均すると実に6割以上140万人が飢え死にか, 栄養失調が原因の病死でした. 日本軍がインパールから後退する道は「靖国街道」「白骨街道」と呼ばれました."

803) William Shakespeare: Richard II, Act V, Scene V. InfoPlease(infoplease.com), 2019.9.23. : "Where no man never comes but that sad dog. That brings me food to make misfortune live? Groom. I was a poor groom of thy stable, king, When…"

804) 14 Quotes about Military Logistics that Cement its Importance, Aerial Resupply Coffee(aerialresupplycoffee.com), 2024.1.2. : "General Nathaniel Green, American Revolutionary Army: 'Logistics is the stuff that if you don't have enough of, the war will not be won as soon as.' General Greene gives us a history lesson – if you're low on logistics, winning takes a bit longer."

805) Army Base Stew(Budae-jjigae, 부대찌개), Maangchi(maangchi.com), 2024.8.12. : "… This dish was invented after the Korean war (1950-1953) when the American army was stationed in the city of Uijeongbu, near Seoul. They had their own food on the base, things like canned beans, meat, Spam, ham, and sausages. This food was totally new to Koreans. Eventually these ingredients made their way into surrounding area of the base and some creative Koreans made stew from them. They boiled spam, ham, sausages, and baked beans with kimchi, garlic, and hot pepper paste and flakes, creating a Korean-style stew with American ingredients."

806) Joint Statement Following Discussions With President Park of Korea. The American Presidency Project(presidency.ucsb.edu), November 2,1966 : "… 4. President Johnson expressed the admiration of the American people for Korea's major contribution to the struggle in Vietnam and praised the Korean troops both for their valor on the field of battle and their effectiveness in peaceful and constructive endeavors to promote the welfare and improve the livelihood of the Vietnamese people."

807) Johnson Stew, The Cultural Heritage of SEOUL(TBS, english.seoul.go.kr), 2013.10.11. : "Itaewon, Yongsan is a great place to experience a mixture of many different cultures. During the Imjin War (1592-1598) and the colonial period (1910-1945), Japanese troops were stationed in Yongsan. Following the Korean War (1950-1953), the area became a U.S. military compound. An unusual fusion food became famous upon U.S. President Linden Johnson's visit to Seoul, and thus came to be called Johnson Stew. It is similar to budae jjigae (Sausage Stew), which is a thick spicy Korean soup similar to a western stew. Right after the Korean War, Koreans did not have enough to eat. They managed to cook some

food with the foodstuffs provided by the Americans as aid. The two dishes were created as a result. Now, most Koreans have enough to eat, but they still order these dishes at restaurants, perhaps out of a longing for the past."

808) 미숫가루 만들기 - 요리를 즐겁게, 만개의 레시피: 6인분, 율무쌀 4kg, 서리태콩 2kg, 보리쌀 1kg, 찹쌀 0.5kg, 맵쌀 0.5kg, 검은쌀 0.5kg 등으로 가루를 내어서 물을 타서 먹음

809) 미숫가루, 나무위키: "... 한반도에도 최소한 삼국시대부터는 미숫가루에 대한 기록이 나타난다. 삼국유사에 (8세기 신라 사람인) '진표율사(眞表律師)'가 불사의방(不思議房)에 갈 때 쌀을 2말 쪄서 말려 양식으로 삼았는데' 하는 구절이 있는데, 역사학자들은 여기에 나오는 '쌀을 쪄서 말려 양식으로 삼은 것'이 미숫가루가 아닌가 생각한다. 몽골 음식 중 '미스가라'라는 것이 있는데, 곡물을 가루 내어 먹는 음식으로 미숫가루와 매우 유사하다. 고려 시대의 원 간섭기 때 고려양처럼 몽골에 전파된 것으로 추정한다. 때문에 당시부터 '미숫가루'와 유사한 형태의 명칭은 있었던 거로 보인다. 조선 시대 기록에 따르면 어원은 '미시' 혹은 '미식(麋食)'이었다. 이 '미(麋)'라는 한자는 본래 고전 한문에서 '가루가 되다', '낭비하다'를 뜻하나, 민남(閩南) 방언에서는 죽을 뜻하는 단어다. 고려사에서는 원나라 간섭기부터 주로 '미죽(麋粥, 묽은 죽)'이라는 어형으로 등장하며, 구휼을 목적으로 베푸는 식량이었다. 뒤에 食이 붙은 어형은 한국식 한자어 용법이며, 조선 시대부터 등장한다. 본래 미숫가루를 지칭하던 고유어 미·시[6]를 의식한 것인지, '미죽'이 와전되어 한자로 음차된 형태인지는 불명이다. 시간이 지나면서 발음이 변하여 '미수'가 되었고, 미수를 만드는 가루라는 뜻으로 '미숫가루'란 말이 나왔다. 조선 중기의 문헌 훈몽자회에서도 한글로 미시, 한자로 초(麨), 구(糗)라고 쓰였다. 동의보감 잡방(雜方)편에는 천금초(千金麨)라는 것이 나온다. 17세기 홍만선(洪萬選)은 ≪산림경제(山林經濟)≫ 제2권의 치선(治膳)편에서 동의보감을 인용하며 '천금초는 미숫가루의 한 종류'라고 설명하는데, 아닌 게 아니라 천금초는 미숫가루를 고급스럽게 만든 것이다. 메밀과 백복령, 기타 약재를 가루 내어 꿀과 섞어 시루에 찌고 말려 가루를 내어 만든다. 천금초는 흉년이 들었을 때 덜 먹고도 버티기 위한 식량인데, 동의보감에서는 천금초를 한 숟가락씩 냉수에 타 먹으면 백 일간 배고프지 않는다고 하였다. 물론 허황된 이야기지만, 과거에는 흉년을 버티기 위해서 이렇게 미숫가루와 비슷한 가루를 만들기가 흔했던 모양이다."

810) 사회과학원, 력사연구소, 사회과학원 고고학연구소, 조선전사(朝鮮戰史) 25권, 사회과학원, 1991(제2판), p.231 : "위대한 수령님께서 내놓으신 제4차 작전방침은 련속적인 타격과 대담한 기동작전으로 미제 침략군과 리승만 괴뢰군을 김천, 함창, 안동지역 등에서 포위 소멸하고 빨리 락동강을 강행 도하하여 적의 기본집단을 대구 일대에서 포위 소멸하는 것이다. 그리고 마산-대구-영천-포항 계선으로 진출함으로써 우리 조국 강토에서 미제 침략자들을 최종적으로 격멸소탕하기 위한 유리한 조건을 마련하는 것이었다."

811) 김일성, 명령 제82호. 1950.8.15.: "전체 조선인민군과 해군들은 미국 간섭자들의 군대와 리승만 괴뢰군 패잔부대들을 종국적으로 격멸소탕하고 1950년 8월을 우리 조국강토의 완전한 해방을 위한

달로 되게 하라."

812) 보1사작명(보병 제1사단 작전명령) 제25호 4283. 8.2. 발령시각 17.00: "... 2. (1). 사단은 군단 명령에 의하여 금일 19시를 기하여 병력 배비를 변경하고 남하하는 적을 저지 격멸하려 함. (2). 전투지경선 별지 투명도와 여함(같음). 3. (1), 각 연대장은 별지 투명도에 의하여 부대를 재배치하고 남하하는 적을 저지 격멸하라. (2). 포병대는 별지 투명도에 의하여 진지를 점령하고 각 연대에 지원사격을 준비하라. (3). 공병대는 낙동강의 도하 가능지점에 장애물을 설치할 준비를 하라. (4). 사단 직할 각 대는 현진지를 21:00분 출발하여 명 18:00분까지 상장동으로 이동 완료하라. 4. 행정사항: (1). 이동 간 보급 수송은 자대에서 담당하라. (2). 이동 후의 탄약 보급소는 투명도와 여함. 5. (1) 이동 간의 통신을 전령으로 하고 통신 중대장은 이동 완료하고 동시에 유무선을 가설하라. (2). 각 연대 지휘소는 별지 투명도에 의하여 설치하라. (3). 사단 지휘소는 금일 24.00 이후 상장동(구미시 장천면 상장동)에 위치함. 사단장 육군준장 백선엽"

813) 신주막(新酒幕)이란 지명은 여러 곳에 있으나 현재까지 사용하고 있는 경상북도 낙동강 동 측에는 1) 의성군 단북면 연제리, 2) 구미시 형곡동, 3) 칠곡군 가산면 천평리, 4) 대구시 북구 태전동(과거 칠곡읍 두전리)에서 신 주막 혹은 새 주막이라는 동네가 있었다. 다부동 전투현장으로 신주막은 천평(泉坪) 신주막을 말한다.

814) 55 days of Battles in Chilgok, Chilgok Patriot and Peace Memorial(Chilgok.gov.kr) : 1) The X line of the Nakdong River Defense Line established. 1950. 8. 1. ~ 8. 4. Walker, the commander of the US 8th Army, issuing an order to establish "The X line of the Nakdong River Defense Line" on August 1. 2) Waegwan Railroad Bridge blown up. 1950. 8. 3. Waegwan Railroad Bridge blown up at 8:30 PM to block the North's advance to the South. 3) The Battle of the 369 Hilltop. 1950. 8. 6. ~ 8. 12. The area not only where our forces waged fierce battles against the KPA forces who had acrossed the Nakdong River using underwater paths, but where the body of the late soldier Choi Seung-gab was unearthed. 4) The Battle of the Geummubong Mount. 1950. 8. 9. ~ 8. 10. Numerous US soilders killed and injured by the North forces' ambushes and bombardment. 5) The Y line of the Nakdong River Defense Line established. 1950. 8. 13. The Nakdong River Defense Line established around Waegwan and Dabudong to reduce the defense line of our forces. 6) The North's Atrocity of massacring US soldiers at the Jagosan Mount. 1950. 8. 13. ~ 8. 17. US soldiers of a mortar platoon captured and led around captive; eventually slaghtered at the foot of the Mt. Jagosan. 7) The Battle of the Yuhaksan Mount. 1950. 8. 13. ~ 8. 23. Mt. Yuhaksan recaptured after 9 hand-to-hand combats and more than 1.000 military personnel losses, while climbing steep rocks up with bare hands. 8) The Battle of the 328 Hilltop. 1950. 8. 13. ~ 8. 24. The ROK forces winning the desperate and fierce battle after the hands of the hilltop were changed 15 times for 12 days. 9) The Battle of the Suamsan

Mount. 1950. 8. 15. ~ 8. 30. Our forces fighting desperately against the KPA forces in spite of getting hungry and running out of ammunition with huge personnel losses. 10) The UN Forces' Carpet Bombing. 1950. 8. 16. 98 B-29 bombers releasing bombs in Yangmok and Buksam, the northwestern areas, which are assembly places of the North forces. 11) The Battle of the Bowling Alley. 1950. 8. 18. ~ 8. 23.The first tank battle in the Korean War conducted between T-34 tanks of the North and M-26 tanks of the ROK and US forces to block the North troops' advancing to Daegu. 12) The Battle of the Gasansanseong Fortress. 1950. 8. 18. ~ 8. 27. Our forces wiping out the KPA forces disposed to the Gasansanseong Fortress area to stop the North's confusion tactics for rear areas. 13) The Battle of the Gasan Mount. 1950. 8. 31. ~ 9. 4. Defeating the North forces marching southward at the Northeast of Mt. Gasan and securing a defensive position. 14) The Battle of the Palgongsan Mount. 1950. 9. 5. ~ 9. 14. Repulsing the North forces attacking from the Northern area of Mt. Palgongsan in order to conquer Daegu. 15) The Battle of the 315 Hilltop. 1950. 9. 11. ~ 9. 12. The ROK and US forces defeating the North Korean forces, who made their way to the northern 12 km of Daegu and were threatening Daegu, and saving Daegu out of the greatest crisis."

815) 낙동강 오리 알, 나무위키: "6.25 전쟁 당시의 격전지였던 낙동강 전선의 상황이 유래라는 설도 세간에서는 유명하다. 낙동강 남측에서 한국군이 기관총과 박격포를 쏴대면 인민군이 거기 맞고 하나나 낙동강 물속으로 퐁당퐁당 빠져들어 가는 상황이 계속되었고, 이를 보며 병사들을 독려하던 12연대 11중대장 강영걸 대위가 '낙동강에 오리 알이 떨어진다!'라고 했다고 한다. 인민군과 한국군이 낙동강에서 고착상태에 있던 도중 지원으로 미군의 폭격기가 폭격을 시작했고, 이때 강영걸 대위가 폭격에서 폭탄이 떨어지는 것을 보고 '야! 낙동강에 오리 알이 떨어진다!'라고 한 게 낙동강 오리알의 유래라고 한다. 이는 군대에서 배포되는 '전투 프로가 되는 길'이라는 책에서 언급된다. 위 유래담만 본다면 '낙동강 오리 알 신세'라는 것이 긍정적인 의미인 듯하지만, 정작 실제로는 인민군 입장으로 굳어져서 부정적인 의미가 되었다. 그래서 '낙동강 오리 알 신세가 되다.'라고 하면 어정쩡한 위치에서 아무것도 가진 것 없이 홀로 고립됨을 뜻한다."

816) 만화가 이원복은 '먼나라 이웃나라' 일본 편에서 거품경제 붕괴로 인해 하루아침에 길거리로 나앉게 된 구세대 사람들 캐릭터 둘이서 이를 언급한다. 한 사람이 "우린 이제 낙동강 오리 알 신세다."라고 말하고 다른 사람이 '여긴 일본인데 낙동강이 어디 있냐?'라면서 반박하자 처음의 그 사람이 "후지산 돌멩이"라는 애드 드립을 쳤다.

817) 네이팜탄(영어: Napalm bomb, 문화어: 나팜탄)은 주연소재인 나프타에 네이팜제로 불리는 증점제를 첨가하여 젤리 모양으로 만든 것을 충전한 유지 소이탄이다. 미군이 개발한 것으로, 900°C부터 1,300°C 사이인 초고온에서 연소하고 광범위한 지역을 불태워 파괴한다.

818) Napalm Toxicity – StatPearls, National Institutes of Health(ncbi.nlm.nih.gov) : "Allied bombers used napalm in incendiary bombs throughout the European and Pacific theaters during World War II. Handheld or vehicle-borne flamethrowers deployed napalm primarily against dug-in positions, given its ability to kill or displace defenders where other weapon systems would fail."

819) 분견대, 위키백과(ko.wikipedia.org):"분견대(分遣隊, 프랑스어: détachement), 파견대(派遣隊)는 특정한 작전이나 임무를 위해 일시적으로 본래 지휘계통에서 벗어나 독립적인 행동하는 군사 조직이다. 미국 육군에서는 대대 이하 규모의 영구적인 분견대가 존재하기도 하는데, 미국의 델타포스가 대표적이다."

820) 송당정사(松堂精舍), 두산백과사전: "조선 전기의 무신이자 학자인 박영이 지어 학문을 닦던 곳으로, 경상북도 구미시에 있다. 조선 전기의 무신 송당(松堂) 박영(朴英, 1471~1540)이 관직에서 물러나 낙향한 후 건립하여 학문을 닦던 곳이었다. 임진왜란 때 불에 타 없어졌다가 200여 년 후 재건되었다. 영남의 학자 입재 정종로(鄭宗魯, 1738~1816)가 지은 '송당정사 중건기(松堂精舍重建記)'에 '박영은 비봉산 아래 낙동강가의 오래된 마을로 내려와 집을 한 채 짓고 살면서 대학서목(大學書目)을 취하여 문을 닫고 독서하였다. 신당 정붕(鄭鵬, 1467~1512)과 용암 박운(朴雲, 1493~1562) 등 제현이 사우(師友)가 되어 함께 가르치고 인도하였다.'라는 대목이 나온다."

821) 구시골, 디지털구미시문화대전: "형국(形局)이 소구시(소죽통의 경상북도 구미 지역 방언)와 같다 하여 구시골이라 불렀다. 또한 옹기를 구워 내던 마을이라 하여 점마 또는 점촌이라고도 부른다. 구시골은 송곡천(松谷川)의 지류인 소암천의 왼쪽 계곡에 위치하고 있다. 구시 골 아래 계곡이 용수골이며, 골짜기를 따라 올라가면 해발 450m 부근에 도리사(桃李寺)가 자리 잡고 있다. 구시 골보다 위쪽 계곡, 즉 소암천이 시작되는 부근에 송암(松岩)마을이 있다. 송암마을 위 계곡에 선지(善池)가 만들어져 계곡의 평탄한 지역에 농사를 안정적으로 지을 수 있게 되었다."

822) 제1사단 11연대 해평지구 전투상보, 1950.8.4.: "함창 상주방면과 옥산방면으로 남하하는 적은 점차 낙동리(좌표 28~98, 오늘날 GPS와 다름) 선산(28~83.9)에 그 수를 증가하고 있었으며 09:00경 낙동리 전방 3킬로미터 지점에 주력 5대와 직사포 2문으로 아 진지에 대하여 사격을 가하고 있었으며 연대는 적정을 탐지코자 광범한 수색망을 펴는 한편 주로 송당리(31.9~88.9) 도하장과 강창(32.2~82.7) 도하장에 대한 경계를 엄중히 하고 있었음."

823) 제1사단 11연대 해평지구전투상보(海平地區戰鬪詳報), 2950.8.5.: "1950년 8월 5일, 야간을 이용하여 낙동리로 도하한 적 선견 1개 연대는 낙동(좌표 28.2~87.2) 정미동(28.9~93.9)를 경유하여 단평동(33.7~81.2)에 이르는 도로로 남하하고 있으며 그의 일부 병력은 01.00경 아 제2대대 정면에 출현하고 있었음. 10.00 적은 임이 △74.4(32.6~85.1)을 점령하여 완강히 저항함으로 연대는 13.00 제5, 6중대로 하여금 낙산동(33.5~85.9)으로 공격을 감행하여 수시간 치열한 교전 후 적은 많은 시체를 남긴 채 퇴각하여 16.00 이 고지를 점령 확보하였으며, 제6중대는 원진지로 철수하였음. 18.00

제12 연대로부터 1개 대대 임시배속하여 왔음으로 △161(37~82)일대에 배치하였었음."

824) 하도봉(河圖峰), 디지털구미문화대전(gumi.grandculture.net): "1864년(고종 1) 고산자 김정호가 유명한 『대동여지도』를 만들기 위해 전국 방방곡곡을 답사하던 중 이곳에 이르러 산세를 보니 꼭 용마하도(龍馬河圖)의 그림과 같은 형상이라 하여 '하도봉'이라 하였다. 용마하도는 반드시 신구낙서(神龜洛書)의 그림이 있어야 격에 맞음으로 하도는 있는데 낙서가 없으니 동명을 낙서동이라 하였으며 현재는 낙산리로 불리고 있다. 과거 하도봉 밑에 하월재가 있어 많은 후학을 공부시켰다."

825) Human wave attack, Wikipedia(en.wikipedia.org) : "A human wave attack, also known as a human sea attack, is an offensive infantry tactic in which an attacker conducts an unprotected frontal assault with densely concentrated infantry formations against the enemy line, intended to overrun and overwhelm the defenders by engaging in melee combat."

826) 제1 사단 11연대 해평지구 전투상보(海平地區詳報), 1950.8.6.: "야음(夜陰)을 이용하여 낙동강을 도하한 적은 낙동-해평동을 통하는 도로로 남하하였다. 점차 그 압력은 심하여 08:00경 제7중대와 5중대의 진지 일부를 돌파하고자 하였으므로, 7중대는 적과 교전이 수시간 계속되자 항공과 포지원으로 많은 포탄과 폭격을 가하여 적에게 가한 타격이 많으나 후속 부대로 하여금 침공을 극복함으로써 피아간의 격전은 치열하게 되어 14:00 배속 제12 연대 제3 대대로 하여금 이 적을 공격하게 하여 △225고지에서 저항하는 적을 격퇴시켜 17:00경 고지를 점령 확보하였다."

827) 강창(江倉), 향토문화전자대전: "강창은 과거에 낙동강 수로를 이용하여 남쪽 바다와 해안에서 생산된 해산물과 소금 그리고 경상도 중부와 북부 지역에서 생산되는 농산물 혹은 임산물을 실어 나르는 배들이 일시적으로 정박하는 도선장(渡船場)이었다. 이 때문에 선산읍으로 들어가는 마을 입구에 교역장을 위한 창고가 있었다. 직지사의 삼층석탑(三層石塔)도 이곳에서 선산군으로 운반한 뒤 직지사로 옮겨 갔다.

828) 살상지대(殺傷地帶, killing zone)란 군사 전술 용어로, 매복·지뢰매설·장애물 등을 통해 방어 측의 화력으로 완전히 뒤덮여 있는 구역을 말한다.

829) 파쇄공격(破碎攻擊, Spoiling Attack), 해병 닷컴(haebyeong.com): "파쇄공격(破碎攻擊, Spoiling Attack) 적이 공격을 위해서 대형을 갖추거나 집결 중에 있을 때 적의 공격을 현저히 방해하기 위해서 운용되는 전술적인 기동"

830) 항공 및 함포를 포함한 모든 지원부대의 사격을 협조하기 위하여 지정된 전투진지전단을 연결한 선. 상호지원하는 일련의 방어지역의 전방한계선을 확정하며 엄호부대나 경계부대가 점유 또는 사용하는 지역은 포함되지 않음

831) 반포(反哺), 디지털구미문화대전: "경상북도 구미시 해평면 월호리에 위치한 지명. 어르개는 남평문씨가 개척한 마을로서 고려 공민왕 때 목화를 전래시킨 문익점의 손자이며, 베틀을 제작한 문영(文

英)의 …"

832) Embassy of India(indembassyseoul.gov), Visited the Colonel Unni Nayar Monument in Daegu to pay Respect, 2022.12.10. : "India and Republic of Korea: A Vision for People, Prosperity, Peace and our Future Visited the Colonel Unni Nayar Monument in Daegu to pay respects…"

833) 19 Aug 1950 - Ian Morrison, War Reporter, National Library of Australia(trove.nla.gov.au) : "Ian Morrison, War Reporter · THE death of Ian Morrison, the correspondent of "The Times," who · was killed in South Korea last week, is of more than passing…"

834) Ian Morrison (journalist), Wikipedia : "Korean War : When the Korean War broke out in 1950, Morrison was despatched there by The Times. He published his first article from the front on 10 July. He died on 12 August 1950, when a jeep carrying him, Indian Colonel M. K. Unni Nayar, and British journalist Christopher Buckley, struck a landmine that killed all three. He and Buckley were buried together at a private mission cemetery in Daegu with other correspondents acting as pallbearers. An American Guard of Honour fired a salute, and the Last Post was sounded. His name is listed in the Hong Kong Foreign Correspondents' Club as a member killed in the line of duty."

835) T-34-85 나무위키: "T-34-85는 제2차 세계 대전 말기 제작된 T-34-76을 개량한 소련의 중형전차를 말하며, 제2차 세계 대전 소련 육군의 주력 기갑전력 중 하나였으며, 그 엄청난 물량과 높은 화력 덕분에 소련이 전쟁에서 승리하는 데 큰 영향을 끼친, 구국의 영웅으로 평가받고 있다. 1943년부터 개발되어, 바그라티온 작전 당시 실전을 치렀으며, 당대 최강 전차였던 5호 전차 판터나, 6호 전차 티거와도 어느 정도 대등하게 싸울 수 있었으며, 어마어마한 물량 덕분에 독일 전차 군단의 소모를 강제하며 궁극적으로 2차 세계 대전에서 소련군이 승리하게 되는 것에 공헌했다."

836) 오늘날에도 반포동(反浦洞)이라는 동명은 쓰지 않으나 반포장학금 혹은 반포장학회 등의 옛 지명을 사용하고 있다. 서울시 서초구 반포동(盤浦洞)과는 한자가 틀림. 해평면 월호리의 옛 지명으로도 사용되었다.

837) 경상북도 선산군 장천면에 존재했던 금산동(錦山洞)은 지금의 경상북도 구미시 장천면 금산리이다. / 경상북도 선산군 해평면에 존재했던 금산동(金山洞)은 지금의 경상북도 구미시 해평면 금산리이다.

838) 육탄공세(肉彈攻勢, hand-to-hand attack): 적진에 뛰어들어 몸으로 공격하거나 몸을 직접 사용하는 일. 영어로는 sacrifice attack with throwing onesel 혹은 An act of penetrating an enemy line and attacking the enemy with one's body, or such a body. 라는 표현이 있다.

839) 제1 사단 11연대 해평지구 전투상보(해평지구 전투상보), 1950.8.12.:"연대는 작야(昨夜) 철수배치 후 진지를 정비하고 있는 바 04:00 퇴각한 적은 다시 아 3대대 선후배로 위협을 가하는 동시에 송곡

동(36.7~82.9)에 집결 중이든 적은 상지동(37.5) - 도남동(40.0~80.9) 간을 통하는 도로로 전차를 선두로 하여 맹렬한 지원 포하에 압도적인 침공을 감행해 왔으므로 아 연대는 전역량과 전 지능을 다하여 적 격멸에 분전하던 바 용감무쌍한 아 용사들은 수류탄과 지뢰를 안고 적 전차에 몸으로 부딪쳐 폭파시키는 등 적에게 준 손실 막대하였으나 14:00 제3대대 진지가 적에게 돌파당하여 후퇴함에 따라 전세는 점차 불리하게 전개되었으며 다식동(355~75.5) 도하장으로 도하(渡河)한 적은 금곡(39.5~75.0)에 집결하고 있었음."

840) What is the meaning of human bomb? What is Human Bomb | IGI Global(igi-global.com) : "The use by terrorist groups of (human) captives as bombs (or explosives) on a sustainable basis." / What was the deadliest bomb attacks? Deadliest terrorist attack worldwide – Statista(statista.com), 2024.7.4. : "Since 1970, the 9/11 attack on the World Trade Center in New York and the Pentagon in Washington D.C. is the deadliest terrorist attack worldwide, claiming almost 3,000 lives."

841) 『전쟁과 휴전: 정일권(丁一權)회고록』 (정일권, 동아일보사, 1986)

842) 淮南子 兵略訓 : "一人守隘, 而千人弗敢過也." 晋·左思《蜀都賦》: "一人守隘, 万夫莫向." 李白《蜀道難》(節录) : "劍閣崢嶸而崔嵬, 一夫当關, 万夫莫開. 所守或匪親, 化爲狼与豺. 朝避猛虎, 夕避長蛇. 磨牙吮血, 殺人如麻. 錦城雖云樂, 不如早還家."

843) 吳子兵法·論將 : "吳子曰：「凡兵有四機 : 一曰氣機, 二曰地機, 三曰 事機, 四曰力機. 三軍之衆, 百萬之師, 張設輕重在於一人, 是謂氣機；路狹道險, 名山大塞, 十夫所守, 千夫不過, 是謂地機；善行間諜, 輕兵往來, 分散其衆, 使其君臣相怨, 上下相咎, 是謂事機；車堅管轄, 舟利櫓楫, 士習戰陣, 馬閑馳逐, 是謂力機. 知此四者, 乃可爲將. 然其威, 德, 仁, 勇, 必足以率下安衆, 怖敵決疑, 施令而下不犯, 所在寇不敢敵. 得之國强, 去之國亡. 是謂良將..."

844) 李忠武公全書, 亂中日記 : "丁酉年九月十五日癸卯. 晴, 數小舟師. 不可背鳴梁爲陣. 故移陣于右水營前洋. 招集諸將約束曰. 兵法云, 必死則生. 必生則死. 又曰一夫當逕, 足懼千夫. 今我之謂矣. 爾各諸將. 勿以生爲心. 小有違令. 卽當軍律. 再三嚴約. 是夜. 神人夢告曰. 如此則大捷. 如此則取敗云."

845) Lanchester's Square Law, Wikipedia : "Lanchester's laws are mathematical formulas for calculating the relative strengths of military forces. The Lanchester equations are differential equations describing the time dependence of two armies' strengths A and B as a function of time, with the function depending only on A and B. In 1915 and 1916 during World War I, M. Osipov:vii–viii and Frederick Lanchester independently devised a series of differential equations to demonstrate the power relationships between opposing forces. Among these are what is known as Lanchester's linear law (for ancient combat) and Lanchester's square law (for modern combat with long-range weapons such as fire-

arms). As of 2017 modified variations of the Lanchester equations continue to form the basis of analysis in many of the US Army's combat simulations, and in 2016 a RAND Corporation report examined by these laws the probable outcome in the event of a Russian invasion into the Baltic nations of Estonia, Latvia, and Lithuania."

846) Who were the roof Koreans? (youngpioneertours.com) : "Who exactly were the Roof Koreans, or as they are sometimes called the rooftop Koreans? In April 1992 when four officers were accused of beating Rodney King, LA and the rest of the USA saw some of the worst riots in its history. It was here that the 'roof Koreans', or 'rooftop' Koreans were born. As part of this article YPT spoke to Kim Duk, a former rooftop Korean who gave an seclusive interview to Young Pioneer Tours."

847) What are the advantages of the high ground? High ground, Wikipedia(en.wikipedia.org) : "Fighting from an elevated position is said to be easier for a number of tactical reasons. Holding the high ground offers an elevated vantage point with a wide field of view, enabling surveillance of the surrounding landscape, in contrast to valleys which offer a limited field of view."

848) Why is high ground advantageous in a battle? Editorial: Seize the High Ground | Air & Space Forces Magazine(airandspaceforces.com) : "The quest for the high ground is as old as war itself. A castle on a hill was harder to attack and provided the early warning to spot marauders while they were still a long way off. Attacking from on high offered other advantages, including speed and range, factors that remain critical even today."

849) 소개령(疏開令): "공습이나 화재 등에 대비하기 위해, 한곳에 집중되어 있는 주민이나 물자, 시설물 등을 분산시키는 명령."

850) 위키페디아, 호바트 레이먼드 게이(Hobart Raymond Gay, 1894년 5월 16일~1983년 8월 19일)는 미국 육군 장교이다. 햅(Hap)이라는 별명을 가졌으며, 제2차 세계대전을 포함해 수많은 전쟁에 참전했다. 주로 조지 S. 패튼과 함께 일했고, 한국전쟁에서는 제1 기병사단을 지휘했다. 1949년 9월, 게이는 일본 오사카의 제1 기병사단을 지휘했다. 그는 1950년 7월 19일 제1 기병사단을 한국으로 파병해 북한군에 맞서 싸웠다.

851) 이진숙, 한국전 때 미군 왜관 고령교 폭파, 피난민 수백명 사망, MBC, 1999.10.14.: "앵커: 한국전쟁 당시 미군이 낙동강 지역에서도 다리를 폭파해 수백 명의 피난민들을 숨지게 한 것으로 확인됐습니다. AP 통신이 오늘 추가로 폭로한 소식을 이진숙 기자가 보도합니다. 기자: 한·미 양국군이 북한 측의 공세에 밀려 후퇴를 거듭하던 1950년 8월 경상북도 왜관 부근 고령교에서 미군이 폭파 작업을 준비하고 있습니다. 피난민들이 걸음을 재촉하던 8월 3일, 미 제1 기갑사단장 게이 소장은 북한군의 추격에서 벗어나기 위해 이 다리의 폭파를 명령했습니다. 에드 데일리(참전군인): 사단장은 일어서서

큰 소리로 '빌어먹을 다리를 날려버려!'라고 외쳤어요. 기자: 다리의 길이는 약 220m, 막바지 피난길에 오른 최소한 수백 명의 난민들이 다리를 건너던 가운데에 있었다고 목격자들은 증언했습니다. 캐롤 킨즈먼(참전군인): 다리는 구겨지듯 부서지더니 강물 속으로 떨어졌어요. 맹세컨대, 다리 위엔 사람들이 있었어요. 기자: 강물로 떨어진 사람들 가운데 일부는 간신히 헤엄을 쳐 건너갔지만 많은 사람들은 강을 건너는 데 실패해 익사했습니다. 김복희(당시 피난민): 여자들은 그냥 보따리 이고 애들 짊어지고 업고 이렇게 가다가, 남자들도 어려운데 여자들이야 힘이 있습니까? 그냥 떠내려가고.... 기자: 부근에 있던 또 다른 교량인 왜관교도 이런 식으로 폭파됐습니다. 루돌프 지아넬리(참전군인): 미군은 난민에게 다리를 폭파한다며 경고사격까지 했지요. 그러나 지척에 북한군이 있어 결국 폭파했어요."

852) 보병 제1 사단 제15 연대 작전명령 제22호 인동면 신장리 전투지휘소에서 명령, 1950.8.3. 23:00: "... 2. 연대 좌측은 미군 기병 제25 연대 우는 제11 연대가 방어함. 3. 사단 포병은 주로 아 연대 정면을 지원함. 二. 연대는 982고지 성수동 간에서 서방에 대하여 방어하려함. 三. 1. 각 대대장은 별지 명령 요도에 의하여 단기 4283년 8월 4일 12.00까지 배배 완료 각각 배속된 대전차포도 종합 지휘하라. 2. 대전차포 중대장은 단기 4283년 8월 4일 12.00까지 제1, 2대대에 반 중대식 배속시켜라. 3. 각 대대장은 단기 4283년 8월 4일 13.00까지 각 관측소 위치를 보고하라. 4. 전방(강 서안) 경계는 각 대대에서 담당하여 요도로서 단기 4283년 8월 4일 13.00까지 보고하라. ... 五. 통신대장은 단기 4283년 8월 4일 16.00부터 각대 간의 유무선 통신을 개시하라. 세부에 관하여서는 연대 작전주임으로 하여금 지시케 함. 나머지는 인동 신장리 전투지휘소에 있을 것임. 보병 제15 연대장 육군 대령 최영희."

853) 자고산(鷓鴣山)은 경상북도 칠곡군 석적읍 중지리와 왜관읍 석전리, 아곡리의 경계에 위치한 해발고도 303.2m의 산이다. 옛날 이 산에 '자고'라는 새가 살았다 해서 자고산으로 불리게 됐다는 설이 있다. 일명 작오산이라고 한다. 자고산 석적 터널을 관통해 경부고속철도가 개통돼 있고 동남 산록으로 석적읍과 왜관읍을 잇는 79번 지방도가 있다. 6.25 전쟁 당시 유엔군과 북한군 사이에 격전이 벌어졌던 곳이기도 하며, 아직도 곳곳에 진지의 흔적을 찾아볼 수 있다. 산 정상부에는 당시 북한군에 의해 학살(303고지 학살)된 40여 명의 미군 장병들을 추모하는 '6.25 전쟁 왜관지구 303고지 전투 전몰장병추모비'가 있다. 이에 경상북도에서는 자고산에 6.25 전쟁 때의 전투 현장을 복원하고 숲길 산책로를 조성하여, 칠곡 왜관 철교와 함께 '낙동강 호국 평화 공원'을 건설 중에 있다.

854) 便衣隊: その地方の住民と區別できない服裝で敵地に入り, 謀略·ゲリラ活動を行う部隊. 日中戰爭のとき, 中國軍によって組織された.

855) 청음초(聽音哨): 적 행동에 대한 시의적절한 경고나 첩보가 될 음향을 청취할 목적으로 야간에 방어선 전방에 배치되는 경계 초소. 聽音哨(tīng yīn shào), 依作戰需要而設立執行警戒任務的哨所. 在特殊地區, 科技偵察設備無法使用時, 守備人員在隱蔽處, 設立特殊裝置, 聽取其響動的聲音, 來辨別測知敵人的行動.

856) 오늘날 런던의 대영박물관 BC 934년 앗시리아와 이스라엘의 고대 전투 벽화 부조에 양가죽을 배로 하고 갈대를 입에 물고 잠수하는 장면이 그려져 있다. 중국의 전투역사에 갈대를 입에 물고 도하했다는 기록이 있었으며, 6.25 전쟁 때 구미시 비산나루터(緋山津) 도하작전에 북한군이 대나무 숨관(竹呼管)을 사용했음

857) 전투지경선(戰鬪 地境線, Boundary): 인접한 부대, 대형, 지역 간에 작전협조 및 조정을 용이하게 할 목적으로 지표상에 설정한 선으로 전방, 후방 및 측방 전투 지경선으로 구분하며, 전투 지경선을 초과하는 작전은 인접 혹은 상급부대와 협조 및 인가 없이 수행할 수 없음

858) 위치는 경북 칠곡군 석적읍 남율로 12길 76, 전화 054-975-4524, 5=625 전쟁 당시 징발되어 군사시설로 사용되어 병참기지로 민간노무단 세칭 지게 부대 50여 명 328고지 등에 식량, 포탄 및 부상당한 병사 등을 후송했던 곳이다.

859) 제1사단 제12 연대 진중일지(陣中日記, In-the-Battle Diary, 1950.8.6.): "... 2. 사단장(白善燁 准將) 각하가 대대에 왔다. 15분간 작전요지를 하달한 뒤에 곧바로 출발해 갔음. 3. 사단장의 명령에 의해 제2 대대를 제15 연대(R) 전면인 옥계동(오늘날 구미시)에 출동해 제15 R(연대)의 예비대대에 배속되었다. 24:00에 출발하여 8월 7일 04:21에 연대에 도착했다.

860) 제1 사단(Divison) 다부동 지구 전투상보(多富洞地區 戰鬪詳報): "8월 7일 역시 소수부대 기습함을 격퇴한 바 22.00경에는 Tank 10여 대와 직사포 6문 지원하에 트럭 20여 대에 분승한 적 보병이 강행 도하코저 함을 아 15R(Regiment) 1BN(battalion)은 반격하여 23.00경 격퇴함."

861) Gunfight at the O.K. Corral, Wikipedia L : "The gunfight at the O.K. Corral pitted lawmen against members of a loosely organized group of cattle rustlers and horse thieves called the Cowboys. While lasting less than a minute on October 26, 1881, the gunfight has been the subject of books and films into the 21st century. Taking place in the Tombstone, Arizona Territory, the battle has become one archetype of the American Old West."

862) 해평지구(海平地區)에서 전투가 한창이던 1950년 8월 11일, 제2 군단은 작전명령 제12호를 내려 국군 제1 사단을 신 방어선인 'Y' 선으로 철수하게 하였다. Y선이란, 303고지(미 제1 기병사단 지역)-328고지(300고지)- 수암산(숲데미산)-유학산- 356고지- 273고지(제6사단 지역)- 위천(제6사단 지역)을 칭한다. 'Y' 선이란 근거는 제2 군단 작명12호. 1950.8.11. 18.00 :"一. (가) 적은 계속 낙동강을 도하하려 함. (나) 군은 연합군과 같이 전략적으로 우세한 지형을 확보하려 함. 二. 당군단은 인접 부대와 밀접한 협조하에 강력한 엄호부대에 의하여 'Y' 선에 진지를 점령하려 함. 三. (가) 제1 군단장은 제1 기갑사단과 긴밀한 협조하 X일 20.00 행군개시 상림동~다부동을 경유 'Y' 선에 진주하라. (나) 제6사단장은 제1 사단 제8 사단과 긴밀한 협조하 X일 20.00 행군개시 도원리~군위~미흥을 경유 'Y' 선에 진출하라. (다) 군단본부 및 직할부대는 X일 13.00 행군개시 군위~신영~영천 경유 하장(河場)에 진출하라. 라 각 연대는 증강된 1개 대대의 엄호부대를 현재 선에 잔치(殘置)하며 후퇴는 사단에

서 통합 지휘하라. 마 X일은 차후 지시함. 四. 생략 제2 군단장, 육군 준장 유재흥."

863) 자고(鷓鴣)란 꿩 비슷한 새를 자고새라고 하며, 자고새가 많이 서식한다고 해서 자고산(鷓鴣山)이라고 했다는 주장이 있고, 까마귀와 까치(鵲烏)가 서식한다고 해서 작오산(鵲烏山)이라는 설이 있다. 조선 시대와 일제 강점기 때까지로 이름이 없던 산이었으나 해방 이후에 붙여진 산 이름이다. 강섶에 있는 산으로 봐서 6.25 전쟁 당시에 낙동강 도하작전에 고지 선점을 위해서 피아 쟁탈전이 심했던 이곳이다. 오늘날 칠곡 호국평화 전망대가 설치해 있다.

864) 육군대학, 군사평론, 118~119합본 '다부동 전투 회고': "《제2 군단 작전명령 제12호》 中 ... 제1 사단은 1950년 8월 12일 20:00에 철수를 개시하여 상림동-다부동을 경유 y(303고지, 미 제1 기병사단 지역 ▷ 328고지 ▷ 숲데미산(수암산 지역) ▷ 유학산 ▷ 356고지 ▷ 273고지, 제6사단 지역 ▷ 위천, 제6 사단 지역선을 점령하라."

865) 경상북도 구미시 장천면 상장리에 있는 사립고등학교. 1945년 10월에 지방민들의 뜻을 모아 김동석(金東碩)이 오상학원을 개원하고 1946년 4월에 오상중학교를 개교하였다. ... 김동석의 아들인 김윤환(金潤煥, 1932년 6월 7일~2003년 12월 15일)은 대한민국의 언론인, 정치인, 작가, 시인이다. 호(號)는 허주(虛舟)이다. 1955년 기자 생활을 시작하고 1978년 정계에 입문하여 제10, 11, 12, 13, 14, 15대 국회의원을 지냈다. 노태우 대통령과 김영삼 대통령을 연달아 당선시키는 데 크게 일조하여 한때 '킹 메이커(king maker)'라는 별칭을 얻기도 했다. 경상북도 선산군 장천면에서 태어나 대구 수창초등학교, 경북중학교(현 경운중학교), 경북고등학교를 거쳐 경북대학교 영문과를 졸업했다. 후에 오하이오 대학교 대학원에서도 수학했다. 박정희, 김재규 등과 동향 출신이다. 1955년부터 기자 생활을 시작한 그는 《영남일보》, 《대구일보》를 거쳐 《조선일보》에 입사해서 주일, 주미 특파원과 편집국장 대리를 지냈다. 그의 아버지인 김동석도 국회의원으로 활동했으며, 경상북도 구미에 오상고등학교를 설립하였다. 허주 김윤환은 오상중고등학교 재단 이사장을 역임했다.

866) 제2 군단 작전명령 제12호, 1950.8.12.: "제1사단은 1950년 8월 12일 20:00에 철수를 개시하여 상림동-다부동을 경유 'y' 선 점령하라."

867) 제1 사단 제11 연대 작전명령 제37호, 1950.8.16.: "... 2. 연대는 아(我) 주저항선에 침입한 적을 섬멸하고 Y선을 확보하려 함. 전투 지경선 공격개시 시간 개시선, 방면은 별지 투명도 참조. 3. (1) 각 대대장은 별지 투명도와 여(如)히 공격 진격하야 Y선을 확보하라. (2) 대전차포 중대장은 3.5인치 로켓 포반을 총합 지휘하야 침입한 적전차를 격파하라."

868) MGRS; Military Grid Reference System(군용 격자 위치 참조 체계). 전쟁 시에는 신속하고 정확한 판단을 요하기 때문에 민간에서 사용하는 지리좌표(경도 및 위도를 사용하는 방식이라든가)보다 쉬우면서도 정확하게 측정을 할 수 있는 좌표가 필요하다. 그래서 일정 거리를 한 변으로 하고 동서선, 남북방향 직선을 변으로 하는 정사각형 격자를 설정해 경도와 위도를 대체한다. 현용 GARS 기준으로 간략하게 설명하자면, 대륙 혹은 국가 단위로 2개의 알파벳을, 그리고 지역 단위로 2개의 숫자를 사용하여 지도가 표시하는 전체적인 위치를 나타내며 세부 위치 표시는 사용 용도에 따라 1km 간

격으로 사용할 경우 4단위(12, 34), 100m 단위일 경우엔 6단위(123, 456) 하는 식으로 격자 범위를 조정하여 사용한다. 예를 들어 AB, 12, 345, 678이라고 쓸 경우 AB라는 격자에 위치한 대륙 혹은 국가에서 12라는 지역의 123, 456 에 위치한 100m X 100m 범위의 지역을 의미한다. 지도를 구글에서 MGRS를 타이핑하면 꽤 나온다.

869) 제1사단 제15 연대 낙동강 전투상보, 1950.8.16.: "괴뢰군 제13사단 육군 소령 이익선이 말하였다는 적의 지령 및 그의 작전 지령의 일부를 보면 김일성으로부터 8월 15일까지 대구를 완전점령하라는 지령이 있었으니까 연일 예비대 19, 21연대도 일련으로 나가자 우리는 금일을 기하여 대구를 해방시키자. 우리 후방에는 인민군 제2사단과 중공군 2개 사단의 병력이 도착하고 있지 않는가? 우리는 전진 전진 맹 전진하자. 상장동에서…"

870) Carpet bombing, Wikipedia : "The first carpet bombing from air in history was the Bombing of Barcelona. 1,300 people were killed in 3 days, March 16–18, 1938. On 14 May 1940 at 1:22 pm, in the Rotterdam Blitz, German bombers set the entire inner city on fire with incendiary bombs, killing 814 inhabitants/ Wesel was 97% destroyed before it was finally taken by Allied troops in 1945. Carpet bombing, also known as saturation bombing, is a large area bombardment done in a progressive manner to inflict damage in every part of a selected area of land. The phrase evokes the image of explosions completely covering an area, in the same way that a carpet covers a floor. Carpet bombing is usually achieved by dropping many unguided bombs. Carpet bombing of cities, towns, villages, or other areas containing a concentration of protected civilians has been considered a war crime since 1977, through Article 51 of Protocol I of the Geneva Conventions."

871) 《백선엽 회고록 군과 나》, 대륙연구소출판부, 1989년 출판, p111.

872) 한국육군본부, 육군 군사역사(軍史), 제13호, 50면: "유엔군 총사령부는 미 제8군의 건의에 따라 다부동 지구의 전황을 타개할 대책 가운데 하나로 왜관, 인동 서편 낙동강 대안의 5.6× 12km(67.2km) 지역에 8월 16일 B-29 중폭격기 98대를 출격시켜 융단폭격을 단행하였다. 그러나 그때에는 폭격지역에 전개되었던 북괴군 제3사단이 이미 낙동강을 도하한 후였기 때문에 이 폭격은 별다른 성과를 거두지 못하였다."

873) 국방부 전사편찬위원회 『多富洞戰鬪』: "어떤 병사가 문득 '「맥아더」는 막아라고 야단이고 「워커」는 워워 소리만 지르며 화를 내다가 「딘」이 대전에서 띵하고 갔는데, 이제야 제대로 싸우는가 보다.'라고 소리치자 유학산 정상에는 때 아닌 웃음꽃이 피기도 했다." Douglas MacArthur was yelling at them to stop, and W.H. Walker was just yelling, "Woah, woah!" Dean (William Frishe Dean), who was in Daejeon, went "ding" and left, but now it seems they're finally fighting properly.

874) 당시 제1사단 15연대 60mm 박격포 사수 성경환 증언: "우리 연대는 북괴군의 낙동강 도하를 저지

하기 위하여 강변 제방에 진지를 구축하고 방어하였으나 북괴군의 강력한 공격에 밀려 328고지로 후퇴했다가 8월 21일 재차 공격을 시도하여 격전 끝에 빼앗긴 낙동강 선을 되찾았다."

875) Dae Young Lee, The Sorrow of 328 Hill, 2024.6.24. : "The Scent of blood lingers on Hill 328, Even after seventy-five long years. Fifteen times the land has changed hands, As the battle ranged on, night and day. Fallen solders piled up like mountains, Their blood forming river below. The wind held its breath, the clouds sighed, Even the birds cried out in grief. Times flows like an endless river, Yet this wound refuses to heal. Blow, oh wind~ drift, oh clouds~. Wash away this sorrow deep."

876) 석적(石積 혹은 石赤), 위키백과사전: 석적 마을회관 안내문에서는 석적(石赤)이라고 적혀있는데 칠곡 읍지 등의 기록을 기준으로 적어놓았다. 일반적으로 석적읍(石積邑)은 대한민국 경상북도 칠곡군 북부에 위치한 읍이다. 칠곡군에서 왜관읍 다음으로 인구가 가장 많은 읍이다. 석적읍은 인근의 유학산 주변에 돌이 많이 쌓여있어 석적(石積)이라 하였다. 1914년 4월 1일: 인동군(仁同郡) 석적면(石赤面), 장곡면(長谷面), 문량면(文良面)이 칠곡군 석적면으로 개편되었다.

877) [현장] 50kg 탄약·식량 지게로 나른 6.25 영웅들… 군번 없는 '지게 부대원' 위령비, 75년 만에 세웠다. 뉴스데일리, 2023.7.5.: "지게 부대원은 국군의 수호천사를 자처했던 이름 없는 영웅들입니다. 호국보훈의 달을 맞아 6.25 전쟁 당시 보급품을 지게로 운반하며 국군을 지원한 주민들의 희생을 기리는 추모비가 73년 만에 건립됐다. 5일 오전 11시 30분 경북 칠곡군 다부동전적기념관에서 고(故) 백선엽 장군의 장녀 백남희(75) 여사, 김재욱 칠곡군수, 지게부대원 후손 등 200여 명…" / 백선엽 장군 유지 받든 딸, 73년 만에 '지게 부대원 추모비' 건립, 동아일보, 2023.5.31.: "지게 부대원은 국군의 수호천사를 자처했던 이름 없는 영웅들입니다." 호국보훈의 달을 맞아 6.25 전쟁 당시 보급품을 지게로 운반하며 국군을 지원했던 지게 부대원의 희생을 기…/ 73년 만에 '숨은 영웅' 지게 부대원 추모비 건립 | 영남일보 - 사람과 지역의 가치를 생각합니다. 영남일보, 2023.6.1.: "'지게 부대원은 국군의 수호천사를 자처했던 이름 없는 영웅들입니다.' 6.25 전쟁 당시 보급품을 지게로 운반하며 국군을 지원했던 지게 부대원의 희생을 기리는 추모비가 73년…"

878) 동명원(東明院): "경상북도 칠곡군 동부에 있는 행정 구역. 동명면(東明面)은 대구광역시의 북쪽 관문이며 영남 대로의 요충지였다. 오늘날은 팔공산 도립 공원 가산 지구의 관광 중심지이다. 가산산성(架山山城) 아래 기성 계곡(箕星溪谷) 주변에 각종 식당과 숙박 시설, 위락 시설이 집중되어 있다. 1914년 행정구역 개편 때 영남대로의 동명원(東明院) 이름을 따서 동명(東明)…"

879) Did Alexander the Great die of West Nile virus? Alexander the Great and West Nile Virus Encephalitis, NCBI(ncbi.nlm.nih.gov): "To the Editor: Marr and Calisher suggest the cause of Alexander the Great's death in Babylon in 323 B.C. was West Nile encephalitis (1). They were intrigued by the fact that as Alexander entered Babylon, ravens fell dead from the sky."

880) How many U.S. soldiers died from malaria in WWII?, History of malaria in the United States Naval Forces at war- PubMed(pubmed.ncbi.nlm.nih.gov) : "During World War I, there were 4,746 new cases of malaria, 68,373 sick-days because of malaria, and 7 deaths due to malaria; during World War II, there were 113,256 new cases, 3,310,800 sick-days, and 90 deaths; and during the Korean War, there were 4,542 new cases, 50,924 sick-days, and no deaths—since most..."

881) Was malaria common in WWII?T he Other Foe: The U.S. Army's Fight against Malaria in the WWII, The Army Historical Foundation(armyhistory.org) : "According to the U.S. Army Heritage and Education Center, the Allied defenders of the Philippines were devastated by an epidemic of malaria. About 24,000 of the 75,000 American and Filipino soldiers involved in the desperate campaign to stop the Japanese advance in 1942 were suffering from malaria."

882) Did soldiers in Vietnam get malaria? Neuropsychiatric sequelae of cerebral malaria in Vietnam veterans, PubMed(pubmed.ncbi.nlm.nih.gov) : "Approximately 250,000 Vietnam veterans suffered cerebral malaria, an illness that often results in damage to subcortical white matter and fronto-temporal areas of neocortex."

883) 당시 15연대 1대대 3중대 소속 황대형 일등중사 증언: "내가 맡았던 다부동 전선 서부의 328고지 위에서는 한참 싸움이 벌어질 때 온전한 시체가 남아있질 않았다. 모두 찢기고 해진 시신 조각들이 나무 바위 등에 걸쳐 있는 상태였다. '시체를 쌓는다'고 하지만 그런 말은 틀렸다. 부패한 시신은 절대 쌓이지 않는다. 미끄러져 흘러내리기 때문이다. 건빵 먹는 것을 보고 고참병인지 신병인지 판단할 정도다. 병사들은 건빵 두 봉지를 배급받았는데, 고참병은 한 알 두 알씩 꺼내서 천천히 먹는다. 신병은 배가 고파 마구 먹는다. 고참병들은 건빵을 먹는 대로 갈증이 몰려올 것이라는 사실을 안다. 그래서 천천히 먹으면서 갈증을 피한다. 신참은 허겁지겁 먹고 목이 메어 물을 마시려고 산에서 내려가다가 총격으로 목숨을 잃는 일이 잦았다."

884) 육군 준장 유재흥 제2 군단 작전명령 제12호 1950.8.11. 18.00: "一. (가) 적은 계속 낙동강을 도하하려 함. (나) 군은 연합군과 같이 전략적으로 우세한 지형을 확보하려 함. 二. 당 군단은 인접 부대와 밀접한 협조하에 강력한 엄호부대에 의하여 Y선에 진지를 점령하려 함. 三. (가) 제1사단장은 제1기갑사단과 긴밀한 협조하 X일 20.00 행군개시 상림동~다부동 경유 Y선에 진주하라. (나) 제6사단장은 제1사단 제8사단과 긴밀한 협조하여 X일 20.00 행군개시 도원리~군위~미흥을 경유 Y선에 진출하라. (다) 군단 본부 및 직할부대는 X일 13.00 행군개시 군위~신녕~영천 경유 하장(河場)에 진출하라. (라) 각 연대는 증강된 1개 대대의 엄호부대를 현재선에 잔치(殘置)하며 후퇴는 사단에서 통합 지휘하라. (마) X일은 차후 지시함. 四. 생략..."

885) 육군본부, 『6.25 전쟁 참전자 증언록 1 』 126p, 당시 제1 사단 제12 연대 제1 대대 제1 중대장 이

종철 중위 증언: "문: 다부동 전투 시 낙동강 연안에서 Y선으로 철수 시 일선에 배치할 대대를 사단 사령부까지 철수시켰다가 재배치한 이유는 무엇이라고 생각하십니까? 답: 우리 대대는 금곡리에서 철수를 개시하여 유학산을 바라보며 하장동 부근의 25번 도로를 따라 행군했는데 이때 대대장께서 부연대장에게 곧장 유학산으로 올라가 방어 진지를 구축하겠다고 건의했음. 그러나 사단에서는 대대를 사단 사령부가 위치해 있는 동석동까지 철수하라고 했는데 그 이유는 상세히 모르겠음."

886) 다부동 전투, 국방부, 전사편찬 위원회, 1981년: "왜 분초를 다투는 긴박한 상황하에서 주저항선을 배치할 일선대대를 주진지 후방 8km까지 행군시켜 아까운 시간을 낭비하게 했는지 그 이유가 모호할 따름이다." / 한국전쟁사, 국방부, 전사편찬위원회: "결국 지휘관의 상황 판단의 잘못으로 수암산과 유학산을 탈취하는데 얼마만한 아군의 손실을 초래하였던가를 알아야 하겠다."

887) 김기옥, 다부동 전투의 승리, 국방부 군사편찬연구소, 군사 학술저널, 군사지 제13호, 1986.12, 40 - 52 (13page) / 김익규, 다부동 전투의 재구성 - 라주바예프의 보고서를 중심으로 - 학술지 군사연구 제153호, 2022.6. pp.7~34(27pages) / Choi Jung Joon, Analysis of the role and major operations of the US Navy during the Korean War.

888) 제1 사단 제12 연대 외내촌 수암산 유학산 전투상보, 1950.8.14.: "현재 적은 수암산 일대를 점령함으로서 보급로를 확보한 후 대구를 공격할 목표로 약 1개 사단의 병력이 낙동강을 도하 일부 병력은 수암산에 화력을 집중하고 있음" ... "제1 대대는 공격목표선 도달 시까지 아군 중화기 지원을 받으며 제6 중대는 517고지를 경유 316고지로 진출하고 제5 중대는 316고지를 우측으로 진출 각각 공격목표선까지 도달 시는 일모로 인하야 공격이 부적하여 316고지 전방 일대에 배치하는 전장을 정리함."

889) 제1사단 제11 연대 수암산 유학산 지구 전투상보, 1950.8.15. "... 적의 병력이 증가하여 대공세(大攻勢)를 취하였음에 아군 부대는 견고한 진지를 구출할 수암산을 절대 사수하려 함..."

890) 유학산(遊鶴山), 도교 선신(仙神)들이 천년 사는 백학들과 같이 논다는 설화를 산명에 반영하여 1) 학과 같이 논다는 유학산(遊鶴山), 백학이 날아드는 동지 산으로 소학산(巢鶴山), 누렇게 황금 들판을 날아다닌다는 황학산(黃鶴山)이 인근에 있다. 유사한 개념으로 낙동강변에 장미계(長尾鷄)의 꿩과 유사한 자고새가 날아든다고 작오산(鷓鴣山)이라고 했으나 발음상 자고산으로 불렸다. 매봉산(鷹鳳山) 혹은 명봉산(鳴鳳山) 등이 새에서 작명되었다. 6.25 전쟁으로 인해서 속세 인간의 피가 온 산천에다가 피칠했다.

891) 고지전(The Front Line), 2011.7.20. 상영되어 294만 명의 관객이 관람: "1951년, 우리가 알고 있던 전쟁은 끝났다. 이제 모든 전선은 '고지전'으로 돌입한다! 1953년 2월, 휴전협상이 난항을 거듭하는 가운데 교착전이 한창인 동부전선 최전방 애록고지에서 전사한 중대장의 시신에서 아군의 총알이 발견된다..."

892) Revelation 16:16: "And they assembled them at the place that in Hebrew is called Armageddon."

893) Megiddo, Ancient City, Biblical Armageddon, Palestine, Britannica(britannica.com) : "Armageddon, (probably Hebrew: Hill of Megiddo), in the New Testament, place where the kings of the earth under demonic leadership will wage war on the forces of God at the end of history. Armageddon is mentioned in the Bible only once, in the Revelation to John, or the Apocalypse of St. John (16:16).

894) あび-きょうかん 【阿鼻叫喚】: "非常な辛苦の中で号泣し, 救いを求めるさま. 非常に悲惨でむごたらしいさま. 地獄に落ちた亡者が, 責め苦に堪えられずに大声で泣きわめくような状況の意から. ▽ 「阿鼻」は仏教で説く八熱地獄の無間むけん地獄. 現世で父母を殺すなど最悪の大罪を犯した者が落ちて, 猛火に身を焼かれる地獄. 「叫喚」は泣き叫ぶこと. 一説に八熱地獄の一つの大叫喚地獄(釜かまゆでの地獄)の意."

895) 전우야 잘 있거라, 현인(노래): "전우의 시체를 넘고 넘어 앞으로 앞으로, 낙동강아 잘 있거라 우리는 전진한다. 원한이야 피에 맺힌 적군을 무찌르고서, 꽃잎처럼 떨어져 간 전우야 잘 자라. 우거진 수풀을 헤치면서 앞으로 앞으로, 추풍령아 잘 있거라 우리는 돌진한다. 달빛 어린 고개에서 마지막 나누어 먹던, 화랑담배 연기 속에 사라진 전우야. 터지는 포탄을 무릅쓰고 앞으로 앞으로, 한강수야 잘 있거라 우리는 돌진한다. 흙이 묻은 철갑모를 손으로 어루만지니, 떠오른다 내 가슴에 꽃같이 별같이."

896) Defense Ministry's clock, x.com/uarmyvibe/status(jayvee@uarmyvibe) : "There's this famous Korean idiom to comfort those in the military -"거꾸로 매달아도 국방부 시계는 돌아간다" (Even if hung upside down, the Defense Ministry's clock still keeps going). Time goes painfully slowly, but we are gonna have him back and when it happens…"

897) [함께 걸어요 통일의 길] 3. 거꾸로 매달아도 군대 시계는 돈다, 광주일보, 2017.4.17.: "北 17살부터 12년간 복무 … 6년은 건설·영농 '비군사 활동'…"

898) <안진용 기자의 엔터 톡> 국방부 시계는 선택적으로 흐른다? 문화일보, 2022.9.2.: "'국방부 시계는 거꾸로 매달아도 흘러간다'는 말이 있습니다. 군 생활이 고되지만, 결국 시간이 흘러 전역 날짜가 다가온다는 의미죠. 하지만 요즘 …"/ [양경미의 영화로 보는 세상] 느리게 가는 국방부 시계, 데일리안, 2021.9.2.: "군인들 사이에서는 '거꾸로 매달아도 국방부 시계는 간다'라는 말이 있다. 군 복무하는 시간이 느리게 느껴질지언정 언젠가는 끝난다는 의미이다." / '거꾸로 매달아도 국방부 시계는 돌아간다'고, 오마이뉴스, 2012.2.24.: "'거꾸로 매달아도 국방부 시계는 돌아간다'고 했다. 1분이 10년 같은 군인들에게 친구들이 '위로차' 으레 하는 말이다. 마찬가지로 거꾸로 매달아도 …" / [뷰티풀 군바리] 국방부 시계는 가끔 거꾸로도 간다. 조아라(joara.com) : "[뷰티풀 군바리] 국방부 시계는 가끔 거꾸로 돌아 간다…"

899) 섬 건너뛰기(Island hopping, Leapfrogging)는 제2차세계대전 태평양 전쟁 당시 더글라스 맥아더 장군이 지휘하던 미군이 사용했던 전략 혹은 전술이다. 국내에서는 '개구리 뜀뛰기 전술', '개구리 뜀뛰기 작전' 등으로 많이 알려져 있는데 마치 개구리가 점프하듯이 전략적으로 중요한 섬(거점)만 건

너뛰면서 점령하는 것으로 강력한 방어 태세를 갖춘 일본군 거점을 우회해 배후지역 섬에 병력을 상륙시켜 적의 보급선을 차단해 일본군을 무력화하는 전략 혹은 전술이다.

900) 국방부전사편찬위원회, 多富洞戰鬪, 국방부, 1981.1. p.358: "8월 16일에는 12연대 3대대는 이날 밤 적의 기습을 받아 황학동으로 후퇴했으며 그다음 날(17일), 517고지(유학산 남쪽 1km)도 적에게 점령당하고 말았다. 이리하여 한때 제12연대 및 제15연대 주보급로인 997번 도로가 차단되었다."

901) 국방부전사편찬위원회, 多富洞戰鬪, 국방부, 1981.1. pages 358: "1950년 8월 17일 아침 517고지를 점령한 적은 남측사면(斜面)에 14.5mm 대전차총과 중기관총을 배치하여 997번 도로를 차단했다. 그러나 후속병력이 증원되지 않았는지 도로변까지는 진출하지 않고 있었다. 이 때문에 제15연대와 제12연대 제2대대에 대한 보급이 중단된 까닭으로 이 고지의 탈환 여부가 사단 방어작전에 결정적인 영향을 미치게 되었다."

902) 17세기초 銀의 유통과 그 영향, S-Space(s-space.snu.ac.kr) 韓明基 저술, 1992 L "… 군량미를 조달했다. 당시 명군의 식량소비량을 보면, 선조 28년(1595)의 경우, 병졸 1인당 하루에 쌀 1되 5홉이, 戰馬 1필. 당 콩 3두와 마초 15근이 공급되었다…" / GSnJ 인스티튜트(gsnj.re.kr), 2017.12.25.: " 군사 1인당 1일 군량미 소요량 군량미의 조달. 1) 조선의 군량미 조달 … 전쟁 시 임에도 1일 7.5홉이 아닌 5홉을 준비한 것은 수송의 어려움을…"

903) 6.25 한국전쟁과 義死團 조사보고서, 성남문화원(seongnamculture.or.kr): "8월 이후 현재까지 4개월 동안 1일 3홉 배급도 한 달에 20일분밖에 받지 못하고 있으며, 1인당 의류 1점 반, 광목 반마, 솜 반근, 소금 반근, 4개월분 부식대 도합 …" / 국민방위군 사건, 나무위키(namu.wiki). 2024.8.21.: "더구나 6.25 전쟁 시기에 전시작전통제권은 전쟁 발발 1달 만에 … 일단 국민방위군은 1인당 1일 양곡 4홉, 취사연료비 40원, 잡비로 10…"

904) 한국군 병영식, 나무위키(namu.wiki): "이는 의외로 초중고교 시절 급식에서도 쉽게 접할 수 있다. 한국군의 1일 급양비는 2022년 7월 기준으로 1인당 13,000원으로 배정되어 있어, 끼니당으로 보면 4,333원이다."

905) 군량미 행방불명? 주간경향(weekly.khan.co.kr), 2004.5.13.: "국방부는 1996년부터 장병 1인당 1일 쌀 주식량을 745g으로 정한 후 현재까지 이 기준을 유지하고 있다. 국방부 군수지원실의 한 관계자는 식생활 변화 …"

906) 『조선에서 미군 손실에 대한 조선인민군 총사령부 보도』 "8월 20일 수암산 방면에서 인민군 부대들은 미군 제1 기계화 사단의 미군 6명을 포로하였으며 150명의 시체를 발견하였다."

907) 제1 사단 11연대 수암산 유학산지구전투상보, 1950.8.23.:"8월 22일 제1대대는 목표인 유학 산우측 고지를 점령하기 위하여 대대장을 선두로 돌격전(수류탄투척)으로 목표지점 20미터 전방에서 맹렬히 격공하였음. 북한군(적)의 유리한 지형으로 인하야 일시 저지당함 계속하여 22시 대대장 이하 전 대원이 결사적으로 전후를 각오하는 수류탄을 엄호할 육박공격을 감행 익일(다음 날) 2시 악전고투

(惡戰苦鬪)하여 유학산을 완전점령하였다."

908) 제1 사단 12연대 외내촌 수암산 유학산 일대전투상보, 1950.8.25.: "대대는 제8중대와 일시대보충대를 수암산 우측 고지에 특공대를 우측 고지에 배치 각각 진출하며 제5, 6중대의 분산된 소수병력을 집결 예비대로서 후방에 위치케 하고 일제히 수암산 일대를 공격. 518고지 60동(東) 전방지점에 육박돌입함."

909) 11연대장은 제2대대의 행방이 묘연해지자, 8.14.~8.15일간 통신대장을 대동하고 소이리 북쪽까지 교신을 시도했으나 실패했다. 그리하여 제2대대는 14일부터 5일간 유병(遊兵)이 되어 전투에 참전을 못 하게 되었다.

910) 천평리(泉坪里): 유학산(遊鶴山)을 뒤로한 평지에 자리한 마을로, 작은 하천이 흐르는 곳이다. 들에 샘이 있으므로 천평리라 했다. 자연마을로는 샘들, 점골, 새술막, 금천마을 등이 있다. 샘들마을은 본리가 시작된 마을로, 지명유래 또한 천평리의 그것과 같다. 점골마을은 샘들 동북쪽에 있는 마을로, 전에 주점(店)이 있었다 하여 붙여진 이름이다. 새술막마을(新酒幕)은 샘들 북쪽에 있는 마을로, 새로 생긴 술집이 있다 하여 칭해진 이름이다. 금천마을은 금화리와 천평리의 경계가 된다 하여 불리게 된 이름이라 한다.

911) 진목정(眞木齊): 경상북도 칠곡군 가산면 다부리에 있는 재실. 본관이 인동(仁同)인 장보의 묘 아래에 있는 재사(齋舍)로서 가산면 다부리 진목정 마을에 있다. 원래 창건은 조선 중기이나 정확한 시기는 알 수 없고, 1858년(철종 9) 중창했다. 근년에 건물이 퇴락하여 1991년에 크게 중수했다. 진목 정 마을은 국도 5호선 주변과 중앙고속도로 너머의 우악산골에 형성되어 있는 산촌이다. 마을 복판으로 국도와 고속도로가 나면서 마을이 나누어진 셈이다. 옛날 마을에 동제목으로 참나무 고목이 있어 참나무 정자가 있는 마을이라 하여 진목정이 되었다고 한다.

912) 司馬遷, 史記, 項羽本紀: "項王軍壁垓下, 兵少食盡, 漢軍及諸侯兵圍之數重. 夜聞漢軍四面皆楚歌, 項王乃大惊, 曰: '漢皆已得楚乎? 是何楚人之多也.'"

913) 소이리(所伊里), 디지털칠곡문화대전: "1950년 8월 18일부터 8월 23일까지 경상북도 칠곡군 가산면 다부리·금화리·천평리 일대에서 벌어진 전투. 8월 15일 북한군 제1 사단은 다부 동북 방향으로 공격해 오고, 제13사단 일부는 다부 정면의 금화(金華)로, 제15사단은 유학산으로 공격해 오고, 제3 사단은 왜관 방면으로 공격해 왔다. 북한군이 전차로 다부동으로 공격해 오자 5번 도로 서편(소이리 맞은편 고지)에 위치한..."

914) 북한국의 광복절 대공세, 다부동 전투, 나무위키(namuwiki.com), 2024.8.3.

915) 경상북도 선산군 해평면에 존재했던 금호동(金湖洞)은 지금의 경상북도 구미시 해평면 금호리이다./ 금호동(琴湖洞)은 대구광역시 북구의 법정동이다. 행정동은 관문동이다./ 경상북도 칠곡군 지천면에 존재했던 금호동(錦湖洞)은 지금의 경상북도 칠곡군 지천면 금호리이다.

916) 제2 군단 작전명령 제15호(2nd Army Corps Operational Order No.15), 1950.819.: "제2 군단사령부, 一.(1)적의 주력은 여전히 아(我) 제1사단 정면에 지향하고 군위-다부동-칠곡방면으로 남하를 기도하고 있음. (2) 군은 연합군 지원 하에 차후반격을 준비 중임. 二. 군단은 일부 증원부대의 증원을 얻어 'Y'선을 확보하려 함. 三. (1)육본작명 139호에 의하여 제10연대는 1950년 08. 18. 18:00부로 제2 군단에 배속함. (2)제1 사단장은 전기 제10 연대병력을 통합 지휘하라. ... 제2군단장 육군준장 유재흥"

917) MGRS; Military Grid Reference System(군용 격자 위치 참조 체계). 전쟁 시에는 신속하고 정확한 판단을 요하기 때문에 민간에서 사용하는 지리좌표(경도 및 위도를 사용하는 방식이라든가)보다 쉬우면서도 정확하게 측정을 할 수 있는 좌표가 필요하다. 그래서 일정 거리를 한 변으로 하고 동서선, 남북방향 직선을 변으로 하는 정사각형[1] 격자를 설정해 경도와 위도를 대체한다. 현용 GARS 기준으로 간략하게 설명하자면, 대륙 혹은 국가단위로 2개의 알파벳을[2], 그리고 지역단위로 2개의 숫자를 사용하여 지도가 표시하는 전체적인 위치를 나타내며 세부 위치 표시는 사용 용도에 따라 1km 간격으로 사용할 경우 4단위(12, 34), 100m 단위일 경우엔 6단위(123, 456) 하는 식으로 격자 범위를 조정하여 사용한다. 예를 들어 AB, 12, 345, 678이라고 쓸 경우 AB라는 격자에 위치한 대륙 혹은 국가에서 12라는 지역의 123, 456 에 위치한 100m X 100m 범위의 지역을 의미한다. 지도를 구글에서 MGRS를 쳐보면 꽤 나온다. 같은 군 내에선 공통된 기준에서 산정한 좌표를 사용한다. 경도 및 위도를 사용하지 않고 특정 격자 단위로만 잘라 사용하므로 격자 안의 한 점을 정확히 지정하려면 기준에 대해 거리 및 방향을 지정해야 하지만 사용이 간편한 데 비해서는 정확한 어림이 가능하다는 점에서 상당히 효율적인 지도. 그래도 더 빨리 대응하기 위해 영화 위 워 솔저스에서 보듯이 작전에 들어가기 전에 미리 화력점을 선정해서 좌표를 미리 측정한다. 작전 시 이곳에 적이 나타나면 측정할 필요 없이 미리 선정해 놓은 화력점만 가르쳐 주면 포병이나 항공지원에 의한 폭격이 이루어지며, 화력점 선정이 안 된 경우에 육안으로 지형을 확인하고 간이 삼각측량 등을 통해 지도상에서 좌표를 구한 다음 불러주게 된다. 포격 좌표의 오차는 수십 수백 명의 목숨까지 왔다 갔다 하기 때문에 엄청 중요하다. 좌표가 엉뚱하다는 건 때리는 곳이 엉뚱하다는 것이고, 이는 쓸데없는 곳을 때려 탄약을 낭비하는 것뿐만이 아니라 아군 오사로도 이어질 수 있기 때문이다. 이는 1차대전 이후 포병의 역할이 증대되면서 급증해 최근 우크라이나전까지도 사라지지 않았다.

918) 전투에서 유머거 넘치는 미군들의 표현 가운데 하나다. 백마고지(白馬高地)를 마릴린 먼로(Marilyn Monroe)의 젖가슴처럼 풍만한 고지(언덕)를 몬로고지(Monroe Hill)라고, 전투폭격으로 고지가 펑퍼짐하자 젖가슴 없는 오드리 햅번(Audrey Hepburn)에 비유해 햅번고지(Hepburn Hill)라고 했다. 같은 유머 감각에서 천평동(泉坪洞) 일대 좁은 계곡에서 전차포탄이 마침 볼링장 공(Bowling ball)처럼 굴러다닌다고 해서 볼링계곡(Bowling alley)라고 표현했다.

919) Pusan, Publication, Battle of the Bowling Alley – Tabudong, 1959.8.18. : "The road was nearly straight on a north-south axis through the 27th infantry position and for some distance northsard. Then it veered slightly westward. this stretch of the pass later become

known as the 'Bowling Alley'"

920) 금화계곡(錦華溪谷)에서 피아군이 폭탄하는 포탄이 볼링게임 공처럼 굴려서 터진다는 데에서 볼링 앨리(볼링장)으로 표현했으며, 우치는 가산면 금화린 산 49-1 계곡을 칭하며, 오늘날 GPS 좌표로는 북위 36도 31분 10.5초, 동경 128도 33분 0.19초의 인근 계곡을 말한다.

921) 백선엽, 내가 물러서면 나를 쏴라, 중앙북스, 2010년 6월 25일

922) 가산산성 전투, 디지털칠곡문화대전(chilgok.grandculture.net), 2924.8.16.: "... 가산바위까지 진출한 제10연대 제3대대가 1대대와 함께 협공으로 북한군을 공격하여 북한군을 가산리 산당에서 대둔(大屯, 한뜸마을) 방면으로 몰아냈다. 이러한 과정에서 북한군 제1 ..."

923) 경상북도 칠곡군 가산면 금화리에 있는 계곡. 경상북도 칠곡군 가산면 금화리(錦華里) 가산(架山:902m) 기슭에 있다. 맑은 물이 흐르는 금화계곡(錦華溪谷) 사이로 참나무가 군락을 이루고 있으며, 하류에 금화저수지가 형성되어 있다.

924) 기성리(箕聖里): 1914년 행정구역 개편 때 기양(箕陽)의 첫 글자와 법성(法聖)의 끝 글자를 따서 기성(箕聖)이라 하였기에 기성동(箕聖洞)으로 표기하고 있으며, 칠곡기성리삼층석탑(漆谷箕聖里三層石塔)이라고 표기하고 있다. 그럼에서 일부에서는 기성리(箕城里)로 표기하는 곳도 있다.

925) 인근에 대분(大分)이란 지명이나 사찰을 찾았으나 경산읍 하대리에 있는 대분기곡사(大分祈穀寺)가 있을 뿐이다. 가산면(架山面)의 가산리(架山里) 인근 마을을 현장 살펴보니 산당마을(山堂)에서 이웃하고 있는 한뜸마을(大屯)이 있다. 아마도 한뜸마을 대둔(大屯)을 오타로 대분(大分)으로 기록한 것이다.

926) 치키봉(Chikibong) 혹은 치기봉(雉箕峰)은 인근 치이봉(719m/sl)이 있고, 가산 정상에서 남쪽으로 치키봉 아래 동네는 기성동(箕聖洞)이라고 했음. 가산 정상과 한티재 사이에 위하고 있는 산이다. 치키봉의 해발고도는 756. 761, 767, 781m/sl 등으로 다양하게 기록하고 있다. 산 모양이 벼를 가부는 키(箕)를 닮았다는데 이름했다. 오늘날 GPS 좌표로는 북위 36도 6분 6.3초, 동경 128도 36분 16.1초에 위치하고 있다.

927) 315고지는 도덕산(道德山, 峰)에서 팔거천 쪽으로 뻗은 기슭산으로 해발고도는 316m/sl이나 국군의 전사에서는 315고지, 미군의 제8군 전사기록에서는 314고지로 기록하고 있다. 오늘날 전자게임에서 '314 배틀(Battle of Hill 314)'이 있다.

928) 가산(架山, Kasan, 901.7m/sl)의 위치는 칠곡군 가산면 가산리 산 98-12번지, 오늘날 GPS 좌표는 북위 36도 2분 10.9초 동경 128도 35분 0.19초에 위치하고 있다.

929) Roy E. Appleman, SOUTH TO THE NAKTONG, NORTH TO THE YALU(June-November 1950), CENTER OF MILITARY HISTORY, UNITED STATES ARMY, WASHINGTON, D.C., 1992. P. 434 : "The North Koreans meant to use it, no doubt, in making the next advance on

Taegu. From it, observation reached to Taegu and it commanded the lesser hills southward rimming the Taegu bowl. Hill 314 is actually the southern knob of a 500-meter hill mass which lies close to the east side of Hill 570 and is separated from that hill mass only by a deep gulch. The hill mass is shaped like an elongated teardrop, its broad end at the north. The southern point rises to 314 meters and the ridge line climbs northward from it in a series of knobs to 380 and, finally, to 500 meters. The ridge line from the 314-meter to the 500-meter point is a mile in length. All sides of the hill mass are very steep."

930) Roy E. Appleman, SOUTH TO THE NAKTONG, NORTH TO THE YALU(June-November 1950), CENTER OF MILITARY HISTORY, UNITED STATES ARMY, WASHINGTON, D.C., 1992. P. 434 : "Lt. Col. James H. Lynch's 3d Battalion, 7th Cavalry, on the eve of its attack against Hill 314 numbered 535 men, less its rear echelons. The battalion, which had been organized at Fort Benning, Ga., from the 30th Infantry Regiment of the 3d Division, had arrived in Korea at the end of August. The ill-fated action of the 7th Cavalry at Hill 518, begun nine days earlier, had been its first action. This was to be its second. The battalion attack plan this time differed radically from that employed against Hill 518 and was a direct development of that failure. The key aspect of the Hill 314 attack plan was to mass as many riflemen as possible on top of the narrow ridge line, by attacking with two companies abreast along the ridge, and not to repeat the mistakes of Hill 518 where the fire power of only a platoon, and at times of only a squad, could be brought to bear against the enemy. Because of the ammunition shortage there was no artillery preparation on Hill 314, but there was an air strike before Colonel Lynch's battalion, with L Company on the left and I Company on the right, at 1100, 12 September, started its attack. The point of departure was the front lines of the 3d Battalion, 8th Cavalry, on the lower slope of the hill."

931) 유화당(有華堂), 향토문화대전:"… 건물은 정면 4칸·측면 1칸 반·홑처마 팔작지붕으로 전면으로 반 칸 툇간이 있으며, 좌우 각 1칸은 방, 가운데 2칸은 대청이다. 대구상주하였다, 도남동 유화당은 6.25 전쟁 당시 상주 경찰서가 임시 바로 옆 인천이씨의 종택에는 육군 부대가 상주한 내력이 있다."

932) Gebneral Van Fleet said od these forklift unit. "They ware small in size and carried heavy supples to and from the hill to bravely carry out support work…Without them at least 100,000 more US troop would have to be dispatched).".

933) 三国志 魏志東夷伝 三韓条 : "…其国中有所為及官家使築城郭, 諸年少勇健者, 皆鑿脊皮, 以 大縄貫之, 又以丈許木鍤之, 通日嚾呼作力, 不以為痛, 既以勸作, 且以為健. 常以五月下種訖, 祭鬼神, 群聚歌舞, 飲酒昼夜無休.其舞,数十人倶起相随, 踏地低昂,手足相応, 節奏有似鐸舞.

十月農功畢, 亦復如之. 信鬼神, 国邑各立一人主祭天神, 名之天君. 又諸国各有別邑."

934) 丁一權(チョン·イルグォン, 1917~1994), ウィキペディア(Wikipedia) : "丁 一權（チョン·イルグォン、1917年11月21日 - 1994年1月17日）は, 大韓民國陸軍の軍人, 政治家. 創氏改名時の日本名は中島 一權（なかじま いっけん）。幼名は丁一鎭. 本貫は羅州丁氏.号は淸史. 父に丁基永（羅州丁氏）, 母に金福順（金海金氏）. 1917年11月21日, 兩親が入植していたロシア沿海州ウスリースクで三男に生まれる. 二人の兄は丁一權が幼いうちに亡くなっている. 父親は帝政ロシア極東軍で通譯を務めていたという. ロシア革命が起こると父親は解任され, 父母の故鄕である日本統治下の朝鮮半島, 咸鏡北道の慶源郡に戻ってきた. 1924年春, 慶源普通學校（日本の小學校相当）に入學. しかし普通學校3年のときに父が行方不明になる. 1928年には父が不逞鮮人であるという理由で農地を沒收された. 家は貧しく豆滿江に渡り荒れ地を開墾することになるが, 困難の中も6年間で慶源普通學校を卒業. 中學時代の友人と撮った寫眞. 最前列に座っているのが丁一權. 後列左が社會運動家の張俊河, 中央がクリスチャンで民主化運動指導者の文益煥牧師, 右が詩人の尹東柱. 1930年春, 滿洲國間島省龍井の永信中學校に入學. 中學の學費は牛乳配達などで丁一權自身が捻出した. 在學中の1934年5月に中學校が合併された. このときに出會ったのが, 後の社會運動家の張俊河, 民主化運動指導者で牧師の文益煥, 抗日詩人の尹東柱である. 1935年,合併先の光明中學校を卒業した. 1935年5月, 中學校で成績優秀であったことから推薦を受け, 奉天軍官學校に入學. 1935年6月1日付けでチチハル第3敎導隊. 軍學校に通いながらもたびたび光明中學校を訪れ, 後輩たちに軍人になることを勸めたという. 1937年9月, 首席卒業(第5期),任少尉. 同期に金燦圭（のちの金白一, 韓國陸軍中將）, 申鉉俊（のちの韓國海兵隊中將, 外交官）など. 成績拔群につき, 同期の金錫範に續いて日本の陸軍士官學校留學生に推薦[1]. 兵科を步兵から騎兵に變更し. 騎兵訓練處甲種候補課程を1年間受けた[1]. 騎兵科の派遣勤務を終えて, 1939年, 陸軍士官學校本科に入學. 1940年,陸軍士官學校（騎兵55期卒相當）を卒業し, 滿洲に歸還して少尉に任官後, 滿洲國軍吉林部隊教官に補任. 憲兵將校として桂仁珠や崔楠根などと日本のシベリア鐵道爆破を目的とした特殊部隊で3か月間爆破訓練を受けた後, 獨立憲兵隊に配屬され, 遼河方面に出動した[1]. 1941年, 新京にある滿洲國軍總司令部高級副官室に勤務. 同年3月, 憲兵中尉に進級. 1942年, 光明中學校で滿洲國軍軍官になることを勸める演說を行った. 憲兵上尉に進級後, 間島憲兵隊長として勤務. 1944年, 日本の陸軍大學校にあたる滿洲國新京の滿洲國陸軍軍官學校（1939年設立）に入校. 合格者25人のうち, 唯一の朝鮮人であった. 在學中に太平洋戰爭終戰. 終戰時は滿洲國軍憲兵上尉..."

935) 유엔군의 한국전(625)전쟁에 참전한 일자를 보훈처에서는 7월 27일로 정해서 '유엔의 날(Day of UN)'을 정해서 기념하고 있다. UN Forces 이전에 미 8군사단 예하에 1기병사단이 전쟁 초기에 일본 오키나와 주둔군을 급파한 것임.

936) 조지훈, 다부원에서, 한국학중앙연구원: "한 달 동안 농성 끝에 나와 보는 다부원은/ 얇은 가을 구름

이 산마루에 뿌려져 있다 피아(彼我) 공방의 포화가/ 한 달을 내리 울부짖던 곳 아아 다부원은 이렇게도/ 대구에서 가까운 자리에 있었구나 조그만 마을 하나를/ 자유의 국토 안에 살리기 위해서는 한 해살이 푸나무도 온전히/ 제 목숨을 다 마치지 못했거니 사람들아 묻지를 말아라/ 이 황폐한 풍경이/ 무엇 때문의 희생인가를 고개를 들어 하늘에 외치던 그 자세대로/ 머리만 남아 있는 군마(軍馬)의 시체 스스로 뉘우침에 흐느껴 우는 듯/ 길옆에 쓰러진 괴뢰군 전사 일찍이 한 하늘 아래 목숨 받아/ 움직이던 생령(生靈)들이 이제 싸늘한 가을바람에 오히려/ 간고등어 냄새로 썩고 있는 다부원 진실로 운명의 말미암음이 없이/ 그것을 또한 믿을 수가 없다면/ 이 가련한 주검에 무슨 안식이 있느냐 살아서 다시 보는 다부원은/ 죽은 자도 산 자도 다 함께/ 안주(安住)의 집이 없고 바람만 분다."

937) 낙동강 오리알(Nakdonggang duck eggs), 나무위키: "왜 낙동강과 오리알이라는 두 단어가 붙어서 이런 관용어가 되었는지 어원은 분명하지 않고, 유래를 두고 여러 가지 설이 있다. 1) 낙동강 갈대숲 둥지의 오리알이 장마로 갑자기 불어난 물에 떠내려 가는 모습에서 따온 관용구라는 일반적인 설이 있다. 2) 실제로 낙동강 하구는 남한 지역에서 가장 삼각주 지형이 발달해서 철새 도래지로 유명할 정도로 새가 많기 때문에, 새알이 떠내려가는 장면도 가끔 있을법한 상황이다. 3) 낙동강은 철새인 오리가 많이 날아드는 곳이어서 오리알이 많다. 그런데 오리알은 기름기가 많아 비린내만 나고 맛이 없어서 사람이나 짐승들이 거들떠보지 않았고 그래서 낙동강 주변에 여러 오리알들이 그냥 방치되었다. 혹은 철이 바뀌어 산란지로 이동해서 낳았어야 할 알을, 제때 이동하지 못해 낙오한 오리가 낙동강에 낳고 떠나버렸기 때문에 제대로 부화되고 클 여력 없이 버려졌다. 그래서 버려져 소외되고 처량한 모습을 비유하여 '낙동강 오리알'이라는 말이 생겨나게 되었다. 6.25 전쟁 당시의 격전지였던 낙동강 전선의 상황이 유래라는 설도 세간에서는 유명하다. 낙동강 남측에서 한국군이 기관총과 박격포를 쏴대면 인민군이 거기 맞고 하나하나 낙동강 물속으로 풍당풍당 빠져들어 가는 상황이 계속되었고, 이를 보며 병사들을 독려하던 12연대 11중대장 강영걸 대위가 '낙동강에 오리알이 떨어진다!'라고 했다고 한다. 인민군과 한국군이 낙동강에서 고착상태에 있던 도중 지원으로 미군의 폭격기가 폭격을 시작했고, 이때 강영걸 대위가 폭격기에서 폭탄이 떨어지는 것을 보고 '야! 낙동강에 오리알이 떨어진다!'라고 한 게 낙동강 오리알의 유래라고 한다. 이는 군대에서 배포되는 '전투프로가 되는 길'이라는 책에서 언급된다. 위 유래담만 본다면 '낙동강 오리알 신세'라는 것이 긍정적인 의미인 듯하지만, 정작 실제로는 인민군 입장으로 굳어져서 부정적인 의미가 되었다. 그래서 '낙동강 오리알 신세가 되다.'라고 하면 어정쩡한 위치에서 아무것도 가진 것 없이 홀로 고립됨을 뜻한다.

938) 葛原和三, 朝鮮戰爭と警察予備隊ㅡ米極東軍が日本の防衛力形成に…, 防衛研究所(nids.mod.go.jp) : "1950(昭和25)年 6月25日、突如開始された北朝鮮軍の侵攻に米極東軍は大きな衝. 擊を受けた。8月, 北朝鮮軍が壓迫を續けていた釜山橋頭堡には、在日米陸軍から …/ 朝鮮半島情勢の總合分析と 日本の安全保障, 日本國際問題研究所(2.jiia.or.jp), 2016. : "北朝鮮は米軍の指示なく韓國軍が彈道ミサイルで平壤攻擊を行うとは … で応じ、また北朝鮮軍の總參謀部は "20日.17時から48時間以内に對北 …"

939) 藤原和樹, 朝鮮戰爭を戰った日本人, NHK出版, December 25, 2020(日本語), 333 pages : "私

は北朝鮮の人を殺しました——. 米軍最高機密文書をもとに, 歴史に埋もれた「最初の戦争協力」に迫る! いま開封される戦後史の「不都合な眞實」. 平和國家の"擬制"を突く証言はあまりにも衝撃的だ. ——姜尚中(東京大學名譽教授) 日本が戦争するアメリカの"一部"となった朝鮮戦争. これはけっして"昔話"ではない.——布施祐仁(ジャーナリスト) 朝鮮戦争と日本人の密接なかかわりを示す, 最高機密文書がアメリカで發見された. 米陸軍の調査官による, 「朝鮮半島で米軍とともに行動した日本人70名」への尋問記録である. 日本人が地上戦に参加していた事實が公文書によって初めて明らかになった. 日本人たちは, 銃の携帯や發砲や殺人の有無について供述していた. 尋問後, 当局は日本人に一切の口外を禁じ事實は封印された. 平和憲法下, なぜ日本人が朝鮮半島へと渡り, 前線で殺し殺されることになったのか——. 極秘文書を丹念に讀み解き, 遺族や同じ部隊に所属していた米兵を捜し当て, 戦争協力の實態に迫っていく..."

940) 戦場にいた日本人 米軍基地で働く兄, 届いた「死亡」の手紙, 朝日新聞デジタル(asahi.com), 2020.6.24. : "朝東京都町田市にある集合住宅で, 平塚昭正 (てるまさ) さん (84) は70年前に戦死したとされる14歳上の兄, 重治さん (当時29) の思い出を語り始めた..." / 朝鮮戦争勃發70年—秘められた日本「参戦」の事實が明らかに, 現代の理論(gendainoriron.jp)

941) 多浮動戦闘, NamuWiki(https://ja.namu.wiki): "2019年 NHKで放映された隠された戦争協力 - 韓國戦争と日本人ドキュメンタリー、該当ドキュメンタリーを元に出版された『韓國戦争で戦った日本人』として韓國に派遣され、そのうち18人が地上に投入され,4人が戦死したという。そのうち1人が多浮動戦闘で戦死したが, 彼の名前は「平塚重治」だが, 彼の弟平塚昭正が直接多浮動戦闘の激戦地のひとつである慶尙北道加山として訪れる來ることもした."

942) 朝日新聞デジタル記事, 謎の從軍, 食うための入党...知られざる朝鮮戦争と日本人, 大部俊哉 清水大輔, 2020.6.24. :"朝鮮戦争の勃發から25日で70年を迎える. 400万人以上が犠牲になったとされる戦場には,日本人の姿もあった. その遺族や元兵士らは、戦争の悲惨さと無益さを訴えている.東京都町田市にある集合住宅で, 平塚昭正 (てるまさ) さん (84) は70年前に戦死したとされる14歳上の兄,重治さん (当時29) の思い出を語り始めた。仏壇には韓國で撮影されたという重治さんの白黒寫眞を飾っている. 重治さんは太平洋戦争でニューギニア戦線に派遣され、部隊が壊滅するなか生還した数人の一人だった. 東京で家族6人で暮らしていた1950年1月, 知人から「米軍の建物の壁に繪を描く仕事がある」と誘われ、六本木にあった米軍基地で、住み込みで働き始めたという。HQの予想外の通告, その後,家族は次第に連絡が取れなくなり、同年6月に朝鮮戦争が始まってしばらくした頃, 死亡を伝える知らせが届いた。中學2年生だった昭正さんは号泣する父の姿を覚えている.昭正さんが連合國軍總司令部 (GHQ) に英語で手紙を書いて経緯を問い合わせると、米軍から寫眞と手紙が送られてきた.寫眞にはテントの前に立つ重治さんが寫っており,手紙には次のような記載があった."

943) 日本 參議院(sangiin.go.jp/japanese/joho1/kousei), 質問主意書第108回國會常會) 質問主意書質問第六号, 朝鮮戰爭への日本人のかかわりに關する質問主意書 :右の質問主意書を國會法第七十四條によつて提出する, 昭和六十二(1987)年二月二十一日, 吉岡吉典, 參議院議長 藤田正明 殿 : "朝鮮戰爭への日本人のかかわりに關する質問主意書： 戰後,日本がアジアでの戰爭にどのような形でかかわりあつてきたかを正確にしておくことは, 日本とアジアの平和と安全を考えるうえで必要なことである. 日本は, 直接戰場にはならなかつたものの朝鮮戰爭とベトナム戰爭という戰後最大の二つの戰爭で,日本なしにはこの戰爭は遂行できなかつたといわれるほどの役割を果たした.とくに朝鮮戰爭では, 日本は, 朝鮮出擊の基地となつたほか, 多數の日本人が直接戰場に派遣させられ朝鮮戰爭に協力させられて, すくなからぬ犧牲者も出ている. しかるにその實態はいままであきらかになつていない. そこで、朝鮮戰爭のさい, 「國連軍」協力のため, 日本から朝鮮戰爭に派遣された日本人の實態について以下質問する. 主要骨子 : 一 掃海部隊の參戰について, 二 占領軍勞働者による兵員物資輸送について, 三 各種勞働者の韓國派遣について, 四 從軍看護婦の召集について, 五 その他の戰死者について, 六 朝鮮戰爭における日本人戰死傷者の全貌について, 七 在日韓國人義勇兵について..."